Schwerpunkte Pflichtfach Eisenhardt/Wackerbarth · Gesellschaftsrecht I

Schwerpunkte

Eine systematische Darstellung der wichtigsten Rechtsgebiete anhand von Fällen
Begründet von Professor Dr. Harry Westermann †

Gesellschaftsrecht I
Recht der Personengesellschaften

Mit Grundzügen des GmbH- und des Aktienrechts

von

Dr. Dr. h.c. Ulrich Eisenhardt

em. o. Professor an der Fernuniversität Hagen

und

Dr. Ulrich Wackerbarth

o. Professor an der Fernuniversität Hagen

17., neu bearbeitete Auflage

CFM C.F. Müller

Bibliografische Information der Deutschen Nationalbibliothek

Die Deutsche Nationalbibliothek verzeichnet diese Publikation in der Deutschen Nationalbibliografie; detaillierte bibliografische Daten sind im Internet über <http://dnb.d-nb.de> abrufbar.

ISBN 978-3-8114-5818-5

E-Mail: kundenservice@cfmueller.de
Telefon: +49 6221 1859 599
Telefax: +49 6221 1859 598

www.cfmueller.de

Satz: preXtension, Grafrath
Druck: CPI books, Leck

Vorwort

Dieses Lehrbuch behandelt den Stoff des Pflichtfaches Gesellschaftsrecht. Dazu gehören auch aktuelle Probleme und neuere Entwicklungen im Gesellschaftsrecht. Über 50 Fälle mit Lösungen und zahlreiche Praxisbeispiele bereiten auf Klausuren und Prüfungen vor.

Schwerpunkt der 17. Auflage sind die anstehenden Veränderungen durch das Gesetz zur Modernisierung die des Personengesellschaftsrechts (MoPeG). Die Vorschriften des MoPeG treten zwar erst am 1.1.2024 in Kraft, bestätigen aber schon jetzt in vielfältiger Weise Rechtsprechung und Auffassungen in der Literatur zum geltenden Recht. Sie tragen daher zum Verständnis des geltenden Rechts bei und haben auch systematische Bedeutung, was etwa die Abgrenzung der Personengesellschaften von den juristischen Personen betrifft. Der „Rechtslage nach dem MoPeG" werden jeweils eigene besonders hervorgehobene Abschnitte gewidmet. Vor den Darstellungen zur BGB-Gesellschaft und zur OHG finden sich synoptische Übersichten, um das Auffinden der wesentlichen Vorschriften nach dem Inkrafttreten der Reform zu erleichtern. Die Darstellung des beschlossenen BGB-Gesellschaftsregisters bleibt künftigen Auflagen vorbehalten.

Neben dem Gesetzgeber ist auch die Rechtsprechung nicht untätig geblieben und hat das Gesellschaftsrecht vielfältig weiterentwickelt, wodurch zahlreiche Veränderungen und Ergänzungen notwendig wurden. Die dadurch bedingte Erweiterung des Textumfangs soll in der nächsten Auflage wieder zurückgefahren werden, um dem Charakter der Schwerpunkte-Reihe Rechnung zu tragen. Inhaltlich stammt die Überarbeitung der 17. Auflage von *Ulrich Wackerbarth,* sie geht aber auf gemeinsame Gespräche zwischen beiden Autoren zurück und wird von *Ulrich Eisenhardt* mitgetragen.

Hagen, im März 2022

Ulrich Eisenhardt
Ulrich Wackerbarth

Inhaltsverzeichnis

Teil II

Die BGB-Gesellschaft

Teil VII
Die stille Gesellschaft

Teil VIII
Die Aktiengesellschaft (AG)

Teil IX
Die Gesellschaft mit beschränkter Haftung (GmbH)

Abkürzungsverzeichnis

a.A.	anderer Ansicht
a.a.O.	am angegebenen Ort
Abs.	Absatz
AcP	Archiv für die zivilistische Praxis
ADHGB	Allgemeines Deutsches Handelsgesetzbuch
AEU-Vertrag	Vertrag über die Arbeitsweise der Europäischen Union
a.F.	alte Fassung
AG	Aktiengesellschaft; Die Aktiengesellschaft (Zeitschrift)
AGB	Allgemeine Geschäftsbedingungen
AktG	Aktiengesetz
Anm.	Anmerkung
ArbeitsgerichtsG	Arbeitsgerichtsgesetz
Art.	Artikel
BAG	Bundesarbeitsgericht
BayObLG	Bayerisches Oberstes Landesgericht
BB	Der Betriebsberater
BetrVG	Betriebsverfassungsgesetz
BFH	Bundesfinanzhof
BGB	Bürgerliches Gesetzbuch
BGH	Bundesgerichtshof
BGHLM	Nachschlagewerk des Bundesgerichtshofs, hrsg. von Lindenmaier-Möhring
BGHZ	Entscheidungen des Bundesgerichtshofs in Zivilsachen
BiRiLiG	Bilanzrichtlinien-Gesetz vom 19.12.1985
BRAO	Bundesrechtsanwaltsordnung
BT-Drucks.	Bundestagsdrucksache (Wahlperiode/Drucksachennummer)
BVerfG	Bundesverfassungsgericht
BVerfGE	Entscheidungen des Bundesverfassungsgerichts
BVerwG	Bundesverwaltungsgericht
DB	Der Betrieb
Diss.	Dissertation
DNotZ	Deutsche Notar-Zeitschrift
DStR	Deutsches Steuerrecht (Zeitschrift)
EGV	Vertrag zur Gliederung der Europäischen Gemeinschaft vom 25.3.1957
EStG	Einkommensteuergesetz
ErbStG	Erbschaftsteuergesetz
EU	Europäische Union
EuGH	Europäischer Gerichtshof
EuInsVO	Europäische Verordnung über Insolvenzverfahren
EWIF	Europäische wirtschaftliche Interessenvereinigung
FS Bitz	Finanzierung, Investition und Entscheidung. Einzelwirtschaftliche Analysen zur Bank- und Finanzwirtschaft: Festschrift für Michael Bitz zum 65. Geburtstag, hrsg. v. Andreas Oehler, Udo Terstege 2008

FS Hadding	Festschrift für Walter Hadding zum 70. Geburtstag am 8. Mai 2004, hrsg. v. V. F. Häuser u.a., 2004
FS Hefermehl	Festschrift für Wolfgang Hefermehl zum 70. Geburtstag am 18. September 1976, hrsg. v. Robert Fischer, Ernst Geßler u.a. 1976
FS Kellermann	Festschrift für Alfred Kellermann zum 70. Geburtstag am 29. November 1990, hrsg. v. Reinhard Goerdeler u.a. 1990
FS Knur	Festschrift für Alexander Knur, hrsg. v. Werner Flume und Richard Hamm, 1972
FS Pfeiffer	Strafrecht, Unternehmensrecht, Anwaltsrecht. Festschrift für Gerd Pfeiffer zum Abschied aus dem Amt als Präsident des Bundesgerichtshofes. Hrsg. v. Otto Friedrich Freiherr vom Gamm, Peter Raisch und Klaus Tiedemann, 1988
FS Reinhardt	Festschrift für Rudolf Reinhardt zum 70. Geburtstag, 7. Juni 1972, hrsg. v. Klemens Pleyer u.a., 1972
FS Schilling	Festschrift für Wolfgang Schilling zum 65. Geburtstag am 5. Juni 1973, hrsg. v. Robert Fischer und Wolfgang Hefermehl, 1973
GBO	Grundbuchordnung
GebrMG	Gebrauchsmustergesetz vom 28.8.1986
GenG	Gesetz betreffend die Erwerbs- und Wirtschaftsgenossenschaften
GG	Grundgesetz für die Bundesrepublik Deutschland
GmbH	Gesellschaft mit beschränkter Haftung
GmbHG	Gesetz betreffend die Gesellschaften mit beschränkter Haftung
GmbHR	GmbH-Rundschau
GS	Gedächtnisschrift
GWB	Gesetz gegen Wettbewerbsbeschränkungen (Kartellgesetz)
HGB	Handelsgesetzbuch
HGR II	D. Merten/H.-J. Papier, Handbuch der Grundrechte in Deutschland und Europa, Bd. II: Grundrechte in Deutschland: Allgemeine Lehren I, 2006
h.M.	Herrschende Meinung
Hs.	Halbsatz
i.E.	im Ergebnis
i.S.d.	im Sinne des
i.V.m.	in Verbindung mit
InsO	Insolvenzordnung vom 5.10.1994
JR	Juristische Rundschau
JuS	Juristische Schulung
JW	Juristische Wochenschrift
JZ	Juristenzeitung
KG	Kommanditgesellschaft, Kammergericht
KGaA	Kommanditgesellschaft auf Aktien
KStG 1977	Körperschaftsteuergesetz 1977
KündigungsschutzG	Kündigungsschutzgesetz
LG	Landgericht
LLP	Limited Liability Partnership

MDR	Monatsschrift für Deutsches Recht
MBG	Mitbestimmungsgesetz
m.w.N.	mit weiteren Nachweisen
Nachw.	Nachweise
NaStraG	Gesetz zur Namensaktie und zur Erleichterung der Stimmrechtsausübung
n.F.	neue Fassung
NJW	Neue Juristische Wochenschrift
NJW-RR	NJW-Rechtsprechungs-Report Zivilrecht (Jahr, Seite)
OHG	Offene Handelsgesellschaft
OLG	Oberlandesgericht
OLGE	Entscheidungssammlung der Oberlandesgerichte
OLGZ	Entscheidungen der Oberlandesgerichte in Zivilsachen
PartGG	Gesetz über Partnerschaftsgesellschaften Angehöriger Freier Berufe vom 27.7.1984
PartG mbB	Partnerschaftsgesellschaft mit beschränkter Berufshaftung
PatAO	Patenanwaltsordnung
PatG	Patentgesetz vom 16.12.1980
RAG	Reichsarbeitsgericht
RG	Reichsgericht
RGZ	amtliche Entscheidungssammlung des RG in Zivilsachen
SCE	Europäische Genossenschaft (Societas Cooperativa Europea)
SE	Societas Europaea
SprAuG	Sprecherausschussgesetz vom 20.12.1988
StBerG	Steuerberatungsgesetz
StGB	Strafgesetzbuch
StiftG NW	Stiftungsgesetz für das Land Nordrhein-Westfalen
SUP	Societas Unius Personae
UBGG	Gesetz über Unternehmensbeteiligungsgesellschaften
UMAG	Gesetz für Unternehmensintegrität und Modernisierung des Anfechtungsrechts
UmwG	Umwandlungsgesetz
UmwStG	Umwandlungssteuergesetz
UWG	Gesetz gegen den unlauteren Wettbewerb
VStG	Vermögensteuergesetz
Vorbem.	Vorbemerkung
WEG	Wohnungseigentumsgesetz
WM	Wertpapier-Mitteilungen
WpHG	Wertpapierhandelsgesetz vom 9.9.1998
WPo	Wirtschaftsprüferordnung
WpÜG	Wertpapiererwerbs- und Übernahmegesetz vom 20.12.2001

ZfA	Zeitschrift für Arbeitsrecht
ZGR	Zeitschrift für Unternehmens- und Gesellschaftsrecht
ZHR	Zeitschrift für das gesamte Handels- und Wirtschaftsrecht
ZIP	Zeitschrift für Wirtschaftsrecht
zit.	zitiert
ZPO	Zivilprozessordnung
ZRP	Zeitschrift für Rechtspolitik

Literaturverzeichnis

I. Lehr- und Lernbücher (Auswahl)

Buck-Heeb, Petra, Kapitalmarktrecht, 12. Aufl., Heidelberg 2022
Canaris, Claus-Wilhelm, Handelsrecht, 24. Aufl., München 2006
Edenfeld, Stefan, Betriebsverfassungsrecht. Mitbestimmung in Betrieb, Unternehmen und Behörde, 4. Aufl., Heidelberg 2014
Flume, Werner, Allgemeiner Teil des Bürgerlichen Rechts I/1, Die Personengesellschaft, Berlin 1977
Flume, Werner, Allgemeiner Teil des Bürgerlichen Rechts I/2, Die juristische Person, Berlin 1983
Grunewald, Barbara, Gesellschaftsrecht,11. Aufl., Tübingen 2020
Hadding, Walther/Hennrichs, Joachim, Die HGB-Klausur, 3. Aufl., München 2003
Hueck, Alfred, Das Recht der OHG, 4. Aufl. 1971
Kindler, Peter, Grundkurs Handels- und Gesellschaftsrecht, 7. Aufl., München 2014
Koch, Jens, Gesellschaftsrecht, 12. Aufl., München 2021
Kraft, Alfons/Kreutz, Peter, Gesellschaftsrecht, 12. Aufl., 2007
Kübler, Friedrich/Assmann, Heinz-Dieter, Gesellschaftsrecht, 6. Aufl., Heidelberg 2006
Kuhlmann, Jens/Ahnis, Erik, Konzern- und Umwandlungsrecht, 4. Aufl., Heidelberg 2016
Mock, Sebastian, Gesellschaftsrecht, 2. Aufl. 2019
Saenger, Ingo, Gesellschaftsrecht, 5. Aufl., München 2020
Schmidt, Karsten, Gesellschaftsrecht, 4. Aufl., Köln 2002
Schmidt, Karsten, Handelsrecht, 6. Aufl., Köln 2014
Timm, Wolfram/Schöne, Torsten, Fälle zum Handels- und Gesellschaftsrecht Bd. II, 9. Aufl., München 2019
Wiedemann, Herbert, Gesellschaftsrecht, Bd. 1, Grundlagen, München 1980
Wiedemann, Herbert, Gesellschaftsrecht, Bd. 2, Recht der Personengesellschaften, München 2004
Wiedemann, Herbert/Frey, Kaspar, Gesellschaftsrecht – Prüfe dein Wissen, 9. Aufl., München 2016
Windbichler, Christine, Gesellschaftsrecht, 24. Aufl., München 2017

II. Kommentare und Handbücher (Auswahl)

Altmeppen, Gesetz betreffend die Gesellschaften mit beschränkter Haftung (Kommentar), 10. Aufl., München 2021
Bartl/Bartl/Kleine/Koch/Schlarb/Schmitt, GmbH-Recht (Heidelberger Kommentar), 8. Aufl., Heidelberg 2019, zit. HK-GmbHG
Baumbach/Hueck, siehe Noack/Servatius/Haas Beuthien, Volker, Genossenschaftsgesetz (Kommentar), 15. Aufl., München 2010
Bürgers/Körber (Hrsg.), Aktiengesetz (Heidelberger Kommentar), 3. Aufl., Heidelberg 2014
Ebenroth/Boujong/Joost, Handelsgesetzbuch, 3. Aufl., München seit 2014
Glanegger/Kirnberger u.a., Handelsgesetzbuch, Handelsrecht-Bilanzrecht-Steuerrecht (Heidelberger Kommentar), 7. Aufl., Heidelberg 2007
Hachenburg, Max, Gesetz betreffend die Gesellschaften mit beschränkter Haftung, Kommentar, 8. Aufl. seit 1992
Henn/Frodermann/Jannot, Handbuch des Aktienrechts, 8. Aufl., Heidelberg 2009
Henssler, Martin, Partnerschaftsgesellschaftsgesetz, 2. Aufl., München 2008

Hopt, Handelsgesetzbuch (Kommentar), 41. Aufl., München 2022
Hopt, Klaus/Wiedemann, Herbert, Aktiengesetz. Großkommentar, 4. Aufl., Berlin seit 2004
Hüffer, Uwe/Koch, Jens, Aktiengesetz (Kommentar), 15. Aufl., München 2021
Koller/Roth/Morck, Handelsgesetzbuch (Kommentar), 7. Aufl., München 2011
Kölner Kommentar zum Aktiengesetz, 3. Aufl., Köln seit 2009
Lutter/Hommelhoff, GmbH-Gesetz (Kommentar), 20. Aufl., Köln 2020
Münchener Kommentar zum Aktiengesetz, 4. Aufl. München seit 2014, 5. Aufl. seit 2019
Münchener Kommentar zum Bürgerlichen Gesetzbuch, 8. Aufl., München seit 2018
Münchener Kommentar zum Handelsgesetzbuch, 4. Aufl., München seit 2016
Noack/Servatius/Haas, GmbHG (Kommentar), 23. Aufl. 2022.
Rowedder et. al., Gesetz betreffend die Gesellschaft mit beschränkter Haftung (Kommentar), 6. Aufl., München 2017
Scholz, Franz (Hrsg.), Kommentar zum GmbH-Gesetz, 12. Aufl., Köln seit 2018
Staub, Herrmann u.a., Großkommentar zum Handelsgesetzbuch, 5. Aufl., Berlin seit 2008
Ulmer/Habersack/Winter, GmbHG, Großkommentar zum GmbHG, 2. Aufl. seit 2013
Wicke, GmbHG (Kommentar), 4. Aufl. 2020
Wlotzke, Otfried/Wissmann, Hellmuth/Koberski, Wolfgang/Kleinsorge, Georg, Mitbestimmungsrecht (Kommentar), 4. Aufl., München 2011

Teil I

Grundlagen und Grundbegriffe des Gesellschaftsrechts

§ 1 Das Gesellschaftsrecht und seine Bedeutung für die Rechts- und Wirtschaftsordnung der Bundesrepublik Deutschland

Fall 1: Eine Gesellschaft, die in den Niederlanden nach dem Recht dieses Staates gegründet worden und nach niederländischem Recht rechts- und parteifähig ist, verlegt ihren Hauptsitz nach Deutschland. Ein deutsches Gericht spricht dieser Gesellschaft unter Berufung auf deutsches Recht die Rechts- und Parteifähigkeit ab. Zu Recht? **Rn. 18** 1

Literatur: *Ballerstedt*, Was ist Unternehmensrecht?, FS Duden, S. 15 ff.; *Habersack/Verse*, Europäisches Gesellschaftsrecht, 4. Aufl. 2011; *von Halen*, Das internationale Gesellschaftsrecht nach dem Überseering-Urteil des EuGH, WM 2003, 571 ff.; *ders.*, Europäisches Gesellschaftsrecht und deutsche Unternehmensverfassung – Aktionsplan und Interdependenzen, ZIP 2005, 461 ff.; *Herdegen*, Internationales Wirtschaftsrecht, 6. Aufl. 2007, § 15; *Hofmeister*, Grundlagen und Entwicklungen des Internationalen Gesellschaftsrechts, WM 2007, 868 ff.; *Hopt*, Europäisches Gesellschaftsrecht – Krise und neue Anläufe, ZIP 1998, 96 ff.; *Jung*, Individualschutz durch Wirtschaftsgrundrechte im Gesellschaftsrecht, JZ 2001, 1004 ff.; *Röhricht*, Insolvenzrechtliche Aspekte im Gesellschaftsrecht, ZIP 2005, 505 ff.; *W.-H. Roth*, Internationalprivatrechtliche Aspekte der Personengesellschaften, ZGR 2014, 168 ff.; *Schneeloch*, Rechtsformwahl und Rechtsformwechsel mittelständischer Unternehmen, 2. Aufl. 2006; *Weller*, Internationales Unternehmensrecht 2010, ZGR 2010, 679 ff.; *W. Schön*, Das System der gesellschaftsrechtlichen Niederlassungsfreiheit nach VALE, ZGR 2013, 333 ff.

I. Der Begriff Gesellschaftsrecht

In der Bundesrepublik Deutschland wird ein großer Teil der wirtschaftlichen Aktivitäten von Personenvereinigungen unternommen, die als Gesellschaften bezeichnet werden. Das Wort Gesellschaft wird allgemein, aber auch in der Rechtssprache unterschiedlich verwandt. Hier wird Gesellschaft als Oberbegriff für alle privatrechtlichen Personenvereinigungen verstanden. Die wichtigsten davon werden in § 2 vorgestellt. 2

Wichtige Industrieprodukte, wie z.B. Flugzeuge, Computer, Automobile und Kraftwerke, können nur von Organisationen erzeugt werden, die durch viele Gesellschafter getragen werden und Tausende von Mitarbeitern beschäftigen. Aber auch für weniger schwierige Aufgaben erweist sich die Bildung von arbeitsteiligen Organisationen als sinnvoll und notwendig, weil auf diese Weise persönliche und finanzielle Ressourcen vieler Personen für die Verfolgung gemeinsamer Zwecke dienstbar gemacht werden können. Das wirtschaftliche Leben in der Bundesrepublik Deutschland wird deshalb entscheidend von privaten Organisationen, den Gesellschaften, geprägt. Mit den Regelungen über diese privaten Organisationen befasst sich das Gesellschaftsrecht.

3 Das Gesellschaftsrecht ist ein wichtiges Teilgebiet des Privatrechts. Es enthält u.a. Regelungen über die

- zulässigen Organisationsformen von Gesellschaften,
- Gründung und Beendigung der Gesellschaften,
- innere Struktur, insbesondere über die Willensbildung und das Verhältnis der Gesellschafter untereinander, sowie
- privatrechtlichen Beziehungen der Gesellschaft zu außenstehenden Dritten, insbesondere die Haftung und die Vertretungsmacht der Gesellschafter.

Beispiele: Die Frage, wie eine Gesellschaft gegründet werden und welchen inneren Aufbau sie haben kann, ist im Gesellschaftsrecht geregelt. Ebenso bestimmt das Gesellschaftsrecht, wer für die Verbindlichkeiten einer Gesellschaft haftet und wer für die Gesellschaft rechtsverbindlich handeln kann.

Das Gesellschaftsrecht ist Schuldrecht und in weitem Umfang auch Verbandsrecht[1]. Im Unterschied zu den verbreiteten Austauschverträgen des Schuldrechts (wie etwa Kauf, Miete, Werkvertrag) zeichnet es sich dadurch aus, dass die beteiligten Personen nicht nur je ihre eigenen Zwecke verfolgen, sondern einen gemeinsamen Zweck, wie z.B. die Gewinnerzielung. Insofern darf man § 705 BGB als Grundnorm des Gesellschaftsrechts verstehen.

Das Gesellschaftsrecht bildet einen Kernbereich des *Unternehmensrechts*, des Teils der Privatrechtsordnung also, der durch einzelwirtschaftliche, sozialpolitische und gesamtwirtschaftliche Aspekte geprägt wird[2].

II. Das Gesellschaftsrecht und seine Stellung im Verhältnis zu anderen Rechtsgebieten

4 Gesellschaftsrechtliche Vorschriften finden sich u.a. im BGB, im HGB und in einer Reihe von Spezialgesetzen, wie z.B. dem Aktiengesetz, dem GmbH-Gesetz, dem PartGG, dem Genossenschaftsgesetz, dem Mitbestimmungsgesetz und dem Umwandlungsgesetz.

Die allgemeinen Regeln des bürgerlichen Rechts, wie z.B. diejenigen über die Geschäftsfähigkeit, die Willenserklärungen und die Auslegung, gelten auch für das Gesellschaftsrecht.

Beispiel: Die Kündigung eines Gesellschafters einer offenen Handelsgesellschaft führt zu dessen Ausscheiden aus der Gesellschaft und richtet sich nach §§ 132, 131 Abs. 3 Nr. 3 HGB i.V.m. dem Gesellschaftsvertrag, den die Gesellschafter der offenen Handelsgesellschaft abgeschlossen haben. Ob eine Erklärung, mit der ein Gesellschafter einer offenen Handelsgesellschaft die Gesellschaft im Wege der Kündigung auflösen möchte, zugegangen und damit wirksam geworden ist, richtet sich nach §§ 130 ff. BGB.

---

1 Dazu und zum Verbandsbegriff *K. Schmidt*, Gesellschaftsrecht, § 7 I.

2 *Ballerstedt*, FS Duden, S. 15, 28.

Enge Verbindungen bestehen heute insbesondere zwischen dem Gesellschaftsrecht und dem Steuerrecht. Steuerrechtliche Aspekte beeinflussen sehr häufig die Wahl der Gesellschaftsform. Das Steuerrecht ist gegenüber den einzelnen Gesellschaftsformen nicht neutral. Deshalb spielen steuerrechtliche Überlegungen bei der Rechtsformwahl und einem etwaigen Rechtsformwechsel eine bedeutende Rolle[3]. **5**

Wichtige Vorschriften über die innere Organisation von Gesellschaften finden sich im Mitbestimmungsgesetz und im DrittelBG, zwei Gesetzen, die dem Arbeitsrecht zugeordnet sind.

Eng verbunden ist dem Gesellschaftsrecht das Kapitalmarktrecht, das dem Anlegerschutz und der Funktionsfähigkeit der Kapitalmärkte dient. Da die Aktiengesellschaft diejenige Gesellschaftsform ist, die dafür geschaffen ist, am Markt Kapital zu sammeln, enthält das Aktienrecht bereits einen Teil der kapitalmarktrechtlichen Regelungen. Um Betrug bei der Einwerbung von Kapital zu verhindern, hat der Gesetzgeber als bedeutende kapitalmarktrechtliche Regelung die Börsenprospekthaftung geschaffen, geregelt im Wertpapierprospektgesetz (WpPG). Wichtige Gesetze mit kapitalmarktrechtlichen Regelungstatbeständen sind darüber hinaus das Wertpapierhandelsgesetz (WpHG) von 1994 und das Gesetz zur Regelung von öffentlichen Angeboten zum Erwerb von Wertpapieren und von Unternehmensübernahmen (WpÜG) von 2001. Beide Gesetze enthalten Regelungen betreffend die Pflichten von Organmitgliedern im Interesse des Anlegerschutzes. Seit einiger Zeit finden sich wesentliche Vorschriften wie etwa das Insiderrecht in der Marktmissbrauchsverordnung (MMVO) wieder. Für die Durchsetzung von Anlegeransprüchen bedeutsam ist noch das (KapMUG).

Gesellschaftsrechtlichen und kapitalmarktrechtlichen Bedürfnissen dient das Bilanzrecht, das im Wesentlichen im 3. Buch des HGB verankert ist. Darin hat das bisher umfangreichste Vorhaben der Europäischen Union zur Harmonisierung des Gesellschaftsrechts seinen Niederschlag gefunden, mit dem es gelungen ist, das gesamte Bilanzrecht für die Kapitalgesellschaften in ihren unterschiedlichen Ausprägungen und die Genossenschaft unter Einbeziehung der wichtigsten Grundsätze ordnungsmäßiger Buchführung für die Personenhandelsgesellschaften an das Recht innerhalb der Europäischen Union anzugleichen. **6**

Dem Gesellschaftsrecht ebenfalls eng verbunden ist das Kartell- und Wettbewerbsrecht. Darunter ist in erster Linie das Recht gegen Wettbewerbsbeschränkungen zu verstehen, das die Bekämpfung von Beschränkungen des Wettbewerbs durch Wettbewerber zum Gegenstand hat, geregelt im deutschen GWB sowie im EU-Recht, insb. den Artt. 101 f. AEUV sowie der Fusionskontrollverordnung (FKVO). Es geht u.a. um die wettbewerbsrechtliche Kontrolle von Zusammenschlüssen, die der Aufrechterhaltung eines funktionierenden Marktes dienen soll.

Enge Bezüge gibt es auch zwischen Gesellschaftsrecht und dem in der Insolvenzordnung (InsO) geregelten Insolvenzrecht. Eine der Aufgaben des Insolvenzrechts besteht darin, die Marktteilnahme von Gesellschaften zu unterbinden, die ihren Verpflichtungen nicht mehr nachkommen können und deshalb eine Gefahr für den **7**

---

3 S. zu alldem *Schneeloch*, insb. S. 95 ff.

Rechtsverkehr darstellen[4]. Darüber hinaus stellt das Insolvenzrecht ein rechtliches Instrumentarium gegen Handlungen zur Verfügung, welche die Vermögensmasse eines Schuldners, die zur Befriedigung der Gläubiger in einem geordneten Verteilungsverfahren zur Verfügung stehen soll, im Vorfeld der Insolvenzeröffnung schmälern, in erster Linie das sog. Recht der Insolvenzanfechtung der § 129 ff. InsO. In diesem Zusammenhang weisen die Kapitalschutzvorschriften des Gesellschaftsrechts einen erheblichen Bezug zum Insolvenzrecht auf[5].

8 Allenfalls gesellschaftsrechtliche Bezüge hat das am 1.1.1987 in Kraft getretene und zum 1.4.1998 geänderte Gesetz über Unternehmensbeteiligungsgesellschaften (UBGG), mit dem den nicht börsennotierten mittelständischen Unternehmen der indirekte Zugang zum Kapitalmarkt eröffnet und damit ihre Außenfinanzierungsmöglichkeit verbessert werden soll. Das UBGG schafft den zur Verwirklichung dieser Ziele notwendigen Organisationsrahmen. Danach sind Unternehmensbeteiligungsgesellschaften in den Rechtsformen der AG, GmbH, KGaA und der KG zulässig (§ 2 UBGG). Wegen der weiteren Einzelheiten wird auf Rn. 587 verwiesen.

III. Gesellschaftsrecht und Wirtschaftsordnung

9 Das Gesellschaftsrecht ist ein wichtiger Bestandteil der Wirtschaftsordnung der Bundesrepublik Deutschland. Das deutsche Gesellschaftsrecht gewährt zusammen mit der Berufs- und Gewerbefreiheit jeder Person das Recht, sich mit anderen Personen zur Verfolgung wirtschaftlicher Ziele zu Organisationen zusammenzuschließen sowie andere Personen zu beschäftigen. Diese Freiheitsrechte sind ein entscheidendes Strukturmerkmal der Wirtschaftsordnung. In der Bundesrepublik Deutschland können also grundsätzlich alle Personen frei entscheiden, ob sie sich zusammenschließen wollen und mit welchen Mitteln sie das zu welchem Zweck und in welcher Rechtsform tun wollen.

10 Als systemgebundenes Recht ist das Gesellschaftsrecht zwischen unterschiedlichen Gesellschafts- und Wirtschaftsordnungen nicht frei austauschbar. Dort, wo – wie z.B. ehemals in den Staaten des sog. Ostblocks – das private Eigentum an den Produktionsmitteln im Sinne von Verfügungs- und Nutzungsfreiheit sowie die Vertragsfreiheit und darauf basierend die private Wirtschaftsinitiative nicht zu den Essentialien der Rechts- und Wirtschaftsordnung gehören, ist das Gesellschaftsrecht der Bundesrepublik Deutschland nicht denkbar.

11 Die Grundentscheidungen für die Rechts- und damit auch die Wirtschaftsordnung in der Bundesrepublik Deutschland sind in der Verfassung, dem Grundgesetz, niedergelegt. Das Grundgesetz ordnet das Staatswesen Bundesrepublik Deutschland als Republik, Demokratie, sozialen Rechtsstaat und Bundesstaat. Es enthält auch eine Reihe von Normen, die das Wirtschaftsleben entscheidend prägen. Als Beispiele seien die Garantie des Privateigentums (Art. 14 Abs. 1 GG), die Sozialbindung des Eigentums (Art. 14 Abs. 2 GG), die Vereinigungsfreiheit (Art. 9 GG) und die Berufsfreiheit

4 *Röhricht*, ZIP 2005, 505, 506.
5 *Röhricht*, ZIP 2005, 505 ff.

(Art. 12 GG) genannt. In der Frage, ob und inwieweit das Grundgesetz wirtschaftspolitische Festlegungen getroffen hat, herrscht weitgehende Übereinstimmung. Das Grundgesetz lässt die Frage nach der Wirtschaftsordnung bewusst offen, um der freien Auseinandersetzung und Gestaltung Raum zu lassen. Der vom Grundgesetz geschaffene Gestaltungsraum wird u.a. durch das Gesellschaftsrecht ausgefüllt, das damit ein wichtiges Strukturprinzip der Rechts- und Wirtschaftsordnung in der Bundesrepublik Deutschland darstellt. Man darf aber nicht vergessen, dass nicht nur Gesellschaften als Akteure am Wirtschaftsleben teilhaben, es gibt darüber hinaus z.B. auch Einzelunternehmer sowie Stiftungen, die beide zwar Rechtsträger, aber eben keine Gesellschaften (verstanden als Verband aus mehreren Personen) sind.

IV. Europäisches Gesellschaftsrecht

Die Entwicklung eines europäischen Gesellschaftsrechts verläuft zeitlich weitgehend 12
parallel zur EU-Rechtsangleichung allgemein. Sie beruht auf der Idee, ein weitgehend harmonisiertes europaweit geltendes Privatrecht zu schaffen. Das Gesellschaftsrecht ist wie kaum ein anderer Bereich des Privatrechts durch europäisches Primär- und Sekundärrecht beeinflusst.

Das europäische Gesellschaftsrecht kann man in drei Bereiche aufteilen:
- Die Harmonisierung und Koordinierung der nationalen Gesellschaftsrechte. Art. 50 Abs. 2g AEU-Vertrag enthält das primäre Gemeinschaftsrecht, u.a. den ausdrücklichen Auftrag, der die Angleichung und Koordinierung der nationalen Gesellschaftsrechte zum Ziel hat.
- Die Schaffung supranationaler Gesellschaftsformen.
- Die Sicherung der Niederlassungsfreiheit der Gesellschaften.

Im Bereich der **Harmonisierung und Koordinierung der nationalen Rechte** sind 13
die teils bereits erlassenen, teils erst vorgeschlagenen europäischen Rechtsakte auf dem Gebiet des Gesellschaftsrechts, zumeist Richtlinien, zahlreich und betreffen viele Bereiche. Sie reichen von der Gründung der Gesellschaft bis zu ihrer Liquidation. Bei den vom europäischen Gesellschaftsrecht erfassten Gesellschaftstypen stand zunächst die Aktiengesellschaft im Vordergrund. Viele Richtlinien und Richtlinienvorschläge betreffen aber auch andere Gesellschaftsformen, wie z.B. die GmbH[6]. Inzwischen hat das Europäische Gesellschaftsrecht die deutsche Unternehmensverfassung in vielfacher Hinsicht geprägt[7].

Was die **supranationalen Gesellschaftsformen** angeht, so besteht seit 1989 die Möglichkeit, dass Unternehmen aus jedenfalls zwei Mitgliedstaaten der EU sich zu einer Europäischen wirtschaftlichen Interessenvereinigung (EWIV) zusammenschließen. Dabei handelt es sich um eine Personenhandelsgesellschaft, auf die in Deutschland überwiegend das Recht der OHG anzuwenden ist (vgl. dazu Rn. 41 f. und 314 f.).

---

6 Zu Einzelheiten *Hopt*, ZIP 1998, 96, 103.
7 S. dazu *Hopt*, ZIP 2005, 461 ff.

14 Die **Europäische Aktiengesellschaft (Societas Europaea = SE)** gewährt die Möglichkeit, eine supranationale Rechtsform für eine Kapitalgesellschaft zu nutzen (s. dazu Rn. 42 und 593 f.). Eine weitere europäische Gesellschaftsform ist die **Europäische Genossenschaft (Societas Cooperativa Europea = SCE)**.

Ein Richtlinienentwurf der EU-Kommission von 2013 sieht die Einführung einer **Societas Unius Personae (SUP)** als einer geschlossenen Kapitalgesellschaft mit nur einem Gesellschafter vor.

Bei der Ausübung der **Niederlassungsfreiheit** durch Gesellschaften geht es um die Nichtdiskriminierung von Gesellschaften aus anderen Mitgliedsstaaten der EU und die Herstellung der rechtlichen Möglichkeiten für grenzüberschreitende Tätigkeiten durch Agenturen, Zweigniederlassungen und Tochtergesellschaften. Außerdem ist das Problem der Fusionen mit Gesellschaften aus anderen Mitgliedsstaaten angesprochen.

V. Internationales Gesellschaftsrecht

15 Das Internationale Gesellschaftsrecht ist dasjenige Recht, das bestimmt, nach welchem Recht eine Personenvereinigung zu behandeln ist, wenn auf Grund eines Sachverhalts auch ein anderes als das nationale Recht Anwendung finden könnte (Gesellschaftsstatut). Das Internationale Gesellschaftsrecht ist Teil des Internationalen Privatrechts, das nationales Recht ist und die sog. **Kollisionsnormen** enthält.

Das Gesellschaftsstatut bestimmt also, welches Recht anzuwenden ist. Gem. der Lehre vom gesellschaftsrechtlichen Einheitsstatut kann das Gesellschaftsstatut immer nur *einer* Rechtsordnung unterstehen. Alles, was als gesellschaftsrechtlich zu qualifizieren ist, wird vom Gesellschaftsstatut erfasst. Das Gesellschaftsstatut bestimmt sowohl das Innen- als auch das Außenrecht der Gesellschaft[8].

Die Festlegung des Gesellschaftsstatuts ist in erster Linie eine Frage, die nach dem jeweiligen **Internationalen Privatrecht** zu beantworten ist, welches nationales Recht darstellt. Für den Bereich der Europäischen Union wird das nationale Recht jedoch durch Europarecht überlagert, das nicht zuletzt durch die Rspr. des EuGH geprägt wird. Für das Gesellschaftsstatut gibt es im Wesentlichen zwei Anknüpfungsmethoden, die **Sitztheorie** und die **Gründungstheorie**. Nach der Sitztheorie ist diejenige Rechtsordnung anzuwenden, die an dem tatsächlichen Verwaltungssitz des Unternehmens gilt. Nach der Gründungstheorie gilt die Rechtsordnung, nach deren Bestimmungen der Gesellschaftsvertrag geschlossen worden ist.

Beispiel: Verlegt eine belgische Gesellschaft, die in Brüssel gegründet worden ist, ihren Hauptsitz und den Schwerpunkt der Geschäftstätigkeit nach Berlin, so wäre nach der Sitztheorie auf diese Gesellschaft nun deutsches Recht anwendbar. Anders wäre es nach der Gründungstheorie; es fände weiterhin belgisches Recht Anwendung.

16 Innerhalb der EU führt die Anwendung der Sitztheorie zu Schwierigkeiten, da die Gesellschaften nach Art. 49 und Art. 54 AEU-Vertrag Niederlassungsfreiheit und nach Art. 56 und Art. 62 AEU-Vertrag Dienstleistungsfreiheit genießen. Der EuGH[9] hat in

8 *Hofmeister*, WM 2007, 868 mit Nachw.
9 Urt. vom 5.11.2002, ZIP 2002, 2372.

einem Fall, in dem es um die Anerkennung der Rechts- und Parteifähigkeit einer ausländischen Gesellschaft durch ein deutsches Gericht ging, entschieden, es verstoße gegen die Art. 49 und Art. 54 AEU-Vertrag, wenn einer Gesellschaft, die nach dem Recht des Mitgliedstaates, in dessen Hoheitsgebiet sie ihren satzungsmäßigen Sitz hat, gegründet worden ist und von der nach dem Recht eines anderen Mitgliedstaates angenommen wird, dass sie ihren tatsächlichen Verwaltungssitz dorthin verlegt hat, in diesem Mitgliedstaat die Rechtsfähigkeit und die Parteifähigkeit abgesprochen wird. Das bedeutet: Macht eine Gesellschaft, die nach dem Recht des Mitgliedstaates gegründet worden ist, in dessen Hoheitsgebiet sie ihren satzungsmäßigen Sitz hat, in einem anderen Mitgliedstaat von ihrer Niederlassungsfreiheit Gebrauch, so ist dieser andere Mitgliedstaat nach den Art. 49 und Art. 54 AEU-Vertrag verpflichtet, die Rechtsfähigkeit und damit auch die Parteifähigkeit zu respektieren, die diese Gesellschaft nach dem Recht ihres Gründungsstaates besitzt[10].

Mit einer Entscheidung zum grenzüberschreitenden Formwechsel hat der EuGH[11] die Vorgaben der Art. 49, 54 AEU-Vertrag für die Anerkennung, Sitzverlegung und **Umwandlung von Gesellschaften innerhalb der EU** konkretisiert. Nach diesem Urteil haben die Mitgliedstaaten der ausländischen Gesellschaft den Wechsel in eine nationale Rechtsform unter denselben Bedingungen zu gestatten wie einer inländischen Gesellschaft.[12]

Für die sachliche Anwendung der **sog. Grundfreiheiten** des Europäischen Gemeinschaftsrechts ist entscheidend, dass die ausgeübte Tätigkeit zum Wirtschaftsleben i.S. des Art. 2 EGV (im Wesentlichen ersetzt durch Art. 3 AEU-Vertrag) zählt. Ein Idealverein, der nicht gewinnorientiert als Wettbewerber zu kommerziellen Unternehmen am Markt auftritt, kann die Niederlassungsfreiheit nach Art. 49 und Art. 54 AEU-Vertrag nicht für sich in Anspruch nehmen[13]. **17**

Was die Bestimmung des Gesellschaftsstatuts für Gesellschaften angeht, die nicht nach dem Recht eines EU-Mitgliedstaates, sondern nach dem eines Drittstaates gegründet worden sind, so hält der BGH[14] an der Sitztheorie fest, weil sich diese Gesellschaften nicht auf die Niederlassungsfreiheit nach Europarecht berufen können[15].

Lösung zu Fall 1: Die Entscheidung des deutschen Gerichts könnte gegen europäisches Recht verstoßen. Die Gesellschaft hat von ihrem Niederlassungsfreiheit Gebrauch gemacht. Die Gerichte der Mitgliedstaaten sind deshalb gem. Art. 49 und Art. 54 AEU-Vertrag verpflichtet, die Rechts- und Parteifähigkeit so zu respektieren, wie sie nach dem Recht des Gründungsstaates gewährt wird. Einer Gesellschaft, die in den Niederlanden nach dem Recht dieses Staates gegründet worden und nach niederländischem Recht rechts- und parteifähig ist, darf deshalb für den Fall, dass der Hauptsitz der Gesellschaft nach Deutschland verlegt worden ist, von einem deutschen Gericht unter Berufung auf deutsches Recht nicht die Rechts- und Parteifähigkeit nicht abgesprochen werden. **18**

10 Dazu *v. Halen*, WM 2003, 571 ff.
11 EuGH, ZIP2012, 1394.
12 *W. Schön*, ZGR 2013, 333.
13 OLG Zweibrücken MDR 2006, 219 f.
14 WM 2002, 1929.
15 Zu den Einzelheiten s. *Hofmeister*, WM 2007, 868, 872.

§ 2 Organisationsformen im wirtschaftlichen Bereich

19 **Fall 2:** Die A-Aktiengesellschaft (A-AG) möchte mit dem Unternehmen U einen Vertrag über die Lieferung von Halbfertigprodukten zum Zwecke der Weiterverarbeitung abschließen. Kann die A-AG Vertragspartnerin sein und wie kann sie ggf. wirksam einen Vertrag mit U abschließen? **Rn. 43**

Literatur: *V. Beuthien*, Zur Grundlagengewissheit des deutschen Gesellschaftsrechts, NJW 2005, 855 ff.; *derselbe*,, Zur Funktion und Verantwortung juristischer Personen im Privatrecht, JZ 2011, 124 ff.; *Gurlit*, Grundrechtsbindung von Unternehmen, NZG 2012, 249; *Kempen*, Grundrechtsverpflichtete, in: HGR II § 54; *Lehmann*, Der Begriff der Rechtsfähigkeit, AcP 207 (2007), 225 ff.; *Mertens*, Die Grundrechtsfähigkeit der juristischen Person und das Gesellschaftsrecht, JuS 1989, 857 ff.; *Müller/Gugenberger*, EWIV – Die neue europäische Gesellschaftsform, NJW 1989, 1449 ff.; *Omlor*, Die Societas Unius Personae – eine supranationale Erweiterung der deutschen GmbH-Familie; *Ries*, Societas Unius Personae, NZG 2014, 569 f.; *K. Schmidt*, Neuregelung des Rechts der Personengesellschaften? – Vorüberlegungen für eine konsistente Reform, ZHR 177 (2013), 712 ff.; *Tettinger*, Juristische Personen des Privatrechts als Grundrechtsträger, in: HGR II, § 51; *Weimar*, Einmann-Personengesellschaft – ein neuer Typ des Gesellschaftsrechts?, ZIP 1997, 1769 ff.

I. Arten von Gesellschaften

20 Unter einer Gesellschaft wird der auf einem Rechtsgeschäft beruhende Zusammenschluss von Personen zur Verfolgung eines gemeinsamen Zweckes verstanden.

Die wichtigsten Gesellschaften sind:
(1) die Gesellschaft bürgerlichen Rechts (BGB-Gesellschaft; §§ 705 ff. BGB),
(2) die offene Handelsgesellschaft (OHG; §§ 105 ff. HGB),
(3) die Kommanditgesellschaft (KG; §§ 161 ff. HGB),
(4) die Partnerschaftsgesellschaft (PartGG),
(5) die stille Gesellschaft (§§ 230 ff. HGB),
(6) der eingetragene Verein (§§ 21 ff. und 55 ff. BGB),
(7) der nichtrechtsfähige Verein (§ 54 BGB),
(8) der wirtschaftliche Verein (§ 22 BGB),
(9) die Aktiengesellschaft (AG; AktG),
(10) die Kommanditgesellschaft auf Aktien (KGaA; §§ 278 ff. AktG),
(11) die Europäische Aktiengesellschaft (Societas Europaea = SE, SE-VO i.V.m. AktG, SEBG),
(12) die Gesellschaft mit beschränkter Haftung (GmbH; GmbHG),
(13) die eingetragene Genossenschaft (eG; GenG),
(14) die Reederei (§§ 489 ff. HGB),
(15) der Versicherungsverein auf Gegenseitigkeit (VVaG; §§ 171 ff. VAG).

Ferner ist noch die Rechtsform der Stiftung (§ 80 ff. BGB) zu nennen, die allerdings keine Gesellschaft ist.

II. Personengesellschaften, Körperschaften, juristische Personen

1. Personengesellschaften und Körperschaften

Fast alle der oben genannten Vereinigungsarten lassen sich auf **zwei Grundtypen** zurückführen, die beide im BGB geregelt sind: 21

- die **Gesellschaft bürgerlichen Rechts** (§§ 705 ff. BGB)
- und den **Verein** (§§ 21 ff. BGB).

Die auf dem Grundtyp der BGB-Gesellschaft beruhenden Gesellschaften sind **Personengesellschaften**; diejenigen Vereinigungen, die auf den Verein zurückzuführen sind, sind **Körperschaften**. Die Personengesellschaften sind: die BGB-Gesellschaft, die offene Handelsgesellschaft, die Kommanditgesellschaft, die Partnerschaftsgesellschaft und die stille Gesellschaft. Der Zusammenschluss beruht auf dem persönlichen Vertrauen, das sich die einzelnen Gesellschafter entgegenbringen und dem Vertrag, den sie untereinander geschlossen haben. Deshalb ist der Fortbestand einer Personengesellschaft grundsätzlich von der unveränderten Zusammensetzung des Personenkreises abhängig, der sich zu der Gesellschaft zusammengeschlossen hat.

Das bedeutet u.a.:

- im Zweifel endet die Gesellschaft mit dem Tode eines Gesellschafters (§ 727 BGB);
- grundsätzlich muss sich keiner der Gesellschafter gegen seinen Willen einen anderen Gesellschafter aufzwingen lassen.

Beispiel: Der Anteil an einer OHG, einer typischen Personengesellschaft, kann ohne die Zustimmung aller Gesellschafter nicht auf eine andere Person, die bisher nicht Gesellschafter war, übertragen werden. Dieser Grundsatz dient lediglich dem Schutz der Gesellschafter. Er kann deshalb durch eine davon abweichende Regelung im Gesellschaftsvertrag abgeändert werden.

Die gesetzlichen Regelungen über Personengesellschaften sind im BGB, im HGB und im Partnerschaftsgesellschaftsgesetz (PartGG) enthalten. Die Vorschriften über die BGB-Gesellschaft finden auch auf die OHG, die KG, die Partnerschaftsgesellschaft und die stille Gesellschaft Anwendung, soweit das HGB und das PartGG im Verhältnis zum BGB nicht Sonderregelungen enthalten (s. § 105 Abs. 3 und § 161 Abs. 2 HGB). Das heute angewandte Recht der Personengesellschaften ist zu wesentlichen Teilen das Resultat einer systematischen Neuordnung des Gesellschaftsrechts, die auf einer von Wissenschaft und Rechtsprechung dominierten Rechtsfortbildung beruht.[1] Das gilt insbesondere für das im BGB (§§ 705 ff.) geregelte Recht der BGB-Gesellschaft, in dem viele Bestimmungen Ausdruck überholter Vorstellungen sind. 22

1 *K. Schmidt*, ZHR 177 (2013), 212 ff.

[**Zur Rechtslage nach dem MoPeG:**

Der Gesetzgeber hat nun mit dem Gesetz zur Modernisierung des Personengesellschaftsrechts vom 10.8.2021[2] (i.F. MoPeG) auf diese Rechtsfortbildung reagiert und sie durch eine Reform des Personengesellschaftsrechts weitgehend in das geschriebene Recht übernommen. Das MoPeG hat u.a. einige systematische Folgen, die in Rn. 34 erläutert werden. Die Vorschriften des MoPeG treten erst am 1.1.2024 in Kraft, werden aber gleichwohl im Folgenden dargestellt, zum einen, da sie zum Verständnis des geltenden Rechts beitragen und zum anderen, um über die künftige Rechtslage zu informieren. Soweit Vorschriften aus dem MoPeG zitiert werden, wird das Gesetz als BGB-E bezeichnet. Die „Rechtslage nach dem MoPeG" wird durch Einschübe in eckigen Klammern vom Rest des Textes abgesetzt (wie dieser Absatz). Vor den Darstellungen zur BGB-Gesellschaft und zur OHG finden Sie Synopsen, um die wesentlichen Vorschriften nach dem Inkrafttreten der Reform wiederfinden zu können.]

23 Der **Verein** (§§ 21 ff. BGB) ist eine **Körperschaft des Privatrechts**. Körperschaften sind auf Dauer angelegte Zusammenschlüsse von Personen, die einen überindividuellen Zweck verfolgen und deren Bestand vom Wechsel der Mitglieder unabhängig ist. Diese Elemente betonen vor allem die Unabhängigkeit der Körperschaft von ihren Mitgliedern. Der Zweck eines Vereins (z.B. sportliche Freizeitgestaltung) soll die Einzelpersönlichkeiten der Mitglieder überdauern. Der Verein besteht auch weiter, wenn ein oder mehrere Mitglieder ausscheiden. Auch ein vollständiger Mitgliederwechsel ist grundsätzlich denkbar und möglich.

24 Der im Vereinsregister eingetragene Verein (e.V., § 21 BGB) ist zugleich der im BGB geregelte Prototyp der **Juristischen Person**, die das BGB in den §§ 21 ff. den zuvor in den §§ 1 ff. geregelten natürlichen Personen (Menschen) gegenüberstellt. Juristische Personen sind wie natürliche Personen rechtsfähig und können daher selbst am Rechtsverkehr teilnehmen (näher Rn. 27 ff.). Zu den Verbänden, die auf den eingetragenen Verein zurückzuführen und ebenfalls Körperschaften und juristische Personen sind, gehören u.a. die Aktiengesellschaft und die Gesellschaft mit beschränkter Haftung.

25 Die juristische Person, wie z.B. eine GmbH oder eine Aktiengesellschaft, kann auch dann noch bestehen, wenn nur ein Mitglied vorhanden ist. Das bedeutet z.B., dass eine Aktiengesellschaft oder eine GmbH weiterbesteht, wenn sich die Anteile auf Grund des Ausscheidens der anderen Gesellschafter in einer Person vereinigen. Eine GmbH und eine AG können sogar als Ein-Personen-„Gesellschaft" gegründet werden (vgl. dazu Rn. 846 ff.). Daran zeigt sich, dass das Gesellschaftsrecht (i.w.S.) nicht nur das Zusammenwirken mehrerer Gesellschafter, also das Recht der Gesellschaften (Gesellschaftsrecht i.e.S.) regelt, sondern darüber hinaus bestimmte Organisationsformen zur Verfügung stellt, derer sich auch Einzelpersonen bedienen können.

26 Wenn man das „Gesellschaftsrecht" derart weit versteht, dann muss man das Recht der **Stiftung** (§§ 80 ff. BGB) in die Betrachtung miteinbeziehen, da die Stiftung ebenfalls eine Organisationsform für einen Rechtsträger ist, der am Wirtschaftsleben teilnimmt. Als rechtlich verselbständigtes Vermögen hat die Stiftung jedoch keine Mit-

2 BGBl. I S. 3436.

glieder (sie ist also weder Gesellschaft noch Körperschaft), wohl aber ist sie juristische Person und damit selbständig Träger von Rechten und Pflichten.

2. Die juristische Person

a) Begriff und Arten

Juristische Personen sind Organisationen, denen die Rechtsordnung eine **selbständige, d.h. von Mitgliedern unabhängige Rechtspersönlichkeit** zugesteht. Damit notwendige verbunden, aber nicht allein prägend ist die **eigene Rechtsfähigkeit**, mit der das Recht die Rechtsperson selbst als Träger von Rechten und Pflichten anerkennt. Die juristischen Personen sind also selbst rechtsfähig. Ihre Rechte und Pflichten sind ihre eigenen und nicht diejenigen der ihr ggf. angehörenden natürlichen Personen. 27

Beispiel: Eigentümer des Grundstücks, auf dem die „Europäische Erdöl-Aktiengesellschaft" eine Raffinerie betreibt, ist die Aktiengesellschaft als juristische Person, wenn sie das Eigentum an dem Grundstück erworben hat, und nicht die Aktionäre oder der Vorstand der Aktiengesellschaft.

Die Rechtsfigur „juristische Person" ermöglicht einen selbstständigen Zurechnungsendpunkt für Rechte und Pflichten, die damit nicht mehr einer oder mehreren natürlichen Person(en) zugeordnet sind. Mit ihr wurden Formen arbeitsteiligen Zusammenwirkens ermöglicht, die für den Rechtsverkehr in einer modernen Industriegesellschaft unerlässlich sind. Im eben genannten Beispiel kann etwa die Europäische Erdöl-AG in das Grundbuch eingetragen werden (anstatt sämtliche Aktionäre eintragen zu müssen, was kaum praktikabel wäre).

Man unterscheidet zwischen den juristischen Personen **des öffentlichen Rechts**, z.B. Bund, Ländern, Gemeinden, Kreisen, auch: Universitäten, Kirchen, und den juristischen Personen **des Privatrechts**, die Gegenstand dieses Lehrbuchs sind. Zu Letzteren gehören u.a.: eingetragene Vereine, Stiftungen, Aktiengesellschaften, Gesellschaften mit beschränkter Haftung, eingetragene Genossenschaften, Versicherungsvereine auf Gegenseitigkeit und der wirtschaftliche Verein. 28

Die vollständige rechtliche Verselbständigung erlangen juristische Personen erst mit ihrer Anerkennung durch den Staat, entweder durch die Eintragung in ein staatliches Register (Vereinsregister, Handelsregister, Genossenschaftsregister) oder durch staatliche Verleihung, wie z.B. der Versicherungsverein auf Gegenseitigkeit. Auch vor diesen Hoheitsakten sind sie nach mittlerweile ganz h.M. schon rechtsfähige Gebilde (Rechtsträger), es gelten aber noch Besonderheiten bei der Haftung (z.B. § 54 S. 2 BGB; § 11 Abs. 2 GmbHG, § 41 Abs. 1 S. 2 AktG). Auch die Personengesellschaften sind in diesem Sinne rechtsfähig, ohne dass sie deshalb sogleich juristische Personen sind (siehe noch Rn. 34 ff.). 29

b) Handlung durch Organe

Allein die Rechtsfähigkeit setzt die juristische Person allerdings noch nicht in den Stand, im Rechtsverkehr zu **handeln**, wie z.B. einen Kaufvertrag abschließen zu können. Eine juristische Person kann im Rechtsverkehr nur mit Hilfe von natürlichen Personen handeln, die die juristische Person vertreten und deren Handlungen ihr da- 30 her zugerechnet werden. Man spricht insoweit von den Organen der juristischen Person. Organe, die diesen Zweck erfüllen, sind z.B. der Vorstand eines eingetragenen Sportvereins und auch der Vorstand einer Aktiengesellschaft. Die Organe können außerdem der **Willensbildung** innerhalb der juristischen Person dienen. Einen solchen Zweck hat z.B. die Mitgliederversammlung eines Sportvereins oder die Mitgliederversammlung (auch Hauptversammlung genannt) einer Aktiengesellschaft.

Es gibt auch Organe, die eine **Kontrollfunktion** wahrnehmen.

Beispiel: Der Aufsichtsrat einer Aktiengesellschaft führt nicht deren Geschäfte, sondern kontrolliert den Vorstand, § 111 Abs. 1, 4 AktG.

Das Verhalten der Organe einer juristischen Person wird nur der juristischen Person, nicht den handelnden Organwaltern zugerechnet. Die juristische Person handelt also selbst, wenn ihre Organe für sie handeln. Man kann sagen: Die juristische Person handelt **durch** ihre Organe.

c) Theorien der Juristischen Person

31 Die Betrachtungsweise, dass eine juristische Person durch ihre Organe handelt, geht auf *Otto von Gierkes* Theorie der **realen Verbandspersönlichkeit** zurück, mit der *v. Gierke* die soziale Realität der Verbände anerkennen und weitgehende Gleichbehandlung von natürlichen und juristischen Personen im allgemeinen Rechtsverkehr rechtfertigen wollte.[3] Dem steht die **Fiktionstheorie** entgegen, die maßgeblich von *Friedrich Carl von Savigny* vertreten wurde[4]. Ihr zufolge ist die Rechtsfigur der juristischen Person nur ein rechtlicher Kunstgriff, eine Fiktion, um gerade die Teilnahme von Organisationen am Rechtsleben zu erleichtern, indem ein Rechtssubjekt erschaffen wird, das als Zurechnungsendpunkt für Rechte und Pflichten dienen kann. Die juristische Person handelt danach gerade nicht selbst, sondern ihr wird nur das Handeln anderer zugerechnet.

Beide Theorien haben auf bestimmte Aspekte der juristischen Person hingewiesen, ohne dass damit notwendig konkrete Konsequenzen verbunden sind. *V. Gierke* hat insbesondere klargemacht, dass Verbände nicht bloß abstrakte Gebilde sind, sondern eine soziale Realität haben. Die Fiktionstheorie weist auf fortbestehende Unterschiede zu natürlichen Personen, d.h. Menschen hin. Eine absolute Gleichbehandlung von natürlichen und juristischen Personen kommt schon deshalb nicht in Betracht, weil man eine juristische Person nicht für eventuelle Straftaten ins Gefängnis sperren kann (um es zu veranschaulichen). Vor der weitgehenden „Anthropomorphisierung" von Verbänden muss aber auch deshalb gewarnt werden, weil die juristische Person im Alltag gerne als Schutzschild verwendet wird, um das Handeln der hinter ihr stehenden natürlichen Personen zu verdecken.

32 Im Privatrecht werden natürliche und juristische Personen jedenfalls weitgehend gleichbehandelt. Grundsätzlich sind juristische Personen, wie z.B. eine Aktiengesellschaft, sogar Träger des Allgemeinen Persönlichkeitsrechts aus Artt. 1 Abs. 1, 2 Abs. 1 GG. Allerdings ist diese Rechtsträgerschaft inhaltlich begrenzt. Die Begrün-

---

3 *V. Gierke*, Die Genossenschaftstheorie und die deutsche Rechtsprechung,1887, S. 22 f.
4 *V. Savigny*, System des heutigen Römischen Rechts, 1840, § 85, S. 236 ff.

dung dafür ergibt sich aus dem Entstehungsgrund, nämlich der Ableitung des Persönlichkeitsschutzes aus Art. 1 und 2 GG zur Ausfüllung einer Lücke. Nach Ansicht des BGH[5] ist eine Ausdehnung der Schutzwirkung des Persönlichkeitsrechts über natürliche Personen hinaus auf juristische Personen nur insoweit gerechtfertigt, als sie aus ihrem Wesen als Zweckschöpfung des Rechts und ihren Funktionen dieses Rechtsschutzes bedürfen. Dies ist der Fall, wenn juristische Personen in ihrem „sozialen Geltungsanspruch als Arbeitgeber oder als Wirtschaftsunternehmen betroffen werden"[6]. Letztlich werden also stets die hinter der juristischen Person stehenden Handelnden und Interessen im Blick behalten.

d) Trennungsprinzip und Haftungsprivileg

Das Vermögen der juristischen Person ist von dem ihrer Mitglieder streng zu unterscheiden. Die unmittelbaren privatrechtlichen Folgen des Handelns durch Organe treffen nur die juristische Person selbst. Den Gläubigern einer juristischen Person haftet konsequent nur deren Vermögen. Grundsätzlich (zu Ausnahmen aber noch Rn. 34 ff.) haften weder die Organwalter noch die Mitglieder der juristischen Person mit ihrem Privatvermögen. 33

3. Unterschiede zwischen juristischer Person und Personengesellschaft

a) Historische Ausgangslage

Das bürgerliche Recht knüpft im Hinblick auf die Rechtsfähigkeit an den grundlegenden Begriff der Person an. Es unterscheidet zwischen **natürlichen Personen** (Menschen) und **juristischen Personen** (z.B. eingetragenen Vereinen und Aktiengesellschaften). Die wichtigste rechtliche Eigenschaft einer Person ist die Rechtsfähigkeit. Das Gesellschaftsrecht unterschied ehemals zwischen rechtsfähigen und nicht rechtsfähigen Vereinigungen. Nach traditioneller Auffassung konnte eine Vereinigung die Rechtsfähigkeit nur durch die Eintragung in ein öffentliches Register oder durch staatliche Verleihung erlangen; erst damit wurde sie zur juristischen Person. Nicht rechtsfähig waren deshalb bei den Personengesellschaften die Gesellschaft bürgerlichen Rechts und bei den Körperschaften der nicht eingetragene Verein. Einigermaßen greifbar ist diese früher fehlende Rechtsfähigkeit noch in § 714 BGB, wonach ein geschäftsführender Gesellschafter im Zweifel auch die übrigen Gesellschafter mitvertritt (aber eben nicht: die Gesellschaft) und in § 718 BGB, in der das Gesellschaftsvermögen als Vermögen nicht der Gesellschaft, sondern als gemeinschaftliches Vermögen der Gesellschafter definiert wird. Beide Vorschriften werden künftig durch das MoPeG entfallen bzw. durch andere Vorschriften ersetzt (vgl. nun § 720 und § 713 BGB-E). Um es noch einmal auf den Punkt zu bringen: Der historische Gesetzgeber des BGB benötigte neben den natürlichen und den juristischen Personen also keine dritte Kategorie von Rechtsträgern, weil die Gesellschaft bürgerlichen Rechts nicht als rechtsfähig, sondern lediglich als besondere Verbindung von natürlichen oder juristischen Personen verstanden wurde. 34

5 BGHZ 98, 94, 97 f.
6 BGHZ 98, 94, 97.

Zwischen rechtsfähigen und nicht rechtsfähigen Vereinigungen standen die Personenhandelsgesellschaften OHG und KG, die in das Handelsregister einzutragen sind, dadurch aber gleichwohl nicht zur juristischen Person wurden (weil auch für sie § 718 BGB gilt). OHG und KG haben nach § 124 HGB freilich die Fähigkeit, unter ihrer Firma Rechte zu erwerben und Verbindlichkeiten einzugehen. Damit sollten sie nach traditioneller Auffassung allerdings nicht rechtsfähig werden, sondern nur ihre Teilnahme am Rechtsverkehr erleichtert werden[7]. Diese Begrifflichkeit ist im Laufe der letzten Jahrzehnte stufenweise verloren gegangen. Schon lange wurden jedenfalls die **OHG und die KG** als **rechtsfähig** angesehen. Der BGH[8] und nun auch der Gesetzgeber des MoPeG (§ 705 Abs. 2 BGB-E) haben schließlich auch die **Gesellschaft bürgerlichen Rechts**, soweit sie Außengesellschaft ist, als rechtsfähig anerkannt. Damit ist die Rechtsfähigkeit kein Unterscheidungsmerkmal zwischen Juristischen Personen und Personengesellschaften mehr. Auch Personengesellschaften sind rechtsfähig und damit eine durch Rechtsfortbildung geschaffene **dritte Kategorie von Rechtsträgern** neben natürlichen und juristischen Personen. Konsequent gehört auch der nicht eingetragene Verein, der früher (und noch immer in § 54 BGB) als nicht rechtsfähiger Verein angesehen wurde, zu dieser dritten Kategorie (im Unterschied zu den Personengesellschaften allerdings als Körperschaft), und das MoPeG stellt dies in § 54 BGB-E ausdrücklich klar.

Während die juristischen Personen die **Rechtsfähigkeit** auf Grund eines konstitutiven Staatsaktes, der Eintragung in ein Register, erwarben, erlangten Personengesellschaften, wie die Personenhandelsgesellschaften, die Partnerschaftsgesellschaften und die Außengesellschaften bürgerlichen Rechts die Rechtsfähigkeit ohne staatliche Mitwirkung. Dies wird allerdings prinzipiell durch die Haftungsregeln kompensiert[9]. Während die Mitglieder einer juristischen Person das Haftungsprivileg genießen, also für Verbindlichkeiten der juristischen Person nicht mit ihrem Privatvermögen einstehen müssen, haften die Gesellschafter der Personengesellschaften grundsätzlich für alle Verbindlichkeiten der Gesellschaft mit ihrem Privatvermögen.

b) Verbleibende Unterschiede in den Ausgangspunkten bzw. Grundsätzen

35 Die Grenzen zwischen einer Personengesellschaft und einer juristischen Person sind also fließend geworden. Dennoch existieren nach wie vor Unterschiede zwischen Personengesellschaften und juristischen Personen, so u.a.:

- Die Personengesellschafter sind, abgesehen von den Kommanditisten, kraft Mitgliedschaft grundsätzlich geschäftsführungs- und vertretungsbefugt, während die Geschäftsführungs- und Vertretungsbefugnis bei einer juristischen Person nicht den Gesellschaftern, sondern den Organen der Gesellschaft zugewiesen ist. Jede Aktiengesellschaft „hat" einen Vorstand als Organ, mit welcher Person oder welchen Personen er besetzt ist, ist eine andere Frage. Die Gesellschafter einer Aktiengesellschaft stehen „ihrer" Gesellschaft also etwas ferner als die Gesellschafter einer Personengesellschafter.

7 Zu alldem *Beuthien*, NJW 2005, 855 f.
8 BGHZ 146, 341 ff.
9 *K. Schmidt*, Gesellschaftsrecht, § 8 II.

- Bei den Personengesellschaften muss stets mindestens ein Gesellschafter geschäftsführungs- und vertretungsbefugt sein; diese Befugnisse können nicht Dritten übertragen werden (**Prinzip der Selbstorganschaft** bzw. Verbot der Drittorganschaft, s. Rn. 134; Dritte können aber umfassend zur Geschäftsführung und Vertretung bevollmächtigt sein). Im Gegensatz dazu können bei juristischen Personen auch Nichtmitglieder die Funktion des geschäftsführungs- und vertretungsbefugten Organs wahrnehmen (Zulässigkeit der **Fremdorganschaft**).
- Bei den Personengesellschaften gilt im Ausgangspunkt für **Beschlüsse** der Gesellschafter das sog. Einstimmigkeitsprinzip (alle müssen mit einer Entscheidung einverstanden sein), § 709 BGB, während bei Körperschaften das Mehrheitsprinzip gilt (z.B. 32 Abs. 1 S. 3 BGB). Durch Gesellschaftsvertrag (§ 709 BGB) oder Satzung (§ 40 BGB) kann jedoch von diesem Grundsatz in beiden Verbandsformen in die jeweils andere Richtung abgewichen werden.
- Die juristischen Personen sind vom Wechsel der Mitglieder unabhängig; die Mitgliedschaft ist grundsätzlich frei übertragbar. Anders ist es bei den Personengesellschaften. Der Mitgliederwechsel ist nur durch eine Änderung des Gesellschaftsvertrages zu bewerkstelligen, bedarf also grundsätzlich der Zustimmung aller Gesellschafter. Im Gesellschaftsvertrag kann allerdings sowohl bei der Personengesellschaft als auch umgekehrt bei der GmbH Abweichendes geregelt sein.
- Für die Verbindlichkeiten der juristischen Person haftet den Gläubigern in der Regel nur das Vermögen der juristischen Person; die Mitglieder haften **nicht persönlich** mit ihrem Privatvermögen, genießen also das sog. **Haftungsprivileg**. Anders ist es freilich in der KG a.A. nach §§ 278 ff. AktG, bei der den Komplementär die volle Haftung trifft. Im Gegensatz dazu haften die Personengesellschafter grundsätzlich für alle Verbindlichkeiten der Gesellschaft persönlich mit ihrem Privatvermögen (vgl. Rn. 136 f.). Auch hier ist es im Einzelfall aber anders, z.B. für Kommanditisten in einer KG.

c) Nicht überbrückbare Unterschiede

Wenn man verbleibende Unterschiede zwischen Juristischen Personen und Personen- **36**
gesellschaften finden will, die nicht so einfach durch Vollmachten oder Vertrag eingeebnet werden können, muss man mittlerweile schon mit der Lupe suchen. Es gibt sie aber noch. Sie sind im Grad der rechtlichen Verselbständigung der Gesellschaft nach innen, also gegenüber ihren Gesellschaftern bzw. Mitgliedern zu suchen.[10]

- Nur bei der juristischen Person sind eigene Anteile möglich, d.h. ein Gesellschaftsanteil wird von der Gesellschaft selbst gehalten, bei Personengesellschaften nicht (§ 711 Abs. 1 S. 2 BGB-E).
- Die Mitgliedschaft ist bei der juristischen Person so weitgehend abstrahiert (quasi verdinglicht), dass ein und dieselbe Person mehrere verschiedene Mitgliedschaften an derselben juristischen Person innehaben kann, die ein unterschiedliches rechtliches Schicksal nehmen können.

Beispiel: ein Aktionär kann einen Teil seiner Aktien verpfänden, den übrigen Teil aber nicht.

10 BT-Drucks. 19/27635. S 106.

Bei den Personengesellschaften ist dies hingegen gesetzlich ausgeschlossen.

- Die Personengesellschaft ist nach wie vor „Gesellschaft", d.h. sie existiert nicht unabhängig von einem Verband aus mindestens zwei Gesellschaftern. Sobald der vorletzte Gesellschafter aus der Gesellschaft ausscheidet (z.B. durch Tod oder Kündigung), erlischt die Gesellschaft sofort, automatisch und ohne Liquidation (so schon BGH NZG 2018, 1148 Rn. 10, nunmehr ausdrücklich festgehalten in § 712a BGB-E). Das ist bei juristischen Personen naturgemäß anders, da sie ja von vornherein auf Mitgliederunabhängigkeit ausgelegt sind (siehe bereits oben zur Einpersonenkapitalgesellschaft Rn. 25).

Beispiel: Stirbt etwa einer von zwei Gesellschaftern einer GmbH, so vererbt er seinen Anteil an seine Nachkommen, auf das Fortbestehen der GmbH hat das (vorbehaltlich anderslautender Satzungsbestimmungen) zunächst keinen Einfluss.

37 Fraglich ist, ob es auch eine Ein-Personen-Personen„gesellschaft" geben kann. Während die Gründung einer Personengesellschaft mit nur einer Person nach geltendem Recht nicht möglich ist, wird die Ein-Personen-Personengesellschaft als Fortsetzungs- oder Liquidationsgesellschaft zur Diskussion gestellt und von manchen bejaht. *Weimar*[11] verweist in diesem Zusammenhang auf die EWIV-Regelung des europäischen Gesellschaftsrechts, nach der eine EWIV mit nur einem Gesellschafter grundsätzlich bestehen kann. Gegen die Möglichkeit einer solchen Ein-Personen-„Personengesellschaft" sprechen allerdings die Gesetzesmaterialien zu § 140 Abs. 1 S. 2 HGB.[12]

4. Juristische Personen und Personengesellschaften als Grundrechtsträger

38 Nach Art. 19 Abs. 3 GG gelten die Grundrechte „auch für inländische juristische Personen, soweit sie ihrem Wesen nach auf diese anwendbar sind." Grundrechtsfähig sind demnach in der Regel nur inländische juristische Personen des Privatrechts. Für juristische Personen des öffentlichen Rechts gelten die Grundrechte grundsätzlich nicht, wenn sie öffentliche Aufgaben wahrnehmen.[13] Ausnahmsweise gelten sie aber auch für diese, wenn das den Bürgern zur Verwirklichung ihrer Grundrechte dient. Das trifft z.B. im Hinblick auf die Wissenschaftsfreiheit auf die Universitäten und deren Fakultäten zu.[14]

Die Einschränkung in Art. 19 Abs. 3 GG „soweit sie ihrem Wesen nach auf diese anwendbar sind" legt das Bundesverfassungsgericht[15] dahingehend aus, dass es nur dann gerechtfertigt sei, juristische Personen in den Schutzbereich bestimmter materieller Grundrechte einzubeziehen, wenn deren Bildung und Betätigung Ausdruck der freien Entfaltung der privaten natürlichen Personen sei, insbesondere, wenn der „Durchgriff" auf die hinter ihr stehenden Personen es als sinnvoll und erforderlich erscheinen lasse.

---

11 ZIP 1997, 1769 ff.
12 BT-Drucks. 13/10332, S. 30.
13 BVerfGE 45, 78; 75, 196.
14 BVerfGE 15, 256, 261 f.
15 BVerfGE 68, 193, 205 f.

Die Grundrechtsfähigkeit hat das Bundesverfassungsgericht u.a. den folgenden juristischen Personen des Privatrechts zuerkannt: Aktiengesellschaft, GmbH, Kommanditgesellschaft auf Aktien, eingetragener Verein und rechtsfähige Stiftung.[16]

Das Bundesverfassungsgericht hat den Grundrechtsschutz allerdings nicht auf die ju- 39
ristischen Personen des Privatrechts beschränkt, sondern auch auf privatrechtlich Personenvereinigungen ausgedehnt, soweit es sich um privatrechtlich statuierte Organisationseinheiten handelt, denen die Rechtsfähigkeit zuerkannt wird. Der Grundrechtsschutz bezieht sich in solchen Fällen auf diejenigen Tätigkeitsbereiche, die sich aus Gesetz und Satzung bzw. Gesellschaftsvertrag ergeben.[17] Als grundrechtsfähige Personenvereinigungen in diesem Sinne hat das Bundesverfassungsgericht bislang anerkannt: die OHG[18], die KG[19] und die BGB-Gesellschaft.[20]

Zu den Grundrechten, in deren Schutz juristische Personen und andere rechtsfähige Personenvereinigungen einbezogen worden sind, gehören z.B.: die allgemeine Handlungsfreiheit (Art. 2 Abs. 1 GG), die Eigentumsgarantie (Art. 14 Abs. 1 GG), die Pressefreiheit (Art. 5 Abs. 1 GG), die Vereinigungsfreiheit (Art. 9 Abs. 1 GG) und die Berufsfreiheit (Art. 12 Abs. 1 GG).[21]

An die Grundrechte gebunden, d.h. **grundrechtsverpflichtet, ist grundsätzlich nur die staatliche Gewalt**.[22] Eine umfassende Grundrechtsverpflichtung Privater lässt sich aus dem Grundgesetz nicht ableiten. Das Bundesverfassungsgericht hat allerdings solche Unternehmen, die zwar in Privatrechtsform betrieben, aber qua Beteiligung von der öffentlichen Hand beherrscht werden, zum Teil an die Grundrechte gebunden.[23] Nach dem Fraport-Urteil[24] hat das zur Folge dass das von der öffentlichen Hand beherrschte Frankfurter Flughafenunternehmen Fraport, eine AG, öffentliche Versammlungen in den Terminals wegen der Bindung an Art. 8 Abs. 1 GG (Versammlungsfreiheit) dulden muss.[25]

III. Der Begriff Kapitalgesellschaft

Häufig wird, wenn die verschiedenen Vereinigungsarten eingeteilt werden, auch der 40
Begriff Kapitalgesellschaft verwandt. Man kann die verschiedenen Organisationsformen in Personengesellschaften einerseits und Kapitalgesellschaften andererseits einteilen.

Personengesellschaften sind: die Gesellschaft bürgerlichen Rechts, die offene Handelsgesellschaft, die Kommanditgesellschaft, die Partnerschaftsgesellschaft und die stille Gesellschaft.

16 *Tettinger*, in: HGR II § 51 Rn. 15 ff. mit Hinw. auf die Rechtsprechung.
17 *Tettinger*, in: HGR II § 52 Rn. 29.
18 BVerfGE 97, 67, 76.
19 BVerfGE 51, 1, 13.
20 BVerfG NJW 2002, 3533.
21 Zu alledem *Tettinger*, in: HGR II § 51 Rn. 16 ff. mit Hinw. auf die Rechtsprechung.
22 *Kempen*, in HGR II § 54 Rn. 23 ff.
23 BVerfGE 45, 63; 128, 226 ff.
24 BVerfGE 128, 226 ff.
25 Zu dem Urteil *Gurlit*, NZG 2012, 249 ff.

Kapitalgesellschaften sind: die Aktiengesellschaft, die Kommanditgesellschaft auf Aktien und die Gesellschaft mit beschränkter Haftung. Letztere sind juristische Personen und damit rechtsfähig. Sie werden auch deshalb Kapitalgesellschaften genannt, weil bei ihnen die Höhe der eingezahlten Kapitalbeträge auch die Zahl der Stimmrechte der Gesellschafter und damit ihren Einfluss auf die Entscheidungen der Gesellschaft bestimmt sowie ausschlaggebend für die Gewinnverteilung ist.

IV. Europäische Gesellschaftsformen

41 Mit dem Inkrafttreten des Gesetzes zur Ausführung der EWG-Verordnung über die Europäische wirtschaftliche Interessenvereinigung (EWIV-Ausführungsgesetz) am 1.1.1989 ist in Deutschland die Voraussetzung dafür geschaffen worden, dass Unternehmen in der Europäischen Gemeinschaft als zusätzliche Rechtsform für die Organisation grenzüberschreitender Zusammenarbeit die **„Europäische wirtschaftliche Interessenvereinigung" (EWIV)** benutzen können.

Aus dem AEU-Vertrag selbst ergibt sich, dass die Schaffung eines gemeinsamen Marktes auch Maßnahmen im Bereich des Gesellschaftsrechts erfordert[26]. Die „Verordnung (EWG) des Rates vom 25.7.1985 über die Schaffung einer Europäischen wirtschaftlichen Interessenvereinigung (EWIV)"[27] bildet die Grundlage für die Schaffung einer Gesellschaftsform europäischen Rechts, die trotz der verschiedenen Bestimmungen in den Einzelstaaten einen einheitlichen Organisationsrahmen hat[28].

42 Die EWIV (nach dem EWIV-Ausführungsgesetz vom 14.4.1988) ist eine Personengesellschaft, die in der Struktur der OHG ähnlich ist (vgl. dazu Rn. 314 f.).

Mit der Verordnung des Rates über das Statut der Europäischen Gesellschaft (SE-VO) aus dem Jahre 2002 ist mit der **Europäischen Aktiengesellschaft – Societas Europaea (= SE)** – die erste supranationale Rechtsform für eine gemeinschaftsrechtliche Kapitalgesellschaft geschaffen worden. Die SE ist eine Gesellschaft mit eigener Rechtspersönlichkeit und beschränkter Haftung, die im Wesentlichen auf Großunternehmen zugeschnitten ist. Mit dieser Rechtsform soll den europaweit tätigen Unternehmen die Möglichkeit gegeben werden, in der Zukunft mit nur einer Gesellschaft an Stelle einer komplizierten Konzernstruktur zu operieren (vgl. zur SE Rn. 593 f.). Viele große deutsche Unternehmen, wie z.B. Allianz und BASF, haben inzwischen diese Rechtsform angenommen.

Die **Europäische Genossenschaft (Societas Cooperativa Europea = SCE)** bildet das Gegenstück auf europäischer Ebene zu den nationalen genossenschaftlichen Rechtsformen in den Mitgliedstaaten, in Deutschland also zur eingetragenen Genossenschaft (eG). Sie hat eine eigene Rechtspersönlichkeit. Das Grundkapital ist in Geschäftsanteile zerlegt. Ihr Zweck besteht vorwiegend in der Förderung von Tätigkeiten der Mitglieder und in der Befriedigung von Mitgliederbedürfnissen. Ihre Gesellschafter müssen ihren Wohn- bzw. Geschäftssitz jedenfalls in zwei Mitgliedstaaten haben.

---

26 *Müller/Gugenberger*, NJW 1989, 1449.

27 Text u.a. BT-Drs. 11/352, S. 12.

28 *Müller/Gugenberger*, NJW 1989, 1449.

Die mit einem Richtlinienentwurf der Kommission bisher lediglich vorgeschlagene **Societas Unius Personae (SUP)** als geschlossene Kapitalgesellschaft mit nur einem Gesellschafter wirft eine Reihe gesellschaftsrechtlicher und europarechtlicher Fragen auf.[29] So ist insbesondere problematisch, dass die für SUP vorgesehenen Regeln vom Zwischenstaatlichkeitserfordernis abweichen, weil diese Rechtsform anders als die SE, die SEC und die EWIV auch rein innerstaatlich genutzt werden kann.

Lösung zu Fall 2: Die A-AG ist juristische Person und als solche rechtsfähig. Sie kann also Vertragspartnerin sein. Als juristische Person kann sie allerdings nur über Organe rechtsgeschäftlich handeln, also z.B Verträge abschließen. Das vertretungsbefugte Organ für die Aktiengesellschaft ist der Vorstand (§§ 76, 78 AktG). Er ist gesetzlicher Vertreter der Aktiengesellschaft und kann gem. § 164 BGB mit Wirkung für und gegen die Gesellschaft Willenserklärungen abgeben und solche entgegennehmen. Wenn der Vorstand für die A-AG einen Kaufvertrag mit U abschließt, wird nach § 164 BGB die A-AG und werden nicht der Vorstand oder einzelne Vorstandsmitglieder aus dem Kaufvertrag berechtigt und verpflichtet. Ist die A-AG nicht in der Lage, ihre Pflichten aus dem Kaufvertrag zu erfüllen, kann sich der Gläubiger U nur an die A-AG, nicht aber an die Mitglieder des Vorstandes der Aktiengesellschaft halten und von diesen die Leistung verlangen. Nicht der Vorstand oder dessen einzelne Mitglieder, sondern die A-AG als juristische Person ist Vertragspartnerin und damit Trägerin der Verbindlichkeiten. 43

§ 3 Gesellschaftsvertrag und Privatautonomie

Fall 3: A, B und C wollen eine Gesellschaft gründen, die den An- und Weiterverkauf von Erdölprodukten betreibt. Sie wollen die persönliche Haftung so weit wie möglich beschränken, aber auch die Zahlung der Körperschaftssteuer vermeiden. Sie gründen deshalb durch Abschluss eines Vertrages eine sog. Handelsgesellschaft auf Einlagen als eine Personengesellschaft, bei der keiner der Gesellschafter unbeschränkt haften soll. Ist das zulässig? **Rn. 52** 44

Fall 4: Bei einer Kommanditgesellschaft, der sehr viele Kommanditisten angehören, wird es als zweckmäßig angesehen, dass die Kommanditisten einen Verwaltungs- oder Aufsichtsrat wählen, der ihre im Gesetz geregelten Kontrollrechte wahrnimmt. Ein solches Gremium sieht das Gesetz nicht vor. Da ein Verwaltungs- oder Aufsichtsrat in einem Gesellschaftsvertrag verankert werden soll, ist die Frage zu entscheiden, ob eine solche Regelung überhaupt zulässig ist. **Rn. 53** 45

Literatur: *C. Armbrüster*, Grenzen der Gestaltungsfreiheit im Personengesellschaftsrecht, ZGR 2014, 333 ff.; *Wiedemann*, Die Auslegung von Satzungen und Gesellschaftsverträgen, DNotZ Sonderheft 1977, S. 99 ff.; *ders.*, Die Personengesellschaft – Vertrag oder Organisation? ZGR 1996, 286 ff.

Jeder privatrechtliche Verband beruht auf einem Vertrag, in dem sich mehrere Personen verpflichtet haben, einen gemeinsamen Zweck zu erreichen. Der Abschluss eines 46

29 Dazu *Omlor*, NZG 2014, 1139 ff.

solchen Vertrages ist die Voraussetzung für das Entstehen einer Gesellschaft. Der Vertrag regelt zu einem wesentlichen Teil das Verhältnis der Gesellschafter zueinander. Er wird **Gesellschaftsvertrag** genannt. Partner eines Gesellschaftsvertrages können sowohl natürliche als auch juristische Personen sein.

Beispiel: Drei deutsche Aktiengesellschaften schließen sich zu einer BGB-Gesellschaft zusammen, deren Zweck es ist, in einem Entwicklungsland eine Düngemittelfabrik zu errichten. Partner des Gesellschaftsvertrages und damit Gesellschafter der BGB-Gesellschaft sind die drei Aktiengesellschaften (juristische Personen).

Bei den juristischen Personen wird der Gesellschaftsvertrag **Satzung** genannt. Auch die Satzung beruht auf einem rechtsgeschäftlichen Akt. Satzungen und Gesellschaftsverträge der Personengesellschaften haben **Organisationscharakter**[1]. Nach dem Inkrafttreten sind Satzungen nicht mehr ohne Weiteres wie Verträge zu behandeln, sondern vielmehr nach den Regeln, die für die Beurteilung objektiven Rechts anwendbar sind. Dieser Unterschied ist z.B. bei Auslegungsfragen wichtig.

47 Der Grundsatz der **Privatautonomie** gilt auch für das Gesellschaftsrecht. Jede Person ist grundsätzlich frei in der Entscheidung darüber, ob und mit wem sie ggf. einen Gesellschaftsvertrag abschließen will. Jeder, der mit anderen eine Gesellschaft gründen möchte, ist grundsätzlich auch frei in der Auswahl der Gesellschaftsform. Die Auswahl ist allerdings auf die in den Gesetzen geregelten Gesellschaftsformen beschränkt.

48 Im Gesellschaftsrecht gibt es also nur eine beschränkte Anzahl **(numerus clausus)** zugelassener Gesellschaftsformen, unter denen diejenigen, die eine Gesellschaft gründen wollen, auswählen können. Eine andere Frage ist, wie weit bei den vom Gesetzgeber zur Wahl gestellten Gesellschaftsformen Raum zur rechtsgeschäftlichen Ausgestaltung bleibt. Es geht also um das Problem, inwieweit durch den Abschluss des Gesellschaftsvertrages bei den einzelnen Gesellschaftsformen die diese Gesellschaftsformen betreffenden gesetzlichen Regelungen ersetzt, abgeändert oder ergänzt werden können.

49 Bei der Frage, welchen Raum die Gesellschafter zur Ausgestaltung des Gesellschaftsvertrages haben, ist zu unterscheiden zwischen den Personengesellschaften einerseits und de juristischen Personen andererseits. Wenn auch die Gestaltungsfreiheit im Personengesellschaftsrecht grundsätzlich weiter reicht als bei den Kapitalgesellschaften, so sind ihr doch allgemeine Grenzen gesetzt durch den Institutionen- und Mitgliederschutz, sowie teilweise auch durch den Gläubigerschutz.[2] Bei der BGB-Gesellschaft, der OHG und der KG sind nur die gesetzlichen Vorschriften, die das Verhältnis der Gesellschaft mit den Gläubigern, Schuldnern und anderen Außenstehenden regeln **(Außenverhältnis)**, im Wesentlichen zwingendes Recht. Das bedeutet: Diejenigen gesetzlichen Regelungen, die das Außenverhältnis betreffen, können grundsätzlich durch entsprechende Vereinbarungen im Gesellschaftsvertrag nicht wirksam abgeändert werden. Der Grund für diese Regelung ist darin zu sehen, dass diejenigen, die mit der Gesellschaft in Kontakt kommen, sich auf sichere Haftungs- und Vertretungsre-

1 *K. Schmidt*, Gesellschaftsrecht, § 5 I 1c.
2 *C. Armbrüster*, ZGR 2014, 333, 363.

geln verlassen können müssen, damit sie das Risiko abschätzen können, das sie auf sich nehmen, wenn sie mit der Gesellschaft in Kontakt treten. Die Rechtssicherheit gebietet es, dass gesetzliche Vorschriften, die außenstehende Dritte berühren, nicht zur Disposition der Gesellschafter gestellt werden, weil sonst die Rechte Außenstehender erheblich gefährdet wären. Letztlich ist das nichts anderes als der Grundsatz, dass Verträge nicht zulasten Dritter wirken können.

Beispiel: A, B und C gründen eine Kommanditgesellschaft. Die Hauptgeldgeber A und B sollen Kommanditisten, C soll persönlich haftender Gesellschafter sein. Im Gesellschaftsvertrag wird vereinbart, dass der persönlich haftende Gesellschafter nur insoweit vertretungsbefugt sein soll, als er Rechtsgeschäfte abschließt, deren Gegenstandswert 500 € nicht übersteigt. Nach der gesetzlichen Regelung hat der persönlich haftende Gesellschafter einer Kommanditgesellschaft unbeschränkte Vertretungsmacht. Der Umfang der Vertretungsmacht betrifft das Verhältnis der Gesellschaft zu Dritten (das Außenverhältnis). Die Vereinbarung über die Beschränkung der Vertretungsmacht ist deshalb unwirksam[3]. Eine Regelung über Umfang und Art der Vertretungsmacht entzieht sich der Dispositionsfreiheit der Gesellschafter.

Was die **Gestaltung der inneren Struktur** der Gesellschaft anbetrifft, d.h. des Verhältnisses der Gesellschafter untereinander **(Innenverhältnis)**, so besteht in größerem Umfange Gestaltungsfreiheit, da nicht die Rechte außenstehender Dritter gefährdet sind. Es ist grundsätzlich möglich, die gesetzlichen Regelungen durch Vereinbarungen zu ergänzen oder von den gesetzlichen Regelungen abzuweichen. So mag die im obigen Beispiel genannte Regelung dahingehend ausgelegt oder umgedeutet werden können, dass der C vor dem Abschluss von Rechtsgeschäften über 500 € seine beiden Mitgesellschafter um Erlaubnis fragen muss. Siehe ferner die Lösung zu Fall 4 (Rn. 53). **50**

Auch bei den Gesellschaften, die juristische Personen sind, besteht im Hinblick auf ihre **Beziehungen zu Dritten (Außenverhältnis) keine Gestaltungsfreiheit**. Im Vergleich zur BGB-Gesellschaft, zur OHG und zur KG ist zusätzlich die Gestaltungsfreiheit bei der inneren Struktur dieser Gesellschaften **(Innenverhältnis)** erheblich eingeschränkt.

Beispiel: Die gesetzlichen Bestimmungen über die Satzung einer Aktiengesellschaft sind zwingend, soweit das Gesetz nicht ausdrücklich eine Ausnahme zulässt (§ 23 Abs. 5 AktG).

Bei der GmbH besteht hingegen mehr Gestaltungsfreiheit, da der Gesellschaftsvertrag im Hinblick auf das Verhältnis der Gesellschafter untereinander ergänzende Regelungen enthalten kann und eine dem § 23 Abs. 5 AktG vergleichbare Vorschrift im GmbHG fehlt. Aber auch im GmbHG finden sich zwingende Regeln über das Innenverhältnis, beispielsweise § 51a Abs. 3 GmbHG.

Wenn die Gesellschafter bei der Schaffung des Gesellschaftsvertrages die objektivrechtlichen Grenzen der Gestaltungsfreiheit (Vertragsfreiheit) überschritten haben, kann eine Wirksamkeitskontrolle nach §§ 134, 138 BGB stattfinden, die zu Feststellung der Unwirksamkeit der entsprechenden Vertragsteile führen kann.[4]

3 BGHZ 51, 198, 200 f.
4 Siehe zu Einzelheiten *C. Armbrüster*, ZGR 2014, 333, 356 ff.

51 Eine zulässige Formenvermischung kann dadurch erreicht werden, dass eine Aktiengesellschaft oder GmbH Gesellschafterin einer Personenhandelsgesellschaft wird, wie das etwa bei der GmbH & Co. KG der Fall ist (die GmbH ist dabei persönlich haftende Gesellschafterin der Kommanditgesellschaft).

52 **Lösung zu Fall 3:** Die von A, B und C vorgesehene Gesellschaftsform ist im Gesetz nicht geregelt. Es handelt sich vielmehr um eine vom Gesetzgeber bisher nicht übernommene Neuschöpfung. Im Gesellschaftsrecht gibt es nur eine beschränkte Zahl von Gesellschaftsformen, unter denen die Gründer einer Gesellschaft wählen können (numerus clausus). Die Gesellschafter können also nur eine der vom Gesetzgeber angebotenen Rechtsformen auswählen; sie dürfen keine neuen Gesellschaftsformen erfinden und zur Grundlage ihrer Vereinbarung machen. Da A, B und C eine vom Gesetzgeber nicht zugelassene Gesellschaftsform, nämlich eine Handelsgesellschaft auf Einlagen, vereinbaren wollten, kann es nicht zu einer wirksamen Gesellschaftsgründung kommen.

53 **Lösung zu Fall 4:** Das Gesetz sieht für die Kommanditgesellschaft keinen Aufsichtsrat oder Beirat vor. Bei Personengesellschaften ist im Rahmen der Vertragsfreiheit der Spielraum jedenfalls für die Ausgestaltung des Innenverhältnisses relativ groß. Deshalb bestehen keine Bedenken, im Rahmen der Gestaltungsfreiheit der Kommanditgesellschaft durch die Schaffung eines solchen Gremiums eine von der üblichen Gestaltung abweichende Struktur zu geben. Die Schaffung eines Aufsichtsrats oder Verwaltungsrates, der für die vielen Kommanditisten die Kontrollrechte wahrnehmen soll, ist also zulässig.

Teil II

Die BGB-Gesellschaft

§ 4 Begriff und Bedeutung der Gesellschaft bürgerlichen Rechts und der Gesellschaftsvertrag

Fall 5: S, W und K schließen sich zusammen, um Düngemittel an- und weiterzuverkaufen. Schon im ersten Jahr erzielen sie einen Umsatz von über 1,5 Mio €. Sie sind der Meinung, es handele sich um eine BGB-Gesellschaft. Zu Recht? **Rn. 78** 54

Fall 6: Ein Gesellschafter verpflichtet sich im Gesellschaftsvertrag zur Begründung einer Gesellschaft bürgerlichen Rechts, ein Grundstück einzubringen, das zum Gesellschaftsvermögen gehören soll. Ist ein handschriftlich abgeschlossener Gesellschaftsvertrag wirksam? **Rn. 79** 55

Literatur: *Ballerstedt*, Der gemeinsame Zweck als Grundbegriff des Rechts der Personengesellschaften, JuS 1963, 253 ff.; *K. Schmidt*, Neuregelung des Rechts der Personengesellschaften? – Vorüberlegungen für eine konsistente Reform, ZHR 177 (2013), 712 ff.; *Wiedemann*, Der Gesellschaftsvertrag der Personengesellschaften, WM 1990, Sonderbeilage Nr. 8, S. 1 ff.; *Winzer*, Forschungs- und Entwicklungsverträge, 2006; *Zuck*, Die berufsrechtliche Zulassung der Anwalts-GmbH, AnwBl 1999, 297 ff.

Vorbemerkung

Hinweise zur Rechtslage nach dem MoPeG werden am Ende wichtiger Abschnitte in einem eigenen Absatz zusammengefasst, der jeweils die Überschrift trägt: „Rechtslage nach dem MoPeG“. Soweit das MoPeG keine inhaltlichen Veränderungen bringt, werden die neuen Vorschriften mit dem Zusatz (BGB-E) in Klammern genannt, wenn geltende Regeln des BGB zitiert werden. Vorab eine Synopse der neuen Regeln (eine entsprechende Synopse zum HGB nach dem MoPeG findet sich vor Rn. 301): 56

BGB	BGB-MoPeG	BGB	BGB-MoPeG
§ 705	§ 705	§ 725	§ 726
§ 706	§ 709	§ 726	§ 729 Abs. 2
§ 707	§ 710	§ 727 Abs. 1	§ 730 Abs. 1
§ 708	Entfällt	§ 727 Abs. 2	§ 730 Abs. 1
§ 709	§§ 714, 715	§ 728 Abs. 1	§ 729 Abs. 1 Nr. 3
§ 710	§ 715 Abs. 3	§ 728 Abs. 2	§ 730 Abs. 2
§ 711	§ 715 Abs. 4	§ 729	§ 736b Abs. 2
§ 712 Abs. 1	§ 715 Abs. 5	§ 730 Abs. 1	§ 740b Abs. 2

BGB	BGB-MoPeG	BGB	BGB-MoPeG
§ 712 Abs. 2	§ 715 Abs. 6	§ 730 Abs. 2 S. 1	§ 736d Abs. 2
§ 713	§§ 715, 716, 717	§ 730 Abs. 2 S. 2	§ 736b
§ 714	§ 720	§ 731	§ 735 Abs. 1 (bzw. § 740b)
§ 715	§ 720 Abs. 4	§ 732	(§ 736d Abs. 5 S. 2), § 985 BGB
§ 716	§ 717	§ 733 Abs. 1	§ 736d Abs. 4 Sätze 1, 2
§ 717	§ 711a	§ 733 Abs. 2	§ 736d Abs. 5 S. 1
§ 718	§ 713	§ 734	§ 736d Abs. 6
§ 719	Entfällt	§ 735	§ 737
§ 720	Entfällt	§ 736	§ 723 Abs. 1, Abs. 3, § 728 und § 728a (bzw. § 740c)
§ 721	§ 718	§ 736 Abs. 2	§ 728b
§ 722	§ 718	§ 737	§ 727
§ 723 Abs. 1	§ 725 Abs. 1 und Abs. 2	§ 738 BGB	§ 712 Abs. 1, § 728
§ 723 Abs. 2	§ 725 Abs. 5	§ 739 BGB	§ 728a
§ 724	§ 725 Abs. 1	§ 740 BGB	Entfällt

I. Begriff und Bedeutung der Gesellschaft bürgerlichen Rechts

1. Der Begriff

57 Die Gesellschaft bürgerlichen Rechts ist als Personengesellschaft ein auf einem Gesellschaftsvertrag beruhender Zusammenschluss mehrerer Personen mit dem Ziel, durch gemeinsame Leistungen auf der Grundlage des persönlichen Zusammenwirkens der Mitglieder einen gemeinsamen Zweck zu erreichen, § 705 BGB (§ 705 Abs. 1 BGB-E). Der Zusammenschluss der Gesellschafter muss nicht auf eine gewisse Dauer ausgerichtet sein[1].

Beispiel: Der Gesellschaftszweck kann auch die gemeinsame Durchführung einer lediglich fünftägigen Ausstellung sein.

Die (Außen-)BGB-Gesellschaft ist **rechtsfähig und parteifähig**. Gesellschafter der Gesellschaft bürgerlichen Rechts können **natürliche und juristische Personen** sein.

Beispiel: H, G und die Zenia-Industrieabfallverwertungs-GmbH gründen eine Gesellschaft bürgerlichen Rechts, deren Gegenstand (gemeinsamer Zweck) die Verwaltung der im Eigentum der Gesellschaft stehenden Grundstücke ist. H und G sind natürliche Personen. Die GmbH ist als juristische Person Gesellschafter der BGB-Gesellschaft mit den gleichen Rechten und Pflichten wie die Gesellschafter H und G.

---

1 BGH WM 1977, 840, 841.

Auch andere Personengesellschaften können Gesellschafter einer BGB-Gesellschaft sein. Das gilt nicht nur für die OHG und die KG; auch der BGB-Gesellschaft selbst wird die Fähigkeit zuerkannt, Gesellschafterin einer anderen Gesellschaft bürgerlichen Rechts zu sein.

Rechtslage nach dem MoPeG: 58

Die Rechtsfähigkeit der Außen-GbR wird durch das MoPeG gesetzlich kodifiziert. Gem. § 705 Abs. 2 BGB-E kann die rechtsfähige GbR selbst Rechte erwerben und Verbindlichkeiten eingehen. Voraussetzung ist lediglich, dass sie „nach dem gemeinsamen Willen der Gesellschafter am Rechtsverkehr teilnehmen soll", § 705 Abs. 2 BGB-E. Ein solcher Wille ist zu vermuten, wenn der Gegenstand der GbR der Betrieb eines Unternehmens unter gemeinschaftlichem Namen ist (§ 705 Abs. 3 BGB-E). Die Rechtsfähigkeit der GbR ist also nicht von einer konstitutiven Eintragung in ein Gesellschaftsregister abhängig gemacht worden.

2. Die Rechtsquellen

59 Die BGB-Gesellschaft hat eine ausführliche Regelung in den §§ 705 ff. BGB erfahren. Da sie die Grundform für alle Personengesellschaften darstellt, finden die Vorschriften der §§ 705 ff. BGB auch auf die übrigen Personengesellschaften, die OHG, die KG und die Partnerschaftsgesellschaft, Anwendung, soweit das HGB für diese Gesellschaftsformen keine Spezialregelungen enthält. Allerdings ist das heute auf die BGB-Gesellschaft angewandte Recht zu wesentlichen Teilen das Resultat einer systematischen Neuordnung, die auf einer von Wissenschaft und Rechtsprechung dominierten Rechtsfortbildung beruht.[2] Das hat dazu geführt, dass viele die BGB-Gesellschaft betreffenden gesetzlichen Bestimmungen Ausdruck überholter Vorstellungen sind.

3. Die Bedeutung

a) Überblick

60 Die BGB-Gesellschaft erfreut sich in der Praxis einer großen Beliebtheit, weil sie für eine Vielzahl von denkbaren Zwecken geeignet ist. Dies rührt daher, dass die Vorschriften über die BGB-Gesellschaft kaum zwingende, die private Gestaltungsfreiheit einengende Regelungen enthalten. Die BGB-Gesellschaft ist, was ihre Ausgestaltungsmöglichkeiten anbetrifft, im Vergleich zu den anderen Gesellschaftsformen besonders elastisch und anpassungsfähig.

b) Freie Berufe

61 Eine besondere Bedeutung kam der BGB-Gesellschaft als der Gesellschaftsform zu, in der sich die Angehörigen der freien Berufe zusammenschließen können. Gesellschaftsrechtliche Schranken einerseits und standesrechtliche Einschränkungen andererseits machten es den Angehörigen der freien Berufe in der Vergangenheit fast un-

2 *K. Schmidt*, ZHR 177 (2013), 212 ff.

möglich, sich in einer anderen Gesellschaftsform als der der BGB-Gesellschaft zusammenzuschließen.

Beispiele: Eine echte Sozietät von Rechtsanwälten, d.h. eine Sozietät, bei der die Einkünfte der Gesellschaft zufließen und die Gewinne oder Verluste verteilt werden sollen, ist eine Gesellschaft bürgerlichen Rechts[3].

Die Gemeinschaftspraxis von Ärzten (Arztsozietät) ist häufig eine Gesellschaft bürgerlichen Rechts. Der gemeinsame Zweck im Sinne des § 705 BGB, zu dessen Erreichung sich die Ärzte zusammenschließen, ist die gemeinsame Ausübung des Berufs.

Es geht aber auch anders: 120 Zahnärzte schließen sich zu einer Gesellschaft bürgerlichen Rechts zusammen, deren Ziel es ist, die Gesellschafter von der Verwaltung ihrer Zahnarztpraxen zu entlasten und durch eine einheitliche Verwaltung und Buchführung für die Gesellschafter Kosten zu sparen[4].

62 Was den Zusammenschluss von Freiberuflern angeht, so hat die Entwicklung der letzten Jahrzehnte neue Möglichkeiten eröffnet. Nach dem Inkrafttreten des Gesetzes zur Schaffung von Partnerschaftsgesellschaften am 1. Juli 1995 (PartGG) ist es z.B. möglich, dass Anwälte und andere Freiberufler sich zu einer Partnerschaftsgesellschaft zusammenschließen (s. dazu Rn. 480 ff.).

c) Andere Vorhaben

63 Eine BGB-Gesellschaft kann auch zur gemeinsamen Durchführung einzelner Geschäftsvorhaben gegründet werden. Sie wird dann häufig als **Konsortium** oder als Arbeitsgemeinschaft (ARGE) bezeichnet. Ein Konsortium ist eine Gelegenheitsgesellschaft, zu der sich mehrere Personen zur Durchführung eines Geschäftes oder einer Reihe von Geschäften zusammenschließen. Es ist zwar auf eine wirtschaftliche Betätigung gerichtet, kann aber weder eine OHG noch eine KG sein, weil es nicht den dauernden Betrieb eines Handelsgewerbes zum Gegenstand hat.

Beispiele: Mehrere Banken schließen sich zusammen, um einen Großkredit zur Finanzierung eines Vorhabens aufzubringen. Hier handelt es sich im Zweifel um ein sog. Finanzierungs- und Kreditkonsortium in Gestalt einer BGB-Gesellschaft.

Nicht selten werden auch Emissionskonsortien gebildet: Mehrere Banken schließen sich zusammen, um die Aktien einer neu gegründeten Aktiengesellschaft zu übernehmen und auf dem Markt unterzubringen. Ein Emissionskonsortium als eine nur vorübergehende Verbindung von Banken zur Erledigung einer konkreten Aufgabe liegt auch dann vor, wenn mehrere Banken „junge Aktien" bei einer Kapitalerhöhung übernehmen, um für diese Erwerber zu finden.

Gründen in der Bundesrepublik Deutschland mehrere Unternehmen eine „Arbeitsgemeinschaft", um in einem Land der Dritten Welt ein Stahlwerk zu errichten, so handelt es sich im Zweifel um ein Konsortium in Gestalt einer BGB-Gesellschaft als einer vorübergehenden Verbindung zur Erledigung einer konkreten Einzelaufgabe.

64 Häufig schließen Personen sich in Form von BGB-Gesellschaften zusammen, um bestimmte unternehmerische Teilfunktionen gemeinsam auszuüben. Solche BGB-Gesellschaften werden oft als **Interessengemeinschaften** bezeichnet. Nicht selten

3 BGH BB 1960, 681.

4 OLG Stuttgart JZ 1982, 766.

schließen Unternehmen Verträge über Forschungs- und Entwicklungskooperationen ab. Gegenstand solcher Kooperationen kann alles sein, was von Unternehmen entwickelt, hergestellt und vertrieben wird und was es an Herstellungsverfahren und -vorrichtungen hierfür benötigt. Dazu gehören einzelne Produkte, Systeme und Anlagen, Software jeder Art und Verfahren jeder Art. Wenn die Vertragsparteien keine Kapitalgesellschaft, wie z.B. eine GmbH, gründen, um die Kooperation durch zuführen, handelt es sich in der Regel um eine Gesellschaft bürgerlichen Rechts[5].

Beispiele: Drei Chemieunternehmen schließen sich zusammen, um gemeinsam Forschungsanlagen zu errichten und zu nutzen. Dies kann in der Form einer BGB-Gesellschaft geschehen, die als Interessengemeinschaft bezeichnet wird.

Mehrere Unternehmen, die Einzelteile für die Kraftfahrzeugindustrie herstellen, schließen sich zusammen, um in der Zukunft gemeinsam für ihre Produkte auf dem europäischen Markt zu werben. Auch dies kann in der Form einer BGB-Gesellschaft geschehen.

Auch **Kartelle**, also privatrechtliche Zusammenschlüsse von selbstständigen Unter- 65
nehmen, deren gemeinsamer Zweck es ist, die Marktverhältnisse durch Beschränkung des Wettbewerbs zu beeinflussen, können in Form einer BGB-Gesellschaft begründet werden.

Beispiel: Die Unternehmen A, B und C, die gleichartige und gleichwertige Waren herstellen und veräußern, vereinbaren, in Norddeutschland für ihre Produkte die gleichen Preise zu fordern. Hier wollen sich die Unternehmen A, B und C in einer Gesellschaft bürgerlichen Rechts zu einem Kartell zusammenschließen.

Zu beachten ist allerdings, dass mit dem **Gesetz gegen Wettbewerbsbeschränkun-** 66
gen erreicht werden soll, dass der Wettbewerb auf den Märkten erhalten bleibt und deshalb Beeinträchtigungen des Wettbewerbs verhindert werden, § 1 GWB.

In dem oben geschilderten **Beispiel** ist der beabsichtigte Zusammenschluss von A, B und C geeignet, die Marktverhältnisse durch Beschränkung des Wettbewerbs zu beeinflussen. Er ist deshalb gem. § 1 GWB verboten. Entsprechende Verträge sind gem. § 134 BGB nichtig.

Schließen Personen einen Vertrag ab, in dem sie sich zur Gründung einer Gesell- 67
schaft verpflichten (sog. Gründungsvorvertrag), so kann damit eine BGB-Gesellschaft entstehen.

Beispiele: X, Y und Z vereinbaren, eine Bauträgergesellschaft in Form einer Kommanditgesellschaft zu gründen und in der nächsten Zeit alle Anstrengungen zu unternehmen, um dieses Ziel zu erreichen. Es handelt sich bei dieser Vereinbarung um den Abschluss eines Vertrages, durch den eine Gesellschaft bürgerlichen Rechts entsteht. Der gemeinsame Zweck im Sinne des § 705 BGB, der erreicht werden soll, ist die Gründung einer Kommanditgesellschaft als Bauträgergesellschaft.

Vereinbaren A, B und C, eine GmbH zu gründen, so bilden sie bis zum Abschluss des notariell beurkundeten Gesellschaftsvertrages der GmbH eine Vorgründungsgesellschaft in der Rechtsform der BGB-Gesellschaft (s. dazu Rn. 724 ff.).

5 Zu alldem *Winzer*, S. 7 ff., 12. ff.

II. Der gemeinsame Zweck

68 Als gemeinsamer Zweck, zu dessen Erreichung die Gesellschafter sich durch den Gesellschaftsvertrag zusammenschließen, kommt **jeder erlaubte Zweck** in Betracht. Dieser Zweck kann ein erwerbswirtschaftlicher oder ein ideeller sein. Eine Reihe von Gesellschaftszwecken erwerbswirtschaftlicher Art sind unter Rn. 61 bereits aufgezählt worden.

69 Bei der Gründung von Gesellschaften bürgerlichen Rechts zu erwerbswirtschaftlichen Zwecken hat der Gesetzgeber allerdings Grenzen gezogen. Ist der angestrebte gemeinsame Zweck der Betrieb eines kaufmännischen Gewerbes, so kann die Gesellschaftsform, in der dieser Zweck erreicht werden soll, nicht eine BGB-Gesellschaft sein. Eine Personengesellschaft kann ein kaufmännisches Gewerbe nur in den vom Gesetz dafür vorgesehenen Formen der OHG oder KG betreiben. Betreibt eine Personengesellschaft, die als BGB-Gesellschaft gegründet worden ist, ein Gewerbe, so wird sie von Gesetzes wegen ohne jeden Publizitätsakt zu einer personen- und strukturgleichen OHG, es sei denn, das Unternehmen erfordert keinen in kaufmännischer Weise eingerichteten Gewerbetrieb (§ 105 Abs. 1 u. § 1 Abs. 2 HGB).

70 Häufig werden BGB-Gesellschaften gegründet, um kulturelle oder gesellschaftliche Zwecke zu verfolgen. Es handelt sich dann um **ideelle Zwecke**.

Beispiele: 20 für das Theaterspiel interessierte Personen schließen sich mit dem Ziel zusammen, regelmäßig Theaterstücke zu proben und in jedem Halbjahr mindestens eine Aufführung zu veranstalten. Der Erlös soll caritativen Zwecken dienen. Es handelt sich hierbei um eine BGB-Gesellschaft.

Nachbarn, die sich zur Erlangung eines Preisvorteils für eine jährliche Heizölsammelbestellung zusammengeschlossen haben, können eine BGB-Gesellschaft bilden[6].

III. Der Gesellschaftsvertrag

1. Überblick

71 Eine BGB-Gesellschaft **entsteht durch einen Gesellschaftsvertrag**, in dem sich die Gesellschafter verpflichten, einen gemeinsamen Zweck zu erreichen. Die Gesellschafter fördern die Erreichung des gemeinsamen Zwecks insbesondere durch die Leistung der vereinbarten Beiträge. Die Verpflichtung der Gesellschafter, zur Erreichung des gemeinsamen Zwecks zusammenwirken zu wollen, und eine Beschreibung der Art und Weise, wie das geschehen soll, bilden deshalb den Mindestinhalt des Gesellschaftsvertrages. Bei der Ausgestaltung des Gesellschaftsvertrages können die Gesellschafter in dem zulässigen Rahmen von ihrer Gestaltungsfreiheit Gebrauch machen (vgl. Rn. 47 ff.).

6 LG Konstanz NJW 1987, 2521; dazu *K. Schmidt*, JuS 1988, 444 ff.

2. Die Rechtsnatur des Gesellschaftsvertrages

Will man die **Rechtsnatur des Gesellschaftsvertrages** bestimmen, so ist zu berücksichtigen, dass die Vertragschließenden 72

- sich einerseits zur Erbringung bestimmter Leistungen verpflichten, also eine **Gläubiger- und Schuldnerstellung** schaffen,
- andererseits aber auch eine **Gemeinschaft errichten** wollen, deren Mitglieder sie werden möchten.

Daraus folgt: Der Gesellschaftsvertrag, durch den die BGB-Gesellschaft begründet wird, ist sowohl ein **Schuldvertrag** als auch ein **organisationsrechtlicher Vertrag**, der auf die Gründung einer Personenvereinigung abzielt[7]. Der Gesellschaftsvertrag ist demnach ein schuldrechtlicher Vertrag, der einerseits die wechselseitigen Rechte und Pflichten der Gesellschafter – wie z.B. die Beitragspflicht – regelt, andererseits aber auch Bestimmungen über die Organisation der Gesellschaft enthält.

Soweit der Gesellschaftsvertrag ein schuldrechtlicher Vertrag ist, finden auf ihn nicht 73
nur die allgemeinen Normen des BGB über Rechtsgeschäfte (1. Buch des BGB, Allgemeiner Teil), sondern auch die Vorschriften des allgemeinen Schuldrechts (2. Buch des BGB) grundsätzlich Anwendung. In Fällen, in denen ein Gesellschafter mit der Erfüllung von Mitgliedspflichten aus einem Leistungsverhältnis gegenüber der Gesellschaft in Verzug gerät, können z.B. Ansprüche aus §§ 280, 286 BGB entstehen.

Beispiel: Mit einem Gesellschaftsvertrag i.S.d. § 705 BGB haben sich mehrere Gesellschafter zur Herstellung und Vervielfältigung eines mehrbändigen Nachschlagewerkes zu einer Gesellschaft bürgerlichen Rechts zusammengeschlossen. Im Gesellschaftsvertrag hat ein Gesellschafter die Vertriebspflicht als eine gesellschaftsrechtliche Verpflichtung zur Leistung von Diensten i.S.v. § 706 Abs. 3 BGB übernommen, der er nur unzureichend nachgekommen ist. Es handelt sich um eine Pflichtverletzung, die bei Vorliegen der übrigen Voraussetzungen des § 280 BGB zum Entstehen eines Schadensersatzanspruchs der Gesellschaft gegen den Gesellschafter führen kann, der seiner Verpflichtung nicht oder nur schlecht nachgekommen ist.

Bei der Anbahnung von Verhandlungen zum Abschluss eines Gesellschaftsvertrages 74
kommt dadurch, dass sich die Verhandelnden Vertrauen entgegenbringen, ein **vorvertragliches Schuldverhältnis** mit den daraus erwachsenden Verpflichtungen zustande (§ 311 Abs. 2 BGB). Schuldhafte Verletzungen vorvertraglicher Verhaltenspflichten können zur Entstehung eines Anspruches aus **culpa in contrahendo** (§§ 280, 311 Abs. 2, 241 Abs. 2 BGB) auf Ersatz des Vertrauensschadens führen[8]. Der Gesellschaftsvertrag ist allerdings **kein Austauschvertrag**, weil die Gesellschafter sich zusammenschließen, um durch ihr Zusammenwirken einen gemeinsamen Zweck zu erreichen, nicht aber, um Leistungen auszutauschen. Es fehlt auch die synallagmatische Verknüpfung von Leistungspflichten. Wenn aber die Verpflichtung zur Förderung des gemeinsamen Zweckes im Vordergrund steht, so ist damit im Grundsatz unvereinbar, dass ein Gesellschafter gem. §§ 320 ff. BGB die eigene Einlageleistung von dem Erbringen der anderen Beiträge abhängig macht.

---

7 *Wiedemann*, Gesellschaftsrecht II, § 2 I 1 a, S. 91 ff.
8 BGH WM 1987, 1336 f.

75 Daraus ergibt sich auch, dass die Anwendung der **§§ 323 bis 326 BGB ausgeschlossen** ist. Das bedeutet, dass ein Rücktritt vom Vertrage nicht möglich ist. Es kommen in der Regel nur die Kündigung (§ 723 BGB) oder die Auflösung der Gesellschaft statt des Rücktritts vom Vertrage mit Wirkung für die Zukunft als Möglichkeiten der Beendigung der Gesellschaft in Betracht; diese entsprechen den Besonderheiten einer Personengesellschaft[9].

3. Die Form

76 Grundsätzlich ist der Abschluss des Gesellschaftsvertrages, mit dem die BGB-Gesellschaft begründet wird, formfrei. Der Vertrag bedarf nur dann einer Form, wenn er ein formbedürftiges Leistungsversprechen enthält.

4. Die Auslegung von Gesellschaftsverträgen

77 Die Auslegung von Gesellschaftsverträgen folgt grundsätzlich den **allgemeinen Regeln der §§ 133, 157 und 242 BGB**. Das gilt auch für solche Klauseln, die nicht nur für die Gesellschafter selbst, sondern auch für außenstehende Dritte von Bedeutung sein können, wie z.B. für eine gesellschaftsvertragliche Bestimmung, nach der die Gesellschafterrechte nur an Familienangehörige abgetreten werden können[10]. Auch die allgemeinen Grundsätze über die ergänzende Vertragsauslegung finden auf Gesellschaftsverträge Anwendung. Falls die Gesellschafter bei Abschluss des Gesellschaftsvertrages einen regelungsbedürftigen Punkt nicht bedacht und deshalb auch keine entsprechende ausdrückliche Vereinbarung in den Vertrag aufgenommen haben, so ist auf der Grundlage des Vertrages zu ermitteln, wie die Gesellschafter den offen gebliebenen Punkt nach Treu und Glauben geregelt hätten, wenn sie an ihn gedacht hätten.

Wenn auch grundsätzlich die allgemeinen Regeln über die Auslegung (§§ 133, 157, 242 BGB) auf den Gesellschaftsvertrag anwendbar sind, so ergeben sich doch einige **Besonderheiten**. Diese gründen sich einerseits auf die meist lange Vertragsdauer und das Eigenleben, das die Gesellschaft im Laufe der Zeit entfaltet, andererseits auf die im Vergleich mit anderen Rechtsgeschäften stärkere und deshalb auch für die Auslegung zu beachtende Bedeutung des Vertragszwecks und der Treuepflicht der Gesellschafter.

78 **Lösung zu Fall 5:** S, W und K betreiben ein Umsatzgeschäft, also ein Handelsgewerbe im Sinne der §§ 105 Abs. 1 und 1 Abs. 2 HGB. Bei einem Umsatz von über 1,5 € Millionen ist auch davon auszugehen, dass das Geschäft einen in kaufmännischer Weise eingerichteten Gewerbebetrieb erfordert. Da hier ein kaufmännisches Gewerbe betrieben wird, kann es sich nicht um eine BGB-Gesellschaft handeln. Weil S, W und K keine Haftungsbeschränkung im Hinblick auf einzelne Personen vereinbart haben und die Gesellschaft ein Handelsgewerbe betreibt, ist sie unabhängig vom Willen der Gesellschafter eine OHG.

---

9 Ausführlich *Wiedemann*, Gesellschaftsrecht II, § 2 II 2, S. 95 ff.

10 BGH WM 1978, 514 f.

Lösung zu Fall 6: Der Vertrag, in dem sich jemand verpflichtet, das Eigentum an einem Grundstück auf einen anderen zu übertragen, bedarf der notariellen Beurkundung (§ 311b BGB). Da einer der Gesellschafter sich verpflichtet hat, ein Grundstück in das Gesellschaftsvermögen einzubringen und der Gesellschaftsvertrag eine Einheit bildet, bedarf er insgesamt gem. § 311b BGB der notariellen Beurkundung um wirksam zu sein. Ein nur handschriftlich aufgesetzter Vertrag verstößt gegen die gesetzlich vorgeschriebene Form (§ 311b BGB) und ist deshalb gem. § 125 BGB nichtig. 79

§ 5 Die Rechtsbeziehungen der Gesellschafter untereinander (Innenverhältnis)

Fall 7: Im Gesellschaftsvertrag einer BGB-Gesellschaft haben die 12 Gesellschafter sich 2012 damit einverstanden erklärt, dass die aus 3 Gesellschaftern bestehende Geschäftsführung für die Zukunft ermächtigt sein soll, Nachschusspflichten für die Gesellschafter „in angemessenem Umfang" zu begründen, wenn sie das für erforderlich hält. Nachdem die Geschäftsführung im Juli 2015 beschlossen hat, von der Ermächtigung Gebrauch zu machen und jedem Gesellschafter eine Nachschusspflicht in Höhe von 50 000 € aufzuerlegen, fragt Gesellschafter A an, ob er zur Leistung eines solchen Nachschusses verpflichtet ist. **Rn. 116** 80

Fall 8: G ist geschäftsführender Gesellschafter einer aus A, B, C und G bestehenden Gesellschaft bürgerlichen Rechts, die ein nicht unerhebliches aus Grundstücken bestehendes Vermögen verwaltet. G ist außerdem Geschäftsführer der aus 5 Personen bestehenden X-GmbH. Bei Letzterer hat er sich finanzielle Unregelmäßigkeiten zu seinem Vorteil und zu Lasten des Gesellschaftsvermögens zu Schulden kommen lassen. A, B und C erwägen, G die Geschäftsführungsbefugnis zu entziehen. Ist dies möglich? **Rn. 117** 81

Literatur: *Armbrüster*, Nachschusspflicht im Personengesellschaftsrecht, ZGR 2008, 1 ff.; *Flume*, Gesellschaft und Gesamthand, ZHR 136 (1972) 177 ff.; *Grunewald*, Die Gesellschafterklage in der Personengesellschaft und der GmbH, 1990; *Kießling*, Das Gesamthandsprinzip bei Personengesellschaften. FS Hadding, S. 477 ff.; *Raiser*, Das Recht der Gesellschafterklagen, ZHR 153 (1989) 1 ff.; *C. Schäfer*, Vom Einstimmigkeitsprinzip zum treupflichtgetragenen Mehrheitsentscheid im Personengesellschaftsrecht, ZGR 2013, 237 ff.; *derselbe*, Der Bestimmtheitsgrundsatz ist (wirklich) Rechtsgeschichte, ZGR 2014, 1401; *Schünemann*, Grundprobleme der Gesamthandsgesellschaft 1975; *Schulze/Osterloh*, Das Prinzip der gesamthänderischen Bindung, 1972.

I. Überblick

Die Rechte und Pflichten der Gesellschafter ergeben sich aus dem Gesellschaftsvertrag und den gesetzlichen Vorschriften der §§ 705 ff. BGB. Die meisten dieser Vorschriften sind dispositiver Natur. Sie können also von den Gesellschaftern, die den Vertrag abschließen, gestützt auf das Prinzip der Vertragsfreiheit durch entsprechende Vereinbarungen im Gesellschaftsvertrag abgeändert bzw. ergänzt werden. Je nach den für die beteiligten Personen vorgesehenen Funktionen, dem Gesellschaftszweck 82 und der Höhe der Beteiligung sind vom Gesetz abweichende, zweckentsprechendere Vereinbarungen im Gesellschaftsvertrag notwendig. Die gesellschaftsvertragliche Vereinbarung geht im Zweifel der gesetzlichen Regelung vor.

Beispiel: Gem. § 709 BGB steht die Geschäftsführung allen Gesellschaftern in der Weise gemeinschaftlich zu, dass die Zustimmung aller Gesellschafter zu den einzelnen Maßnahmen erforderlich ist. In der Regel dürfte es zweckmäßig sein, das gesetzlich vorgesehene schwerfällige Einstimmigkeitsprinzip durch eine entsprechende Regelung im Gesellschaftsvertrag zu ersetzen, indem etwa die Geschäftsführung nur einem Gesellschafter oder einer begrenzten Zahl von Gesellschaftern eingeräumt wird.

83 Die **Willensbildung** in der Gesellschaft erfolgt durch **Beschluss**. Das gilt vor allem für die Änderung des Gesellschaftsvertrages. Die Grundlage für das Beschlussrecht in der BGB-Gesellschaft bildet der § 709 BGB, dessen Wirkung über bloße Geschäftsführungsmaßnahmen hinausreicht. Nach § 709 Abs. 1 BGB ist für die Wirksamkeit eines Beschlusses Einstimmigkeit vorgesehen. Der Gesellschaftsvertrag kann eine davon abweichende Regelung vorsehen (siehe dazu Rn. 96 ff.).

Das BGB verzichtet ebenso wie das HGB für die OHG und die KG auf Vorschriften über die **Gesellschafterversammlung**. Der Gesellschaftsvertrag kann gestützt auf den Grundsatz der Vertragsfreiheit Bestimmungen darüber treffen. Jedem Gesellschafter stehen eine Reihe von Verwaltungsrechten zu. Dazu gehören u.a. das Recht zur Geschäftsführung einschließlich das Widerspruchsrecht, die Informations- und Kontrollrechte, das Recht, an der Liquidation mitzuwirken und das Kündigungsrecht. § 717 BGB (§ 711a BGB-E) stellt für alle aus der Mitgliedschaft herrührenden Rechte (**Mitgliedschaftsrechte)** den Grundsatz der Unübertragbarkeit auf (**Abspaltungsverbot)**. Nicht übertragbar sind gem. § 717 S. 1 BGB alle Verwaltungsrechte, die oben genannt sind. Umstritten ist, ob sog. **Stimmbindungsverträge** gegen das Abspaltungsverbot verstoßen. Während Stimmbindungsverträge mit Mitgesellschaftern zulässig sind, wird die Zulässigkeit solcher Verträge mit außenstehenden Dritten in der Literatur überwiegend abgelehnt.[1].

II. Das Gesellschaftsvermögen

1. Bisher: Gesamthandsvermögen

84 Mit der Gründung einer Personengesellschaft wird ein Sondervermögen gebildet, das vom Privatvermögen der Gesellschafter streng zu trennen ist. Zu diesem **Sondervermögen (= Gesellschaftsvermögen)** gehört das, was die Gesellschafter als Beiträge geleistet haben, und die Gegenstände, die durch die Geschäftsführung für die Gesellschaft erworben worden sind (§ 718 BGB). Dazu können zählen: bewegliche Sachen, Grundstücke, Forderungen und sonstige Rechte aller Art. Die zum Gesellschaftsvermögen gehörenden Sachen und Rechte unterliegen einigen Sonderregelungen, die sich daraus ergeben, dass das Gesellschaftsvermögen nicht mehr dem unabhängigen und freien Willen des einzelnen Gesellschafters zur Verfügung stehen kann, sondern

1 Strittig, s. dazu ausführlich *Wiedemann*, Gesellschaftsrecht II, § 3 III 2 c, S. 215 ff, § 4 I 4, S. 312 ff. einerseits; großzügiger *K. Schmidt*, Gesellschaftsrecht § 19 III 4, § 21 II 4 andererseits.

dem Gesellschaftszweck dienen soll und daher dem nach den gesetzlichen Vorschriften oder dem Gesellschaftsvertrag gebildeten Willen der Gesellschafter unterliegt.

Das Gesellschaftsvermögen ist **Gesamthandsvermögen**. Das heißt: Das Vermögen steht den Gesellschaftern in ihrer personenrechtlichen Verbundenheit in der Art zu, dass ein einzelner Gesellschafter über seinen Anteil an dem Gesellschaftsvermögen und auch an den einzelnen dazu gehörenden Gegenständen nicht frei verfügen kann. Über das Gesellschaftsvermögen als Ganzes sowie auch über Teile des Gesellschaftsvermögens können nur alle Gesellschafter gemeinsam verfügen (§ 719 BGB). Da alle Gesellschafter als Gesamthänder – jeder vollständig und alle zugleich – die Gegenstände des gemeinschaftlichen Vermögens innehaben, gibt es keinen Bruchteil, der dem einzelnen Gesellschafter an einzelnen Gegenständen oder am Vermögen der Gesellschaft als Ganzem zusteht[2].

Die Gesamthandsberechtigung des Gesellschafters, also die Mitinhaberschaft an den **85**
der Gesamthand zugeordneten Vermögensgegenständen setzt die Zugehörigkeit zur Gesellschaft voraus; sie kann ohne diese nicht fortbestehen. Wenn ein Gesellschafter aus der Gesellschaft ausscheidet, so wächst sein Anteil am Gesellschaftsvermögen **(Gesamthandsvermögen)** nach § 738 Abs. 1 BGB den in der Gesellschaft verbleibenden Gesellschaftern zu.

Beispiel: Scheidet von drei gleich berechtigten Gesellschaftern einer aus der Gesellschaft aus, so wächst sein Eindrittelanteil gem. § 738 Abs. 1 BGB nun – zu je einem Sechstel – den übrigen Gesellschaftern zu, so dass von diesen nun jeder einen Anteil von ein Halb inne hat.

Wird ein neuer Gesellschafter durch Aufnahmevertrag in die Gesellschaft aufgenom- **86**
men, so wird er mit dem Moment seines Eintritts in die Gesellschaft automatisch – durch „Abwachsung" bei den Mitgesellschaftern – Mitberechtigter am Gesamthandsvermögen[3].

Beispiel: Tritt in Fortführung des oben geschilderten Beispiels ein neuer Gesellschafter ein, der die gleichen Rechte wie die übrigen haben soll, so wächst ihm ein Drittel am Gesamthandsvermögen zu, das bei den anderen Gesellschaftern – zu je einem Sechstel – „abwächst".

Es ist also stets zu unterscheiden zwischen dem Vermögen der BGB-Gesellschaft (Gesamthandsvermögen) einerseits und dem Privatvermögen der einzelnen Gesellschafter andererseits. Die Vermögensgegenstände, die ein Gesellschafter in die Gesellschaft eingebracht hat, unterliegen nicht mehr seiner ausschließlichen Verfügungsgewalt. Die zum Gesellschaftsvermögen gehörenden Gegenstände stehen vielmehr den Gesellschaftern in der oben bezeichneten Weise gemeinschaftlich zu (§ 719 BGB).

Beispiel: Hat ein Gesellschafter einer Gesellschaft bürgerlichen Rechts, der sich im Gesellschaftsvertrag verpflichtet hatte, einen ihm gehörenden LKW in die Gesellschaft einzubringen, diesen LKW der Gesellschaft wirksam übereignet, so gehört dieser LKW nicht mehr zu seinem Privatvermögen. Er ist nun Teil des Gesellschaftsvermögens. Inhaberin des Gesamthandvermögens ist die Gesellschaft selbst, jedenfalls soweit sie als Außengesellschaft rechtsfähig ist. Verfügungen erfolgen nur noch nach dem Willen der Gesellschaft, der nach den gesellschaftsvertraglichen oder gesetzlich vorgeschriebenen Regeln zustande kommt.

---

2 *Kießling*, in: FS Hadding, S. 489.
3 *K. Schmidt*, Gesellschaftsrecht, § 45 II 5.

Der einzelne Gesellschafter ist nicht berechtigt, die Teilung des Gesamthandsvermögens zu verlangen (§ 719 Abs. 1 BGB).

2. Künftig: Gesellschaftsvermögen

87 **Rechtslage nach dem MoPeG:**

Mit § 713 BGB-E wendet sich der Gesetzgeber von dem Gesamthandsmodell der §§ 718, 719 BGB ab und legt fest, dass die Beiträge der Gesellschafter sowie die erworbenen Rechte und begründeten Verbindlichkeiten (nur) unmittelbares Vermögen der GbR selbst sind. Dies ist eine Folge der Anerkennung der Rechtsfähigkeit der GbR durch den Gesetzgeber. Für die nicht rechtsfähige GbR wird in § 740 Abs. 1 BGB-E dagegen ausdrücklich angeordnet, dass diese kein Vermögen haben kann.

88 Aus der Abschaffung der Gesamthand ergeben sich auch Folgen für das Zwangsvollstreckungsrecht. § 722 BGB-E ordnet entsprechend den §§ 124 Abs. 2, 129 Abs. 4 HGB die vollstreckungsrechtliche Trennung von Gesellschafts- und Gesellschaftervermögen an und stellt klar, dass für eine Zwangsvollstreckung in das Gesellschaftsvermögen ein gegen die GbR gerichteter Vollstreckungstitel die notwendige Voraussetzung ist (vgl. § 722 Abs. 1 BGB-E). Ein gegen alle Gesellschafter gerichteter Vollstreckungstitel soll, anders als bisher nach § 736 ZPO, nicht mehr zur Vollstreckung in das Gesellschaftsvermögen berechtigen. Eine Umschreibung des Vollstreckungstitels ist demnach nicht erforderlich, wenn keine Veränderung an Name, Sitz und Gesellschafterbestand der GbR eingetreten ist. Der nach § 722 Abs. 1 BGB-E erforderliche Titel berechtigt nicht zur Zwangsvollstreckung in das Vermögen der Gesellschafter (vgl. § 722 Abs. 2 BGB-E). Zudem kann ein wegen einer Verbindlichkeit der GbR in Anspruch genommener Gesellschafter nach § 721b BGB-E entsprechend § 129 Abs. 1 bis 3 HGB die Einwendungen und Einreden sowie Gestaltungsrechte der GbR geltend machen.

III. Die Organisation der Gesellschaft

1. Die Geschäftsführung der Gesellschaft

a) Die Begriffe Geschäftsführung und Vertretung

89 Die Gesellschaft als solche kann nicht handeln. Deshalb müssen Gesellschafter (natürliche Personen) für sie tätig werden. Bei der Tätigkeit für die Gesellschaft unterscheidet das Gesetz zwischen Geschäftsführung und Vertretung.

Unter **Geschäftsführung** ist die auf die Verfolgung des Gesellschaftszweckes gerichtete Tätigkeit der Gesellschafter zu verstehen. Die Geschäftsführung kann bestehen in

- rein tatsächlichen Handlungen und
- rechtsgeschäftlichen Handlungen.

Beispiele: für tatsächliche Handlungen, die Geschäftsführungstätigkeiten darstellen: Die Leitung eines Unternehmens, das in der Form einer Handelsgesellschaft betrieben wird; das Aufstellen von Bilanzen; die Kontrolle der Arbeitnehmer im Betrieb.

Beispiele für rechtsgeschäftliches Handeln, das Geschäftsführungstätigkeit darstellt: Der Abschluss von Arbeitsverträgen mit dem Personal; der Abschluss von Kaufverträgen betreffend den Einkauf und Verkauf von Waren im Namen der Gesellschaft.

Die zuletzt geschilderten Handlungen stellen allerdings nicht nur Geschäftsführungstätigkeiten dar. Es handelt sich gleichzeitig um Vertretungsmaßnahmen. Unter **Vertretungsmaßnahmen** versteht man die rechtsgeschäftlichen Erklärungen, die die Gesellschafter im Namen der Gesellschaft abgeben und entgegennehmen. Die Rechtsfolgen der Erklärungen treffen nach § 164 BGB die Gesellschaft, für die gehandelt wird und nicht die sie vertretenden Gesellschafter.

Zur Geschäftsführung gehören solche Maßnahmen **nicht**, die die Beziehungen der Gesellschafter zueinander und damit die Grundlagen der Gesellschaft selbst berühren[4]. Änderungen des Gesellschaftsvertrages und die Auflösung der Gesellschaft sind deshalb keine Akte der Geschäftsführung. Wenn das Gesetz auch in den §§ 709 ff. BGB (§ 715 BGB-E) und §§ 714 ff. BGB (§ 720 BGB-E) zwischen Geschäftsführung und Vertretung unterscheidet, so bedeutet das nicht, dass Handlungen, die die Gesellschafter vornehmen, entweder eine Geschäftsführungsmaßnahme oder eine Vertretungshandlung sind. Häufig ist – wie oben bereits dargestellt – ein und dieselbe Handlung sowohl eine Geschäftsführungsmaßnahme als auch eine Vertretungshandlung. 90

Beispiel: Stellt eine BGB-Gesellschaft eine Sekretärin ein, so ist der Abschluss des Arbeitsvertrages sowohl ein Akt der Geschäftsführung als auch eine Vertretungshandlung, die die Gesellschaft rechtsgeschäftlich bindet.

b) Die Geschäftsführungsbefugnis im Einzelnen

Nach § 709 Abs. 1 BGB (§ 715 Abs. 3 BGB-E) steht die Geschäftsführung den Gesellschaftern in der Weise gemeinschaftlich zu, dass zu jeder Geschäftsführungsmaßnahme die Zustimmung aller Gesellschafter erforderlich ist **(Grundsatz der Gesamtgeschäftsführung)**. 91

Beispiel: Die Entscheidung darüber, ob für eine aus 20 Gesellschaftern bestehende Gesellschaft bürgerlichen Rechts ein PKW angeschafft werden soll oder nicht, darf nicht ein einzelner oder ein Teil der Gesellschafter allein treffen. Falls der Gesellschaftsvertrag im Hinblick auf die Geschäftsführung keine andere Regelung vorsieht, müssen nach § 709 Abs. 1 BGB alle 20 Gesellschafter ihre Zustimmung geben. Das gilt auch für die Geltendmachung von Rechten, etwa das Erheben und Führen einer Klage.[5]

Die vom Gesetz als Regelfall vorgesehene Lösung bietet zwar dem einzelnen Gesellschafter einen weitgehenden Schutz, erweist sich aber bei größeren Gesellschafterzahlen als schwerfällig und wenig praktikabel. Der BGH denkt deshalb unter bestimmten Umständen an ein **Notgeschäftsführungsrecht** analog § 744 Abs. 2 BGB, wenn z.B. die Verjährung einer Forderung droht, praktisch bejaht wurde das allerdings bislang nicht.[6] Der Gesetzgeber hat gleichwohl durch das MoPeG ein ausdrückliches Notgeschäftsführungsrecht in § 715a BGB-E geschaffen, freilich ohne damit auch die Vertretungsmacht des Notgeschäftsführers zu verbinden.[7] Dass dies viel helfen wird, ist zu bezweifeln.

4 RGZ 162, 370, 374.
5 BGH NZG 2021, 1500 Rn. 28 ff.
6 BGH NJW 2018, 3014 Rn. 24 m.w.N.
7 Ausführlich dazu BT-Drucks. 19/27635 S. 153 f.

92 Das Gesetz räumt in den §§ 709 Abs. 2, 710 und 711 BGB (§ 715 BGB-E) aber Möglichkeiten ein, durch den **Gesellschaftsvertrag andere Geschäftsführungsregelungen** zu treffen, u.a. die folgenden:

- **alle Gesellschafter** nehmen an der Geschäftsführung teil (gesetzlicher Regelfall). Sind nicht alle Gesellschafter bereit, zu einer vorgesehenen Maßnahme der Geschäftsführung ihre Zustimmung zu erteilen, kann wegen des im Regelfall geltenden Einstimmigkeitsprinzips gem. § 709 Abs. 1 BGB (= § 714 BGB-E) die Maßnahme nicht durchgeführt werden. Allerdings kann nach § 709 Abs. 2 BGB (bzw. gem. § 708 BGB-E) das Einstimmigkeitsprinzip durch das Mehrheitsprinzip ersetzt werden (siehe Rn. 96 f.).
- alle Gesellschafter sollen geschäftsführungsbefugt sein, aber jeder Gesellschafter ist berechtigt, **allein zu handeln**. Ist dies vereinbart, kann jeder andere Gesellschafter gem. § 711 BGB (= § 715 Abs. 4 BGB-E) der Geschäftsführungsmaßnahme mit der Wirkung widersprechen, dass das Geschäft unterbleiben muss (Innenverhältnis); nach h.M. hat dies wiederum auf die Vertretungsmacht (Außenverhältnis, Rn. 129 ff.) keine Auswirkungen.
- die Führung der Geschäfte kann einem oder mehreren Gesellschaftern gem. § 710 BGB (= § 715 Abs. 3 S. 2 BGB-E) in der Weise übertragen werden, dass die übrigen von der **Geschäftsführung ausgeschlossen** sind und ihnen auch kein Widerspruchsrecht gem. § 711 BGB zusteht[8].

93 **Verletzt** ein Gesellschafter **schuldhaft** seine Geschäftsführungspflicht, so ist er der Gesellschaft aus Pflichtverletzung gem. § 280 BGB zum Schadenersatz verpflichtet. Der Haftungsmaßstab wird durch § 708 BGB auf die eigenübliche Sorgfalt festgelegt (diese Haftungsmilderung entfällt künftig durch das MoPeG).

Nach § 712 BGB (= § 715 Abs. 5, 6 BGB-E) kann einem Gesellschafter die durch den Gesellschaftsvertrag übertragene Befugnis zur Geschäftsführung durch einen einstimmigen Beschluss oder, falls nach dem Gesellschaftsvertrag dafür die Mehrheit der Stimmen entscheiden soll, durch Mehrheitsbeschluss entzogen werden. Voraussetzung dafür ist allerdings, dass ein **wichtiger Grund** vorliegt. Ein solcher ist insbesondere eine grobe Pflichtverletzung oder die Unfähigkeit zur ordnungsgemäßen Geschäftsführung (= § 712 Abs. 1 2. Hs. BGB). Ein wichtiger Grund i.S. des § 712 BGB liegt auch vor, wenn das Verhältnis der übrigen Gesellschafter zu dem Geschäftsführer nachhaltig zerstört und es den übrigen Gesellschaftern deshalb nicht zuzumuten ist, dass der geschäftsführende Gesellschafter weiterhin auf die alle Gesellschafter betreffenden Belange der Gesellschaft Einfluss nehmen kann[9].

94 **Rechtslage nach dem MoPeG:**

Auch künftig soll hinsichtlich der Geschäftsführung der GbR weiterhin im Ausgangspunkt gemeinschaftliches Handeln aller Gesellschafter (§ 715 Abs. 3 S. 1 und § 720 BGB-E) erforderlich sein. Der Gesetzgeber hat die Regelungen über die Geschäftsführung und Vertretung jedoch voneinander getrennt. Die in § 709–712 BGB verstreuten Regeln über die Geschäftsführung sind weitgehend unverändert in § 715 BGB-E zusammengefasst. Der Verschuldens-

8 RGZ 102, 410, 412.
9 BGH NZG 2008, 298.

maßstab richtet sich künftig nach § 276 Abs. 1 BGB, da die Vorschrift des § 708 BGB ersatzlos gestrichen wird.[10] Manche Regeln wurden aber an die entsprechenden Bestimmungen des Handelsgesellschaftsrechts angelehnt. So legt § 715 Abs. 1 BGB-E in Anlehnung an § 114 HGB eine Pflicht zur Beteiligung an der Geschäftsführung fest und betont damit die mitgliedschaftliche Zweckförderungspflicht aller Gesellschafter.

Vor allem für den Fall der ausschließlichen Geschäftsführung durch einzelne Gesellschafter bestimmt § 715 Abs. 2 BGB-E zum Schutz der von der Geschäftsführung ausgeschlossenen Gesellschafter, dass bei außergewöhnlichen Geschäften ein vorheriger Beschluss gefasst werden muss, es sei denn, das Geschäft duldet keinen Aufschub (vgl. § 715a BGB-E).

Die Vertretungsbefugnis ist künftig nicht mehr nur ein Annex zur Geschäftsführungsbefugnis, sondern in § 720 Abs. 1 BGB-E eigenständig geregelt (näher Rn. 129 ff.). Eine Umstellung der nach wie vor bestehenden Gesamtgeschäftsführung auf die Einzelgeschäftsführungsbefugnis als Regelfall wie bei den Personenhandelsgesellschaften hat der Gesetzgeber mit Verweis auf die unbeschränkte persönliche Haftung der Gesellschafter und die (angeblich) weiterhin bestehenden Unterschiede zu den Personenhandelsgesellschaften abgelehnt.[11] Nach § 715 Abs. 4 BGB-E bleibt die Vereinbarung von Einzelgeschäftsführungsbefugnis aber möglich. Nach § 715 Abs. 5 BGB-E kann einem Gesellschafter die Befugnis zur Geschäftsführung durch Beschluss der anderen Gesellschafter aus wichtigem Grund entzogen werden kann, und zwar nunmehr ausdrücklich auch dann, wenn sie ihm nicht explizit durch den Gesellschaftsvertrag übertragen ist (so bisher § 712 Abs.1 BGB) sondern ihm bereits kraft § 715 Abs. 1, 3 BGB-E (ehemals § 709 Abs. 1 BGB) zustand.

c) Der Aufwendungserstattungsanspruch

Der Geschäftsführer kann gem. § 713 i.V.m. § 670 BGB (= § 716 Abs. 1 BGB-E) von der Gesellschaft Aufwendungsersatz verlangen. Unter **Aufwendungen** sind alle Vermögensopfer zu verstehen, die ein Gesellschafter freiwillig im Interesse der Gesellschaft erbringt. **95**

Beispiel: Ein Gesellschafter zahlt den Kaufpreis an einen Verkäufer, mit dem die BGB-Gesellschaft einen Kaufvertrag abgeschlossen hat. Er hat einen Anspruch auf Zahlung der Kaufpreissumme gegen die Gesellschaft gem. §§ 713, 670 BGB.

Der Anspruch richtet sich gegen die Gesellschaft. Eine anteilige Haftung der Mitgesellschafter dafür ist wegen § 707 BGB (= keine Nachschusspflicht; s. dazu Rn. 107 f.) grundsätzlich bis zur Auseinandersetzung (dazu Rn. 192 ff.) ausgeschlossen. Der Gesellschaftsvertrag kann allerdings Abweichendes vorsehen. Ein Ausgleichsanspruch gegen die Mitgesellschafter kann sich zudem aus § 426 BGB ergeben.

2. Die Beschlussfassung

a) Gesellschafterbeschlüsse

Die Willensbildung innerhalb der Gesellschaft erfolgt durch **Beschluss**. Gesellschafterbeschlüsse beruhen auf der Stimmabgabe der dazu befugten Gesellschafter. Sowohl die Stimmabgabe als auch der Beschluss selbst sind Rechtsgeschäfte. Die Einhaltung einer Form für Beschlüsse der Gesellschafter sieht das BGB nicht vor. Ent- **96**

10 Siehe dazu die Begründung des Gesetzes BT-Drucks. 19/27635, S. 108.
11 BT-Drucks. 19/27635, S. 151.

scheidungen kommen in der Regel dadurch zustande, dass alle Gesellschafter dem unterbreiteten Vorschlag zustimmen.

Gegenstand von Gesellschafterbeschlüssen sind zum einen die Geschäftsführungsmaßnahmen, es sei denn, die Gesellschafter haben von der in § 711 BGB vorgesehenen Möglichkeit der Einzelgeschäftsführung Gebrauch gemacht. Eine Abgrenzung zwischen Beschlussfassung und Geschäftsführung, deren Notwendigkeit in der Begründung zum MoPeG suggeriert wird (siehe dazu BT-Drucks. 19/27635 S. 149) ist daher nicht erforderlich. Darüber hinaus müssen Beschlüsse gefasst werden über Änderungen des Gesellschaftsvertrages und die sonstigen gemeinschaftlichen Angelegenheiten. Zu letzteren zählen z.B. Beschlüsse über Bilanzfeststellung und Gewinnverwendung.

b) Mehrheitsklauseln

97 Das nach § 709 Abs. 1 BGB (= § 714 BGB-E) für Beschlüsse vorgesehene Einstimmigkeitsprinzip wird den praktischen Bedürfnissen allerdings selten gerecht. Deshalb wird häufig von der gemäß § 709 Abs. 2 BGB (bzw. § 708 BGB-E) zugelassenen Möglichkeit Gebrauch gemacht, das Einstimmigkeitsprinzip durch eine entsprechende Vereinbarung im Gesellschaftsvertrag abzubedingen und durch das Prinzip der einfachen Mehrheit zu ersetzen, die – je nach gesellschaftsvertraglicher Regelung – nach Köpfen (jeder Gesellschafter hat eine Stimme, so ist eine Mehrheitsklausel gem. § 709 Abs. 2 BGB im Zweifel zu verstehen) oder nach Kapitalanteilen zu berechnen ist. Das gilt grundsätzlich auch im Hinblick auf Grundlagengeschäfte, z.B. Änderungen des Gesellschaftsvertrags selbst.[12] Die sogenannte **Mehrheitsklausel** muss die von ihr betroffenen Gegenstände nicht minutiös auflisten (anders die Vertreter des sog. Bestimmtheitsgebots[13]). Es reicht aus, dass sich aus dem Gesellschaftsvertrag durch Auslegung eindeutig ergibt, dass der maßgebliche Beschlussgegenstand einer Mehrheitsentscheidung unterworfen sein soll.[14]

Allerdings sind der Zulässigkeit von Mehrheitsentscheidungen in Gesellschaftsverträgen Grenzen gesetzt. Nach der Rechtsprechung des BGH kann die Zulassung einer Mehrheitsentscheidung im Gesellschaftsvertrag einen „unzulässigen Eingriff in schlechthin unentziehbare“ oder nur mit Zustimmung des Gesellschafters oder aus wichtigem Grund entziehbare Mitgliedschaftsrechte darstellen.[15] Welche Mitgliedschaftsrechte zu diesem **Kernbereich** gehören, ist nicht scharf abgrenzbar. Als schlechthin unentziehbar werden das Informations- und Kündigungsrecht, das Recht zur Teilnahme an Gesellschafterversammlungen sowie das Klagerecht gegen fehlerhafte Gesellschafterbeschlüsse angesehen.[16] Nicht durch bloße Mehrheitsentscheidung, also relativ unentziehbar, sollen das Stimmrecht, das Recht auf Beteiligung am Gewinn und am Liquidationserlös, sowie die Freiheit von nachträglichen Beitragser-

12 BGHZ 179, 13, 19 f.; KG NZG 2010, 223.
13 Zum Diskussionsstand siehe *C. Schäfer*, ZGR 2013, 237 ff.; vgl. zur h.M. BGH NZG 2020, 1384 Rn. 11.
14 BGHZ 179, 13, 19 f.; BGH NZG 2020, 1384, Rn. 11.
15 BGHZ 170, 283; 179, 13, 21 f.
16 *Koch*, ZHR 182 (2018), 372, 404 m.w.N.

höhungen sein.[17] Der BGH[18] sieht in auf der Grundlage einer Mehrheitsklausel in Gesellschaftsverträgen getroffenen Mehrheitsentscheidungen, die in den **„Kernbereich"** der Mitgliedschaftsrechte der Minderheit eingreifen, eine treupflichtwidrige Ausübung der Mehrheitsmacht. Auf diese Art und Weise zustande gekommene Mehrheitsentscheidungen sind im Zweifel unwirksam. Unwirksam ist allerdings nur die treupflichtwidrige Mehrheitsentscheidung selbst, nicht aber die Mehrheitsklausel im Gesellschaftsvertrag.[19] Bei nachträglichen Beitragserhöhungen ist die Zustimmung eines jeden betroffenen Gesellschafters gem. § 707 BGB zwingend notwendig (s.a. § 710 S. 1 BGB-E).[20]

Beispiel: Eine Klausel im Gesellschaftsvertrag einer BGB-Gesellschaft sieht vor, dass über Angelegenheiten der laufenden Verwaltung Mehrheitsentscheidungen getroffen werden können. Die 5 Gesellschafter stimmten mit einer Mehrheit von 4 zu 1 Stimmen (A) über den Jahresabschluss ab. A vertritt nun die Auffassung, der Beschluss werde von der Mehrheitsklausel im Vertrag nicht gedeckt. Der BGH[21] hat die Feststellung des Jahresabschlusses einer Personengesellschaft als eine den Gesellschaftern obliegende Angelegenheit der laufenden Verwaltung eingeordnet, die nicht in den Kernbereich der Mitgliedschaft eines Gesellschafters eingreife; ein entsprechender Gesellschafterbeschluss sei deshalb durch die Mehrheitsklausel legitimiert und folglich wirksam.

c) Stimmverbote und Stimmbindungsvereinbarungen

Mit der Geltung einer Mehrheitsklausel nichts zu tun hat die **antizipierte Zustimmung** eines Gesellschafters zu einem Eingriff in den Kernbereich seiner Mitgliedschaft. Das sind die Fälle, in denen sich ein Gesellschafter im Gesellschaftsvertrag vorweg damit einverstanden erklärt, dass in seine an sich unentziehbaren Rechte eingegriffen wird.[22] **98**

Bei Beschlussfassungen der Gesellschafter gilt der allgemeine Grundsatz, dass niemand Richter in eigener Sache sein darf. Deshalb unterliegt derjenige Gesellschafter, über den oder dessen Angelegenheiten ein Beschluss gefasst werden soll, einem **Stimmverbot**. Das gilt z.B. für die Entlastung eines Gesellschafters und die Befreiung eines Gesellschafters von einer Verbindlichkeit.[23] Begründen lässt sich dies mit einer Analogie zu den §§ 712 Abs. 1 S. 1 Hs. 2, 737 S. 2 BGB (bzw. zu §§ 727 S. 1, 715 Abs. 5 S. 1 BGB-E).

Beispiel: In einer aus 5 Gesellschaftern bestehenden BGB-Gesellschaft möchten 4 Gesellschafter gegen den 5. eine Schadensersatzklage erheben und darüber einen Beschluss herbeiführen. Bei dieser Beschlussfassung unterliegt der 5. Gesellschafter einem Stimmverbot.

Vereinbarungen eines Gesellschafters mit anderen Gesellschaftern oder Dritten über die Ausübung des Stimmrechts sind grundsätzlich zulässig. **Stimmbindungsvereinbarungen** dieser Art können eine einmalige Abstimmung betreffen, aber auch auf **99**

17 *Koch*, ZHR 182 (2018), 372, 405 m.w.N.
18 BGHZ 179, 13, 21 f.
19 BGHZ 179, 13, 20 ff.; *C. Schäfer*, ZGR 2013, 237, 251.
20 *C. Schäfer*, ZGR 2013, 237, 251.
21 BGHZ 170, 283 ff.
22 BGH NZG 2014, 1296; dazu *C. Schäfer*, ZGR 2014, 1401.
23 BGH NZG 2012, 625.

Dauer angelegt sein. Durch Vereinbarungen dieser Art werden in der Regel BGB-Innengesellschaften gebildet. Ansprüche aus Stimmrechtsbindungsvereinbarungen sind einklagbar und nach § 894 ZPO auch vollstreckbar.[24]

d) Mängel des Beschlusses

100 Da Beschlüsse der Gesellschafter Rechtsgeschäfte eigener Art sind,[25] finden die Vorschriften über die Nichtigkeit von Rechtsgeschäften, u.a. die §§ 134, 138 BGB, Anwendung. Gesellschafterbeschlüsse können also wegen Verstoßes gegen ein gesetzliches Verbot (§ 134 BGB) oder wegen Verstoßes gegen die guten Sitten (§ 138 BGB) nichtig sein; sie sind dann **mangelhaft**. Fraglich ist, ob und wie Gesellschafter sich, falls sie das wollen, gegen mangelhafte Beschlüsse zur Wehr setzen können. Nach Ansicht des **BGH**[26] ist im Personengesellschaftsrecht ein Streit über die Wirksamkeit von Gesellschafterbeschlüssen unter den Gesellschaftern selbst auszutragen. *K. Schmidt*[27] will hingegen wegen des Bedürfnisses nach Rechtssicherheit die **Anfechtungsklage**, wie sie gegen Beschlüsse in der AG und GmbH erhoben werden kann, auch auf Personengesellschaften ausdehnen.

101 **Rechtslage nach dem MoPeG:**

Künftig wird die Willensbildung in Angelegenheiten der GbR zumindest in Grundzügen gesetzlich geregelt. Dadurch soll zugleich der Unterschied zwischen Beschluss- und Geschäftsführungskompetenz der Gesellschafter verdeutlicht werden, die bisher in den §§ 709-711 BGB gemeinsam geregelt sind. Gesellschafterbeschlüsse sind, soweit der Gesellschaftsvertrag nichts Abweichendes vorsieht, stets für **Grundlagengeschäfte** und **außergewöhnliche Geschäftsführungsmaßnahmen** erforderlich. Der Gesellschaftsvertrag kann darüber hinaus weitergehende Beschlusserfordernisse anordnen. Die Beschlussfassung der Gesellschafter erfolgt nach § 714 BGB-E im Ausgangspunkt nach wie vor einstimmig. Davon kann allerdings durch ausdrückliche Regelung im Gesellschaftsvertrag, aber auch stillschweigend, durch „stetiges Dulden von Mehrheitsbeschlüssen",[28] abgewichen werden.

(Geringfügige) Änderungen ergeben sich aber hinsichtlich der **Stimmkraft** der einzelnen Gesellschafter. Bisher erfolgt die Feststellung der Abstimmungsmehrheit – soweit überhaupt Mehrheitsbeschlüsse zugelassen waren – gem. § 709 Abs. 2 BGB grds. nach der Zahl der Gesellschafter (Abstimmung nach Köpfen). Damit steht allen Gesellschaftern, unabhängig von ihren Beiträgen, dasselbe Stimmgewicht zu. Nach § 709 Abs. 3 BGB-E wird sich das Stimmgewicht in Zukunft dagegen nach den vereinbarten Beteiligungsverhältnissen, hilfsweise nach den vereinbarten Werten der Beiträge der Gesellschafter (§ 709 Abs. 3 S. 1, 2 BGB-E) richten, nur äußerst hilfsweise wie bisher nach Köpfen. Regeln zu einem **Stimmverbot** im Einzelfall enthalten die §§ 715 Abs. 5 S. 1 (Beschluss der „anderen Gesellschafter"), 720 Abs. 4, 727 S. 1 BGB-E, diese sind Ausdruck eines allgemeinen Prinzips.[29] Die Art und Weise der Beschlussfassung in der GbR und das Beschlussmängelrecht will der Gesetzgeber auch künftig der Rechtsprechung überlassen.[30]

---

24 BGHZ 48, 163.
25 *K. Schmidt*, Gesellschaftsrecht, § 15 I 2.
26 BGHZ 81, 263, 264; BGH WM 1995, 615 f.
27 Gesellschaftsrecht, § 15 II 3.
28 BT-Drucks. 19/27635 S. 149.
29 BT-Drucks. 19/27635 S. 149 f.
30 BT-Drucks. 19/27635 S. 150.

3. Der Grundsatz der gleichmäßigen Behandlung der Gesellschafter

Anerkannt ist der verbandsrechtliche Gleichbehandlungsgrundsatz, der besagt, dass jedes Mitglied unter gleichen Voraussetzungen ebenso zu behandeln ist wie die übrigen Mitglieder. Anders ausgedrückt bedeutet dies ein **Verbot unsachlicher Differenzierung** zwischen den Gesellschaftern[31] bzw. ein Verbot sachlich nicht gerechtfertigter, willkürlicher Ungleichbehandlung der Gesellschafter. Für die BGB-Gesellschaft hat das Gesetz in den §§ 706, 709 Abs. 2, 722, 734 f. BGB (vgl. 709 Abs. 2, Abs. 3, 737 BGB-E) zu erkennen gegeben, dass es von einer gewissen Gleichberechtigung der Gesellschafter ausgeht. Dabei handelt es sich jedoch überwiegend um Auslegungsregeln. Der Grundsatz verbietet nicht Ungleichbehandlung von Gesellschaftern im Gesellschaftsvertrag, soweit nicht die Schranke des § 138 BGB eingreift[32]. Wie sich der Gleichbehandlungsgrundsatz auf die Gesellschafter auswirkt, richtet sich nach der Struktur der Vereinigung und dem konkreten Einzelfall. 102

Beispiel: (Sachverhalt in Anlehnung an BGH NZG 2013, 984) Im Gesellschaftsvertrag einer GbR war die Verpflichtung einer Minderheitsgesellschafterin begründet, die an ihren Ehemann (der kein Gesellschafter war) getätigten Zahlungen aus dem Vermögen der GbR als an sich selbst erfolgt zu betrachten. Zugleich war im Gesellschaftsvertrag vereinbart, dass Entnahmen zurückzuzahlen waren, soweit sie nicht durch einen Gewinn der GbR gedeckt waren (vgl. auch § 735 BGB). Die Gesellschafterin war mit 30 % an Gewinn und Verlust beteiligt, ohne Beiträge erbringen zu müssen, dies war allein Aufgabe des Mehrheitsgesellschafters, der über diese Konstruktion die Erfindungstätigkeit des Ehemanns finanzierte. Im praktischen Ergebnis musste deshalb die selbst nicht leistungsfähige Gesellschafterin allein für die Rückzahlung erheblicher Verluste aufkommen, die aus den Zahlungen des anderen Gesellschafters und ihre absprachegemäße Weiterleitung an den Ehemann resultierten, wohingegen Gewinne der GbR zu 70 % an den Mehrheitsgesellschafter geflossen wären. Diese Regelung sah der BGH nicht als per se sittenwidrig an, da die Ehefrau zwar selbst keine Entnahmen für sich getätigt hatte, auf Grund ihrer Gesellschafterstellung und der nicht ganz geringfügigen Gewinnbeteiligung aber ein adäquates wirtschaftliches Eigeninteresse an der mit den Zahlungen verbundenen Förderung des Gesellschaftszwecks hatte[33].

IV. Rechte und Pflichten der Gesellschafter

1. Überblick

Zu den sich aus Gesetz und Gesellschaftsvertrag ergebenden Rechte und Pflichten zählen die **Sozialansprüche** und die **Sozialverpflichtungen**. 103

Zu den Ansprüchen, die der BGB-Gesellschaft aus dem Gesellschaftsverhältnis **gegen die einzelnen Gesellschafter** erwachsen können, zählen

- Ansprüche auf Leistung von Beiträgen,
- Ansprüche auf die Erfüllung von Geschäftsführungspflichten,
- Ansprüche auf Erfüllung von gesellschaftlichen Treuepflichten, insbesondere auf die Einhaltung des Wettbewerbsverbots (§ 112 HGB).

31 *Wiedemann*, Bd. 1, § 8 II 2.
32 BGH NJW 1992, 892, 897 f.
33 BGH NZG 2013, 984 Rn. 24 ff.; s.a. *Wertenbruch*, NZG 2013, 1321, 1325.

Diese Ansprüche, die nach Gesetz und Gesellschaftsvertrag der Gesellschaft gegen die einzelnen Gesellschafter zustehen, werden **Sozialansprüche** genannt.

104 Andererseits erwachsen den **Gesellschaftern** nach dem Gesetz oder aus dem Gesellschaftsvertrag **Ansprüche gegen die Gesellschaft**. Zu diesen Ansprüchen können gehören:

- der Anspruch auf den Gewinnanteil,
- der Anspruch auf Information und Kontrolle,
- der Anspruch auf eine Vergütung für die Geschäftsführung,
- der Anspruch auf Ersatz von Aufwendungen, soweit solche gemacht worden sind.

Der Gesellschaft erwachsen in diesem Rahmen aus dem Gesellschaftsverhältnis gegenüber den einzelnen Gesellschaftern Verpflichtungen, die man **Sozialverpflichtungen** nennt.

2. Die Beitragspflicht

a) Überblick

105 Die Gesellschafter sind regelmäßig zur Leistung von Beiträgen verpflichtet (§§ 705 ff. BGB). **Beiträge** der Gesellschafter sind alle Leistungen, zu denen diese sich durch den Gesellschaftsvertrag zur Förderung des Gesellschaftszweckes verpflichten. Beiträge können z.B. sein: Geldzahlungen, die Übereignung von beweglichen Sachen und Grundstücken, die Einbringung von Wertpapieren, das Überlassen von Patenten und Lizenzen, die Gestattung des Gebrauchs von Sachen zur gemeinsamen Nutzung sowie Dienstleistungen.

Beispiel: Zwei Chemieunternehmen, die Pharma-Süd AG und die Lenne Arzneimittelfabrik GmbH, schließen sich zu einer „Interessengemeinschaft" – einer BGB-Gesellschaft – zusammen, um Arzneimittelforschung zu betreiben. Im Gesellschaftsvertrag wird vereinbart, dass die Gesellschafter u.a. folgende Beiträge zu erbringen haben: Die Pharma-Süd AG verpflichtet sich zur Gestattung des Gebrauchs ihrer umfangreichen Forschungsanlage zur gemeinschaftlichen Nutzung; die Lenne Arzneimittelfabrik GmbH hat der Gesellschaft 20 im Vertrage genau benannte Patente zu überlassen.

Der Beitrag eines Gesellschafters kann nach § 706 Abs. 3 BGB (= § 709 Abs. 1 BGB-E) auch in der Leistung von Diensten bestehen. Schließen sich Anwälte zu einer Gesellschaft bürgerlichen Rechts zusammen, so besteht ihr Beitrag zur Förderung des gemeinsamen Zwecks im Zweifel darin, dass sie für die Gesellschaft Dienstleistungen – nicht zuletzt Mandanten gegenüber – erbringen und dabei ihre Kenntnisse und Fähigkeiten einsetzen.

b) Die Folgen der Verletzung von Beitragspflichten

106 Fraglich ist, wie zu verfahren ist, wenn ein Gesellschafter seine Beitragspflicht nicht oder schlecht erfüllt. Zu klären ist insbesondere, ob und ggf. welche Ansprüche aus **Leistungsstörungen** entstehen können.

Wie oben (Rn. 72 ff.) schon erörtert, ist der Gesellschaftsvertrag, durch den die BGB-Gesellschaft begründet wird, sowohl ein Schuldvertrag als auch ein organisationsrechtlicher Vertrag. Soweit der Gesellschaftsvertrag ein schuldrechtlicher Vertrag ist, können grundsätzlich auch die Vorschriften des allgemeinen Schuldrechts auf ihn angewandt werden. Deshalb haftet ein Gesellschafter, der die für ihn aus dem Gesellschaftsvertrage erwachsenden Pflichten verletzt, für den daraus entstehenden Schaden nach den allgemeinen Regeln des Vertragsrechts, im Zweifel aus Pflichtverletzung gem. § 280 BGB. Hat ein Gesellschafter z.B. seine Beitragspflicht im Sinne des § 706 Abs. 3 BGB unzureichend erfüllt, so kann die Gesellschaft gegen ihn einen Schadensersatzanspruch aus § 280 BGB erworben haben[34]. Bei der Erfüllung der ihnen aus dem Gesellschaftsverhältnis insgesamt erwachsenden Verpflichtungen haben die Gesellschafter nach der gesetzlichen Regelung (§ 708 BGB) nur für diejenige Sorgfalt einzustehen, die sie in eigenen Angelegenheiten anzuwenden pflegen **(diligentia quam in suis)**. Das bedeutet im Höchstfall den Ausschuss der Haftung für leichte, nicht aber für grobe Fahrlässigkeit (§ 277 BGB).

Rechtslage nach dem MoPeG:

Die Haftungsmilderung auf die eigenübliche Sorgfalt ist durch die Neufassung der § 705 ff. BGB-E ersatzlos entfallen. Daher gilt künftig der normale Haftungsmaßstab des § 276 BGB, wenn die Gesellschafter nichts Abweichendes vereinbaren, siehe BT-Drucks. 19/27635 S. 103.

c) Keine Nachschusspflicht

Nach der gesetzlichen Regelung in§ 707 BGB (§ 710 BGB-E) besteht **grundsätzlich keine Nachschusspflicht**, d.h. die Gesellschafter sind nicht verpflichtet, die im Gesellschaftsvertrag vereinbarten Beiträge nachträglich zu erhöhen oder eine durch Verlust verminderte Einlage nachträglich zu ergänzen. Das enthebt sie freilich nicht davon, nach Auflösung der Gesellschaft eingetretene Verluste gem. § 735 BGB ausgleichen zu müssen, vgl. Rn. 195. Nach Abschluss des Gesellschaftsvertrages kann die Beitragspflicht nur durch eine entsprechende Änderung des Gesellschaftsvertrages erhöht werden. Dazu ist im Regelfall die Zustimmung aller betroffenen Gesellschafter erforderlich. Diese Regelung bietet den Vorteil, dass jeder Gesellschafter bei Beginn der Gesellschaft überschauen kann, welchen Umfang seine Beitragspflicht erreicht. Beitragserhöhungen können also nur mit Zustimmung eines jeden Gesellschafters beschlossen werden. Solche Zustimmungen können die Gesellschafter im Gesellschaftsvertrag auch antizipiert erteilen. Die Wirksamkeit einer solchen gesellschaftsvertraglichen Bestimmung hängt allerdings davon ab, ob sie eindeutig ist und Ausmaß und Umfang einer möglichen zusätzlichen Belastung erkennen lässt[35]. Das erfordert bei Beitragserhöhungen die Angabe einer Obergrenze oder sonstiger Kriterien, die das Erhöhungsrisiko eingrenzen[36]. 107

§ 707 BGB stellt **dispositives Recht** dar und kann deshalb durch den Gesellschaftsvertrag ausgeschlossen oder modifiziert werden. Allerdings muss aus der entspre- 108

34 BGH NJW 1983, 1188 f.
35 BGHZ 132, 263, 268.
36 BGH ZIP 2005, 1455 f.

chenden Vereinbarung im Gesellschaftsvertrag eindeutig hervorgehen, dass über die eigentliche Einlageschuld hinausgehende Beitragspflichten begründet werden sollen[37]. Eine schlichte Mehrheitsklausel für Beschlüsse in einem Gesellschaftsvertrag bildet keine Legitimationsgrundlage für eine Änderung des Gesellschaftsvertrages, durch die eine Nachschusspflicht eingeführt werden soll; zur Bindung des Betroffenen bedarf es seiner Zustimmung zur der nachträglichen Vermehrung der Beitragspflichten. Der Gesellschafterbeschluss einer Personengesellschaft, durch den eine Nachschusspflicht begründet werden soll, die im Gesellschaftsvertrag keine Grundlage hat, ist demjenigen Gesellschafter gegenüber, der seine Zustimmung nicht gegeben hat, unwirksam[38].

3. Die Treuepflichten

109 Seit langem ist anerkannt, dass die Gesellschafter einer **Personengesellschaft**, also BGB-Gesellschaft, OHG, KG und Partnerschaftsgesellschaft, im Verhältnis zur Gesellschaft und untereinander durch Treuepflichten verbunden sind. Derartige Treuepflichten sind auf die Wahrung der Interessen der Gesellschaft und auf die Rücksichtnahme auf die Interessen der übrigen Gesellschafter gerichtet.[39] Die **gesellschafterliche Treuepflicht** geht über die in jedem Rechtsverhältnis bestehenden allgemeinen Loyalitätspflichten nach § 242 BGB deutlich hinaus. Sie besteht in einer allgemeinen **Förder- und Interessenwahrungspflicht**, die sich zu konkreten Pflichten, etwa einer Zustimmungspflicht zu bestimmten Geschäften verdichten kann. Ihre Grundlage findet sie im Gesellschaftsvertrag i.V.m. §§ 705 Abs.1, 242 BGB.

Mit der Gründung oder dem Beitritt zu einer Gesellschaft bürgerlichen Rechts übernehmen die Gesellschafter die gemeinsame Verpflichtung, ihr Handeln an dem von der Gesellschaft verfolgten Zweck auszurichten und seine Verwirklichung zu fördern.[40] Diese gesellschaftsrechtliche Treuepflicht ist eine Nebenpflicht der Gesellschafter, die gegenüber der Gesellschaft die Pflicht einschließt, deren Interessen zu wahren und gesellschaftsschädliche Handlungen zu unterlassen.[41] Die Gesellschafter sind also neben ihrer konkreten Beitragspflicht auch ganz allgemein gehalten, die Verwirklichung des gemeinsamen Zwecks nicht zu hintertreiben und die Belange der Gesellschaft und auch die ihrer Mitgesellschafter zu berücksichtigen[42].

110 Die Intensität der Treuepflicht ist unterschiedlich je nachdem, ob es um die Ausübung eigennütziger oder uneigennütziger Rechte geht. Zu den uneigennützigen Rechten werden vor allem die Geschäftsführungsangelegenheiten gezählt. Für sie ist die „ausnahmslose Bevorzugung des Verbandsinteresses“ zu verlangen, weil die Geschäftsführung der unmittelbaren Durchführung des gemeinsamen Zwecks dient. Der Gesellschafter hat gerade in Geschäftsführungsangelegenheiten die eigenen Interessen

37 BGH WM 2006, 774 f.
38 BGH ZIP 2007, 766 f.
39 *K. Schmidt*, Gesellschaftsrecht § 20 IV 2 mit Nachw.
40 BGH NZG 2014, 385 Rn. 16.
41 BGH NZG 2014, 385 Rn. 16.
42 *K. Schmidt*, Gesellschaftsrecht, § 59 III 1 b.

strikt hinter das Gesellschaftsinteresse zurückzustellen. Treuepflichtig sind daher vor allem, aber nicht nur, die die Geschäfte führenden Gesellschafter[43].

Hingegen kann eine vergleichbare Rücksichtnahme nicht gefordert werden, wenn es etwa um die Gewinnverwendungsbeschlüsse, Gesellschaftsvertragsänderungen oder die Auflösung der Gesellschaft geht. Bei diesen sog. **Sozialakten** steht der gemeinsame Zweck und seine Reichweite gerade zur Abstimmung, und hier kann man die Gesellschafter gerade nicht mehr per Treupflicht an diesen Zweck zurückbinden, da der gemeinsame Zweck sonst nicht mehr freiwillig wäre und damit aus einer Gesellschaft ein Zwangsverband oder eine Anstalt würde. Soweit die Ausübung eigennütziger, den Gesellschaftern im eigenen Interesse verliehener Gesellschafterrechte in Frage steht, hat die Treuepflicht aber noch eine **Schrankenfunktion**. Sie verpflichtet den Gesellschafter zur Wahl des schonendsten Mittels bei der Verfolgung seiner Interessen. Daraus können sich Unterlassungspflichten, wie z.B. Wettbewerbsverbote, aber von Fall zu Fall auch Pflichten zu aktivem Tun, wie z.B. ausnahmsweise zur Vertragsanpassung, ergeben. 111

Beispiel: A, B, C und D haben sich zu einer Gesellschaft bürgerlichen Rechts zusammengeschlossen, die auf dem Grundstück der X-GmbH die „Rathausgalerie", ein Einkaufszentrum, errichten und auch für die Vermietung der zu schaffenden Ladenlokale sorgen soll. C und D gründen ohne Wissen der übrigen Gesellschafter eine weitere BGB-Gesellschaft, die „M-GbR", zu dem Zweck, Marketing für die Rathausgalerie zu betreiben. Für die gelungene Anwerbung von Mietern verlangt die „M-GbR" von diesen eine „Verwaltungsgebühr" von 5 % pro vermieteten Quadratmeter Ladenfläche. Mit diesem Verhalten haben C und D gegenüber der ABCD-Altgesellschaft und gegenüber deren Gesellschaftern gegen die gesellschaftsrechtliche Treuepflicht verstoßen. Die Treuepflicht gebot es C und D, die Mitgesellschafter A und B über solche Vorgänge vollständig zu informieren, die deren mitgliedschaftliche Vermögensinteressen berühren. Darüber hinaus waren sie kraft der Treuepflicht gehalten, die Interessen der Gesellschaft zu wahren und ihre eigenen Belange zurückzustellen. Dazu gehört im konkreten Fall, dass C und D Geschäftschancen auf dem Betätigungsfeld der Altgesellschaft nicht für sich und zum eigenen Vorteil, sondern zu Gunsten der Gesellschaft nutzen mussten.[44] Wegen Verletzung der Treuepflichten haben die Altgesellschaft und A und B einen Anspruch auf Unterlassung der Marketingaktivitäten und im Zweifel auch einen Schadensersatzanspruch aus § 280 BGB gegen C und D, gerichtet auf die ihnen entgangenen „Verwaltungsgebühren".

Ohne einen gemeinsame Zweckverfolgung gibt es keine Gesellschaft – wenn die Treuepflicht also das Korrelat zum gemeinsamen Zweck ist, indem sie Rücksichtnahme auf die übrigen Gesellschafters gebietet, dann ist sie zwingender Bestandteil jeder Gesellschaft. Die Gesellschafter mögen sie im Gesellschaftsvertrag konkretisieren[45] (letztlich ist jede im Gesellschaftsvertrag genannte Beitragspflicht nur eine Konkretisierung der allgemeinen Treuepflicht); ihre **Abbedingung** käme einer Leugnung des Zwecks der Gesellschaft gleich, sie kann daher nicht zulässig sein.[46] 112

43 *K. Schmidt*, Gesellschaftsrecht, § 59 III 1 b.
44 Zu einem ähnlichen Fall siehe OLG München NZG 2014, 663 ff.
45 BGH NZG 2015, 995, 997.
46 Ganz h.M.; rechtsvergleichend *Fleischer/Harzmeier*, NZG 2015, 1289, 1293 f. m.w.N.; jüngst *Holler/Mann*, NZG 2021, 402, 404.

4. Der Anspruch auf Auszahlung des Gewinns und die Beteiligung am Verlust

113 Nach der bisherigen gesetzlichen Regelung haben die Gesellschafter ohne Rücksicht auf die Höhe des von ihnen zu erbringenden Beitrages **gleichen Anteil** am Gewinn und Verlust (§ 722 BGB). Es ist den Gesellschaftern jedoch unbenommen, gestützt auf die Vertragsfreiheit im Gesellschaftsvertrag eine Gewinn- und Verlustbeteiligung nach Kapitaleinlagen oder anderen Gesichtspunkten zu vereinbaren. Wenn im Gesellschaftsvertrag nichts anderes vereinbart ist, entsteht der **Anspruch auf Auszahlung** des Gewinns bei auf Dauer angelegten Gesellschaften gem. § 721 Abs. 2 BGB (= § 718 BGB-E) am Jahresschluss mit Feststellung der Bilanz. Der Gesellschafter hat zudem einen **Auskunftsanspruch** gegen den oder die geschäftsführenden Gesellschafter wie gegen einen Beauftragten gem. §§ 721, 666 BGB.[47] Zum Schicksal dieser Ansprüche nach Auflösung der Gesellschaft siehe unten Rn. 193. Bei Gelegenheitsgesellschaften entsteht der Gewinnanspruch mit der Auflösung der Gesellschaft als Auseinandersetzungsanspruch (§§ 730, 734 BGB = §§ 740b, 736d Abs. 6 BGB-E). Zu solchen Auseinandersetzungsansprüchen und auch zu den Abfindungsansprüchen ausscheidender Gesellschafter siehe unten Rn. 183 ff.

114 **Rechtslage nach dem MoPeG:**

Durch das MoPeG ist zu einen die Zweifelsregel des § 722 BGB etwas angepasst worden. Ohne Vereinbarung im Gesellschaftsvertrag erfolgt die Gewinnverteilung künftig gem. § 709 Abs. 3 BGB-E nicht nach Köpfen, sondern nach der Höhe der vereinbarten Beiträge jedes Gesellschafters und nur bei Fehlen solcher Vereinbarungen haben die Gesellschafter gleiche Anteile an Gewinn und Verlust. Daneben sieht § 718 BGB-E nun nicht mehr nur bei auf Dauer angelegten Gesellschaften, sondern auch bei Gelegenheitsgesellschaften eine jährliche Ergebnisverteilung vor. Bisher galt bei solchen gem. § 721 Abs. 1 BGB eine einmalige Abrechnung nach Auflösung der Gesellschaft.

V. Das Geltendmachen von Forderungen, die der Gesellschaft gegen einzelne Gesellschafter zustehen

115 Erfüllt ein Gesellschafter die ihm aus dem Gesellschaftsverhältnis erwachsenden Verpflichtungen nicht, kann die Gesamtheit der Gesellschafter den Anspruch auf Erfüllung gegen diesen Gesellschafter geltend machen **(Sozialanspruch)**. Aus der Personenbezogenheit der gesellschaftlichen Rechte und Pflichten folgt allerdings, dass auch ein einzelner Gesellschafter das Recht haben kann, Forderungen der Gesellschaft im eigenen Namen geltend zu machen. Mit Rücksicht darauf, dass es sich stets um Ansprüche handelt, die allen Gesellschaftern materiellrechtlich zustehen, kann die Leistung allerdings nur an die Gesellschaft verlangt werden. Das bedeutet: Jeder Gesellschafter – das gilt für alle Personengesellschaften – hat ohne Rücksicht darauf, ob er geschäftsführungsbefugt ist oder nicht, die Befugnis zur Gesellschafterklage **(actio**

47 Vgl. BGH NZG 2020, 317 Rn. 5.

pro socio)[48]. Diese Prozessführungsbefugnis hat ihre Grundlage im Gesellschaftsverhältnis und ist Ausfluss des Mitgliedschaftsrechts des Gesellschafters.[49] Im Einzelfall kann diese Klagebefugnis durch die gesellschaftsrechtliche Treuepflicht (siehe dazu Rn. 109 ff.) eingeengt sein. Das ist insbesondere dann der Fall, wenn sich das Verhalten des klagenden Gesellschafters nach den konkreten Gesellschaftsverhältnissen als rechtsmissbräuchlich darstellt.[50]

Die Klagebefugnis des einzelnen Gesellschafters (actio pro socio) bezieht sich ausschließlich auf Sozialansprüche (Rn. 103 f.), also auf solche Verpflichtungen des zu verklagenden Gesellschafters, die aus dem Gesellschaftsverhältnis erwachsen. Dazu können auch Schadensersatzforderungen aus Pflichtverletzungen (§ 280 BGB) gehören, die wegen der Verletzung gesellschaftsvertraglicher Pflichten entstehen.[51]

Beispiel: A, B und C haben sich zu einer Gesellschaft bürgerlichen Rechts zusammengeschlossen. C ist trotz Fälligkeit und mehrfacher Mahnung seiner Beitragspflicht, die in der Einzahlung von 5 000 € besteht, nicht nachgekommen. A ist befugt, von C Zahlung von 5 000 € an die Gesellschaft zu verlangen und diese Forderung notfalls im Wege der Gesellschafterklage geltend zu machen (actio pro socio).

Rechtslage nach dem MoPeG:

Durch das MoPeG wird die Gesellschafterklage in § 715b BGB-kodifiziert. § 715b Abs. 2 BGB n.F. stellt klar, dass Vereinbarungen, die das Klagerecht ausschließen oder der Vorschrift zuwider einschränken, unwirksam sind.

Lösung zu Fall 7: Nach § 707 BGB besteht grundsätzlich keine Nachschusspflicht. Eine solche kann für A nur durch eine entsprechende wirksame Klausel im Gesellschaftsvertrag, auf welche die Geschäftsführung sich stützen kann, begründet werden. Die Wirksamkeit einer solchen gesellschaftsvertraglichen Bestimmung hängt allerdings davon ab, ob sie eindeutig ist und Ausmaß und Umfang einer möglichen zusätzlichen Belastung erkennen lässt[52]. Das erfordert bei Beitragserhöhungen die Angabe einer Obergrenze oder sonstiger Kriterien, die das Erhöhungsrisiko eingrenzen[53]. Im konkreten Fall fehlen die Angabe einer Obergrenze oder sonstige Kriterien, die das Erhöhungsrisiko eingrenzen. Für die Gesellschafter ist nicht erkennbar, wie hoch Ausmaß und Umfang einer möglichen zusätzlichen Belastung sein können. Den oben beschriebenen Erfordernissen wird nicht genügt. Die Bestimmung im Gesellschaftsvertrag kann deshalb nicht Grundlage einer von der Geschäftsführung wirksam beschlossenen Nachschussverpflichtung sein. Infolgedessen ist A nicht verpflichtet, Nachschuss in der Geforderten Höhe zu leisten. **116**

Lösung zu Fall 8: Nach § 712 BGB kann einem Geschäftsführer die Geschäftsführungsbefugnis auf die in dieser Vorschrift beschriebenen Art und Weise entzogen werden, wenn ein wichtiger Grund vorliegt. Ein wichtiger Grund ist insbesondere eine grobe Pflichtverletzung oder die Unfähigkeit zur ordnungsgemäßen Geschäftsführung (§ 712 Abs. 1 BGB). Ein **117**

48 U.a. BGHZ 25, 47, 49 f.; BGH WM 1985, 1227.
49 BGH NZG 2010, 783.
50 BGH NZG 2010, 783.
51 *Wiedemann*, Gesellschaftsrecht II, § 3 III 6 a.
52 BGHZ 132, 263, 268.
53 BGH ZIP 2005, 1455 f.

wichtiger Grund i.S.d. § 712 BGB liegt allerdings auch vor, wenn das Verhältnis der übrigen Gesellschafter zu dem Geschäftsführer nachhaltig zerstört und es den übrigen Gesellschaftern deshalb nicht zuzumuten ist, dass der Geschäftsführer weiterhin auf die alle Gesellschafter betreffenden Belange der Gesellschaft Einfluss nehmen kann. Auch wenn die Pflichtverstöße des G nicht das Gesellschaftsvermögen der Gesellschaft bürgerlichen Rechts betreffen, so liegt dennoch ein wichtiger Grund zur Entziehung der Geschäftsführungsbefugnis i.S.d. § 712 Abs. 1 BGB vor, denn für das Vertrauensverhältnis zu dem Geschäftsführer, dem das Gesellschaftsvermögen anvertraut ist, kommt es auf dessen persönliche Integrität im Umgang mit ihm anvertrauten fremden Geldern an. Diese fehlt, weil G sich bei der X-GmbH zu Lasten des Gesellschaftsvermögens bereichert hat[54]. Also ist ein wichtiger Grund vorhanden, der zur Entziehung der Geschäftsführung gem. § 712 BGB berechtigt.

§ 6 Die Rechtsbeziehungen der BGB-Gesellschaft zu Dritten

118 **Fall 9:** Die Anwälte A, B, C und D betreiben seit Mitte 2009 in der Rechtsform einer Gesellschaft bürgerlichen Rechts eine Anwaltskanzlei. Im Jahre 2015 führt B für den Mandanten M einen Zivilprozess. Den entsprechenden Vertrag schließt M mit der „Anwaltskanzlei A, B, C und andere“. B versäumt durch Unachtsamkeit eine wichtige Frist. Dem M entsteht dadurch ein nachgewiesener Schaden in Höhe von 12 700 €. Von wem kann M Zahlung von 12 700 € verlangen? **Rn. 159**

119 **Fall 10:** Nach dem Gesellschaftsvertrag einer Gesellschaft bürgerlichen Rechts sind die drei Gesellschafter A, B und C an der Gesellschaft zu gleichen Teilen beteiligt. C hat der Gesellschaft Büroräume vermietet. Es sind in den letzten Monaten Mietrückstände in Höhe von 7 500 € aufgelaufen. Da die Gesellschaft zahlungsunfähig ist, will C von A und B Zahlung verlangen. Zu Recht? **Rn. 160**

120 **Fall 11:** Rechtsanwalt R, der bisher als Einzelanwalt tätig war, schließt sich mit seinem Kollegen A zu einer Sozietät in der Form einer Gesellschaft bürgerlichen Rechts zusammen. Vor der Gründung dieser Gesellschaft hatte der Malermeister M die Praxisräume des R renoviert. Kann M auch den A gem. wegen der dafür fälligen Vergütung in Höhe von 4 500 € in Anspruch nehmen? **Rn. 161**

Literatur: *Dauner-Lieb*, Unternehmen in Sondervermögen, 1998; *Hadding*, Zur Rechts- und Parteifähigkeit der (Außen-)Gesellschaft bürgerlichen Rechts sowie zur Haftung ihrer Gesellschafter für Gesellschaftsverbindlichkeiten, ZGR 2001, 712 ff.; *Osterloh-Konrad*, Die Selbstorganschaft in der Personengesellschaft – Wesenszug oder Anachronismus?, ZGR 2019, 271; *Pohlmann*, Rechts- und Parteifähigkeit der Gesellschaft bürgerlichen Rechts – Folgen für Erkenntnisverfahren, Zwangsvollstreckung und freiwillige Gerichtsbarkeit, WM 2002, 1421 ff.; *K. Schmidt*, Die BGB-Außengesellschaft: rechts- und parteifähig, NJW 2001, 993 ff.; *ders.*, Die Sozietät als Sonderform der BGB-Gesellschaft, NJW 2005, 2801 ff.

54 BGH MDR 2008, 513 f. zu einem ähnlichen Fall.

I. Die Rechtsfähigkeit und Parteifähigkeit der Gesellschaft bürgerlichen Rechts

1. Die Rechtsfähigkeit der Gesellschaft bürgerlichen Rechts

Der BGH[1] hat anerkannt, dass die BGB-Gesellschaft rechtsfähig ist, wenn sie **Außengesellschaft** ist, also im Gegensatz zur auch möglichen reinen Innengesellschaft am Rechtsverkehr teilnimmt. Er folgt damit einem beachtlichem Teil der rechtswissenschaftlichen Literatur. Die Rechtssubjektivität der Gesamthand ist damit anerkannt. Dem folgt der Gesetzgeber des MoPeG nun explizit durch die Neuregelung des § 705 Abs. 2 BGB-E. 121

Nach Ansicht des BGH[2] ist die (Außen-)BGB-Gesellschaft **rechtsfähig, ohne juristische Person zu sein**. Der BGH verweist auf § 14 Abs. 2 BGB, der zeige, dass Personengesellschaften, die keine juristischen Personen seien, wie z.B. OHG und KG, sehr wohl rechtsfähig und damit Träger von Rechten und Pflichten sein können; ebendies müsse auch für die BGB-Gesellschaft gelten. Auch diese Unterscheidung übernimmt der Gesetzgeber ausdrücklich in § 707 Abs. 2 Nr. 2 b BGB-E, indem er zwischen juristischen Personen und rechtsfähigen Personengesellschaftern unterscheidet.[3] 122

Beispiel: Die BGB-Gesellschaft kann Partner eines Kaufvertrages oder eines Mietvertrages sein. Daraus erwachsende Ansprüche sind Ansprüche der BGB-Gesellschaft, nicht solche der einzelnen Gesellschafter.

Eine Anwaltssozietät ist eine Gesellschaft bürgerlichen Rechts, sofern die Vertragschließenden nicht ausdrücklich eine andere Rechtsform, wie z.B. die Partnerschaftsgesellschaft, gewählt haben.[4] Mandanten, die sich von einer Sozietät von Anwälten in der Rechtsform der Gesellschaft bürgerlichen Rechts vertreten und beraten lassen wollen, schließen im Zweifel den Vertrag mit der Anwaltsgesellschaft und nicht mit einem einzelnen Anwalt, der Mitglied der Sozietät ist. Selbst wenn der Mandant einen Rechtsanwalt der Sozietät beauftragt, ist in der Regel davon auszugehen, dass die Sozietät Vertragspartner werden soll, denn grundsätzlich ist von dem Willen des Mandanten auszugehen, das Mandatsverhältnis mit der Sozietät zu begründen.[5] Das Einzelmandat eines Sozietätsanwalts bedarf einer ausdrücklichen und klaren Absprache, weil der Mandant Klarheit über die Person seines Vertrags- und Haftungspartners haben muss.[6] Das gilt auch dann, wenn es sich um eine sogenannte gemischte Sozietät handelt, der außer Rechtsanwälten auch noch Mitglieder anderer Berufsgruppen, wie z.B. Steuerberater, angehören, was nach § 59a BRAO zulässig ist.

1 BGHZ 146, 341 ff.
2 BGHZ 146, 341 ff.
3 S.a. BT-Drucks. 19/27635 S. 100.
4 BGHZ 172, 169, 172; 193, 198.
5 BGHZ 124, 47 f.; OLG Hamm, NZG 2011, 137.
6 OLG Hamm, NZG 2011, 137, 139.

Beispiel: Schließt der Mandant M mit der Anwaltssozietät „Anwaltsgesellschaft A und B", der neben Rechtsanwälten auch Steuerberater und Wirtschaftsprüfer angehören, einen Vertrag, so kontrahiert M mit der Sozietät und nicht mit einem einzelnen Anwalt. Ist die Beratung in einer Rechtsangelegenheit Gegenstand des Vertrages, so ist die Sozietät verpflichtet, die Beratungsleistung zu erbringen und nicht ein einzelnes Mitglied der Sozietät.[7] Ob M einen Anspruch darauf hat, dass ihn gerade der Anwalt B betreut, ist nicht eine Frage der Vertragspartei, sondern des Vertragsinhaltes.

123 Sachen, die zu Eigentum in die Gesellschaft eingebracht werden, sind Eigentum der Gesellschaft[8]. Da die BGB-Gesellschaft als Gesamthandsgemeinschaft gem. § 718 Abs. 1 BGB Rechtspositionen wie namentlich das Eigentumsrecht einnehmen kann und insoweit rechtsfähig ist, steht ihr auch das Grundrecht auf Eigentum zu. Sie ist also insoweit grundrechtsfähig[9]. Die BGB-Gesellschaft kann nicht nur Gläubigerin vertraglich begründeter Ansprüche sein, sondern auch Gläubigerin von Ansprüchen aus ungerechtfertigter Bereicherung (§ 812 BGB), unerlaubter Handlung (§ 823 BGB) und aus § 1 UWG. Konsequenterweise muss auch die Markenfähigkeit i.S.d. § 7 MarkenG bejaht werden[10].

124 Trotz ihrer Rechtsfähigkeit ist die BGB-Gesellschaft durch eine besondere **persönliche Verbundenheit** ihrer Gesellschafter und ihren **nichtkaufmännischer Zweck** geprägt, die sie von juristischen Personen, aber auch von Personenhandelsgesellschaften abgrenzen. Das kommt namentlich darin zum Ausdruck, dass der BGH für die Frage, ob die BGB-Gesellschaft sich auf verbraucherschützende Vorschriften berufen kann, sie als Verbindung mehrerer natürlicher Personen und damit als Verbraucherin ansieht[11] und ihr als Vermieterin sogar gestattet hat, sich auf das Sonderrecht zur Kündigung wegen Eigenbedarfs zu berufen,[12] stets vorausgesetzt, die Gesellschaft hat nur natürliche Personen als Mitglieder und ist nicht als Handelsgesellschaft einzuordnen.[13]

2. Die Grundbuchfähigkeit

125 Lange Zeit war die Grundbuchfähigkeit der BGB-Gesellschaft umstritten. Nach einer Änderung der Grundbuchordnung (§ 47 Abs. 2 GBO) ist die Eintragung einer BGB-Gesellschaft in das Grundbuch, z.B. als Eigentümerin, gesetzlich zugelassen. Allerdings bestimmt § 47 Abs. 2 GBO, dass neben der Gesellschaft als derjenigen, der das Recht materiellrechtlich zusteht, auch die Gesellschafter in das Grundbuch eingetragen werden müssen. Eine Eintragung der Gesellschaft allein unter dem Namen, den ihr die Gesellschafter gegeben haben, kommt als taugliches Abgrenzungskriterium gegenüber anderen Gesellschaften bürgerlichen Rechts nicht in Betracht. Die Identifizierung der Gesellschaft erfolgt über die notwendige Benennung ihrer Gesellschafter.[14]

---

7 BGHZ 193, 193, 198.
8 Zu alldem *K. Schmidt*, Gesellschaftsrecht, § 60 II 2.
9 BVerfG NJW 2002, 3533.
10 Zu alldem *K. Schmidt*, NJW 2001, 993, 997 f.
11 So etwa BGH NJW 2002, 368; zuletzt bestätigt in BGH BeckRS 2017, 134975; dazu MünchKomm-BGB/*Micklitz* § 13 Rn. 19 f.
12 BGH NJW 2017, 547 Rn. 16 ff. in Auseinandersetzung mit der insoweit krit. Lit.
13 Dazu BGH NZG 2017, 696 Rn. 23 ff.; NJW 2017, 547 Rn. 52.
14 BGHZ 189, 274, 277 f.

3. Die Parteifähigkeit der BGB-Gesellschaft

Da die (Außen-)BGB-Gesellschaft Trägerin von Rechten und Pflichten sein kann, ist es nur konsequent, ihr auch die **Parteifähigkeit im Zivilprozess** (§ 50 ZPO), die mit der Rechtsfähigkeit korrespondiert, zuzuerkennen[15]. Die BGB-Gesellschaft kann also Partei, d.h. **Klägerin oder Beklagte**, im Prozess sein[16]. Einzelne Gesellschafter haben dagegen nicht das Recht, im eigenen Namen Ansprüche der Gesellschaft geltend zu machen, auch wenn sie auf Leistung an die Gesellschaft klagen.[17] Sie sind insoweit nicht prozessführungsbefugt (zur Ausnahme der actio pro socio siehe oben Rn. 115). **126**

Beispiel: Die BGB-Gesellschaft hat als Verkäuferin gegen X (Käufer) einen Anspruch aus § 433 Abs. 2 BGB auf Zahlung des Kaufpreises erworben. In einem möglichen Zivilprozess wäre die BGB-Gesellschaft die Klägerin.

4. Die BGB-Gesellschaft als Mitglied eines anderen Verbandes

Dass die Gesellschaft bürgerlichen Rechts **Mitglied eines anderen Verbandes** (einer Personengesellschaft oder einer juristischen Person) sein kann, folgt schon aus der Rechtsfähigkeit als der Fähigkeit, Träger von Rechten und Pflichten sein zu können, sofern es sich um eine Außengesellschaft handelt. Die Gesellschaft bürgerlichen Rechts kann sowohl Aktionärin einer AG sein als auch einen Geschäftsanteil einer GmbH erwerben[18]; für die Beteiligung an einer Genossenschaft gilt im Grundsatz nichts anderes[19]. **127**

Die (Außen-)BGB-Gesellschaft kann auch **persönlich haftende Gesellschafterin** einer OHG oder KG sein[20]. Ihr wird auch die Fähigkeit zuerkannt, Gesellschafterin einer anderen Gesellschaft bürgerlichen Rechts zu sein. **128**

Wird die BGB-Gesellschaft z.B. Kommanditistin, so sind neben der BGB-Gesellschaft auch die ihr zum Zeitpunkt des Beitritts angehörenden Gesellschafter in das Handelsregister einzutragen[21].

II. Die Vertretung

1. Die Vertreter der Gesellschaft

Die Vertretungsmacht als die Befugnis, im Namen der Gesellschaft mit Wirkung für und gegen alle Gesellschafter **rechtsgeschäftliche Erklärungen (Willenserklärungen)** abzugeben und entgegenzunehmen, steht nach §§ 714, 709 BGB im Ausgangspunkt den Gesellschaftern gemeinschaftlich zu. Das bedeutet, dass grundsätzlich für jedes Geschäft die Zustimmung aller Gesellschafter erforderlich ist. Wenn ein Vertrag mit einer BGB-Gesellschaft auch für den Vertragspartner erkennbar auf Seiten **129**

---

15 BGHZ 146, 341.
16 Zur BGB-Gesellschaft im Zivilprozess s. *Pohlmann*, WM 2002, 1421 ff.
17 Siehe BGH NZG 2021, 1500 Rn. 25 ff. m.w.N.
18 BGHZ 78, 311, 312.
19 BGHZ 116, 86, 88.
20 BGHZ 148, 291 ff.; BGH NZG 2012, 667.
21 BGHZ 148, 291, 295.

der Gesellschaft von allen Gesellschaftern abgeschlossen werden soll, so kommt der Vertrag im Zweifel erst in dem Moment zustande, in dem alle Gesellschafter die dazu notwendigen Willenserklärungen abgegeben haben. Das gilt auch für den Fall, dass schon vorher ein einzelvertretungsbefugter Gesellschafter dem Vertragsschluss zugestimmt hat[22]. Für die Frage dagegen, wer die Gesellschaft bei der Entgegennahme von Willenserklärungen vertritt, lässt der BGH in Anwendung allgemeiner Grundsätze (vgl. §§ 26 Abs. 2 S. 2, 1629 Abs. 1 S. 2 BGB) die Erklärung gegenüber einem der vertretungsberechtigten Gesellschafter genügen[23] (außer bei Grundlagengeschäften, dazu unten Rn. 173).

130 Werden die vertretungsberechtigten Gesellschafter im Namen der Gesellschaft rechtsgeschäftlich Dritten gegenüber tätig, wird daraus die **BGB-Gesellschaft berechtigt und verpflichtet**. Nach § 714 BGB richtet sich der Umfang der Vertretungsmacht im Zweifel nach der über die Geschäftsführungsbefugnis getroffenen Vereinbarung im Gesellschaftsvertrag. Das bedeutet: Wenn keine von der gesetzlichen Regelung abweichende Vereinbarung vorliegt, decken sich Geschäftsführungsbefugnis und Vertretungsmacht. Haben z.B. nach dem Gesellschaftsvertrag mehrere Gesellschafter Einzel- oder Gesamtgeschäftsführungsbefugnis gem. § 710 BGB, so ist im Zweifel anzunehmen, dass sie dementsprechend Einzel- oder Gesamtvertretungsmacht haben sollen. Die Erteilung von Einzelvertretungsmacht muss nicht ausdrücklich erfolgen, sondern kann auch in konkludenter Form geschehen[24].

Beispiel: In der aus A und B bestehenden Gesellschaft beschränkte A seinen Wirkungskreis über viele Jahre auf die internen Verhältnisse der Gesellschaft; dem anderen geschäftsführenden Gesellschafter B überließ der A ausschließlich die Regelung der Außenverhältnisse, d.h. er ließ ihm dafür freie Hand. Das führte dazu, dass B alle Verträge mit Dritten im Namen der Gesellschaft allein unterschrieb. Darin hat der BGH[25] eine konkludent erteilte Vollmacht zur Alleinvertretung der Gesellschaft gesehen. Im Zweifel handelt es sich um eine Duldungsvollmacht, weil A es wissentlich geschehen ließ, dass B für die Gesellschafter wie ein Alleinvertretungsbefugter auftrat. In der Duldung des A ist eine durch konkludentes Handeln abgegebene Willenserklärung zu sehen, mit der dem B die Alleinvertretungsbefugnis erteilt wurde.

131 Die Gesellschafter haben die Möglichkeit, durch den Gesellschaftsvertrag die Vertretungsmacht unabhängig von der Geschäftsführungsbefugnis zu regeln. Haben die Gesellschafter **vertraglich Einzelgeschäftsführung** mit Einzelvertretungsmacht vereinbart, so lässt ein Widerspruch, den ein Gesellschafter gem. § 711 BGB gegen Geschäftsführungsmaßnahmen einlegt, die zugleich eine Vertretungshandlung darstellen, die Vertretungsmacht unberührt[26]. Der Widerspruch kann nach außen, d.h. im Verhältnis zu Dritten im Interesse der Verkehrssicherheit jedenfalls dann keine Wirkung entfalten, wenn er Dritten nicht bekannt war.

132 Der Umfang der Vertretungsmacht kann im Gegensatz zur OHG (§ 126 HGB) beliebig eingeschränkt werden. Da durch den Zusammenschluss der Gesellschafter bei einer BGB-Gesellschaft eine unbeschränkte und unbeschränkbare Vertretungsmacht

22 BGH ZIP 2008, 1582.
23 BGH NJW 1997, 3437, 3439 unter III 2 b m.w.N.; BGH ZIP 2012, 581 Rn. 34.
24 BGH MDR 2005, 762 f.
25 MDR 2005, 762 f.
26 BGHZ 16, 394, 398; BGH ZIP 2008, 1582.

in Analogie zu § 126 HGB wie bei der OHG *nicht* begründet wird, kann es zu Schwierigkeiten kommen, wenn die Geschäftsführungsbefugnis der Gesellschafter und damit auch deren Vertretungsbefugnis beschränkt ist, aber ein Gesellschafter gegenüber Dritten seine Vertretungsmacht überschreitet.

Beispiel: Der Gesellschaftsvertrag sieht Einzelvertretung vor, beschränkt die Geschäftsführungsbefugnis aber auf 10 000 €. Gesellschafter B kauft für und im Namen der Gesellschaft bei V einen PKW für 20 000 €. Hier hat B die Grenzen der Vertretungsmacht überschritten. Er konnte die Gesellschaft nicht wirksam vertreten.

Soweit ein Gesellschafter die Grenzen der Vertretungsmacht überschreitet, handelt er als **Vertreter ohne Vertretungsmacht**. Die §§ 177 bis 179 BGB sind anwendbar.

Beispiel: Im oben genannten Beispiel ist B Vertreter ohne Vertretungsmacht. Der Vertrag zwischen der BGB-Gesellschaft und V ist schwebend unwirksam (§ 177 Abs. 1 BGB). Falls die Gesellschaft den Vertrag nicht genehmigt, haftet B gem. § 179 Abs. 1 BGB.

Das **Verbot des Selbstkontrahierens** gilt auch für die Geschäftsführer der BGB-Gesellschaft, wenn sie im Namen der Gesellschaft mit sich selbst im eigenen Namen oder als Vertreter eines Dritten rechtsgeschäftlich handeln, es sei denn, es liegt eine der in § 181 BGB genannten Ausnahmen vor. **133**

Ebenso wie die Geschäftsführungsbefugnis kann auch die **Vertretungsmacht nach §§ 715, 712 BGB entzogen** werden, wenn ein wichtiger Grund vorliegt (s. dazu Rn. 93). Falls die Vertretungsmacht in Verbindung mit der Geschäftsführungsbefugnis erteilt worden ist, kann sie nur mit der Geschäftsführungsbefugnis zusammen entzogen werden (§ 715 BGB).

In dem oben als **Fall 8 (Rn. 81 u. 117)** geschilderten Beispiel kann G aus dem genannten wichtigen Grund nicht nur die Geschäftsführungsbefugnis, sondern auch die Vertretungsmacht entzogen werden.

Rechtslage nach dem MoPeG:

Der Gesetzgeber hat die Regelungen über die Geschäftsführung und Vertretung voneinander getrennt. Anders als die Auslegungsregel in der aktuellen Fassung des § 714 BGB ist die Vertretungsbefugnis künftig nicht mehr nur ein Annex zur Geschäftsführungsbefugnis, sondern in § 720 Abs. 1 BGB-E eigenständig geregelt. Es wird künftig auch **„die Gesellschaft" vertreten** (und nicht mehr „die anderen Gesellschafter", eine Formulierung, die noch auf der früher angenommenen fehlenden Rechtsfähigkeit der GbR beruhte, dazu oben Rn. 34). Nach wie vor besteht im Ausgangspunkt eine Gesamtvertretung. § 720 Abs. 2 BGB-E gestattet nun in Anlehnung an § 125 Abs. 2 S. 2 HGB die **Ermächtigung einzelner**, eigentlich nur gesamtvertretungsberechtigter **Gesellschafter** zur Einzelvertretung bei bestimmten Geschäften oder Arten von Geschäften.

Anders als bisher kann die Vertretungsmacht in der GbR Dritten gegenüber künftig **nicht mehr wirksam beschränkt** werden (§ 720 Abs. 3 S. 2 BGB-E). Damit findet eine Annäherung an das Recht der Handelsgesellschaften (vgl. § 126 Abs. 2 HGB und § 37 Abs. 2 GmbHG) statt. Gleichzeitig ist aber ein Spannungsverhältnis zwischen § 720 Abs. 2 und Abs. 3 BGB-E entstanden: Es ist unklar, ob die in Abs. 2 erlaubte Ermächtigung zur Einzelvertretung vor dem Hintergrund des Verbots in Abs. 3 dennoch mit Wirkung nach außen auf bestimmte Geschäfte oder Arten von Geschäften beschränkt werden kann.[27] Nach allgemeinen Grundsätzen (im Zweifel Vorrang der Privatautonomie) soll Abs. 3 nur sicherstellen, dass mindestens ein oder mehrere unbeschränkt Vertretungsberechtigte vorhanden sind, so dass die Frage zu bejahen ist.

§ 720 Abs. 4 BGB-E erlaubt wie bisher die **Entziehung der Vertretungsmacht**, lässt allerdings das Junktim zur Geschäftsführungsbefugnis entfallen.[28] Für den Zugang von Willenserklärungen bei der GbR genügt nun ausdrücklich die Abgabe gegenüber einem vertretungsbefugten Gesellschafter (**passive Einzelvertretungsbefugnis**, § 720 Abs. 5 BGB-E, s.o. Rn. 129 a.E.). Ob davon auch Grundlagengeschäfte wie die Kündigung durch einen Gesellschafter erfasst sind, lassen Gesetz und Begründung offen, dürfte aber zu verneinen sein, da die Vorschrift systematisch in Kapitel 3 steht und folglich nur die Rechtsverhältnisse der Gesellschaft zu Dritten betrifft. Wie in Rn. 129 a.E. dargestellt, sieht der BGH das bislang ebenso.

2. Der Grundsatz der Selbstorganschaft

134 Nach h.M. gilt für Personengesellschaften der **Grundsatz der Selbstorganschaft bzw. das Verbot der Drittorganschaft**. Das bedeutet, dass außenstehenden Dritten zwar rechtsgeschäftliche, aber keine organschaftliche Vertretungsmacht eingeräumt werden kann. Auch bei der BGB-Gesellschaft kann also nicht gesellschaftsvertraglich vereinbart werden, dass alle Gesellschafter von der Vertretung und Geschäftsführung der Gesellschaft ausgeschlossen werden sollen und stattdessen ein Nichtgesellschafter geschäftsführungs- und vertretungsbefugt sein soll[29]. Der Grundsatz der Selbstorganschaft ist weder aus dem BGB noch aus dem HGB direkt abzuleiten (vgl. aber §§ 709 f. BGB, 114 f. HGB; jetzt § 715 Abs. 1 BGB-E). Man führt ihn auf das **Verbot der Abspaltung von Mitverwaltungsrechten** von der Gesellschafterstellung zurück.[30] Begründet wird er außerdem mit dem Wesen der Personengesellschaft, wonach eine zwingende Verbindung von Mitgliedschaft und Geschäftsführung bestehen soll, die idealiter zur einsatzbereiten und verantwortungsbewussten Geschäftsleitung führt. Dabei wird unterstellt, dass die Koppelung von Unternehmensleitung und persönlicher Haftung einen Kontrollmechanismus darstellt, der eine anderweitige Überwachung durch Abberufung und Organhaftung überflüssig macht[31].

Der Grundsatz der Selbstorganschaft schließt nicht die Möglichkeit aus, dass die Gesellschafter durch einen Gesellschafterbeschluss oder von vornherein durch eine entsprechende Vereinbarung im Gesellschaftsvertrag einen Dritten in mehr oder weniger weitem Umfang mit Geschäftsführungsaufgaben betrauen und ihm dazu die entsprechende Vollmacht erteilen. Voraussetzung für die Wirksamkeit einer solchen Maßnahme ist es, dass die Gesellschafter selbst die organschaftliche Geschäftsführungs- und Vertretungsbefugnis behalten.[32]

---

27 Die Gesetzesbegründung erkennt das Problem nicht, siehe BT-Drucks. 19/27635 S. 163 f.
28 Die Gesetzesbegründung verlangt insoweit eine Abwägung im Einzelfall, siehe BT-Drucks. 19/27635 S. 164.
29 U.a. BGHZ 33, 105, 108; 41, 367, 369; 51, 198, 199 f.
30 Siehe dazu *Osterloh-Konrad*, ZGR 2019, 271 ff., 280 f.
31 *Wiedemann*, WM 1994, Sonderbeilage Nr. 4, S. 11.
32 BGHZ 188, 233, 239.

Beispiel: Die Gesellschafter A, B und C, die ein „Air-Konsortium" gebildet haben, um einen kompletten Flughafen zu bauen, betrauen die S-GmbH damit, geeignete Unternehmen für den Bau der Start- und Landebahnen und das Flughafengebäude auszusuchen und gegebenenfalls für das Konsortium die entsprechenden Verträge abzuschließen. Der Geschäftsführer der S-GmbH G schließt mit der U-GmbH für und im Namen des „Air-Konsortium" einen Vertrag über die Lieferung von Fertigbetonteilen ab. Hier hat die BGB-Gesellschaft mit der S-GmbH einen Geschäftsbesorgungsvertrag abgeschlossen und dieser zugleich eine entsprechende Vollmacht erteilt, ohne dass die Gesellschafter ihre organschaftliche Geschäftsführungs- und Vertretungsbefugnis aufgegeben haben. Die S-GmbH konnte also durch G als ihrem gesetzlichen Vertreter für das „Air-Konsortium" einen wirksamen Vertrag mit der U-GmbH abschließen.

III. Die Haftung für Verbindlichkeiten der Gesellschaft

1. Die akzessorische Haftung der Gesellschafter für rechtsgeschäftliche Verbindlichkeiten

Für alle Verbindlichkeiten der Gesellschaft haftet stets das **Gesellschaftsvermögen**. 135
Ob und ggf. auf welche Art und Weise daneben auch unmittelbar die einzelnen **Gesellschafter als Gesamtschuldner mit ihrem Privatvermögen** in Anspruch genommen werden können, war lange Zeit heftig umstritten. Vor allem wurde die Meinung vertreten, zur Begründung einer persönlichen Verpflichtung der Gesellschafter sei neben dem Vertragsschluss mit der Gesellschaft eine besondere rechtsgeschäftliche Verpflichtung der Gesellschafter persönlich erforderlich; diese sollte regelmäßig zugleich mit dem rechtsgeschäftlichen Handeln namens der Gesellschafter durch einen Vertreter derselben (§ 714 BGB) geschaffen werden (sog. **Doppelverpflichtungstheorie**).

Nach h.M.[33] haften grundsätzlich alle Gesellschafter einer Gesellschaft bürgerlichen 136
Rechts für alle rechtsgeschäftlichen Verbindlichkeiten der Gesellschaft persönlich und gesamtschuldnerisch. Der BGH begründet dies mit dem allgemeinen Grundsatz des bürgerlichen Rechts und des Handelsrechts, der in § 128 HGB seinen Niederschlag gefunden habe, dass derjenige, der als Einzelperson oder in Gemeinschaft mit anderen Geschäfte betreibt, für die daraus entstehenden Verpflichtungen mit seinem gesamten Vermögen haftet, solange sich aus dem Gesetz nichts anderes ergibt oder mit dem Vertragspartner keine Haftungsbeschränkung vereinbart wird. Der BGH[34] bezieht sich in seiner Begründung auch auf die Entstehungsgeschichte der Vorschriften über die Gesellschaft bürgerlichen Rechts und weist darauf hin, dass die persönliche und gesamtschuldnerische Haftung der Mitglieder einer solchen Gesellschaft für rechtsgeschäftliche Verbindlichkeiten eine selbstverständliche Folge der gemeinsamen Verpflichtung der Gesellschafter sei. Nach dem Willen des Gesetzgebers folge aus dem „Wesen und Zweck" des Gesellschaftsverhältnisses, dass durch ein Rechtsgeschäft, das ein zur Vertretung bevollmächtigter Gesellschafter mit einem Dritten schließt, die Gesellschafter selbst berechtigt und verpflichtet werden sollten. Da für die Begründung der persönlichen Haftung der Gesellschafter einer Gesellschaft bür-

33 BGHZ 142, 315 ff.; 188, 233, 240.
34 BGHZ 142, 315, 321 ff.

gerlichen Rechts eine ausdrückliche gesetzliche Regelung fehlt, wird inzwischen § 128 HGB analog angewandt[35].

137 Die Gesellschafterhaftung ist wie bei der OHG (§§ 128 f. HGB) eine **akzessorische**. Das bedeutet, soweit die Gesellschafter für Verbindlichkeiten der Gesellschaft auch persönlich haften, ist der jeweilige Bestand der Gesellschaftsschuld auch für die persönliche Haftung maßgebend[36]. Der Anspruch des Gläubigers gegen einen Gesellschafter persönlich ergibt sich also aus der entsprechenden Norm, welche die Forderung gegen die Gesellschaft begründet, i.V.m. § 128 HGB analog.

Beispiel: Die BGB-Gesellschaft ist Schuldnerin eines dem G zustehenden Werklohnanspruches in Höhe von 67 000 €. Nachdem die Gesellschaft nicht mehr als 25 000 € zahlen konnte, nimmt G den Gesellschafter A persönlich in Anspruch. Da der Anspruch nur noch in Höhe von 42 000 € besteht, haftet A gem. § 631 BGB und § 128 HGB analog nur in dieser Höhe.

Bei einer Anwaltssozietät in der Rechtsform der BGB-Gesellschaft erstreckt sich die persönliche Haftung nach § 128 HGB analog auch auf die berufshaftungsrechtlichen Verbindlichkeiten.[37] Wenn der Sozietät neben Anwälten noch Angehörige anderer Berufsgruppen angehören, so haften auch diese Gesellschafter für Verbindlichkeiten, die gegen die Gesellschaft wegen Schlechterfüllung durch einen Anwalt entstanden sind, denn es handelt sich um eine Verbindlichkeit der Gesellschaft, mit welcher der Mandant den Vertrag abgeschlossen hat.[38]

Beispiel: Die Rechtsanwälte A und B haben sich mit dem Steuerberater S zu einer BGB-Gesellschaft zusammengeschlossen. Wegen eines Beratungsfehlers in einer Vertragsangelegenheit, den Anwalt B zu verantworten hat, hat der Mandant M gegen die Gesellschaft einen Anspruch aus § 280 BGB auf Schadensersatz in Höhe von 35 000 € erworben. Für diese Verbindlichkeit haften nach § 128 HGB analog alle Gesellschafter, also auch der S, obwohl er kein Anwalt ist.

Da die persönliche Haftung der Gesellschafter eine akzessorische ist, die derjenigen in § 128 HGB entspricht, ist es nur folgerichtig, auch die **Rechtsgrundsätze des § 129 HGB sinngemäß** anzuwenden[39]. Das bedeutet: Der wegen einer Verbindlichkeit der Gesellschaft in Anspruch genommene Gesellschafter kann u.a. alle diejenigen Einwendungen (z.B. Erfüllung, Erlass, Stundung) und Einreden (z.B. Verjährung[40]) geltend machen, die der Gesellschaft selbst zustehen. Das ergibt sich schon aus dem Wortlaut der auf die BGB-Gesellschaft entsprechend anwendbaren §§ 128 ff. HGB und dem Sinn der akzessorischen Gesellschafterhaftung, wonach die die persönliche Haftung der Gesellschafter grundsätzlich und gerade auch hinsichtlich aller Einwendungen und Einreden zu Gunsten und zu Ungunsten des Gesellschafters mit der jeweiligen Gesellschaftsverbindlichkeit übereinstimmen muss.[41]

---

35 BGHZ 172, 169; 188, 233, 240.
36 BGHZ 146, 341, 358; 188, 244 ff.
37 BGHZ 172, 169; 193, 193, 215.
38 BGHZ 193, 193, 216 f.
39 BGH NZG 2011, 583 Rn. 28; BGH NZG 2021, 230 Rn. 26 ff.; so bereits *K. Schmidt*, NJW 2001, 993, 999.
40 Siehe zur Verjährung der Haftung nach Auflösung der Gesellschaft noch unten Rn. 193.
41 BGHZ 73, 217, 224; BGH NZG 2010, 264.

Beispiel: Wäre die Werklohnforderung im oben genannten Beispiel von G in Höhe von 10 000 € erlassen worden, könnte sich nicht nur die Gesellschaft, sondern auch der persönlich in Anspruch genommene A in analoger Anwendung des § 129 HGB darauf berufen.

Die persönliche Haftung der Gesellschafter ist eine gesamtschuldnerische. Das bedeutet, nach § 421 S. 1 BGB kann grundsätzlich jeder Gläubiger wählen, welchen Gesamtschuldner er ganz oder teilweise in Anspruch nehmen will. Der so in Anspruch genommene Gesamtschuldner hat das hinzunehmen. Dem liegt der Gedanke zugrunde, dass jeder Gesamtschuldner im Außenverhältnis zum Gläubiger das Risiko dafür trägt, dass die anderen Gesamtschuldner die ihnen nach dem Innenverhältnis obliegenden Leistungen nicht oder nicht vollständig erbringen.[42]

Rechtslage nach dem MoPeG:

Künftig sieht § 721 S. 1 BGB-E eine akzessorische gesamtschuldnerische Haftung der Gesellschafter für die Gesellschaftsverbindlichkeiten vor. Die §§ 721, 721a und 721b BGB-E entsprechen im Wesentlichen der BGH-Rechtsprechung zur unbeschränkten Haftung der GbR-Gesellschafter analog §§ 128 bis 130 HGB. Damit nimmt der Gesetzgeber die von der Rechtsprechung schon seit langem praktizierte Angleichung des Haftungsregimes der GbR an die entsprechende Regelung der OHG vor. Die in Rechtsprechung und Literatur entwickelten Ausnahmen von diesem Haftungsregime (namentlich für Bauherrengemeinschaften, geschlossene Immobilienfonds, Gelegenheitsgesellschaften und gemeinnützige GbR) sollen nach dem Willen des Gesetzgebers grundsätzlich auch weiterhin Bestand haben.[43]

2. Die Anwendung des § 31 BGB

Wenn ein Gesellschafter einem Dritten gegenüber eine schädigende Handlung begangen hat, so ist zu klären, ob und ggf. auf welche Art und Weise das Handeln des Gesellschafters der Gesellschaft zugerechnet werden kann. In Betracht kommen § 278 BGB und § 31 BGB. Der BGH[44] vertritt die Auffassung, die (Außen-)Gesellschaft bürgerlichen Rechts, welche durch Teilnahme am Rechtsverkehr eigene Rechte und Pflichten begründe, müsse sich das zum Schadensersatz verpflichtende Handeln ihrer geschäftsführenden Gesellschafter **gem. § 31 BGB analog zurechnen** lassen. Da diese Vorschrift dem Vereinsrecht und damit dem Recht der Körperschaften zugeordnet ist, ist die analoge Anwendung auf eine Personengesellschaft fraglich. Die Anwendung des § 31 BGB setzt voraus, dass ein „verfassungsmäßig berufener Vertreter" die zum Schadensersatz verpflichtende Handlung begangen hat. In der BGB-Gesellschaft sind grundsätzlich alle Gesellschafter zur Geschäftsführung und Vertretung befugt, es sei denn der Gesellschaftsvertrag sieht eine andere Regelung vor. Bei der Auslegung des Begriffs „verfassungsmäßig berufener Vertreter" orientiert sich die Rspr. jedoch nicht strikt an der gesellschaftsrechtlichen Vertretungsbefugnis, sondern fasst den Begriff weiter. Darunter fallen nicht nur geschäftsführende Gesellschafter, sondern auch Nichtgesellschafter, denen durch die Betriebsregelung und Handhabung für die Gesellschaft wesensmäßige Funktionen zur selbstständigen, eigenverantwortlichen Er- 138

42 BGHZ 184, 35, 43 f.
43 So BT-Drucks. 19/27635, S. 165.
44 BGHZ 154, 88, 93; 172, 169, 172.

füllung zugewiesen sind, so dass sie die Gesellschaft im Rechtverkehr repräsentieren[45].

139 **Beispiel:** Hat der Gesellschafter G einer BGB-Gesellschaft dem Dritten D gegenüber eine Pflichtverletzung, etwa durch Verursachung eines Verzuges mit Schadensfolge begangen, so haftet die Gesellschaft selbst mit ihrem Vermögen nach §§ 280, 286 BGB i.V.m. § 31 BGB analog.

Für den Fall, dass das schädigende Handeln eines Gesellschafters der Gesellschaft analog § 31 BGB zuzurechnen ist, erwirbt der Dritte gegenüber der Gesellschaft einen Anspruch. Neben dem Gesellschaftsvermögen haften dann auch in entsprechender Anwendung des § 128 HGB die einzelnen Gesellschafter mit ihrem Privatvermögen.

In dem oben geschilderten **Beispiel** haften G und seine Mitgesellschafter nach §§ 280, 286 BGB i.V.m. § 31 BGB analog und § 128 HGB analog.

3. Ansprüche gegen Mitglieder einer Scheingesellschaft

140 Von einer **Scheingesellschaft** spricht man, wenn es an dem Abschluss eines wirksamen Gesellschaftsvertrages fehlt, eine Gesellschaft also nicht entstanden ist, aber gleichwohl nach außen der Anschein erweckt wird, es handele sich um eine Gesellschaft. Wenn z.B. Personen Briefbögen und Schilder benutzen, auf denen sie gemeinsam mit ihren Namen erscheinen, ohne eine Gesellschaft bürgerlichen Rechts durch einen entsprechenden Vertrag begründet zu haben, haben sie den **Rechtsschein** gesetzt, es handele sich um eine Gesellschaft. Nach allgemeinen **Rechtsscheingrundsätzen** haften deshalb diejenigen Personen, die den Rechtsschein erzeugt haben, Gesellschafter einer Gesellschaft zu sein und diesem Rechtsschein später nicht hinreichend entgegengetreten sind. Die Rechtsscheinhaftung in Bezug auf eine Scheingesellschaft setzt also voraus, dass die in Anspruch genommene Person in zurechenbarer Weise den Rechtsschein einer existierenden Gesellschaft bürgerlichen Rechts und den ihrer Zugehörigkeit zu derselben gesetzt hat oder gegen den vorhandenen Rechtsschein nicht pflichtgemäß vorgegangen ist; außerdem muss sich der Dritte bei seinem geschäftlichen Verhalten auf den Rechtsschein verlassen haben.[46] Für die Verbindlichkeiten der Scheingesellschaft haften die Mitglieder derselben in entsprechender Anwendung des § 128 HGB.[47]

Beispiel: Die Anwälte A, B und C haben eine Bürogemeinschaft (§ 59 a Abs. 3 BRAO) begründet. Dabei handelt es sich um eine BGB-Innengesellschaft (siehe dazu unten Rn. 199 ff.), in der jeder für sich handelt. Eine BGB-Außengesellschaft existiert nicht. Die Anwälte benutzen Briefbögen, auf denen unter der Bezeichnung „Anwaltsgemeinschaft" die Namen von A, B und C aufgeführt sind. Mandant M meint deshalb, es handele sich um eine Anwaltssozietät in der Rechtsform der BGB-Gesellschaft. Er nimmt einen Termin bei B wahr und bittet darum, dass man ihn in einer Erbschaftssache berät und vertritt. B unterläuft dabei ein schwerer Fehler; M erleidet einen Schaden in Höhe von 120 000 €. Er nimmt deswegen auch den A, der als vermögend gilt, persönlich nach §§ 280, 31 (analog) BGB in Verbindung mit § 128 HGB in An-

45 BGHZ 172, 169, 173.

46 BGH NZG 2012, 221 f.; OLG Hamm, NZG 2011, 137, 139 f.

47 OLG Hamm, NZG 2011, 137, 139.

spruch. Briefbögen der von A, B und C gewählten Art begründen den Anschein einer Sozietät, also einer Gesellschaft bürgerlichen Rechts.[48] Diesen Rechtsschein haben die Gesellschafter A, B und C in zurechenbarer Weise gesetzt. Da der Mandant im Zweifel den Vertrag mit der Sozietät, nicht aber mit dem Einzelanwalt abschließen will, ist Vertragspartnerin des M die Scheingesellschaft unter dem Namen „Anwaltsgemeinschaft". B hat eine Pflichtverletzung begangen, für die die Scheingesellschaft nach §§ 280, 31 (analog) BGB haftet. Wegen dieser Verbindlichkeit der Gesellschaft kann M nach § 128 HGB analog auch den A in Anspruch nehmen.

Scheingesellschafter ist auch derjenige, der aus einer bestehenden Gesellschaft ausgeschieden ist, aber weiterhin nach außen als Gesellschafter auftritt. Weil für den Rechtsverkehr nicht erkennbar wird, dass sich die personelle Zusammensetzung der Gesellschaft geändert hat, muss sich der ausgeschiedene Gesellschafter so behandeln lassen, als bestehe der bisherige Rechtszustand fort.[49] Der ausgeschiedene Gesellschafter haftet demnach nach Rechtsscheingrundsätzen auch für die nach seinem Ausscheiden entstandenen Verbindlichkeiten der Gesellschaft gemäß § 128 HGB analog. **141**

Beispiel: Rechtsanwalt R ist aus der Sozietät „A&B Rechtsanwälte GbR" zum 31.12.2014 ausgeschieden. Auf dem von der Sozietät verwandten Briefbogen steht weiterhin der Name des R. Am 15.1.2015 kauft B im Namen der „A&B Rechtsanwälte GbR" unter Verwendung des Briefkopfes, auf dem R noch als Sozius ausgewiesen ist, bei V Büromöbel für 22 000 €. Die Kaufpreisforderung des V ist eine Verbindlichkeit der Gesellschaft bürgerlichen Rechts, für die auch der ausgeschiedene R gemäß § 128 HGB analog und nach Rechtsscheingrundsätzen haftet, denn durch die Verwendung des Briefkopfes mit dem Namen des R ist nach außen der Eindruck erweckt worden, als habe sich die personelle Zusammensetzung der Gesellschaft nicht geändert.

4. Ansprüche aus gesetzlichen Schuldverhältnissen

a) Überblick

Die Gesellschafter einer BGB-Gesellschaft können grundsätzlich auch für Verbindlichkeiten der Gesellschaft aus gesetzlichen Schuldverhältnissen persönlich analog § 128 HGB mit ihrem Privatvermögen in Anspruch genommen werden. Nachdem der BGH (s. Rn. 136 f.) seine Auffassung zur persönlichen Haftung der Gesellschafter einer Gesellschaft bürgerlichen Rechts grundlegend geändert hat, ist er zu der Auffassung gelangt, die ausnahmslose Haftung der Gesellschafter mit ihrem Privatvermögen auch für gesetzliche Verbindlichkeiten der Gesellschaft sei „im Modell der akzessorischen Haftung angelegt"[50]. Er betont, anders als bei rechtsgeschäftlichen Haftungsbegründungen könnten sich die Gläubiger einer gesetzlichen Verbindlichkeit ihren Schuldner nicht aussuchen; dann müsse aber erst recht wie bei vertraglichen Verbindlichkeiten das Privatvermögen der Gesellschafter als Haftungsmasse zur Verfügung stehen[51]. **142**

48 Vgl. BGHZ 70, 247, 249; OLG Hamm, NZG 2011, 137, 139.
49 BGH NZG 2012, 221 f.
50 BGHZ 154, 88, 95.
51 BGHZ 154, 88, 94 f.

b) Ungerechtfertigte Bereicherung

143 So können die Gesellschafter grundsätzlich aus § 812 BGB in Verbindung mit § 128 HGB analog von einem Gläubiger persönlich in Anspruch genommen werden, der einen Bereicherungsanspruch gegen die Gesellschaft erworben hat. Die Gesellschafter haften neben dem Gesellschaftsvermögen z.B. dann aus ungerechtfertigter Bereicherung, wenn die Bereicherung aus der Leistung eines Dritten an das Gesamthandsvermögen stammt, die der Erfüllung einer vermeintlichen vertraglichen Verpflichtung diente, und der Anspruch zur Rückabwicklung nun geltend gemacht wird.

Beispiel: Die X-BGB-Gesellschaft hat an K ein Grundstück veräußert. K hat einen Teil des Kaufpreises, nämlich 210 000 € bereits an die Gesellschaft gezahlt und anschließend den Kaufvertrag mit Erfolg angefochten. K hat nun einen Anspruch aus § 812 BGB gegen die Gesellschaft auf Rückzahlung der bereits gezahlten Summe. Für diese Verbindlichkeit der Gesellschaft haften die Gesellschafter persönlich gem. § 812 BGB i.V.m. § 128 HGB analog.

c) Unerlaubte Handlung

144 Da die Gesellschafter einer Gesellschaft bürgerlichen Rechts grundsätzlich auch für gesetzlich begründete Verbindlichkeiten ihrer Gesellschaft persönlich und als Gesamtschuldner einzustehen haben[52], haften sie auch für Ansprüche aus unerlaubter Handlung, für welche die Gesellschaft selbst einzustehen hat. Für eine unerlaubte Handlung, die ein geschäftsführungsbefugter Gesellschafter in Ausführung seiner Tätigkeit einem Dritten gegenüber begangen hat, haftet dieser Gesellschafter dem Dritten selbst aus § 823 Abs. 1, § 823 Abs. 2 in Verbindung mit der Verletzung eines Schutzgesetzes oder aus § 826 BGB. Ob der Dritte sich wegen des ihm entstandenen Schadens auch an das Gesellschaftsvermögen und an die einzelnen Gesellschafter mit ihrem Privatvermögen halten kann, war lange Zeit umstritten. Da die Rechtsfähigkeit der BGB-Außengesellschaft anerkannt ist[53] und die Anwendbarkeit des § 31 BGB auf gesetzliche Verbindlichkeiten außer Frage steht[54], kann der Gläubiger eines Anspruchs aus unerlaubter Handlung, den er gegen den geschäftsführenden Gesellschafter einer BGB-Gesellschaft erworben hat, in Verbindung mit § 31 BGB auch gegen die Gesellschaft geltend machen. Das führt allerdings dazu, dass der Gläubiger eines solchen Anspruchs aus unerlaubter Handlung sich nicht nur an das Gesellschaftsvermögen, sondern, da es sich um eine Verbindlichkeit der Gesellschaft handelt, gem. § 128 HGB analog auch an die einzelnen Gesellschafter mit ihrem Privatvermögen halten kann.

Beispiel: A, B und C haben sich zu einer ARGE, also einer Gesellschaft bürgerlichen Rechts, zusammengeschlossen, welche ein Einkaufszentrum für eine Investorengruppe in der Rechtsform der GmbH bauen soll. B und C haben die Geschäftsführung auf A übertragen. A begeht der Investorengruppe gegenüber betrügerische Handlungen, durch welche dieser ein erheblicher Schaden entsteht. Die GmbH hat gegen A selbst Schadensersatzansprüche aus unerlaubter Handlung, und zwar aus § 823 Abs. 2 BGB i.V.m. dem Betrugsparagraphen des StGB (§ 263) und aus § 826 BGB, erworben i.V.m. § 31 BGB kann die GmbH auch die Gesellschaft mit ihrem Vermögen in Anspruch nehmen, da A die unerlaubten Handlungen als geschäftsführenden

52 BGHZ 154, 88 ff.
53 BGHZ 146, 341 ff.; dazu Rn. 121 ff.
54 BGHZ 154, 88, 94 f.; 172, 169.

Gesellschafter in Ausübung seiner Tätigkeit für die Gesellschaft begangen hat. Darüber hinaus haften auch B und C entsprechend § 128 HGB für diese Verbindlichkeit ihrer BGB-Gesellschaft aus einem gesetzlichen Schuldverhältnis.

5. Sozialverbindlichkeiten

Bei „Sozialverbindlichkeiten", d.h. Verbindlichkeiten, die der Gesellschaft aus dem Gesellschaftsverhältnis den Gesellschaftern gegenüber entstehen (siehe Rn. 103), handelt es sich um typische **Gesamthandsverbindlichkeiten**, für die in erster Linie nur das Gesellschaftsvermögen, nicht aber die einzelnen Gesellschafter mit ihrem Privatvermögen haften. Ließe man die Gesellschafter auch für die Sozialverbindlichkeiten mit ihrem Privatvermögen haften, so widerspräche das dem Grundgedanken des § 707 BGB (= grundsätzlich besteht keine Nachschusspflicht für Gesellschafter)[55]. Wenn ein Gesellschafter Forderungen gegen die Gesellschaft aus eigenen Mitteln erfüllt, muss er zunächst gem. § 713 i.V.m. § 670 BGB versuchen, aus dem Gesellschaftsvermögen Ersatz für seine Aufwendungen zu erhalten. Stehen der Gesellschaft dafür keine ausreichenden Mittel zur Verfügung, hat der Gesellschafter einen anteiligen Ausgleichsanspruch gem. § 426 BGB gegen seine Mitgesellschafter[56]. **145**

Zu den Sozialverbindlichkeiten zählen z.B.:
- die Verpflichtung, Aufwendungen zu erstatten (§§ 713, 670 BGB),
- die Verpflichtung, einem Gesellschafter den auf ihn entfallenden Gewinnanteil auszuzahlen (§ 721 BGB).

6. Ansprüche des Gesellschafter-Gläubigers

Der Gläubiger, der zugleich Gesellschafter ist (sog. Gesellschafter-Gläubiger), kann eine aus einem von dem Gesellschaftsverhältnis verschiedenen Rechtsverhältnis stammende Forderung (wie z.B. eine Kaufpreis-, Mietzins- oder Darlehensrückzahlungsforderung) sowohl der Gesellschaft als auch über § 128 HGB analog einzelnen Gesellschaftern gegenüber geltend machen. Allerdings muss sich der Gesellschafter-Gläubiger, der seine Mitgesellschafter in Anspruch nimmt, seinen eigenen Verlustanteil anrechnen lassen. Dies ist deswegen gerechtfertigt, weil der in Anspruch genommene Gesellschafter unter Umständen wiederum Ausgleichsforderungen gem. § 426 BGB gegenüber dem Gesellschafter-Gläubiger erwerben würde und dieser deshalb dann, wenn er seinen eigenen Verlustanteil nicht berücksichtigt, etwas fordert, was er auf Grund seiner Beteiligung an der Gesellschaft möglicherweise zurückzahlen müsste. **146**

7. Haftung des Treugebers für Verbindlichkeiten der Gesellschaft?

Es kommt nicht selten vor, dass ein Kapitalanleger nicht selbst Gesellschafter wird, sondern einen Vertrag mit einem Treuhänder abschließt, der für ihn den Gesellschaftsanteil hält. Das hat zur Folge, dass nicht der Treugeber, sondern der **Treuhänder Gesellschafter** wird. **147**

---

55 BGHZ 37, 299, 302 für die OHG.
56 BGH WM 1979, 1282.

Beispiel: A möchte sich zur Steuerersparnis über den Treuhänder T an einem in der Rechtsform der Gesellschaft bürgerlichen Rechts betriebenen Immobilienfonds beteiligen. A und T schließen einen entsprechenden Vertrag. T beteiligt sich daraufhin an dem Immobilienfonds, indem er die entsprechenden Vereinbarungen trifft. Gesellschafter der Gesellschaft bürgerlichen Rechts ist T und nicht A.

148 Es wird als zulässig erachtet, dem Treugeber, also demjenigen, der nicht die Stellung eines Gesellschafters erhalten hat, im Gesellschaftsvertrag unmittelbare Rechte zuzubilligen. Gestützt auf die Vertragsfreiheit können die Gesellschafter ihre internen Rechtsbeziehungen grundsätzlich durch vertragliche Vereinbarungen frei gestalten.[57] So können dem Treugeber z.B. Teilnahmerechte an der Gesellschafterversammlung, Einsichts-, Informations- und Kontrollrechte und sogar Stimmrechte eingeräumt werden. Der Treugeber kann auf diese Art und Weise die Stellung eines „Quasi-Gesellschafters" erhalten[58].

149 Für die Verbindlichkeiten der Gesellschaft haftet der Treuhänder als Gesellschafter in analoger Anwendung des § 128 HGB (vgl. Rn. 135 ff.). Umstritten ist, ob auch der Treugeber wegen der Verbindlichkeiten der Gesellschaft gem. § 128 HGB analog in Anspruch genommen werden kann. Es wird die Meinung vertreten, dass ein Treugeber, der erkennbar gesellschafts- und organisationsrechtlich in die Personengesellschaft eingebunden ist, sich konsequenterweise haftungsrechtlich wie ein echter Gesellschafter behandeln lassen muss[59]. Nach Ansicht des BGH[60] fehlt für die Statuierung einer persönlichen Außenhaftung gem. § 128 HGB analog des qualifizierten Treugebers, als des Quasi-Gesellschafters, die notwendige gesetzliche Grundlage. Für diese Auffassung spricht, dass dem Treugeber die Gesellschafterstellung fehlt, welche die Außenhaftung auslöst. Selbst wenn ihm Rechte wie einem Gesellschafter durch Vertrag eingeräumt worden sind, so betrifft das nur das Verhältnis des Treugebers zum Treuhänder und zur Gesellschaft; das Außenverhältnis wird dadurch nicht tangiert.

Wenn in dem oben genannten **Beispiel** der Immobilienfonds in der Rechtsform der Gesellschaft bürgerlichen Rechts bei der X-Bank ein Darlehen aufnimmt, so haftet daraus der Bank neben dem Gesellschaftsvermögen u.a. der Treuhänder T als Gesellschafter gem. § 488 BGB i.V.m. § 128 HGB analog. Da A als Treugeber nicht Gesellschafter ist, kann die X-Bank ihn nicht in Anspruch nehmen.

8. Haftungsbeschränkungen

150 Bei der BGB-Gesellschaft kann die persönliche Haftung der Gesellschafter eingeschränkt werden. Der BGH[61] betont, dass eine Haftungsbeschränkung grundsätzlich nur durch eine entsprechende individualvertragliche Vereinbarung erreicht werden kann. Das bedeutet, dass jedenfalls im Hinblick auf vertragliche Verbindlichkeiten die persönliche Haftung der Gesellschaft nur im Konsens mit dem Vertragspartner

57 BGHZ 10, 44; BGH NZG 2011, 1432.
58 BGHZ 10, 44, 49 f.; 178, 271; BGH NZG 2011, 1432.
59 *Staub/Ulmer*, Großkommentar zum HGB, 4. Aufl. 2005, § 105 Rn. 102 mit Nachw.
60 MDR 2009, 152 f.
61 BGHZ 142, 315, 320 ff.

abbedungen werden kann[62]. Damit ist ein **einseitiger Haftungsausschluss** durch einen Gesellschafter bei Vertragsschluss ohne Zustimmung des Vertragspartners ***nicht* möglich**. Die Gesellschafter einer Außengesellschaft bürgerlichen Rechts haben deshalb keine Möglichkeit, ihre Außenhaftung durch für Dritte erkennbare Vereinbarungen im Gesellschaftsvertrag wirksam zu beschränken[63].

Beispiel: Tritt eine Gesellschaft mit der Bezeichnung „GbR mbH" auf, so ist der daraus möglicherweise erkennbare Wille der Gesellschafter, nur mit ihrem Anteil am Gesellschaftsvermögen haften zu wollen, unbeachtlich, solange der Vertragspartner sich nicht mit einer entsprechenden Haftungsbeschränkung einverstanden erklärt.

Eine Beschränkung der Haftung des Gesellschafters ist auch nicht ohne weiteres durch eine Beschränkung der Vertretungsmacht der geschäftsführenden Gesellschafter zu erreichen. Eine Haftungsbeschränkung dieser Art entfaltet nur Wirksamkeit, wenn es dem handelnden Gesellschafter gelingt, die Beschränkung in den **individuell ausgehandelten** Vertrag aufzunehmen[64]. So kann z.B. die persönliche Haftung der Gesellschafter einer Gesellschaft bürgerlichen Rechts für eine vertragliche Verbindlichkeit der Gesellschaft in dem Vertrag zwischen der Gesellschaft und deren Vertragspartner auf den ihrer Beteiligungsquote entsprechenden Anteil der Gesellschaftsschuld beschränkt werden (sog. quotale Haftung). Eine entsprechende Vereinbarung muss allerdings eindeutig sein.[65] **151**

Eine **Haftungsbeschränkungsvereinbarung in Allgemeinen Geschäftsbedingungen** ist nach Auffassung des BGH nicht wirksam: Eine Begründung dafür gibt das Gericht nicht. Gemeint ist aber wohl auch, dass eine entsprechende Haftungsbeschränkungsklausel in Allgemeinen Geschäftsbedingungen gegen § 307 BGB verstoßen würde[66]. Die unangemessene Benachteiligung wäre in der mangelnden Vereinbarkeit mit der entsprechenden gesetzlichen Bestimmung (hier § 128 HGB analog), zu sehen, von der abgewichen wird. Dagegen wendet sich *Armbrüster*[67], der meint, die Auffassung des BGH stelle ein Verbot des Haftungsausschlusses durch Verwendung von Allgemeinen Geschäftsbedingungen dar, das der Rechtsordnung unbekannt sei.

Von dem Grundsatz, dass Haftungsbeschränkungen durch die Verwendung Allgemeiner Geschäftsbedingungen nicht wirksam vereinbart werden können, gibt es allerdings abweichende gesetzliche Sonderregelungen. So kann z.B. gem. § 52 BRAO die persönliche Haftung der Anwaltsgesellschafter auf Ersatz des fahrlässig verursachten Schadens beschränkt werden **152**

- z.B. durch **schriftliche Vereinbarung im Einzelfall** bis zur Höhe der Mindestversicherungssumme (§ 51 BRAO) oder auch
- durch vorformulierte Vertragsbedingungen auf einzelne Mitglieder einer Sozietät, die das Mandat im Rahmen ihrer eigenen beruflichen Befugnisse bearbeiten und namentlich bezeichnet sind (ähnliche gesetzliche Haftungserleichterungen gibt es für Patentanwälte, § 45a PatAO, Steuerberater, § 67a Abs. 3 StBerG, und Wirtschaftsprüfer, § 54a Abs. 2 WPO). An die entsprechende Zustimmungserklärung des Vertragspartners dazu werden allerdings strenge Anforderungen gestellt (§ 51 BRAO).

---

62 *Dauner-Lieb*, Unternehmen in Sondervermögen, S. 522 ff. mit Nachw.
63 *Ulmer*, NJW 2003, 1113, 1116.
64 BGHZ 142, 315, 320 ff.; vgl. zu alldem *Dauner-Lieb*, DStR 1999, 1992, 1994 ff.
65 BGHZ 188, 233, 244.
66 *K. Schmidt*, Gesellschaftsrecht, § 60 III 2 c.
67 ZGR 2005, 34, 37.

Diskutiert wird die Frage, ob § 8 Abs. 2 PartGG (s. dazu Rn. 498) entsprechend auf die BGB-Gesellschafter angewandt werden kann[68]. Danach hat neben der Partnerschaftsgesellschaft nur derjenige Partner persönlich einzustehen, der den Fehler begangen hat, der also den Schadensersatzanspruch hat entstehen lassen; die anderen Partner sind kraft Gesetzes von der persönlichen Haftung befreit. Der BGH[69] hat eine solche Haftungsprivilegierung mit der Begründung abgelehnt, die für einen Analogieschluss erforderliche Regelungslücke fehle. Der BGH betont, die Haftungskonzentration sei im Falle der Partnerschaftsgesellschaft gesetzlich nur für diese Gesellschaftsform geschaffen worden; zudem werde im Gegenzug für dieses Haftungsprivileg die Publizität der Gesellschaftsverhältnisse verlangt (§§ 4 Abs. 1, 7 Abs. 1 PartGG). Abgesehen davon ist eine Privilegierung bestimmter Berufsgruppen mit Mitteln des Gesellschaftsrechts nicht zulässig[70].

9. Der Ausgleich unter den Gesellschaftern

153 Befriedigt ein Gesellschafter einen Gläubiger der Gesellschaft, der ihn wegen einer Verbindlichkeit der Gesellschaft persönlich in Anspruch genommen hat, so erwirbt dieser Gesellschafter **gegen die Gesellschaft** einen **Anspruch auf Aufwendungsersatz** gem. §§ 713, 670 BGB (vgl. Rn. 95 f.).

Gegen die Mitgesellschafter hat der leistende Gesellschafter einen Ausgleichsanspruch aus § 426 Abs. 1 BGB, denn zwischen mehreren analog § 128 HGB haftenden Gesellschaftern einer (Außen-)BGB-Gesellschaft besteht ein echtes Gesamtschuldverhältnis, auf das § 426 Abs. 1 BGB Anwendung findet[71]. Dieser Ausgleichsanspruch ist allerdings grundsätzlich subsidiär. Das bedeutet, dass der Gesellschafter zunächst versuchen muss, aus dem Gesellschaftsvermögen Befriedigung zu erlangen; nur wenn der Gesellschaft keine Mittel mehr zur Verfügung stehen, haften die Gesellschafter untereinander nach § 426 BGB.[72]

Nach § 426 Abs. 1 BGB sind die Gesamtschuldner, hier die Gesellschafter, untereinander nur dann „zu gleichen Anteilen" zum Ausgleich verpflichtet (Ausgleich nach Kopfteilen), wenn „nicht ein anderes bestimmt ist." Eine solche andere Bestimmung sieht die Rechtsprechung in dem Maßstab, den die Gesellschafter durch den Gesellschaftsvertrag für die Gewinn- und Verlustbeteiligung festgelegt haben. Dieser Maßstab ist dann grundsätzlich auch für den Ausgleich im Innenverhältnis maßgebend.[73]

154 Etwas anderes kann gelten, wenn die der gesamtschuldnerischen Haftung zugrunde liegende Verbindlichkeit der Gesellschaft, für welche die Gesellschafter von dem Gläubiger gem. § 128 HGB analog in Anspruch genommen werden, auf dem schuldhaften Verhalten eines der Gesellschafter beruht. Wie auch sonst im Gesamtschuldnerinnenausgleich kann dies unter Heranziehung des Gedankens des § 254 BGB im Innenverhältnis zur Alleinhaftung des handelnden Gesellschafters führen[74].

68 BGHZ 172, 169, 176 f.; *K. Schmidt*, ZIP 2005, 2801, 2805 f.
69 BGHZ 172, 169, 177; 193, 193, 217 f.
70 *Habersack/Schürnbrand*, JuS 2003, 739, 742.
71 BGH MDR 2008, 92.
72 BGHZ 103, 72, 76.
73 BGHZ 103, 72, 76; BGH NZG 2013, 1302.
74 BGH MDR 2008, 1282 f.

Der selbstständige Ausgleichsanspruch nach § 426 Abs. 1 BGB entsteht nicht erst mit der Befriedigung des Gläubigers, sondern schon mit der Entstehung des Gesamtschuldverhältnisses. Das hat zur Folge, dass, sobald die Schuld fällig ist, der mithaftende Gesellschafter schon vor Erbringung seiner eigenen Leistung von seinen Mitschuldnern verlangen kann, dass diese ihren Anteilen entsprechend an der Befriedigung des Gläubigers mitwirken und ihn insoweit von einer Inanspruchnahme durch den Gläubiger freizustellen[75].

10. Zur analogen Anwendung des § 28 HGB

a) Überblick

Auf die entstandene Gesellschaft bürgerlichen Rechts könnte auch § 28 HGB entsprechend anwendbar sein. Nach § 28 HGB gehen die Verbindlichkeiten eines Kaufmanns, wenn jemand als persönlich haftender Gesellschafter oder Kommanditist in das Handelsgeschäft dieses Kaufmanns eintritt, auf die neu entstandene Gesellschaft über. Fraglich ist, ob das auch für den Fall gilt, dass eine Person Verbindlichkeiten begründet hat und sich anschließend mit einer anderen Person zu einer Gesellschaft bürgerlichen Rechts zusammenschließt. Diese Frage stellt sich generell und nicht nur im Hinblick auf Anwalts-BGB-Gesellschaften. **155**

Beispiel: Rechtsanwalt R, der bisher als Einzelanwalt tätig war, schließt sich mit seinem Kollegen X zu einer Sozietät in der Form einer Gesellschaft bürgerlichen Rechts zusammen. Vor der Gründung dieser Gesellschaft hatte R bei V Computer und Zubehör für 15 600 € gekauft und noch nicht bezahlt. Kann V auch den X gem. § 433 Abs. 2 BGB i.V.m. §§ 28 und 128 HGB analog in Anspruch nehmen?

Eine **entsprechende Anwendung des § 28 HGB** auf Fälle dieser Art lässt sich **begründen**, wenn man davon ausgeht, dass § 28 Abs. 1 HGB den allgemeinen analogiefähigen Rechtsgedanken enthält, eine **massive Gläubigerbenachteiligung** zu vermeiden, die dadurch entsteht, dass die den Gläubigern bisher haftenden Aktiva eines Unternehmens auf ein anderes, dem Gläubigerzugriff ohne eine dem § 28 Abs. 1 HGB entsprechende Vorschrift nicht zugängliches Rechtssubjekt übertragen werden. Nach Meinung einiger Autoren[76] sollte deshalb die Haftung für Altschulden des einbringenden Gesellschafters im Interesse des Altgläubigers auf die entstandene Gesellschaft (bürgerlichen Rechts) erstreckt werden. Das hätte allerdings zur Folge dass der hinzugetretene Gesellschafter nach § 128 HGB analog für die Altverbindlichkeiten in die Haftung geriete[77]. Eine entsprechende Anwendung des § 130 HGB scheidet aus, weil der zweite Gesellschafter nicht in eine bestehende Gesellschaft eingetreten ist[78]. **156**

75 BGH MDR 2008, 92.
76 MünchKomm-HGB/*Lieb*, § 28 Rn. 8 ff.; *K. Schmidt*, Handelsrecht, § 8 III 1 a, bb.
77 Ablehnend *Canaris*, Handelsrecht, § 7 Rn. 92.
78 BGHZ 157, 361 ff., 364.

b) Anwaltsgesellschaften

157 Der BGH[79] lehnt eine entsprechende Anwendung des § 28 HGB in einem Fall ab, in dem durch den Zusammenschluss von bisher als Einzelanwälten tätigen Rechtsanwälten eine BGB-Gesellschaft entstand, weil § 28 HGB voraussetze, dass jemand in das Geschäft eines Einzelkaufmanns eintrete, der Anwalt aber nicht Einzelkaufmann sei, weil er kein Handelsgewerbe betreibe; außerdem stünde den Anwälten als Gesellschaftern einer BGB-Gesellschaft nicht die Möglichkeit offen, einer abweichende Vereinbarung gem. § 28 Abs. 2 HGB Dritten gegenüber zur Geltung zu verhelfen, weil eine Eintragung in das Handelsregister nicht erfolgen könne[80].

Beispiel: Folgt man der Ansicht des BGH, so ist in dem oben genannten Beispiel § 28 HGB nicht analog anwendbar, so dass X von V nicht in Anspruch genommen werden kann.

158 Die vom BGH verwandten Argumente sind vorwiegend formaler Natur[81]. Demgegenüber wiegt das Argument schwer, es drohe eine massive Gläubigerbenachteiligung, wenn man es zulasse, dass die den Gläubigem bisher haftenden Aktiva eines Unternehmens nun auf ein anderes, dem Gläubigerzugriff ohne eine dem § 28 Abs. 1 HGB entsprechende Vorschrift nicht zugängliches Rechtssubjekt übertragen werden können[82]. Deshalb ist eine **analoge Anwendung des § 28 HGB** auf die Außen-BGB-Gesellschaft einschließlich der Anwaltsgesellschaft **zu bejahen**.

Für das oben genannte **Beispiel** bedeutet das: V kann auch den X gem. § 433 Abs. 2 BGB i.V.m. §§ 28 und 128 HGB analog in Anspruch nehmen.

159 **Lösung zu Fall 9:**

I. Ansprüche des M gegen die Gesellschaft bürgerlichen Rechts

M könnte gegen die Gesellschaft bürgerlichen Rechts einen Schadensersatzanspruch aus §§ 280 BGB i.V.m. § 31 BGB erworben haben.

1. Das setzt voraus, dass zwischen der GbR und M ein Schuldverhältnis besteht. Als solches kommt ein entgeltlicher Geschäftsbesorgungsvertrag gem. § 675 BGB in Betracht. Ein solcher Vertrag hat eine Dienst – oder Werkleistung oder beides zum Gegenstand. Dazu kommt noch die eigenverantwortliche Wahrnehmung fremder Vermögensinteresses durch den Geschäftsbesorger. Der Vertrag mit einem Anwalt ist, wie hier, in der Regel ein Vertrag i.S.d. § 675 BGB.

2. Die BGB-Gesellschaft ist, wenn sie wie hier Außengesellschaft ist, nach h.M. rechtsfähig ohne juristische Person zu sein. Sie kann also Trägerin von Rechten und Pflichten sein. Im zu erörternden Fall ist sie demnach Vertragspartnerin.

3. Die Gesellschaft müsste eine Pflicht aus diesem Vertrag verletzt haben. Der entgeltliche Geschäftsbesorgungsvertrag gehört zu den Verträgen ohne gesetzliche Gewährleistungsvorschriften. Die Gewährleistungsregeln des Werkvertrages mit der Betonung der Mängelbeseitigung (§§ 633 ff. BGB) passen für den Geschäftsbesorgungsvertrag nicht. Deshalb richten sich die Rechtsfolgen der vom Beauftragten zu vertretenden Schlechtleistung vorbehaltlich der deliktischen Ansprüche allein nach dem Pflichtverletzungsrecht der §§ 280 ff. BGB. Wenn also ein Rechtsanwalt mangelhaft leistet, ergeben sich die Rechtsfolgen aus

79 BGHZ 157, 361 ff.

80 Ebenso *Canaris*, Handelsrecht, 23. Aufl., 2000, § 7 Rn. 88.

81 Dazu *K. Schmidt*, NJW 2005, 2801, 2807 ff.

82 MünchKomm-HGB/*Lieb*, § 28 Rn. 8 ff.; *K. Schmidt*, Handelsrecht, § 8 III 1 a, bb.

den §§ 280 ff. BGB. Hier hat B eine wichtige Frist versäumt und damit eine Pflicht aus dem Vertrage verletzt.

4. Durch die Pflichtverletzung ist M ein Schaden in Höhe von 12 700 € entstanden.

5. B hat fahrlässig gehandelt, als er die Frist versäumte. Fraglich ist, ob und ggf. auf welche Art und Weise der GbR das Verhalten des B zuzurechnen ist. In Frage kommt eine Zurechnung nach § 278 BGB oder § 31 BGB. Nach Ansicht des BGH[83] ist der § 31 BGB auf geschäftsführende Gesellschafter einer BGB-Gesellschaft analog anwendbar. Die Anwendung des § 31 BGB setzt allerdings voraus, dass ein „verfassungsmäßig berufener Vertreter" die zum Schadensersatz verpflichtende Handlung begangen hat. In der BGB-Gesellschaft sind grundsätzlich alle Gesellschafter zur Geschäftsführung und Vertretung befugt, es sei denn der Gesellschaftsvertrag sieht eine andere Regelung vor. B ist vertretungs- und geschäftsführungsbefugter Gesellschafter und als solcher in der Lage, die Gesellschaft selbstständig und eigenverantwortlich im Rechtverkehr zu repräsentieren[84]. Sein Handeln muss sich die GbR deshalb in analoger Anwendung des § 31 BGB zurechnen lassen. (Hält man eine analoge Anwendung des § 31 BGB für möglich, entfällt eine Prüfung des § 278 BGB.)

6. Infolgedessen ist die GbR dem M aus §§ 280, 31 BGB zum Schadensersatz in Höhe von 12 700 € verpflichtet.

II. Ansprüche des M gegen die Gesellschafter persönlich

1. Ansprüche gegen A

M könnte gegen A einen Anspruch aus §§ 280, 31 BGB i.V.m. § 128 HGB analog auf Zahlung von 12 700 € erworben haben. Nach h.M.[85] haften grundsätzlich alle Gesellschafter einer Gesellschaft bürgerlichen Rechts für alle rechtsgeschäftlichen Verbindlichkeiten der Gesellschaft persönlich und gesamtschuldnerisch. Der BGH begründet dies mit dem allgemeinen Grundsatz des bürgerlichen Rechts und des Handelsrechts, dass derjenige, der als Einzelperson oder in Gemeinschaft mit anderen Geschäfte betreibt, für die daraus entstehenden Verpflichtungen mit seinem gesamten Vermögen haftet, solange sich aus dem Gesetz nichts anderes ergibt oder mit dem Vertragspartner keine Haftungsbeschränkung vereinbart wird.

Die Gesellschafterhaftung ist wie bei der OHG (§§ 128 f. HGB) eine akzessorische. Das bedeutet, soweit die Gesellschafter für Verbindlichkeiten der Gesellschaft auch persönlich haften, ist der jeweilige Bestand der Gesellschaftsschuld auch für die persönliche Haftung maßgebend[86]. Die Schadensersatzforderung des M aus §§ 280, 31 BGB ist eine Verbindlichkeit der Gesellschaft, für die alle Gesellschafter gem. § 128 HGB analog einzustehen haben.

M hat deshalb gegen A einen Anspruch aus §§ 280, 31 BGB i.V.m. § 128 HGB analog auf Zahlung von 12 700 €.

2. Ansprüche gegen die Gesellschafter B, C und D

Nach den Ausführungen unter II. 1. haften alle Gesellschafter gem. §§ 280, 31 BGB i.V.m. § 128 HGB analog auf Zahlung von 12 700 €, also auch B, C und D.

Lösung zu Fall 10: C könnte gegen A und B gem. § 535 BGB i.V.m. § 128 HGB analog 160
einen Anspruch auf Zahlung des ausstehenden Mietzinses in Höhe von 7 500 € erworben haben. Nach dem Gesellschaftsvertrag der Gesellschaft bürgerlichen Rechts sollen die Gesellschafter A, B und C an der Gesellschaft zu gleichen Teilen beteiligt sein. C hat der Gesellschaft Büroräume vermietet. Es ist also zwischen der Gesellschaft und C ein Mietvertrag

83 BGHZ 172, 169, 172.
84 BGHZ 172, 169, 173.
85 BGHZ 142, 315 ff.
86 BGHZ 146, 341, 358.

zustande gekommen. Die GbR ist gem. § 535 BGB zur Zahlung der in den letzten Monaten aufgelaufenen Mietrückstände in Höhe von 7 500 € verpflichtet. Es handelt sich um eine Außenverbindlichkeit der Gesellschaft, für welche die Gesellschafter gem. § 128 HGB analog mit ihrem Privatvermögen haften. Allerdings kann C von A und B nur jeweils 2 500 € verlangen, da er selbst gesamtschuldnerisch eingebunden ist und A und B, wenn sie in Höhe von 7 500 € zahlen würden, einen Ausgleichsanspruch gem. § 426 BGB in Höhe von 2 500 € gegen C erwerben würden.

161 **Lösung zu Fall 11:** M könnte gem. § 631 BGB i.V.m. § 28 HGB analog und § 128 HGB analog von A Zahlung der Vergütung in Höhe von 4 500 € verlangen. Es müsste sich um eine Verbindlichkeit der entstandenen GbR handeln. Durch den Zusammenschluss von R und A ist eine GbR entstanden. Wenn § 28 HGB anwendbar wäre, könnte die Verbindlichkeit des R auf die entstandene Gesellschaft mit der Folge übergegangen sein, dass der Gläubiger M beide Gesellschafter nach § 128 HGB analog auf Zahlung in Anspruch nehmen könnte. § 28 HGB findet Anwendung, wenn jemand in das Geschäft eines Einzelkaufmanns eintritt. Da Anwälte kein Handelsgewerbe betreiben und infolgedessen keine Kaufleute sind, ist § 28 HGB direkt nicht anwendbar.

Eine entsprechende Anwendung dieser Vorschrift auf Fälle wie den hier zu erörternden lässt sich begründen, wenn man davon ausgeht, dass § 28 Abs. 1 HGB den allgemeinen analogiefähigen Rechtsgedanken enthält, dass eine massive Gläubigerbenachteiligung vermieden werden soll, die dadurch entsteht, dass die den Gläubigern bisher haftenden Aktiva eines Unternehmens auf ein anderes, dem Gläubigerzugriff ohne eine dem § 28 Abs. 1 HGB entsprechende Vorschrift nicht zugängliches Rechtssubjekt übertragen werden. Nach Meinung einiger Autoren[87] sollte deshalb die Haftung für Altschulden des einbringenden Gesellschafters im Interesse des Altgläubigers auf die entstandene Gesellschaft (bürgerlichen Rechts) erstreckt werden. Das hätte allerdings zur Folge dass der hinzugetretene Gesellschafter nach § 128 HGB analog für die Altverbindlichkeiten in die Haftung geriete[88].

Eine entsprechende Anwendung des § 130 HGB scheidet aus, weil der zweite Gesellschafter nicht in eine bestehende Gesellschaft eingetreten ist[89]. Der BGH[90] lehnt eine entsprechende Anwendung des § 28 HGB bei Anwaltsgesellschaften ab, weil § 28 HGB voraussetze, dass jemand in das Geschäft eines Einzelkaufmanns eintrete, der Einzelkaufmann sei, der Anwalt aber kein Handelsgewerbe betreibe[91]. Folgt man der Ansicht des BGH, so ist § 28 HGB nicht analog anwendbar, so dass A von M nicht in Anspruch genommen werden kann. Die vom BGH verwandten Argumente sind allerdings vorwiegend formaler Natur[92]. Demgegenüber wiegt das Argument schwer, es drohe eine massive Gläubigerbenachteiligung, wenn man es zulasse, dass die den Gläubigem bisher haftenden Aktiva eines Unternehmens nun auf ein anderes, dem Gläubigerzugriff ohne eine dem § 28 Abs. 1 HGB entsprechende Vorschrift nicht zugängliches Rechtssubjekt übertragen werden können[93]. Deshalb ist eine analoge Anwendung des § 28 HGB auf die Außen-BGB-Gesellschaft einschließlich der Anwaltsgesellschaft zu bejahen.

Folgt man dem, so kann M den A gem. § 631 BGB i.V.m. § 28 analog HGB und § 128 HGB analog auf Zahlung von 4 500 € in Anspruch nehmen.

---

87 MünchKomm-HGB/*Lieb*, § 28 Rn. 8 ff.; *K. Schmidt*, Handelsrecht, § 8 III 1 a, bb.
88 Ablehnend *Canaris*, Handelsrecht, § 7 Rn. 92.
89 BGHZ 157, 361 ff., 364.
90 BGHZ 157, 361 ff.
91 Ebenso *Canaris*, Handelsrecht, 23. Aufl., 2000, § 7 Rn. 88.
92 Dazu *K. Schmidt*, NJW 2005, 2801, 2807 ff.
93 MünchKomm-HGB/*Lieb*, § 28 Rn. 8 ff.; *K. Schmidt*, Handelsrecht, § 8 III 1 a, bb.

§ 7 Gesellschafterwechsel

Fall 12 (in Anlehnung an Fall 9): Die Anwälte A, B, C und D betreiben seit Mitte 2009 in der Rechtsform einer Gesellschaft bürgerlichen Rechts eine Anwaltskanzlei. Im Jahre 2015 führt B für den Mandanten M einen Zivilprozess. Den entsprechenden Vertrag schließt M mit der „Anwaltskanzlei A, B, C und andere". B versäumt durch Unachtsamkeit eine wichtige Frist. Dem M entsteht dadurch ein nachgewiesener Schaden in Höhe von 12 700 €. Kurze Zeit nachdem B den Schaden verursacht hatte, tritt der junge Rechtsanwalt R als Sozius in die Gesellschaft ein. R wusste nichts von dem Schadensfall. Kann M auch von R Zahlung von 12 700 € verlangen? **Rn. 185** 162

Fall 13: A, B und C betreiben seit Anfang 2015 gemeinsam die A-Grundstücksverwaltungsgesellschaft bürgerlichen Rechts. Die Gesellschaft hat von V Büroräume gemietet. Bis Ende September 2015 sind Mietrückstände in Höhe von 5 200 € aufgelaufen. Da die Gesellschaft auf die Mahnschreiben des V nicht reagiert, wendet sich dieser im November 2015 an den Gesellschafter C, der jedoch im Oktober 2015 wegen interner Differenzen aus der Gesellschaft ausgeschieden ist. Kann V im November 2015 von C Zahlung von 5 200 € verlangen? **Rn. 186** 163

Fall 14: Die Anwälte A, B, C und D betreiben seit Mitte 2009 in der Rechtsform einer Gesellschaft bürgerlichen Rechts eine Anwaltskanzlei. Die Ehefrau E des C, mit der C vier Kinder hat, lässt sich 2015 scheiden, weil C mit seiner neuesten Freundin F zusammenlebt. Da die finanzielle Belastung des C wegen der Unterhaltsverpflichtungen für E und die Kinder hoch sind und der Lebensstil, den er mit F pflegt, recht aufwändig ist, gerät C in Geldnot. Er benutzt Mandantengelder, die ihm anvertraut sind, um etliche Schulden – u.a. eine Kaufpreisverpflichtung wegen eines neuen Jaguar – zu tilgen. Als dies bekannt wird, fürchten die Partner des C um den Ruf der Praxis und prüfen, ob sie ihn aus der Gesellschaft ausschließen können. Der Gesellschaftsvertrag enthält die Klausel „Für den Fall, dass ein Gesellschafter ausscheidet, wird die Gesellschaft mit den übrigen fortgesetzt." 164

Zu welchem Ergebnis wird die Prüfung gelangen? **Rn. 187**

Literatur: *Baier*, Die Störung der Geschäftsgrundlage im Recht der Personengesellschaften, NZG 2004, 356 ff.; *Henssler/Michel*, Austritt und Ausschluss aus der freiberuflichen Sozietät, NZG 2012, 401 ff.; *Gehrlein*, Neue Tendenzen zum Verbot der freien Hinauskündigung eines Gesellschafters, NJW 2005, 1969 ff.; *Habersack/Schürnbrand*, Die Haftung des eintretenden Gesellschafters für Altverbindlichkeiten der Gesellschaft bürgerlichen Rechts, JuS 2003, 739 ff.; *Hülsmann*, Abfindungsklausel: Kontrollkriterien der Rspr., NJW 2002, 1673 ff.; *Reichold*, Das neue Nachhaftungsbegrenzungsgesetz, NJW 1994, 1617 ff.; *K. Schmidt*, Die BGB-Außengesellschaft: rechts- und parteifähig, NJW 2001, 993 ff.; *Seibert*, Nachhaftungsbegrenzungsgesetz – Haftungsklarheit für den Mittelstand, DB 1994, 461 ff.

I. Überblick

Der Zusammenschluss zu einer Gesellschaft bürgerlichen Rechts beruht auf dem persönlichen Vertrauen, das sich die einzelnen Gesellschafter entgegenbringen. Deshalb ist der Fortbestand der BGB-Gesellschaft grundsätzlich von der unveränderten Zusammensetzung des Personenkreises abhängig, der sich zu der Gesellschaft zusammengeschlossen hat. Das bedeutet u.a.: 165

- im Zweifel endet die Gesellschaft mit dem Tode eines Gesellschafters (§ 727 BGB);
- grundsätzlich muss sich nach Abschluss des Gesellschaftsvertrages keiner der Gesellschafter gegen seinen Willen einen neu hinzutretenden Gesellschafter aufzwingen lassen.

Beispiel: Der Anteil an einer Gesellschaft bürgerlichen Rechts kann ohne die Zustimmung aller Gesellschafter nicht auf eine Person, die bisher nicht Gesellschafter war, übertragen werden. Dieser Grundsatz dient lediglich dem Schutz der Gesellschafter. Er kann deshalb durch eine davon abweichende Regelung im Gesellschaftsvertrag abgeändert werden.

Allerdings können die Gesellschafter, abweichend von der gesetzlichen Regelung, im **Gesellschaftsvertrag vereinbaren**,

- dass die Gesellschaft nach dem Tode oder dem sonstigen Ausscheiden eines Gesellschafters fortgesetzt werden soll und
- dass in die bestehende Gesellschaft andere Personen als Gesellschafter aufgenommen werden können, wenn mindestens eine qualifizierte Mehrheit der übrigen Gesellschafter damit einverstanden sind.

II. Das Eintreten neuer Gesellschafter

166 Da der Zusammenschluss der Gesellschafter zu einer Gesellschaft in der Regel auf dem persönlichen Vertrauen beruht, das sich die Gesellschafter entgegenbringen, sind die Rechte der Gesellschafter im Zweifel nicht auf Dritte übertragbar, damit diese nicht ohne Einverständnis der übrigen Gesellschafter in das Gesellschaftsverhältnis mit einbezogen werden können (§ 717 BGB = § 711a BGB-E). Der Eintritt eines neuen Gesellschafters in die bereits bestehende Gesellschaft bürgerlichen Rechts kann auf verschiedene Art und Weise stattfinden.

1. Der Eintritt eines neuen (hinzutretenden) Gesellschafters

167 Zur Aufnahme eines neuen Gesellschafters in die bestehende Gesellschaft ist grundsätzlich das Mitwirken aller Gesellschafter erforderlich. Dies geschieht durch einen sog. **Aufnahmevertrag**, der zwischen den bisherigen Gesellschaftern und der als Gesellschafter eintretenden Person abgeschlossen wird **(1. Möglichkeit)**.

Die häufig verwendete Formel von der „Übertragung eines Gesellschaftsanteils“ bedeutet bei der Personengesellschaft nur selten die Kombination von Ausscheiden eines Gesellschafters und Eintritt eines neuen Gesellschafters an die Stelle des Ausscheidenden. Gemeint ist in fast allen Fällen die **rechtsgeschäftliche Übertragung der gesamten Gesellschafterstellung** an einen bisher außenstehenden Dritten **(2. Möglichkeit)**. Dazu reicht allein die Abtretung des Anteils gem. §§ 413, 398 BGB **nicht** aus. Das Verfügungsgeschäft der Anteilsübertragung zwischen Veräußerer und Erwerber bedarf grundsätzlich der **Zustimmung aller Gesellschafter**. Das ergibt sich schon aus dem höchstpersönlichen Charakter des Zusammenschlusses in der Gesellschaft. Eine Zustimmung genereller Art kann allerdings schon im Gesellschaftsvertrag enthalten sein. Der Gesellschaftsvertrag kann auch durch eine eindeutig auf den Mitgliederwechsel bezogene Regelung vorsehen, dass eine Mehrheitsentscheidung für die Zustimmung genügt.

Wird ein neuer Gesellschafter in die Gesellschaft aufgenommen, so wird er mit dem Moment seines Eintritts in die Gesellschaft **automatisch** – durch „Abwachsung" bei den Mitgesellschaftern – **Mitberechtigter** am Gesamthandsvermögen (s. Rn. 86), nunmehr durch das MoPeG in § 712 Abs. 2 BGB-E gesetzlich festgeschrieben.

2. Die Haftung des hinzutretenden Gesellschafters

Das BGB hat die Frage, ob ein Gesellschafter, der in eine GbR eintritt, auch für die vor seinem Eintritt begründeten Gesellschaftsschulden **(Altschulden)** mit seinem Privatvermögen haftet, bisher nicht geregelt. Nachdem der BGH[1] die akzessorische Haftung der Gesellschafter einer BGB-Gesellschaft in Analogie zu § 128 HGB ausdrücklich anerkannt hatte, stellte sich die Frage, ob auch § 130 HGB analog auf die BGB-Gesellschaft anzuwenden war, ob also der eintretende Gesellschafter auch für vor seinem Eintritt bereits begründete Verbindlichkeiten haften soll. 168

Beispiel: Die aus A, B und C 2005 gegründete Gesellschaft bürgerlichen Rechts hat bei der X-Bank ein Darlehen aufgenommen. Von der Darlehenssumme in Höhe von 100 000 € sind 33 000 € zurückgezahlt, als D im Juli 2010 mit Zustimmung aller in die Gesellschaft aufgenommen wird. Wenn man eine analoge Anwendung des § 130 HGB bejaht, haftet D neben A, B und C entsprechend §§ 130, 128 HGB für die Rückzahlung der Darlehensrestsumme und etwaiger Zinsen.

Nach der **Rspr. des BGH**[2] haftet der neu in eine schon bestehende Gesellschaft bürgerlichen Rechts eintretende Gesellschafter grundsätzlich auch für die bereits vor seinem Eintritt begründeten Verbindlichkeiten der Gesellschaft, die sog. **Altverbindlichkeiten**. Der BGH begründet das u.a. mit dem Akzessorietätsprinzip, also dem Grundsatz, dass der Gesellschafter stets so haftet wie die Gesellschaft selbst. Dies entspreche, so der BGH[3], sowohl dem Wesen der Personengesellschaft als auch – damit innerlich zusammenhängend – einer im Verkehrsschutzinteresse zu Ende gedachten Akzessorietät der Haftung. Der Gesetzgeber hat diese Rechtsprechung im MoPeG durch Einfügung des § 721a BGB-E festgeschrieben. 169

3. Die Vererbung der Gesellschafterstellung

Gem. § 727 BGB ist der Tod eines Gesellschafters bislang ein Auflösungsgrund. Allerdings kann der Gesellschaftsvertrag vorsehen, dass die Gesellschaft unter den **Überlebenden fortgesetzt** wird. Im Gesetz ist die Erbfolge in Beteiligungen an Personengesellschaften nicht besonders geregelt. Das Erbrecht des BGB erfasst die gesamte „Erbschaft" einer Person; besondere gesetzliche Anordnungen für Unternehmen oder die Beteiligung an einem unternehmerisch genutzten Vermögen in Gestalt eines „Unternehmenserbrechts" sind nicht getroffen. Ob jemand Erbe eines verstorbenen Gesellschafters ist, ist ausschließlich nach Erbrecht zu bestimmen. Ob der Erbe 170

1 BGHZ 146, 341, 358.
2 BGHZ 154, 370.
3 BGHZ 154, 370, 373.

allerdings Gesellschafter wird oder werden kann, ist in erster Linie nach Gesellschaftsrecht, insbesondere nach der Gestaltung des Gesellschaftsvertrages zu bestimmen. Voraussetzungen dafür, dass ein oder mehrere Erben für den durch Tod ausgeschiedenen Gesellschafter in die Gesellschaft nachrücken können, sind also (1) die Erbenstellung und (2) eine entsprechende Fortsetzungs- bzw. Nachfolgeregelung im Gesellschaftsvertrag.

171 Scheidet ein Gesellschafter durch Tod aus und sieht der Gesellschaftsvertrag die Fortsetzung der Gesellschaft mit allen oder einem Teil der Erben des verstorbenen Gesellschafters vor, so treten der oder die Erben an die Stelle des Gesellschafters.

In Rspr. und Literatur herrscht im Grundsatz Übereinstimmung darüber, dass die Erben eines Gesellschafters auf folgende Arten in die Gesellschafterstellung des durch Tod ausgeschiedenen Gesellschafters nachrücken können:

- durch Erbenstellung und **kraft Eintrittsklausel** im Gesellschaftsvertrag, verbunden mit einer Eintrittserklärung des Erben oder einem Beschluss der Gesellschafter, oder
- kraft Erbenstellung **und Nachfolgeklausel** im Gesellschaftsvertrag (automatisch).

Tritt durch Erbfolge oder Aufnahmevertrag ein neuer Gesellschafter in die Gesellschaft ein, wird er **Mitglied der Gesamthandsgemeinschaft**. Die Identität der Gesellschaft bleibt erhalten. Das bedeutet: Der neue Gesellschafter tritt mit allen Rechten und Pflichten, die die übrigen Gesellschafter bereits haben, in die bestehende Gesellschaft ein. Das hat u.a. zur Folge, dass der Erbe eines Gesellschafters einer Gesellschaft bürgerlichen Rechts analog § 130 HGB für die Altschulden der Gesellschaft haftet.[4]

Rechtslage nach dem MoPeG:

Anders als bisher (vgl. § 727 Abs. 1 BGB) führt der Tod eines Gesellschafters nach § 723 Abs. 1 Nr. 1 BGB-E ohne besondere gesellschaftsvertragliche Regelung nicht mehr zur Auflösung der Gesellschaft, sondern nur zu dessen Ausscheiden. Daneben sieht § 724 BGB-E in bestimmten Fällen den Eintritt des Erben als Kommanditisten in die (dann als KG fortzuführende) Gesellschaft vor.

III. Das Ausscheiden von Gesellschaftern

1. Die Gründe für das Ausscheiden

172 Ein Gesellschafter kann außer durch Tod freiwillig aus der Gesellschaft ausscheiden oder zum Ausscheiden gezwungen werden.

4 BGH NZG 2014, 696.

a) Die Kündigung des ausscheidenden Gesellschafters

Wenn eine Gesellschaft nicht für eine bestimmte Zeit eingegangen ist, so kann jeder Gesellschafter sie nach § 723 Abs. 1 S. 1 BGB **jederzeit** und ohne Einhaltung einer Frist[5] **ordentlich kündigen**. Die Kündigung ist gegenüber **allen Mitgesellschaftern** zu erklären, der Zugang nur an einen oder alle vertretungsberechtigten Gesellschafter reicht – vorbehaltlich anderer Regelung im Gesellschaftsvertrag – nicht aus, weil die Vertretungsmacht solche Grundlagengeschäfte üblicherweise nicht umfasst.[6] Gekündigt wird nicht die Mitgliedschaft in der Gesellschaft, sondern die Mitgliedschaft selbst. Die Kündigung führt zur Auflösung der Gesellschaft mit nachfolgender Liquidation (dazu unten Rn. 189 ff.). **173**

Unter bestimmter Zeit im Sinne des § 723 Abs. 1 BGB ist eine Frist zu verstehen, die gleichzeitig Höchst- und Mindestdauer sein soll. Wenn die vereinbarte Zeit eine Höchstdauer ist, so ist die Kündigung vorher zulässig. Ist die Zeit eine Mindestdauer, so ist die Kündigung bis zum Ablauf der Frist ausgeschlossen.

Der Wirksamkeit der Kündigung steht nach dem Gesetz nicht einmalentgegen, dass sie **zur Unzeit** erfolgte (§ 723 Abs. 2 BGB), in diesem Falle muss der Kündigende den übrigen Gesellschaftern aber den daraus folgenden Schaden ersetzen. Unzeitig ist die Kündigung, wenn sie zu diesem Zeitpunkt die gemeinschaftlichen Interessen der Gesellschafter verletzt[7] und dafür kein besonderer Grund vorliegt. Im Einzelfall kann eine zur Unzeit erfolgte Kündigung aber als Verstoß gegen die Treuepflicht einzuordnen und dann nach § 242 BGB unwirksam sein.[8]

Auch wenn die ordentliche Kündigung wegen einer Zeitbestimmung nach § 723 Abs. 1 S. 1 BGB ausgeschlossen ist, kann ein Gesellschafter gem. § 723 Abs. 1 S. 2 BGB bei einem wichtigen Grund **außerordentlich kündigen**. Ein **wichtiger Grund** liegt vor, wenn dem kündigenden Gesellschafter bei einer Gesamtwürdigung aller Umstände im Einzelfall nach Treu und Glauben die Fortsetzung des Gesellschaftsverhältnisses nicht mehr zugemutet werden kann. Als wichtige Gründe kommen vor allem in Betracht die Zerstörung des Vertrauensverhältnisses zwischen den Gesellschaftern[9] im geschäftlichen Bereich und schwerwiegende Treuepflichtverstöße. Das Auflösungsinteresse des Kündigenden muss gegenüber dem Fortsetzungsinteresse der übrigen Gesellschafter überwiegen.[10] Bei einer Zerstörung des Vertrauensverhältnisses sind dessen Ursachen und die respektiven Beiträge der Parteien mit zu berücksichtigen.[11]. Auch das außergeschäftliche Verhalten kann, soweit es Rückwirkungen auf die Gesellschaftssphäre hat, berücksichtigt werden. **174**

---

5 Zu möglichen Einschränkungen durch den Gesellschaftsvertrag siehe etwa BGB NZG 2018, 577.
6 BGH NZG 2016, 828 Rn. 25, vgl. oben Rn. 129.
7 OLG Karlsruhe NZG 2003, 324, 325.
8 *Wiedemann*, Gesellschaftsrecht II, § 3 III 5 e.
9 BGH NZG 2012, 903 Rn. 28 m.w.N.
10 BGH NZG 2012, 903 Rn. 28.
11 BGH NJW 2000, 3491, 3492 unter III.; näher *Wiedemann*, Gesellschaftsrecht II, § 3 III 5 d bb.

b) Das Ausscheiden durch Abschluss eines Ausscheidensvertrags

175 Das Ausscheiden eines Gesellschafters durch Vertrag mit den übrigen Gesellschaftern ist im Gesetz nicht geregelt. Die Zulässigkeit ergibt sich aus dem Prinzip der **Vertragsfreiheit**. Eine Vereinbarung dieser Art dient meist der Vermeidung oder der Beilegung von Streitigkeiten unter den Gesellschaftern, insbesondere der Abwendung eines Ausschließungsverfahrens[12].

Grundsätzlich können also mit Zustimmung aller Gesellschafter einzelne Gesellschafter aus der Gesellschaft ausscheiden oder neue Gesellschafter aufgenommen werden. Dabei spielt es keine Rolle, ob die Initiative vom Ausscheidenden ausgeht oder diejenigen Gesellschafter, welche die Gesellschaft fortsetzen möchten, denjenigen, der ausscheiden soll, eben darum bitten oder dazu drängen. Entscheidend ist, dass alle Gesellschafter der Änderung des Gesellschaftsvertrages zustimmen, die das Ausscheiden des einen Gesellschafters zur Folge hat.

c) Die Hinauskündigung eines Gesellschafters

176 Aus § 737 BGB ergibt sich, dass bei einer Gesellschaft bürgerlichen Rechts auch die sog. Hinauskündigung eines Gesellschafters möglich ist. Ein solches Ausschließungsrecht steht den übrigen Gesellschaftern zu, wenn in der Person des Gesellschafters, der ausgeschlossen werden soll, ein **wichtiger – sachlicher – Grund** im Sinne des § 723 Abs. 1 BGB vorliegt[13]. Der wichtige Grund muss sich auf solche Umstände in der Person des Gesellschafters beziehen, welche die Fortsetzung der Gesellschafter mit ihm für die übrigen Gesellschafter unzumutbar machen. Das ist insbesondere dann der Fall, wenn das Vertrauensverhältnis unter den Gesellschaftern zerstört ist oder ein gedeihliches Zusammenwirken aus sonstigen, namentlich wirtschaftlichen Gründen, nicht mehr möglich ist.[14]

Beispiel: A, B, C und D sind Gesellschafter einer BGB-Gesellschaft. Ohne Wissen der anderen Gesellschafter hat C mehrere Male Geld vom Gesellschaftskonto abgehoben, um private Spielschulden zu begleichen. Trotz einer entsprechenden Verwarnung der anderen Gesellschafter hebt C erneut 5 500 € vom Gesellschaftskonto ab, um private Schulden zu tilgen. Das Handeln des C hat das Vertrauensverhältnis zu den Mitgesellschaftern nachhaltig zerstört. Es liegt also ein wichtiger Grund i.S. der §§ 737, 723 Abs. 1 BGB vor, der zum Ausschluss des C berechtigt.

Die Ausschließung eines Gesellschafters muss stets unter Berücksichtigung aller Umstände des Einzelfalles das äußerste Mittel darstellen, um Schaden von der Gesellschaft abzuwenden.[15]

Aus dem Grundsatz der Vertragsfreiheit folgt, dass in den Gesellschaftsvertrag Gründe aufgenommen werden können, die das Ausscheiden eines Gesellschafters zur Folge haben sollen. Nach dem Wortlaut des § 737 BGB ist eine Ausschließung aus wichtigem – sachlichen – Grund allerdings nur dann zulässig, wenn der Gesellschaftsvertrag eine Fortsetzungsklausel enthält, die sich auf den Kündigungsfall bezieht.

---

12 *K. Schmidt*, Gesellschaftsrecht, § 50 II 6.
13 BGHZ 68, 212 ff.; 81, 263 ff.
14 BGHZ NZG 2012, 903; BGH NZG 2014, 1229.
15 BGH NZG 2014, 1229.

Bei einer nur aus zwei Gesellschaftern bestehenden Gesellschaft (zweigliedrige Gesellschaft) ist die Ausschließung eines Gesellschafters unter dem Fortbestand der Gesellschaft grundsätzlich nicht möglich, da § 737 BGB, wie sich aus dem Wortlaut ergibt, nicht anwendbar ist.[16] In diesem Falle hilft jedoch eine mögliche Übernahme- oder Fortsetzungsklausel im Gesellschaftsvertrag, nach der ein Gesellschafter das Unternehmen allein fortführt, was im praktischen Ergebnis dem Ausschluss gleichkommt.[17]

Eine **Störung der Geschäftsgrundlage** i.S.d. § 313 BGB kann im Personengesellschaftsrecht nicht zur Auflösung der Gesellschaft oder zum Ausschluss eines Gesellschafters führen. Sie kann allenfalls zur **Anpassung** des Gesellschaftsvertrages zwingen, vorausgesetzt eine ergänzende Auslegung des Vertrages ist nicht möglich.[18]

Rechtslage nach dem MoPeG:

Anders als bisher (vgl. § 727 Abs. 1 BGB) führt der Tod eines Gesellschafters nach § 723 Abs. 1 Nr. 1 BGB-E nicht mehr zur Auflösung der Gesellschaft, sondern nur zu dessen Ausscheiden. Im Übrigen führt auch die Insolvenz eines Gesellschafters künftig lediglich zu dessen Ausscheiden statt zur Auflösung der GbR (§ 723 Abs. 1 Nr. 3 BGB-E. Die Kündigung der Mitgliedschaft durch einen Gesellschafter ist im gesetzlichen Regelfall gem. § 725 Abs. 1 BGB-E nunmehr nur noch unter Einhaltung einer Frist von drei Monaten zum Ablauf des Kalenderjahres möglich. Die Gesellschafter müssen etwas anderes vereinbaren, wenn ihnen das zu lang ist. Die Gesetzesbegründung rechtfertigt das mit einem neuen „Leitbild", vgl. BT-Drucks. 19/27635, S. 172. Ob dies in allen Fällen angemessen ist, dürfte zu bezweifeln sein, zumal der Abschluss eines Gesellschaftsvertrags nach wie vor formlos möglich ist und nicht alle Gesellschafter mit einer derart langen Bindung rechnen. In diesem Falle, so glaubt die Gesetzesbegründung (BT-Drucks. 19/27635, S. 172 f.), könne man die Zulässigkeit einer fristlosen Kündigung „aus dem Gesellschaftszweck" schließen. Man fragt sich dann freilich, ob der Gesetzgeber sein eigenes Gesetz noch ernst nimmt.

2. Die Folgen des Ausscheidens und die Haftung des ausscheidenden Gesellschafters

a) Überblick

In Bezug auf das Innenverhältnis verliert der ausscheidende Gesellschafter seine Ge- **177**
sellschafterstellung. Die Mitgliedschaftsrechte und -pflichten erlöschen. Sein Anteil am Gesellschaftsvermögen wächst den übrigen Gesellschaftern zu (§ 738 Abs. 1 BGB). Mit seinem Ausscheiden verliert der Gesellschafter die mit seiner ehemaligen Gesellschafterstellung verbundene Rechtsmacht, gemeinschaftlich mit den übrigen Gesellschaftern – oder ggf. allein – die Geschäfte zu führen und mit Wirkung für und gegen die Gesellschaft rechtsgeschäftlich zu handeln[19].

16 BGH NZG 2014, 1229.
17 OLG Koblenz NZG 2014, 1229.
18 *Baier*, NZG 2004, 356 ff.
19 BGHZ 79, 374, 378.

b) Die Nachhaftung

178 Ein Gesellschafter, der aus der BGB-Gesellschaft ausscheidet, haftet den Gläubigern der Gesellschaft auch nach seinem Ausscheiden **persönlich** mit seinem Privatvermögen für alle Verbindlichkeiten, die bis zum Zeitpunkt seines Ausscheidens entstanden sind, ja sogar für solche Verbindlichkeiten, die zu diesem Zeitpunkt nur begründet waren und erst danach fällig werden (Altverbindlichkeiten). Um die Haftung nicht uferlos werden zu lassen, ist sie aber durch § 736 Abs. 2 BGB gesetzlich begrenzt worden.

179 § 736 Abs. 2 BGB ordnet für die BGB-Gesellschaft die sinngemäße Geltung der für die Personenhandelsgesellschaften bestehenden Regelungen über die Begrenzung der Nachhaftung an. Damit gilt auch für Ansprüche gegen einen ausscheidenden BGB-Gesellschafter grundsätzlich die fünfjährige Ausschlussfrist gem. § 160 Abs. 1 HGB (vgl. dazu Rn. 408 ff.). Wegen der fehlenden Registerpublizität der BGB-Gesellschaft ist Anknüpfungspunkt hinsichtlich des Fristbeginns für die Enthaftung des ausscheidenden Gesellschafters die **Kenntnis jedes einzelnen Gläubigers** vom Ausscheiden des BGB-Gesellschafters. Die daraus resultierenden unterschiedlichen Enthaftungszeitpunkte je nach Gläubigerkenntnis müssen als Konsequenz der fehlenden Registerpublizität hingenommen werden[20].

Beispiel: Aus einer Anwaltssozietät in der Rechtsform der Gesellschaft bürgerlichen Rechts scheidet S mit Zustimmung der übrigen Gesellschafter aus Altersgründen mit Wirkung zum 31.12.2009 aus. Im Oktober 2009 hatte M aufgrund eines Vertrages mit der Gesellschaft deren Praxisräume renoviert. Wegen der noch nicht bezahlten Vergütung kann M aus § 631 BGB i.V.m. § 128 HGB analog, sowie § 736 Abs. 2 BGB und § 160 HGB Anfang des Jahres 2010 auch den S in Anspruch nehmen.

Rechtslage nach dem MoPeG:

§ 728b BGB-E entspricht im Wesentlichen den geltenden § 736 Abs. 2 BGB in Verbindung mit § 160 HGB. Auch nach neuem Recht kommt es zu einer Haftung für Altverbindlichkeiten, die zum Zeitpunkt des Ausscheidens bereits entstanden oder begründet waren. Im Unterschied zum alten Recht ist der Fristbeginn für die 5-Jahresfrist in § 728b Abs. 1 S. 2 BGB-E nun auch für die nicht eingetragene BGB-Gesellschaft ausdrücklich geregelt.

3. Die Ansprüche des ausscheidenden Gesellschafters

a) Überblick

180 Der ausgeschiedene Gesellschafter erwirbt gegen die Gesellschaft nach § 738 Abs. 1 S. 2 BGB (§ 728 Abs. 1 S. 1 BGB-E) einen Anspruch auf dasjenige, was er bei der Auseinandersetzung erhalten würde, wenn die Gesellschaft zum Zeitpunkt des Ausscheidens liquidiert worden wäre. Umgekehrt haftet er der Gesellschaft gem. § 739 BGB (= § 728a BGB-E) anteilig auf Zahlung, wenn sich bei der Aufstellung der Vermögenswerte (Abfindungsbilanz, s.u. Rn. 182) kein Überschuss, sondern ein Fehlbe-

20 *Reichold*, NJW 1994, 1617, 1621; *Seibert*, DB 1994, 461, 464; vgl. auch BGHZ 117, 168, 178 f. sowie BGH EWiR 2020, 645 m. Anm. *Wackerbarth*.

trag ergibt. Darüber hinaus hat der Ausgeschiedene einen Anspruch darauf, dass die Gesellschaft ihn von den gemeinschaftlichen Schulden befreit (§ 738 Abs. 1 S. 2 BGB). Die Regelungen der §§ 738 bis 740 BGB gelten grundsätzlich für alle Personengesellschaften, also auch für die OHG (§ 105 Abs. 3 HGB) und die KG (§ 161 Abs. 2 HGB), da das HGB keine Sonderregelungen für die Auseinandersetzung zwischen ausscheidenden und verbleibenden Gesellschaftern trifft.

b) Der Anspruch auf Schuldbefreiung gem. § 738 Abs. 1 S. 2 BGB

Der aus dem alten Gesamthandsmodell stammende Begriff der „gemeinschaftlichen Schulden" in § 738 Abs. 1 S. 2 BGB passt nicht zu dem modernen Verständnis der Personen-Außengesellschaft. Gemeint sind die **Gesellschaftsschulden**. Das bedeutet, zu befreien ist der Ausscheidende nicht eigentlich von den Gesellschaftsschulden, sondern von seiner Gesellschafterhaftung, die ihn für Altverbindlichkeiten der Gesellschaft im Außenverhältnis auch nach seinem Ausscheiden trifft[21]. Der Anspruch aus § 738 Abs. 1 S. 2 BGB auf Schuldbefreiung richtet sich wie der Abfindungsanspruch gegen die Gesellschaft. Die Schuldbefreiung kann entweder durch Tilgung der Gesamthandsverbindlichkeiten seitens der Gesellschaft oder durch Vereinbarung zwischen der Gesellschaft und den Gläubigern über die Entlassung des Ausgeschiedenen aus der Mithaftung erfolgen. 181

c) Der Anspruch auf Erstellung einer Abschichtungsbilanz

Grundsätzlich kann der Ausgeschiedene zur Berechnung des Abfindungsanspruchs die Aufstellung einer „Abfindungsbilanz" (Abrechnung) auf den Stichtag seines Ausscheidens verlangen, soweit sich eine solche nicht wegen der jeweiligen vertraglichen Abfindungsvereinbarung, wie z.B. einer Buchwertklausel, erübrigt[22]. Die Pflicht zur Aufstellung der Abfindungsbilanz (auch: Abschichtungsbilanz) trifft die Gesellschaft. Innerhalb der Gesellschaft ist der Geschäftsführer zur Erstellung der Bilanz verpflichtet[23]. Aus ihr ergibt sich dann, ob der Ausgeschiedene einen Anspruch auf Zahlung einer Geldsumme als Abfindung gegen die Gesellschaft erworben hat oder umgekehrt die Gesellschaft gegen ihn einen Anspruch aus § 739 BGB auf anteilige Zahlung eines Fehlbetrages. 182

d) Die Berechnung des Abfindungsanspruchs des § 738 BGB

Der ausscheidende Gesellschafter ist gem. § 738 BGB grundsätzlich nach dem tatsächlichen Wert seines Anteils an der Gesellschaft abzufinden. Er erwirbt einen dementsprechenden Anspruch gegen die Gesellschaft.[24] Im Gegenzug wächst sein Anteil am Gesellschaftsvermögen den übrigen Gesellschaftern zu, § 738 Abs. 1 S. 1 BGB (§ 712 Abs. 1 BGB-E). Der Abfindungsanspruch des Ausgeschiedenen bemisst sich nach der Höhe des ihm im Falle der Liquidation zustehenden Auseinandersetzungsguthabens, das sich wiederum nach §§ 733, 734 BGB aus der Rückerstattung der Ein- 183

21 *K. Schmidt*, Gesellschaftsrecht, § 50 IV 1 b.
22 BGH WM 1980, 1362 f.
23 BGH WM 1979, 1330.
24 BGH DStR 2016, 2118 (die verbliebenen Gesellschafter haften aber dafür analog § 128 HGB).

lagen und seinem Anteil am verbleibenden Überschuss der Liquidationswerte zusammensetzt (näher unten Rn. 192 f.).[25] In der Praxis ist diese vom Gesetz vorgegebene Methode jedoch durch eine Ermittlung des Ertragswertes des Unternehmens weitgehend abgelöst worden.[26] Das wird den Verhältnissen bei Ausscheiden eines Gesellschafters in aller Regel besser gerecht, da die Gesellschaft ja unter den verbleibenden Gesellschaftern gerade fortgesetzt und nicht aufgelöst werden soll.[27]

Rechtslage nach dem MoPeG:

Der neue § 728 Abs. 1 BGB-E sieht nunmehr bewusst davon ab, Bewertungsvorgaben für die Abfindung zu machen und verlangt nur noch eine dem Anteilswert angemessen Abfindung.

184 Die Vorschriften der §§ 738 bis 740 BGB stellen **dispositives Recht** dar. Die Gesellschafter können also etwas Anderes vereinbaren (ausdrücklich nun § 728 Abs. 1 S. 1 BGB-E). Von dieser Möglichkeit wird in der Praxis häufig Gebrauch gemacht. Gesellschaftsvertraglich **vereinbarte Abfindungsbeschränkungen** sind grundsätzlich zulässig. Diese haben in der Regel den Sinn, den Fortbestand der Gesellschaft zu gewährleisten, indem größere Kapitalabflüsse ausgeschlossen werden, oder sie wollen die Berechnung des Abfindungsanspruches vereinfachen. Auch unter Berücksichtigung der genannten Zwecke können solche Beschränkungen allerdings nicht ohne Weiteres vorgenommen werden; sie unterliegen den Grenzen, die durch § 138 Abs. 1 BGB gezogen werden[28]. Nichtig sind insbesondere solche Vertragsgestaltungen, die von vornherein den später ausscheidenden Gesellschafter in sittenwidriger oder aus sonstigen Gründen gesetzlich missbilligter Weise benachteiligen[29]. Die persönliche und wirtschaftliche Freiheit des ausgeschiedenen Gesellschafters darf keiner objektiven Beschränkung unterliegen.[30]

Diese Grundsätze sind jedoch nur dann anzuwenden, wenn die betreffende Gesellschaft sich wirtschaftlich betätigt. Anderes gilt, wenn die Gesellschaft bürgerlichen Rechts nach ihrem Gesellschaftsvertrag einen **rein ideellen Zweck** verfolgt[31]. Denn die Beteiligung an einer Gesellschaft bürgerlichen Rechts mit ideeller Zielsetzung beruht in der Regel auf altruistischen Vorstellungen; die Vermehrung des eigenen Vermögens ist nicht beabsichtigt. Deshalb ist es den Gesellschaftern einer Gesellschaft mit ideeller Zielsetzung nicht verwehrt, einen Abfindungsanspruch auszuschließen[32].

25 Näher BGH DStR 2016, 2118 Rn. 11 f.
26 Ausführlich MüKo-HGB/*K. Schmidt*, 4. Aufl. 2016, § 131 HGB Rn. 138 ff. m.w.N., s.a. BGH DStR 2016, 2118 Rn. 11 f.
27 Vgl. aber BGH DNotZ 2006, 707 f.
28 BGHZ 116, 359, 368, BT-Drucks. 19/27635 S. 176.
29 BGH WM 1989, 783.
30 *Henssler/Michel*, NZG 2012401, 406.
31 BGHZ 135, 387 ff. mit Nachw.
32 S. zu alldem auch *Hülsmann*, NJW 2002, 1673 ff.

Lösung zu Fall 12: M könnte gegen R einen Anspruch auf Zahlung von 12 700 € aus §§ 280, 31 (analog) BGB i.V.m. §§ 128, 130 HGB analog erworben haben. 185

Dass M einen Anspruch gegen die GbR aus §§ 280, 31 (analog) erworben hat, für den auch die Gesellschafter aus § 128 HGB analog haften, ist oben bei der Lösung zu Fall 9 bereits ausgeführt. Hier geht es nun darum, ob der in die GbR eingetretene Gesellschafter R auch für diejenigen Verbindlichkeiten haftet, die vor seinem Eintritt entstanden sind. Das BGB enthält keine einschlägige Vorschrift. Da das BGB-Gesellschaftsrecht die Haftung des ausgeschiedenen Gesellschafters in § 736 Abs. 2 BGB mit Hinweis auf § 160 HGB ausdrücklich geregelt hat, könnte daraus der Schluss gezogen werden, dass der eintretende Gesellschafter nicht für die vor seinem Eintritt entstandenen Verbindlichkeiten haften soll. Dennoch wird eine analoge Anwendung des § 130 HGB von der Rspr.[33] jedenfalls im Grundsatz bejaht. § 130 HGB lässt die in eine OHG eintretenden Gesellschafter für alle vor ihrem Eintritt entstandenen Verbindlichkeiten haften. Der BGH[34] begründet die analoge Anwendung des § 130 HGB auf die GbR letztlich mit dem allgemeinen Grundsatz des Personengesellschaftsrechts, wonach die persönliche Haftung aller Gesellschafter in ihrem jeweiligen personellen Bestand dem Wesen der Personengesellschaft und ihren Haftungsverhältnissen entspricht, weil die Gesellschaft kein eigenes, zugunsten ihrer Gläubiger gebundenes garantiertes Haftkapital besitzt; ihr Gesellschaftsvermögen stehe dem Zugriff der Gesellschafter jederzeit und sanktionslos offen. Bei dieser Sachlage sei die persönliche Haftung der Gesellschafter nicht nur die alleinige Grundlage ihrer Wertschätzung und Kreditwürdigkeit; sie sei vielmehr das notwendige Gegenstück zu dem Fehlen jeglicher Kapitalerhaltungsregeln. Dagegen wird vor allem argumentiert, eine Haftung analog § 130 HGB stelle für beitretende Gesellschafter eine nicht durch ein schutzwürdiges Gläubigerinteresse zu rechtfertigende Belastung dar[35].

Ausdrücklich offen gelassen hat der BGH[36] allerdings die Entscheidung darüber, ob der Grundsatz der persönlichen Haftung für Altverbindlichkeiten auch auf Verbindlichkeiten aus beruflichen Haftungsfällen – im konkreten Fall handelt es sich gerade darum – Anwendung finden soll, weil diese, wie die Bestimmung des § 8 Abs. 2 PartGG zeige, eine Sonderstellung einnehmen. Wenn man grundsätzlich eine analoge Anwendung des § 130 BGB auf die GbR bejaht, dürfte eine Differenzierung, die darauf abzielt, berufliche Haftungsfälle davon auszuschließen, nicht zulässig sein. Der Hinweis auf § 8 Abs. 2 PartGG überzeugt nicht. Wer die dort gesetzlich gewährte Haftungsprivilegierung in Anspruch nehmen möchte, muss die Partnerschaftsgesellschaft als Rechtsform wählen.

Demnach ist § 130 HGB im konkreten Fall analog anwendbar. Deshalb kann M den R aus §§ 280, 31 (analog) BGB i.V.m. §§ 128, 130 HGB analog auf Zahlung von 12 700 € in Anspruch nehmen.

Lösung zu Fall 13: V könnte gegen C einen Anspruch auf Zahlung von 5 200 € aus § 535 BGB i.V.m. § 128 HGB analog und § 736 Abs. 2 BGB i.V.m. § 160 HGB erworben haben. 186

Vertragspartner des V aus dem Mietvertrag ist die GbR. Die Gesellschaft schuldet dem V aus § 535 BGB die Zahlung des Mietzinses in Höhe von 5 200 €. Dabei handelt es sich um eine Verbindlichkeit der GbR, für die gem. § 128 HGB analog alle Gesellschafter persönlich mit ihrem Privatvermögen als Gesamtschuldner haften. Deshalb konnte V den C jedenfalls bis zu seinem Ausscheiden in Anspruch nehmen. Fraglich ist, ob V den Anspruch ge-

33 BGHZ 154, 370.
34 BGHZ 154, 370, 373 f.
35 *Armbrüster*, ZGR 2005, 34, 54.
36 BGHZ 154, 370, 377.

gen C auch noch nach dessen Ausscheiden aus der GbR geltend machen kann. Ein Gesellschafter, der aus der BGB-Gesellschaft ausscheidet, haftet dem Gläubiger auch nach seinem Ausscheiden persönlich mit seinem Privatvermögen für alle Verbindlichkeiten, die bis zum Zeitpunkt seines Ausscheidens entstanden sind (§ 736 Abs. 2 BGB, § 160 HGB). Die Ansprüche gegen den ausscheidenden Gesellschafter verjähren nach dessen Ausscheiden grundsätzlich nach Maßgabe der §§ 736 Abs. 2 BGB und 160 HGB nach fünf Jahren, soweit sie nicht einer kürzeren Verjährungsfrist unterliegen. Wegen der fehlenden Registerpublizität der BGB-Gesellschaft ist Anknüpfungspunkt hinsichtlich des Fristbeginns für die Enthaftung des ausscheidenden Gesellschafters die Kenntnis jedes einzelnen Gläubigers vom Ausscheiden des BGB-Gesellschafters. Demnach kann V den C auch noch nach dessen Ausscheiden aus der GbR auf Zahlung von 5 200 € aus § 535 BGB i.V.m. § 128 HGB analog und § 736 Abs. 2 BGB i.V.m. § 160 HGB in Anspruch nehmen.

187 **Lösung zu Fall 14:** Der zwangsweise Ausschluss eines Gesellschafters aus einer GbR ist nach § 737 BGB zulässig, wenn

- der Gesellschaftsvertrag eine Fortsetzungsklausel enthält, also festlegt, dass für den Fall des Ausscheidens eines Gesellschafters die Gesellschaft unter den verbleibenden Gesellschaftern fortgesetzt wird, und
- in der Person des Gesellschafters, der ausgeschlossen werden soll, ein wichtiger – sachlicher – Grund im Sinne des § 723 Abs. 1 S. 2 BGB vorliegt.

Der Gesellschaftsvertrag enthält im zu erörternden Fall eine typische Fortsetzungsklausel. Ein zum Ausschluss berechtigender Grund liegt nach § 723 Abs. 2 S. 3 Nr. 1 BGB insbesondere vor, wenn der Gesellschafter, der ausgeschlossen werden soll, eine ihm nach dem Gesellschaftsvertrag obliegende Verpflichtung vorsätzlich oder fahrlässig verletzt hat. Der Gesellschaftsvertrag verpflichtete den C im Zweifel, Mandantengelder nicht ihrem Zweck zu entfremden, was er vorsätzlich getan hat. Im Übrigen liegt ein wichtiger Grund im Sinne des § 723 Abs. 1 S. 2 BGB dann vor, wenn den anderen Gesellschaftern bei einer Gesamtwürdigung aller Umstände im Einzelfall nach Treu und Glauben die Fortsetzung des Gesellschaftsverhältnisses nicht mehr zugemutet werden kann. Als wichtige Gründe kommen vor allem in Betracht die Zerstörung des Vertrauensverhältnisses im geschäftlichen Bereich und schwerwiegende Treuepflichtverstöße. Indem C Mandantengelder für persönliche Zwecke nutzte, zerstörte er sowohl das Vertrauensverhältnis zu Mandanten als auch das zu seinen Mitgesellschaftern und verstieß dadurch schwerwiegend gegen seine Treuepflicht.

Nach alldem können die Gesellschafter A, B und D den C gem. §§ 737, 723 Abs. 1 BGB aus der Gesellschaft ausschließen. Das Ausschließungsrecht steht ihnen gemeinschaftlich zu. Die Ausschließung selbst erfolgt durch Erklärung gegenüber C (§ 737 S. 2 und 3 BGB).

§ 8 Die Beendigung der Gesellschaft

Fall 15: Die Anwälte A und B haben sich vor 20 Jahren zu einer BGB-Gesellschaft zusammengeschlossen, um gemeinsam eine Anwaltskanzlei zu betreiben. Nun wird B die Zulassung entzogen. Danach vereinbaren A und B, dass sie die Gesellschaft mit einem geänderten Zweck, nämlich die in den letzten 20 Jahren gemeinsam erworbenen Grundstücke zu verwalten, fortsetzen möchten. Ist dies möglich? **Rn. 197** 188

I. Überblick

Die Beendigung der Gesellschaft vollzieht sich in zwei voneinander zu unterscheidenden Abschnitten: 189

- der erste Abschnitt ist die **Auflösung** der Gesellschaft,
- der zweite die **Auseinandersetzung (Liquidation)** der Gesellschaft, nach deren Abschluss die Vollbeendigung der Gesellschaft erreicht ist.

Dass die Beendigung der Gesellschaft in der Regel komplizierter ist als die Beendigung der meisten anderen Schuldverhältnisse, ergibt sich u.a. daraus, dass ein gesamthänderisch gebundenes Vermögen und dazu in der Regel Gesellschaftsschulden existieren.

II. Die Auflösung

Das BGB nennt in den §§ 723 ff. BGB eine Reihe von Auflösungsgründen. Es ist den Gesellschaftern allerdings unbenommen, durch entsprechende Vereinbarungen im Gesellschaftsvertrag **weitere Auflösungsgründe** zu schaffen. 190

Die wichtigsten im Gesetz genannten Auflösungsgründe sind:

- die Kündigung,
- die Zweckerreichung,
- der Tod eines Gesellschafters,
- die Eröffnung des Insolvenzverfahrens über das Vermögen eines Gesellschafters,
- das Unmöglichwerden des Erreichens des Gesellschaftszweckes,
- ein Auflösungsbeschluss der Gesellschaft.

Rechtslage nach dem MoPeG:

Künftig führen der Tod (§ 723 Abs. 1 Nr. 1 BGB-E) und die Insolvenz (§ 723 Abs. 1 Nr. 3 BGB-E) eines Gesellschafters – vorbehaltlich einer anderweitigen Regelung im Gesellschaftsvertrag – nicht mehr zur Auflösung der Gesellschaft, sondern nur zu dessen Ausscheiden.

Mit dem Eintritt einer der Gründe, die zur Auflösung der Gesellschaft führen können, ändert die Gesellschaft zunächst nur ihren Zweck. War sie zuvor auf die Erreichung des bei Abschluss des Gesellschaftsvertrages vereinbarten gemeinsamen Zweckes gerichtet, so ist sie nun auf die Liquidation, auf die Abwicklung, gerichtet. Die Gesellschaft besteht als identische Wirkungseinheit in der Form einer **Liquidationsgesellschaft** fort. Auch wenn sich mit der Auflösung der Gesellschaftszweck und der rechtliche Status der Gesellschafter ändern, so bleiben Mitgliederbestand, Gesellschaftsvermögen und die **Rechtsfähigkeit** unberührt.[1] Sie bleibt auch **Gesamthandsgemeinschaft**.

191 Nach § 726 BGB wird die Gesellschaft u.a. dann aufgelöst, wenn die Erreichung des vereinbarten Zwecks unmöglich geworden ist. Die Gesellschafter können jedoch die Fortsetzung der Gesellschaft mit einem anderen Zweck beschließen[2]. Wenn der **vorletzte Gesellschafter** aus einer BGB-Gesellschaft ausscheidet, für die im Gesellschaftsvertrag bestimmt ist, dass die Gesellschaft unter den verbleibenden Gesellschaftern fortgesetzt wird, so führt dies – soweit nichts Abweichendes vereinbart ist – zur **liquidationslosen Vollbeendigung** der Gesellschaft und zur Anwachsung des Gesellschaftsvermögens bei dem letzten verbliebenen Gesellschafter[3] (so nun ausdrücklich § 712a BGB-E). Die Aktiva und Passiva gehen also im Wege der Gesamtrechtsnachfolge auf den letzten Gesellschafter über, ohne dass es eines Übertragungsaktes oder einer Übernahmeerklärung bedarf[4].

III. Die Abwicklung der Gesellschaft

1. Allgemeines

192 Die Auflösung der Gesellschaft führt also noch nicht zu ihrer Beendigung, sondern zum Eintritt in das **Abwicklungsstadium (Liquidation)**. Das Verfahren bis zur Auseinandersetzung ist in den §§ 729 bis 735 BGB ausführlich geregelt. Erst der Abschluss der Auseinandersetzung führt zur Vollbeendigung der bereits aufgelösten Gesellschaft bürgerlichen Rechts. Im Liquidationsstadium ändert sich aber bereits der Zweck der Gesellschaft und die Zuständigkeit zur Geschäftsführung. Der Zweck besteht nun in der Beendigung der gemeinsamen Tätigkeit. Dazu werden gem. § 730 Abs. 2 BGB (= § 736d Abs. 2 BGB-E) die laufenden Geschäfte der Gesellschaft beendet und nicht liquides Vermögen der Gesellschaft, soweit erforderlich, gem. § 733 Abs. 3 BGB in Geld umgesetzt. Das geschieht durch die Liquidatoren der Gesellschaft, im Zweifelsfalle sind das gem. § 730 Abs. 2 S. 2 BGB (§ 736b BGB-E) alle Gesellschafter gemeinsam.

193 Eine wichtige sofortige Folge der Auflösung einer Gesellschaft ist die sog. **Durchsetzungssperre** für Ansprüche aus dem Gesellschaftsverhältnis. Denn die Gesellschafter haben nach der Auflösung nur noch einen Anspruch auf das ihnen nach den Vorgaben des Gesellschaftsvertrags oder dem Gesetz zustehende Auseinandersetzungsguthaben gem. § 734 BGB (= § 736d Abs. 6 BGB-E). Gewinnansprüche und eventuelle Aufwendungsersatz- oder Schadensersatzansprüche sind nur noch Abrechnungsposten im Rahmen der zu erstellenden Schlussabrechnung (Auseinandersetzungsbilanz, dazu

1 OLG München, NZG 2010, 1138.
2 BGH ZIP 2004, 356 f.
3 BGH MDR 2008, 1223.
4 BGHZ 32, 307, 314 ff.; dazu auch BGH NJW-Spezial 2018, 495.

sogleich Rn. 195). Die gegenseitigen Ansprüche können daher nach der Auflösung nicht mehr in eigenständigen Verfahren geltend gemacht werden (Grundsatz der Gesamtabrechnung).[5]

Ferner unterliegt die **Haftung der der Gesellschafter** analog § 128 HGB (= § 721 BGB-E) nach der Auflösung der BGB-Gesellschaft der **Sonderverjährung** analog § 159 HGB (= § 739 BGB-E).[6] Das bedeutet: Selbst wenn ein Anspruch gegen die Gesellschaft gerichtlich tituliert ist und also gem. § 197 Abs. 1 Nr. 3 BGB erst in 30 Jahren verjährt, so ist die Gesellschafterhaftung für diesen Anspruch 5 Jahre nach der Auflösung der Gesellschaft nicht mehr durchsetzbar. 194

2. Die Auseinandersetzung

Anschließend erfolgt die eigentliche Auseinandersetzung. Bei ihr werden zunächst die Gläubiger gem. § 733 Abs. 1 BGB (= § 736d Abs. 4 BGB-E) aus dem Vermögen der Gesellschaft wegen ihrer Forderungen gegen die Gesellschaft befriedigt und (erst anschließend und soweit möglich) gem. § 733 Abs. 2 BGB (= § 736d Abs. 5 S. 1 BGB-E) die Einlagen an die Gesellschafter erstattet. Schließlich ist ein vorhandener Überschuss der Gesellschaft nach Maßgabe von § 734 BGB (= § 736d Abs. 6 BGB-E) unter den Gesellschafter zu verteilen. Daneben ist ihnen gem. § 732 BGB (künftig § 985 BGB) etwa der Gesellschaft überlassenes Eigentum zurückzugeben. Ergibt sich hingegen ein Fehlbetrag, so haften die Gesellschafter – auch dann, wenn eine Nachschusspflicht gem. § 707 BGB (= § 710 BGB-E) nicht besteht – gem. § 735 BGB (= § 737 BGB-E) anteilig für diesen Fehlbetrag.[7] Zur Auseinandersetzung nach §§ 730 ff. BGB ist eine **Schlussabrechnung** zu erstellen. Der Anspruch auf Auszahlung des Auseinandersetzungsguthabens gem. § 734 BGB (= § 736d Abs. 6 BGB-E) entsteht erst mit Aufstellung dieser Abrechnung. Im Unterschied zu § 154 HGB ist für die Gesellschaft bürgerlichen Rechts eine formelle, nach den Grundsätzen ordnungsgemäßer Buchführung zu erstellende Schlussbilanz nicht gesetzlich vorgeschrieben. Eine solche Schlussabrechnung – auch **Auseinandersetzungsbilanz** genannt – muss aber jedenfalls dann erstellt werden, wenn die finanziellen Verhältnisse der Gesellschaft nicht ohne Weiteres überschaubar sind und eine Auseinandersetzung unter Berechnung der auf die einzelnen Gesellschafter entfallenden Guthaben oder Nachschüsse ohne eine solche Auseinandersetzungsbilanz zu Unsicherheiten führen würde[8]. Die Verpflichtung zur Aufstellung der Schlussabrechnung trifft die Abwickler, im Zweifel also gem. § 730 Abs. 2 S. 2 BGB (§ 736b BGB-E) alle Gesellschafter. 195

3. Die Fortsetzung der noch nicht voll beendeten Gesellschaft

Soweit eine fortsetzungsfähige, also noch nicht voll beendete Gesellschaft vorhanden ist, können die Gesellschafter die aufgelöste statt der endgültigen Abwicklung auch in eine **werbende Gesellschaft zurückverwandeln** (so nun ausdrücklich § 734 BGB-E). Voraussetzung dafür ist allerdings, dass der Auflösungsgrund behoben ist und die 196

5 BGH NZG 2013, 216 Rn. 42 ff.; BGH NZG 2016, 216 Rn. 18; BGH NZG 2020, 217 Rn. 14.
6 MünchKomm-HGB/*K. Schmidt*, § 159 Rn. 15 m.w.N.
7 Z.B. BGH NZG 2021, 63 Rn. 23 ff.
8 BeckOGK/*Koch*, § 730 BGB Rn. 45.

Gesellschafter einstimmig die Fortsetzung beschließen. Ein solcher Fortsetzungsbeschluss muss nicht ausdrücklich gefasst werden; eine konkludente Beschlussfassung genügt. Auf eine solche kann dann geschlossen werden, wenn die Gesellschafter in Kenntnis der Auflösungsgründe von Liquidationsmaßnahmen absehen und den Geschäftsbetrieb unverändert fortsetzen, etwa indem sie gemeinsam längerfristige Verträge abschließen oder Personal einstellen[9].

Rechtslage nach dem MoPeG:

Die Neuregelung in § 734 BGB-E knüpft an die h.M. an und sieht lediglich in Abs. 2 zusätzlich die Möglichkeit eines Mehrheitsbeschlusses vor, falls der Gesellschaftsvertrag das zulässt, zusätzlich muss der Beschluss mit mindestens 75%iger Mehrheit gefasst sein.

197 **Lösung zu Fall 15:** Mit dem Entzug der Zulassung ist die Zweckerreichung in der Gesellschaft unmöglich geworden. Die Gesellschaft wäre nach § 726 BGB aufgelöst und müsste liquidiert werden. Solange die Gesellschaft nicht auseinandergesetzt ist, ist sie noch nicht beendet und infolgedessen fortsetzungsfähig. Die Gesellschafter können die aufgelöste in eine werbende Gesellschaft zurückverwandeln. Voraussetzung dafür ist allerdings, dass der Auflösungsgrund behoben ist und die Gesellschafter einstimmig die Fortsetzung beschließen.

Wenn A und B vereinbaren, dass sie die Gesellschaft mit dem geänderten Zweck, ab jetzt die in den letzten 20 Jahren gemeinsam erworbenen Grundstücke zu verwalten, fortsetzen wollen, so ist darin ein solcher Fortsetzungsbeschluss zu sehen. Die Gesellschaft muss dann nicht mehr liquidiert werden. Sie wird vielmehr mit geändertem Zweck fortgesetzt. Die Fortsetzung der Gesellschaft ist also auf die geschilderte Art und Weise möglich.

§ 9 Die BGB-Gesellschaft als reine Innengesellschaft

198 **Fall 16:** A betreibt unter seinem Namen eine Bäckerei. Nachdem die gemeinsamen Kinder in die Schule gehen, arbeitet die Ehefrau E täglich in dem Laden, vornehmlich als Verkäuferin; außerdem führt sie die Bücher und kauft Waren ein. Ein Entgelt wird E nicht gezahlt. Nach 12 Jahren soll nach dem Willen des A seine Freundin F in dem Betrieb an die Stelle der E treten. Kann sich E dagegen zur Wehr setzen? **Rn. 213**

Literatur: *Armbrüster*, Außengesellschaft und Innengesellschaft, in: Bergmann u.a. (Hrsg.) Modernisierung des Personengesellschaftsrechts, ZGR-Sonderheft 23, 2020, S. 143; *Bachmann*, Zum Entwurf eines Gesetzes zur Modernisierung des Personengesellschaftsrechts (MoPeG), NZG 2020, 612; *V. Beuthien*, Ist die Innengesellschaft nicht rechtsfähig?, NZG 2011, 161; *H. Schulte*, Vermögensausgleich nach Beendigung einer eheähnlichen Lebensgemeinschaft und einer Gütertrennungs-Ehe, ZGR 1983, 437 ff.

9 BGH ZIP 1995, 1412.

I. Allgemeines

1. Begriff der Innengesellschaft

Bei den Gesellschaften bürgerlichen Rechts ist zwischen **Außen- und Innengesellschaften** zu unterscheiden.[1] Anders als die Außen-BGB-Gesellschaften treten die **Innen-BGB-Gesellschaften** nach außen nicht in Erscheinung. Im Anschluss an die Rechtsprechung des RG[2] hat der BGH[3] als kennzeichnendes Merkmal für eine Innengesellschaft herausgestellt, dass diese nach außen nicht auftritt und dass bei ihr eine Vertretung aller Gesellschafter fehlt. In jüngeren Entscheidungen nennt der BGH ferner den Verzicht auf die Bildung von Gesamthandsvermögen.[4] Die Geschäfte der Innengesellschaft werden durch einen Gesellschafter oder durch einen dazu beauftragten Dritten **im eigenen Namen**, aber im Innenverhältnis auf Rechnung der Gesellschaft geführt. Die gesellschaftsrechtliche Beteiligung der Gesellschafter wird nach außen nicht erkennbar.[5] 199

Rechtslage nach dem MoPeG:

Der Gesetzgeber hat die Innengesellschaft in § 705 Abs. 2 BGB-E dahingehend definiert, dass sie „den Gesellschaftern zur Ausgestaltung ihres Rechtsverhältnisses untereinander dient", was nicht nur sprachlich misslungen ist, sondern die Charakteristika einer Innengesellschaft vernachlässigt, ohne dass der Gesetzgeber sich etwa in Widerspruch zur Rechtsprechung des BGH setzen wollte (im Gegenteil: siehe BT-Drucks. 19/27635 S. 103 f.,191 f.).

2. Der Gesellschaftsvertrag

Eine Innengesellschaft bürgerlichen Rechts setzt stets voraus, dass zwischen den Beteiligten ein **Gesellschaftsvertrag** abgeschlossen wird. Dieser Gesellschaftsvertrag muss die Einigkeit darüber enthalten, dass ein **gemeinsamer Zweck** verfolgt werden soll, der durch die Erbringung vermögenswerter Leistungen gefördert wird[6]. Der Gesellschaftsvertrag kann auch durch Willenserklärungen zustande kommen, die durch schlüssiges Verhalten abgegeben werden.[7] Eine rein faktische Willensübereinstimmung, die einen Rechtsbindungswillen nicht erkennen lässt, reicht nicht aus.[8] 200

Beispiel: Aktionäre treffen eine Vereinbarung, Namensaktien zu vinkulieren, damit unerwünschte Dritte nicht Aktionäre werden können. Diese Vereinbarung ist als BGB-Innengesellschaft zu qualifizieren, die kein Gesamthandsvermögen gebildet hat und nach außen nicht in Erscheinung tritt.[9] Der gemeinsame Zweck besteht in der Verhinderung des Eindringens nicht erwünschter Dritter in den Kreis der Aktionäre.

---

1 So die h.M., u.a. BGHZ 12, 308 ff.; 142, 137 ff.; 165, 1, 6; *K. Schmidt*, Gesellschaftsrecht § 43 II.
2 RGZ 166, 163.
3 BGHZ 12, 308, 314.
4 BGH NJW 2019, 161 Rn. 11 m.w.N.
5 BGHZ 123, 308, 314 f.
6 BGH NZG 2009, 21 f.
7 BGHZ 142, 137, 153; 165, 1, 6.
8 BGHZ 142, 137, 153.
9 BGH NZG 2010, 62.

201 Eine Innengesellschaft des Handelsrechts ist die **stille Gesellschaft**. Dabei handelt es sich gemäß § 230 HGB um eine Gesellschaft, bei der sich eine Person an dem Handelsgewerbe eines Kaufmanns in der Weise beteiligt, dass sie eine Vermögenseinlage leistet, die in das Vermögen des anderen übergeht, und dafür am Gewinn, aber nicht notwendigerweise auch am Verlust teilhat (siehe dazu unten Rn 569 ff.). Das Gewerbe wird nur vom Inhaber des Handelsgeschäfts betrieben. Die stille Gesellschaft ist die bekannteste Form der **Innengesellschaft**. Sie tritt als Gesellschaft **nicht nach außen** in Erscheinung; sie hat keine Firma und auch kein Gesellschaftsvermögen. Die Vermögensmassen der Beteiligten bleiben unabhängig voneinander. Es entsteht **kein Gesamthandsvermögen**.

3. Gesellschaftsvermögen, Rechtsfähigkeit?

202 BGB-Innengesellschaften können, anders als die stille Gesellschaft, nach vielfach vertretener Auffassung ein Gesellschaftsvermögen bilden.[10] Ob dasselbe gesamthänderisch gebunden ist, ist umstritten.[11] Ebenfalls umstritten ist, ob die Innengesellschaft Träger von Rechten und Pflichten sein kann.[12] Wenn die Innengesellschaft Vermögen bilden könnte, müsste man ihr auch die Fähigkeit zubilligen, Trägerin von Vermögensrechten und damit rechtsfähig sein zu können.[13] Spätestens mit der Zuordnung von Eigentum zur Gesellschaft würde diese dann wegen des sachenrechtlichen Publizitätsprinzips freilich auch nach außen erkennbar und wäre damit keine Innengesellschaft mehr.[14] Die besseren Gründe sprechen daher dafür, eine Innengesellschaft nur anzuerkennen, wenn sie kein Gesamthandsvermögen bildet. Kennzeichnend für die Innengesellschaft ist daher, dass ein Gesamthandsvermögen und eine gemeinsame Vertretung fehlen, mit denen die Gesellschaft nach außen als Rechtssubjekt in Erscheinung träte

Rechtslage nach dem MoPeG:

Der Gesetzgeber hat diese Rechtslage nun im MoPeG perpetuiert, indem er die Vorschriften über die Gesamthand (§§ 718 f. BGB) durch § 713 BGB-E ersetzt und damit die Gesamthand im Recht der BGB-Gesellschaft abgeschafft hat (BT-Drucks. 19/27635 S. 103 f.). Betrachtet man die Gesetzesbegründung näher, so fällt allerdings zum einen auf, dass das augenscheinlich Gewollte („was auch ein gesamthänderisch gebundenes Vermögen der Gesellschafter ausschließt"), im Gesetz selbst nicht explizit angesprochen ist. Dort ist lediglich das fehlende Vermögen der Gesellschaft selbst erwähnt. Richtigerweise wird man Gesetz und Begründung so zu verstehen haben, dass die BGB-Innengesellschaft keine dingliche Berechtigung an einzelnen Vermögensgegenständen haben kann (wenn sie solche hätte, wäre sie notwendig rechtsfähig und Außengesellschaft).

Die Gesellschafter können die mit der Streichung von §§ 718, 719 BGB abgeschaffte Gesamthand auch nicht rechtsgeschäftlich wiederherstellen, wie dies *Bachmann* vorgeschlagen

10 BGHZ 142, 137, 153; 155, 249, 254.
11 Siehe *K. Schmidt*, Gesellschaftsrecht, § 58 II 2; bejahend *V. Beuthien*, NZG 2011, 161.
12 *V. Beuthien*, NZG 2011, 161 ff., 165; *K. Schmidt*, Gesellschaftsrecht, § 43 II 3.
13 *V. Beuthien*, NZG 2011, 161.
14 Vgl. *Wiedemann*, Gesellschaftsreht II, § 7 I 4 a: „unselbständige Außengesellschaft".

hat.[15] Zwar ist kein Grund ersichtlich, warum zwei Personen nicht durch Vertrag die Verfügung über einen Gegenstand an die vorherige Zustimmung des jeweils anderen binden sollen können. Allerdings wirkt ein solcher Vertrag nach § 137 BGB nur schuldrechtlich und kann keine dingliche Verfügungsbeschränkung bewirken.[16] Die bloße schuldrechtliche Verfügungsbeschränkung rechtfertigt es deshalb in der Tat noch nicht, von einem „Gesellschaftsvermögen" zu sprechen. Der historische Wille des Gesetzgebers ist eindeutig, er kommt im Gesetz selbst durch die Abschaffung der §§ 718, 719 BGB – eben wegen des Grundsatzes in § 137 BGB – auch ausreichend zum Ausdruck.

Das schließt aber andererseits ein (wirtschaftliches) Vermögen der Innengesellschaft nicht aus. Insoweit spricht die Gesetzesbegründung davon, dass „einer der Gesellschafter das *der Gesellschaft dienende Vermögen* treuhänderisch für die anderen Gesellschafter" halten könne.[17]

Beispiel: Es ist unproblematisch vorstellbar, dass Gesellschafter A sich mit Gesellschafter B einigt, ein dem A (vorher und nachher) gehörendes Grundstück künftig von B als Geschäftsführer einer AB-Innengesellschaft verwalten zu lassen. B bringt dabei seine Dienste, A das Grundstück quoad sortem[18] in die Gesellschaft ein, die Gewinne werden 2:1 zugunsten von A geteilt und dabei versprechen beide Gesellschafter (B als unbeschränkt Bevollmächtigter, A als Eigentümer), künftig nicht ohne Zustimmung des jeweils anderen über das Grundstück zu verfügen. Am Ende der Gesellschaft soll das Grundstück verkauft und der Erlös wiederum 2:1 geteilt werden. Damit ist das Grundstück Gesellschaftsvermögen, ohne dass dafür die Rechtsfähigkeit der Gesellschaft benötigt wird. An der dinglichen Zuordnung des Grundstücks zu A ändert sich nichts und die Verfügungsbeschränkung wirkt wegen § 137 BGB nur schuldrechtlich zwischen A und B. Dass bedeutet, dass eine Verfügung des A über das Grundstück wirksam bleibt[19] und die Gesellschaft vor dem Zugriff eventueller Privatgläubiger des A auf das Grundstück nicht geschützt ist.

4. Geschäftsführung

Die Geschäftsführung der Innengesellschaft richtet sich zunächst nach dem Gesell- **203**
schaftsvertrag, im Zweifel gilt aber auch in der Innengesellschaft der Grundsatz der Gesamtgeschäftsführung § 709 Abs. 1 BGB (§ 740 Abs. 2 i.V.m. § 715 Abs. 1 BGB-E).[20] Dabei treten die geschäftsführenden Gesellschafter nach außen nicht für die Gesellschaft auf, sondern handeln im eigenen Namen. Doch wird in der Praxis eine abweichende Vertragsgestaltung die Regel sein, nach der nur einer der Gesellschafter die Geschäfte der Innengesellschaft führt, so wie dies bei der stillen Gesellschaft nach § 230 HGB die Regel ist. Die Geschäfte werden im Innenverhältnis auf Rechnung der

15 Siehe auch *Armbrüster*, ZGR-Sonderheft 23 (2020), 143, 150 ff. gegen *Bachmann*, NZG 2020, 611, 615 f.

16 MünchKomm-BGB/*Armbrüster*, § 137 Rn. 5 m.w.N. in Fn. 12.

17 BT-Drucks. 19/27635 S. 192.

18 Das bedeutet: Ein Vermögenswert wird dergestalt in die Gesellschaft eingebracht, dass dem einbringenden Gesellschafter formell das Eigentum oder die Berechtigung an der Forderung verbleibt. Während der Dauer der Gesellschaft darf die Gesellschaft über diesen Vermögenswert aber verfügen, wie wenn sie Eigentümerin wäre; siehe dazu *Reinhardt*, DStR 1991, 588.

19 BGH DStR 2009, 2015: Der neue Eigentümer unterliegt dann nicht den gesellschaftsrechtlichen Bindungen, die Gesellschafter können in diesem Fall nur den veräußernden Gesellschafter auf Schadensersatz in Anspruch nehmen.

20 BGH NJW 2019, 161 Rn. 20.

Gesellschaft geführt. Überschreitet der Geschäftsführer seine Geschäftsführungsbefugnis, liegt darin ein Pflichtverstoß, der bei Vorliegen eines Verschuldens (§ 708 BGB) einen Schadensersatzanspruch nach § 280 begründet.[21]

5. Auflösung

204 Da bei einer Innengesellschaft kein gesamthänderisch gebundenes Gesellschaftsvermögen existiert, kommt nach ihrer Auflösung eine Liquidation nicht in Betracht.[22] Es besteht lediglich ein schuldrechtlicher Anspruch der Innenbeteiligten gegen den Inhaber des Vermögens auf Auszahlung eines Abfindungsguthabens[23].

205 Die **Rspr.** hat häufig BGB-Gesellschaften als reine Innengesellschaften zwischen Eheleuten angenommen, wenn der eine Ehegatte in erheblichem Umfange ohne entsprechende Vergütung in dem Geschäft des anderen mitgearbeitet hat, das nach außen nur im Namen des anderen betrieben wurde[24]. Der BGH ist hier davon ausgegangen, dass in so gelagerten Fällen ein Gesellschaftsvertrag im Sinne des § 705 BGB auch durch schlüssiges Verhalten zustande kommen kann. Der BGH[25] geht von einer durch schlüssiges Verhalten begründeten Innengesellschaft dieser Art insbesondere dann aus, wenn die Eheleute einen über den „typischen Rahmen der ehelichen Lebensgemeinschaft hinausgehenden Zweck dadurch verfolgen, dass sie durch Arbeit und Einsatz von Vermögenswerten gemeinsam ein Unternehmen aufbauen oder auch nur gemeinsam gleichberechtigt eine berufliche oder gewerbliche Tätigkeit ausüben“[26].

II. Die nichteheliche Lebensgemeinschaft

206 Die nichteheliche Lebensgemeinschaft **ist nicht** ohne weiteres eine **BGB-Gesellschaft**, weil bei ihr die persönlichen Beziehungen derart im Vordergrund stehen, dass im Regelfall nicht von einer auf wirtschaftlichen Beziehungen beruhenden Rechtsgemeinschaft gesprochen werden kann. Bei der **Abwicklung solcher Lebensgemeinschaften** stellt sich häufig die Frage, ob gesellschaftsrechtliche Normen angewendet werden können, wenn die Umstände – wie z.B. ein von den Partnern in jahrelanger gemeinsamer Anstrengung geschaffenes Vermögen – dies nahelegen.

Ein Ausgleich nach den gesetzlichen Regeln über die bürgerlich-rechtliche Gesellschaft kann allerdings nur in Betracht kommen, wenn die Partner einer nichtehelichen Lebensgemeinschaft ausdrücklich oder durch konkludentes Verhalten einen **Gesellschaftsvertrag** abgeschlossen haben. Das setzt einen entsprechenden Rechtsbindungswillen beider Partner voraus. Ein solcher ist jedoch häufig schwer festzustellen, weil die nichteheliche Lebensgemeinschaft vom Ansatz her gerade eine Verbindung ist, die nicht auf dem Willen, sich rechtlich zu binden zu wollen, beruht.[27]

---

21 BGH NJW 2019, 161 Rn. 26.
22 BGH NJW 2019, 161 Rn. 13.
23 BGH WM 1981, 876; BGH NJW 2019, 161 Rn. 13 f.
24 BGHZ 8, 249 ff.; BGH LM Nr. 5 zu § 705 BGB; BGH NJW 1974, 2278.
25 WM 1990, 1463, 1464.
26 S. auch BGHZ 165, 1, 6.
27 BGHZ 177, 193, 199; 183, 242, 249.

Der BGH[28] hat in einer Reihe von Fällen versucht, aus den Umständen auf das Vorhandensein von Rechtsbindungswillen der Partner zu schließen. Dabei hat er es genügen lassen, dass die Partner die Absicht verfolgt haben, mit dem Erwerb eines Vermögensgegenstandes, etwa einer Immobilie, einen gemeinsamen wirtschaftlichen Wert zu schaffen, der ihnen nach ihrer Vorstellung für die Dauer der Partnerschaft auch gemeinsam gehören sollte. Indizien für einen konkludent abgeschlossenen Gesellschaftsvertrag sieht der BGH[29] auch in einem „nach gesellschaftsrechtlichen Grundsätzen zu bewertenden Handeln", das sich „zum Beispiel aus Planung, Umfang und Dauer des Zusammenwirkens ergeben" kann. Zweifel an dem Vorhandensein der erforderlichen Rechtsbindungswillen, die zur Nichtanwendung gesellschaftsrechtlicher Regelungen führen, hat der BGH[30] dann, wenn sich kein Zweck feststellen lässt, der über die Verwirklichung der nichtehelichen Lebensgemeinschaft hinausgeht. **207**

Ist der Abschluss eines Gesellschaftsvertrages und damit die Anwendung gesellschaftsrechtlicher Ausgleichsregeln zu verneinen, kann ein Ausgleichsanspruch nach den Regeln über den Wegfall der Geschäftsgrundlage (§ 313 BGB) in Betracht kommen, wenn die Lebensgemeinschaft beendet wird. Das setzt voraus, dass der gemeinschaftsbezogenen Zuwendung, derentwegen Ausgleich verlangt wird – etwa ein Grundstück, auf dem die Lebenspartner eine Haus errichtet haben, um darin zu wohnen –, „die Vorstellung oder Erwartung zugrunde lag, die Lebensgemeinschaft, deren Ausgestaltung die Zuwendung gedient hat, werde Bestand haben."[31] Gemeinschaftsbezogene Zuwendungen in diesem Sinne sind nicht die im Rahmen des täglichen Zusammenlebens erbrachten Leistungen, und auch nicht die Arbeitsleistungen, die ein Partner zugunsten des anderen erbringt.[32] **208**

Ein Anspruch aus § 812 Abs. 1 S. 2 2. Alt. auf Herausgabe der Zuwendung wegen Zweckverfehlung kann nur dann in Betracht kommen, wenn eine Willensübereinstimmung mit dem Empfänger der Leistung über den mit der Leistung bezweckten Erfolg festzustellen ist.[33]

III. Zur Abgrenzung: Gemeinschaften im Rechtssinne

Abzugrenzen ist die Gesellschaft bürgerlichen Rechts von der Gemeinschaft i.S.d. § 741 BGB. **Gemeinschaft** ist die Innehabung eines Rechts durch mehrere Rechtsträger zu ideellen Bruchteilen **(Bruchteilsgemeinschaft)**[34]. Im Unterschied zur Gesellschaft setzt die Gemeinschaft **keinen gemeinsamen Zweck** voraus. Ein weiterer Unterschied zur Gesellschaft besteht darin, dass bei der Gesellschaft durch den Gesellschaftsvertrag eine schuldrechtliche Zweck- und Förderungsgemeinschaft geschaffen **209**

28 BGHZ 177, 193, 199 f.; 183, 242, 249 mit weiteren Hinweisen auf Rechtsprechung.
29 BGHZ 177, 193, 200.
30 BGHZ 177, 193, 201.
31 BGHZ 177, 193, 208.
32 BGHZ 177, 193, 208 f.
33 BGHZ 177, 193, 206 ff.
34 MünchKomm-BGB/*K. Schmidt*, § 741 Rn. 1.

wird; demgegenüber besteht das Gemeinschaftsverhältnis i.S.d. §§ 741 ff. BGB in der gemeinschaftlichen Innehabung eines Rechts[35].

Beispiel: Die Gemeinschaft nach Bruchteilen der Miteigentümer (§§ 1008 ff. BGB).

Unvereinbare Gegensätze bilden nach inzwischen **h.M.**[36] Gemeinschaft und Gesamthand. Das folgt vor allem daraus, dass derselbe Gegenstand entweder mehreren Personen zu Bruchteilen zusteht, oder aber er steht einer Gesamthand zu; beides zugleich ist nicht möglich[37].

Beispiel: Durch die sog. Globalaktien wird eine Vielzahl von Aktien gleicher Art und Gattung in einer einheitlichen Aktienurkunde (Globalaktie) zusammengefasst. An der Globalurkunde haben die einzelnen Aktionäre Miteigentum nach Bruchteilen; die Miteigentümer bilden eine Gemeinschaft gem. §§ 741 ff. BGB.

210 Der wichtigste Unterschied zwischen Gemeinschaft und Gesamthand besteht darin, dass die Rechtszuständigkeit bei der Gemeinschaft unter den Teilhabern geteilt, bei der Gesamthand aber ungeteilt ist. Ein weiterer Unterschied wird dadurch deutlich, dass die Gesamthand rechtsfähig und damit Rechtssubjekt sein kann. Bei der OHG zeigt dies § 124 HGB; für die Gesellschaft bürgerlichen Rechts hat der BGH[38] dies inzwischen ebenfalls anerkannt (vgl. dazu Rn. 121 ff.). Dagegen ist die Gemeinschaft der Anerkennung als Rechtssubjekt nicht fähig[39].

211 Um klar zwischen Gesamthand einerseits und Gemeinschaft andererseits abgrenzen zu können, sollte nach alledem stets von der **Gemeinschaft als einer Bruchteilsgemeinschaft** gesprochen werden[40]. Im Unterschied zur Gesamthand (vgl. Rn. 84 ff.) ist die Bruchteilsgemeinschaft Vielheit, nicht Einheit. Es existiert **kein Sondervermögen** der Gemeinschaft, und es gibt auch **keine Einbringung von Gegenständen** in die Gemeinschaft. Jeder Bruchteil an einem Gegenstand ist uneingeschränkt dem einzelnen Teilnehmer zugeordnet; er kann ihn z.B. auf Dritte übertragen[41]. Die Gemeinschaft ist **kein organisierter Verband**. Sie ist **nicht fähig**, Träger von Rechten und Pflichten zu sein, und nimmt deshalb weder selbst noch durch Vertreter am Rechtsverkehr teil[42].

212 Die Bruchteilsgemeinschaft beruht auf der gemeinsamen Rechtszuständigkeit mehrerer Personen. Dies ist zugleich die Grundlage für ein **gesetzliches Schuldverhältnis** zwischen den Teilhabern[43]. In den so begründeten Sonderrechtsbeziehungen wird für die Verletzung derselben nach allgemeinen Regeln gehaftet. Das Recht der Gemeinschaft ist u.a. noch in den §§ 1008 ff., 1415 ff. und 2032 ff. BGB geregelt.

---

35 MünchKomm-BGB/*K. Schmidt*, § 741 Rn. 4.
36 MünchKomm-BGB/*K. Schmidt*, § 741 Rn. 6 mit Nachw.
37 MünchKomm-BGB/K. *Schmidt*, § 741 Rn. 6.
38 BGHZ 146, 341 ff.
39 Dazu und zum Streitstand MünchKomm-BGB/*K. Schmidt*, § 741 Rn. 3 f. mit Nachw.
40 MünchKomm-BGB/*K. Schmidt*, § 741 Rn. 1.
41 MünchKomm-BGB/*K. Schmidt*, § 741 Rn. 2.
42 MünchKomm-BGB/*K. Schmidt*, § 741 Rn. 3.
43 BGHZ 62, 243, 246 f.; MünchKomm-BGB/*K. Schmidt*, § 741 Rn. 3.

Keine Gemeinschaft i.S.d. §§ 741 ff. BGB ist die nichteheliche Lebensgemeinschaft. Denn die Gemeinschaft knüpft an die gemeinsame Rechtszuständigkeit an und nicht an den Sachverhalt einer sozialen Gemeinschaft[44].

Typische Gemeinschaften im Rechtssinne sind die Wohnungseigentümergemeinschaft und die Gemeinschaft der Erfinder. Bei Letzterer ist Gegenstand der Bruchteilsgemeinschaft das materielle Erfinderrecht einschließlich des Rechts auf ein Patent oder Gebrauchsmuster.

Lösung zu Fall 16: Wenn zwischen A und E eine (Innen-)Gesellschaft bürgerlichen Rechts bestünde, könnte A seine Mitgesellschafterin E nicht ohne weiteres aus der Gesellschaft ausschließen; das wäre vielmehr nur unter den in §§ 723 ff., 737 BGB genannten Voraussetzungen möglich. Außerdem dürfte A wegen der den Gesellschaftern gemeinschaftlich zustehenden Geschäftsführungsbefugnis (§ 709 BGB) nicht ohne Zustimmung der E seine Freundin F einstellen. Auf die Vertretungsmacht nach § 714 BGB kommt es nicht an, da das Fehlen der Vertretung der Gesellschaft nach außen für Innengesellschaften gerade charakteristisch ist (Rn. 201). A hat die F im eigenen Namen eingestellt, ist also selbst Vertragspartner geworden. Wegen der Überschreitung der Geschäftsführungsbefugnis im Innenverhältnis (Widerspruch der E) macht A sich eventuell gem. § 280 BGB schadensersatzpflichtig. 213

Für die Frage nach der Wirksamkeit des Ausschlusses der E kommt es darauf an, ob zwischen A und E eine Gesellschaft bürgerlichen Rechts besteht. In Betracht kommt eine BGB-Gesellschaft als Innengesellschaft. Die Rspr. hat häufig BGB-Gesellschaften als reine Innengesellschaften zwischen Eheleuten angenommen, wenn der eine Ehegatte in erheblichem Umfange ohne entsprechende Vergütung in dem Geschäft des anderen mitgearbeitet hat, das nach außen nur im Namen des anderen betrieben wurde[45]. In so gelagerten Fällen kommt ein Gesellschaftsvertrag im Sinne des § 705 BGB durch schlüssiges Verhalten, d.h. durch die Abgabe entsprechender auf den Vertragsschluss gerichteter Willenserklärungen durch konkludentes Verhalten, zustande. Der **BGH**[46] geht von einer durch schlüssiges Verhalten begründeten Innengesellschaft insbesondere dann aus, wenn die Eheleute einen über den „typischen Rahmen der ehelichen Lebensgemeinschaft hinausgehenden Zweck dadurch verfolgen, dass sie durch Arbeit und Einsatz von Vermögenswerten gemeinsam ein Unternehmen aufbauen oder auch nur gemeinsam gleichberechtigt eine berufliche oder gewerbliche Tätigkeit ausüben“[47]. Indem E 12 Jahre lang unentgeltlich im Laden die im Betrieb hergestellten Backwaren verkauft, die notwendigen Waren für den Betrieb kauft und die Bücher führt, übt sie durch ihre verantwortungsvolle Arbeit berufliche und gewerbliche Tätigkeiten aus, die über den typischen Rahmen einer ehelichen Lebensgemeinschaft weit hinausgeht. Wegen der im Übrigen mit A gleichberechtigten Stellung im Betrieb kann von einer durch schlüssiges Verhalten begründeten Innengesellschaft bürgerlichen Rechts ausgegangen werden. Infolgedessen kann sich A von E nur nach den für die Gesellschaft bürgerlichen Rechts geltenden gesetzlichen Regeln trennen, soweit es sich um den Bäckereibetrieb handelt.

---

44 MünchKomm-BGB/*K. Schmidt*, § 741 Rn. 77.

45 BGHZ 8, 249 ff.; BGH LM Nr. 5 zu § 705 BGB.

46 WM 1990, 1463, 1464.

47 BGHZ 165, 1, 6.

Teil III

Die juristischen Personen des BGB: Eingetragener Verein und rechtsfähige Stiftung

§ 10 Grundbegriffe des Vereinsrechts

214 **Fall 17:** Der Tennisverein „Grün-Weiß T e.V." hat 450 Mitglieder, die auf 10 Plätzen spielen können. Die Grundstücke stehen im Eigentum des Vereins. Der Verein unterhält im eigenen Clubhaus einen Gastronomiebetrieb für die Clubmitglieder. Er stellt regelmäßig gegen Entgelt die Räume des Clubhauses auch Nichtmitgliedern für Veranstaltungen wie Hochzeiten, Geburtstagsfeiern, Jubiläen etc. zur Verfügung. Handelt es sich noch um einen Idealverein im Sinne des § 21 BGB? **Rn. 224**

215 **Fall 18 (Variante zu Fall 17):** Nachdem im Laufe der letzten Jahre die meisten Mitglieder ausgetreten sind und der Bestand auf 45 Personen geschrumpft ist, beschließt der Vorstand, das Grundstück überwiegend anderweitig zu nutzen, weil so viele Plätze nicht mehr benötigt werden. Auf dem Grundstück werden Komfortwohnungen mit Garagen gebaut, die der Verein an zahlungskräftige Leute vermietet. Das Clubhaus wird zu einem Wellnesscenter umgestaltet und an X verpachtet. Die daraus erzielten Gewinne werden jeweils am Jahresende an die Mitglieder ausgezahlt. Es verbleiben noch 2 Tennisplätze, auf denen hin und wieder Mitglieder spielen. Handelt es sich noch um einen Idealverein? **Rn. 225**

Literatur: *Mummenhoff*, Gründungssysteme und Rechtsfähigkeit, 1979; *Oetker*, Der Wandel vom Ideal- zum Wirtschaftsverein, NJW 1991, 385 ff.; *Reuter*, 100 Bände BGHZ: Vereins- und Genossenschaftsrecht, ZHR 151 (1987), 355 ff.; *K. Schmidt*, Der bürgerlich-rechtliche Verein mit wirtschaftlicher Tätigkeit, AcP 182 (1982), 1 ff.; *ders.*, Verbandszweck und Rechtsfähigkeit im Vereinsrecht, 1984; *Schockenhoff*, Der Grundsatz der Vereinsautonomie. Inhalt und Geltung eines ungeschriebenen Tatbestandsmerkmals, AcP 193 (1993), 35 ff.; *Stöber*, Handbuch zum Vereinsrecht, 9. Aufl. 2004.

I. Überblick

216 Vereine im Sinne der §§ 21 ff. BGB spielen in der Gesellschaftsordnung der Bundesrepublik Deutschland eine bedeutende Rolle. Sie prägen als Sport-, Kunst-, Schützen- oder sonstige Vereine einen Teil des gesellschaftlichen Lebens entscheidend mit. Häufig stellen sich Vereine auch als große, repräsentative und wirtschaftlich potente Vereinigungen dar[1]. Vereinsrechtlich organisiert sind neben den Parteien u.a. Arbeitgeber- und Arbeitnehmerkoalitionen und Wirtschaftsverbände. Das Vereinsrecht mit der Möglichkeit interner Ordnungsverfahren gegen Mitglieder ist wegen vieler aufgetretener Probleme in die Diskussion geraten. Dabei wurde zwangsläufig die Frage aufgeworfen, ob das Vereinsrecht des BGB noch den Anforderungen entspricht, die

1 *Benecke*, WM 2000, 1173 ff.

in einer modernen Industriegesellschaft an eine solche Materie gestellt werden müssen.

II. Der Begriff des bürgerlich-rechtlichen Vereins

Der bürgerlich-rechtliche Verein ist eine auf Dauer begründete **Personenvereinigung**, die der Erreichung eines **selbstgesetzten gemeinsamen Zweckes** dient; er tritt unter einem eigenen Namen auf, ist vom Wechsel der Mitglieder unabhängig und körperschaftlich verfasst. Was die Erreichung des gemeinsamen Zweckes angeht, so ist der Verein der Gesellschaft ähnlich. Er unterscheidet sich von dieser aber wesentlich durch seinen körperschaftlichen Aufbau. Das **Vereinsrecht** ist im **BGB** in den §§ 21 ff. geregelt. Es bildet in vielerlei Hinsicht auch die Grundlage für die durch besondere Gesetze geregelten wirtschaftlichen Vereine, wie die Aktiengesellschaft und die Gesellschaft mit beschränkter Haftung. 217

Der bürgerlich-rechtliche Verein ist eine Verbandsform mit weitgehender Gestaltungsfreiheit. Letztere besteht insbesondere für die Verfassung des Vereins (auch **Satzung** genannt), über die das BGB nur wenige Vorschriften enthält[2]. Das BGB unterscheidet nach der Zwecksetzung zwischen **Idealvereinen** und **wirtschaftlichen Vereinen** (§ 22 BGB). Zum anderen unterscheidet es zwischen dem in das Vereinsregister **eingetragenen Verein** und dem **nicht eingetragenen Verein** (§ 54 BGB). Im Hinblick auf Zielsetzung, Funktion und Organisation unterscheiden sich der eingetragene und der nicht eingetragene Verein nicht. Ein wesentlicher Unterschied besteht allerdings in der rechtlichen Einordnung: Nur der **eingetragene Verein** besitzt eigene **Rechtspersönlichkeit**. 218

Die **nicht eingetragenen** Vereine besitzen diese Rechtspersönlichkeit nicht. Lange wurden sie deshalb als nicht voll rechtsfähig angesehen, zumal § 21 BGB bestimmt, dass der Verein durch die Eintragung seine Rechtsfähigkeit erlangt. 219

Diese historische Vorstellung des Gesetzgebers ist jedoch überholt. Man kann dies bereits daran sehen, dass die ebenfalls nicht in ein Register eingetragene Gesellschaft bürgerlichen Rechts spätestens seit der Entscheidung ARGE Weißes Ross aus dem Jahr 2001[3] als rechtsfähig angesehen wird. Auch nach dem MOPEG entscheidet künftig nicht eine Eintragung, sondern gem. § 705 Abs. 2 BGB-E der Wille der Gesellschafter über die Rechtsfähigkeit. Das ist ein erstes Anzeichen dafür, dass auch nicht eingetragene Vereine rechtsfähig sein können. Und so werden sie – letztlich entgegen § 21 BGB seit langem von der Rechtsprechung auch als rechtsfähig behandelt.[4] Als Unterschied zum eingetragenen Verein und damit Konsequenz fehlender Rechtspersönlichkeit des nicht eingetragenen Vereins verbleibt die Handelndenhaftung des § 54 Abs. 2 BGB.

2 Zu alldem *Schockenhoff*, AcP 193 (1993), 35 ff.
3 BGHZ 146, 341, dazu bereits Rn. 121 ff.
4 Siehe näher Rn. 281.

III. Der Idealverein

1. Idealverein und wirtschaftlicher Verein

220 Das Gesetz unterscheidet außer zwischen eingetragenen und nicht eingetragenen Vereinen auch noch zwischen **Idealvereinen** (Vereinen, deren Zweck nicht auf einen wirtschaftlichen Geschäftsbetrieb gerichtet ist, § 21 BGB) und **wirtschaftlichen Vereinen** (Vereinen, deren Zweck auf einen wirtschaftlichen Geschäftsbetrieb gerichtet ist, § 22 BGB). Idealvereine sind deshalb in erster Linie Vereine, deren **Hauptzwecke** politischer, wohltätiger, sportlicher, religiöser, wissenschaftlicher, sonstiger kultureller oder geselliger Art sind. Vereinigungen, deren wirtschaftlicher Geschäftsbetrieb den Hauptzweck oder gar den ausschließlichen Zweck darstellt, sollen grundsätzlich **nicht** den Status eines Idealvereins i.S.d. § 21 BGB erlangen können. Der Grund dafür ist darin zu sehen, dass den Gläubigern des eingetragenen Vereins lediglich das Vereinsvermögen haftet; die Mitglieder haften für die Verbindlichkeiten des Vereins **nicht** mit ihrem Privatvermögen. Außerdem hat der Gesetzgeber auf die Schaffung von Vorschriften verzichtet, die – wie z.B. bei der AG und der GmbH – dem Gläubigerschutz dienen[5].

Da Vereine, deren Zweck auf einen wirtschaftlichen Geschäftsbetrieb gerichtet ist, juristische Person nur durch staatliche Verleihung werden können (§ 22 BGB), kommt der Bestimmung des Hauptzwecks besondere Bedeutung zu. Nach **h.M.**[6] ist darauf abzustellen, ob der Zweck des Vereins hauptsächlich darauf gerichtet ist, mit Hilfe eines **wirtschaftlichen Geschäftsbetriebes**, d.h. einer nach außen gerichteten, planmäßigen und dauernden Tätigkeit Gewinne zu erzielen, die dem Verein selbst oder seinen Mitgliedern in irgendeiner Weise zufließen sollen. Unter einem wirtschaftlichen Geschäftsbetrieb i.S. der §§ 21, 22 BGB ist „das planmäßige und auf Dauer angelegte Auftreten des Vereins am Markt in unternehmerischer Funktion durch Einschaltung in wirtschaftliche Umsatzprozesse mit einer regelmäßig entgeltlichen Tätigkeit zu verstehen“[7]. Das unternehmerische Moment, das die Betätigung eines Vereins zum wirtschaftlichen Geschäftsbetrieb macht, ist allerdings nicht in seinem Auftreten im Rechtsverkehr als Kunde (z.B. Käufer, Besteller) zu sehen, sondern in seiner „planmäßigen Betätigung als Anbieter von Wirtschaftsgütern im weitesten Sinne gegen Entgelt“[8]. Nach *K. Schmidt*[9] geht es als Abgrenzungskriterium vor allem um „die planmäßige und entgeltliche Tätigkeit einer organisierten Wirtschaftseinheit am Markt“[10]. Der Zweck des Vereins wird durch die Satzung bestimmt. Für die Feststellung des Zwecks ist daher in erster Linie die Satzung heranzuziehen; auf die tatsächliche Tätigkeit des Vereins aber kommt es an, wenn sie dazu in einem erkennbaren Widerspruch steht.[11]

5 BGHZ 45, 395, 397.
6 BGHZ 45, 395, 398.
7 BayObLG MDR 1978, 843.
8 BayObLG MDR 1978, 843.
9 Verbandszweck und Rechtsfähigkeit, S. 113 ff.
10 S. im Einzelnen *K. Schmidt*, Gesellschaftsrecht, § 23 III.
11 OLG Brandenburg NZG 2020, 266 Rn. 4.

2. Das Nebenzweckprivileg

Auch ein Verein mit einem wirtschaftlichen Geschäftsbetrieb ist ein Idealverein, wenn sein Hauptzweck kein wirtschaftlicher, sondern ein idealer Zweck ist[12]. Deshalb ist ein Verein kein wirtschaftlicher Verein, sondern ein Idealverein, wenn ein von ihm betriebener oder beabsichtigter wirtschaftlicher Geschäftsbetrieb nur Mittel zur Förderung oder Unterstützung seiner idealen Zwecksetzung ist[13]. 221

Wandelt sich ein Idealverein zu einem wirtschaftlichen Verein, kann gem. § 43 Abs. 4 BGB die Rechtsfähigkeit entzogen werden; das Registergericht ist zur Einleitung des **Amtslöschungsverfahrens** berechtigt, was zum Verlust der vollen Rechtsfähigkeit führt[14]. 222

IV. Der wirtschaftliche Verein

Im Gegensatz zum Idealverein erwirbt der wirtschaftliche Verein die Rechtsfähigkeit durch staatliche Verleihung, § 22 BGB **(Konzessionszwang)**. In der Praxis werden Konzessionen dieser Art kaum erteilt, weil das Gesellschaftsrecht für wirtschaftliche Vereine eine Reihe spezieller Rechtsformen, wie z.B. die Aktiengesellschaft und die GmbH, zur Verfügung stellt. Diese Rechtsformen tragen in besonderem Maße dem Schutzbedürfnis der Gesellschafter und der Gläubiger Rechnung, indem sie unabdingbare Regelungen betreffend Gründung, Kapitalaufbringung, Entnahmeverbote etc. enthalten. Diejenigen Personen, die einen wirtschaftlichen Verein gründen wollen, sind gezwungen, eine der vom Gesellschaftsrecht angebotenen Rechtsformen, wie Aktiengesellschaft oder GmbH, zu wählen, soweit diese für ihre Ziele zweckdienlich sind. Nach der **Rspr. des BGH** lässt der in § 22 BGB für wirtschaftliche Vereine verordnete Konzessionszwang nicht die Möglichkeit offen, auf einem anderen Wege als in den Formen der Aktiengesellschaft, der GmbH und der eingetragenen Genossenschaft die Rechtsfähigkeit und die Nichthaftung der Mitglieder für Verbindlichkeiten der Vereinigung zu erreichen[15]. 223

Lösung zu Fall 17: Der Tennisverein „Grün-Weiß T e.V." könnte seinen Status als Idealverein im Sinne des § 21 BGB, d.h. als Verein, dessen Zweck nicht auf einen wirtschaftlichen Geschäftsbetrieb gerichtet ist, dadurch verloren haben, dass, er in seinem Clubhaus einen Gastronomiebetrieb unterhält und die Räume des Clubs für Veranstaltungen vielerlei Art vermietet. Er könnte dadurch zu einem wirtschaftlichen Verein gem. § 22 BGB geworden sein. Idealvereine sind Vereine, deren Hauptzwecke politischer, wohltätiger, sportlicher, religiöser, wissenschaftlicher, sonstiger kultureller oder geselliger Art sind. Vereinigungen, deren wirtschaftlicher Geschäftsbetrieb den Hauptzweck oder gar den ausschließlichen Zweck darstellt, sollen grundsätzlich *nicht* den Status eines Idealvereins i.S.d. § 21 BGB erlangen können. Bei der Abgrenzung zwischen Idealverein auf der einen und wirtschaftlichem Verein auf der anderen Seite ist in erster Linie darauf abzustellen, ob der Zweck des Vereins hauptsächlich darauf gerichtet ist, mit Hilfe eines wirtschaftlichen Ge- 224

12 RGZ 83, 231, 237; 154, 343, 354.
13 BVerwG NJW 1979, 2265.
14 Dazu eingehend *Oetker*, NJW 1991, 385 ff.
15 BGHZ 22, 240, 244.

schäftsbetriebes, d.h. einer nach außen gerichteten, planmäßigen und dauernden Tätigkeit Gewinne zu erzielen, die dem Verein selbst oder seinen Mitgliedern in irgendeiner Weise zufließen sollen. Unter einem wirtschaftlichen Geschäftsbetrieb i.S.d. §§ 21, 22 BGB ist „das planmäßige und auf Dauer angelegte Auftreten des Vereins am Markt in unternehmerischer Funktion durch Einschaltung in wirtschaftliche Umsatzprozesse mit einer regelmäßig entgeltlichen Tätigkeit zu verstehen“[16].

Auch ein Verein mit einem wirtschaftlichen Geschäftsbetrieb bleibt allerdings ein Idealverein, wenn sein Hauptzweck kein wirtschaftlicher, sondern ein idealer Zweck ist[17]. Deshalb ist ein Verein kein wirtschaftlicher Verein, sondern ein Idealverein, wenn ein von ihm betriebener oder beabsichtigter wirtschaftlicher Geschäftsbetrieb nur Mittel zur Förderung oder Unterstützung seiner idealen Zwecksetzung ist (sog. Nebenzweckprivileg). Weil der Hauptzweck, nicht aber der Nebenzweck, für die Bestimmung des Idealvereins maßgeblich ist, wird ein Tennisverein nicht deswegen zum wirtschaftlichen Verein, weil in seinem Clubhaus Getränke und Speisen gegen Entgelt verabreicht werden. Auch die Vermietung der Räume bei entsprechender Gelegenheit vermag den Hauptzweck des Vereins, die sportliche Betätigung, nicht in Frage zu stellen. Sowohl der Gastronomiebetrieb als auch die Vermietung der Räume stellen keine nach außen gerichtete, planmäßige und dauernde Tätigkeit mit dem Ziel dar, Gewinne zu machen, die dem Verein selbst oder seinen Mitgliedern in irgendeiner Weise zufließen sollen. Dies alles kann auch nicht als das planmäßige und auf Dauer angelegte Auftreten des Vereins am Markt in unternehmerischer Funktion angesehen werden.

Unter Anwendung des Nebenzweckprivilegs ist der Tennisverein „Grün-Weiß T e.V.“ nach wie vor ein Idealverein i.S.d. § 21 BGB.

225 **Lösung zu Fall 18:** Hier ist fraglich, ob der Tennisverein „Grün-Weiß T e.V.“ noch ein Idealverein im Sinne des § 21 BGB ist. Der Hauptzweck des Vereins könnte inzwischen ein wirtschaftlicher Geschäftsbetrieb geworden sein. Wenn der Verein zu einem wirtschaftlichen geworden sein sollte, müsste ihm gem. § 43 Abs. 4 BGB die Rechtsfähigkeit entzogen werden. Die sportliche Betätigung besteht nun nur noch darin, dass ab und zu ein paar der übrig gebliebenen Mitglieder auf 2 Plätzen Tennis spielen. Im Vordergrund steht die wirtschaftliche Betätigung in Gestalt des Baues und der Vermietung von Wohnungen und Garagen, sowie in dem Betrieb eines Wellnesscenters. Damit betätigt sich der Verein planmäßig und auf Dauer am Markt in unternehmerischer Funktion durch Einschaltung in wirtschaftliche Umsatzprozesse mit einer regelmäßig entgeltlichen Tätigkeit. Die daraus erzielten Gewinne fließen den Mitgliedern zu. Dieses wirtschaftliche Handeln ist schon deswegen kein Nebenzweck mehr, weil es nicht mehr lediglich der Unterstützung sportlicher Aktivitäten dient.

Da der Hauptzweck des Vereins ein wirtschaftlicher geworden ist, kann ihm die Rechtsfähigkeit entzogen werden (§ 43 Abs. 4 BGB). Das Registergericht ist zur Einleitung eines Amtslöschungsverfahrens berechtigt.

---

16 BayObLG MDR 1978, 843.
17 RGZ 83, 231, 237; 154, 343, 354.

§ 11 Gründung und Verfassung des Vereins

Fall 19: Der „Verein zur Erhaltung von Kirchenbauten im Osten e.V." hat den Zweck, Spenden zu sammeln, um damit laut Satzung „wertvolles Kulturgut" zu erhalten. Mitglieder sind Privatpersonen und Unternehmen der verschiedensten Rechtsformen. Die Satzung des Vereins sieht vor, dass Änderungen der Satzung ausschließlich durch Rechtsverordnung der Evangelisch-Lutherischen Kirchengemeinschaft in den Ländern der Bundesrepublik Deutschland (Augustana-Gemeinde), die nicht Vereinsmitglied ist, erfolgen können. Die X-AG, ein Mitglied des Vereins, schlägt eine Satzungsänderung vor, die von allen Mitgliedern befürwortet wird, die aber von der Evangelisch-Lutherischen Kirchengemeinschaft nicht per Rechtsverordnung übernommen wird. Über die Zulässigkeit der entsprechenden Satzungsbestimmung, welche der Evangelisch-Lutherischen Kirchengemeinschaft de facto ein Vetorecht einräumt, kommt es nun zum Streit. **Rn. 250** 226

Literatur: *Piper*, Virtuelle Mitgliederversammlungen bei Vereinen, NZG 2012, 735 ff.; *Poertzgen*, Vorstandshaftung wegen Insolvenzverschleppung, NZG 2010 772 ff.; *Reuter*, Zur Vereinsrechtsreform 2009, NZG 2009, 1368 ff.; *Schockenhoff*, Der Grundsatz der Vereinsautonomie. Inhalt und Geltung eines ungeschriebenen Tatbestandsmerkmals, AcP 193 (1993), 35 ff.

I. Die Gründung des Vereins

Die Gründung eines rechtsfähigen Vereins vollzieht sich in mehreren Stufen: 227

- zuerst wird ein Personenverband gegründet,
- der danach seine volle Rechtsfähigkeit, die Anerkennung als juristische Person, durch die Eintragung in das Vereinsregister erlangt.

1. Der Gründungsvertrag

Zunächst schließen diejenigen, die den Verein gründen wollen, einen Gründungsvertrag. Gegenstand des Gründungsvertrages ist die Einigung der Gründer 228

- über den Zusammenschluss zu einer Organisation, die der Erreichung eines bestimmten Zweckes dient, und
- über die Satzung, die ein Teil der Verfassung des Vereins ist.

Über die **Rechtsnatur dieses Gründungsvertrages** gehen die Meinungen auseinander. Dieser Streit ist nicht nur terminologischer Art, wenn man die Rechtsfolgen des Gründungsvertrages mit ins Auge fasst. Der Gründungsvertrag ist zwar ein Rechtsgeschäft, das durch den übereinstimmenden Willen aller Beteiligten zustande kommt und die Beteiligten bindet. Er ist jedoch kein gewöhnlicher Schuldvertrag, weil er auf die Schaffung eines von der Zugehörigkeit der Gründungsmitglieder unabhängigen, diese überdauernden Verbandes gerichtet ist. Der Gründungsvertrag ist Organisationsvertrag. Ist die Körperschaft erst einmal ins Leben gerufen worden, können eine Reihe von Regelungen, wie sie das Gesetz für den gewöhnlichen Schuldvertrag vorsieht, nicht mehr ohne weiteres auf den Gründungsvertrag angewandt werden. So können z.B. Vereinsmitglieder ihre Willenserklärungen, die sie beim Zustandekom- 229 men des Gründungsvertrages abgegeben haben, zwar anfechten, die Anfechtung wirkt aber nicht in der Weise, dass der gesamte Vertrag dadurch vernichtet wird. Nichtigkeitsgründe, die mit der Beitrittserklärung eines Mitgliedes verbunden sind, wie auch Anfechtungserklärungen der Gründer wirken stets nur für die Zukunft, führen also nicht zur rückwirkenden Auflösung des Vereins oder zum rückwirkenden Ausscheiden eines Gründers.

Beispiel: Vereinsgründer A ist vor Abschluss des Gründungsvertrages arglistig getäuscht worden. Die abgegebene Anfechtungserklärung wirkt, nachdem der Verein ins Leben gerufen ist, nur noch für die Zukunft. Ob die erfolgreiche Anfechtung lediglich zum Ausscheiden des betreffenden Mitgliedes oder zur Auflösung des Vereines für die Zukunft führt, ist im Zweifel gem. § 139 BGB zu entscheiden.

Entstanden ist der Verein mit dem Abschluss des Gründungsvertrages und dem Inkrafttreten der Satzung.

2. Die Eintragung in das Vereinsregister

230 Volle Verselbständigung zur juristischen Person (Rechtspersönlichkeit) erlangt der Verein mit der **Eintragung in das Vereinsregister** durch das Registergericht. Diese Eintragung darf nur erfolgen, wenn bestimmte Mindestvoraussetzungen erfüllt sind. Dazu zählen:

- die Gründung des Vereins in der oben dargestellten Art und Weise;
- die Bestellung eines Vorstandes für den Verein (§§ 26, 59 BGB);
- die Anmeldung des Vereins beim Registergericht (zuständiges Amtsgericht) durch den Vereinsvorstand mit öffentlich beglaubigter Erklärung (§ 77 BGB);
- die Beifügung der Satzung in Urschrift und Abschrift, die Namen, Zweck und Sitz des Vereins enthalten muss, und die Beifügung der Niederschrift über die Bestellung des Vorstandes (§ 59 Abs. 2 BGB).

231 Darüber hinaus **sollen** folgende Voraussetzungen vorliegen: Mindestens **7 Gründer** sollen vorhanden sein (§ 56 BGB) und die **Satzung unterschrieben** haben (§ 59 Abs. 3 BGB), die den in § 58 BGB aufgeführten **Mindestinhalt** haben soll. Das Registergericht prüft nach, ob der Verein nach den oben aufgeführten Kriterien eintragungsfähig ist. Es überprüft dabei auch, ob der Gründungsvertrag mit dem **Gesetz** und den **guten Sitten** vereinbar ist (§§ 134, 138 BGB). Gibt es keinen Grund zur Beanstandung, muss das Amtsgericht die Anmeldung der dafür zuständigen Landesbehörde – die Zuständigkeit ist nach Landesrecht geregelt – mitteilen.

232 Das deutsche Recht enthält keine Regelung darüber, dass ein rechtsfähiger Verein mit ausländischem Vereinsstatut und Sitz im Ausland, der diesen nach Deutschland verlegt, seine in dem ausländischen Staat erworbene Rechtspersönlichkeit hier fortsetzen kann. Mit anderen Worten, das deutsche Recht enthält keine Regelung über die grenzüberschreitende Verlegung des satzungsmäßigen Sitzes ins Inland. Nach deutschem Rechtsverständnis stellt sich die „Einwanderung" des ausländischen Vereins nicht als ein rein tatsächlicher Vorgang dar, sondern als ein Rechtsakt, der die zukünftige Zugehörigkeit des Vereins zur Rechtsordnung der Bundesrepublik Deutschland begründet. Deshalb wird zur Erlangung der Rechtsfähigkeit des Vereins in Deutschland des-

sen **Neugründung nach dem Recht des BGB** und die anschließende Eintragung in das Vereinsregister (§ 21 BGB) oder die Konzessionierung (§ 22 BGB) verlangt[1].

Der reine Idealverein kann sich auch nicht auf die Niederlassungsfreiheit nach Art. 43, 48 EGV (jetzt Art. 49, 54 AEU-Vertrag) berufen, da die sachliche Anwendbarkeit der sog. **Grundfreiheiten des Europäischen Gemeinschaftsrechts** eine ausgeübte wirtschaftliche Tätigkeit voraussetzt. Der Idealverein ist eben kein kommerzielles Unternehmen, es sei denn, er beschafft sich die für die Verfolgung gemeinnütziger Zwecke benötigten Mittel durch wirtschaftliche Aktivitäten, die entgeltlich erbracht werden, und jedenfalls mittelbar einem Erwerbszweck dienen[2]. **233**

II. Die Verfassung des rechtsfähigen Vereins

1. Begriff und Inhalt der Verfassung des Vereins

Als die Verfassung des Vereins ist die Summe der Regelungen zu verstehen, die den inneren Aufbau und das innere Verbandsleben – die Mitgliedschaft, das Verhältnis der Organe zueinander, die Auflösung, das Schicksal des Vermögens bei der Beendigung – sowie die äußere Gestaltung – wie Zweck, Name, Sitz des Vereins sowie die Vertretung – enthält. **234**

Die Verfassung setzt sich zusammen:
- aus den **zwingenden Vorschriften** des BGB über den Verein,
- aus der **Satzung**
- und aus den **dispositiven Vorschriften** des BGB, soweit die Satzung keine Bestimmungen trifft, die diese ersetzen.

Für den bürgerlich-rechtlichen Verein gilt der Grundsatz der **Vereinsautonomie**, der aus § 40 BGB abgeleitet wird[3]. Über den Inhalt der Vereinsautonomie besteht weitgehend Einigkeit: Sie ist die Befugnis der Verbände, ihre Struktur und ihre inneren Verhältnisse selbst zu gestalten; notwendiger Bestandteil ist die **Satzungsautonomie**, die durch die Mitgliederversammlung ausgeübt wird[4]. **235**

Letztlich werden dem Grundsatz der Vereinsautonomie zwei verschiedene, voneinander zu trennende Bedeutungen zugemessen:
- Der Verein soll die Freiheit genießen, seine eigenen Angelegenheiten unabhängig, d.h. ohne Fremdeinfluss, bestimmen zu können (**„Selbstbestimmungsrecht“**).
- Für die Ausübung dieser Freiheit soll, von zulässigen Delegationsmöglichkeiten abgesehen, die Mitgliederversammlung zwingend zuständig sein **(Gebot der „Letztzuständigkeit der Mitgliederversammlung“)**[5].

1 OLG Zweibrücken MDR 2006, 219 f.
2 OLG Zweibrücken MDR 2006, 219, 220.
3 Dazu *Schockenhoff*, AcP 193 (1993), 35 ff.
4 *Schockenhoff*, AcP 193 (1993), 35, 39 mit Nachw.
5 *Schockenhoff*, AcP 193 (1993), 35, 39 f.

Zwingende Vorschriften, die durch die Satzung weder ersetzt noch abgeändert werden können, sind: §§ 26, 27 Abs. 2, 28 Abs. 2, 29, 30, 31, 34, 35, 36, 37, 39, 41 BGB (s. § 40 BGB).

236 Soweit die Bestimmungen des Vereinsrechts dispositiv sind, können die Mitglieder eines Vereins sich grundsätzlich jede von ihnen gewünschte Ordnung geben. Diese Gestaltungsfreiheit findet ihre Grenze jedoch dort, wo die Privatautonomie allgemein endet; diese Grenzen ergeben sich insbesondere aus den §§ 134, 138, 242 und 826 BGB. Die Grenze des Erlaubten ist jedenfalls dann überschritten, wenn die Satzung den Verein so stark unter fremden Einfluss bringt, dass er zu einer eigenen selbstständigen Willensbildung nicht mehr in der Lage ist[6].

2. Die Rechtsnatur der Satzung

237 Über die Rechtsnatur der Satzung als Teil der Verfassung des Vereins besteht wie bei der Beurteilung der Rechtsnatur des Gründungsvertrages keine einhellige Meinung. Die **Rspr.**[7] geht davon aus, dass die Satzung zunächst zwar auf einem von den Gründern geschlossenen Vertrag beruht, nach der Entstehung des Vereins aber ein „unabhängiges rechtliches Eigenleben" erlangt, zur „körperschaftlichen Verfassung des Vereins" wird und fortan das rechtliche Wollen des Vereins als der Zusammenfassung seiner Mitglieder objektiviert.

Nach h.M.[8] beruht die Satzung zwar auf einem Rechtsgeschäft; sie ist jedoch nach ihrem Inkrafttreten nach den Grundsätzen zu behandeln, die für die Beurteilung objektiven Rechts anwendbar sind. Es gelten also die Grundsätze für die Auslegung von Gesetzen, nicht die für die Auslegung von Verträgen.

238 Ob die Satzung ihren rein rechtsgeschäftlichen Charakter beibehält oder nach den Grundsätzen für die Beurteilung objektiven Rechts zu behandeln ist, wird z.B. relevant bei der Frage, ob auf die Satzung § 139 BGB anwendbar ist oder nicht. Folgt man der h.M., ist § 139 BGB nicht anwendbar[9].

3. Der Inhalt der Satzung

a) Überblick

239 Die Satzung eines Vereins muss einen Mindestinhalt aufweisen. Aus ihr müssen der **Zweck** des Vereins, sein **Name** und sein **Sitz** entnommen werden können. Es muss aus ihr auch hervorgehen, dass der Verein eingetragen werden soll (§ 57 BGB).

Außerdem soll die Satzung eine Reihe weiterer Bestimmungen enthalten (§ 58 BGB), nämlich solche

- über den Eintritt und Austritt von Mitgliedern,
- über die Frage, ob und ggf. welche Beiträge die Mitglieder zu leisten haben,

---

6 OLG Frankfurt OLGZ 1982, 309 f.
7 U.a. BGHZ 47, 172, 177 ff.
8 U.a. BGHZ 13, 5, 11; 21, 370, 373; 47, 172, 179.
9 BGHZ 47, 172, 178 ff.

- über die Bildung des Vorstandes,
- über die Voraussetzungen, unter denen die Mitgliederversammlung zu berufen ist,
- über die Form der Berufung der Mitgliederversammlung und
- über die Beurkundung der Beschlüsse.

b) Inhaltskontrolle

Das **Registergericht** prüft vor der Eintragung, ob die in §§ 57 und 58 BGB aufgeführten Voraussetzungen vorliegen. Es prüft auch, ob im Übrigen zwingende Rechtsvorschriften verletzt worden sind, die zur Nichtigkeit der Satzung führen können. Unerheblich ist, ob das Gericht die Satzung für unzweckmäßig oder unklar hält.[10] Wegen der Satzungsautonomie unterliegen der Prüfungsbefugnis des Registergerichts solche Bestimmungen der Satzung nicht, die lediglich vereinsinterne Bedeutung haben.[11] 240

Ob darüber hinaus Vereinssatzungen einer **richterlichen Inhaltskontrolle** unterworfen werden können, ist umstritten[12]. Der **BGH**[13] hat eine richterliche Inhaltskontrolle gem. § 242 BGB jedenfalls im Hinblick auf solche verbandsinternen Normen bejaht, die die Rechtsstellung in denjenigen Vereinen und Verbänden regeln, die im wirtschaftlichen oder sozialen Bereich eine überragende Machtstellung innehaben.

Auf Vereinssatzungen finden gem. § 310 BGB die Vorschriften über Allgemeine Geschäftsbedingungen (§§ 305 ff. BGB) keine Anwendung.

III. Die Organe des Vereins

1. Überblick

Der Verein muss jedenfalls zwei Organe haben: die Mitgliederversammlung und den Vorstand. Weitere Organe können gebildet werden. Sie sind vom Gesetz jedoch nicht zwingend vorgeschrieben. 241

Beispiel: Die Satzung eines Vereins kann vorsehen, dass ein „Ältestenrat" oder „Beirat" zu bilden ist, zu dessen Aufgaben u.a. die Ausübung der „Vereinsstrafgewalt" (die Verhängung von Strafen, wie Geldbußen, Ausschluss aus dem Verein etc.) nach Maßgabe der Satzung gehören soll.

2. Die Mitgliederversammlung

a) Funktion und Aufgaben

Man kann die Mitgliederversammlung als das oberste Organ des Vereins bezeichnen, weil sie über alle Angelegenheiten zu entscheiden hat, deren Besorgung nicht durch Gesetz oder Satzung dem Vorstand übertragen ist (§ 32 BGB). Sie führt ihre Entscheidungen nicht selbst aus. Diese Aufgabe obliegt dem Vorstand, dem auch die 242

10 OLG Hamm NJW-RR 1995, 119.
11 OLG Hamm NZG 2010, 114.
12 Zum Streitstand *K. Schmidt*, Gesellschaftsrecht, § 5 III 4.
13 BGHZ 105, 306.

Vertretung des Vereins nach außen zusteht. Die Mitgliederversammlung ist unter den im Gesetz oder in der Satzung genannten Voraussetzungen auch zur Satzungsänderung befugt.

Aus § 40 BGB ergibt sich, dass der Verein bei der Ausgestaltung seiner Binnenstruktur grundsätzlich frei ist. Da § 32 BGB dispositives Recht enthält (§ 40 BGB), sind auch **virtuelle Mitgliederversammlungen** zulässig.[14] Die Mitgliederversammlung muss über die in der Satzung genannten Fälle hinaus einberufen werden,

- wenn das Interesse des Vereins das erfordert (§ 36 BGB) oder
- der durch die Satzung bestimmte Teil oder, falls eine solche Bestimmung fehlt, eine Minderheit von 10 % der Mitglieder dies unter Angabe des Zweckes und der Gründe fordert (§ 37 Abs. 1 BGB).

b) Beschlussfassung

243 Die Mitgliederversammlung trifft ihre Entscheidungen durch **Beschlussfassung**, d.h. durch Stimmabgabe der Mitglieder und Feststellung des Ergebnisses. Bei der Beschlussfassung entscheidet die Mehrheit der abgegebenen Stimmen (§ 32 Abs. 1 S. 3 BGB). Damit ist klargestellt, dass Stimmenthaltungen nicht als Nein-Stimmen zu werten sind. Die Satzung kann – da es sich bei § 32 BGB gem. § 40 BGB um dispositives Recht handelt – festlegen, wie viele Stimmen ein Mitglied hat und welche Art von Mehrheit für bestimmte Entscheidungen maßgeblich sein soll. Für **Satzungsänderungen** verlangt § 33 Abs. 1 S. 1 BGB eine Mehrheit von 3/4 der abgegebenen Stimmen, zur **Änderung des Zweckes** des Vereins ist im Grundsatz die Zustimmung aller Mitglieder erforderlich (§ 33 Abs. 1 S. 2 BGB). Auch insoweit kann die Satzung aber gem. § 40 S. 1 BGB eine abweichende Regelung treffen.

c) Fehlerhafte Beschlüsse

244 Fehlerhafte Beschlüsse der Mitgliederversammlung sollen nach der noch **h.M.**[15] ipso jure nichtig bzw. unwirksam sein. Die Nichtigkeit ist durch Feststellungsklage gem. § 256 ZPO geltend zu machen, nachdem die vereinsinternen Rechtsbehelfe ausgeschöpft sind[16]. Eine Unterscheidung zwischen nichtigen Beschlüssen – etwa wegen Verstoßes gegen die §§ 134, 138 BGB – einerseits und lediglich anfechtbaren Beschlüssen andererseits, wie sie im Aktienrecht in den §§ 241 ff. AktG, die auf die GmbH entsprechend anwendbar sind, geregelt ist, ist im Vereinsrecht noch nicht anerkannt (vgl. zur Anwendung der §§ 241 ff. AktG Rn. 659 ff. und 785 f.). Der **BGH**[17] hat eine entsprechende Anwendung der §§ 241 ff. AktG auf Vereinsbeschlüsse verneint, jedenfalls soweit sie eine Anfechtungsklage vorsehen. Mit Recht fordert *K. Schmidt*[18], auf Beschlüsse des Vereins wie bei der GmbH die §§ 241 ff. AktG analog anzuwenden. Seine Begründung dafür, der Verein sei schließlich ein parteifähiger Verband mit einem auf Mehrheitsbeschlüsse angelegten Willensbildungsorgan, ver-

14 OLG Hamm NZG 2012, 189 ff.; zustimmend *Piper*, NZG 2012, 735 ff.
15 BGHZ 59, 369, 372.
16 Palandt/*Heinrichs*, BGB, § 32 Rn. 9.
17 BGHZ 59, 369 ff.
18 Gesellschaftsrecht, § 24 III 3 f.

mag zu überzeugen. Hinzu kommt, dass auch im Hinblick auf Vereinsbeschlüsse das Bedürfnis vorhanden ist, zwischen nichtigen Beschlüssen einerseits und nur anfechtbaren Beschlüssen andererseits zu unterscheiden.

3. Der Vorstand

a) Aufgabenbereich

Der von der Mitgliederversammlung durch Beschluss bestellte Vorstand besteht in der Regel aus mehreren Personen. Er ist das Geschäftsführungs- und Vertretungsorgan des Vereins. Er vertritt diesen gerichtlich und außergerichtlich (§§ 26 ff. BGB). Handlungen und Willensäußerungen des Vorstandes sind die des Vereins. Grundsätzlich ist der Umfang der Vertretungsmacht des Vorstandes gem. § 26 Abs. 2 S. 1 BGB unbeschränkt; er kann allerdings gem. § 26 Abs. 2 S. 2 BGB mit Wirkung gegen Dritte durch die Satzung beschränkt werden. Eine entsprechende Bestimmung in der Satzung muss allerdings eindeutig die Beschränkung der Vertretungsmacht des Vorstandes erkennen lassen[19]. **245**

Häufig ist es zweckmäßig, in die Satzung Bestimmungen über die Art und Weise der Beschlussfassung im Vorstand aufzunehmen und – je nach Art des Vereins – den Vorstandsmitgliedern bestimmte Aufgabengebiete zuzuweisen. Diese Fragen können jedoch auch durch eine Geschäftsordnung für den Vorstand geregelt werden. **246**

Beispiel: Der Vorstand eines Sportvereins kann nach der Satzung z.B. aus dem ersten Vorsitzenden und dessen Stellvertreter, dem Schatzmeister, dem Sportwart und dem Jugendbeauftragten bestehen.

b) Die Haftung des Vorstandes gegenüber dem Verein

Auf die Geschäftsführung des Vorstandes finden die §§ 664 bis 670 BGB über den **Auftrag** Anwendung (§ 27 Abs. 3 BGB). Für die Verletzung von Pflichten, die sich aus dem organschaftlichen Rechtsverhältnis zwischen Verein und Vorstand ergeben können, haften die Vorstandsmitglieder dem Verein gegenüber aus § 280 BGB für den daraus erwachsenden Schaden. Daneben können auch Ansprüche aus unerlaubter Handlung entstehen. Der Haftungsmaßstab ergibt sich grundsätzlich aus § 276 BGB. Jedoch ist eine beschränkte Vorstandshaftung durch § 31a BGB eingeführt worden. Vorstandsmitglieder, die unentgeltlich tätig sind oder für ihre Tätigkeit eine Vergütung erhalten, die jährlich 840 € nicht übersteigt, haften dem Verein für einen in Wahrnehmung von Vorstandsaufgaben verursachten Schaden nur bei Vorliegen von Vorsatz oder grober Fahrlässigkeit. **247**

Beispiel: Vorstandsmitglied A, welches die Aufgaben eines Kassenwartes ehrenamtlich wahrzunehmen hat und in dieser Eigenschaft auch für die Bezahlung von Rechnungen zuständig ist, vergisst es wegen starker beruflicher Inanspruchnahme, eine Handwerkerrechnung in Höhe von 23 000 € rechtzeitig zu begleichen. Der Handwerker macht zu Recht einen Verzugsschaden in Höhe von 345 € dem Verein gegenüber geltend. Diesen Schaden könnte der Verein von A gem. § 280 BGB ersetzt verlangen, es sei denn A hat, wovon hier auszugehen ist, nur leicht fahrlässig gehandelt (§ 31a BGB).

---

19 BGH WM 1980, 1170 f.; teilweise großzügiger BGH NJW 2021, 2036, 2040 Rn. 38 mit krit. Besprechung von *Uffmann*, NJW 2021, 3085 ff.

248 Bei Zahlungsunfähigkeit oder Überschuldung des Vereins hat der Vorstand die Eröffnung des **Insolvenzverfahrens** zu beantragen. Versäumt der Vorstand dies, so haftet er dem Verein gegenüber aus § 280 BGB auf Ersatz des dadurch entstandenen Schadens. Den Gläubigern gegenüber ist er aus § 42 Abs. 2 S. 2 BGB unmittelbar für den daraus entstehenden Schaden verantwortlich[20].

c) Die Haftung des Vereins für zum Schadenersatz verpflichtende Handlungen seiner Organe

249 Der Verein ist zum Ersatz derjenigen Schäden verpflichtet, die seine Organe in Ausführung einer ihnen zustehenden Verrichtung durch zum Schadensersatz verpflichtende Handlungen einem Dritten zugefügt haben (§ 31 BGB). Da diese Regelung jede Möglichkeit der Entlastung, wie sie etwa § 831 BGB zulässt, ausschließt, wird der Verein durch § 31 BGB so gestellt, als ob er die zum Schadensersatz verpflichtende Handlung selbst begangen hätte[21].

§ 31 BGB allein ist **keine Anspruchsgrundlage**. Er erlegt nur dem Verein die Schadensersatzpflichten auf, die nach anderen Vorschriften der Person oder den Personen entstanden wären, wenn diese für sich und nicht als Organ für den Verein gehandelt hätten. Eine Schadensersatzpflicht des Vereins für Handlungen seiner Organe entsteht also über § 31 BGB nur in Verbindung mit anderen Anspruchsgrundlagen, seien sie vertraglicher Art, wie z.B. § 280 BGB, oder aus dem Deliktsbereich, wie z.B. §§ 823 ff. BGB[22].

Beispiel: Das dafür zuständige Vorstandsmitglied zahlt den Kaufpreis aus einem Kaufvertrag nicht, der zwischen dem Verein und V zustande gekommen ist. V entsteht dadurch ein Verzugsschaden, den er gem. §§ 280, 286 BGB i.V.m. § 31 BGB von dem Verein fordern kann.

Dem § 31 BGB kommt über den Bereich des eingetragenen Vereins hinaus große Bedeutung zu, weil er auf alle juristischen Personen und auch auf die BGB-Gesellschaft, die OHG und die KG entsprechend angewandt wird.

250 **Lösung zu Fall 19:** Fraglich ist, ob die Klausel in der Satzung des Vereins, nach der Änderungen der Satzung ausschließlich durch Rechtsverordnung der Evangelisch-Lutherischen Kirchengemeinschaft in den Ländern der Bundesrepublik Deutschland (Augustana-Gemeinde) erfolgen können, gegen den Grundsatz der Vereinsautonomie verstößt, was als Rechtsfolge die Nichtigkeit bewirken könnte. Für den bürgerlich-rechtlichen Verein gilt der Grundsatz der **Vereinsautonomie**, der als ungeschriebenes Tatbestandsmerkmal aus § 40 BGB abgeleitet wird. Vereinsautonomie bedeutet, dass Verbände, also auch die Vereine befugt sind, ihre Struktur und ihre inneren Verhältnisse selbst zu gestalten; notwendiger Bestandteil ist die **Satzungsautonomie**, die durch die Mitgliederversammlung ausgeübt wird. Aus dem Grundsatz der Vereinsautonomie wird abgeleitet:

- Der Verein soll die Freiheit genießen, seine eigenen Angelegenheiten unabhängig, d.h. ohne Fremdeinfluss, bestimmen zu können („Selbstbestimmungsrecht").

20 S. dazu *Poertzgen*, NZG 2010, 772 ff.
21 So die h.M.: RGZ 128, 162, 169; BGH NJW 1952, 537 f.
22 BGHZ 90, 92, 95.

– Für die Ausübung dieser Freiheit soll, von zulässigen Delegationsmöglichkeiten abgesehen, die Mitgliederversammlung zwingend zuständig sein (Gebot der „Letztzuständigkeit der Mitgliederversammlung“)[23].

Die Gestaltungsfreiheit findet ihre Grenze jedoch dort, wo die Privatautonomie allgemein endet; diese Grenzen ergeben sich insbesondere aus den §§ 134, 138, 242 und 826 BGB. Die Grenze des Erlaubten ist jedenfalls dann überschritten, wenn die Satzung den Verein so stark unter fremden Einfluss bringt, dass er zu einer eigenen selbstständigen Willensbildung nicht mehr in der Lage ist[24]. Durch die hier in Frage stehende Satzungsbestimmung ist die Möglichkeit einer eigenen Willensbildung nicht nur zugunsten eines Dritten eingeschränkt, was nach Auffassung mancher[25] zulässig wäre; vielmehr wird durch die entsprechende Satzungsbestimmung dem Verein die Möglichkeit entzogen, sein Recht selbst zu setzen. Darin ist ein Verstoß gegen den im Vereinsrecht bestehenden Grundsatz der Vereins- und Satzungsautonomie zu sehen. Die Satzungsbestimmung verstößt infolgedessen gegen § 138 Abs. 1 BGB. Sie ist nichtig.

§ 12 Die Mitgliedschaft

Fall 20: Der Vorstand des Tennisvereins Rot-Weiß X – bestehend aus A, B und C sowie dem geflüchteten Kassierer K – stellt fest, dass der Verein überschuldet ist, nachdem der Kassierer des Vereins K die Kasse geplündert hat und geflüchtet ist. Der Vorstand beschließt, bald die Eröffnung des Insolvenzverfahrens zu beantragen, vorher aber noch ein großes Fest zu feiern, um bei dieser Gelegenheit den Mitgliedern das Ende des Vereins zu eröffnen. A, B und C mieten für den festlichen Abend im Namen des Vereins bei V einen Saal an; ebenfalls im Namen des Vereins schließen sie einen Vertrag mit einer Rock- und Jazzband, die für die musikalische Umrahmung sorgen und als Tanzband aufspielen soll. Bei dem Cateringunternehmen Z bestellen die Vorstandsmitglieder – ebenfalls im Namen des Vereins – Essen und Getränke für 200 Personen. Nachdem das Fest den üblichen Verlauf genommen hat, teilt A den entsetzten Mitgliedern mit, dass nicht nur das Fest, sondern auch der Verein am Ende sei. 251

V möchte wissen, ob er von den Mitgliedern des Vereins oder von den Vorstandsmitgliedern die Saalmiete (1 000 €) verlangen kann. **Rn. 269**

Literatur: *Bartodziej*, Ansprüche auf Mitgliedschaft in Vereinen und Verbänden, ZGR 1991, 517 ff.; *Benecke*, Der Ausschluss aus dem Verein. Zum Konflikt zwischen Vereinsautonomie und Individualinteresse, WM 2000, 1173 ff.; *Bötticher*, Wesen und Arten der Vertragsstrafe sowie deren Kontrolle, ZfA 1970, 3 ff., 44 ff.; *Gehrlein*, Gerichtlicher Prüfungsmaßstab für die Wirksamkeit von Vereinsausschlüssen, ZIP 1997, 1912 ff.; *Grunewald*, Vereinsaufnahme und Kontrahierungszwang, AcP 182 (1982), 181 ff.; *Hofmeister*, Zivilrechtliche Sanktionen bei unrechtmäßig eingetragenen Wirtschaftsvereinen, ZIP 2009, 161 ff.; *Nicklisch*, Der verbandsrechtliche Aufnahmezwang und die Inhaltskontrolle satzungsmäßiger Ausnahmevoraussetzungen, JZ 1976, 105 ff.; *Reuter*, Der Ausschluss von dem Verein, NJW 1987, 2401 ff.; *K. Schmidt*, Die Vereinsmitgliedschaft als Grundlage von Schadensersatzansprüchen, JZ 1991, 157 ff.

23 *Schockenhoff*, AcP 193 (1993), 35, 39 f.
24 OLG Frankfurt OLGZ 1982, 309 f.
25 KG OLGZ 1974, 385, 389; MünchKomm-BGB/*Reuter*, § 33 Rn. 17 ff.

I. Der Begriff der Mitgliedschaft

252 Die Mitgliedschaft ist der Inbegriff der Rechte und Pflichten, die sich aus den **Rechtsbeziehungen** zwischen dem Verein und seinen Mitgliedern ergeben. Die Mitgliedschaft in einem Verein ist personenrechtlich geprägt. Daraus folgt, dass sie **nicht übertragbar** und **nicht vererblich** ist und ihre Ausübung auch nicht anderen überlassen werden kann (§ 38 BGB). Anders ist dies bei den Kapitalgesellschaften, d.h. die fehlende Übertragbarkeit der Mitgliedschaft ist nicht typisches Charakteristikum des Rechtsinstituts der Mitgliedschaft, ganz im Gegenteil.

Unter **Mitgliedschaft** im Verein sind üblicherweise zwei streng voneinander zu unterscheidende Rechtsinstitute zu verstehen:
- die Mitgliedschaft als **subjektives Recht**
- und die Mitgliedschaft als **Sonderrechtsbeziehung**[1].

Als subjektives Recht ist die Mitgliedschaft durch § 823 Abs. 1 BGB geschützt. Sie wird als sonstiges Recht i.S.d. § 823 Abs. 1 BGB angesehen, dessen Verletzung Schadensersatzansprüche nach deliktischen Grundsätzen auslösen kann[2]. Als Sonderrechtsbeziehung besteht die Mitgliedschaft „mit den aus ihr fließenden spezifischen Rechten und Pflichten" zwischen dem Verein und seinen Mitgliedern[3].

II. Die Rechte und Pflichten aus der Mitgliedschaft

1. Die Rechte

253 Aus der Mitgliedschaft ergeben sich in der Regel für das Mitglied gegenüber dem Verein folgende Rechte:
- das Recht auf Teilnahme an der Vereinsverwaltung mit **Stimmrecht** und aktivem und passivem **Wahlrecht** zu den Ämtern des Vereins;
- das Recht, an den **Veranstaltungen** des Vereins teilzunehmen;
- das Recht, die vom Verein zum Gebrauch für die Vereinsmitglieder bestimmten **Sachen zu benutzen**.

Beispiel: Die Mitglieder eines Tennisvereins haben das Recht, die Plätze des Vereins zum Tennisspielen zu benutzen und das Clubhaus aufzusuchen.

254 Außerdem hat jedes Vereinsmitglied aus der Sonderrechtsbeziehung gegenüber dem Verein einen Anspruch darauf, dass der Vorstand seine Mitgliedschaftsrechte nicht verletzt. Geschieht dies dennoch, so begründet das wegen einer Pflichtverletzung gem. § 280 BGB Schadensersatzpflichten, für die der Verein i.V.m. § 31 BGB haftet[4].

1 *K. Schmidt*, JZ 1991, 157, 161.
2 BGHZ 110, 323, 327 ff.
3 BGHZ 110, 323, 324.
4 BGHZ 90, 92, 95.

Beispiel[5]**:** Der Vorstand schließt ein Vereinsmitglied aus dem Verein aus, obwohl dafür nach der Satzung die Mitgliederversammlung zuständig wäre. Dem Mitglied entsteht ein Schaden in Gestalt von Anwaltskosten, weil es seine Rechte wahrnimmt und sich gegen den Ausschluss zur Wehr setzt. Diesen Schaden kann das Mitglied gem. § 280 BGB i.V.m. § 31 BGB vom Verein ersetzt verlangen, soweit der rechtswidrige Entzug der Mitgliedschaft schuldhaft erfolgt ist. Daneben entsteht noch ein Anspruch aus § 823 Abs. 1 i.V.m. § 31 BGB, weil das Mitgliedschaftsrecht als ein sonstiges Recht im Sinne des § 823 Abs. 1 BGB anzusehen ist[6].

Auch für den Verein gilt der verbandsrechtliche Grundsatz der **Gleichbehandlung** 255
der Mitglieder, der allerdings nicht zwingend ist, sondern zur Disposition der Vereinsautonomie steht[7]. Deshalb können durch die Satzung einzelnen Mitgliedern oder Gruppen von Mitgliedern **Sonderrechte eingeräumt** werden, die, sind sie einmal eingeräumt, nicht ohne Zustimmung der begünstigten Mitglieder beeinträchtigt oder gar entzogen werden können (§ 35 BGB).

Zu solchen Sonderrechten gehören z.B.:

- mehrfaches Stimmrecht in der Mitgliederversammlung;
- dauernder Sitz im Vorstand des Vereins;
- ganze oder teilweise Befreiung von der Beitragspflicht.

Beispiel: Die Satzung eines Sportvereins sieht vor, dass Jugendliche unter 18 Jahren und Studenten nur die Hälfte des Geldbetrages als jährlichen Beitrag zu leisten haben, den die übrigen Mitglieder zahlen müssen, dafür aber auf der Mitgliederversammlung kein Stimmrecht haben.

2. Die Pflichten

Zu den aus der Mitgliedschaft erwachsenden Verpflichtungen können gehören: 256

- die Pflicht, **Beiträge** zu leisten;
- die Pflicht, an Versammlungen und anderen Veranstaltungen des Vereins **teilzunehmen**;
- die Verpflichtung, **Ämter** im Verein zu übernehmen.

Aus der oben bezeichneten Sonderrechtsbeziehung zwischen dem Verein und dem Mitglied erwachsen für beide Seiten **Treuepflichten**. Der BGH[8] geht davon aus, dass aus der Mitgliedschaft als Sonderrechtsbeziehung (s. Rn. 252) für Verein und Mitglied Treuepflichten erwachsen, die nicht nur Obliegenheiten, sondern echte Rechtspflichten sind und den Beteiligten nach „dem allgemeinen Grundsatz des § 242 BGB erhöhte Treue- und Förderpflichten" auferlegen.

5 Nach BGHZ 90, 92, 95.
6 BGHZ 110, 323; vgl. dazu *K. Schmidt*, JZ 1991, 157, 161 f.
7 *Kübler/Assmann*, § 10 IV 3.
8 BGHZ 110, 323, 330.

III. Der Erwerb der Mitgliedschaft

1. Überblick

257 Die Mitgliedschaft wird, wenn das Mitglied nicht schon zu den Gründern gezählt hat, durch Eintritt in den Verein unter den Voraussetzungen, die die Satzung festlegen soll, erworben (§ 58 Ziff. 1 BGB). Meist vollzieht sich der Erwerb der Mitgliedschaft so, dass der Eintrittswillige seine Bereitschaft zum Eintritt erklärt, der Vorstand als das von der Satzung dafür bestimmte Organ über die Aufnahme beschließt und nach einem positiven Beschluss dem Eintrittswilligen gegenüber eine entsprechende Erklärung abgibt. Bei dem Eintritt in einen Verein auf die geschilderte Art und Weise handelt es sich um ein **Rechtsgeschäft**, und zwar um einen **Vertrag**, der auf die Begründung eines Rechtsverhältnisses abzielt. Ein solcher den Beitritt begründender Vertrag kann auch durch konkludentes Verhalten zustande kommen. Auf das Vorliegen eines Beitrittswillen kommt es dabei nicht an, wenn das Verhalten der betreffenden Person keinen Zweifel darüber zulässt, dass sie Mitglied des Vereins werden möchte.[9]

Beispiel: Ohne ausdrücklich mit dem „Sportfreunde-D e.V." einen Vertrag abgeschlossen zu haben, zahlt A seit dem 1.1.2014 den erforderlichen Beitrag, nimmt am Vereinsleben teil und stimmt in der Mitgliederversammlung, zu der er geladen war, ab. Hier kann kein Zweifel daran bestehen, dass A Mitglied des Vereins werden wollte. Der Aufnahmevertrag ist konkludent geschlossen worden.

Durch die Satzung kann bestimmt werden, dass neue Vereinsmitglieder nur aufgenommen werden können, wenn sie bestimmte Voraussetzungen erfüllen, wie z.B. die Zugehörigkeit zu einer bestimmten Berufsgruppe oder ein Mindestalter erreicht haben.

Beispiel: Ein „Verein der Filmfreunde e.V." legt in seiner Satzung fest, dass Mitglieder nur Personen werden können, die volljährig sind.

Nach § 38 BGB kann die Mitgliedschaft in einem Verein nicht übertragen und nicht vererbt werden. Wenn also z.B. A seine Mitgliedschaft auf B übertragen möchte, so ist eine Abtretung der Mitgliedschaft wegen § 38 S. 1 BGB nicht möglich. Falls B anstelle von A Vereinsmitglied werden will, muss A aus dem Verein austreten und B muss durch Abschluss eines entsprechenden Vertrages mit dem Verein in denselben eintreten.

2. Besteht ein Anspruch auf Aufnahme in einen Verein?

258 Da die Aufnahme in einen Verein durch den Abschluss eines Vertrages geschieht (vgl. Rn. 257), führt die Frage nach der Verpflichtung zur Aufnahme neuer Mitglieder zu der weiteren Frage, ob **Kontrahierungszwang** besteht[10]. Grundsätzlich besteht **kein subjektives Recht des Einzelnen** darauf, in einen bestimmten Verein aufgenommen zu werden. Ein solcher Anspruch kann auch nicht aus dem Grundgesetz (Art. 9 Abs. 3 GG) abgeleitet werden. Nicht nur die einzelne Person kann eine privatautonome Entscheidung darüber treffen, in welchem Verein sie Mitglied werden

9 BGHZ 105, 306, 313; BGH NZG 2011, 35, 36.
10 *Grunewald*, AcP 182 (1982), 181, 185.

möchte; auch die Vereine können grundsätzlich frei darüber entscheiden, wen sie als Mitglied aufnehmen möchten[11].

Der **BGH**[12] vertritt unter Anwendung von § 826 BGB und in Anlehnung an die Tatbestandselemente von § 20 GWB die Auffassung, dass ein Verein zur Aufnahme verpflichtet sein kann, wenn der Verein eine **Monopolstellung** einnimmt und die Ablehnung einer Aufnahme auch dann, wenn sie in einer von der Satzung vorgesehenen Art und Weise geschieht, im Verhältnis zu den bereits aufgenommenen Mitgliedern sachlich nicht gerechtfertigt ist und zu einer ungleichen Behandlung und unbilligen Benachteiligung eines die Aufnahme beantragenden Bewerbers führt. **259**

Beispiel: Der Sportverein „Sportfreunde e.V." mit Sitz in B begehrt die Aufnahme in den örtlichen Sportverband, einem Zusammenschluss von Sportvereinen in B in der Rechtsform des eingetragenen Vereins, dessen Zweck in der Pflege und Förderung des Sports auf gemeinnütziger Grundlage besteht, insbesondere der Unterstützung der Mitglieder gegenüber Behörden und Verbänden bei der Beschaffung von Turn- und Sportplätzen und der Abhaltung sportlicher Wettbewerbe. Dem Vorstand des Sportverbandes gehören u.a. der Oberbürgermeister und der Vorsitzende des Sportamtes der Stadt als beratende Mitglieder an. Aufgrund seiner überragenden Machtstellung (Monopolstellung) im sozialen Bereich auf örtlicher Ebene unterliegt der Sportverband bzgl. des Sportvereins „Sportfreunde e.V." einem Aufnahmezwang. Seine Nichtaufnahme würde im Verhältnis zu den Sportvereinen, die bereits Mitglied sind, zu einer sachlich nicht gerechtfertigten ungleichen Behandlung und unbilligen Benachteiligung führen.

Der **BGH**[13] hält es darüber hinaus auch für möglich, dass ein Aufnahmezwang für solche Vereinigungen entstehen kann, die keine Monopolstellung erlangt haben, die aber eine **erhebliche wirtschaftliche und soziale Machtstellung** besitzen, und der Bewerber zur Verfolgung oder Wahrung wesentlicher Interessen auf die Mitgliedschaft angewiesen ist[14]. Diese Regeln, nach denen bestimmte Vereinigungen einem Aufnahmezwang für beitrittswillige Bewerber ihres Wirkungskreises unterworfen sind, hat der BGH[15] auch auf Gewerkschaften, insbesondere die IG Metall, angewandt. **260**

Beispiel: Der Maschinenschlosser M stellt einen Antrag auf Aufnahme als Mitglied in der IG Metall. Für die Gewerkschaft besteht insoweit ein Aufnahmezwang, da die IG Metall eine schlechthin überragende Machtstellung unter den Gewerkschaften einnimmt. M ist als Metall-Arbeitnehmer auf die Mitgliedschaft angewiesen, wenn er im sozialen Bereich angemessen und schlagkräftig repräsentiert sein will.

Der **BGH**[16] stützt einen **Anspruch** derjenigen Personen, die in einen Verein oder Verband als Mitglied aufgenommen werden möchten, letztlich auf **§ 826 BGB**. Dies ist, abgesehen davon, dass die relativ hohe Verschuldensschwelle oder die Frage nach der Sittenwidrigkeit Schwierigkeiten bereiten kann, schon deswegen bedenklich, weil es nicht um irgendeine Art der Schadenskompensation geht[17].

11 *Kübler/Assmann*, § 34 III.
12 BGHZ 63, 282, 284 ff.; 93, 151; BGH NJW 1999, 1326 ff.
13 WM 1979, 1114.
14 *Nicklisch*, JZ 1976, 105 ff.
15 BGHZ 93, 151.
16 BGHZ 63, 282, 285; 93, 151, 153.
17 So zu Recht *Bartodziej*, ZGR 1991, 517, 519.

261 Keinesfalls darf allerdings ein Aufnahmezwang – gestützt auf die Monopolstellung, eine ihr gleichkommende Machtstellung oder soziale Stellung – eine Vereinigung treffen, die allein oder überwiegend die Förderung der Geselligkeit ihrer Mitglieder zum Ziele hat. Dies muss auch dann gelten, wenn diese Vereinigung die Einzige ihrer Art ist und die Mitgliedschaft ein gewisses Geltungsbedürfnis befriedigt[18]. Eine andere Lösung wäre ein unzulässiger Eingriff in die geschützte und allgemein anerkannte **Verbandsautonomie**[19].

Beispiel: Der in Hagen wohnhafte Orchideenzüchter O möchte Mitglied des dort ansässigen und einzigen Orchideenzüchtervereins werden. Hier besteht keine Pflicht zur Aufnahme des O als Mitglied, wenn der Verein im rein gesellschaftlichen Bereich tätig ist und O – objektiv betrachtet – auf die Mitgliedschaft im Orchideenzüchterverein nicht angewiesen ist.

IV. Der Verlust der Mitgliedschaft

262 Die Mitgliedschaft endet, wenn nicht durch Tod, in der Regel durch **Austritt** aus dem Verein. Die Satzung kann bestimmen, dass der Austritt nur zum Schluss eines Geschäftsjahres oder nach dem Ablauf einer Kündigungsfrist möglich ist (§ 39 Abs. 2 BGB). Darüber hinaus hat jedes Mitglied das Recht, die Mitgliedschaft fristlos aus wichtigem Grund zu kündigen[20].

V. Vereinsstrafen und Ausschluss von Mitgliedern

263 Es besteht Einigkeit darüber, dass der Verein zulässigerweise die Möglichkeit hat, Mitglieder auszuschließen, wenn dies in der Satzung vorgesehen ist und ein satzungsgemäßer Ausschließungsgrund vorliegt. Darüber hinaus ist es dem Verein auch möglich, ein Mitglied auszuschließen, wenn die Satzung eine entsprechende Regelung nicht enthält, aber ein **wichtiger Grund** vorliegt, etwa eine grobe Pflichtverletzung gegenüber dem Verein. Der wirksame Ausschluss beendet die Mitgliedschaft durch einseitigen Gestaltungsakt des Vereins. Da der Ausschluss in der Regel mit Handlungen begründet wird, die mit dem Vorwurf des vereinsschädigenden Verhaltens oder sonst zu missbilligenden Handelns verbunden werden, trägt der Ausschluss fast stets den Charakter einer **Vereinsstrafe**. Deshalb müssen für den Ausschluss aus dem Verein grundsätzlich dieselben Regeln gelten wie für die Vereinsstrafe.

264 Im **Schrifttum** wird allerdings auch die Auffassung vertreten, der Ausschluss aus dem Verein sei stets eine Kündigung des Mitgliedschaftsverhältnisses, die als ordentliche nur mit, als außerordentliche auch ohne satzungsmäßige Grundlage zulässig sei. Die überwiegende Meinung erkennt allerdings ein Nebeneinander von strafweisem und kündigungsweisem Ausschluss an[21].

---

18 So zutreffend BGH WM 1979, 1114.

19 So i.E. auch *K. Schmidt*, JuS 1980, 145; grundlegend zum Problemkreis Aufnahmegebot und Vereinigungsfreiheit *Wiedemann*, Bd. 1, § 12 I 3c.

20 RGZ 130, 375 ff.; BGH LM Nr. 2 zu § 39 BGB.

21 *Reuter*, NJW 1987, 2401, 2402 mit Nachw.

Als Vereinsstrafe kommt nicht nur der Ausschluss in Betracht. Vereinsstrafen sind darüber hinaus u.a.: **265**

- Rügen,
- Geldbußen,
- zeitweiliger Ausschluss von den Veranstaltungen des Vereins.

Die Satzung des Vereins kann vorsehen, dass ein Mitglied durch Beschluss des Vorstandes ausgeschlossen werden kann.

Beispiel: Die Satzung des Kleingärtnervereins „Gartenverein Weiter Blick e.V." enthält in § 10 folgende Regelung: „Ein Mitglied kann durch Beschluss des Vorstandes ausgeschlossen werden, wenn es das Ansehen oder die Interessen des Vereins schädigt, seinen Beitragsverpflichtungen nicht nachkommt oder aus einem anderen wichtigen Grund." Wenn das Vereinsmitglied A schon seit drei Jahren fällige Beiträge nicht gezahlt hat, kann der Vorstand, gestützt auf § 10 der Satzung, den A durch Beschluss ausschließen.

Der **BGH**[22] bejaht uneingeschränkt die Überprüfung der Rechtmäßigkeit der Ausschließung von Mitgliedern solcher Vereine und Verbände, die eine überragende Machtstellung im wirtschaftlichen oder sozialen Bereich innehaben, durch die staatlichen Gerichte.

VI. Keine Haftung der Mitglieder für Verbindlichkeiten des Vereins

Die Mitgliedschaft in einem rechtsfähigen Verein begründet **keine persönliche Haftung der Mitglieder** für die Verbindlichkeiten des Vereins. Der eingetragene Verein ist die Grundfigur der juristischen Person des Privatrechts. Deshalb gilt die auf juristische Personen anzuwendende Grundregel (vgl. Rn. 33), dass für die Verbindlichkeiten der juristischen Person den Gläubigern grundsätzlich nur das Vermögen der juristischen Person haftet. Es haften nicht die Mitglieder persönlich mit ihrem Privatvermögen; sie genießen das sog. Haftungsprivileg. Dieses Haftungsprivileg ist für andere juristische Personen, wie z.B. für die Aktiengesellschaft (§ 1 Abs. 1 S. 2 AktG) und die GmbH (§ 13 Abs. 2 GmbHG), gesetzlich verankert. Eine entsprechende gesetzliche Regelung fehlt für den eingetragenen Verein. Dennoch gilt die Regel, dass für Verbindlichkeiten eines eingetragenen Vereins nur dieser selbst mit seinem Vermögen, nicht aber die Vereinsmitglieder persönlich mit ihrem Privatvermögen haften[23]. **266**

Nach dieser Regel sind der eingetragene Verein auf der einen und die Gesellschafter auf der anderen Seite verschiedene Rechtspersönlichkeiten. Das bedeutet vermögensrechtlich, dass den Gläubigern der Gesellschaft nur das Gesellschaftsvermögen haftet, nicht aber auch das Privatvermögen der Gesellschafter (**Trennungsprinzip**). Eine Durchbrechung des Trennungsgrundsatzes soll ausnahmsweise dann zulässig sein, wenn die Ausnutzung der rechtlichen Verschiedenheit zwischen der juristischen Person und den hinter ihr stehenden natürlichen Personen missbräuchlich ist[24]. Eine darauf gestützte Haftung nennt man **Durchgriffshaftung**. **267**

---

22 BGHZ 102, 265.
23 BGHZ 54, 222; 78, 318.
24 BGHZ 175, 12 ff. mit Nachw.; dazu *Hofmeister*, ZIP 2009, 161 ff.

Durchgriff bedeutet Nichtanwendung des Trennungsprinzips, um den Gesellschaftsgläubigern den Zugriff auf das Privatvermögen der Gesellschafter zu ermöglichen. **Rspr. und Rechtslehre** haben nur sehr zögernd einen solchen Durchgriff bei juristischen Personen zugelassen. Der BGH[25] hat eine Durchgriffshaftung der Mitglieder einer juristischen Person unter der Voraussetzung bejaht, dass die Abgrenzung zwischen dem Vermögen der juristischen Person und der oder den hinter ihr stehenden natürlichen Personen in einer gegen Treu und Glauben verstoßenden Weise verschleiert worden ist. Die unbegrenzte Haftung soll sich dann nach den §§ 128 ff. HGB richten.[26] Stets wiederholt hat der BGH allerdings den Grundsatz, über die Rechtsform der juristischen Person dürfe nicht leichtfertig oder schrankenlos hinweggegangen werden; die Rechtsfigur der juristischen Person könne jedoch nur in dem Umfang Beachtung finden, in dem ihre Verwendung dem Zweck der Rechtsordnung entspreche[27] (näher zur Durchgriffshaftung bei der GmbH unten Rn. 862 ff.; allg. zur Durchgriffshaftung bei Kapitalgesellschaften ► W/E GesR II Rn. 299 ff.).

268 **Beispiel:** Ein Verein überschreitet mit erheblicher wirtschaftlicher Betätigung und unter Vernachlässigung seines ideellen Zweckes bewusst das Nebenzweckprivileg. Dadurch wird zugunsten der Gläubiger des Vereins keine Durchgriffshaftung auf die Vereinsmitglieder mit ihrem Vereinsvermögen begründet. Die Abgrenzung zwischen dem Vermögen der juristischen Person und dem den hinter ihr stehenden natürlichen Personen ist nicht in einer gegen Treu und Glauben verstoßenden Weise verschleiert worden. Die Sanktion, welche die Rechtsordnung an die Überschreitung des Nebenzweckprivilegs knüpft, ist die Entziehung der Rechtsfähigkeit nach § 43 Abs. 2 BGB in dem dafür vorgesehen Verfahren. Der Verein bleibt juristische Person[28].

269 **Lösung zu Fall 20:**

I. Ansprüche des V auf Zahlung der Saalmiete in Höhe von 1 000 € aus § 535 Abs. 2 BGB gegen die einzelnen Mitglieder persönlich

Zwischen V und dem Tennisverein Rot-Weiß X ist ein Mietvertrag dadurch zustande gekommen, dass der aus A, B und C bestehende Vorstand als gesetzlicher Vertreter des Vereins für diesen die zum Vertragsschluss mit V führenden Willenserklärungen abgegeben hat. Aus diesem Mietvertrag ist der Verein gem. § 535 Abs. 2 BGB zur Zahlung des Mietzinses in Höhe von 1 000 € verpflichtet. Fraglich ist, ob die einzelnen Mitglieder persönlich für diese Verbindlichkeit des Vereins mit ihrem Privatvermögen haften. Der eingetragene Verein ist eine juristische Person, für welche die Grundregel gilt, dass für die Verbindlichkeiten der juristischen Person den Gläubigern grundsätzlich nur das Vermögen der juristischen Person haftet. Es haften nicht die Mitglieder persönlich mit ihrem Privatvermögen; sie genießen vielmehr das sog. Haftungsprivileg. Eine entsprechende gesetzliche Regelung fehlt für den eingetragenen Verein. Dennoch gilt die Regel, dass für Verbindlichkeiten eines eingetragenen Vereins nur dieser selbst mit seinem Vermögen, nicht aber die Vereinsmitglieder persönlich mit ihrem Privatvermögen haften[29]. Demnach hat V keinen Anspruch auf Zahlung von 1 000 € aus § 535 Abs. 2 BGB gegen die einzelnen Mitglieder des Vereins.

25 BGHZ 54, 122; 125, 366.
26 BGH NJW 2006, 1344, 1345 f.
27 BGHZ 20, 4, 11; 29, 385, 392 f.; 54, 222, 224.
28 BGHZ 175, 12, 19.
29 BGHZ 54, 222; 78, 318.

II. Ansprüche des V auf Zahlung der Saalmiete in Höhe von 1 000 € gegen die einzelnen Mitglieder des Vorstandes (A, B und C) persönlich

1. Ansprüche aus § 535 Abs. 2 BGB

Wie oben ausgeführt, hat V einen Anspruch auf Zahlung von 1 000 € aus § 535 Abs. 2 BGB gegen den Verein. Für diese Verbindlichkeit der juristischen Person Verein haften die Mitglieder nicht mit ihrem Privatvermögen. Dieses Haftungsprivileg gilt auch für diejenigen Mitglieder, die dem Vorstand des Vereins angehören.

Infolgedessen hat V keinen Anspruch auf Zahlung von 1 000 € aus § 535 Abs. 2 BGB gegen den Verein.

2. Ansprüche aus § 823 Abs. 2 BGB i.V.m. § 263 StGB

Indem die Vorstandsmitglieder für den Verein einen Vertrag abschlossen, die ihn zur Zahlung von 1 000 € aus § 535 Abs. 2 BGB verpflichtete, obwohl sie wussten, dass der Verein nicht in der Lage war, diesen Betrag zu bezahlen, begingen sie einen Betrug im Sinne des § 263 StGB. Sie verletzten damit ein Schutzgesetz im Sinne des § 823 Abs. 2 BGB und fügten dem V dadurch einen Schaden zu. Sie handelten vorsätzlich.

Demnach sind sie aus § 823 Abs. 2 BGB i.V.m. § 263 StGB verpflichtet, dem V den daraus entstandenen Schaden zu ersetzen. Nach §§ 830, 840 BGB ist jeder der drei Täter (A, B und C) verantwortlich, sie haften als Gesamtschuldner. Die Berechnung des Schadens ergibt sich aus § 249 BGB.

3. Ansprüche aus § 826 BGB

Wie unter II. 2. bereits ausgeführt, haben A, B und C einen Betrug gem. § 263 StGB begangen. Damit haben sie vorsätzlich und in sittenwidriger Weise den V geschädigt. Sie sind deshalb aus § 826 BGB dem V zum Ersatz des ihm entstandenen Schadens in Höhe des Mietausfalls verpflichtet. Nach §§ 830, 840 BGB ist jeder der drei Täter (A, B und C) verantwortlich, sie haften als Gesamtschuldner. Die Berechnung des Schadens ergibt sich aus § 249 BGB.

§ 13 Auflösung und Beendigung des Vereins

Fall 21: wie **Fall 20** (Rn. 251), aber: Nachdem der Vorstand beim Amtsgericht den Antrag auf Eröffnung des Insolvenzverfahrens über das Vermögen des Vereins gestellt hat, beantragen Mitglieder, eine Mitgliederversammlung abzuhalten, in der das Verhalten des Vorstandes und seine Verantwortlichkeit geklärt werden soll, wird die Frage gestellt, ob der Verein überhaupt noch besteht. **Rn. 275** 270

Das Gesetz unterscheidet in nicht ganz klar definierter Weise zwischen **Auflösung** und **Verlust der Rechtsfähigkeit**. Beides führt zum Untergang der juristischen Person. 271

Auflösung ist die Einstellung (Beendigung) des Vereinslebens. Erloschen ist der Verein erst, wenn mit der Verteilung des Vereinsvermögens die Abwicklung (Liquidation) beendet ist.

Zu den Auflösungsgründen gehören:

- die Auflösung durch Beschluss der Mitgliederversammlung (§ 41 BGB);
- der Eintritt von Terminen oder Tatsachen, die nach der Satzung zur Auflösung führen sollen;
- der Wegfall sämtlicher Mitglieder[1].

272 Wird ein rechtsfähiger Verein aufgelöst, erfolgt ein Liquidationsverfahren nach den vom Gesetz festgelegten Regeln, die durch die Satzung ergänzt werden können. Mit der Liquidation sollen alle Schulden des Vereins beglichen werden. Ein etwa verbleibender Vermögensrest fällt an die in der Satzung bestimmten Personen (§ 45 BGB). Die Auflösung hat die Beendigung aller rechtlichen Beziehungen der Mitglieder untereinander zur Folge. Soweit der Zweck der Liquidation dies erfordert, gilt der Verein bis zur Beendigung der Liquidation als fortbestehend (§ 49 Abs. 2 BGB), kann also weiterhin Träger von Rechten und Pflichten sein. Wenn die Mitgliederversammlung den Verein aufgelöst hat (§ 41 BGB), die Liquidation abgeschlossen und verteilbares Vermögen unstreitig nicht mehr vorhanden ist, ist der Verein materiell rechtlich nicht mehr existent[2].

273 **Gründe für den Verlust der Rechtsfähigkeit** können sein:

- die Eröffnung des Insolvenzverfahrens über das Vermögen des Vereins (§ 42 Abs. 1 BGB). Bei Überschuldung des Vereinsvermögens hat der Vorstand die Eröffnung des Insolvenzverfahrens zu beantragen (§ 42 Abs. 2 BGB);
- die Entziehung der Rechtsfähigkeit durch das zuständige Gericht, wenn die Mitgliederzahl unter drei sinkt (§ 73 BGB);
- die Sitzverlegung ins Ausland[3];
- die Entziehung der Rechtsfähigkeit durch die zuständige Verwaltungsbehörde in den in § 43 BGB genannten Fällen, insbesondere beim Wandel vom Ideal- zum Wirtschaftsverein (§ 43 Abs. 2 BGB).

Beispiel: Ein Tennisverein, zu dessen Vermögen eine Reihe von Grundstücken gehört, baut auf den Grundstücken Eigentumswohnungen und veräußert sie mit Gewinn. Aus dem Erlös erwirbt er andere Grundstücke und baut erneut Eigentumswohnungen, um sie zu veräußern. Diese Tätigkeiten sind in der Satzung nicht vorgesehen. Hier könnte für die zuständige Verwaltungsbehörde ein Grund für die Entziehung der Rechtsfähigkeit nach § 43 Abs. 2 BGB vorliegen

274 Auch der Entzug der Rechtsfähigkeit kann zur Liquidation führen. Im Gegensatz zur Auflösung eröffnet sie auch die Möglichkeit, die Personenvereinigung beizubehalten und als nicht eingetragenen Verein fortzuführen. Soll die Personenvereinigung als nicht eingetragener Verein bestehen bleiben, ist keine Liquidation erforderlich. Auch eine Vermögensübertragung ist nicht notwendig. Das gesamte Vermögen geht mit Aktiven und Passiven auf den nicht eingetragenen Verein über.

Zahlungsunfähigkeit und Überschuldung sind Gründe für die **Eröffnung des Insolvenzverfahrens** über das Vermögen des Vereins (§§ 16 bis 19 InsO). Die Eröffnung

1 BGHZ 19, 51 ff.
2 BGHZ 74, 212, 213.
3 OLG Hamburg OLGE 16, 121.

des Insolvenzverfahrens führt zur Auflösung des Vereins (§ 42 Abs. 1 BGB). Eine Liquidation findet allerdings nicht statt. Sie wird durch das Insolvenzverfahren ersetzt. Bis zur Beendigung desselben besteht der Verein mit seinen Organen fort; er bleibt rechtsfähig. Versäumt der Vorstand es schuldhaft, die Eröffnung des Insolvenzverfahrens zu beantragen, wozu er nach § 42 Abs. 2 S. 1 BGB verpflichtet ist, so macht er sich den Gläubigern des Vereins gegenüber schadensersatzpflichtig, falls dieselben einen Schaden erleiden (§ 42 Abs. 2 S. 2 BGB).

Lösung zu Fall 21: Erst mit der Eröffnung des Insolvenzverfahrens über das Vermögen des Vereins wird derselbe aufgelöst (§ 42 Abs. 1 BGB). Das bedeutet allerdings nicht, dass er nicht mehr existiert; er besteht mit seinen Organen weiter und ist sogar weiterhin rechtsfähig. Erst mit der Beendigung des Insolvenzverfahrens ist der Verein beendet. Bis dahin können die Organe wie die Mitgliederversammlung weiter handeln. Weil eine Klärung der Verantwortlichkeit des Vorstandes nach dem Geschehen im Interesse des Vereins erforderlich ist, muss der Vorstand eine Mitgliederversammlung berufen (§§ 36, 37 BGB). 275

§ 14 Der nicht eingetragene Verein

Fall 22: Der „Concordia-Club" in X-Stadt lässt sich nicht in das Vereinsregister eintragen, ist aber gleichwohl wie ein eingetragener Verein strukturiert. Mitglieder können nur Männer werden, die von der Mitgliederversammlung einstimmig akzeptiert werden. Zweck des Vereins ist nach der Satzung die Förderung des gesellschaftlichen Lebens in X-Stadt. Laut Satzung ist der Vorstand gesetzlicher Vertreter des Clubs; jedes Vorstandsmitglied hat Alleinvertretungsmacht. A ist erster Vorsitzender und kauft bei V im Namen des Clubs einen teuren Laptop und einen Beamer. Die Rechnung wird auf den Namen des Clubs ausgestellt. Nachdem der Club den Kaufpreis in Höhe von 2 600 € nicht gezahlt hat, fordert V von dem vermögenden Clubmitglied M Zahlung von 2 600 €. Zu Recht? **Rn. 287** 276

Literatur: *Bergmann*, Ein Plädoyer für § 54 S. 1 BGB: Der nicht eingetragene Verein als körperschaftlich verfasste Gesellschaft – zugleich ein Beitrag zur geplanten Reform des Vereinsrechts, ZGR 2005, 685 ff.; *Habscheid*, Der nicht eingetragene Verein zwischen juristischer Person und Gesellschaft, AcP 155 (1956), 375 ff.; *K. Schmidt*, Die Partei- und Grundbuchunfähigkeit nichtrechtsfähiger Vereine, NJW 1984, 2249 ff.; *ders.*, Gesellschaftsrecht, § 25; *ders.*, Neuregelung des Rechts der Personengesellschaften? – Vorüberlegungen für eine konsistente Reform, ZHR 177 (2013), 712 ff.

I. Begriff und Bedeutung des nicht eingetragenen Vereins

Verzichten die Mitglieder eines Vereins darauf, die Schritte zu unternehmen, die notwendig sind, um die Rechtsfähigkeit zu erlangen, so handelt es sich gleichwohl um einen Verein, wenn eine körperschaftliche Organisation auf der Grundlage einer Satzung geschaffen worden ist. Wenn der Verein nicht eingetragen ist, ist er nicht juristische Person. Es handelt sich um einen nicht eingetragenen Verein nach § 54 BGB. Der nicht eingetragene Verein ist eine auf Dauer angelegte Personenvereinigung, die 277 vom Mitgliederwechsel unabhängig ist und der Erreichung eines **gemeinsamen, selbst gesetzten Zweckes** dient. Er ist **körperschaftlich verfasst**, hat einen Vorstand und tritt nach außen unter eigenem Namen als selbstständige Einheit auf.

278 Die **Abgrenzung** zwischen den nicht eingetragenen Vereinen und den Gesellschaften bereitet Schwierigkeiten und ist umstritten. Der Gesetzgeber hat in der Begründung zum MOPEG zu erkennen gegeben, dass nicht die Tätigkeit des Vereins nach außen, sondern letztlich die Verfassung bzw. von den Gründern gewollte Organisation den Ausschlag geben soll.[1] Letztlich muss man also durch Auslegung ermitteln, ob die Gründer einen Verein oder eine Gesellschaft gewollt haben. In § 54 Abs. 1 S. 2 BGB-E hat der Gesetzgeber gleichwohl für die nicht eingetragenen **wirtschaftlichen Vereine** im Wege einer **Rechtsfolgenverweisung** die Anwendung des Gesellschaftsrechts angeordnet. Dies dient vor allem dem des Schutz der Gläubiger und der Mitglieder, da das Vereinsrecht „auf die Verfolgung wirtschaftlicher Zwecke nicht ausgelegt." ist.[2] Wenn also von einem auf Dauer nicht rechtsfähigen Verband ein Unternehmen betrieben wird, so liegt eine Gesellschaft und kein Verein vor, und zwar auch dann, wenn die Organisation des Verbandes Vereinselemente aufweist. Wird ein kaufmännisches Unternehmen betrieben, handelt es sich um eine OHG oder KG, bei wirtschaftlichen Tätigkeiten unterhalb dieser Schwelle um eine Gesellschaft bürgerlichen Rechts.

279 Die **praktische Bedeutung** der nicht eingetragenen Vereine ist nicht unerheblich. Nicht eingetragene Vereine sind u.a. **politische Parteien** und **Gewerkschaften**. Vor allem ist zu berücksichtigen, dass die meisten Vereine zunächst als nicht eingetragene Vereine gegründet werden und erst später dann eingetragen werden.

II. Das auf den nicht eingetragenen Verein anwendbare Recht

280 Weil der nicht eingetragene Verein keine Rechtspersönlichkeit besitzt, hat der Gesetzgeber die Vorschriften über die **Gesellschaft bürgerlichen Rechts (§§ 705 ff. BGB)** für anwendbar erklärt (§ 54 S. 1 BGB). Diese Regelung wird überwiegend für den Fall als verfehlt angesehen, dass der nicht eingetragene Verein außer der Eintragung alle Merkmale eines Vereins aufweist; d.h. nach körperschaftlichen Grundsätzen aufgebaut war. Der nicht eingetragene Verein ist auf Grund seiner Struktur eben **nicht Gesellschaft**, sondern Verein.

281 Deshalb geht der **BGH**[3] seit langem davon aus, dass der nicht eingetragene Verein in der sozialen Wirklichkeit dem eingetragenen Verein sehr viel näher steht als der BGB-Gesellschaft; folglich müsse die Rspr. dem Auseinanderklaffen von sozialer Wirklichkeit und positivem Recht Rechnung tragen[4]. Auch für den nicht eingetragenen Verein gelten daher heute nach ganz überwiegender Auffassung die **§§ 21 ff.**

1 RegE BT-Drucks. 19/27635. S 124: „Damit wird klargestellt, dass es auch wirtschaftliche Vereine ohne Rechtspersönlichkeit geben kann und dass solche Vereinigungen entgegen einer in der Rechtswissenschaft vertretenen Auffassung nicht immer als Gesellschaften zu qualifizieren sind".
2 RegE BT-Drucks. 19/27635. S 124.
3 BGHZ 43, 316, 319.
4 BGHZ 42, 210, 216 u. später BGHZ 50, 325, 328 ff. im Hinblick auf Gewerkschaften.

BGB. Dies wird in § 54 Abs. 1 BGB-E durch das MoPeG nur noch einmal klargestellt. Siehe zur Behandlung entsprechender Gestaltungen die Lösung zu Fall 22 (Rn. 287).

III. Die Haftung der Mitglieder

Auch der nicht eingetragene Verein kann selbst Träger von Rechten und Pflichten 282
sein; er kann also auch Schuldner sein. Aus Rechtsgeschäften, die der Vorstand für den nicht eingetragenen Verein abschließt, haftet der Verein als Vertragspartner. Bei Pflichtverletzungen (§ 280 BGB) findet § 278 BGB oder § 31 BGB Anwendung[5].

Nach **heute h.M.**[6] **haften die Mitglieder** eines nicht eingetragenen Idealvereins für die Verbindlichkeiten desselben **nicht persönlich mit ihrem Privatvermögen**. Das wurde früher mit der Konstruktion einer stillschweigenden Beschränkung der Vertretungsmacht begründet.

Ob diese Begründung angesichts der **neueren Rspr. des BGH** (vgl. Rn. 135 ff.) zur akzessorischen Haftung der Gesellschafter einer BGB-Gesellschaft noch haltbar war, war zwar zweifelhaft. Doch hat der Gesetzgeber diese Rechtslage mit dem MoPeG nunmehr bestätigt. Er hat in § 54 Abs. 1 S. 1 BGB-E die Anwendung der §§ 24–53 BGB auf den nicht eingetragenen Idealverein angeordnet, den er insoweit wie einen eingetragenen Verein behandelt wissen will. Deshalb gilt insoweit auch das in Rn. 266 beschriebene Trennungsprinzip und damit der Haftungsausschluss zugunsten der Vereinsmitglieder (siehe aber noch Rn. 284).

Bei nicht eingetragenen Vereinen mit wirtschaftlicher Zielsetzung ist eine **Beschrän-** 283
kung der Haftung aus Rechtsgeschäften auf das Gesamthandsvermögen ausgeschlossen, sofern nach der oben beschriebenen Abgrenzung (Rn. 278) nicht ohnehin eine Gesellschaft mit den entsprechenden Haftungsfolgen vorliegt. Bei nicht rechtsfähigen wirtschaftlichen Vereinen haften die Mitglieder vielmehr unbeschränkt und gesamtschuldnerisch mit ihrem gesamten Privatvermögen, entweder nach den für die GbR oder den für die OHG oder KG geltenden Grundsätzen. Die Rechtsordnung geht im Bereich wirtschaftlicher Betätigung grundsätzlich von der unbeschränkten Haftung aus und lässt eine Haftungsbeschränkung auf eine bestimmbare Vermögensmasse nur zulässt, wenn – wie bei der AG und GmbH – Voraussetzungen geschaffen sind, die geeignet sind, die Gläubiger zu schützen[7].

Neben der Haftung des nicht eingetragenen Vereins und unabhängig von ihr begrün- 284
det § 54 S. 2 BGB (= § 54 Abs. 2 BGB-E) eine **Haftung des Handelnden**, d.h. desjenigen, der für einen außenstehenden Dritten erkennbar rechtsgeschäftlich im Namen des Vereins auftritt[8]. Diese sog. **Handelndenhaftung** entsteht aus dem Zweck dieser Vorschrift ohne Rücksicht darauf, ob der Handelnde Vertretungsmacht hatte oder

5 *K. Schmidt*, Gesellschaftsrecht, § 25 III 1.
6 *K. Schmidt*, Gesellschaftsrecht, § 25 III 2 mit Nachw.
7 MünchKomm-BGB/*Reuter*, § 54 Rn. 51; Soergel/*Hadding*, § 54 Rn. 25.
8 Soergel/*Hadding*, § 54 Rn. 26 ff.

nicht[9]. Diese gesetzliche Haftung des Handelnden gem. § 54 S. 2 BGB (= § 54 Abs. 2 BGB-E) kann im konkreten Fall durch eine entsprechende Vereinbarung mit dem an dem Rechtsgeschäft Beteiligten ausgeschlossen werden. Ein solcher Haftungsausschluss muss in der Regel ausdrücklich vereinbart werden[10].

285 Bei **unerlaubten Handlungen**, die Organe des nicht eingetragenen Vereines begangen haben, ist **§ 31 BGB entsprechend** mit der Folge anzuwenden, dass sofern nach nicht ohnehin Gesellschaftsrecht mit den entsprechenden Haftungsfolgen Anwendung findet, die Haftung auf das Vereinsvermögen beschränkt bleibt (also bei nicht eingetragnen Idealvereinen)[11]. Der dafür maßgebliche Gesichtspunkt ist: Auch der Vorstand eines nicht eingetragenen Vereins handelt in erster Linie für einen nach Art einer Körperschaft organisierten Personenverband und nicht für dessen einzelne Mitglieder; dies wird auch in der Öffentlichkeit so aufgefasst.

IV. Die passive und aktive Parteifähigkeit im Zivilprozess

286 Nach § 50 Abs. 1 ZPO kann in einem Rechtsstreit grundsätzlich nur derjenige Partei sein, der rechtsfähig ist. Um es den Gläubigern zu ermöglichen, ihre Ansprüche gegen einen nichtrechtsfähigen Verein durchzusetzen, „erklärt" § 50 Abs. 2 ZPO den nicht eingetragenen Verein für **passiv und mittlerweile auch für aktiv parteifähig**. Das bedeutet: Der nicht eingetragene Verein kann unter seinem Namen klagen und verklagt werden, so dass er Prozesspartei wird. Dadurch wurde eine bereits vollzogene Änderung der Rspr. des BGH[12] Gesetz. § 50 Abs. 2 ZPO letztlich nur deklaratorische Bedeutung, da auch nach Auffassung des Gesetzgebers der nicht eingetragene Verein rechtsfähig ist,[13] sich die Parteifähigkeit daher schon aus § 50 Abs. 1 ZPO ergäbe.

287 **Lösung zu Fall 22:** V könnte gegen M einen Anspruch auf Zahlung des Kaufpreises in Höhe von 2 600 € gem. § 433 Abs. 2 BGB i.V.m. § 128 HGB analog erworben haben. Bei dem Concordia-Club handelt es sich um einen nicht eingetragenen Verein im Sinne des § 54 BGB, der körperschaftlich, also wie ein eingetragener Verein strukturiert ist. Als Vorstand und damit als gesetzlicher Vertreter konnte A nach der Satzung allein im Namen des Clubs und mit Wirkung für und gegen diesen als nicht eingetragenen Verein Willenserklärungen abgeben. Er konnte also einen wirksamen Kaufvertrag mit V abschließen. Aus diesem Kaufvertrag ist der Club gem. § 433 Abs. 2 BGB zur Zahlung des Kaufpreises in Höhe von 2 600 € verpflichtet.

Fraglich ist, ob M als Mitglied eines nicht eingetragenen Vereins für eine Verbindlichkeit desselben persönlich mit seinem Privatvermögen in Anspruch genommen werden kann. Nach § 54 S. 1 BGB sollen auf den nicht eingetragenen Verein die Vorschriften über die Gesellschaft bürgerlichen Rechts, d.h. die §§ 705 ff. BGB Anwendung finden. Das hätte zur Konsequenz, dass betreffend die Haftung der Mitglieder für Verbindlichkeiten des nicht eingetragenen Vereins § 128 HGB analog anwendbar wäre. Alle Mitglieder des nicht einge-

9 Soergel/*Hadding*, § 54 Rn. 27.
10 Soergel/*Hadding*, § 54 Rn. 30.
11 *Kübler/Assmann*, § 11 III 4.
12 BGH NJW 2008, 69, 74.
13 RegE BT-Drucks. 19/27635, S 123 unten: „Vereine, die heute als rechtsfähig angesehen werden".

tragenen Vereins müssten also für alle Verbindlichkeiten desselben persönlich als Gesamtschuldner haften, eben wie die Gesellschafter einer OHG oder Gesellschaft bürgerlichen Rechts.

Der nicht eingetragene Verein ist auf Grund seiner Struktur jedoch nicht Gesellschaft, sondern Verein. Deshalb vertritt der BGH[14] die Auffassung, in der sozialen Wirklichkeit stehe der nicht eingetragene Verein dem rechtsfähigen Verein sehr viel näher als der BGB-Gesellschaft; dem Auseinanderklaffen von sozialer Wirklichkeit und positivem Recht müsse deshalb Rechnung getragen werden[15]. Diese Auffassung hat auch Auswirkungen auf die Haftungsproblematik. Nach heute h.M.[16] haften die Mitglieder eines nicht rechtsfähigen Idealvereins für die Verbindlichkeiten desselben nicht persönlich mit ihrem Privatvermögen. § 128 HGB analog findet also keine Anwendung. Die Mitglieder eines nicht eingetragenen Idealvereins haften nicht für die Verbindlichkeiten des Vereins. Sie genießen wie die Mitglieder des eingetragenen Vereins das Haftungsprivileg. Lediglich bei nicht eingetragenen Vereinen mit wirtschaftlicher Zielsetzung verhält es sich anders.

Da Zweck des Concordia-Clubs die Förderung des gesellschaftlichen Lebens in X-Stadt ist, handelt es sich bei ihm um einen Idealverein, also genießen die Mitglieder das Haftungsprivileg wie bei einem eingetragenen Verein. V kann M also nicht aus § 433 Abs. 2 BGB i.V.m. § 128 HGB analog in Anspruch nehmen.

§ 15 Die rechtsfähige Stiftung des privaten Rechts

Fall 23: Der sechzigjährige Unternehmer U ist alleiniger Gesellschafter eines in der Rechtsform einer GmbH (Einmann-GmbH) betriebenen Unternehmens, das 450 Arbeitnehmer beschäftigt und eine gute Ertragslage aufweist. Bei den zukünftigen Erben (Kinder) und deren Ehegatten steht zu befürchten, dass sie wegen mangelnder Eignung zur Unternehmensführung und zu erwartender Meinungsverschiedenheiten den Bestand des Unternehmens ernsthaft gefährden. Um seinen Kindern eine Versorgungsquelle zu erhalten und die Arbeitsplätze zu sichern, möchte U das Unternehmen in eine Rechtsform überführen, welches die Erreichung dieses Zieles ermöglicht und das Vermögen erhält. **Rn. 299** **288**

Literatur: *Burgard*, Das neue Stiftungsprivatrecht, NZG 2002, 697 ff.; *Seifart/von Campenhausen*, Handbuch des Stiftungsrechts, 3. Aufl. 2007; *Sieger/Bank*, Erhalt von Einflussmöglichkeiten des Stifters auf die Geschäftsführung einer zivilrechtlichen Stiftung, NZG 2010, 641 ff.

I. Die Bedeutung

In demokratisch und privatwirtschaftlich verfassten Gemeinwesen hat sich die Institution der Stiftung als geeignetes Mittel für die Förderung kultureller Einrichtungen, wissenschaftlicher Projekte sowie sozialer und gesundheitlicher Hilfsmaßnahmen seit **289**

14 BGHZ 43, 316, 319.
15 BGHZ 42, 210, 216 u. später BGHZ 50, 325, 328 ff.
16 *K. Schmidt*, Gesellschaftsrecht, § 25 III 2 mit Nachw.

langer Zeit bewährt. Auch in Deutschland erfreut sich die Stiftung als Organisationsform einer wachsenden Beliebtheit. Die Gründe dafür sind vielfältig. Neben Forschungs- und Stipendienstiftungen, wie z.B. der Stiftung Volkswagenwerk und der Thyssenstiftung, haben Familienstiftungen stets eine gewisse Rolle gespielt. Das Vermögen der Familienstiftungen besteht in der Regel aus Grundstücken und Beteiligungen (z.B. Aktienbesitz) an Unternehmen, aus deren Gewinnen den Familienmitgliedern Geld zugewandt wird. Viele Interessengruppen, z.T. in Verbänden organisiert, und die politischen Parteien haben sich inzwischen der Rechtsform der Stiftung bedient, um ihre publizistischen, aber auch ihre wissenschaftlichen und kulturellen Zielsetzungen intensiv verfolgen zu können.

290 Die **rechtsfähige Stiftung** hat auch für das Unternehmensrecht an Bedeutung gewonnen. Die Stiftung kann als Träger eines oder mehrerer Unternehmen auftreten, wobei das Stiftungsvermögen zugleich das Unternehmenskapital bildet. Anreize, die Stiftung als Unternehmensform zu benutzen, können sich aus folgenden Überlegungen ergeben:

- Die rechtsfähige Stiftung ist **juristische Person** und gewährt im Hinblick auf die Haftung die gleichen Vorteile wie die Kapitalgesellschaften (Aktiengesellschaft und GmbH).
- Als Träger des Unternehmens ist die Stiftung **Einzelkaufmann** i.S.d. §§ 1 ff. HGB. Das bringt den Vorzug mit sich, dass die zum Teil starren Vorschriften für die Unternehmensverfassung der Kapitalgesellschaften nicht anzuwenden sind. Die Unternehmensverfassung kann freier und nach anderen Gesichtspunkten gestaltet werden als bei den Kapitalgesellschaften.

Ein entscheidender Nachteil für ein Unternehmen in der Rechtsform der Stiftung besteht allerdings darin, dass das Stiftungsvermögen, welches das Unternehmenskapital bildet, rechtlich endgültig weggegeben, d.h. als Vermögen der Stiftung juristische Person mit der Folge geworden ist, dass eine andere Person darauf keinen Einfluss mehr nehmen kann.

Nachdem immer mehr Unternehmer versuchen, die Gestaltungsmöglichkeiten, welche die rechtsfähige Stiftung des Privatrechts bieten, dazu zu nutzen, ihr Unternehmen über den Tod hinaus zu perpetuieren und die Unternehmensnachfolge zu regeln, denkt man darüber nach, auf welche Art und Weise die Unternehmer bis zu ihrem Tode Einfluss auf die von ihnen errichtete Stiftung nehmen können und wie nach ihrem Ableben sichergestellt werden kann, dass die Mitglieder der Stiftungsorgane nicht ihre eigenen Interessen verfolgen.[1] Dazu bietet sich an, den Einfluss des Stifters auf die Geschäftsführung der Stiftung durch eine entsprechende Gestaltung der Satzung und des Stiftungsgeschäfts zu stärken. So kann z.B. der Stifter Mitglied des Vorstandes als Geschäftsleitungsorgan der Stiftung sein. Außerdem kann die Satzung dem Vorstand einen größeren Ermessensspielraum schaffen.[2]

291 Eine besondere Form der **selbstständigen Stiftung** ist die unternehmensverbundene Stiftung. Darunter versteht man die Unternehmensträgerstiftung und die Beteiligungsträgerstiftung. Die **Unternehmensträgerstiftung** ist eine Stiftung, die als Einzelkaufmann ein Unternehmen betreibt. Sie hat in verschiedenen Stiftungsgesetzen

1 Dazu *Sieger/Bank*, NZG 2010, 641 ff.
2 *Sieger/Bank*, NZG 2010, 641 ff., 646.

der Länder eine Regelung erfahren. So kann z.B. nach dem Stiftungsgesetz für das Land Nordrhein-Westfalen der Unternehmensträgerstiftung die Genehmigung versagt werden, wenn sie im Hauptzweck ausschließlich oder überwiegend eigennützige Interessen des Stifters oder seiner Erben dient[3].

Die **Beteiligungsträgerstiftung** ist hingegen eine Stiftung, die als Gesellschafterin an einer Personen- oder Kapitalgesellschaft beteiligt ist.

Beispiel: Hält die A-Stiftung 22 % der Aktien der Blue-Strom-Aktiengesellschaft, so handelt es sich bei der A-Stiftung um eine Beteiligungsträgerstiftung.

II. Begriff und Rechtsquellen

Die rechtsfähige Stiftung ist eine als selbstständiger Rechtsträger anerkannte, mit einem eigenen **Vermögen** ausgestattete Einrichtung, mit der ein **dauernder Zweck**, der durch den Willen der Errichtenden festgelegt wird, erreicht werden soll. Sie ist **juristische Person**, jedoch kein Personenverband. Die Stiftung als eine besondere Organisationsform ermöglicht es, die Verfolgung konkreter Ziele langfristig, auch über den Tod des Stifters hinaus zu institutionalisieren. Das Stiftungsrecht ist in den §§ 80 ff. BGB nur unvollständig geregelt. Eine Reihe von Bundesländern hat die vom BGB offengelassenen Probleme durch Landesgesetze geregelt, so z.B. Nordrhein-Westfalen mit dem StiftGNW. 292

Von der rechtsfähigen selbstständigen Stiftung i.S. des § 80 BGB ist die unselbstständige (fiduziarische) Stiftung zu unterscheiden, bei der ein Vermögen an einen Treuhänder übertragen wird, der dasselbe zu einem vom Geber festgelegten Zweck verwalten und verwenden muss.

Beispiel: Die vermögende Frau F überträgt kurz vor ihrem Tode aus ihrem Vermögen 2,5 Mio. € an die Stadt S mit der Verpflichtung, das Geld Zinsen bringend anzulegen und jedes Jahr im Frühjahr und im Sommer die Beete in der Parkanlage „Am Stadtwall" mit Blumen der Saison zu bepflanzen. Es handelt sich hier nicht um eine rechtsfähige Stiftung, sondern um einen schuldrechtlichen Vertrag, der die treuhänderische Überlassung von 2,5 Mio. € zu dem bestimmten Zweck zum Gegenstand hat.

III. Die Entstehung der rechtsfähigen Stiftung

Die rechtsfähige Stiftung entsteht als juristische Person durch das **privatrechtliche Stiftungsgeschäft** und die staatliche **Genehmigung** (§ 80 BGB). Das Stiftungsgeschäft ist eine **einseitige, nicht empfangsbedürftige Willenserklärung** des Stifters, die darauf abzielt, die Stiftung zur Verwirklichung eines bestimmten Zweckes als selbstständigen Rechtsträger entstehen zu lassen. Zu den wesentlichen Inhalten des Stiftungsgeschäftes gehört die Festsetzung eines bestimmten Zweckes. 293

3 MünchKomm-BGB/*Reuter*, Vor § 80 Rn. 43.

Das Stiftungsgeschäft kann sein:

- ein **Rechtsgeschäft unter Lebenden**; es bedarf dann der Schriftform und kann bis zur staatlichen Genehmigung vom Stifter widerrufen werden (§ 81 BGB), oder
- eine **Verfügung von Todes wegen** (Testament oder Erbvertrag) (§ 83 BGB). Die Stiftung wird dann als Erbe eingesetzt oder mit einem Vermächtnis bedacht.

Der **Stiftungszweck**, der in Regel ein gemeinnütziger und dauerhafter ist, obwohl weder das eine oder das andere vorgeschrieben ist, wird vom Stifter frei bestimmt, soweit er sich im Rahmen der allgemeinen Gesetze bewegt (also nicht gegen § 138 oder § 134 BGB verstößt).

294 Die **staatliche Genehmigung** wirkt **rechtsbegründend**, d.h. erst durch sie entsteht eine **rechtsfähige** Stiftung unter der Voraussetzung, dass das Stiftungsgeschäft wirksam ist. Nach der Genehmigung entsteht ein Anspruch der rechtsfähig gewordenen Stiftung gegen den Stifter auf die Übertragung des in einem **Stiftungsgeschäft unter Lebenden** zugesicherten Vermögens (§ 82 BGB). Ist das Stiftungsgeschäft eine letztwillige Verfügung und hat der Stifter die Stiftung zum Erben eingesetzt, geht das zugesicherte Vermögen durch Gesamtrechtsnachfolge auf die Stiftung über (§ 1922 BGB).

IV. Die Verfassung der rechtsfähigen Stiftung

295 Wie jede andere juristische Person des Privatrechts hat auch die rechtsfähige Stiftung eine **Verfassung**. Diese wird bestimmt durch:

- Bundesrecht: BGB (§§ 85 ff., die in § 86 BGB u.a. eine teilweise entsprechende Anwendung des Vereinsrechts vorsehen),
- Landesrecht
- und das Stiftungsgeschäft.

Die rechtsfähige Stiftung muss einen Vorstand haben, für den im Wesentlichen das Vereinsrecht gilt (§ 86 BGB). Die Stiftung hat **keine Mitglieder** und infolgedessen auch keine Mitgliederversammlung als Organ. Es gibt lediglich diejenigen Personen, die in den Genuss der Stiftung bzw. ihrer Erträge kommen sollen. Sie werden als **Bezugsberechtigte oder Destinatäre** bezeichnet.

296 Da die Stiftung kein rechtsfähiger Zusammenschluss einer Personenmehrheit ist, haben die Destinatäre nicht die Stellung von Mitgliedern; sie sind lediglich **Nutznießer** des Stiftungsvermögens. Das personale Element sind die in der Verfassung der Stiftung vorgesehenen Organe, insbesondere der **Vorstand**[4]. Letzterer allein vertritt die Stiftung im Rechtsverkehr (§§ 86, 26 BGB). Handelt der Vorstand pflichtwidrig, so kann er der Stiftung wegen Pflichtverletzung nach § 280 BGB zum Schadensersatz verpflichtet sein.[5]

4 BGHZ 99, 344, 350.
5 BGH NZG 2015, 38 ff.

Beispiel: A und B sind Vorstände einer Stiftung, deren Zweck es nach dem Stifterwillen ist, die geisteswissenschaftliche Forschung an der Universität X zu fördern. A und B sind Anhänger des Bundesligafußballklubs FC X. Um es diesem Verein zu ermöglichen, den spanischen Spieler F zu erwerben, überweisen sie aus dem Stiftungsvermögen 3 Mio. € an den FC X. Nach einem Jahr wird über das Vermögen dieses Vereins das Insolvenzverfahren eröffnet. Hier haben A und B pflichtwidrig gehandelt, indem sie Stiftungsvermögen zweckentfremdet haben. Sie sind der Stiftung aus § 280 BGB zum Schadensersatz in Höhe von 3 Mio. € verpflichtet.

Die Satzung der Stiftung kann vorsehen, dass ein Kuratorium gebildet wird, dem eine zu benennende Zahl von Mitgliedern angehören kann. Aufgabe des Kuratoriums kann es insbesondere sein, den Vorstand zu überwachen und die Beachtung des Stifterwillens sicherzustellen.

Ob die Bezugsberechtigten Ansprüche gegen die Stiftung – etwa Ansprüche auf Zahlung von Geld – haben, richtet sich nach der Verfassung, die durch den im Stiftungsgeschäft niedergelegten Willen des Stifters mitgestaltet wird. Wenn die Verfassung bestimmt, dass der Vorstand oder Dritte auswählen können, welche Personen in welchem Umfang in den Genuss des auszuschüttenden Geldes der Stiftung kommen sollen, besteht jedenfalls vor einer endgültigen Auswahl kein Anspruch auf Zahlung[6].

Wenn oberstes Prinzip des Stiftungsrechts auch die **Verwirklichung des Stifterwillens** ist[7], so ist doch die Änderung der Stiftungsverfassung nicht von vornherein ausgeschlossen. Bei einer auf Dauer angelegten Einrichtung wie der Stiftung können im Laufe der Zeit unvorhersehbare Veränderungen in den Existenzbedingungen eintreten, die es notwendig machen, die Stiftungsverfassung den veränderten Verhältnissen anzupassen. Eine solche Anpassung ihrer Verfassung kann durch die Stiftung selbst erfolgen; eine Änderungsbefugnis kann auch der Aufsichtsbehörde zukommen (vgl. dazu § 87 BGB). Allerdings ist bei einer solchen Satzungsänderung stets der in der Stiftungsurkunde niedergelegte Stifterwille zu respektieren und zu verwirklichen, denn mit der Genehmigung der Stiftung, durch welche diese die Rechtsfähigkeit erlangt, wird der Stifterwille verselbstständigt und objektiviert; er bleibt deshalb auch für Satzungsänderungen maßgeblich[8]. 297

V. Die Beendigung der Stiftung

Die Beendigung der Stiftung richtet sich nach den §§ 87, 88 BGB, wonach die Liquidationsvorschriften des Vereinsrechts (§§ 46 ff. BGB) entsprechend anzuwenden sind, nach Landesrecht und dem Stiftungsgeschäft. 298

Lösung zu Fall 23: Gefragt ist nach einer Rechtsform, in die das Unternehmen dergestalt überführt werden kann, dass es dem Zugriff der Erben in der Zukunft weitgehend entzogen ist; dennoch soll den Erben eine Einkommensquelle geschaffen werden und erhalten bleiben. Als eine dafür geeignete Rechtsform kommt die rechtsfähige Stiftung des privaten Rechts in Betracht. Wird ein Unternehmen in eine Stiftung eingebracht, wird es zum Stif- 299

6 Vgl. BGH LM Nr. 1 zu § 85 BGB.
7 BVerfGE 46, 73, 85.
8 BGHZ 99, 344, 348.

tungsvermögen und ist als solches endgültig weggegeben und damit dem Zugriff anderer Personen entzogen. Die weiteren Vorteile bestehen in Folgendem: Die rechtsfähige Stiftung ist juristische Person und gewährt im Hinblick auf die Haftung die gleichen Vorteile wie die Kapitalgesellschaften (Aktiengesellschaft und GmbH). Als Träger des Unternehmens ist die Stiftung Einzelkaufmann im Sinne der §§ 1 ff. HGB. Das bringt den Vorzug mit sich, dass die zum Teil starren Vorschriften für die Unternehmensverfassung der Kapitalgesellschaften nicht anzuwenden sind. Die Unternehmensverfassung kann freier und nach anderen Gesichtspunkten gestaltet werden als bei den Kapitalgesellschaften. U sollte also zu seinen Lebzeiten eine Stiftung des privaten Rechts errichten, in die er das gesamte Unternehmen einbringt. In dem Stiftungsgeschäft, das Bestandteil der Verfassung der Stiftung wird, wird etwa bestimmt, dass der Vorstand der Stiftung jeweils aus drei Personen bestehen soll, die der Aufsichtsrat einer Bank und der Vorstand einer anderen (gemeinnützigen) Stiftung bestimmt. Der Vorstand soll darüber entscheiden, ob und ggf. welche Beträge halbjährlich nach dem Tode des Stifters an die als Bezugsberechtigte berufenen Kinder ausgezahlt werden sollen. In diesem Fall wird die Errichtung einer Stiftung der Interessenlage aller Beteiligten – in erster Linie der Kinder und der betroffenen Arbeitnehmer – gerecht. Es ist allerdings zu berücksichtigen, dass Zuwendungen erbschaft- und schenkungsteuerpflichtig sind.

Teil IV

Die offene Handelsgesellschaft (OHG)

§ 16 Begriff, Rechtsnatur und Bedeutung der offenen Handelsgesellschaft

Fall 24: C ist zusammen mit A und B Gesellschafter der A & Co OHG. A und B betreiben im Wesentlichen die Geschäfte; C beteiligt sich kaum. Am 1. Juli 2015 kauft C bei dem Gebrauchtwagenhändler V einen gebrauchten PKW für seine privaten Zwecke und bezahlt ihn. Als C nach 3 Wochen zum ersten Mal mit dem Wagen fährt, fällt ihm auf, dass die Lenkung einen Fehler aufweist. Am 30. Juli 2015 moniert er das bei V. Dieser meint, C könne den Mangel nicht mehr geltend machen. Zu Recht? **Rn. 316** **300**

Literatur: *Eiselt*, Die Vererbung der Beteiligung an einer OHG, AcP 158 (1959/60), 319 ff.; Fleischer, Ein Rundflug über das OHG-Recht im Regierungsentwurf eines Gesetzes zur Modernisierung des Personengesellschaftsrechts, BB 2021, 386; *Hueck*, Das Recht der offenen Handelsgesellschaft, 4. Aufl. 1971, §§ 1–4; *Müller/Gugenberger*, EWIV. – Die neue europäische Gesellschaftsform, NJW 1989, 1449 ff.

Vorbemerkung

Durch das MoPeG (allg. dazu oben Rn. 22) werden eine ganze Reihe von Vorschriften des HGB verändert bzw. finden sich künftig an anderen Stellen des Gesetzes. Die neuen Vorschriften des MoPeG werden mit dem Zusatz (HGB-E) in Klammern genannt, wenn sie den geltenden Regeln des HGB weitgehend entsprechen. Vorab eine Synopse zum neuen HGB:

HGB	HGB-E	HGB	HGB-E
§ 105 Abs. 2	§ 107 Abs.1 S.1	§ 128	§ 126
§ 105 Abs. 3	§ 105 Abs. 3	§ 129 Abs. 1-3	§ 128
§ 110	§ 716 Abs. 1-3 BGB-E	§ 129 Abs. 4	§ 129 Abs. 2
§ 111	§ 119 Abs. 2	§ 130	§ 127
§ 114 Abs. 1	§ 116 Abs. 1	§ 131 Abs. 1, 2	§ 138 Abs. 1, 2
§ 115	§ 116 Abs. 3	§ 131 Abs. 3	§ 130
§ 116	§ 116 Abs. 2	§ 132	§ 132 Abs. 1
§ 117	§ 116 Abs. 5	§ 133	§ 139
§ 118	§ 717 Abs. 1 BGB-E	§ 134	§ 132
§ 119	§ 109 Abs. 3, 4	§ 135	§ 133
§ 123	§ 123	§ 140 Abs. 1	§ 134
§ 124 Abs. 1	§ 105 Abs. 2	§ 140 Abs. 2	§ 135 Abs. 2
§ 124 Abs. 2	§ 129 Abs. 1	§ 160	§ 137

I. Der Begriff der OHG

301 Die offene Handelsgesellschaft (OHG) ist eine **Personengesellschaft**, deren Zweck auf den Betrieb eines **Handelsgewerbes** unter einer **gemeinschaftlichen Firma** gerichtet ist und bei der alle Gesellschafter den Gläubigern **unbeschränkt haften** (§ 105 Abs. 1 HGB). Sie ist eine Unterart der Gesellschaft bürgerlichen Rechts, also ein auf einem **Vertrag** (Gesellschaftsvertrag) beruhender **Zusammenschluss mehrerer Personen** mit dem Ziel, durch gemeinsame Leistungen auf der Grundlage des persönlichen Zusammenwirkens der Mitglieder einen gemeinsamen Zweck zu erreichen.

Von der Gesellschaft bürgerlichen Rechts unterscheidet sich die OHG u.a. dadurch, dass

- der angestrebte gemeinsame Zweck der Betrieb eines Handelsgewerbes ist;
- die Gesellschaft eine gemeinschaftliche Firma (§§ 17 ff., 105 Abs. 1 HGB) haben muss;
- sie unter dieser Firma Rechte erwerben und Verbindlichkeiten eingehen sowie vor Gericht klagen und verklagt werden kann (§ 124 HGB).

302 Der Gesellschaftszweck der OHG ist der Betrieb eines **Handelsgewerbes**. Was unter einem Handelsgewerbe zu verstehen ist, ergibt sich aus den §§ 1 bis 3 HGB. Ist das, was die Gesellschafter unternehmen, nur als Kleingewerbe im Sinne von § 1 Abs. 2 HGB einzuordnen, d.h. erfordert das Unternehmen nicht einen in kaufmännischer Weise eingerichteten Geschäftsbetrieb, liegt kein Handelsgewerbe vor. Die Gesellschaft ist dann keine OHG, sondern eine BGB-Gesellschaft, es sei denn, sie ist unter den in § 2 HGB genannten Voraussetzungen in das Handelsregister eingetragen worden, § 105 Abs. 2 HGB (= § 107 Abs. 1 S. 1 HGB-E).

303 Unter **Gewerbe** ist jede selbständige, außengerichtete und planmäßige Tätigkeit in Gewinnerzielungsabsicht oder jedenfalls eine wirtschaftliche Tätigkeit am Markt zu verstehen[1]. Für einzelne Berufsgruppen ist gesetzlich festgelegt, dass sie kein Gewerbe betreiben, wie z.B. für Rechtsanwälte (§ 2 Abs. 2 BRAO) und Patentanwälte (§ 2 Abs. 2 Patentanwaltsordnung). Demnach können Rechts- und Patentanwälte bislang keine OHG gründen.

304 Betreibt eine Gesellschaft bürgerlichen Rechts ein Gewerbe, dann wird sie von Gesetzes wegen ohne jeden Publizitätsakt zu einer personen- und strukturgleichen OHG, sobald das Unternehmen nach Art und Umfang einen in kaufmännischer Weise eingerichteten Geschäftsbetrieb erfordert (§ 105 Abs. 1 i.V.m. § 1 HGB)[2]. Übertragen alle Gesellschafter einer Personengesellschaft des Handelsrechts (OHG oder KG) ihre Beteiligungen auf eine BGB-Gesellschaft, dann wird diese dadurch selbst zur Inhaberin des Geschäftsbetriebs der übertragenden Gesellschaft und damit zur Handelsgesellschaft (OHG oder KG)[3].

1 BGHZ 33, 321, 324; 74, 273, 276.
2 BGHZ 146, 341, 346.
3 BGH WM 1990, 586 ff.

Rechtslage nach dem MoPeG: 305

Durch das MoPeG öffnet sich die Rechtsform der OHG (und die der KG) künftig auch für Freiberufler. Bislang konnten sich nur Steuerberater und Wirtschaftsprüfer in Form einer Personenhandelsgesellschaft organisieren, nicht aber Anwälte. Nach Maßgabe des neuen § 107 Abs. 1 S. 2 HGB-E kann eine Gesellschaft auch dann als OHG – bzw. nach § 161 Abs. 2 HGB-E auch als KG – in das Handelsregister eingetragen werden, wenn ihr Zweck auf die gemeinsame Ausübung freier Berufe (vgl. § 1 Abs. 2 PartGG) durch ihre Gesellschafter gerichtet ist. Zusätzliche Voraussetzung ist, dass auch das anwendbare Berufsrecht der Eintragung in dieser Rechtsform nicht entgegensteht. Dadurch können Freiberufler im Ergebnis (über den Weg der Gründung einer GmbH & Co KG, s.u. Rn. 876 ff.) ihre Haftung stärker begrenzen als es derzeit in der PartG mbB möglich ist (zu dieser vgl. unten Rn. 500).[4] Nach wie vor aber hält der Gesetzgeber an der Grundunterscheidung zwischen kaufmännischen und nichtkaufmännischen Gesellschaften (BGB-Gesellschaft, PartG, Verein) fest.[5]

II. Die Rechtsnatur der OHG

1. Die OHG als Handelsgesellschaft

Die OHG ist stets **Handelsgesellschaft**, weil sie ein Handelsgewerbe betreibt oder im Handelsregister eingetragen ist. Auf die OHG als Handelsgesellschaft finden stets die für **Kaufleute** gegebenen Vorschriften Anwendung (§ 6 Abs. 1 HGB). 306

Nach der in der **Rspr.**[6] und der **Literatur** noch vertretenen Meinung soll auch der einzelne Gesellschafter der OHG Kaufmann sein, weil er in der Geschäftsführung die notwendige Freiheit haben soll[7]. Gegen die Ansicht, der OHG-Gesellschafter sei ohne Rücksicht auf Geschäftsführungs- und Vertretungsbefugnis Kaufmann, spricht, dass nur der OHG, nicht aber dem einzelnen Gesellschafter die Produktionsmittel des Unternehmens zur Verfügung stehen und nur die OHG als übergeordnete Einheit, nicht aber der einzelne Gesellschafter das Handelsgewerbe betreibt. Deshalb ist davon auszugehen, dass nicht jeder OHG-Gesellschafter auch Kaufmann ist[8].

2. Die Gesellschafter einer OHG

Gesellschafter einer OHG können alle **natürlichen und juristischen Personen** sein. 307
Auch eine andere OHG oder KG kann Gesellschafterin einer OHG sein.

Besonderheiten können sich allerdings aus der Zusammensetzung der Gesellschafter ergeben. Eine OHG, an der nach dem Ausscheiden aller natürlichen Personen außer einer GmbH nur Kommanditgesellschaften beteiligt sind, deren jeweils einziger persönlich haftender Gesellschafter eine GmbH ist, darf die bisherige Firma nur fortführen, wenn ihr ein Zusatz beigefügt wird, der das Fehlen einer unmittelbar oder mittelbar für die Gesellschaftsschulden haftenden natürlichen Person kenntlich macht[9].

4 *Fleischer*, BB 2021, 386, 387.
5 BT-Drucks. 19/27635 S. 105 f., 213.
6 BGHZ 45, 282 ff.; BGH LM Nr. 1 zu § 406 HGB.
7 *Hueck*, OHG, § 3 III.
8 MünchKomm-HGB/*K. Schmidt*, § 1 Rn. 58.
9 BGH WM 1977, 971 f.; BGHZ 65, 103 ff.

Aus der Anerkennung der Rechtsfähigkeit der BGB-Gesellschaft folgt, dass sie Mitglied eines anderen Verbandes, also auch einer OHG, sein kann (vgl. Rn. 57).

308 Nach überwiegender Meinung kann eine **Erbengemeinschaft** nicht Mitglied einer OHG sein[10]. Der BGH begründet seine Ansicht im Wesentlichen damit, dass eine Personenhandelsgesellschaft wie die OHG in der Regel eine persönlichkeitsbezogene Arbeits- und Haftungsgemeinschaft darstelle, bei der eine Erbengemeinschaft ihrer Natur nach nicht Mitglied sein könne; die Erbengemeinschaft ist auf Auseinandersetzung angelegt. Diese schon bislang geltende Rechtslage ist nun durch § 711 Abs. 2 BGB-E (der über § 105 Abs. 3 HGB auch auf die OHG Anwendung findet) ausdrücklich bestätigt worden.

3. Die gesetzliche Regelung

309 Eine gesetzliche Regelung hat die OHG in den §§ 105 ff. HGB erfahren. Soweit die §§ 105 ff. HGB keine Sonderregelung im Verhältnis zu den §§ 705 ff. BGB enthalten, sind auf die OHG die Vorschriften über die Gesellschaft bürgerlichen Rechts (§§ 705 ff. BGB) anzuwenden, § 105 Abs. 3 HGB. Die subsidiäre Anwendung der §§ 705 ff. BGB auf OHG, KG, Partnerschaftsgesellschaft und stille Gesellschaft folgt daraus, dass die BGB-Gesellschaft die Grundform für alle Personengesellschaften ist.

Beispiel: In §§ 105 ff. HGB ist nicht geregelt, ob die Gesellschafter zur Zahlung eines höheren als des vereinbarten Beitrages verpflichtet sind (sog. Nachschusspflicht). Wenn sich im Gesellschaftsvertrag eine solche Verpflichtung nicht findet, ist § 707 BGB anzuwenden. Danach sind die Gesellschafter weder zur Zahlung eines höheren als des vereinbarten Beitrages noch zur Ergänzung einer durch Verlust verminderten Einlage verpflichtet.

4. Die Rechtsnatur der OHG als Personenhandelsgesellschaft

310 Die OHG ist eine Personengesellschaft im Sinne des § 705 BGB und **keine juristische Person**. Sie ist stets Handelsgesellschaft (vgl. oben Rn. 306) und wird deshalb als **Personenhandelsgesellschaft** bezeichnet. Die OHG ist eine **Gesamthandsgemeinschaft** (vgl. zur Gesamthand Rn. 84 ff.). Wenn schon die Gesamthands-BGB-Gesellschaft fähig ist, Träger von Rechten und Pflichten zu sein, so muss das wegen der gesetzlichen Regelung in § 124 HGB **erst recht** für die OHG und die KG gelten. OHG und KG sind **rechtsfähig** und **parteifähig**. Zuordnungssubjekt des Gesamthandsvermögens, d.h. Berechtigter in Bezug auf die zum Gesellschaftsvermögen gehörenden Sachen und Rechte und Verpflichteter aus den namens der OHG eingegangenen Verbindlichkeiten ist die Gesellschaft.

Verbindlichkeiten der OHG sind deshalb ausschließlich Schulden der OHG und nicht solche der Gesellschafter. Die persönliche Haftung der Gesellschafter gem. § 128 HGB begründet eigene Verbindlichkeiten der Gesellschafter, die von der Gesellschaftsschuld deutlich zu trennen sind[11].

---

10 BGHZ 68, 225, 237; *Hueck*, OHG, § 2 Ziff. 3.

11 *K. Schmidt*, Gesellschaftsrecht, § 46 II 2.

Rechtslage nach dem MoPeG:

Der Gesetzgeber streicht § 124 Abs. 1 HGB (§ 124 Abs. 2 HGB wird § 129 Abs. 1 HGB-E), ohne damit an der Rechtslage etwas ändern zu wollen. Auch nach neuem Recht ist die OHG rechtsfähig (§ 105 Abs. 2 HGB-E), es ist lediglich nicht mehr ausdrücklich festgehalten, dass die OHG unter Ihrer Firma handelt. Nach neuem Recht ist die OHG allerdings keine Gesamthand mehr, da die §§ 718 und § 719 BGB gestrichen sind, Vermögen ist also der Gesellschaft unmittelbar selbst dinglich zugeordnet.

Dass die OHG keine juristische Person ist, schließt nicht die entsprechende Anwendung des § 31 BGB aus. Bei dem in § 31 BGB zum Ausdruck gekommenen **Prinzip der Repräsentationshaftung für Organverschulden** handelt es sich um ein allgemeines Rechtsinstitut, das auf diejenigen Verbände Anwendung findet, die Träger von Rechten und Pflichten sein können, also auch auf die OHG und die KG. Nachdem der BGH die Rechtsfähigkeit der BGB-Gesellschaft anerkannt hatte, hat er konsequent auch die Anwendung des § 31 BGB sogar auf die BGB-Gesellschaft bejaht[12], s. dazu Rn. 138 f.). In entsprechender Anwendung des § 31 BGB haftet die Gesamthandsgesellschaft als Verband, weil ihr das rechtswidrige und schuldhafte Verhalten ihrer vertretungsberechtigten Gesellschafter als Organverschulden zuzurechnen ist. Ob *daneben* die Gesellschafter noch persönlich haften, richtet sich nicht nach § 31 BGB, sondern nach §§ 128 und 171 HGB (= §§ 126, 171 HGB-E)[13]. **311**

III. Die Bedeutung der OHG als typische Personenhandelsgesellschaft

Da große Unternehmen in der Regel viel Kapital benötigen, müssen sie in einer Gesellschaftsform organisiert sein, die ihnen die Inanspruchnahme des Kapitalmarktes ermöglicht. Die für größere Unternehmen geeignete Gesellschaftsform ist deshalb die Aktiengesellschaft. Kleinere und mittlere Unternehmen waren lange Zeit überwiegend in der Form der OHG organisiert, weil eine Reihe von Merkmalen der OHG gerade für Unternehmen dieser Größenordnung als besonders geeignet angesehen wurden. Alle Gesellschafter sind in der Regel geschäftsführungs- und vertretungsbefugt; alle Gesellschafter haften voll mit ihrem gesamten Privatvermögen, es war daher leicht, günstige Kredite von einer Bank zu erlangen. Das **volle Haftungsrisiko**, das die Gesellschafter einer OHG zu tragen haben, ist allerdings wohl der Hauptgrund dafür, dass das Interesse an der OHG stark gesunken ist und Gesellschaftsgründer nach Gesellschaftsformen suchen, die eine geringere Haftungsgefahr mit sich bringen. Als solche kommen in erster Linie die Kommanditgesellschaft, die GmbH und als Typenvermengung aus beiden die GmbH & Co. KG in Betracht. Am 1. Januar 2010 gab es in Deutschland noch 27 422 offene Handelsgesellschaften[14], am 1. Januar 2021 nur noch 22 854[15]. **312**

12 BGHZ 154, 88 ff.
13 *K. Schmidt*, Gesellschaftsrecht, § 10 IV.
14 *Hansen*, GmbHR 2010, 740.
15 *Kornblum*, GmbHR 2021, 681, 682 Tabelle 1.

313 Die offene Handelsgesellschaft ist nur dann die geeignete Gesellschaftsform, wenn alle Gesellschafter ihre volle Arbeitskraft und ihr gesamtes Vermögen – auch das Privatvermögen – als Haftungsgrundlage dem Unternehmen zur Verfügung stellen wollen, die Ausübung der Gesellschafterpflichten und -rechte den Hauptberuf der Gesellschafter bildet und es erforderlich ist, die Kreditwürdigkeit des Unternehmens durch die unbeschränkte Haftung der Gesellschafter zu stärken.

IV. Die Rechtsform der EWIV

314 Wie oben (Rn. 41 f.) schon erwähnt, ist mit dem Gesetz zur Ausführung der EWG-Verordnung über die Europäische wirtschaftliche Interessenvereinigung **(EWIV-Ausführungsgesetz)** die Möglichkeit geschaffen worden, dass sich Unternehmen aus jedenfalls zwei Mitgliedsstaaten der EG zu einer Europäischen wirtschaftlichen Interessengemeinschaft (= EWIV) zusammenschließen, die als Handelsgesellschaft i.S. des HGB anzusehen ist und auf die gem. § 1 EWIV-Ausführungsgesetz überwiegend die für die OHG geltenden Vorschriften anzuwenden sind. Nach deutscher Rechtstradition ist die EWIV eine **verselbstständigte Gesamthandsgemeinschaft**, die der juristischen Person lediglich angenähert ist. Anders als bei der OHG hängt der Eintritt der Handlungsfähigkeit allerdings von der **Eintragung in das Handelsregister** ab[16].

315 Zwingend vorgeschrieben ist die Mehrstaatlichkeit der Mitglieder, d.h. mindestens zwei Mitglieder einer EWIV müssen verschiedenen Mitgliedsstaaten der EG angehören (Art. 4 Abs. 1, 2 EWIV-VO). Der Zweck, der mit der Rechtsform der EWIV verfolgt werden kann, ist auf die **Unternehmenskooperation**, nämlich die Förderung der wirtschaftlichen Tätigkeit der Mitglieder beschränkt (Art. 3 Abs. 1 Hs. 1 EWIV-VO). Im **Außenverhältnis** haften alle Mitglieder einer EWIV unbeschränkt persönlich als Gesamtschuldner (Art. 24 Abs. 1 EWIV-VO). Auf diese Weise sind nahezu sämtliche Vorschriften zum Gläubigerschutz, insbesondere zur Aufbringung und Sicherung eines Gesellschaftskapitals, entbehrlich[17]. Vor der Inanspruchnahme der Mitglieder muss allerdings die EWIV vergeblich zur Zahlung aufgefordert worden und eine angemessene Zahlungsfrist verstrichen sein (Art. 24 Abs. 2 EWIV-VO).

Der Grundsatz der **Selbstorganschaft ist aus der EWIV-VO nicht** ableitbar. Art. 19 EWIV-VO schreibt lediglich vor, dass die Geschäftsführer natürliche Personen zu sein haben. Nach h.M. ist daher wie bei der GmbH Fremdorganschaft möglich, d.h. auch Nichtgesellschafter können geschäftsführungs- und vertretungsbefugt sein (vgl. zur Problematik Rn. 389 ff.). Am 1. Januar 2010 gab es in Deutschland 232 EWIV[18], am 1. Januar 2021 gab es 359 EWIV[19].

16 *Müller/Gugenberger*, NJW 1989, 1449, 1453.
17 Dazu *Müller/Gugenberger*, NJW 1989, 1452.
18 *Hansen*, GmbHR 2010, 740.
19 *Kornblum*, GmbHR 2021, 681, 682 Tabelle 1.

Lösung zu Fall 24: C könnte gegen V einen Anspruch aus §§ 437 Nr. 1, 439 BGB einen Anspruch auf Nacherfüllung erworben haben; das bedeutet. C könnte nach seiner Wahl Neulieferung oder Mängelbeseitigung verlangen. Der PKW weist einen Mangel im Sinne des § 434 BGB auf. Infolgedessen könnte C den Anspruch aus §§ 437 Nr. 1, 439 BGB auf Nacherfüllung geltend machen. Die Gewährleistungsansprüche verjähren in der Regel Nach § 438 Abs. 1 Nr. 3 BGB nach zwei Jahren. Der Nacherfüllungsanspruch des C wäre nach drei Wochen also noch nicht verjährt. Wenn es sich allerdings um ein Handelsgeschäft (§ 343 HGB) handeln würde und § 377 HGB anwendbar wäre, könnte C den Anspruch unter den dort genannten Voraussetzungen nicht mehr geltend machen. Nach § 377 HGB muss der Käufer, sobald er die Ware erhalten hat, diese unverzüglich, d.h. ohne schuldhaftes Zögern, untersuchen. Wenn sich dabei ein Mangel zeigt, hat der Käufer diesen dem Verkäufer unverzüglich (= ohne schuldhaftes Zögern, § 121 BGB) anzuzeigen. Dabei handelt es sich um eine Obliegenheit des Käufers, deren Nichtbeachtung unmittelbar zu seinen Lasten geht. Kommt der Käufer diesen Obliegenheiten nicht nach, wird die Ware, auch wenn sie einen Mangel hat, als vertragsgemäß angesehen (§ 377 Abs. 2 HGB). Der Käufer muss den vereinbarten Kaufpreis bezahlen. Die Gewährleistungsansprüche aus §§ 437 ff. BGB sind ausgeschlossen. Voraussetzung für die Anwendung des § 377 HGB ist, dass der Kauf für beide Teile ein Handelsgeschäft ist. Dann müssten V und C Kaufleute sein und der Kauf müsste für C zum Betriebe des Handelsgewerbes gehören (§§ 343, 344 HGB). Fraglich ist, ob C als Gesellschafter der OHG Kaufmann ist. Nach der älteren Rspr.[20] soll auch der einzelne Gesellschafter der OHG Kaufmann sein, weil er in der Geschäftsführung die notwendige Freiheit haben soll. Gegen die Ansicht, der OHG-Gesellschafter sei ohne Rücksicht auf Geschäftsführungs- und Vertretungsbefugnis Kaufmann, spricht, dass nur der OHG, nicht aber dem einzelnen Gesellschafter die Produktionsmittel des Unternehmens zur Verfügung stehen und nur die OHG als übergeordnete Einheit, nicht aber der einzelne Gesellschafter das Handelsgewerbe betreibt. Deshalb ist davon auszugehen, dass nicht jeder OHG-Gesellschafter auch Kaufmann ist[21]. Selbst wenn man der Ansicht folgt, die auch den OHG-Gesellschaftern die Kaufmannseigenschaft zuspricht, so ist in diesem Fall zweifelhaft, ob ein Handelsgeschäft vorliegt, da C den Pkw zu privaten Zwecken erwirbt und dieser damit wohl nicht zum Betrieb seines Handelsgewerbes gehören würde. Dies legt auch ein Vergleich des Handelsgeschäfts mit dem Begriff des Unternehmers i.S.d. § 14 BGB nahe. Denn die an diese Vorschrift anknüpfenden Regelungen finden nur dann Anwendung, wenn der Unternehmer auch in dem konkreten Fall in Ausübung seiner unternehmerischen Tätigkeit handelt. 316

Folgt man dem und berücksichtigt dazu noch, dass sich C nicht an der Geschäftsführung beteiligt, so ist C nicht Kaufmann. Daraus folgt, dass auf den zwischen V und C geschlossenen Kaufvertrag § 377 HGB keine Anwendung findet. C kann deshalb den Nacherfüllungsanspruch aus §§ 437 Nr. 1, 439 BGB gegen V mit Erfolg geltend machen.

---

20 BGHZ 45, 282 ff.; BGH LM Nr. 1 zu § 406 HGB.

21 MünchKomm-HGB/*K. Schmidt*, § 1 Rn. 58.

§ 17 Errichtung und Entstehung einer OHG

317 **Fall 25:** K, M und S wollen eine OHG gründen, um Glücksspielautomaten herzustellen und zu veräußern. Jeder der Beteiligten verpflichtet sich in einem schriftlichen Gesellschaftsvertrag, eine Kapitaleinlage in Höhe von 25 000 € zu erbringen. M ist gerade 17 Jahre alt geworden. Seine Eltern erklären gegenüber K und S, sie seien nicht einverstanden. K und S verlangen nun von M, dieser möge seine Kapitaleinlage an die Gesellschaft erbringen. Zu Recht? **Rn. 341**

318 **Fall 26:** Einzelkaufmann A betreibt einen Mineralölhandel. Die Rheinische Bank AG hat ihm am 1.6.2011 ein Darlehen in Höhe von 300 000 € gewährt, das nach drei Jahren zurückgezahlt sein soll. Am 1.1.2014 tritt B als persönlich haftender Gesellschafter in das Geschäft des A ein. Als die Rheinische Bank AG trotz mehrfacher an A gerichteter Aufforderungen im Juli 2010 die fällige Darlehenssumme nicht zurückerhält, verlangt sie nun Zahlung von 300 000 € von B. Mit Recht? **Rn. 342**

319 **Fall 27:** Der Einzelkaufmann A, der Baumaterialien an- und verkauft, gibt seinem Prokuristen B an dessen 25-jährigem Dienstjubiläum mündlich das Versprechen, ihn „in absehbarer Zeit mit einem ordentlichen Anteil an seinem Geschäft zu beteiligen“. B zeigt sich hocherfreut und äußert, dass ihm dies der schönste Lohn für seine Arbeit in den letzten 25 Jahren sei. Als zwei Jahre später der A den B noch immer nicht in irgendeiner Weise an seinem Geschäft beteiligt hat, macht B geltend, er habe einen Anspruch auf eine angemessene Beteiligung an dem Geschäft, er könne den Abschluss eines Gesellschaftsvertrages verlangen. Kann B von A den Abschluss eines Gesellschaftsvertrages (OHG-Vertrag) verlangen? **Rn. 343**

I. Abschluss und Inhalt des Gesellschaftsvertrages

320 **Literatur:** *Baier*, Die Lehre zum Wegfall der Geschäftsgrundlage im Recht der Personengesellschaften, 2001; *F. Bartels/C. Wagner*, Die Scheingesellschaft als „Teilnehmerin“ am Rechtsverkehr, ZGR 2013, 482 ff.; *Hueck*, OHG, § 5; *K. Schmidt*, Grenzen des Minderjährigenschutzes im Handels- und Gesellschaftsrecht, JuS 1990, 517 ff.; *Wiedemann*, Der Gesellschaftsvertrag der Personengesellschaften, WM 1990, Sonderbeilage 8.

1. Einleitung

321 Das Entstehen einer OHG setzt – wie das Entstehen einer jeden Gesellschaft – den **Abschluss eines Gesellschaftsvertrages** voraus. Inhalt des Gesellschaftsvertrages ist die Verpflichtung aller Beteiligten, die Erreichung des gemeinsamen Zweckes in der im Vertrage vorgesehenen Art und Weise zu fördern. Zu den im Vertrag häufig geregelten Verpflichtungen der Gesellschafter gehören: die Leistung der vereinbarten Beiträge, die in Geld- und Sachwerten oder Diensten, wie z.B. der Geschäftsführung, bestehen können, und die Gewinn- und Verlustbeteiligung.

Beispiel: A, H und S gründen unter der Firma „Spielwaren HA & Co. OHG“ ein Handelsunternehmen. Sie stellen Kinderspielzeug her und verkaufen es. In § 2 des schriftlichen Gesellschaftsvertrages heißt es: „Gegenstand des Unternehmens ist die Herstellung und der Vertrieb von Kinderspielzeug." § 3 Abs. 1 lautet: „Alle Gesellschafter sind zur Geschäftsführung verpflichtet." Der gemeinsame Zweck, zu dessen Erreichung sich A, H und S zu einer OHG zusammengeschlossen haben, ist die Herstellung und der Vertrieb von Kinderspielzeug, um auf diese Art und Weise Gewinn zu erzielen. Zu den Verpflichtungen, die die Gesellschafter mit dem Abschluss des Gesellschaftsvertrages übernommen haben, gehört u.a. die Pflicht, die Geschäfte der Gesellschaft zu führen.

Die gem. § 109 HGB weitgehend zur Disposition der vertragschließenden Gesellschafter stehenden gesetzlichen Regelungen über die OHG (§§ 105 ff. HGB) werden in vielfacher Hinsicht den heutigen geänderten wirtschaftlichen Verhältnissen nicht mehr gerecht. In der Praxis werden deshalb unter Nutzung des durch die Privatautonomie geschaffenen Freiraumes häufig Gesellschaftsverträge abgeschlossen, die mehr oder minder stark von dem im Gesetz vorgegebenen Leitbild abweichen. **322**

2. Die Auslegung des Gesellschaftsvertrages

Für die **Auslegung** von Gesellschaftsverträgen gelten die allgemeinen Grundsätze, insbesondere § 157 BGB. Die Auslegung muss vor allem den **Willen der Parteien** ermitteln; dabei sind der **Gesellschaftszweck** und die Rechtsstruktur der ins Leben gerufenen Organisation besonders zu berücksichtigen[1]. Bei der auch möglichen ergänzenden Vertragsauslegung ist wegen der besonderen Bedeutung der Vertragsfreiheit für das Verhältnis der Gesellschafter untereinander auf den mutmaßlichen Willen der Vertragschließenden abzustellen und zu versuchen, im Einzelfall eine interessengerechte Lösung zu finden. Deshalb ist stets zunächst einmal auf der Grundlage des Gesellschaftsvertrages zu ermitteln, wie die Gesellschafter den offengebliebenen Punkt unter Berücksichtigung des Gebots von Treu und Glauben geregelt hätten, wenn sie bei Abschluss des Vertrages an ihn gedacht hätten[2]. **323**

3. Der Abschluss des Gesellschaftsvertrages

Weil der Abschluss des Gesellschaftsvertrages ein Rechtsgeschäft ist, sind die allgemeinen Regeln über Rechtsgeschäfte anzuwenden. So ist u.a. häufig darüber zu entscheiden, ob Personen mit ihren Erklärungen eine rechtliche Bindung, nämlich den Abschluss eines Gesellschaftsvertrages, überhaupt herbeiführen wollten oder nicht. **324**

Beispiel: K betreibt unter der Firma „Wilhelm K e. Kfm. – Elektrogroßhandel" einen Elektrogroßhandel. Als er in finanzielle Schwierigkeiten gerät, erklärt sich sein Schwager F bereit, sich mit einer Einlage von 75 000 € zu beteiligen und das Unternehmen mit zu betreiben, wenn er die gleichen Rechte und Pflichten wie K erhalte. K ist einverstanden. Beide sind sich in einem längeren Gespräch einig geworden, dass die Firma fortgeführt, die Beteiligungsverhältnisse 50 % zu 50 % betragen und F ebenso wie K mit seinem gesamten Privatvermögen haften soll. Hier haben K und F mit ihren Erklärungen einen Rechtserfolg angestrebt: F ist als persönlich haftender Gesellschafter in das Geschäft des Einzelkaufmanns K eingetreten, was nach § 28 HGB zur Folge hat, dass eine offene Handelsgesellschaft entstanden ist. Dieser Erfolg beruht auf einem Rechtsgeschäft. Der Zusammenschluss von K und F, der erfolgt ist, um den Elektrogroßhandel gemeinsam zu betreiben (die angestrebte Verfolgung eines gemeinsamen Zwecks), ist eine Gesellschaft, und zwar eine OHG.

---

1 Dazu *Wiedemann*, WM 1990, Sonderbeilage 8, S. 14 ff.
2 BGH BB 1979, 287.

325 Der Abschluss eines Gesellschaftsvertrages ist grundsätzlich formfrei. Enthält der Gesellschaftsvertrag allerdings ein Leistungsversprechen, das formbedürftig ist, dann bedarf der gesamte Gesellschaftsvertrag der Form[3]. Der ohne die erforderliche Form geschlossene Vertrag ist gem. § 125 BGB nichtig.

Beispiel: Im Gesellschaftsvertrag verpflichtet sich ein Gesellschafter, ein ihm gehörendes Grundstück in die Gesellschaft einzubringen. Gem. § 311b BGB bedarf dieses Leistungsversprechen einer bestimmten Form, der notariellen Beurkundung, damit es wirksam wird. Dadurch wird der gesamte Gesellschaftsvertrag formbedürftig.

326 Auch wenn der Abschluss eines Gesellschaftsvertrages grundsätzlich formfrei ist, so werden in der Praxis doch die meisten Verträge **schriftlich** abgeschlossen, um für die Zukunft Rechtssicherheit zu schaffen. Geschäftsunfähige und in ihrer Geschäftsfähigkeit beschränkte Personen können alleine keine wirksame Willenserklärung abgeben, wenn sie einen Gesellschaftsvertrag abschließen wollen. Die Eltern als gesetzliche Vertreter können nur mit Genehmigung des Vormundschaftsgerichts für die Vertretenen einen Gesellschaftsvertrag abschließen (§ 1643 i.V.m. § 1822 Nr. 3 BGB). Auch die Zustimmung der gesetzlichen Vertreter zu Willenserklärungen, die Minderjährige bereits abgegeben haben, um einen Gesellschaftsvertrag abzuschließen, ist ohne Genehmigung des Vormundschaftsgerichts nicht wirksam.

II. Die Rechtsnatur des OHG-Gesellschaftsvertrages

327 Wie schon zum Gesellschaftsvertrag der Gesellschaft bürgerlichen Rechts ausgeführt (s. Rn. 72 ff.), ist der Gesellschaftsvertrag der OHG ein **schuldrechtlicher Vertrag**, der die wechselseitigen Rechte und Pflichten der Gesellschafter regelt und auch Bestimmungen über die Organisation der Gesellschaft enthält. Da der Gesellschaftsvertrag kein Austauschvertrag ist, können §§ 320 ff. BGB auf ihn nicht angewandt werden. Es fehlt an der synallagmatischen Verknüpfung vertraglicher Leistungen (vgl. Rn. 74 f.)[4]. Obwohl der Gesellschaftsvertrag kein gegenseitiger Vertrag ist, wollen manche Autoren[5] die **Lehre von der Geschäftsgrundlage** (jetzt § 313 BGB) darauf anwenden, weil dafür allein entscheidend sei, ob der fehlende Umstand in der vertraglichen Risikoverteilung berücksichtigt worden ist oder nicht. Vorrang soll allerdings stets die ergänzende Vertragsauslegung haben.

III. Die Entstehung einer OHG

328 Der wichtigste Akt für die Entstehung der OHG ist der Abschluss des Gesellschaftsvertrages. Die Gesellschaft ist gem. § 106 HGB bei dem Gericht, in dessen Bezirk sie ihren Sitz hat, zur **Eintragung in das Handelsregister** anzumelden. Der Feststellung des Zeitpunktes, zu welchem die OHG gegenüber Dritten wirksam entsteht, kommt wegen der strengen Haftung der Gesellschafter aus § 128 HGB eine besondere Bedeutung zu.

---

3 RGZ 50, 163, 165 f. und 97, 219, 221.

4 *K. Schmidt*, Gesellschaftsrecht, § 20 III.

5 Z.B. *Baier*, S. 214 f.

Was den **Zeitpunkt** des Entstehens der Gesellschaft angeht, so ist zu unterscheiden zwischen

- dem **Innenverhältnis**, dem Verhältnis der Gesellschafter zu- und untereinander, und
- dem **Außenverhältnis**, dem Verhältnis der Gesellschaft und der Gesellschafter zu Dritten.

Wenn der gemeinsame Zweck der Gesellschaft der Betrieb eines Handelsgewerbes im Sinne des § 1 HGB sein soll, entsteht die OHG im **Innenverhältnis** bereits mit dem Abschluss des Gesellschaftsvertrages und nicht erst mit dem Beginn des Geschäftsbetriebes[6].

In den Fällen der §§ 2, 3 und 105 Abs. 2 HGB gelangt die OHG erst mit der Eintragung in das Handelsregister zur Entstehung, weil das von der Gesellschaft betriebene Gewerbe erst vom Zeitpunkt der Eintragung an als Handelsgewerbe gilt. In der Zeit zwischen dem Abschluss des Gesellschaftsvertrages und der Eintragung in das Handelsregister ist die Gesellschaft eine **Gesellschaft bürgerlichen Rechts**. Auf diese können allerdings, was das Verhältnis der Gesellschafter untereinander angeht, bereits die Vorschriften der §§ 105 ff. HGB ergänzend Anwendung finden, weil das im Zweifel dem Willen der Gesellschafter entsprechen dürfte, die eine OHG begründen wollen[7]. **329**

Im **Außenverhältnis** gelangt die OHG noch nicht allein durch den Abschluss des Gesellschaftsvertrages zur Entstehung, weil es sich dabei um einen Akt der Gesellschafter handelt, der für Dritte nicht ohne Weiteres erkennbar ist. Im Verhältnis zu Dritten ist die OHG entstanden, wenn **330**

- die Gesellschaft in das Handelsregister **eingetragen** ist (§ 123 Abs. 1 HGB) oder
- auch schon vor der Eintragung, wenn die Gesellschaft mit Zustimmung der Gesellschafter mit ihren **Geschäften begonnen** hat, soweit sich aus §§ 2 und 105 Abs. 2 HGB nichts Anderes ergibt (§ 123 Abs. 2 HGB). Die Zustimmung kann auch konkludent erteilt werden.

Schon die erste dem Gesellschaftszweck dienende, einem Dritten gegenüber **vorgenommene Rechtshandlung**, auch wenn es lediglich eine Vorbereitungshandlung ist, macht die Gesellschaft zur Handelsgesellschaft, wenn nur der Gesellschaftszweck auf den Betrieb eines Handelsgewerbes gerichtet ist und ausreichende Anhaltspunkte dafür vorliegen, dass das Unternehmen eine entsprechende Ausgestaltung und Einrichtung in Kürze erfahren wird[8].

§ 123 HGB betrifft nicht die Existenz der OHG, sondern die Voraussetzungen für die Anwendung der auf das Außenverhältnis zugeschnittenen Vorschriften, also z.B. § 125 HGB, oder der Haftung gem. § 128 HGB, welche die Eintragung in das Handelsregister oder die Aufnahme der Geschäfte erfordert. Die Gesellschaft entsteht bereits mit Vertragsabschluss zwischen den Gesellschaftern.

---

6 RGZ 112, 280 ff.
7 *Hueck*, OHG, § 5 I 2; Baumbach/Hopt/*Hopt*, HGB, § 123 Rn. 17 f.
8 BGHZ 10, 91, 96; BGH MDR 2004, 1010.

Beispiel: Ausreichend für die Aufnahme der Geschäfte können z.B. sein die Eröffnung eines Bankkontos für die Gesellschaft oder Verhandlungen über den Erwerb eines Betriebsgrundstücks[9].

Beispiel: K und S wollen unter der Firma „Baustoffhandlung K & Co. OHG" eine OHG gründen, deren Gegenstand der An- und Verkauf von Baustoffen sein soll. Sie schließen einen Gesellschaftsvertrag ab. Noch vor der Eintragung in das Handelsregister kauft S im Namen und unter der Verwendung der Firma 20 t Zement und lässt sich für die Gesellschaft von einer Bank ein Darlehen in Höhe von 25 000 € gewähren. Beide Handlungen sind solche, die einen Geschäftsbeginn der Gesellschaft im Sinne des § 123 Abs. 2 HGB darstellen, weil sie unter den Begriff des Geschäftsbetriebes fallen. Hier ist die OHG auch im Außenverhältnis vor der Eintragung in das Handelsregister entstanden.

IV. Der Eintritt in das Geschäft eines Einzelkaufmanns (§ 28 HGB)

1. Die Anwendung von § 28 HGB auf OHG und KG

331 Wenn jemand als persönlich haftender Gesellschafter in das Geschäft eines Einzelkaufmanns eintritt, entsteht eine OHG oder KG, wenn zwischen dem Einzelkaufmann und dem Eintretenden ein entsprechender **Gesellschaftsvertrag** abgeschlossen wird. Für den Fall eines solchen Eintritts regelt § 28 HGB den Übergang der Forderungen und Verbindlichkeiten, die im Betriebe des Geschäfts des Einzelkaufmanns entstanden sind, auf die Gesellschaft. Die Gesellschafter der nun entstandenen Gesellschaft haften für die Altschulden und damit auch für die Verbindlichkeiten des früheren Geschäftsinhabers, die jetzt zu Verbindlichkeiten der neuen Gesellschaft geworden sind, nach § 128 HGB, falls es sich um eine OHG handelt. Das gilt für den bisherigen Geschäftsinhaber ebenso wie für den Eintretenden[10]. Soll der eintretende Gesellschafter oder der bisherige Inhaber **Kommanditist** sein, so bestimmt sich dessen Haftung nach § 171 HGB.

332 Unter den in § 28 Abs. 2 HGB genannten Voraussetzungen ist eine die Haftung der Gesellschaft ausschließende Regelung zulässig. Nach dem Wortlaut des § 28 Abs. 2 HGB ist mit der abweichenden Vereinbarung in erster Linie der Ausschluss der Haftung der Gesellschaft selbst gemeint. Die persönliche Haftung der Gesellschafter und damit auch die der eintretenden Gesellschafter ergibt sich nicht aus § 28 Abs. 1 HGB, sondern aus § 128 HGB, der eine die persönliche Haftung der Gesellschafter für Gesellschaftsschulden ausschließende Vereinbarung nicht zulässt. Die Interessenlage aller Beteiligten einschließlich der Gläubiger gebietet es indessen, § 28 Abs. 2 HGB so auszulegen, dass der Ausschluss auch auf die persönliche **Haftung** des oder der neu eintretenden Gesellschafter **beschränkt werden kann**. Der Sinn der in § 28 Abs. 1 HGB enthaltenen Regelung besteht nämlich darin, den bisherigen Gläubigern das Geschäftsvermögen eines Einzelkaufmanns, das dieser in eine neu gegründete Personengesellschaft einbringt, als Haftungsobjekt zu erhalten. Deshalb ist es möglich, mit einer „abweichenden Vereinbarung" i.S.d. § 28 Abs. 2 HGB nicht nur die Haftung

9 BGH MDR 2004, 1010.
10 H.M., z.B. Koller/Roth/Morck/*Roth*, HGB, § 28 Rn. 11; a. A. *Canaris*, § 7 Rn. 92 ff.

der Gesellschaft für Altschulden auszuschließen, sondern diese bestehen zu lassen und lediglich zu vereinbaren, dass der neu eintretende Gesellschafter für jene Verbindlichkeiten nicht haftet[11].

Der Haftungsausschluss i.S.d. § 28 Abs. 2 HGB kann Außenwirkung jedoch nur dann haben, wenn die Kundmachung unverzüglich nach dem Wechsel des Unternehmensträgers vorgenommen wird. Sowohl die Handelsregistereintragung als auch die Bekanntmachung müssen deshalb alsbald nach diesem Wechsel bewirkt werden. Das Risiko einer verzögerten Eintragung und Bekanntmachung trifft die neuen Unternehmensträger; es kommt weder auf deren Verschulden noch auf ein solches des Registergerichts an[12]. **333**

Beispiel[13]**:** Unter Einbringung seines bisher als Einzelkaufmann betriebenen Unternehmens gründet A zusammen mit der X-GmbH eine Kommanditgesellschaft, in der die X-GmbH mit einem Stammkapital von 250 000 € persönlich haftender Gesellschafter und A Kommanditist sein sollen. Im Gesellschaftsvertrag wird vereinbart, die bis zur Gründung der Gesellschaft entstandenen Darlehensverbindlichkeiten des A (ca. 125 000 €) sollten im Innenverhältnis zwischen A und der X-GmbH von A getragen werden; diese Vereinbarung wird durch die Verpflichtung des A ergänzt, die nun gegründete Gesellschaft von diesen Verbindlichkeiten freizustellen. Eine Haftungsbeschränkung ist in das Handelsregister nicht eingetragen worden. Eine solche Vereinbarung erfüllt nicht den Tatbestand des § 28 Abs. 2 HGB. Sie setzt vielmehr auf Grund ihrer Beschränkung auf das Innenverhältnis zwischen den Gesellschaftern (A und X-GmbH) die Haftungsübernahme nach § 28 Abs. 1 HGB geradezu voraus[14].

2. Zur analogen Anwendung von § 28 HGB

Umstritten ist, ob § 28 HGB (entsprechend) anwendbar ist, wenn ein einzelkaufmännisches Unternehmen in eine GmbH oder Aktiengesellschaft eingebracht wird. Der BGH[15] hat die unmittelbare oder analoge Anwendung des § 28 HGB auf einen Fall abgelehnt, in dem ein nichtkaufmännisches Einzelunternehmen in eine neu gegründete GmbH eingebracht worden war. Er hat diese Entscheidung insbesondere damit begründet, dass die Vorschrift des § 28 HGB nach ihrem eindeutigen Wortlaut eine Personengesellschaft erfordere; auch die Entstehungsgeschichte zeige eindeutig, dass der Gesetzgeber für juristische Personen bewusst im Bereich des nur einen Sonderfall regelnden § 28 HGB **keine Haftungsanordnung** getroffen und eine sich daraus ergebende Benachteiligung der betroffenen Gläubiger billigend in Kauf genommen habe[16]. **334**

Die Frage nach der unmittelbaren oder analogen Anwendung des § 28 HGB stellt sich ebenfalls, wenn durch den „Eintritt" eines oder mehrerer Gesellschafter in den bisherigen Gewerbebetrieb keine OHG oder KG, sondern lediglich eine **Gesellschaft bürgerlichen Rechts** entsteht. Der **BGH**[17] meint, § 28 HGB könne schon deshalb nicht **335**

11 OLG Celle OLGZ 1981, 1.
12 BayObLG WM 1984, 1533 m. w. Nachw.
13 Nach BGH WM 1989, 1219.
14 BGH WM 1989, 1219 f.
15 BGHZ 143, 314 ff.
16 BGHZ 143, 314, 318.
17 BGHZ 143, 314, 317 f.

angewandt werden, weil § 28 HGB die Kaufmannseigenschaft des Einzelunternehmers im Rechtssinne voraussetze.

Diese Rspr. des BGH ist auf berechtigte **Kritik** gestoßen. So betont z.B. *Lieb*[18], das Gesetz enthalte in § 28 Abs. 1 HGB eine zu schmale Teilregelung eines ganz allgemeinen Problems, nämlich der massiven Gläubigergefährdung dadurch, dass die den Gläubigern bisher haftenden Aktiva eines Unternehmens auf ein anderes, dem Gläubigerzugriff ohne eine dem § 28 Abs. 1 HGB entsprechende Vorschrift nicht zugängliches Rechtssubjekt übertragen werde. Damit ist die Gefahr umschrieben, dass den Gläubigern des bisherigen Einzelunternehmens durch dessen Einbringung in eine rechtlich selbstständige Gesellschaft in erheblichem Umfange Haftungsmasse entzogen wird, wenn nicht durch eine entsprechende Anwendung des § 28 Abs. 1 HGB die Möglichkeit geschaffen wird, auch auf das Vermögen der neuen Gesellschaft zugreifen zu können.

336 Festzuhalten ist deshalb, dass § 28 HGB einen **allgemeinen analogiefähigen Rechtsgedanken** enthält, der es rechtfertigt, die Haftung für die Altschulden des einbringenden Gesellschafters im Interesse der Altgläubiger auf die entstandene Gesellschaft zu erstrecken[19]. Das gilt jedenfalls für die entstandene Gesellschaft bürgerlichen Rechts und die Vor-GmbH. Damit ist bei Letzterer noch nichts darüber gesagt, ob auch die Gesellschafter persönlich mit ihrem Privatvermögen haften (was man entgegen der Auffassung des BGH mit guten Gründen bejahen kann; s. dazu Rn. 736 ff.).

V. Der Vorvertrag zu einem Gesellschaftsvertrag

337 Es kommt häufig vor, dass noch vor dem Abschluss des Gesellschaftsvertrages einer OHG ein Vorvertrag abgeschlossen wird, der die **Verpflichtung zum Abschluss eines Gesellschaftsvertrages** für die OHG zum Gegenstand hat. Wie andere Vorverträge, die einem abzuschließenden Schuldverhältnis vorausgehen, muss auch der Vorvertrag zu einem OHG-Gesellschaftsvertrag bereits so weit konkretisierte Vereinbarungen enthalten, dass der wesentliche Inhalt des nachfolgenden Vertrages, dessen Abschluss angestrebt wird, bereits erfasst ist. Der Vorvertrag muss jedenfalls so gestaltet sein, dass wichtige Einzelheiten, die fehlen, aber Gegenstand des Hauptvertrages sein müssen, im Streitfall durch ergänzende Vertragsauslegung, notfalls durch das Gericht, festgestellt werden können[20]. Ein Vorvertrag kommt allerdings nur zustande, wenn Einmütigkeit der Parteien darüber besteht, welche **Gesellschaftsform** angestrebt wird. Auch über die **Höhe der Beteiligung** der Vertragschließenden an der künftigen Gesellschaft muss in der Regel im Vorvertrag bereits Klarheit geschaffen werden[21].

Ist ein Vorvertrag wirksam zustande gekommen, kann auf Grund des Vorvertrages der Abschluss des Gesellschaftsvertrages verlangt werden. Ist der Gesellschaftsver-

---

18 Anmerkungen zum zitierten Urteil in JZ 2000, 1010 f.
19 *K. Schmidt*, Handelsrecht, § 8 III 1 a bb.
20 RGZ 156, 129, 138; BGH LM Nr. 3 zu § 705 BGB.
21 OLG Frankfurt MDR 1973, 759 f.

trag selbst – etwa weil ein Gesellschafter ein Grundstück einbringt – **formbedürftig**, ist auch der Vorvertrag formbedürftig.

VI. Die Scheingesellschaft

Es kommt vor, dass Personen einen Gesellschaftsvertrag einer OHG oder einer anderen Personengesellschaft nur zum Schein abschließen, um den Namen der Gesellschaft für irgendwelche Zwecke verwenden zu können. Dabei sind sich die Vertragschließenden darüber im Klaren, dass zwischen ihnen in Wirklichkeit eine Gesellschaft nicht gewollt ist[22]. Häufig geschieht dies, um auf unlautere Weise einen Kredit zu erlangen. In solchen Fällen handelt es sich um eine **Scheingesellschaft**. **338**

Bei einer Scheinhandelsgesellschaft fehlt es schon am Abschluss eines **wirksamen** Gesellschaftsvertrages. Es entsteht also keine OHG. Infolgedessen können die Gesellschafter untereinander und Dritten gegenüber keine Rechte geltend machen, die auf dem Recht der OHG beruhen. Das bedeutet, dass der Scheingesellschaft z.B. nicht das Firmenrecht zusteht und sie auch nicht unter der Firma klagen kann. Allerdings können gutgläubige Dritte, die auf Grund des hervorgerufenen Scheins, es bestünde eine OHG, darauf vertrauen, dass sie es mit einer OHG zu tun haben, gegenüber denjenigen, die den Rechtsschein in zurechenbarer Weise hervorgerufen haben, die Rechte geltend machen, die ihnen nach dem OHG-Recht zustehen würden. Das entspricht dem gewohnheitsrechtlich geltenden Satz, dass derjenige, der im Handelsverkehr öffentliche Erklärungen abgibt, sich von gutgläubigen Dritten an diesen Erklärungen festhalten lassen muss. Es handelt sich also um ein Problem des **Vertrauensschutzes** und der **Rechtsscheinhaftung**. In der Praxis bedeutet dies, dass insbesondere die Regeln des OHG-Rechts betreffend die unbeschränkte Haftung aller Gesellschafter (§ 128 HGB) zugunsten derjenigen Dritten Anwendung finden, die die Verhältnisse nicht kennen[23]. **339**

Der Rechtsschein einer OHG wird im Rechtsverkehr insbesondere durch das Auftreten unter einer gemeinschaftlichen Firma, z.B. durch die Verwendung entsprechender Briefbögen und Zeitungsanzeigen, hervorgerufen. Deutlich zu trennen sind von dieser Problematik diejenigen Fälle, in denen ein Gesellschaftsvertrag abgeschlossen worden ist, dieser aber an Mängeln leidet. Es handelt sich dann um Probleme der **fehlerhaften Gesellschaft** (vgl. dazu Rn. 454 ff.). Die Abgrenzung zur fehlerhaften Gesellschaft kann schwierig sein. Wenn eine Gesellschaftsgründung scheitert, aber die vermeintlichen Gesellschafter die mit der Gesellschaft bezweckte Tätigkeit aufnehmen, indem sie Einlagen erbringen und im Namen der Gesellschaft Verträge abschließen, sind die Regeln über die fehlerhafte Gesellschaft anzuwenden.[24] **340**

---

22 BGH LM Nr. 4 zu § 105 HGB.

23 Zu alldem *Canaris*, Handelsrecht, § 6 III Rn. 27 ff.; *C. Wagner/F. Bartels*, ZGR 2013, 482, 512 f.

24 *F. Bartels/C. Wagner*, ZGR 2013, 482, 483.

341 **Lösung zu Fall 25:** K und S verlangen gestützt auf den Gesellschaftsvertrag von M die Leistung der Kapitaleinlage von 25 000 € zu Recht, wenn zwischen den drei Personen ein wirksamer OHG-Gesellschaftsvertrag zustande gekommen ist, der eine Einlageverpflichtung des M in Höhe von 25 000 € enthält (§§ 105 Abs. 3, 109 HGB und § 705 BGB). Das Zustandekommen eines Gesellschaftsvertrages setzt voraus, dass sich alle Beteiligten über sämtliche Punkte, auf deren Festlegung auch nur ein Gesellschafter Wert legt, einigen. Der Antrag eines einzelnen Gesellschafters zum Abschluss des Vertrages muss sich an alle anderen Gesellschafter richten, um von diesen angenommen zu werden. K und S haben je ein Angebot zum Abschluss eines Gesellschaftsvertrages mit einer Einlageverpflichtung eines jeden Gesellschafters von 25 000 € abgegeben und auch angenommen. Fraglich ist jedoch, ob M ebenfalls ein wirksames Vertragsangebot abgeben und annehmen konnte. M war minderjährig (§ 106 BGB). Der Abschluss des OHG-Gesellschaftsvertrages brachte M nicht lediglich einen rechtlichen Vorteil im Sinne des § 107 BGB. Seine Eltern haben die nach § 107 BGB notwendige Einwilligung nicht erteilt. Auch eine erteilte Einwilligung hätte allerdings, um wirksam werden zu können, der Genehmigung des Familiengerichts bedurft (§§ 1643, 1822 Nr. 3 BGB). Die Willenserklärungen des minderjährigen M waren deshalb zunächst schwebend unwirksam (§ 108 Abs. 1 BGB); nachdem die Eltern die Genehmigung verweigert haben, sind sie unwirksam geworden. M hat also weder ein Angebot zum Abschluss des Gesellschaftsvertrages abgegeben, noch die Angebote des K und des S angenommen. Mit ihm ist deshalb ein Gesellschaftsvertrag nicht abgeschlossen worden. Deshalb können K und S von ihm aus dem Gesellschaftsvertrag nicht die Zahlung einer Kapitaleinlage von 25 000 € verlangen.

342 **Lösung zu Fall 26:** Die Rheinische Bank AG könnte gegen B einen Anspruch aus § 488 BGB i.V.m. §§ 28, 128 HGB erworben haben. Durch den Eintritt von B in das Einzelhandelsgeschäft des Kaufmanns A ist eine OHG entstanden. Gem. § 28 HGB haftet die Gesellschaft für alle im Betriebe des Geschäfts entstandenen Verbindlichkeiten des früheren Geschäftsinhabers. Dazu gehört die Darlehensrückzahlungsforderung der Rheinischen Bank AG in Höhe von 300 000 € aus § 488 BGB. Da die Darlehensverbindlichkeit des A nunmehr zu einer Verbindlichkeit der Gesellschaft, der OHG, geworden ist, haftet für diese Verbindlichkeit nun auch der Gesellschafter B gem. § 128 HGB. Diese Haftung bezieht sich auch auf solche Verbindlichkeiten, die vor Eintritt des Gesellschafters entstanden sind.

343 **Lösung zu Fall 27:** B könnte gegen A einen Anspruch auf Abschluss eines Gesellschaftsvertrages über eine OHG aus einem entsprechenden Vorvertrag erworben haben. Fraglich ist, ob zwischen B und A ein Vorvertrag, der auf den Abschluss eines OHG-Gesellschaftsvertrages gerichtet gewesen ist, zustande gekommen ist. Wie andere Vorverträge, die einem abzuschließenden Schuldverhältnis vorausgehen, muss auch der Vorvertrag zu einem OHG-Gesellschaftsvertrag bereits so weit konkretisierte Vereinbarungen enthalten, dass der wesentliche Inhalt des nachfolgenden Vertrages, dessen Abschluss angestrebt wird, erfasst ist. Der Vorvertrag muss jedenfalls so gestaltet sein, dass wichtige Einzelheiten, die fehlen, aber Gegenstand des Hauptvertrages sein müssen, im Streitfall durch ergänzende Vertragsauslegung, notfalls durch das Gericht, festgestellt werden können. Darüber hinaus muss Einmütigkeit der Parteien darüber bestehen, welche Gesellschaftsform angestrebt wird. Auch über die Höhe der Beteiligung der Vertragschließenden an der künftigen Gesellschaft muss in der Regel im Vorvertrag bereits Klarheit herrschen. Gemessen den oben dargelegten Grundsätzen, bestehen hier Zweifel daran, ob der Vorvertrag bereits ein solches Maß an Bestimmtheit enthält, dass im Streitfall der Inhalt des Vertrages richterlich festgesetzt werden kann. Es fehlen notwendige Anhaltspunkte dafür, die fehlende Einigung über wesentliche Punkte des Vertrages richterlich festsetzen oder ergänzen zu können. So ist z.B. nicht klar, welche

Höhe die Beteiligung des B betragen soll. Außerdem ist nicht einmal über die Rechtsform und die Art der Beteiligung eine bindende Einigung erzielt worden. Außer einer OHG käme als Rechtsform hier auch noch eine Kommanditgesellschaft oder eine stille Gesellschaft in Betracht. Welche Gesellschaftsform ins Auge gefasst war, lässt sich nicht feststellen. Daraus ist zu entnehmen, dass der zwischen A und B getroffenen Abrede die notwendige Bestimmtheit fehlt, um daraus auf das Bestehen eines Vorvertrages zum Abschluss eines Gesellschaftsvertrages schließen zu können. B hat deshalb gegen A keinen Anspruch auf Abschluss eines Gesellschaftsvertrages.

§ 18 Die Beziehungen der Gesellschafter untereinander (Innenverhältnis)

Fall 28: A, X und Y sind Gesellschafter der X-OHG, die ein Logistikunternehmen betreibt, dessen Tätigkeit sich darauf beschränkt, Exporteuren und Importeuren von Waren das Auslandsgeschäft zu erleichtern. A eröffnet nun ein eigenes Beratungsunternehmen, das sich von Anfang an darauf spezialisiert, Betriebe zu überprüfen und Rationalisierungsvorschläge zu erarbeiten. Die übrigen Gesellschafter der X-OHG verlangen von A, dass dieser an die OHG Schadensersatz leistet. Mit Recht? **Rn. 382** 344

Fall 29: In der A-OHG, der A, B und C als Gesellschafter angehören, hat B gegen eine von C geplante Geschäftsführungsmaßnahme Widerspruch eingelegt. C führt die Maßnahme dennoch durch und fügt der OHG dadurch einen Schaden in Höhe von 31 000 € zu. Hat die OHG Schadensersatzansprüche gegen C? **Rn. 383** 345

Literatur: *Baier*, Die Störung der Geschäftsgrundlage im Recht der Personengesellschaften, NZG 2004, 356 ff.; *Flume*, Gesellschaft und Gesamthand, ZHR 136 (1972), 177 f.; *Hueck*, OHG, §§ 9 bis 18; *Leenen*, „Bestimmtheitsgrundsatz" und Vertragsänderungen durch Mehrheitsbeschluß im Recht der Personengesellschaften, FS Larenz, S. 372 ff.; *Mülbert/Gramse*, Gesellschafterbeschlüsse bei der rechtsfähigen Personengesellschaft, WM 2002, 2085; *D. Otte*, Ausübung und Schranken der Informationsrechte in OHG, KG und GmbH, NZG 2014, 521 ff.; *Plassmann*, Darlehenskonto statt zweitem Kapitalkonto, BB 1978, 413 ff.; *Schulze-Osterloh*, Die Rechnungslegung der Einzelkaufleute und Personenhandelsgesellschaften nach dem Bilanzrichtlinien-Gesetz, ZHR 150 (1986), 403 ff.

I. Die Rechtsgrundlagen des Innenverhältnisses bei der OHG

Gesetzlich geregelt ist das Verhältnis der Gesellschafter einer offenen Handelsgesellschaft untereinander in den §§ 109–122 HGB und, soweit diese Vorschriften nicht eine Sonderregelung enthalten, ergänzend in den §§ 705 ff. BGB. Dem § 109 HGB ist zu entnehmen, dass das Rechtsverhältnis der Gesellschafter untereinander durch den Gesellschaftsvertrag frei geregelt werden kann. § 109 HGB wiederholt für die offene Handelsgesellschaft lediglich den allgemeinen, auch für das Handelsrecht geltenden privatrechtlichen Grundsatz, dass die Vertragschließenden ihre Rechtsverhältnisse frei gestalten können. Wie oben (Rn. 47) bereits dargelegt, gilt der Grundsatz der **Pri-** 346

vatautonomie auch für das Gesellschaftsrecht, im besonderen Maße für das Recht der Personengesellschaften. Die §§ 109 ff. HGB sind deshalb nur dann anzuwenden, wenn sich aus dem Gesellschaftsvertrag nichts anderes ergibt. Grundsätzlich hat also der Gesellschaftsvertrag **Vorrang vor der gesetzlichen Regelung**.

347 Betreffend das **Innenverhältnis der Gesellschafter** existieren nur wenige gesetzliche Bestimmungen, die durch eine Vereinbarung im Gesellschaftsvertrag nicht abgeändert oder ausgeschlossen werden können. Zu den Vorschriften, die nicht ausgeschlossen oder geändert werden können, gehört die Bestimmung über das **Kontrollrecht der Gesellschafter** in § 118 HGB (= § 105 Abs. 3 HGB-E i.V.m. § 717 Abs. 1 BGB-E). Die Gestaltungsfreiheit der Gesellschafter findet hier ihre Grenze. Eine das Kontrollrecht eines Gesellschafters ausschließende oder beschränkende Vereinbarung ist unter den in § 118 Abs. 2 HGB genannten Voraussetzungen unwirksam.

II. Überblick über die Rechte und Pflichten der Gesellschafter

1. Der Grundsatz der gleichmäßigen Behandlung der Gesellschafter

348 Auch für die Personenhandelsgesellschaft gilt der Grundsatz der gleichmäßigen Behandlung der Gesellschafter (vgl. Rn. 102). Das heißt nicht, dass alle Gesellschafter gleichberechtigt sind. Der Grundsatz der gleichmäßigen Behandlung der Gesellschafter bedeutet im Wesentlichen ein Verbot **unsachlicher** Differenzierung zwischen den Gesellschaftern[1] und dass jedes Mitglied unter gleichen Voraussetzungen ebenso zu behandeln ist wie die übrigen Mitglieder. Man kann auch von dem Verbot sachlich nicht gerechtfertigter, willkürlicher Ungleichbehandlung der Gesellschafter sprechen[2].

349 Im Recht der **OHG** hat der Grundsatz der gleichmäßigen Behandlung in den §§ 114 Abs. 1 und 125 Abs. 1 HGB (= § 116 Abs. 1 und § 124 Abs. 1 HGB-E) seinen Niederschlag gefunden, wonach in der Regel die Gesellschafter in gleichem Maße zu Geschäftsführung und Vertretung berechtigt und verpflichtet sind. Außerdem findet er sich in § 119 Abs. 1 HGB (= § 109 Abs. 3 HGB-E), wonach die von den Gesellschaftern zu fassenden Beschlüsse grundsätzlich der Zustimmung aller Gesellschafter bedürfen.

350 Es ist aber zu betonen, dass **kein Grundsatz der Gleichberechtigung** der Gesellschafter existiert, sondern nur der Grundsatz der gleichmäßigen Behandlung[3]. Das bedeutet, dass die Gesellschafter verlangen können, dass sie nach gleichem Maßstab behandelt werden, d.h. dass sie unter gleichen Bedingungen gleiche Vorteile erhalten und gleiche Lasten tragen[4]. So braucht sich z.B. niemand gefallen zu lassen, dass er schlechter behandelt wird als andere Gesellschafter, die ihm bisher gleichstanden; er braucht weder eine Erweiterung seiner eigenen Pflichten noch eine Schmälerung seiner Rechte zuzulassen, wenn andere gleichstehende Gesellschafter nicht in gleicher

---

1 *Wiedemann*, Bd. I, § 8 II 2.
2 MünchKomm-BGB/*Ulmer*, § 705 Rn. 244 ff.
3 *Hueck*, OHG, § 9 III.
4 *K. Schmidt*, Gesellschaftsrecht, § 16 II 4.

Weise betroffen werden[5]. Inhaltlich ist der Grundsatz der gleichmäßigen Behandlung nicht auf eine schematische oder formale Gleichstellung der Gesellschafter gerichtet; er schließt vielmehr die **sachlich nicht gerechtfertigte, willkürliche Ungleichbehandlung** aus[6].

Nach **h.M.**[7] ist der Grundsatz der gleichmäßigen Behandlung der Gesellschafter dis- **351**
positiver Natur, soweit nicht die **Schranke des § 138 BGB** eingreift. Aufgrund des Prinzips der Vertragsfreiheit können im Gesellschaftsvertrag Regelungen getroffen werden, die von dem Grundsatz der gleichmäßigen Behandlung des Gesellschafters abweichen. Das kann allerdings nur gelten, wenn die benachteiligten Gesellschafter selbst zustimmen[8], sich also mit der **Schlechterstellung einverstanden** erklären. Die einzelnen Gesellschafter sind demnach nicht gehindert, in eine sachlich nicht gebotene Vorzugsstellung eines Mitgesellschafters oder eine relative Verschlechterung ihrer eigenen Position einzuwilligen, solange der unverzichtbare **Kernbereich ihrer Mitwirkungsrechte** dadurch nicht berührt wird[9]. So können einige Gesellschafter ohne weiteres mehr Pflichten als andere übernehmen. Es kann aber auch vereinbart werden, dass einige Gesellschafter für besondere Leistungen besondere Vergünstigungen erhalten.

Der Vorwurf der Sittenwidrigkeit, der gem. § 138 BGB zur Nichtigkeit führt, kann auf einer groben Ungleichbehandlung der Gesellschafter beruhen. Das ist insbesondere dann der Fall, wenn die grobe Ungleichbehandlung der Gesellschafter unter Ausnutzung einer wirtschaftlichen Vormachtstellung oder des Vertrauens und der Unerfahrenheit des anderen Teils beruht[10]. Wegen Sittenwidrigkeit nichtig sind auch solche Vereinbarungen im Gesellschaftsvertrag, die einen Teil der Gesellschafter praktisch rechtlos stellen oder unvertretbaren, einer Knebelung gleichkommenden Bindungen unterwerfen[11]. Letzteres soll z.B. dann der Fall sein, wenn Gesellschafter sich in einem weiten Bereich seiner wirtschaftlichen Betätigung selbst entmündigt hat. Eine solche Aufgabe der freien Selbstbestimmung ist nach Auffassung des BGH[12] mit den Grundwerten der Rechtsordnung nicht vereinbar und deshalb sittenwidrig und damit nichtig.

Beispiel: Fraglich kann z.B. sein, ob die Schranken der Vertragsfreiheit verletzt werden, wenn ein Gesellschafter sich im Gesellschaftsvertrag damit einverstanden erklärt, dass die Gesellschaft für den Fall seines Todes ohne seine Erben mit den überlebenden Gesellschaftern fortgesetzt wird, während für den Fall des Todes der übrigen Gesellschafter die Gesellschaft mit deren Erben fortgesetzt werden soll. Von einem krassen Verstoß gegen die guten Sitten kann bei der hier in Frage stehenden Regelung wohl kaum die Rede sein, zumal der betreffende Gesellschafter einer Ungleichbehandlung im Gesellschaftsvertrag ausdrücklich zugestimmt hat. Der unverzichtbare Kernbereich seiner Mitwirkungsrechte ist dadurch nicht berührt worden.

5 *Hueck*, OHG, § 9 III.
6 BGH WM 1965, 1284, 1286.
7 MünchKomm-BGB/*Ulmer*, § 705 Rn. 247 mit Nachw.; *Hueck*, OHG, § 9 III.
8 *Hueck*, OHG, § 9 III.
9 MünchKomm-BGB/*Ulmer*, § 705 Rn. 247.
10 MünchKomm-BGB/*Ulmer*, § 705 Rn. 134 mit Nachw.
11 MünchKomm-BGB/*Ulmer*, § 705 Rn. 134 mit Nachw.
12 BGHZ 44, 158, 161.

2. Die Sozialansprüche

352 Zu den Ansprüchen, die der **OHG** aus dem Gesellschaftsverhältnis **gegen die einzelnen Gesellschafter** erwachsen können, zählen

- Ansprüche auf Leistung von Beiträgen,
- Ansprüche auf die Erfüllung von Geschäftsführungspflichten,
- Ansprüche auf Erfüllung von gesellschaftlichen Treuepflichten, insbesondere auf die Einhaltung des Wettbewerbsverbots (§ 112 HGB = § 117 HGB-E).

Diese Ansprüche, die nach dem Gesellschaftsvertrag der Gesellschaft gegen die einzelnen Gesellschafter zustehen, werden **Sozialansprüche** genannt.

3. Die Sozialverpflichtungen

353 Andererseits erwachsen den **Gesellschaftern** aus dem Gesellschaftsvertrag **Ansprüche gegen die Gesellschaft**. Zu diesen Ansprüchen können gehören:

- der Anspruch auf den Gewinnanteil,
- der Anspruch auf Ausübung des Stimmrechts,
- der Anspruch auf Information und Kontrolle,
- der Anspruch auf eine Vergütung für die Geschäftsführung,
- der Anspruch auf Ersatz von Aufwendungen, soweit solche gemacht worden sind.

Der Gesellschaft erwachsen in diesem Rahmen aus dem Gesellschaftsverhältnis gegenüber den einzelnen Gesellschaftern Verpflichtungen, die man **Sozialverpflichtungen** nennt.

III. Die Beitragspflicht der Gesellschafter

354 Mit dem Gesellschaftsvertrag schließen sich die Gesellschafter zusammen, um den gemeinsamen Zweck, den sie anstreben, zu erreichen. Dieser Zweck ist in der Regel nur zu erreichen, wenn die Gesellschafter sich im Gesellschaftsvertrag verpflichten, Beitragsleistungen zu erbringen, die den gemeinsamen Zweck fördern. **Beiträge der Gesellschafter** sind alle Leistungen, zu denen sich die Gesellschafter durch den Gesellschaftsvertrag zur Förderung des Gesellschaftszwecks verpflichten. Dazu können u.a. zählen: Geldzahlungen, die Übereignung von beweglichen Sachen und Grundstücken, die Einbringung von Wertpapieren, das Überlassen von Patenten, die Gestattung des Gebrauchs von Sachen zur gemeinsamen Nutzung, Dienstleistungen, wie z.B. Geschäftsführung, Forderungen, ein ganzes Unternehmen mit Firma und Kundschaft, die Kenntnis von Absatzmöglichkeiten und Bezugsquellen[13] und technische Erfahrungen.

Beispiel: A, M und G haben sich zu einer offenen Handelsgesellschaft zusammengeschlossen. In dem notariell beurkundeten Gesellschaftsvertrag hat sich A verpflichtet, ein Kapital in Höhe von 100 000 € einzubringen. M hat sich bereit erklärt, zwei Patente einzubringen. G hat sich verpflichtet, der Gesellschaft ein ihm gehörendes Grundstück zu übereignen. Alle Leistungs-

13 RGZ 95, 147, 150.

verpflichtungen, die die Gesellschafter eingegangen sind, sind Beitragsverpflichtungen. Ob sie als gleichwertig anzusehen sind, ist eine Frage der Bewertung.

Gem. § 707 BGB, der auch auf die OHG Anwendung findet, sind die Gesellschafter weder zur Erhöhung des vereinbarten Beitrages, noch zur Ergänzung einer durch Verlust verminderten Einlage verpflichtet, es sei denn, im Gesellschaftsvertrag ist, abweichend von § 707 BGB, etwas Anderes vereinbart. Sollen die Gesellschafter entgegen § 707 BGB zum Verlustausgleich verpflichtet sein, so muss dies aus dem Gesellschaftsvertrag in verständlicher, nicht nur versteckter Weise hervorgehen[14]; vgl. Rn. 107 f. **355**

IV. Die Verteilung von Gewinn und Verlust

1. Die gesetzlichen Grundlagen

Das Gesetz enthält in den §§ 120–122 HGB Bestimmungen über die Verteilung von Gewinn und Verlust sowie zur Berechnung von Entnahmen. Hinsichtlich der Gewinnermittlung enthält § 120 HGB die Anordnung, dass der Gewinn auf Grund einer Bilanz zu ermitteln ist. Die näheren Einzelheiten dazu sind in §§ 238–263 HGB geregelt. Gem. § 242 Abs. 1 S. 1 HGB ist die OHG als Kaufmann (Formkaufmann gem. § 6 Abs. 1 HGB) zur Aufstellung einer **Bilanz** am Ende eines jeden Geschäftsjahres verpflichtet. Der dort ausgewiesene Gewinn ist nach §§ 120–122 HGB auf die Gesellschafter zu verteilen. In § 122 HGB werden bestimmte Entnahmerechte des einzelnen Gesellschafters vorgesehen. Weitergehend hat er im Grundsatz auch einen Anspruch auf Auszahlung des darüber hinausgehenden Gewinnanteils (Grundsatz der Vollausschüttung). Die gesetzliche Gewinn- und Verlustverteilung regelt nur die interne Lastenverteilung unter den Gesellschaftern. Sie hat deshalb nichts mit der Haftung der Gesellschafter gegenüber den Gläubigern der Gesellschaft für Verbindlichkeiten der Gesellschaft zu tun. Gegenüber den Gläubigern der Gesellschaft haften alle Gesellschafter unabhängig von der Gewinn- und Verlustverteilung unmittelbar und in voller Höhe mit ihrem gesamten Privatvermögen (§ 128 HGB = § 126 HGB-E). **356**

Daneben ist die OHG gem. § 242 Abs. 2 HGB auch zur Aufstellung einer **Gewinn- und Verlustrechnung** verpflichtet. Bilanz und Gewinn- und Verlustrechnung, die zusammen den sog. **„Jahresabschluss"** bilden (vgl. § 242 Abs. 3 HGB) müssen den **Grundsätzen ordnungsgemäßer Buchführung** (GoB) entsprechen (§ 243 HGB). In den §§ 246–256 HGB sind einige dieser Grundsätze präzisiert und konkretisiert. Für die Höhe des Bilanzgewinns ist von großer Bedeutung, welche Posten auf der Aktiv- bzw. Passivseite in die Bilanz einzustellen sind und wie die einzelnen Positionen zu bewerten sind. Dazu enthalten die §§ 246–251 HGB eine Reihe von Ansatzvorschriften. Wie die Bewertung vorzunehmen ist, ist in den §§ 252–256 HGB geregelt. Im Hinblick auf die Bewertung ist § 253 HGB von zentraler Bedeutung. Für die Bewertung der Vermögensgegenstände ist dort eine Wertobergrenze festgesetzt: Es darf maximal mit dem Herstellungs- oder Anschaffungswert, vermindert um Abschreibungen bilanziert werden. **357**

14 BGH NJW 1983, 164; BGHZ 23, 17, 30.

2. Vertragliche Regeln

358 In der Regel finden sich in den Gesellschaftsverträgen Vereinbarungen, die die gesetzliche Verteilungsregelung ersetzen, weil diese nur selten der wirklichen Lastenverteilung in der OHG entspricht. Zur Anwendung der gesetzlichen Vorschriften über Gewinn und Verlust kommt es deshalb nur selten. Häufig werden in den Gesellschaftsvertrag Vereinbarungen darüber aufgenommen, wie das Gesellschaftsvermögen zu bewerten ist, inwieweit der Gewinn ausgezahlt wird bzw. schon vorher entnommen werden darf (in Abweichung von § 122 HGB) und wie etwaige Gehaltszahlungen an einen geschäftsführenden Gesellschafter abgerechnet werden.

Beispiel für eine typische Regelung in einem Gesellschaftsvertrag einer OHG: Von dem Jahresgewinn erhält der Gesellschafter D vorab 25 % zum Ausgleich für seine Tätigkeit für die Gesellschaft. Der Restgewinn wird im Verhältnis der Festkapitalanteile verteilt. Ein Verlust wird ebenfalls im Verhältnis der Festkapitalanteile verteilt. Die Gesellschafter sind berechtigt, in monatlichen Teilbeträgen $^{1}/_{12}$ des auf sie entfallenden Gewinnanteils des vorhergehenden Jahres zu entnehmen. Die Gesellschafter können durch Mehrheitsbeschluss die Ausübung des Entnahmerechts auf die Dauer von höchstens 10 Monaten aussetzen, wenn die wirtschaftliche Lage der OHG, insbesondere die Liquiditätslage, dies erforderlich macht.

3. Bilanzierung und Führung der Kapitalkonten

359 Die Jahresbilanz einer OHG unterscheidet sich von derjenigen einer Aktiengesellschaft im Wesentlichen dadurch, dass für die Gewinnberechnung ohne Rücksicht auf die Verluste, die in früheren Geschäftsjahren etwa gemacht worden sind, allein das **Ergebnis des letzten Geschäftsjahres** maßgeblich ist. Veränderungen der Kapitalanteile der Gesellschafter werden bilanztechnisch auf sog. **Kapitalkonten** gebucht, die für die einzelnen Gesellschafter geführt werden müssen. Der **Kapitalanteil** ist der wertmäßige Anteil des Gesellschafters am Gesellschaftsvermögen (= an dem nach kaufmännischen Bewertungsgesichtspunkten errechneten Wert des Gesellschaftsvermögens)[15].

Es ist möglich und nach § 120 Abs. 2 HGB sogar der gesetzliche Regelfall, für jeden Gesellschafter nur ein Kapitalkonto zu führen, auf dem seine Einlage, die er geleistet hat, sowie danach anfallende Gewinne und Verluste zu verbuchen sind. Auf diesem Konto des Gesellschafters sind dann allerdings auch sämtliche Entnahmen zu verbuchen, damit ist es veränderlich. Wenn nach der Regelung im Gesellschaftsvertrag der in einem Jahr anfallende Gewinn nach dem Stand der Gesellschafterkonten verteilt werden soll, so stehen sich diejenigen Gesellschafter günstig, die ihre auf sie entfallenden Gewinne nicht entnehmen, sondern stehen lassen, so dass ihr Gesellschafterkonto anwächst, solange die Gesellschaft Gewinne macht. Benachteiligt sind diejenigen Gesellschafter, die darauf angewiesen sind, regelmäßig Entnahmen zu tätigen, um etwa davon den Unterhalt für die Familie u.ä. zu bestreiten.

360 Aus diesen und anderen Gründen werden in der Praxis im Gesellschaftsvertrag häufig Vereinbarungen getroffen, nach denen sog. Festkapitalkonten einerseits und Privatsonderkonten für jeden Gesellschafter andererseits geführt werden. Auf dem **Festkapitalkonto** werden nur die nach dem Gesellschaftsvertrage zu leistenden Einlagen verbucht. In der Regel enthält der Gesellschaftsvertrag die Vorschrift, dass der Geschäftserfolg (Gewinn und Verlust) unter den Ge-

15 *Plassmann*, BB 1978, 413; *Kübler/Assmann*, § 7 III 2 c.

sellschaftern im Verhältnis ihrer prozentualen Beteiligung, die sich aus den Festkapitalkonten ergibt, verteilt wird, nachdem zuvor die Gehälter der geschäftsführenden Gesellschafter abgezogen worden sind. Das Festkapitalkonto ist zugleich das Kapitalkonto. Die Beteiligungsverhältnisse an der Gesellschaft richten sich dann nach dem Festkapitalkonto. Sie sind damit unveränderlich, es sei denn, die Gesellschafter vereinbaren eine entsprechende Änderung des Gesellschaftsvertrages. Auf den **Privatsonderkonten** werden hingegen alle nicht gebundenen Gewinne gutgeschrieben, von denen die Entnahmen abzuschreiben sind. Es muss dann allerdings auch vertraglich festgelegt werden, von welchem Konto ein eventueller Verlust abzuschreiben ist.

Die auf Sonderkonten (auch **Reserve- oder Darlehenskonten** genannt) gebuchten Beträge **361** sind nicht Teil der Einlage. Sie stellen vielmehr Forderungen der Gesellschafter gegen die Gesellschaft dar. Wird an einen Gesellschafter eine Summe ausgezahlt, die größer ist als das auf dem Sonderkonto verbuchte Guthaben, so entsteht in Höhe des überschießenden Betrages eine Forderung der Gesellschaft an den Gesellschafter. Die bei einer Personenhandelsgesellschaft geführten Sonderkonten der Gesellschafter sind also im Zweifel dazu bestimmt, echte Forderungen und Schulden der Gesellschafter gegenüber der Gesellschaft auszuweisen[16]. Bei der OHG muss jährlich die Ermittlung von Gewinn oder Verlust stattfinden. Festgelegte Gewinne oder Verluste müssen auf die Gesellschafter verteilt werden, und zwar so, dass das Ergebnis auf eine der oben geschilderten Arten auf einem Konto sichtbar wird.

Rechtslage nach dem MoPeG: **362**

Die Vorschriften zur Gewinnermittlung und Gewinnverteilung (§§ 120–122 HGB) werden durch das MoPeG einer Neuformulierung unterzogen. Nach Auffassung des Gesetzgebers entsprachen sie vor allem hinsichtlich des Gewinnentnahme nicht mehr den Bedürfnissen der Praxis.[17] Nach § 120 Abs. 1 S. 1 HGB-E sind die geschäftsführenden Gesellschafter gegenüber der Gesellschaft zur Aufstellung des Jahresabschlusses verpflichtet. Dieser wird dann nach § 121 HGB-E durch Beschluss aller Gesellschafter festgestellt. § 120 Abs. 1 S. 2 HGB-E verpflichtet die geschäftsführenden Gesellschafter, für jeden Gesellschafter den Anteil am Gewinn und Verlust zu ermitteln, dabei ist durch einen Verweis auf § 709 Abs. 3 BGB-E festgelegt, dass es für die Gewinn- und Verlustverteilung im Zweifel zunächst – anders als bisher – auf die Anteilsquote und nachrangig auf die Beitragsquote ankommt, hilfsweise eine Verteilung nach Köpfen erfolgt. § 122 HGB-E sieht grundsätzlich einen Gewinnauszahlungsanspruch der Gesellschafter vor, hält also am Prinzip der Vollausschüttung fest. Die bisherigen Regeln über Vorabdividenden (§ 121 Abs. 1 HGB) und Entnahmerechte (§ 122 Abs. 1 HGB) werden abgeschafft. An der oben dargestellten Tatsache, dass in der Praxis vielfältige vertragliche Absprachen über die Gewinnermittlung und -verteilung bestehen, wird die neue gesetzliche Ausgangslage indessen voraussichtlich nicht viel ändern.

16 BGH BB 1978, 630 f.
17 BT-Drucks. 19/27635, S. 240,

V. Die Treuepflichten der Gesellschafter

1. Überblick

363 Dadurch, dass sich die Gesellschafter zur Erreichung eines gemeinsamen Zweckes in einem Vertrage zusammengeschlossen haben, ist zwischen ihnen eine Bindung geschaffen worden, aus der eine Treuepflicht der Gesellschafter untereinander und im Verhältnis der Gesellschafter zur Gesellschaft entsteht (vgl. Rn. 109). Daraus folgt vor allem die Verpflichtung, die Interessen der Gesellschaft wahrzunehmen, insbesondere alles zu unterlassen, was den Interessen der Gesellschaft zuwiderlaufen würde. Die Pflicht, die Interessen der Gesellschaft wahrzunehmen, orientiert sich in erster Linie an dem **Zweck**, zu dessen Erreichung sich die Gesellschafter zusammengeschlossen haben. Deshalb trifft diese Verpflichtung in erster Linie diejenigen Gesellschafter, die die Geschäfte der Gesellschaft führen.

In diesem Sinne verbietet es der gemeinsame Zweck etwa, dass sich ein Teil der Gesellschafter ohne Zustimmung der übrigen Gesellschafter absondert, eine neue Gesellschaft gründet, die dann Forderungen Dritter gegen die alte OHG aufkauft, um diese gem. § 128 HGB gegen die an der neuen Gesellschaft nicht beteiligten Altgesellschafter geltend zu machen.[18] Aus solchem treuwidrigen Verhalten entstehen Schadensersatzansprüche der Altgesellschafter, die diese gem. § 242 BGB ihrer Inanspruchnahme aus § 128 HGB durch die neue Gesellschaft entgegenhalten könnten.[19]

364 Nach **Ansicht des BGH** kann die Treuepflicht dem Gesellschafter auch gebieten, von Rechten, die ihm an sich zustehen, keinen Gebrauch zu machen, z.B. kann er im Einzelfall nicht mehr auf eine mittlerweile veraltete gesellschaftsvertragliche Abfindungsklausel bestehen.[20] Das bedeutet allerdings nicht, dass der Gesellschafter stets ohne Weiteres seine eigenen Interessen hinter die der Gesellschaft zurückstellen muss. Es ist vielmehr auf eine Abwägung der beiderseitigen Interessen abzustellen. Soll etwa durch Gesellschafterbeschluss eine Nachschussverpflichtung begründet werden, die im Gesellschaftsvertrag keine Grundlage hat, so ist ein Gesellschafter grundsätzlich nicht verpflichtet, dem Beschluss zuzustimmen. Anderes kann zwar im Einzelfall aus seiner Treuepflicht folgen, wenn dies im Gesellschaftsinteresse geboten und ihm unter Berücksichtigung seiner eigenen schutzwürdigen Belange zumutbar ist. Dabei sind an die aus der Treuepflicht abgeleiteten Verpflichtung, einer Beitragserhöhung zuzustimmen, aber besonders hohe Anforderungen zu stellen, da ein Gesellschafter grundsätzlich nicht zu neuen Vermögensopfern gezwungen werden kann.[21] Eine aus der Treuepflicht abgeleitete Zustimmungspflicht kann sich aber etwa für den Fall ergeben, dass ein Gesellschafter aus Alters- oder Krankheitsgründen seinen Gesellschaftsanteil auf einen Nachfolger übertragen will und die Vorsorge für die Zukunft des Gesellschaftsunternehmens dies erfordert.[22]

18 Siehe näher (zu einem Fall, der zwei GbR betraf) BGH NZG 2014, 385.
19 BGH NZG 2014, 385 Rn. 23 ff.
20 BGH NJW 1993, 2101, 2102.
21 BGH NZG 2007, 582 Rn. 7 m.w.N.
22 BGH NZG 2005, 129 m.w.N.

2. Insbesondere: Zustimmungspflichten zu Änderungen des Gesellschaftsvertrags

Der BGH[23] hat wiederholt entschieden, dass sich in besonders gelagerten Einzelfällen aus der gesellschaftlichen Treuepflicht des einzelnen Gesellschafters auch die Verpflichtung ergeben kann, einer Änderung des Gesellschaftsvertrages zuzustimmen. Eine solche Zustimmungspflicht besteht dann, „wenn sie mit Rücksicht auf das bestehende Gesellschaftsverhältnis oder auf die bestehenden Rechtsverhältnisse der Gesellschafter untereinander dringend erforderlich ist" und dem Gesellschafter die Änderung des Gesellschaftsvertrages unter Berücksichtigung seiner eigenen Belange zumutbar ist.[24] Letzteres bedeutet, dass eine Zustimmungspflicht, die aus der Treuepflicht erwächst, nur angenommen werden kann, wenn „schützenswerte Belange des einzelnen Gesellschafters nicht entgegenstehen."[25] **365**

Unter dem Stichwort „Sanieren oder Ausscheiden" bekannt geworden ist etwa folgendes **366**

Beispiel:[26] Die Gesellschafter einer Publikumspersonengesellschaft, d.h. einer Personengesellschaft, die in der Regel der Kapitalanlage einer Vielzahl von Gesellschaftern dient, beschließen mit der im Gesellschaftsvertrag für Änderungen des Gesellschaftsvertrages vorgesehenen Mehrheit, die Gesellschaft zu sanieren. Das soll in der Weise geschehen, dass das Kapital herabgesetzt und es jedem Gesellschafter freigestellt sein soll, neue Beitragspflichten (im Sinne einer Kapitalerhöhung) einzugehen. Nicht sanierungswillige Gesellschafter sollen aber aus der Gesellschaft ausscheiden.

Jedenfalls der letztgenannten Formulierung mussten wegen des damit verbundenen Eingriffs in den Kernbereich der Mitgliedschaft (s.o. Rn. 97) alle Gesellschafter zustimmen. Einige weigerten sich jedoch. Hier hat der BGH eine aus der gesellschaftlichen Treuepflicht abgeleitete Zustimmungspflicht angenommen, weil es mit Rücksicht auf die bestehenden Beziehungen der Gesellschafter untereinander dringend erforderlich gewesen sei, den aussichtsreichen Sanierungsplan in der beschlossenen Art und Weise durchzuführen und schützenswerte Belange des einzelnen Gesellschafters nicht entgegengestanden hätten. Denn die betroffenen Gesellschafter hätten sich infolge ihrer mit dem Ausscheiden verbundenen Pflicht, den auf sie entfallenden Auseinandersetzungsfehlbetrag zu leisten, finanziell nicht schlechter gestanden als im Falle der sofortigen Liquidation (in der sie Nachschüsse in gleicher Höhe hätten leisten müssen).[27]

Demgegenüber hat der BGH nur etwa ein Jahr später eine entsprechende Verpflichtung zur Zustimmung abgelehnt, weil der Gesellschaftsvertrag der betroffenen Gesellschaft gerade für den Krisenfall eine Regelung getroffen hatte, nach der die einer Sanierung nicht zustimmenden Gesellschafter lediglich eine Verringerung ihrer Beteiligungshöhe hinnehmen sollten. Insoweit habe auch keine berechtigte Erwartung der übrigen Gesellschafter bestanden, die eine Zustimmungspflicht hätte rechtfertigen können.[28]

23 BGHZ 64, 253, 257 f.; 183, 1, 8 ff.; BGH JZ 1987, 95, 96.
24 BGH NJW 2010, 65 Rn. 23.
25 BGHZ 64, 253, 257; BGH NJW 2010, 65 Rn. 23 m.w.N.
26 Nach BGHZ 183, 1 = NJW 2010, 65
27 BGH NJW 2010, 65 Rn. 22 ff., 32; bestätigt in BGH NZG 2015, 2882 Rn. 20 ff.
28 BGH NZG 2011, 1667 Rn. 20 f.

3. Das Wettbewerbsverbot

367 Bei der OHG gehört zu den Treuepflichten der Gesellschafter auch das **Wettbewerbsverbot**, das im Gesetz (§§ 112, 113 HGB = §§ 117, 118 HGB-E) ausdrücklich geregelt ist. Das Wettbewerbsverbot bedeutet: Kein Gesellschafter darf in dem **Handelszweig** der Gesellschaft Geschäfte machen. Der Begriff Handelszweig im Sinne des § 112 HGB (§ 117 HGB-E) ist nicht identisch mit dem Zweck der Gesellschaft. § 112 HGB will geschäftliche Handlungen verhüten, die dem Gesellschaftsunternehmen nachteilig sein können[29]. Deshalb ist das Wettbewerbsverbot beschränkt auf den Handelszweig der Gesellschaft. Geschäfte in dem Handelszweig der Gesellschaft sind also Geschäfte, die die Gesellschaft, so wie der Geschäftsbetrieb ausgerichtet ist und wie er tatsächlich gehandhabt wird, selbst abschließen würde oder könnte[30]. Letztlich sollen solche Wettbewerbshandlungen durch Gesellschafter verhindert werden, die dem Gesellschaftsunternehmen nachteilig sein können; ob dies so ist, kann in der Regel nur im Einzelfall entschieden werden[31].

368 Für den Fall, dass ein Gesellschafter das Wettbewerbsverbot verletzt, können für die Gesellschaft die folgenden **Ansprüche** entstehen:

- ein Anspruch auf Unterlassung[32]. Es handelt sich dabei um einen Anspruch auf Erfüllung des Gesellschaftsvertrages durch Unterlassung.
- ein Anspruch auf Schadensersatz (§ 113 Abs. 1, 1. Hs. HGB = § 118 Abs. 1 S. 1 HGB-E).
- oder statt dessen ein Recht der Gesellschaft, in das vom Gesellschafter getätigte Geschäft einzutreten, verbunden mit einem Anspruch auf Gewinnherausgabe (§ 113 Abs. 1, 2. Hs. HGB = § 118 Abs. 1 S. 2 HGB-E).

369 Im Rahmen der Vertragsfreiheit ist es den Gesellschaftern unbenommen, Wettbewerbsabreden zu treffen, die von § 112 HGB abweichen, insbesondere darüber hinaus reichen. So werden häufig Wettbewerbsverbote für die Zeit nach dem Ausscheiden eines Gesellschafters aus der Gesellschaft vereinbart, für die die §§ 112, 113 HGB nicht gelten. Nicht selten kommt es zum Streit darüber, ob solche Wettbewerbsverbotsklauseln gem. § 138 BGB sittenwidrig sind. Der **BGH**[33] geht davon aus, dass Wettbewerbsbeschränkungen auf das örtlich, zeitlich und gegenständlich notwendige Maß beschränkt bleiben müssen; sie dürfen nur zum Ziel haben, den Vertragspartner vor der illoyalen Verwertung des Erfolges seiner Arbeit zu schützen.

29 BGHZ 70, 331, 333.
30 BGH BB 1957, 874.
31 OLG Hamburg OLGE 32, 104.
32 BGHZ 89, 162, 170.
33 WM 1990, 2121, 2122.

VI. Geschäftsführung und Beschlussfassung

1. Die Geschäftsführung

Geschäftsführung ist die auf die Verfolgung des Gesellschaftszweckes gerichtete Tätigkeit der Gesellschafter. Sie kann in tatsächlichen und rechtsgeschäftlichen Handlungen bestehen (s. dazu Rn. 89 ff.). Das Gesetz (§§ 114 ff. HGB = § 116 HGB-E) geht bei der OHG von dem **Grundsatz der Einzelgeschäftsführung** aller Gesellschafter aus. Das bedeutet: Jeder Gesellschafter ist allein zum Handeln berechtigt und verpflichtet (§ 115 Abs. 1 HGB = § 116 Abs. 3 HGB-E). Er ist in seinem Handlungsspielraum allerdings eingeschränkt durch ein **Widerspruchsrecht**, das jedem Gesellschafter eingeräumt ist. Dieses Widerspruchsrecht haben die anderen geschäftsführenden Gesellschafter nicht nur bei ungewöhnlichen Geschäften. Macht ein Gesellschafter von seinem Widerspruchsrecht Gebrauch, so muss die geplante Geschäftsführungsmaßnahme unterbleiben (§ 115 Abs. 1 Hs. 1 HGB = § 116 Abs. 3 S. 3 HGB-E). Das Widerspruchsrecht hat seinen Grund in der Gleichberechtigung aller geschäftsführenden Gesellschafter. Die Ausübung des Widerspruchsrechts darf allerdings nicht gegen das Gesellschaftsinteresse verstoßen[34]. **370**

Ein geschäftsführender Gesellschafter einer OHG muss in allen Angelegenheiten, die das Interesse der Gesellschaft berühren, deren Wohl und nicht seinen eigenen Nutzen oder den Vorteil anderer im Auge haben[35]. Verstößt ein geschäftsführender Gesellschafter schuldhaft gegen diese sich aus der gesellschaftlichen Treuepflicht ergebende Verpflichtung, so kann gegen denselben ein **Anspruch aus Pflichtverletzung** (§ 280 BGB) entstehen. **371**

2. Gesellschafterbeschlüsse

Um Geschäftsführungsmaßnahmen handelt es sich nicht, wenn **372**

- der Gesellschaftsvertrag geändert wird,
- die Gesellschaft aufgelöst oder fortgesetzt wird,
- außergewöhnliche Maßnahmen getroffen werden sollen (§ 116 Abs. 2 HGB = § 116 Abs. 2 S. 1 Hs. 2 HGB-E)
- oder verschiedene Maßnahmen in und nach der Liquidation der Gesellschaft zu treffen sind.

Zu den aufgezählten Maßnahmen sind **Gesellschafterbeschlüsse notwendig**[36]. Zulässig sind Gesellschafterbeschlüsse grundsätzlich bei allen die Gesellschaft betreffenden Angelegenheiten. Das gilt auch für solche Angelegenheiten der Gesellschaft, die in die Zuständigkeit der Einzelnen geschäftsführenden Gesellschafter gehören. Auch bei solchen Angelegenheiten können die Gesellschafter sich entschließen, Gesellschafterbeschlüsse herbeizuführen.

---

34 BGH WM 1988, 968 ff.
35 BGH WM 1985, 1444.
36 Zur Rechtsqualität von Gesellschafterbeschlüssen s. *Mülbert/Gramse*, WM 2002, 2085, 2086 f.

373 Im Gesellschaftsvertrag kann festgelegt werden, dass bei bestimmten Maßnahmen die Gesellschafter einen **Beschluss fassen müssen**. Handelt dann ein Gesellschafter ohne den notwendigen Beschluss der Gesellschaft, begeht er eine Vertragsverletzung, die für ihn zu einer Schadensersatzverpflichtung aus Pflichtverletzung gem. § 280 BGB führen kann. Gem. § 119 Abs. 1 HGB (= § 109 Abs. 3 HGB-E) sind Gesellschafterbeschlüsse, soweit der Gesellschaftsvertrag nichts Anderes vorsieht, grundsätzlich einstimmig in einem formfreien Verfahren zu fassen. Eine solche Beschlussfassung muss nicht auf einer Gesellschafterversammlung geschehen. Schriftliche Abstimmung oder entsprechende Absprachen durch Telefongespräche sind zulässig.

Aus § 119 Abs. 2 HGB (= § 109 Abs. 4 HGB-E) ergibt sich, dass das für Gesellschafterbeschlüsse in einer OHG oder KG geltende Einstimmigkeitsprinzip des § 119 Abs. 1 HGB grundsätzlich zur Disposition steht. Es ist den Gesellschaftern im Rahmen der Privatautonomie grundsätzlich freigestellt, im Gesellschaftsvertrag zu vereinbaren, dass das starre, den praktischen Bedürfnissen häufig nicht gerecht werdende Einstimmigkeitsprinzip durch das Mehrheitsprinzip ersetzt wird[37]. Die Anforderungen, die nach dem Bestimmtheitsgrundsatz zu stellen sind, sind schon dann erfüllt, wenn sich aus dem Gesellschaftsvertrag – sei es auch durch dessen Auslegung – eindeutig ergibt, dass der in Frage stehende Beschlussgegenstand einer Mehrheitsentscheidung unterworfen sein soll[38]. Die zur BGB-Gesellschaft dargestellte Kontrolle von Mehrheitsklauseln (dazu Rn. 97) findet auch im Recht der Personenhandelsgesellschaften Anwendung. Gem. § 119 Abs. 2 HGB ist bislang im Zweifel die Mehrheit nach der Zahl der Gesellschafter zu berechnen; jeder Gesellschafter hat dann eine Stimme. Eine allgemein gehaltene Bestimmung im Gesellschaftsvertrag, nach der die Mehrheit der Gesellschafter entscheiden soll, bezieht sich im Zweifel nur auf laufende Geschäftsführungsangelegenheiten, nicht aber auch auf eine Änderung des Gesellschaftsvertrages[39].

Rechtslage nach dem MoPeG:

An der bisherigen Rechtslage hat sich in zweierlei Hinsicht etwas geändert. Zum einen hat der Gesetzgeber an sehr versteckter Stelle (nämlich im über § 105 Abs. 3 HGB-E anwendbaren § 709 Abs. 3 BGB-E die Zweifelsregel für die Stimmkraft bei Mehrheitsbeschlüssen geändert: Wenn im Gesellschaftsvertrag nur eine einfache Mehrheitsklausel enthalten ist, hat im Zweifel nicht jeder Gesellschafter eine Stimme (Mehrheit nach Köpfen wie bislang), sondern – im Prinzip wie bei Kapitalgesellschaften – so viele Stimmen, wie sich aus den vereinbarten Anteilen, hilfsweise aus den Verhältnissen der vereinbarten Beitragswerte ergibt, nur bei Fehlen solcher Vereinbarungen gilt die Kopfmehrheit. Eine ausdrückliche Vereinbarung im Gesellschaftsvertrag darüber, wie sich die Mehrheit berechnen soll, ist daher nunmehr empfehlenswert (und nach wie vor möglich).

Zum zweiten hat der Gesetzgeber für den Auflösungsbeschluss in § 140a HGB-E angeordnet, dass er – wenn der Gesellschaftsvertrag insoweit einen Mehrheitsbeschluss zulässt – mit mindestens einer Dreiviertelmehrheit zu fassen ist. Der Gesellschaftsvertrag kann also nur (noch) schärfere Mehrheitserfordernisse aufstellen. Gleiches gilt für einen etwaigen Fortset-

37 BGHZ 170, 283, 285 f.
38 BGHZ 170, 283, 287; bestätigt durch BGH NZG 2020, 1384 Rn. 11.
39 *Leenen*, FS Larenz, S. 372 ff.

zungsbeschluss gem. § 142 Abs. 2 HGB-E. Ferner müssen Mehrheitsklauseln ausdrücklich die Bestellung und Abberufung von Liquidatoren nennen, wenn sie auch für diese Maßnahmen gelten sollen (§ 144 Abs. 5 HGB-E).

Beschlüsse der Gesellschafterversammlung können **mangelhaft** sein, weil sie gegen das Gesetz (§ 134 BGB), gegen die guten Sitten (§ 138 Abs. 1 BGB) oder gegen den Gesellschaftsvertrag verstoßen. Sie sind dann grundsätzlich nichtig. Der **BGH**[40] vertritt die Auffassung, im Personengesellschaftsrecht sei ein Streit über die Wirksamkeit von Gesellschafterbeschlüssen unter den Gesellschaftern selbst auszutragen. Die Regeln des Körperschaftsrechts, nach denen bei Verstößen gegen Gesetz oder Satzung weitgehend nur eine Anfechtbarkeit des Beschlusses vorgesehen ist, sollen nicht entsprechend anwendbar sein. Die Nichtigkeit von Beschlüssen einer Gesellschafterversammlung wird durch **Feststellungsklage** gegen die Mitgesellschafter geltend gemacht, es sei denn, der Gesellschaftsvertrag enthält eine Bestimmung, nach welcher der Streit mit der Gesellschaft selbst auszutragen ist.[41] Demgegenüber will *K. Schmidt*[42] u.a. wegen des Bedürfnisses nach Rechtssicherheit die **Anfechtungsklage**, wie sie gegen Beschlüsse in der AG und GmbH erhoben werden kann, auch auf Personengesellschaften ausdehnen. **374**

Rechtslage nach dem MoPeG:

Dem ist nun der Gesetzgeber gefolgt und hat das Beschlussmängelrecht im neuen HGB in den §§ 110–115 HGB-E ausführlich geregelt. Wie im Aktienrecht (unten Rn. 686 ff.) wird nunmehr zwischen Nichtigkeits- und bloßen Anfechtungsgründen unterschieden. Anfechtbarkeit und Nichtigkeit schließen sich gegenseitig aus.[43] Die **Nichtigkeit** eines Beschlusses ist nur bei schwerwiegenden Rechtsverletzungen (§ 110 Abs. 2 Nr. 1 HGB-E), z.B. bei Sittenwidrigkeit oder bei Eingriffen in schlechthin unverzichtbare Rechte (s.o. Rn. 97),[44] anzunehmen und kann entweder durch Gesellschafter zu erhebende Nichtigkeitsklage nach § 114 HGB-E festgestellt werden oder aber im Rahmen anderer Rechtsstreitigkeiten von jedermann geltend gemacht werden (§ 110 Abs. 2 S. 2 HGB-E), ohne dass dafür Fristen bestehen.

Bei weniger schwerwiegenden Rechtsverletzungen, z.B. einer Treuepflichtverletzung oder Verfahrensmängeln, besteht nunmehr eine Anfechtungsbefugnis der Gesellschafter (§ 111 HGB-E), die innerhalb einer Ausschlussfrist von grundsätzlich 3 Monaten (§ 112 HGB-E) eine **Gestaltungsklage** auf Nichtigerklärung des fraglichen Beschlusses erheben müssen, um ihn nicht bestandskräftig werden zu lassen. Die Klage ist gemäß § 113 Abs. 2 S. 1 HGB-E **gegen die Gesellschaft** zu richten, die ihrerseits nach § 113 Abs. 3 S. 1 HGB-E die übrigen Gesellschafter hiervon unverzüglich unterrichten muss, um ihnen im Hinblick auf Art. 103 Abs. 1 GG eine angemessene Beteiligung an dem Rechtsstreit zu ermöglichen. Eine Vereinbarung im Gesellschaftsvertrag, die eine kürzere Frist als einen Monat vorsieht, ist gemäß § 112 Abs. 1 S. 2 HGB-E unwirksam. Die Frist beginnt nach § 112 Abs. 2 HGB-E mit dem Tag, an dem der Beschluss dem anfechtungsbefugten Gesellschafter bekanntgegeben worden ist. Eine Nichtigerklärung durch Urteil wirkt gem. § 113 Abs. 6 HGB-E **inter omnes**, nach der Gesetzesformulierung (siehe § 110 Abs. 2 S.1 Nr. 2 und S. 2 HGB-E dürfen sich anschließend sogar Dritte auf die Nichtigkeit berufen.

---

40 BGHZ 81, 263, 264; BGH WM 1995, 615 f.
41 BGHZ NZG 2013, 57, 58.
42 Gesellschaftsrecht, § 15 II.
43 *Fleischer*, BB 2021, 386, 389.
44 *Fleischer*, BB 2021, 386, 389; s.a. BT-Drucks. 19/27635 S. 229.

Neben Nichtigkeit und Anfechtbarkeit gibt es noch eine **dritte Kategorie** von Fehlern bei der Beschlussfassung. Ist nämlich streitig, ob und mit welchem Ergebnis ein Beschluss überhaupt gefasst wurde (wenn etwa die erforderliche Zustimmung aller Gesellschafter fehlte oder ein Stimmverbot missachtet wurde), dann kann es sein, dass überhaupt kein Beschluss in der Welt ist (Nichtbeschluss, die Gesetzesbegründung spricht insoweit von einem unwirksamen Beschluss[45]), so ist weiterhin die allgemeine Feststellungsklage nach § 256 Abs. 1 ZPO die richtige Klageart. Diese soll nach der Gesetzesbegründung ggf. analog § 113 Abs. 2 HGB-E gegen die Gesellschaft zu richten sein und analog § 113 Abs. 6 HGB-E inter omnes wirken, vgl. auch § 115 S. 2 HGB-E.[46] § 115 S. 1 HGB-E sieht eine Verbindung von Anfechtungs- und Feststellungsklage vor. Dafür besteht ein praktisches Bedürfnis, wenn ein Beschluss durch einen Versammlungsleiter förmlich festgestellt wird, mit dem ein Beschlussvorschlag z.B. wegen eines Zählfehlers zu Unrecht abgelehnt wird.

VII. Informations- und Kontrollrechte

375 Da bei der OHG in der Regel alle Gesellschafter an der Geschäftsführung beteiligt sind, haben sie jederzeit die Möglichkeit, sich über alle Angelegenheiten der OHG selbst zu informieren. Deshalb bedarf es keiner besonderen Informations- und Kontrollrechte. Solche Rechte gesteht das Gesetz allerdings den von der Geschäftsführung ausgeschlossenen Gesellschaftern zu, gegenteilige Absprachen im Gesellschaftsvertrag stehen bei Anhaltspunkten für unredliche Geschäftsführung nicht entgegen (§ 118 HGB = § 717 Abs. 1 BGB-E i.V.m. § 105 Abs. 3 HGB-E).

VIII. Der Aufwendungsersatz

376 Auslagen, die einem Gesellschafter bei der Führung der Geschäfte der Gesellschaft entstehen, sollen nicht von den einzelnen Gesellschaftern selbst getragen werden. Die Gesellschafter haben deshalb Aufwendungsersatzansprüche gegen die Gesellschaft (§ 110 HGB = § 716 Abs. 1–3 BGB-E i.V.m. § 105 Abs. 3 HGB-E). Aufwendungen im Sinne des § 110 HGB sind Vermögensopfer jeder Art, die ein Gesellschafter **im Interesse der Gesellschaft** gemacht hat, ohne dazu aus dem Verhältnis der Gesellschafter untereinander verpflichtet zu sein. Als Aufwendungen i.S. des § 110 Abs. 1 1. HS. HGB kommen insbesondere die für die Gesellschaft im Rahmen einer Geschäftsreise aufgewendeten Reise- und Unterkunftskosten in Betracht. Einen Verlust i.S.d. § 110 Abs. 1 Hs. 2 HGB erleidet z.B. ein Gesellschafter, der bei einer Geschäftsreise durch einen Unfall, dessen finanzielle Nachteile nur zum Teil durch Versicherungen abgedeckt sind, zu Schaden kommt.

Beispiel: Hat ein geschäftsführender Gesellschafter aus seinem Privatvermögen Geld zur Begleichung von Verbindlichkeiten der Gesellschaft aufgebracht, wozu er nach dem Gesellschaftsvertrag nicht verpflichtet ist, so hat er damit eine Aufwendung gemacht, deren Ersatz er gem. § 110 HGB von der Gesellschaft verlangen kann.

45 BT-Drucks. 19/27635 S. 230.
46 BT-Drucks. 19/27635 S. 236.

Die Ansprüche, die einem Gesellschafter wegen Aufwendungsersatz gem. § 110 HGB zustehen, können während des Bestehens der Gesellschaft nur gegen die Gesellschaft, nicht auch gegen die einzelnen Gesellschafter geltend gemacht werden. Das gilt auch für den Fall, dass der berechtigte Gesellschafter Befriedigung aus dem Gesellschaftsvermögen nicht zu erlangen vermag[47]. Für eine solche Gesellschaftsverbindlichkeit haften die Gesellschafter nach Ansicht des BGH[48] auch nicht gem. § 128 HGB, weil sonst die Vorschrift des § 707 BGB in weitem Umfange gegenstandslos werden würde. Gegen eine Anwendung des § 128 HGB i.V.m. § 110 HGB spricht auch, dass § 128 im HGB unter dem Titel „Rechtsverhältnisse der Gesellschafter zu Dritten" steht. Bei dem Anspruch des A gegen die OHG aus § 110 HGB handelt es sich aber um einen typischen Anspruch aus dem Innenverhältnis. Die systematische Auslegung führt infolgedessen dazu, dass unter Verbindlichkeiten i.S.d. § 128 HGB keine Ansprüche aus dem Innenverhältnis der OHG zu verstehen sind. **377**

Das schließt nicht aus, dass für den Fall, dass ein Gesellschafter, der wegen einer Verbindlichkeit der Gesellschaft von einem Gläubiger persönlich nach § 128 HGB in Anspruch genommen worden ist, einen Ausgleichsanspruch gem. § 426 BGB gegen die Mitgesellschafter geltend machen kann. Dieser Ausgleichsanspruch aus § 426 Abs. 1 BGB ist allerdings grundsätzlich subsidiär, d.h. der Gesellschafter muss zunächst versuchen, nach § 110 HGB Befriedigung aus dem Gesellschaftsvermögen zu erlangen, weil **Gesellschaftsverpflichtungen** grundsätzlich aus der Gesellschaftskasse zu begleichen sind. Nur wenn die Gesellschaft nicht in der Lage oder nicht bereit ist, den Anspruch zu erfüllen (letzteres ist bereits dann anzunehmen, wenn sie auf Aufforderung nicht zahlt), besteht ein Anspruch gegen die Mitgesellschafter. Nach § 426 Abs. 1 BGB hat der in Anspruch genommene Gesamtschuldner dann einen Ausgleichanspruch gegen die anderen Gesamtschuldner. Wenn nichts Anderes vereinbart ist, sind die Gesamtschuldner im Innenverhältnis zu gleichen Anteilen verpflichtet. Deshalb muss sich der in Anspruch nehmende Gesellschafter beim Innenausgleich seinen Anteil anrechnen lassen. **378**

Daneben gewährt § 426 Abs. 2 BGB noch eine weitere selbstständige **Anspruchsgrundlage**. Die Ansprüche aus § 426 Abs. 1 und § 426 Abs. 2 BGB stehen selbstständig nebeneinander. § 426 Abs. 2 BGB hat den Zweck, die Stellung des ausgleichsberechtigten Gesamtschuldners zu verstärken. Nach dieser Vorschrift geht kraft Gesetzes die Forderung des Gläubigers auf den Gesamtschuldner über, soweit dieser den Gläubiger befriedigt hat und von den anderen Gesamtschuldnern Ausgleich verlangen kann. Sinn und Zweck der gesetzlichen Regelung ist, dass die akzessorischen Sicherungsrechte (Hypothek; Bürgschaft etc.) mit der Gläubigerforderung auf den ausgleichsberechtigten Gesamtschuldner übergehen. **379**

47 BGHZ 37, 299, 301.
48 BGHZ 37, 299, 301 f.

IX. Das Gesellschaftsvermögen

380 Wie bei der BGB-Gesellschaft ist auch bei der OHG zu unterscheiden zwischen dem **Vermögen der OHG** einerseits und dem **Privatvermögen** der einzelnen Gesellschafter andererseits. Das ausschließlich dem Gesellschafter gehörende Vermögen ist dessen Privatvermögen. Das in die Gesellschaft eingebrachte Vermögen eines Gesellschafters wird zum Vermögen der Gesellschaft, zum Gesamthandsvermögen (vgl. dazu Rn. 84 ff.). Das bedeutet: Das Vermögen steht den Gesellschaftern in ihrer personenrechtlichen Verbundenheit in der Art zu, dass ein einzelner Gesellschafter über seinen Anteil an dem Gesellschaftsvermögen und auch an den einzelnen dazu gehörenden Gegenständen nicht frei verfügen kann. Über das Gesellschaftsvermögen als Ganzes sowie auch über Teile des Gesellschaftsvermögens können nur alle Gesellschafter gemeinsam verfügen. Da für die OHG besondere Vorschriften über das Gesellschaftsvermögen im HGB fehlen, finden die Regelungen über die BGB-Gesellschaft (§§ 718 ff. BGB) Anwendung (§ 105 Abs. 3 HGB).

381 Zum Gesellschaftsvermögen gehören die Beiträge, die die einzelnen Gesellschafter in die Gesellschaft eingebracht haben, und die durch die Geschäftsführung für die Gesellschaft erworbenen Gegenstände. Dies können sein: bewegliche Sachen, Grundstücke, Forderungen, Patente und sonstige Rechte, z.B. Nutzungsrechte aller Art. Auch Werte tatsächlicher Art, wie z.B. technisches Knowhow, Geschäftserfahrung und Kundenstamm können Gegenstände des Gesellschaftsvermögens sein.

Rechtslage nach dem MoPeG:

Das MoPeG bringt zwar die dogmatische Konstruktion eines Gesamthandsvermögens in Wegfall, indem es die §§ 718 f. BGB streicht. Es ändert aber nichts an der Trennung von Gesellschafts- und Gesellschaftervermögen. Über das Gesellschaftsvermögen verfügt künftig die Gesellschaft selbst, maßgebend sind insoweit die Geschäftsführungsregeln des § 116 HGB-E (dazu Rn. 370) und die Regeln über die Vertretung der Gesellschaft gem. § 124 HGB-E (dazu Rn. 385).

382 **Lösung zu Fall 28:** Die X-OHG hat gegen A einen Schadensersatzanspruch aus § 113 HGB, wenn A gegen das Wettbewerbsverbot, dem er als Gesellschafter der OHG gem. § 112 HGB unterliegt, verstoßen hat und der X-OHG daraus ein Schaden entstanden ist. Das Wettbewerbsverbot i.S.d. § 112 HGB hat A nur verletzt, wenn er ohne Einwilligung der anderen Gesellschafter in dem Handelszweig der Gesellschaft Geschäfte macht oder an einer gleichartigen Gesellschaft als persönlich haftender Gesellschafter beteiligt ist. Betreibt die X-OHG, wie im vorliegenden Falle, ein Logistikunternehmen, so ist nicht jedes Geschäft, das unter diesen Begriff fällt, verboten. Es kommt vielmehr darauf an, ob es ein Geschäft ist, wie es in dem gerade von der Gesellschaft betriebenen Geschäftszweig vorkommt. Hat sich die OHG auf bestimmte Arten von Geschäften spezialisiert, so sind nach dem Wettbewerbsverbot solche Geschäfte nicht untersagt, die ganz außerhalb dieses Rahmens liegen, wohl aber solche, die im Betriebe der Gesellschaft auch nur gelegentlich vorgenommen werden. Es ist allerdings nicht erforderlich, dass die Gesellschaft das einzelne Geschäft genauso, wie es vom Gesellschafter getätigt worden ist, auch selbst gemacht hätte. Im zu erörternden Falle befasst sich die X-OHG mit der Betriebsrationalisierung überhaupt nicht. A verstieß deshalb nicht gegen das Wettbewerbsverbot, als er sein Beratungsunternehmen mit

diesem Spezialgebiet eröffnete und betrieb. Deshalb kann die X-OHG gem. § 113 i.V.m. § 112 HGB keinen Schadensersatz von ihm verlangen.

Lösung zu Fall 29: Die A-OHG könnte gegen C einen Anspruch auf Zahlung von Schadensersatz in Höhe von 31 000 € aus § 280 BGB erworben haben. Dann müsste A eine Pflicht aus einem zwischen ihm und der A-OHG bestehenden Schuldverhältnis verletzt haben. Der wirksame Gesellschaftsvertrag begründet ein Schuldverhältnis der Gesellschafter untereinander aber auch ein solches zwischen dem einzelnen Gesellschafter und der Gesellschaft. Eine Pflicht aus dem letzteren könnte hier verletzt sein. Bei der OHG gilt gem. §§ 114 ff. HGB der Grundsatz der Einzelgeschäftsführung aller Gesellschafter. Das bedeutet: Jeder Gesellschafter ist allein zum Handeln berechtigt und verpflichtet. Er ist in seinem Handlungsspielraum allerdings eingeschränkt durch ein Widerspruchsrecht, das jedem Gesellschafter eingeräumt ist. Dieses Widerspruchsrecht haben die anderen geschäftsführenden Gesellschafter nicht nur bei ungewöhnlichen Geschäften. Macht ein Gesellschafter, wie hier der B, von seinem Widerspruchsrecht Gebrauch, so muss die geplante Geschäftsführungsmaßnahme unterbleiben (§ 115 Abs. 1 HGB). Anders ausgedrückt, es besteht die Pflicht der Geschäftsführenden, die Maßnahme, gegen die sich der Widerspruch richtet, zu unterlassen. Gegen diese Pflicht hat C hier verstoßen. Er hat mit dieser Pflichtverletzung der Gesellschaft einen Schaden in Höhe von 31 000 € zugefügt. Da er vorsätzlich gehandelt hat, hat er die Pflichtverletzung zu vertreten. Infolgedessen ist C der A-OHG aus § 280 BGB zum Schadensersatz, d.h. zur Zahlung von 31 000 €, verpflichtet. 383

§ 19 Die Beziehungen der Gesellschafter zu Dritten (Außenbeziehungen)

Fall 30: A, B und C betreiben gemeinsam die A & Co OHG. Anfang 2015 kauft A für die OHG bei X fünf Maschinen im Gesamtwert von € 300 000, obwohl in einer zuvor durchgeführten Gesellschaftersammlung einstimmig beschlossen worden war, mit X keine Geschäfte mehr zu machen. Der Grund für diesen Beschluss waren Gerüchte, denen zufolge X kurz vor der Insolvenz stehe. Am 28.3.2015 liefert X die Maschinen. Der Kaufpreis soll am 31.3.2015 fällig sein. Kurze Zeit später gerät die OHG in Zahlungsschwierigkeiten. 384

1. Kann X am 31.3.2015 die Gesellschafter A, B und C wegen des Kaufpreises in Anspruch nehmen?
2. Um den bislang guten Ruf der A & Co OHG nicht zu gefährden, zahlt A am 31.3.2015 für die OHG den Kaufpreis mit Mitteln aus seinem Privatvermögen, ohne den X über die Zahlungsschwierigkeiten der Gesellschaft zu unterrichten. Anschließend verlangt er von B und C jeweils € 100 000 als Erstattung. Zu Recht? **Rn. 411**

Literatur: *Altmeppen*, Zur Enthaftung des ausscheidenden Personengesellschafters, NJW 2000, 2529 ff.; *Flume*, Der Inhalt der Haftungsverbindlichkeit des Gesellschafters nach § 128 HGB, FS Reinhardt, S. 223 ff.; *ders.*, Gesellschaftsschuld und Haftungsverbindlichkeit des Gesellschafters bei der OHG, FS Knur, S. 125 ff.; *Hofmeister*, Beginn der Enthaftung des ausscheidenden Personengesellschafters nach § 160 I 2 HGB, NJW 2003, 93 ff.; *Hueck*, OHG, §§ 19 bis 22.

I. Die Vertretung

1. Die gesetzliche Regelung

385 Die Vertretungsmacht als die Befugnis, im Namen der Gesellschaft mit Wirkung für und gegen alle Gesellschafter rechtsgeschäftliche Erklärungen (Willenserklärungen) abzugeben und entgegenzunehmen, steht nach der gesetzlichen Regelung bei der OHG **jedem einzelnen Gesellschafter** zu (§ 125 HGB = § 124 Abs. 1 HGB-E). Das bedeutet: Jeder Gesellschafter kann im Namen der OHG wirksame, diese rechtsgeschäftlich bindende Erklärungen **(Willenserklärungen)** abgeben und entgegennehmen.

Beispiel: B, K und S gründen eine OHG. Gegenstand des Unternehmens ist der Handel mit Brennstoffen und Erdölprodukten. Die Gesellschaft führt die Firma „B & Co Brennstoffe OHG". Nach dem Gesellschaftsvertrag ist B der alleinige Geschäftsführer. S kauft im Namen der OHG bei der Erdöl AG 100 000 l Heizöl. Als die Erdöl AG von der OHG den Kaufpreis verlangt, erklären B und K, sie seien mit dem von S abgeschlossenen Kaufvertrag nicht einverstanden. Gem. § 125 HGB ist jeder Gesellschafter allein zur Vertretung der OHG ermächtigt, es sei denn, dass im Gesellschaftsvertrag eine andere Regelung getroffen worden ist. Hier war ein Ausschluss des Alleinvertretungsrechts eines jeden Gesellschafters im Gesellschaftsvertrag nicht vereinbart. Die Tatsache, dass S von der Geschäftsführung ausgeschlossen ist, ist nur im Innenverhältnis der Gesellschafter zueinander bedeutsam. Eine Beschränkung der Vertretungsmacht des S trat hierdurch nicht ein. Der Widerspruch von B und K ist deshalb für die Wirksamkeit der von S abgegebenen Willenserklärung belanglos. S konnte im Namen der OHG eine für diese wirksame Willenserklärung, die zum Abschluss eines Kaufvertrages führte, abgeben. Zwischen der Erdöl AG und der OHG ist deshalb ein Kaufvertrag zustande gekommen. Die Erdöl AG kann von der OHG Zahlung des Kaufpreises verlangen.

386 Der Gesellschaftsvertrag kann bestimmen, dass alle oder jedenfalls mehrere Gesellschafter **nur gemeinsam** die OHG vertreten können **(Gesamtvertretung)**. Eine solche Regelung bildet in der Praxis jedoch die Ausnahme. Gem. § 126 HGB (= § 124 Abs. 4 HGB-E) ist der Umfang der Vertretungsmacht grundsätzlich unbeschränkt. Das bedeutet, dass sich die Vertretungsmacht auf alle gerichtlichen und außergerichtlichen Rechtshandlungen erstreckt; eingeschlossen sind auch die Veräußerung und Belastung von Grundstücken und die Erteilung und der Widerruf einer Prokura (§ 126 Abs. 1 HGB). „Alle gerichtlichen und außergerichtlichen Geschäfte und Rechtshandlungen" im Sinne des § 126 Abs. 1 HGB sind nicht nur diejenigen, die der Betrieb des Handelsgewerbes, das die OHG betreibt, mit sich bringt. Der Umfang der Vertretungsmacht ist vielmehr umfassend. Zum Schutze Dritter, die mit der OHG Rechtsgeschäfte abschließen wollen, ist eine Einschränkung des Umfangs der Vertretungsmacht Dritten gegenüber unwirksam (§ 126 Abs. 2 HGB = § 124 Abs. 4 S. 2 HGB-E).

387 Der Grundsatz der **Unbeschränkbarkeit der Vertretungsmacht** eines vertretungsberechtigten Gesellschafters gilt grundsätzlich nur gegenüber Dritten, die im Rechtsverkehr mit der OHG geschützt werden sollen. Er gilt hingegen nach h.M.[1] nicht im Verhältnis der Gesellschafter zu ihrer eigenen Gesellschaft. Der BGH weist zu Recht darauf hin, dass der Grundsatz der Unbeschränkbarkeit der Vertretungsmacht gem.

1 BGHZ 38, 26 ff.

§ 126 HGB dem Schutze Dritter dient, die mit einer Personenhandelsgesellschaft in geschäftliche Verbindungen treten; sie brauche deshalb auch nur gegenüber Dritten rechtlich zwingend zu sein. Die Gesellschafter selber, die mit ihrer Gesellschaft in geschäftliche Verbindung träten, bedürften eines solchen Schutzes nicht, wenn sie selbst eine vom Gesetz abweichende Regelung für richtig gehalten und für die Gestaltung der Vertretungsverhältnisse bei ihren eigenen Geschäftsbeziehungen zu ihrer Gesellschaft einen anderen Weg beschritten hätten. Es sei unbedenklich, den Gesellschaftern in dieser Hinsicht Dispositionsfreiheit zu lassen, ohne damit gegen den gesetzlichen Grundgedanken des § 126 HGB, der den Schutz des Geschäftsverkehrs bezwecke, zu verstoßen.

Der **BGH**[2] hat für den Fall, dass die Gesellschaft, vertreten durch alle übrigen Gesellschafter, **388**
auf der Grundlage eines Gesellschafterbeschlusses gegen einen Gesellschafter einen Zahlungsanspruch einklagt, angenommen, dass der verklagte Gesellschafter aus Rechtsgründen von der Vertretung der Gesellschaft ausgeschlossen sei, weil er als Beklagter nicht zugleich im Namen der klagenden Gesellschaft auftreten könne. In dieser Situation bleibt kein anderer Weg, als den übrigen Gesellschaftern allein die Vertretungsmacht zuzuerkennen. Nach Ansicht des BGH[3] werden dabei auch keine schutzwürdigen Interessen anderer Gesellschafter beeinträchtigt, weil weitere Gesellschafter, deren Interessen durch eine Klage gegen den betroffenen Gesellschafter verletzt werden könnten, nicht vorhanden sind.

2. Das Verbot der Drittorganschaft

Für die OHG als Personenhandelsgesellschaft gilt der Grundsatz der Selbstorgan- **389**
schaft bzw. das Verbot der Drittorganschaft (s. dazu Rn. 134). Einer der Gesellschafter muss also stets geschäftsführungs- und vertretungsbefugt sein. Daraus folgt für die OHG und die KG (die BGB-Gesellschaft betreibt kein Handelsgewerbe), dass auch Prokura und Handlungsvollmacht nur von einem vertretungsberechtigten Gesellschafter verliehen werden können[4].

Die Problematik der Selbstorganschaft für Personengesellschaften, d.h. des Grundsat- **390**
zes, dass OHG und KG stets allein durch die Gesellschafter, also ohne die Mitwirkung Dritter, handlungsfähig sein müssen, hängt eng zusammen mit dem sog. **Abspaltungsverbot**. Letzteres besagt folgendes: Die Abspaltung einzelner Verwaltungsrechte von dem Gesellschaftsanteil in der Weise, dass sie auf einen anderen übertragen werden, wie das z.B. bei der Übertragung des Stimmrechts eines Gesellschafters auf eine dritte Person der Fall wäre, ist nicht zulässig, weil dies mit dem Wesen der Gesamthandsgemeinschaft nicht zu vereinbaren ist (vgl. auch § 717 S. 1 BGB). Die Verwaltungsrechte eines Gesellschafters sind mit seinem Anteil notwendig verbunden und können von ihm nicht losgelöst und selbstständig übertragen werden[5]. Das schließt nach herrschender Auffassung freilich nicht aus, dass ein Dritter oder mehrere Dritte mit einer umfassenden Vollmacht, die man als Generalvollmacht bezeichnen und die auch noch über den gesetzlich festgelegten Umfang einer Prokura hinausgehen kann, ausgestattet werden, um diesem oder diesen so die Leitung des

2 WM 1983, 60.
3 WM 1983, 60.
4 *Wiedemann*, WM 1994, Sonderbeilage Nr. 4, S. 11.
5 BGHZ 3, 354, 356.

Unternehmens zu übertragen. In einer Generalbevollmächtigung dieser Art wird keine Umgehung des Verbots einer Übertragung der organschaftlichen Vertretungsbefugnisse gesehen[6]. In solchen Fällen liegt keine echte Drittorganschaft vor, weil die Stellung eines gesetzlichen (organschaftlichen) Vertreters der Personengesellschaft unangetastet bleibt. Die Gesellschafter (mindestens einer von ihnen) haben nach wie vor die Möglichkeit, dem Fremdgeschäftsführer Weisungen zu erteilen oder auf sonstige Weise in die Geschäftsführung einzugreifen.

Beispiel: Die A-OHG schließt mit M einen sog. **Betriebsführungsvertrag** ab. Danach soll M den Hotelbetrieb der A-OHG in deren Namen und auf deren Rechnung führen. Die A-OHG ist nach diesem Vertrag nicht befugt, dem M im Hinblick auf die Führung des Hotels allgemeine oder konkrete Weisungen zu erteilen. Der Vertrag hat eine Laufzeit von 20 Jahren und soll von der A-OHG nur bei Schlechterfüllung durch M und vergeblicher schriftlicher Mahnung kündbar sein. Der BGH[7] hat mit Hinweis auf seine bisherige Rspr.[8] betont, der **Grundsatz der Selbstorganschaft** verbiete nur, dass sämtliche Gesellschafter von der Geschäftsführung und Vertretung ausgeschlossen würden und diese auf Dritte übertragen werde; damit vereinbar sei es jedoch, dass ein Dritter in weitem Umfange mit Geschäftsführungsaufgaben betraut und mit einer umfassenden Vollmacht ausgestattet werde. Nach Ansicht des BGH[9] scheidet eine Anwendung dieser Grundsätze nicht in jedem Falle aus, in dem der Dritte bei der Erfüllung der von ihm wahrzunehmenden Geschäftsführungsaufgaben keinen Einzelweisungen unterliegt und nicht jederzeit abberufen werden kann. Für einen ähnlichen wie den zu erörternden Fall hat der BGH einen Verstoß gegen das Verbot der Drittorganschaft verneint, weil seiner Ansicht nach der Betriebsführungsvertrag so gestaltet war, dass die Organstellung der A-OHG rechtlich unangetastet geblieben und in ihrem Wesensgehalt nicht beeinträchtigt worden ist.

391 Im praktischen Ergebnis bleibt daher vom Verbot der Drittorganschaft nicht viel übrig. Das Abspaltungsverbot und das Verbot der Drittorganschaft sind aber jedenfalls dann verletzt, wenn es in der gesellschaftsrechtlichen Organisation und Konstruktion eigenständige Entscheidungsbefugnisse für Dritte (Nichtgesellschafter) „ohne das Korrektiv der gesellschaftsrechtlichen Bindung gegenüber den (Mit-)Gesellschaftern" und der persönlichen Haftung gegenüber den Gläubigern gibt[10]. Der BGH hat eine Überschreitung der Grenze zum Unzulässigen u.a. dort gesehen, wo ein Gesellschafter sich in einem weiten Bereich seiner wirtschaftlichen Betätigung praktisch selbst entmündigt hat[11].

Beispiel[12]**:** A, B und C sind Gesellschafter einer OHG. A schließt mit T einen Vertrag, in dem T als Treuhänder bezeichnet wird und durch den T das Recht zur Teilnahme an der Gesellschafterversammlung mit der alleinigen Wahrnehmung des Stimmrechts und des Widerspruchsrechts (§ 116 Abs. 2 HGB) des A erhalten soll. Aufgrund des Vertrages soll T auch das Einsichts- und Auskunftsrecht gem. § 118 HGB ausüben und an Weisungen des A nicht gebunden sein. Der BGH hat in einer derartig weitgehenden Bindung „eine solche Aufgabe der eigenen freien Selbstbestimmung" gesehen, dass er sie als mit „den Grundwerten unserer Rechtsordnung" nicht vereinbar und deshalb gem. § 138 BGB für sittenwidrig erachtet hat.

6 BGHZ 36, 292, 295.
7 WM 1982, 394, 396 f.
8 BGHZ 36, 292.
9 WM 1982, 394, 397.
10 *Kübler/Assmann*, § 20 II 3 c.
11 BGHZ 44, 158, 161.
12 Nach BGHZ 44, 158 ff.

II. Die Haftung der Gesellschafter für Verbindlichkeiten der Gesellschaft

1. Überblick

Fall 31: B und K gründen unter der Firma „B & Co Elektroeinrichtungen OHG" ein Handelsunternehmen. Die X-Bank gewährt der OHG ein Darlehen in Höhe von 200 000 €. Als bei Fälligkeit die Gesellschaft die Darlehenssumme nicht zurückzahlen kann, nimmt die X-Bank den Gesellschafter B in voller Höhe in Anspruch. Mit Recht? **Rn. 395, 397** **392**

Beteiligt sich eine Person an einer Gesellschaft, so entsteht die Frage, welche Vermögensmassen für die Verbindlichkeiten haften, die im Zusammenhang mit der Gesellschaft entstehen, welche Gegenstände also z.B. in der Insolvenz der Gesellschaft von den Gläubigern der Gesellschaft verwertet werden können. **393**

Wie stets (vgl. Rn. 135 ff.) ist zwischen dem Vermögen der Gesellschaft einerseits und dem Privatvermögen der Gesellschafter andererseits zu unterscheiden. Die eigentliche Frage lautet: Kann wegen der Verbindlichkeiten der Gesellschaft neben dem Vermögen der Gesellschaft auch das Privatvermögen der Gesellschafter in Anspruch genommen werden?

Für die OHG ist charakteristisch, dass alle ihre Gesellschafter unbeschränkt auch mit ihrem Privatvermögen für die Verbindlichkeiten der Gesellschaft haften (§ 128 HGB = § 126 HGB-E). Gerade diese Eigenheit als Kredit- und Haftungsgemeinschaft gewährleistet die besondere Kreditfähigkeit der OHG. Andererseits ist die Beteiligung an einer OHG für einen Gesellschafter aus diesen Gründen besonders gefährlich. **394**

Im oben geschilderten **Fall 31** kann die Bank ihren Anspruch auf § 488 Abs. 1 BGB i.V.m. § 128 HGB stützen. Ein Darlehensvertrag ist zwischen der Bank und der OHG zustande gekommen. Aus diesem Vertrag ist für die Bank eine Darlehensrückzahlungsforderung gem. § 488 Abs. 1 BGB entstanden. Bei der Verpflichtung, das Darlehen zurückzuzahlen, handelt es sich um eine Verbindlichkeit der Gesellschaft. Für diese Verbindlichkeit der Gesellschaft haften gem. § 128 HGB alle Gesellschafter der OHG als Gesamtschuldner. Infolgedessen kann sich die Bank an B halten und von ihm Rückzahlung in Höhe von 200 000 € verlangen (§ 488 Abs. 1 BGB i.V.m. § 128 HGB). **395**

2. Der Inhalt der Haftungsverbindlichkeit gem. § 128 HGB

Die Gesellschafter der OHG haften gem. § 128 HGB (= § 126 HGB-E) für die Verbindlichkeiten der Gesellschaft unmittelbar, unbeschränkt und als Gesamtschuldner. **Unbeschränkt** bedeutet, es gibt keine Beschränkung der Höhe nach und jeder Gesellschafter der OHG haftet mit seinem gesamten Privatvermögen und nicht nur mit seinem Anteil am Gesellschaftsvermögen. **Unmittelbar** heißt: Der Gläubiger ist nicht gezwungen, sich, bevor er einen der Gesellschafter in Anspruch nimmt, an das Gesamthandsvermögen der OHG zu halten, um Befriedigung wegen seiner Forderung zu erreichen. Er kann sich, ohne vorher den Anspruch bei der OHG geltend gemacht zu haben, direkt an einen oder mehrere Gesellschafter halten. **396**

397 Zu dem oben geschilderten **Fall 31**: Die X-Bank muss sich also nicht zunächst an das Gesamthandsvermögen der OHG, wie z.B. Warenlager oder Geschäftseinrichtungen, halten. Sie kann auch, ohne zuvor einen solchen Versuch gemacht zu haben, den Anspruch sofort gegen B oder K oder gegen beide richten.

398 Verbindlichkeiten der Gesellschaft sind alle Verbindlichkeiten, die die OHG als solche eingegangen ist und zu erfüllen hat. Dazu gehören sowohl die Verpflichtungen aus den im Namen der OHG abgeschlossenen Rechtsgeschäften wie auch die auf Gesetz beruhenden Verbindlichkeiten ohne Rücksicht auf den Schuldgrund, wie z.B. Verbindlichkeiten aus unerlaubten Handlungen (§§ 823 ff. BGB) und Steuerschulden. Umstritten ist die Frage, ob ein Anspruch gegen den Gesellschafter auf **Erfüllung in natura** hinsichtlich der Gesellschaftsschuld besteht. Diese Frage wird in erster Linie unter dem Gesichtspunkt erörtert, ob der Gesellschafter mittels eines Erfüllungsanspruchs auch hinsichtlich eines persönlichen Tuns oder Unterlassens und der ihm persönlich gehörenden Gegenstände durch eine Vereinbarung der Gesellschaft mit Dritten zur Erfüllung in natura verpflichtet werden kann[13].

399 **Beispiele:**

a) Kann die Einhaltung einer Bezugsverpflichtung, die eine OHG eingegangen ist, auch von den einzelnen Gesellschaftern der OHG verlangt werden[14]?
b) Kann eine Wettbewerbsvereinbarung der Gesellschaft mit einem daraus erwachsenden Anspruch auf die Unterlassung des Wettbewerbs auch dem einzelnen Gesellschafter gegenüber geltend gemacht werden[15]?
c) Können Gesellschafter einer OHG aus Verträgen, wie z.B. Dienst- und Werkverträgen, die die OHG eingegangen ist, auch zu persönlichen Leistungen verpflichtet werden?
d) Können Gesellschafter einer OHG aus einem Kaufvertrag, den die OHG abgeschlossen hat, auf Erfüllung in natura durch den Gläubiger des Kaufvertrages in Anspruch genommen werden, etwa dergestalt, dass ein Gesellschafter verpflichtet ist, ihm gehörende Sachen an den Gläubiger zu übereignen?

400 Der **BGH**[16] ist der Auffassung, dass ein Gesellschaftsgläubiger gegenüber dem Gesellschafter jedenfalls dann einen Anspruch auf Erfüllung in natura habe, wenn der Gesellschafter der Gesellschaft gegenüber zur Leistung verpflichtet sei. Der **BGH**[17] ist dann aber noch einen Schritt weitergegangen und hat festgestellt, dass, soweit eine Personenhandelsgesellschaft dazu verpflichtet sei, Mängel zu beseitigen, auch die persönlich haftenden Gesellschafter auf Mängelbeseitigung in Anspruch genommen werden könnten.

401 Bei Verpflichtungen, die die OHG im Hinblick auf Sachleistungen eingegangen ist, ist der Gesellschafter dem Gläubiger der OHG stets zur Erfüllung in natura bezüglich der ihm persönlich gehörenden Gegenstände verpflichtet, ohne dass es darauf ankommt, ob der Gesellschafter der Gesellschaft gegenüber im Hinblick auf diesen Gegenstand zur Leistung verpflichtet ist[18]. Von der Haftung gem. § 128 HGB (= § 126

13 Dazu *Flume*, FS Reinhardt, S. 223 ff.
14 RG JW 1902, 78.
15 RGZ 136, 266 ff.
16 BGHZ 23, 302 ff.
17 BGHZ 73, 217 ff.
18 *Flume*, FS Reinhardt, S. 223, 234.

HGB-E) ist, weil sie eine unbeschränkte ist, also kein Vermögensgegenstand des Gesellschafters ausgenommen.

Beispiel: A, B und C haben eine OHG gegründet. Die OHG verkauft in einem notariell beurkundeten Vertrag an G ein Grundstück, das nicht im Eigentum der OHG, sondern im Eigentum des A steht. Nachdem sich die OHG dem G gegenüber außerstande erklärt hat, ihm das Grundstück zu übereignen, verlangt G das Grundstück nunmehr von A. Nach der hier vertretenen Ansicht hat G gegen A einen unmittelbaren Erfüllungsanspruch aus § 433 BGB i.V.m. § 128 HGB auf Übereignung des Grundstücks.

Bei **personenbezogenen (nicht vertretbaren) Leistungen** haften die Gesellschafter einer OHG nur bei solchen von der OHG eingegangenen Verpflichtungen gem. § 128 HGB (= § 126 HGB-E) auf eigenes Tun oder Unterlassen, soweit sie sich der Gesellschaft gegenüber zu diesem Tun oder Unterlassen verpflichtet haben[19]. 402

Beispiel: Ein Gläubiger, dem eine OHG zur Rechnungslegung verpflichtet ist, kann den geschäftsführenden Gesellschafter der OHG auf Erfüllung dieser Verpflichtung unmittelbar in Anspruch nehmen[20]. Nach der hier vertretenen Auffassung ist der Gläubiger berechtigt, gem. § 128 HGB von dem Gesellschafter diese Leistung zu verlangen, weil der geschäftsführende Gesellschafter auch der Gesellschaft gegenüber sich zu diesem Tun im Gesellschaftsvertrag verpflichtet hat.

3. Das Verhältnis von Gesellschaftsverbindlichkeit zur Gesellschafterhaftung

Es ist davon auszugehen, dass die Gesamthandsverbindlichkeit der OHG und die Haftungsverbindlichkeit der einzelnen Gesellschafter **nebeneinander** bestehen[21]. Zutreffend wird darauf abgestellt, dass im Hinblick darauf, dass das Gesellschaftsvermögen nicht ein Sondervermögen der Gesellschafter, sondern **Vermögen der Gesellschaft** sei, Gesellschaftsschulden nicht Schulden der Gesellschafter, sondern ausschließlich Schulden der Handelsgesellschaft sind. Die persönliche Haftung der Gesellschafter begründet eigene, von der Gesellschaftsschuld deutlich getrennte Verbindlichkeiten[22]. Darauf weist nicht zuletzt auch die Formulierung des Gesetzes in § 128 HGB hin, wo es im Hinblick auf die Haftung der Gesellschaft heißt: „für die Verbindlichkeiten der Gesellschaft". Demnach ist zu unterscheiden zwischen der **Schuld der OHG** einerseits und der **Haftungsverbindlichkeit der Gesellschafter** andererseits[23]. 403

Dass zwischen der Verbindlichkeit der OHG und der Haftungsverbindlichkeit der Gesellschafter ein Gesamtschuldverhältnis im Sinne der §§ 421 ff. BGB besteht, wird von der h.M. abgelehnt[24]. Dieser Meinung hat sich auch der BGH angeschlossen[25]. Allerdings wird nicht verkannt, dass die Verbindlichkeit der OHG und die Haftungsverbindlichkeit der Gesellschafter jedenfalls in der Nähe zur Gesamtschuld angesie- 404

19 BGHZ 23, 302 ff. und *Flume*, FS Reinhardt, S. 223, 233.
20 BGHZ 23, 302 ff.
21 *Flume*, FS Knur, S. 125 f.
22 *K. Schmidt*, Gesellschaftsrecht, § 46 II 2.
23 *Flume*, FS Knur, S. 125, 127.
24 *Flume*, FS Knur, S. 125, 128 ff.
25 BGHZ 44, 229, 233 und 47, 376, 378.

delt sind, so dass jeweils im Einzelfall zu prüfen ist, ob hierauf die §§ 421 ff. BGB anzuwenden sind[26].

Die persönliche Haftung der Gesellschafter einer OHG kann für eine vertragliche Verbindlichkeit der Gesellschaft – z.B. für ein Darlehen – in dem Vertrag zwischen der Gesellschaft und deren Vertragspartner auf den ihrer Beteiligungsquote entsprechenden Anteil der Gesellschaftsschuld beschränkt werden (sog. quotale Haftung). Eine entsprechende Vereinbarung muss allerdings eindeutig sein.[27]

4. Die Einwendungen der Gesellschafter

405 Alle diejenigen Einreden und Einwendungen, die der OHG gegenüber dem Gläubiger zustehen, kann gem. § 129 HGB (= § 128 HGB-E) auch der Gesellschafter, der von einem Gesellschaftsgläubiger in Anspruch genommen wird, geltend machen. Er kann dies allerdings nur solange tun, wie die Einreden und Einwendungen auch noch von der OHG geltend gemacht werden können.

Beispiel: Der Gläubiger G hat gegen die aus A, B und C bestehende OHG einen Zahlungsanspruch, der verjährt ist. G macht den Anspruch nun gegenüber C geltend. C kann sich gem. § 129 HGB auf die Einrede der Verjährung berufen.

Ein gegen die Gesellschaft ergangenes rechtskräftiges Urteil hat auch dem Gesellschafter gegenüber im Hinblick auf das Bestehen der Schuld **feststellenden Charakter**, ohne Rücksicht darauf, ob der Gesellschafter selbst am Prozess beteiligt war oder nicht. Andererseits folgt aus § 129 HGB (= § 128 HGB-E) auch, dass ein Gesellschafter sich im Hinblick auf einen Anspruch, der gegen die OHG erhoben und vom Gericht rechtskräftig abgewiesen worden ist, auf dieses Urteil berufen kann. Allerdings kann aus einem gegen die Gesellschaft erwirkten Urteil nicht gegen einen Gesellschafter vollstreckt werden (§ 129 Abs. 4 HGB = § 129 Abs. 2 HGB-E).

5. Die Haftung der eintretenden Gesellschafter

406 Tritt ein neuer Gesellschafter in die bereits bestehende OHG ein, so haftet dieser zwingend auch für die bereits bestehenden Verbindlichkeiten der Gesellschaft (§ 130 HGB = § 127 HGB-E). Eintretender Gesellschafter i.S. des § 130 HGB ist auch der Erbe des durch Tod ausscheidenden Gesellschafters. Der neue Gesellschafter haftet also ebenso wie die anderen Gesellschafter gem. §§ 128 und 129 HGB (§ 126, 128 HGB-E) für diejenigen Verbindlichkeiten der Gesellschaft, die bereits vor seinem Eintritt in die OHG begründet worden sind. Diese Haftung kann durch eine gesellschaftsvertragliche Vereinbarung nicht ausgeschlossen werden. Eine Vereinbarung dieser Art ist **Dritten gegenüber nicht wirksam** (§ 130 Abs. 2 HGB = § 127 S. 2 HGB-E).

407 Ein Haftungsausschluss für bereits bestehende Verbindlichkeiten zugunsten des neu eintretenden Gesellschafters kann auch nicht wie in den Fällen der §§ 25 und 28 HGB durch eine entsprechende Eintragung in das Handelsregister und Bekanntmachung

26 BGHZ 47, 376, 378 f.
27 BGHZ 188, 233, 244; KG NZG 2010, 102 ff.

oder eine besondere Mitteilung an einen Dritten geschehen. Allein im Innenverhältnis zwischen den Altgesellschaftern und dem neu hinzutretenden Gesellschafter kann vereinbart werden, dass die Altgesellschafter den neu Eintretenden von der Haftung für die bereits bestehenden Verbindlichkeiten der Gesellschaft freizustellen haben. Eine solche Vereinbarkeit entfaltet Wirkung allerdings nur im Verhältnis der Gesellschafter untereinander, nicht aber im Verhältnis zu Dritten[28].

6. Die Haftung der ausscheidenden Gesellschafter

Wenn ein Gesellschafter durch Kündigung oder aus einem sonstigen Grunde aus der Gesellschaft ausscheidet, haftet er auch weiterhin gem. § 128 HGB (= § 126 HGB-E) persönlich für die Verbindlichkeiten der Gesellschaft, sofern diese vor seinem Ausscheiden entstanden sind (§ 160 Abs. 1 HGB = § 137 Abs. 1 HGB-E). Kein Gesellschafter kann sich also durch das Verlassen der OHG von seiner Haftung ohne weiteres befreien. Allerdings ist der Anspruch gegen den Gesellschafter zeitlich begrenzt. **408**

§ 160 HGB (= § 137 Abs. 1 HGB-E) trägt dem Bedürfnis des ausgeschiedenen Gesellschafters Rechnung, seine Nachhaftung zeitlich zu begrenzen, weil er mit der Gesellschaft nichts mehr zu tun hat und am Gesellschaftsvermögen nicht mehr beteiligt ist. Vor allem hat er auf die Geschäftsführung der Gesellschaft und damit auf die Abwicklung der betreffenden Geschäfte keinen Einfluss mehr. **409**

Die Ausschlussfrist gem. § 160 Abs. 1 S. 1 HGB gilt für alle Gesellschaftsverbindlichkeiten, so dass die zum Teil schwierige Abgrenzungsproblematik zwischen Dauerschuldverbindlichkeiten und einfachen Verbindlichkeiten entbehrlich ist.

Die **Fünfjahresfrist** beginnt gem. § 160 Abs. 1 S. 2 HGB „mit dem Ende des Tages, an dem das Ausscheiden in das Handelsregister eingetragen wird". Maßgeblicher Zeitpunkt müsste also die Eintragung in das Handelsregister, nicht aber die Kenntnis des Gläubigers vom Ausscheiden des Gesellschafters sein[29]. Aus dem Gesetzeswortlaut kann man ableiten, dass die Eintragung des Ausscheidens in das Handelsregister eine unabdingbare, konstitutive Voraussetzung für den Beginn des Laufs der Haftungsausschlussfrist sein soll[30]. Folgt man dem, so müsste für den Fall, dass die Gesellschaft oder der Gesellschafter noch nicht eingetragen ist, diese Eintragung zunächst nachgeholt werden, um sodann die Eintragung des Ausscheidens folgen lassen zu können, welche die Fünfjahresfrist in Gang setzt. Nach Ansicht des **BGH**[31] beginnt die Fünfjahresfrist des § 160 HGB für den Fall, dass das Ausscheiden des Gesellschafters in das Handelsregister eingetragen wird, mit dem Zeitpunkt der Eintragung. Wird das Ausscheiden des Gesellschafters jedoch nicht in das Handelsregister eingetragen, so beginnt, wie bei der BGB-Gesellschaft nach § 736 Abs. 2 BGB der Lauf der fünfjährigen Enthaftungsfrist mit der positiven Kenntnis des Gesellschaftsgläubigers; die Eintragung in das Handelsregister ist danach für den Fristbeginn nicht konstitutiv. Der BGH begründet seine Auffassung u.a. damit, dass, wollte man an die **410**

---

28 BGH WM 1989, 1219.
29 S. *Hofmeister*, NJW 2003, 93 ff. mit Nachw.
30 *Hofmeister*, NJW 2003, 93, 96 f. mit Nachw.
31 BGHZ 174, 7 ff.

positive Kenntnis des Gläubigers nicht dieselben Rechtsfolgen knüpfen wie an die Eintragung im Handelsregister, Sinn und Zweck der für die OHG getroffenen Regelung verfehlt würden; mit § 160 HGB würde der Zweck verfolgt, die Einheitlichkeit der Haftungsbegrenzung im Personengesellschaft zu schaffen; eine Besserstellung der Gesellschaftsgläubiger einer OHG im Verhältnis zu den Gläubigern einer BGB-Gesellschaft sei nicht zu rechtfertigen[32]. Aus diesem Grund hat der Gesetzgeber im MoPeG diese Rechtsprechung in § 137 Abs. 1 S. 2 HGB-E gesetzlich fixiert.

411 **Lösung zu Fall 30:**

I. Ansprüche des X gegen A, B und C

1. Ansprüche gegen A

X könnte gegen A einen Anspruch auf Zahlung des Kaufpreises in Höhe von 300 000 € aus § 433 Abs. 2 BGB i.V.m. § 128 HGB erworben haben. Es müsste sich bei der Kaufpreisforderung, die X geltend macht, um eine Verbindlichkeit der Gesellschaft handeln. An dem wirksamen Zustandekommen eines Kaufvertrages zwischen X und der OHG könnten Zweifel bestehen, wenn A nicht zur Vertretung der Gesellschaft befugt gewesen wäre. Nach § 125 Abs. 1 HGB ist jeder Gesellschafter zur Vertretung der Gesellschaft befugt. Der Gesellschaftsvertrag der A & Co-OHG enthält dieserhalb keinerlei Beschränkungen. Der Umfang der Vertretungsmacht ergibt sich aus § 126 Abs. 1 HGB. Fraglich ist, ob durch den Beschluss der Gesellschafter, mit X keine Geschäfte mehr zu tätigen, die Vertretungsmacht des A dergestalt beschränkt worden ist, dass ein Vertragsabschluss mit X nicht mehr von der Vertretungsmacht umfasst war. Nach § 126 Abs. 2 HGB ist eine Beschränkung der Vertretungsmacht Dritten gegenüber unwirksam. Das bedeutet, selbst wenn der Gesellschafterbeschluss die Vertretungsmacht der Gesellschafter einschränken sollte, ist die Maßnahme nach § 126 Abs. 2 HGB unwirksam; die Vertretungsmacht des A bleibt Dritten einschließlich X gegenüber unbeschränkt. A war also berechtigt, mit X für die OHG den Kaufvertrag, aus dem sich die Kaufpreiszahlungsverpflichtung ergibt, abzuschließen. Die Forderung des X gegen die Gesellschaft aus § 433 Abs. 2 BGB ist eine Verbindlichkeit der Gesellschafter, für welche die Gesellschafter gem. § 128 HGB unmittelbar, unbegrenzt und als Gesamtschuldner haften. X hat also gegen A einen Anspruch auf Zahlung des Kaufpreises in Höhe von 300 000 € aus § 433 Abs. 2 BGB i.V.m. § 128 HGB.

2. Ansprüche gegen B und C

Den Anspruch auf Zahlung des Kaufpreises aus § 433 Abs. 2 BGB i.V.m. § 128 HGB hat X auch gegen B und C.

II. Ansprüche des A gegen B und C

1. Anspruch aus §§ 110, 128 HGB

A könnte gegen B und C einen Ausgleichsanspruch aus §§ 110, 128 HGB erworben haben. Es müsste eine Verbindlichkeit der OHG bestehen, für welche die Gesellschafter nach § 128 HGB haften müssten. Als eine solche kommt der Aufwendungserstattungsanspruch des A gegen die OHG aus § 110 HGB in Betracht. Aufwendungen im Sinne des § 110 HGB sind Vermögensopfer jeder Art, die ein Gesellschafter im Interesse der Gesellschaft gemacht hat, ohne dazu aus dem Verhältnis der Gesellschafter untereinander verpflichtet zu sein. Hat ein geschäftsführender Gesellschafter aus seinem Privatvermögen Geld zur Begleichung von Verbindlichkeiten der Gesellschaft aufgebracht, wozu er nach dem Gesellschaftsvertrag nicht verpflichtet ist, so hat er damit eine Aufwendung gemacht, deren Ersatz er gem. § 110 HGB von der Gesellschaft verlangen kann. A hat als gegen die OHG einen Anspruch aus

32 BGHZ 174, 7, 11.

§ 110 HGB auf Ersatz der von ihm verauslagten 300 000 €. Es handelt sich bei diesem Anspruch auch um eine Verbindlichkeit der Gesellschaft. Fraglich ist allerdings, ob § 128 HGB im Verhältnis des Gesellschafters zu seiner Gesellschaft angewandt werden kann. Zu beachten ist, dass § 128 im HGB unter dem Titel „Rechtsverhältnisse der Gesellschafter zu Dritten“ steht. Bei dem Anspruch des A gegen die OHG aus § 110 HGB handelt es sich um einen typischen Anspruch aus dem Innenverhältnis. Die systematische Auslegung des § 128 HGB führt infolgedessen dazu, dass unter Verbindlichkeiten im Sinne dieser Vorschriften keine Ansprüche aus dem Innenverhältnis der Gesellschafter zur OHG zu verstehen sind. Infolgedessen hat A keinen Anspruch aus §§ 110, 128 HGB auf eine Ausgleichszahlung gegen B und C.

2. Anspruch aus § 426 Abs. 1 BGB

A könnte gegen B und C allerdings einen Anspruch von je 100 000 € aus § 426 Abs. 1 BGB erworben haben.

Dieser Ausgleichsanspruch aus § 426 Abs. 1 BGB ist grundsätzlich subsidiär, d.h. der Gesellschafter muss zunächst versuchen, Befriedigung aus dem Gesellschaftsvermögen zu erlangen, weil Gesamthandsverpflichtungen grundsätzlich aus der Gesellschaftskasse zu begleichen sind. Nur wenn die Gesellschaft nicht in der Lage oder nicht bereit ist, den Anspruch zu erfüllen – letzteres ist bereits dann anzunehmen, wenn sie auf Aufforderung nicht zahlt-, besteht ein Anspruch gegen die Mitgesellschafter. Nach § 426 Abs. 1 BGB hat der in Anspruch genommene Gesamtschuldner A einen Ausgleichanspruch gegen die anderen Gesamtschuldner B und C. Wenn, wie hier, nichts Anderes vereinbart ist, sind die Gesamtschuldner im Innenverhältnis zu gleichen Anteilen verpflichtet. Deshalb muss sich der in Anspruch nehmende Gesellschafter beim Innenausgleich seinen Anteil anrechnen lassen.

Das bedeutet, dass A von B und C aus § 426 Abs. 1 BGB Zahlung von je 100 000 € verlangen kann.

3. Ansprüche aus § 426 Abs. 2 BGB

A könnte gegen B und C außerdem noch einen Anspruch auf Ausgleich aus § 426 Abs. 2 BGB haben. § 426 Abs. 2 BGB gewährt eine selbstständige Anspruchsgrundlage. Die Ansprüche aus § 426 Abs. 1 und § 426 Abs. 2 BGB stehen selbstständig nebeneinander. § 426 Abs. 2 BGB hat den Zweck, die Stellung des ausgleichsberechtigten Gesamtschuldners zu verstärken. Nach dieser Vorschrift geht kraft Gesetzes die Forderung des Gläubigers auf den Gesamtschuldner über, soweit dieser den Gläubiger befriedigt hat und von den anderen Gesamtschuldnern Ausgleich verlangen kann. Sinn und Zweck der gesetzlichen Regelung ist, dass die akzessorischen Sicherungsrechte (Hypothek; Bürgschaft etc.) mit der Gläubigerforderung auf den ausgleichsberechtigten Gesamtschuldner übergehen.

A kann von B und C auch aus § 426 Abs. 2 BGB Zahlung von je 100 000 € verlangen.

§ 20 Die Beendigung der Gesellschaft

412 **Fall 32:** A, B und C sind Gesellschafter der X-OHG. Die Gesellschaft ist im Handelsregister eingetragen. Seit geraumer Zeit verzeichnet die X-OHG Umsatzeinbrüche. Um die wirtschaftliche Lage der Gesellschaft kurzfristig zu verbessern, erwirbt A für die Gesellschaft – ohne die anderen Gesellschafter in Kenntnis zu setzten – über die Y-Bank DAX-Optionsscheine zu einem Betrag von 300 000 €. Leider hat sich der Verlauf des DAX jedoch entgegengesetzt zu dem in den Optionsscheinen fixierten Verlauf entwickelt. Dies führt dazu, dass die Optionsscheine mit dem Auslaufen der Laufzeit massive Verluste erleiden. Eine Anfrage des A bei der Y-Bank ergibt, dass die ausgelaufenen Optionsscheine an der Terminbörse noch einen Betrag von ca. 30 000 € erzielen. Als die anderen Gesellschafter davon erfahren, sind sie empört. Zum einen stellt der Verlust einen herben Schlag für die Gesellschaft dar, zum anderen sind sie erbost über die nicht abgesprochene Investition in ein derart spekulatives Geschäft. A führt aus, dass er aufgrund des Zeitdrucks versucht habe, der Gesellschaft kurzfristig zu helfen. Ein Bankberater der Y-Bank habe ihm hierfür den gewählten Optionsschein empfohlen. Der Gesellschaftsvertrag enthält u.a. die folgenden Bestimmungen:

„§ 5 Geschäftsabschlüsse

Geschäftsabschlüsse über 100 000 € bedürfen der Zustimmung mindestens eines anderen Mitgesellschafters. Ferner besteht eine sofortige Informationspflicht gegenüber demjenigen Gesellschafter, der an dem Geschäftsabschluss nicht mitgewirkt hat. Wird hiergegen verstoßen, behält sich die Gesellschaft weitergehende Maßnahmen vor.

§ 11 Bestand der Gesellschaft

Um den Bestand der Gesellschaft auf Dauer zu sichern, wird das Recht der Gesellschafter, Auflösung der Gesellschaft zu verlangen ausgeschlossen."

Die Gesellschafter B und C halten im Gegensatz zu A eine Fortsetzung der Gesellschaft nicht mehr für sinnvoll und möchten wissen, ob und ggf. auf welche Art und Weise die Gesellschaft beendet werden könnte. A beruft sich auf § 11 des Gesellschaftsvertrages. **Rn. 421**

Literatur: *Hueck*, OHG, §§ 23–26; *K. Schmidt*, Die Handels-Personengesellschaft in Liquidation. Ein neues Bild des Liquidationsrechts der Gesamthandsgesellschaften, ZHR 153 (1989), 270 ff.; *Ulmer*, in: Großkommentar zum HGB, Anm. zu §§ 131 und 133.

I. Allgemeine Grundsätze

413 Wie bei der Gesellschaft bürgerlichen Rechts vollzieht sich auch bei der OHG die Beendigung in zwei voneinander zu unterscheidenden Abschnitten. Der erste Abschnitt ist die **Auflösung** der OHG, der zweite die **Auseinandersetzung (Liquidation)** der Gesellschaft, nach deren Abschluss die Vollbeendigung der OHG erreicht ist.

414 Wenn einer der Gründe eintritt, die zur Auflösung der Gesellschaft führen können, so ändert die Gesellschaft zunächst nur ihren Zweck. War die OHG zuvor auf Erwerb gerichtet (Erwerbsgesellschaft), so ist sie jetzt auf die Liquidation, auf die Abwicklung eingestellt. Die Auflösung der OHG führt noch nicht zu ihrer Beendigung. Es hat zunächst noch die Auseinandersetzung zu erfolgen, deren Ziel es ist,

- die Gläubiger aus dem Vermögen der Gesellschaft wegen ihrer Forderungen gegen die Gesellschaft zu befriedigen und
- anschließend das noch übriggebliebene Vermögen der Gesellschaft unter die Gesellschafter zu verteilen.

Erst der Abschluss der Auseinandersetzung führt zur Vollbeendigung der OHG, daneben aber auch das Ausscheiden des vorletzten Gesellschafters (dazu Rn. 424).

II. Die Auflösungsgründe

Da die OHG ein auf Dauer angelegtes Gewerbe betreibt, bildet ihre Auflösung für die Gesellschafter einen erheblichen Einschnitt. Die Gründe, die zur Auflösung der OHG führen können, weichen deshalb (jedenfalls bislang) zum Teil erheblich von den Gründen ab, die zur Auflösung einer Gesellschaft bürgerlichen Rechts führen können (vgl. Rn. 190). In § 131 Abs. 1 HGB (= § 138 Abs.1 HGB-E) sind die Gründe aufgezählt, die kraft Gesetzes zur Auflösung der Gesellschaft führen. Auflösungsgründe sind demnach: **415**

- Zeitablauf;
- ein Auflösungsbeschluss der Gesellschafter (zur dafür erforderlichen Mehrheit s.o. Rn. 373 a.E.);
- die Eröffnung des Insolvenzverfahrens über das Vermögen eines Gesellschafters;
- eine gerichtliche Entscheidung (§ 133 HGB = § 139 HGB-E).

Bei Gesellschaften ohne unbeschränkt haftende natürliche Personen (z.B. eine OHG, die nur aus zwei GmbH als Gesellschaftern besteht) ist gem. § 131 Abs. 2 HGB (= § 138 Abs. 2 HGB-E) zusätzlich die Vermögenslosigkeit (festgestellt durch Ablehnung eines Insolvenzeröffnungsantrags mangels Masse oder Löschung nach § 394 FamFG) Auflösungsgrund. Zweckerreichung oder Unmöglichwerden des Gesellschaftszweckes sind bei der OHG im Gegensatz zur Gesellschaft bürgerlichen Rechts **keine Auflösungsgründe**. Sie können allerdings Gründe für eine Kündigung durch einen Gesellschafter oder eine Auflösungsklage sein.

Während die in § 131 Abs. 1 und 2 HGB genannten Gründe eine **Auflösung** der Gesellschaft bewirken, führen folgende Gründe gem. § 131 Abs. 3 HGB (= § 130 Abs. 1 HGB-E) nur zum **Ausscheiden** eines Gesellschafters bei Fortsetzung der Gesellschaft unter den übrigen Gesellschaftern, soweit der Gesellschaftsvertrag nichts anderes bestimmt: **416**

- der Tod eines Gesellschafters,
- die Eröffnung des Insolvenzverfahrens über das Vermögen eines Gesellschafters,
- die Kündigung eines Gesellschafters,
- die Kündigung durch den Privatgläubiger eines Gesellschafters,
- der Eintritt von weiteren, im Gesellschaftsvertrag vorgesehenen Fällen,
- der entsprechende Beschluss der Gesellschafter.

III. Die Auflösungsklage

417 Wenn ein wichtiger Grund vorliegt, kann auf Antrag eines Gesellschafters die Auflösung der Gesellschaft vor Ablauf der vorgesehenen Frist durch eine **gerichtliche Entscheidung** ausgesprochen werden (§ 133 Abs. 1 HGB = § 139 Abs. 1 HGB-E). Diese Möglichkeit hat das Gesetz ursprünglich (siehe aber jetzt unten Rn. 425 a.E. zu § 132 HGB-E) an die Stelle einer außerordentlichen Kündigung durch einen Gesellschafter gesetzt, damit die beteiligten Gesellschafter durch gerichtliche Entscheidung Gewissheit darüber haben, ob die OHG, deren Auflösung ein Gesellschafter aus wichtigem Grunde verlangt, noch besteht oder nicht. Ein wichtiger Grund für eine Auflösung durch gerichtliche Entscheidung liegt nach § 133 Abs. 2 HGB (= § 139 Abs. 1 S. 2 HGB-E) vor, wenn ein anderer Gesellschafter eine ihm nach dem Gesellschaftsvertrag obliegende **wesentliche Verpflichtung** vorsätzlich oder aus grober Fahrlässigkeit verletzt oder wenn die Erfüllung einer solchen Verpflichtung unmöglich wird.

Beispiel: Hat ein geschäftsführender Gesellschafter jahrelang falsche Bilanzen zu Lasten seiner Mitgesellschafter erstellt und vorgelegt und den Gewinn in seine eigene Tasche fließen lassen, können die anderen OHG-Gesellschafter durch eine Auflösungsklage die Gesellschaft durch gerichtliche Entscheidung auflösen lassen.

418 Das Recht der Gesellschafter, durch eine Auflösungsklage die Auflösung der Gesellschaft zu bewirken, kann weder ausgeschlossen noch beschränkt werden (§ 133 Abs. 3 HGB = § 139 Abs. 2 HGB-E). Der Gesellschaftsvertrag kann vorsehen, dass im Falle einer Auflösungsklage nur der Gesellschafter, der klagt, aus der OHG ausscheidet, die Gesellschaft also unter den übrigen Gesellschaftern fortgesetzt wird. Außerdem kann der Gesellschaftsvertrag regeln, dass im Wege der Auflösungsklage nur der Gesellschafter die Gesellschaft verlässt, in dessen Person der wichtige Grund vorliegt, der zur Auflösung der Gesellschaft durch gerichtliche Entscheidung führt.

IV. Auseinandersetzung und Vollbeendigung

1. Die Auseinandersetzung

419 Die gem. §§ 145 ff. HGB zu erfolgende Auseinandersetzung (Liquidation) zielt darauf ab, die Gesamthandsgemeinschaft aufzuheben. Soweit das Vermögen der Gesamthand nicht zur Befriedigung der Gläubiger verwandt wird, ist es unter den Gesellschaftern zu verteilen. Erst der Abschluss dieser Verteilung führt zur Vollbeendigung der OHG, die damit erloschen ist. Bis zu diesem Zeitpunkt können die Gesellschafter noch – einstimmig – die Fortsetzung der Gesellschaft beschließen (dazu schon Rn. 196 zur BGB-Gesellschaft sowie daneben zusätzlich zu den Mehrheitserfordernissen nach dem MoPeG oben Rn. 373 a.E.).

2. Vollbeendigung und Haftung der Gesellschafter

420 Trotz der Vollbeendigung der OHG bleibt die gesamtschuldnerische Haftung der Gesellschafter gem. § 128 HGB bestehen. Das geht unmittelbar aus § 159 Abs. 1 HGB hervor, der die Verjährung von Ansprüchen „gegen einen Gesellschafter aus Verbindlichkeiten der Gesellschaft" von der Auflösung an berechnet.

Lösung zu Fall 32: Eine Beendigung der Gesellschaft, wie B und C sie anstreben, kann durch Auflösung derselben und die daran anschließende Liquidation erreicht werden. Die Gesellschaft müsste also zunächst aufgelöst werden. Auflösungsgründe sind neben Zeitablauf und Eröffnung des Insolvenzverfahrens über das Vermögen der Gesellschaft ein Auflösungsbeschluss der Gesellschafter und eine gerichtliche Entscheidung über die Auflösung auf Antrag eines oder mehrerer Gesellschafter (§ 133 HGB). Da wegen der Haltung des A ein einstimmiger Auflösungsbeschluss nicht erreichbar ist, kommt nur die Auflösungsklage gem. § 133 HGB in Betracht. Wenn ein wichtiger Grund vorliegt, kann auf Antrag eines Gesellschafters die Auflösung der Gesellschaft vor Ablauf der vorgesehenen Frist durch eine gerichtliche Entscheidung ausgesprochen werden (§ 133 Abs. 1 HGB). Diese Möglichkeit hat das Gesetz an die Stelle einer außerordentlichen Kündigung durch einen Gesellschafter gesetzt, damit die beteiligten Gesellschafter durch gerichtliche Entscheidung Gewissheit darüber haben, ob die OHG, deren Auflösung ein Gesellschafter aus wichtigem Grunde verlangt, noch besteht oder nicht. Ein wichtiger Grund für eine Auflösung durch gerichtliche Entscheidung liegt nach § 133 Abs. 2 HGB vor, wenn ein Gesellschafter eine ihm nach dem Gesellschaftsvertrag obliegende wesentliche Verpflichtung vorsätzlich oder aus grober Fahrlässigkeit verletzt oder wenn die Erfüllung einer solche Verpflichtung unmöglich wird. Zum Merkmal des „wichtigen Grundes" i.S.d. § 133 Abs. 1 HGB gehört im Übrigen, dass die Fortsetzung der Gesellschaft unzumutbar ist, weil für die Zukunft ein sinnvolles Zusammenwirken der Gesellschafter nicht zu erwarten ist[1]. A bedurfte nach § 5 des Gesellschaftsvertrages zum Abschluss des Geschäfts mit der Y-Bank der Zustimmung der übrigen Gesellschafter; außerdem hatte er die Pflicht, die anderen Gesellschafter über das Geschäft zu informieren. A hat durch sein Handeln zwei Verpflichtungen vorsätzlich, jedenfalls aber grob fahrlässig verletzt. Dies wiegt um so schwerer, als es sich bei dem Abschluss mit der Y-Bank um ein höchst spekulatives Risikogeschäft handelte. Deshalb ist davon auszugehen, dass A mit seinen schwer wiegenden Pflichtverletzungen das Vertrauensverhältnis zu den übrigen Gesellschaftern B und C so grob verletzt hat, dass diesen ein Fortsetzung der Gesellschaft mit A nicht zuzumuten ist. Ein wichtiger Grund zum Ausschluss von A im Sinne des § 133 HGB liegt also vor. Fraglich ist, ob § 11 des Gesellschaftsvertrages dem Auflösungsverlangen von B und C entgegen steht. Das Recht der Gesellschafter, durch eine Auflösungsklage die Auflösung der Gesellschaft zu bewirken, kann weder ausgeschlossen noch beschränkt werden (§ 133 Abs. 3 HGB). § 11 des Gesellschaftsvertrages hindert also eine Auflösung der Gesellschaft nicht. 421

B und C können die Auflösung der Gesellschaft also im Wege einer Auflösungsklage nach § 133 HGB durchsetzen.

1 BGH WM 1997, 2169 ff.

§ 21 Der Wechsel von Gesellschaftern

422 **Fall 33:** A, B und C betreiben gemeinsam die A & Co OHG. Anfang 2015 kauft A für die OHG bei X fünf Maschinen im Gesamtwert von 300 000 €. Der Kaufpreis soll am 31.3.2015 fällig sein. Kurze Zeit später gerät die OHG in Zahlungsschwierigkeiten. B ist am 1.4.2015 aus der Gesellschaft ausgeschieden, indem er seinen Anteil mit Zustimmung von A und C auf D gegen Zahlung einer angemessenen Summe übertragen hat. Kann X im Dezember 2015 von B und D Zahlung des noch nicht geleisteten Kaufpreises verlangen? **Rn. 451**

423 **Fall 34 (in Anlehnung an Fall 32):** A, B und C sind Gesellschafter der X-OHG. Die Gesellschaft ist im Handelsregister eingetragen. Seit geraumer Zeit verzeichnet die X-OHG Umsatzeinbrüche. Um die wirtschaftliche Lage der Gesellschaft kurzfristig zu verbessern, erwirbt A für die Gesellschaft – ohne die anderen Gesellschafter in Kenntnis zu setzten – über die Y-Bank DAX-Optionsscheine zu einem Betrag von 300 000 €. Leider hat sich der Verlauf des DAX jedoch entgegengesetzt zu dem in den Optionsscheinen fixierten Verlauf entwickelt. Dies führt dazu, dass die Optionsscheine mit dem Auslaufen der Laufzeit massive Verluste erleiden. Eine Anfrage des A bei der Y-Bank ergibt, dass die ausgelaufenen Optionsscheine an der Terminbörse noch einen Betrag von ca. 30 000 € erzielen. Als die anderen Gesellschafter davon erfahren haben, sind Sie empört. Zum einen stellt der Verlust einen herben Schlag für die Gesellschaft dar, zum anderen sind Sie erbost über die nicht abgesprochene Investition in ein derart spekulatives Geschäft. A führt aus, dass er aufgrund des Zeitdrucks versucht habe, der Gesellschaft kurzfristig zu helfen. Ein Bankberater der Y-Bank habe ihm hierfür den gewählten Optionsschein empfohlen. Der Gesellschaftsvertrag enthält u.a. die folgende Bestimmung:

„§ 5 Geschäftsabschlüsse

Geschäftsabschlüsse über 100 000 € bedürfen der Zustimmung mindestens eines anderen Mitgesellschafters. Ferner besteht eine sofortige Informationspflicht gegenüber demjenigen Gesellschafter, der an dem Geschäftsabschluss nicht mitgewirkt hat. Wird hiergegen verstoßen, behält sich die Gesellschaft weitergehende Maßnahmen vor.“

Die Gesellschafter B und C halten eine weitere Zusammenarbeit mit A wegen des Vertrauensverstoßes für unzumutbar. Insoweit möchten sie wissen, ob es Möglichkeiten gibt, sich von A zu trennen. **Rn. 452**

Literatur: *Dauner-Lieb*, Abfindungsklauseln bei Personengesellschaften, ZHR 158 (1994), 271 ff.; *Eisenhardt*, Sondererbfolge in einen Gesellschaftsanteil bei der Personalgesellschaft, MDR 1969, 521 ff.; *ders.*, Die Stellung der Gesellschaftererben am Beispiel der kapitalistisch organisierten Kommanditgesellschaft, JuS 1975, 413 ff.; *Flume*, Die Nachfolge in die Mitgliedschaft in einer Personengesellschaft beim Tode eines Gesellschafters, FS Schilling, S. 23 ff.; *ders.*, Die Nachlaßzugehörigkeit der Beteiligung an einer Personengesellschaft in ihrer Bedeutung für Testamentsvollstreckung, Nachlaßverwaltung und Nachlaßkonkurs und Surrogatserwerb, ZHR 155 (1991), 501 ff.; *U. Huber*, Vermögensanteil, Kapitalanteil und Gesellschaftsanteil an Personalgesellschaften des Handelsrechts, 1970; *ders.*, Der Ausschluß des Personengesellschafters ohne wichtigen Grund, ZGR 1980, 177 ff.; *Hülsmann*, Abfindungsklauseln: Kontrollkriterien der Rechtsprechung, NJW 2002, 1673 ff.; *Marotzke*, Die Nachlaßzugehörigkeit ererbter Personengesellschaftsanteile und der Machtbereich des Testamentvollstreckers nach dem Urteil des Bundesgerichtshofs vom 14. Mai 1986, AcP 187 (1987) 233 ff.; *Merle*, Die Verbindung von Zustimmungs- und Ausschlußklage bei den Personenhandelsgesellschaften, ZGR 1979, 67 ff.; *G. Müller*, Die Buchwertklausel – ein Dauerthema, ZIP 1995, 1561 ff.; *Rokas*, Die Teilhaberschaft an der OHG und ihre Vererbung, 1965; *E. Schmitz*, Testamentsvollstreckung bei Personengesellschaftsanteilen, ZGR 1988, 149 ff.; *Strothmann*, Die letztwillige Gesellschaftsgründungsklausel. Ein erbrechtlicher Beitrag zu den Grenzen der Gestaltungsfreiheit im Recht der Unternehmensnachfolge, 1983; *Tiedau*, Die Abfindungs- und Ausgleichsansprüche der von der gesellschaftlichen Nachfolge ausgeschlossenen Erben, NJW 1980, 2446 ff.; *Ulmer*, Gesellschafternachfolge und Erbrecht, ZGR 1972, 195 ff., 324 ff.; *ders.*, in: Großkommentar zum HGB, Anm. 1 ff. zu § 139; *H. P. Westermann*, Die höchstrichterliche Regelung der Erbfolge in Beteiligungen an Personengesellschaften, JuS 1979, 761 ff.; *Wiedemann*, Die Übertragung und Vererbung von Mitgliedschaftsrechten bei Handelsgesellschaften, 1965.

I. Das Ausscheiden von Gesellschaftern

1. Überblick

Wie schon erwähnt (vgl. Rn. 416), zählt § 131 Abs. 3 HGB (= § 131 Abs. 1 HGB-E) **424** diejenigen Gründe auf, die mangels abweichender Regelung im Gesellschaftsvertrag nicht zur Auflösung der Gesellschaft, sondern lediglich zum Ausscheiden von Gesellschaftern führen. Die wichtigsten Gründe für ein Ausscheiden dürften der Tod eines Gesellschafters, die Kündigung durch einen Gesellschafter und der Ausschließungsbeschluss durch die übrigen Gesellschafter sein. Scheidet allerdings der vorletzte Gesellschafter aus der Gesellschaft aus, wird die Gesellschaft beendet wie es auch bei der Gesellschaft bürgerlichen Rechts der Fall ist, dazu Rn. 191.

2. Die Kündigung durch einen Gesellschafter

Kündigt ein Gesellschafter, so scheidet er gem. § 131 Abs. 3 Nr. 3 HGB (= § 131 **425** Abs. 1 Nr. 2 HGB-E) aus der Gesellschaft aus, die unter den übrigen Gesellschaftern fortgesetzt wird. Der kündigende Gesellschafter scheidet allerdings erst mit Ablauf der Kündigungsfrist aus (§ 131 Abs. 3 S. 2 HGB = § 131 Abs. 3 HGB-E)). Ist die Gesellschaft für unbestimmte Zeit eingegangen, kann die Kündigung nur für den Schluss eines Geschäftsjahres erfolgen; sie muss mindestens sechs Monate vor diesem Zeitpunkt stattfinden (§ 132 HGB = § 132 Abs. 1 HGB-E). Bei der Kündigung gem. § 131 Abs. 3 Nr. 3 HGB kann es sich handeln um eine

- wirksame ordentliche Kündigung oder
- um eine nach dem Gesellschaftsvertrag zugelassene wirksame Kündigung aus wichtigem Grund.

Ein wichtiger Grund liegt immer dann vor, wenn das Zusammenwirken der Gesellschafter zur Erreichung des Gesellschaftszwecks beeinträchtigt und dem Gesellschafter die Fortsetzung der Gesellschaft unzumutbar ist[1].

In der Regel erwirbt der durch Kündigung ausscheidende Gesellschafter einen **Abfindungsanspruch** (s. dazu Rn. 448 ff.).

---

1 BGHZ 69, 160, 169.

Rechtslage nach dem MoPeG:

§ 132 HGB-E regelt die Kündigung der Mitgliedschaft durch den Gesellschafter nunmehr umfassend. Neben dem unveränderten ordentlichen Kündigungsrecht gem. § 132 Abs. 1 HGB-E räumt § 132 Abs. 2 HGB-E dem OHG-Gesellschafter künftig ein außerordentliches Kündigungsrecht aus wichtigem Grund ein, das gem. Abs. 6 im Gesellschaftsvertrag nicht ausgeschlossen oder beschränkt werden kann. Tatbestandlich verlangt § 132 Abs. 2 HGB-E das Vorliegen eines wichtigen Grundes und gibt als Beispiele dafür die wesentliche Pflichtverletzung durch andere Gesellschafter oder die Unmöglichkeit der Erfüllung einer solchen Verpflichtung. Gem. Abs. 3 entfällt in diesem Fall die Kündigungsfrist des Abs. 1. § 132 Abs. 4 HGB-E ermöglicht schließlich in bestimmten Fällen die Kündigung durch einen volljährig gewordenen Gesellschafter. In formeller Hinsicht verbietet § 132 Abs. 5 HGB die Kündigung zur Unzeit, knüpft an eine solche jedoch nicht deren Unwirksamkeit sondern nur die Verpflichtung zum Schadensersatz.

3. Die Ausschließung eines Gesellschafters

426 Auf Antrag der übrigen Gesellschafter kann das dafür zuständige Gericht statt der Auflösung der Gesellschaft die Ausschließung eines Gesellschafters aussprechen, wenn in der Person dieses Gesellschafters ein Umstand eintritt, der nach § 133 HGB für die übrigen Gesellschafter das Recht begründet, durch gerichtliche Entscheidung die Auflösung der Gesellschaft herbeizuführen (§ 140 HGB = § 134 HGB-E). Nach § 133 Abs. 2 HGB liegt ein „wichtiger Grund" i.S.d. § 133 Abs. 1 und § 140 HGB insbesondere dann vor, wenn ein Gesellschafter eine ihm nach dem Gesellschaftsvertrag obliegende **wesentliche Verpflichtung vorsätzlich oder grob fahrlässig verletzt**. Zum Merkmal des „wichtigen Grundes" i.S.d. § 133 Abs. 1 HGB gehört im Übrigen, dass die Fortsetzung der Gesellschaft **unzumutbar** ist, weil für die Zukunft ein sinnvolles Zusammenwirken der Gesellschafter nicht zu erwarten ist[2].

427 Gem. § 140 HGB (= § 134 HGB-E) muss das Ausschlussrecht im Wege der Gestaltungsklage aller übrigen Gesellschafter gegen den Auszuschließenden durchgesetzt werden[3]. Ein Verschulden des auszuschließenden Gesellschafters muss nicht vorliegen[4].

428 § 140 HGB (= § 134 HGB-E) ist **nicht zwingendes Recht**. Deshalb kann durch eine entsprechende Regelung im Gesellschaftsvertrag das gesetzlich vorgesehene Ausschließungsverfahren in zulässiger Weise dahin abgeändert werden, dass an die Stelle der Gestaltungsklage nach § 140 HGB ein entsprechendes Gestaltungsrecht der Gesellschafterversammlung tritt. Materiell kann die Ausschließung durch die Bezeichnung weiterer, nicht notwendigerweise in §§ 133 ff. HGB genannter Ausschließungsgründe erleichtert werden. Dabei sind der Vertragsfreiheit jedoch Grenzen gesetzt. Stets müssen die allgemeinen Grundsätze der Rechtsordnung (§ 138 BGB) und die Grundprinzipien des Gesellschaftsrechts beachtet werden[5]. So geht nach der Rspr. des

2 BGH WM 1997, 2169 ff.
3 S. dazu *Merle*, ZGR 1979, 67 ff.
4 BGH LM Nr. 2 zu § 140 HGB; *Hueck*, OHG, § 29 I 2c.
5 BGHZ 81, 263, 266; 107, 351, 356; kritisch *U. Huber*, ZGR 1980, 177 ff.; *Krämer*, NJW 1981, 2553 ff.

BGH[6] eine gesellschaftsvertragliche Regelung, durch die der Gesellschaftermehrheit, einer bestimmten Gesellschaftergruppe oder einem einzelnen Gesellschafter das Recht eingeräumt wird, einen Mitgesellschafter ohne Vorliegen eines sachlichen Grundes aus der Personengesellschaft auszuschließen (sog. Hinauskündigungsklausel), „grundsätzlich über den Rahmen des rechtlich und sittlich Erlaubten (§ 138 Abs. 1 BGB) hinaus“. Eine Ausschließung ohne wichtigen Grund kann deshalb nicht ohne Weiteres im Gesellschaftsvertrag vereinbart werden.

4. Die Haftung des ausscheidenden Gesellschafters

Der ausscheidende Gesellschafter haftet auch weiterhin gem. §§ 128, 160 HGB (= § 126, 137 HGB-E) fünf Jahre lang persönlich für die bis zum Zeitpunkt seines Ausscheidens aus der OHG entstandenen Verbindlichkeiten der Gesellschaft. Kein Gesellschafter kann sich also durch das Verlassen der OHG aus seiner Haftung befreien. Der Anteil des ausscheidenden Gesellschafters am Gesellschaftsvermögen geht **kraft Gesetzes** ohne besondere Übergangshandlungen auf die verbleibenden Gesellschafter über (§ 738 BGB), es sei denn, es wird vereinbart, dass an seine Stelle eine andere Person in die Gesellschaft als Gesellschafter eintreten soll (zur Abfindungsproblematik s. Rn. 448 ff.). **429**

II. Der Eintritt von Gesellschaftern in die bestehende OHG

1. Überblick

Aus vielerlei Gründen kann ein Interesse daran bestehen, dass bisher außenstehende Personen in die Gesellschaft eintreten. Gründe dafür können sein: **430**

- Ein Gesellschafter scheidet aus; die Gesellschaft besteht fort. Die Lücke, die durch das Ausscheiden des einen OHG-Gesellschafters entstanden ist, soll durch den Eintritt einer anderen Person in die OHG geschlossen werden.

Beispiel: B, K, N und S haben eine OHG gegründet, die die Herstellung und den Vertrieb von Elektrogeräten betreibt. Nur S ist Kaufmann, alle anderen Gesellschafter sind Techniker. Als S ausscheidet, besteht das Bedürfnis, einen kaufmännisch ausgebildeten Gesellschafter aufzunehmen. Die verbliebenen Gesellschafter haben das notwendige persönliche Vertrauen zu dem Kaufmann G. Dieser möchte in die OHG als Gesellschafter aufgenommen werden.

- Die Gesellschafter sind der Meinung, dass zu den Gesellschaftern, die bereits der OHG angehören, weitere Gesellschafter stoßen sollten, die Kapital, Know-how oder die Fähigkeit zur Geschäftsführung mitbringen.

Beispiel: K, M und R haben eine OHG gegründet, die ein Reisebüro betreibt. Die drei Gesellschafter haben zwar das notwendige Kapital eingebracht, verstehen jedoch nicht genug vom Touristikgeschäft. Mit der Auswahl der Angestellten haben sie keine glückliche Hand gehabt. Nach zwei Jahren gehen die Geschäfte schlecht. Die Gesellschafter beschließen deshalb, eine weitere Person in die Gesellschaft aufzunehmen, die über Erfahrungen im Touristikgeschäft verfügt und maßgeblich in der Geschäftsführung mitarbeiten soll. Auch hier besteht das Bedürfnis, dass ein neuer Gesellschafter in die OHG aufgenommen wird.

6 BGHZ 105, 213, 216 f.

Die Aufnahme eines neuen Gesellschafters in die OHG kann sich auf verschiedene Art und Weise vollziehen:

2. Der Eintritt eines neuen Gesellschafters

431 Zwischen den bisherigen Gesellschaftern der OHG und dem Gesellschafter, der eintreten will, wird ein entsprechender Vertrag (**Aufnahmevertrag**) abgeschlossen[7]. Die Gesellschaft hat damit einen neuen Gesellschafter, dem ein entsprechender Anteil am Gesellschaftsvermögen zuwächst. Die Identität der Gesellschaft wird dadurch nicht berührt. Der neue Gesellschafter wird nur durch den Aufnahmevertrag am Gesamthandsvermögen beteiligt. Besondere Eigentumsübertragungshandlungen, wie etwa Auflassung und Eintragung in das Grundbuch bei einem der OHG gehörenden Grundstück, sind nicht erforderlich. Der neue Gesellschafter haftet zwingend auch für die **bereits bestehenden Verbindlichkeiten** der Gesellschaft (§ 130 HGB = § 127 HGB-E).

3. Die sog. Übertragung des Gesellschaftsanteils

432 Mit Zustimmung der übrigen Gesellschafter kann ein Gesellschafter seinen Anteil an der Gesellschaft durch Verfügungsgeschäft, die **Abtretung gem. §§ 413, 398 BGB**, auf eine andere Person übertragen, die an seine Stelle in der Gesellschaft tritt (vgl. zu den Einzelheiten Rn. 167). Der Erwerber wird in einem solchen Fall der **Rechtsnachfolger** des ausscheidenden Gesellschafters[8]. Der Gesellschaftsvertrag kann eine Zustimmung genereller Art enthalten.

Beispiel: W, S und B betreiben in der Rechtsform einer OHG einen Elektrogroßhandel. Da S die Zukunftsaussichten des Unternehmens schlecht beurteilt, möchte er seinen Anteil an der Gesellschaft an K veräußern. Da eine arbeitsfähige OHG ein Vertrauensverhältnis zwischen den Gesellschaftern voraussetzt, ist die Mitwirkung der Gesellschafter W und B erforderlich, wenn an Stelle von S Gesellschafter werden soll. S kann seinen Anteil an der OHG deshalb nur mit Zustimmung der übrigen Gesellschafter nach §§ 413, 398 BGB auf K übertragen.

433 Bei der Übertragung aller Gesellschaftsanteile auf einen einzigen Erwerber übernimmt dieser im Wege der **Gesamtrechtsnachfolge** das Gesellschaftsvermögen, wobei die Gesellschaft in der Regel ohne Liquidation erlischt[9].

434 Nicht selten sind Anteile einer Personengesellschaft Gegenstand eines Kaufvertrages, der das **Verpflichtungsgeschäft** für die Übertragung des Anteils gem. §§ 413, 398 BGB (= **Verfügungsgeschäft**) bildet[10]. Auf einen Kaufvertrag oder sonstigen Vertrag, in dem sich jemand verpflichtet, über Mitgliedschaftsrechte (Anteile) an einer Personengesellschaft zu verfügen oder solche zu erwerben, findet nach h.M.[11] § 311b Abs. 1 BGB auch dann keine Anwendung, wenn Grundstücke einen mehr oder weniger großen Teil des Gesellschaftsvermögens bilden. Der BGH begründet seine Auffassung damit, dass die nach § 311b BGB vorausgesetzte Verpflichtung, Grundstückseigentum zu veräußern oder zu erwerben, gerade nicht Gegenstand

---

7 BGHZ 26, 330 ff.
8 BGHZ 44, 229 ff.; 81, 82 ff.
9 BGH NJW 1993, 1917, 1918.
10 Zu den dabei auftretenden Problemen *Hommelhoff*, ZGR 1982, 366 ff. mit Nachw.
11 BGHZ 86, 367 ff.

eines Vertrages sei, mit dem sich jemand verpflichte, in eine Personengesellschaft, zu deren Gesellschaftsvermögen das Eigentum an Grundstücken gehört, einzutreten, aus ihr auszuscheiden oder Anteile an ihr zu übertragen oder zu erwerben. Zutreffend wird der Erwerb oder Verlust der (gesamthänderischen) Mitberechtigung an einem Gesellschaftsgrundstück in Fällen dieser Art nur als eine **gesetzliche Folge** des Erwerbs oder des Verlustes der Mitgliedschaft und als die Konsequenz davon angesehen, dass das Gesellschaftsvermögen auch bei einem Mitgliederwechsel stets dem jeweiligen Gesellschafterkreis zugeordnet bleibt.

III. Die Fortsetzung der OHG mit den Erben der Gesellschafter

1. Überblick

Im Gesetz ist die Erbfolge in Beteiligungen an Personengesellschaften bislang nicht besonders geregelt. Das Erbrecht des BGB erfasst die gesamte „Erbschaft" einer Person; besondere gesetzliche Anordnungen für Unternehmen oder die Beteiligung an einem unternehmerisch genutzten Vermögen in Gestalt eines „Unternehmens-Erbrechts" sind nicht getroffen[12]. Die damit angesprochene Problematik ist für die vielfach noch in der Rechtsform einer Personengesellschaft betriebenen mittelständischen Unternehmen von großer praktischer Bedeutung. 435

Nach der gesetzlichen Regelung (§ 131 Abs. 3 HGB = § 130 Abs. 1 HGB-E) wird die Gesellschaft durch den **Tod eines Gesellschafters** nicht aufgelöst. Die Gesellschaft wird unter den verbleibenden Gesellschaftern **fortgesetzt**. Der Gesellschaftsvertrag kann aber auch vorsehen, dass die Gesellschaft mit dem Erben, mehreren Erben oder einem von mehreren Erben des Gesellschafters fortgesetzt werden soll. Ob und ggf. auf welche Art und Weise ein Erbe, mehrere Erben oder einer von ihnen Gesellschafter einer OHG werden kann, wenn ein Gesellschafter (Erblasser) verstorben ist, bestimmt sich **nach Erbrecht im Zusammenwirken mit dem Gesellschaftsrecht**. 436

Ob jemand Erbe eines verstorbenen Gesellschafters ist, ist ausschließlich nach Erbrecht zu bestimmen. Ob der Erbe allerdings Gesellschafter wird oder werden kann, ist in erster Linie nach Gesellschaftsrecht, insbesondere nach der Gestaltung des **Gesellschaftsvertrages** zu bestimmen. Voraussetzungen dafür, dass ein oder mehrere Erben für den durch Tod ausgeschiedenen Gesellschafter in die Gesellschaft nachrücken können, sind dessen **Erbenstellung** und eine entsprechende **Fortsetzungs- bzw. Nachfolgeregelung** im Gesellschaftsvertrag. 437

In Rspr. und Literatur herrscht im Grundsatz Übereinstimmung darüber, dass die Erben eines Gesellschafters auf folgende Arten in die Gesellschafterstellung des durch Tod ausgeschiedenen Gesellschafters nachrücken können:

- durch Erbenstellung und kraft **Eintrittsklausel** im Gesellschaftsvertrag, verbunden mit einer Eintrittserklärung des Erben,
  oder
- kraft Erbenstellung und **Nachfolgeklausel** im Gesellschaftsvertrag.

12 *H. P. Westermann*, JuS 1979, 761.

2. Die Nachlasszugehörigkeit des Gesellschaftsanteils

438 Nach h.M.[13] gehört der im Wege der Erbfolge auf einen Gesellschafter-Erben übergegangene Gesellschaftsanteil zum Nachlass. Der **Gesellschaftsanteil** des Gesellschafters einer Personengesellschaft ist der Inbegriff seiner Rechtsbeziehungen aus dem Gesellschaftsverhältnis zu der Gesellschaft, zu deren Vermögen und zu den übrigen Gesellschaftern[14], kurz seine **„Mitgliedschaft“**[15]. Dieser gehört zum Vermögen des Gesellschafters und kann deshalb Gegenstand einer Verfügung unter Lebenden sein[16]. Beim Tod des Gesellschafters richtet sich der Verbleib des Gesellschaftsanteils, der „Mitgliedschaft“ **nach Erbrecht**, falls darüber nicht schon durch den Gesellschaftsvertrag oder sonst durch Rechtsgeschäft unter Lebenden eine Bestimmung getroffen worden ist. Allerdings kann das Erbrecht die Rechte des Erblassers nur so auf dessen Rechtsnachfolger weiterleiten, wie es diese beim Erbfall vorfindet. Nach Ansicht des **BGH**[17] muss es „das Erbrecht ohne weiteres hinnehmen, wenn ein Recht oder eine Rechtsstellung des Erblassers nicht oder nur beschränkt vererblich ist“. Das kann bei einem Gesellschaftsanteil nicht anders sein als bei anderen Rechten, deren Vererblichkeit eingeschränkt ist.

439 Da ein Gesellschaftsanteil an einer Personengesellschaft zum Nachlass gehört, ist es nur konsequent, die Anordnung einer **Testamentsvollstreckung** darüber in der Regel für zulässig zu halten, und zwar unabhängig davon, ob dies im Gesellschaftsvertrag ausdrücklich zugelassen worden ist oder die Mitgesellschafter ihr zustimmen[18]. Damit bleibt allerdings offen, wie weit die Befugnisse des Testamentsvollstreckers bei der Verwaltung des Gesellschaftsanteils tatsächlich gehen. Die Frage, ob und wenn ja in welchem Umfang der Testamentsvollstrecker den Erben eines persönlich haftenden Gesellschafters kraft seiner (den Erben grundsätzlich verdrängenden) Verwaltungsmacht persönlich verpflichten kann, ist streitig.

3. Die Eintrittsklausel

440 Die Eintrittsklausel ist eine Vereinbarung im Gesellschaftsvertrag, die einer bestimmten Person das Recht einräumt, in die Gesellschaft einzutreten. Sie wird so interpretiert, dass der Eintretende mit seinem Eintritt eine gegenüber der Mitgliedschaft des durch den Tod ausgeschiedenen Gesellschafters selbstständige Mitgliedschaft erwirbt. Dies ist konsequent, wenn man davon ausgeht, dass der zur Nachfolge Berufene erst mit seinem Eintritt Gesellschafter wird.

441 Die Mitgliedschaft des verstorbenen Gesellschafters kann nicht unmittelbar auf den Nachfolger übergehen, da sie den überlebenden Gesellschaftern **zuwächst**[19]. Überwiegend ist man der Ansicht,

---

13 BGHZ 98, 48, 50 ff. mit Nachw.; 109, 214.
14 BGHZ 65, 79, 82.
15 BGHZ 81, 82, 84.
16 BGHZ 98, 48, 50.
17 BGHZ 98, 48, 50.
18 BGHZ 98, 48, 57; 108, 187; zustimmend *Marotzke*, AcP 187 (1987) 223; *E. Schmitz*, ZGR 1988, 140.
19 *Flume*, FS Schilling, S. 23, 49; s.a. § 712 BGB-E.

- entweder sind auf Grund der Eintrittsklausel im Gesellschaftsvertrag als einem **Vertrag zugunsten Dritter auf den Todesfall** die verbliebenen Gesellschafter verpflichtet, den Eintretenden als Mitglied aufzunehmen – die Aufnahme, auf die dem Nachfolger ein Anspruch zusteht, erfolgt dann durch einen zwischen den überlebenden Gesellschaftern und dem Nachfolger abgeschlossenen Aufnahmevertrag[20],
- oder man sieht in der Eintrittsklausel ein **bindendes Angebot** an den in der Klausel Benannten für dessen Eintritt in die Gesellschaft.

Jedenfalls sind Eintrittsklauseln zugunsten von Erben eng auszulegen. Der Eintritt des Erben in die Gesellschaft erfolgt **nicht ohne seine Mitwirkung**; der oder die Nachfolger müssen ihren Eintritt **erklären**.

4. Die Nachfolgeklausel

Hat der durch Tod ausscheidende Gesellschafter durch Testament einen Erben be- **442**
stellt, so wird im Erbfall der Erbe kraft Erbenstellung und Nachfolgeklausel Mitglied der Gesellschaft an Stelle des verstorbenen Gesellschafters[21].

Die erhebliche praktische Bedeutung des **Unterschiedes** zwischen **Eintrittsklausel** einerseits und **Nachfolgeklausel** andererseits zeigt sich u.a. im Übertragungsakt selbst. Bei der Übereinstimmung von gesellschaftsvertraglicher und erbrechtlicher Nachfolgeregelung tritt der Übergang automatisch ein. Das bedeutet: Der Nachfolger wird ohne sein Zutun Gesellschafter, hat aber, wenn der Erblasser persönlich haftender Gesellschafter war, gem. § 139 HGB (= § 131 HGB-E) das Recht zu wählen, ob er in die Stellung des Erblassers einrücken oder Kommanditist werden will. Entscheidet sich der Erbe für die Kommanditistenstellung, so wird aus der OHG eine **Kommanditgesellschaft**, falls die übrigen Gesellschafter einen entsprechenden Antrag des Erben annehmen (§ 139 HGB).

Schwierigkeiten bereitet die rechtsdogmatische Bewältigung der Nachfolge bei meh- **443**
reren Erben, wenn der Gesellschaftsvertrag eine Nachfolgeklausel vorsieht und die Nachfolge nicht eines, sondern **aller Erben** zulässt. Überwiegend wird heute die **Einzelrechtsnachfolge** unter Durchbrechung des Prinzips der gesamthänderischen Erbennachfolge anerkannt, nachdem das Reichsgericht[22] diese Lösung bereits in einer Grundsatzentscheidung aus dem Jahre 1886 akzeptiert hatte und der BGH[23] sie übernommen und später wiederholt hatte[24]. Einzelrechtsnachfolge bedeutet, dass jeder Erbe mit dem ihm nach dem Erbrecht zufallenden Teil der Gesellschafterstellung des Erblassers beteiligt ist. Die rechtliche Begründung für die Annahme einer Einzelnachfolge in die Gesellschafterstellung des Verstorbenen sieht der BGH im Wesentlichen darin, dass die rein erbrechtliche Regelung sich nicht mit den gesellschaftsrechtlichen Gegebenheiten bei einer Personenhandelsgesellschaft vertrage, weil diese in

20 MünchKomm-HGB/*K. Schmidt*, § 139 Rn. 27 ff.; *Wiedemann*, S. 163.
21 *Flume*, FS Schilling, S. 23 ff.; *Ulmer*, ZGR 1972, 195, 197 ff.
22 RGZ 16, 40, 56 ff.
23 BGHZ 22, 186 ff.
24 BGHZ 68, 225, 237; 98, 48; 101, 123.

der Regel eine persönlichkeitsbezogene Arbeits- und Haftungsgemeinschaft darstelle, bei der eine Erbengemeinschaft ihrer Natur nach nicht Mitglied sein könne.

5. Die qualifizierte Nachfolgeklausel

444 Von einer qualifizierten Nachfolgeklausel bzw. Nachfolgeregelung spricht man im Unterschied zur einfachen Nachfolgeregelung dann, wenn der Anteil des verstorbenen Gesellschafters nicht auf alle Erben, sondern auf **einen oder einen Teil der Erben** übergehen soll. Nach der **früher vom BGH**[25] vertretenen Ansicht sollte in Fällen dieser Art der Anteil des verstorbenen Gesellschafters zwar unmittelbar auf den oder die begünstigten Erben übergehen, jedoch nur **in Höhe von deren Erbquote**; der Rest des Anteils sollte den übrigen, überlebenden **Gesellschaftern anwachsen**, die allerdings u.U. verpflichtet sein sollten, die ihnen so zugewachsenen Anteile an die Erben, die dem Verstorbenen in die Gesellschaft nachfolgen, zu übertragen. Diese Ansicht des BGH ist in der Literatur auf einhellige Ablehnung gestoßen[26]. Stattdessen hat man sich mit unterschiedlichen dogmatischen Begründungen überwiegend für die **unmittelbare Vollnachfolge** des oder der durch die qualifizierte Nachfolgeklausel begünstigten Gesellschaftererben ausgesprochen[27]. Die Frage, ob bei der qualifizierten Nachfolgeregelung dem Erben sofort der gesamte Anteil oder nur ein der Erbquote entsprechender Teil zufällt, gewinnt in der Zeitspanne, in der die übrigen Gesellschafter den Zuwachs noch nicht auf den Erben übertragen haben, an erheblicher praktischer Bedeutung, so etwa dann, wenn der Gesellschaftsvertrag das Stimmrecht nach Kapitalbeträgen vorsieht.

445 Der **BGH**[28] hat sich schließlich der **h.M. in der Literatur** angeschlossen und vertritt nun zu Recht die Auffassung, dass zwingende erbrechtliche Grundsätze einer unmittelbaren Vollnachfolge mehrerer Erben in die Gesellschafterstellung des durch Tod ausgeschiedenen Gesellschafters nicht entgegenstehen. Nach richtiger Ansicht bedeutet die Erbquote, die das Recht des einzelnen Erben bestimmt, keine gegenständliche Begrenzung seines Erwerbs im Hinblick auf den Gesellschaftsanteil; sie bestimmt lediglich den Anteil am Wert des Gesamtnachlasses, der ihm im Endergebnis zufließen soll. Die Erbquote behält die volle, ihr nach Erbrecht zukommende Bedeutung für die Ansprüche der Miterben untereinander – einschließlich der Gesellschaftererben – auf **Wertausgleich**.

Beispiel: Der A&Co.-OHG gehören die Gesellschafter A, B und C zu gleichen Teilen an. Der Gesellschaftsvertrag sieht vor, dass jeder Gesellschafter einen Erben zu seinem Nachfolger in der Gesellschaft bestimmen darf. B verstirbt und wird von X, Y und Z beerbt. In seinem Testament hat B verfügt, dass die Erben zu je ein Drittel bedacht sein sollen; Z soll ihm in der OHG nachfolgen. Mit dem Erbfall wird Z kraft Erbenstellung und Nachfolgeklausel im Gesellschaftsvertrag Gesellschafter der OHG. Bei der Auseinandersetzung der drei Erben muss sich Z den Wert des OHG-Anteils auf sein Drittel anrechnen lassen. Macht dieser Anteil mehr als ein Drittel des Wertes der Erbmasse aus, so haben X und Y Ausgleichsansprüche gegen Z.

---

25 BGHZ 22, 186 ff.

26 S. dazu *Eisenhardt*, MDR 1969, 521 ff. und die Übersicht bei *Ulmer*, ZGR 1972, 195, 205 ff.

27 *Ulmer*, ZGR 1972, 195, 205 ff.; *H. P. Westermann*, JuS 1979, 761, 765 ff.

28 BGHZ 68, 225, 237 f.; 98, 48; 101, 122, 125; 108, 187.

Um die dogmatische Begründung für dieses Ergebnis ist viel gestritten worden. Dass der Gesellschaftsvertrag die Fortsetzung der Gesellschaft mit den Erben des Verstorbenen vorsehen oder ausschließen kann und dass – die Gesellschaft betreffend – nicht mehr vererbt werden kann, als der Gesellschaftsvertrag vorsieht, ist unbestritten. Der Gesellschaftsvertrag kann auch festlegen, in welchem Umfang ein Gesellschaftsanteil auf die oder den für den Erblasser in die Gesellschaft einrückenden Erben übergehen soll. Den Schlüssel zum Verständnis der außerordentlich schwierigen Problematik liefert die richtige **Kombination gesellschaftsvertraglicher und erbrechtlicher Elemente** in der Nachfolgeregelung. Mit Recht betont *H. P. Westermann*[29], dass die von der Rspr. für zulässig angesehene Nachfolgeregelung (auch als **Sondererbfolge** bezeichnet) auf einer **echten Rechtsfortbildung** beruht, die letztlich nur möglich ist, „wenn das Unbehagen an den Begründungsmängeln überwunden und offengelegt wird, dass die Notwendigkeiten des zu regelnden Tatsachenkomplexes eine solche Entwicklung erzwingen". 446

6. Der Umfang des Übergangs von Gesellschafterrechten und Gesellschafterpflichten

Bei einer Nachfolgeklausel hat der Erbe mit dem Tode des Erblassers, bei der Eintrittsklausel mit der Eintrittserklärung in eine OHG grundsätzlich **alle Rechte und Pflichten** eines Gesellschafters. Zu den Pflichten gehört auch, dass die kraft Eintritts- oder Nachfolgeklausel in die Gesellschaft eingerückten Erben eines OHG-Gesellschafters gemäß § 130 HGB (= § 127 HGB-E) für die Altschulden der Gesellschaft haften. 447

Geschäftsführungs- und Vertretungspflicht sind bei einer OHG wesentliche Bestandteile der Teilhaberschaft. Wenn der Gesellschaftsvertrag keine abweichende Regelung enthält, gehen sie grundsätzlich auf den Erben über[30]. Hinsichtlich der Frage, ob der Erbe die gleiche Stellung einnimmt, die der ausgeschiedene Gesellschafter in der Gesellschaft innehatte, ist man in Literatur und Rspr. übereinstimmend der Meinung, dass sich die Stellung der Erben, wie die des Erblassers auch, in erster Linie aus dem Gesellschaftsvertrag ergibt[31]. Es wird allerdings nicht deutlich genug betont, dass dann, wenn der Gesellschaftsvertrag die Stellung der Erben nicht klar definiert – er enthält häufig nur die einfache Fortsetzungsklausel, weil zu dem Zeitpunkt der Vereinbarung aus verschiedenen Gründen oft noch keine Bestimmung über die Zukunft der Nachfolge getroffen werden kann –, letztlich durch **Auslegung des Vertrages** ermittelt werden muss, welche Position der Nachfolger einnehmen soll[32]. Schwierigkeiten können entstehen, wenn zu bestimmen ist, auf welche Anhaltspunkte im Gesellschaftsvertrag die Auslegung gestützt werden muss. Probleme treten schon auf, wenn im Hinblick auf die Geschäftsführungs- und Vertretungsbefugnis nicht alle Gesellschafter gleichgestellt sind und der Gesellschaftsvertrag keine ausdrückliche Regelung über die Stellung des Gesellschaftererben enthält. Hier darf als Regel gelten,

29 JuS 1979, 761, 766 f.
30 *Hueck*, OHG, § 28 II; *Rokas*, S. 47 ff.
31 BGH DB 1958, 1417 f.
32 *Eisenhardt*, JuS 1975, 413, 418.

dass der Erbe grundsätzlich in die Stellung des Erblassers einrückt[33]. Bestand also für den Erblasser in der OHG eine Pflicht zur Geschäftsführung, so obliegt sie auch dem Erben. Hatte der Erblasser Einzelvertretungsmacht, ist auch der Erbe allein vertretungsberechtigt.

IV. Die Abfindung des ausscheidenden Gesellschafters

1. Gesetzliche Regelung und Abfindungsklauseln

448 Gem. § 105 Abs. 2 HGB i.V.m. § 738 BGB (§ 135 HGB-E) sind die Gesellschafter, die in der OHG verbleiben, verpflichtet, dem Ausscheidenden dasjenige zu zahlen, was er bei der Auseinandersetzung erhalten würde, wenn die Gesellschaft zur Zeit seines Ausscheidens aufgelöst worden wäre (s. Rn. 183 f.). Der ausscheidende Gesellschafter hat einen Anspruch auf das sog. **Abfindungsguthaben**, das gem. § 155 Abs. 1 HGB und § 738 BGB zu berechnen ist. Diese gesetzliche Regelung ist allerdings nicht zwingend. Die Gesellschafter können im Gesellschaftsvertrag eine davon abweichende Vereinbarung treffen. Solche Vereinbarungen werden häufig als **Abfindungsklauseln** bezeichnet. Diesen wird in der Regel aus folgenden Gründen der Vorzug vor den gesetzlichen Vorschriften gegeben: Ein Abfindungsguthaben, das anhand des wahren Wertes des Gesellschaftsvermögens ermittelt und ausgezahlt werden muss, verringert meist nicht nur die Kapitalbasis des Unternehmens, es beeinträchtigt auch die Liquidität. Mit den entsprechend abgefassten Abfindungsklauseln wird nicht nur der Zweck verfolgt, die auszuzahlenden Geldbeträge zu verringern; sie sind zugleich ein „Instrument der Disziplinierung“[34], mit dem davor abgeschreckt werden soll, dass es überhaupt zum Ausscheiden von Gesellschaftern kommt.

2. Abfindungsklauseln und Inhaltskontrolle

449 Wird in Gesellschaftsverträgen die **Abfindung zum Buchwert** vereinbart, wird der Wert des Gesellschaftsvermögens – und der Wert des Anteils des ausscheidenden Gesellschafters daran – anhand der letzten Jahresbilanz ermittelt, so dass die durch steuerliche Abschreibungen oder durch andere Umstände gebildeten stillen Reserven nicht erfasst werden. Um die Kapitalbasis des Unternehmens zu schonen und seine Liquidität zu sichern, wird die entsprechende Forderung auf Auszahlung des Abfindungsguthabens häufig in der Weise gestundet, dass der zu zahlende Betrag nicht sofort, sondern auf mehrere Jahre gestreckt in Raten zu leisten ist. Unbestritten ist, dass Abfindungsklauseln dieser Art nicht uneingeschränkt zulässig sind. Gestritten wird allerdings über die Grenzen der Zulässigkeit.

Der **BGH**[35] vertritt seit 1993 die Auffassung, dass eine Buchwertklausel, die eine unter dem wirklichen Anteilswert liegende Abfindung vorsieht, nicht deswegen unwirksam sei, weil sie infolge eines im Laufe der Zeit eingetretenen groben Missverhältnisses zwischen dem Betrag, der sich auf Grund der vertraglichen Vereinbarung ergibt,

33 *Hueck*, OHG, § 28 II; *Wiedemann*, S. 73 ff.
34 *Kübler/Assmann*, § 7 VIII 2 c.
35 BGHZ 123, 281.

und dem wirklichen Wert geeignet ist, das Kündigungsrecht des Gesellschafters in tatsächlicher Hinsicht zu beeinträchtigen. Der in der Literatur geäußerten Kritik an der bisherigen Rspr. folgend[36] ist der BGH[37] nun auch der Meinung, dass eine Abfindungsvereinbarung nicht je nach der Entwicklung des Verhältnisses zwischen Buch- und tatsächlichem Anteilswert zu verschiedenen Zeitpunkten wirksam oder unwirksam sein kann; eine ursprünglich wirksame, zunächst weder nach § 138 BGB zu beanstandende noch das Kündigungsrecht der Gesellschafter entgegen § 723 Abs. 3 BGB faktisch beeinträchtigende Abfindungsklausel wird nicht dadurch nichtig, dass sich – insbesondere bei wirtschaftlich erfolgreichen Unternehmen – Abfindungsanspruch und tatsächlicher Anteilswert im Laufe der Jahre immer weiter voneinander entfernen. Die vertragliche Regelung als solche bleibt wirksam.

Die Bewertung eines Unternehmens und die Ermittlung einer angemessenen Abfindung unter Beachtung der oben genannten Grundsätze werfen eine Reihe schwieriger Probleme auf. Für die Bewertung können verschiedene Methoden angewandt werden. Eine Vereinbarung im Gesellschaftsvertrag darüber, welche Methode bei der Berechnung einer Abfindung angewandt werden soll, ist häufig empfehlenswert. **450**

Lösung zu Fall 33: **451**

I. Ansprüche des X gegen B

X könnte gegen B einen Anspruch auf Zahlung des Kaufpreises aus § 433 Abs. 2 i.V.m. §§ 160, 128 HGB haben.

Dass B während seiner Mitgliedschaft in der OHG für alle Verbindlichkeiten der OHG als Gesamtschuldner mit seinem Privatvermögen haftete, ergibt sich aus § 128 HGB. Fraglich ist, ob sich daran durch sein Ausscheiden etwas geändert hat. Kein Gesellschafter kann sich durch das Verlassen der OHG von seiner Haftung ohne weiteres befreien. Wenn ein Gesellschafter ausscheidet, haftet er auch weiterhin gem. § 128 HGB persönlich für die Verbindlichkeiten der Gesellschaft, sofern diese vor seinem Ausscheiden entstanden sind (§ 160 Abs. 1 HGB). Allerdings ist der Anspruch gegen den Gesellschafter zeitlich begrenzt. Die Nachhaftung erstreckt sich unter den dort genannten Voraussetzungen gem. § 160 Abs. 1 S. 1 HGB auf sämtliche Gesellschaftsverbindlichkeiten, die bis zum Ausscheiden des OHG-Gesellschafters begründet waren. Da seit dem Ausscheiden des B noch nicht einmal ein Jahr vergangen ist, kann X von B Zahlung des Kaufpreises aus § 433 Abs. 2 i.V.m. §§ 160, 128 HGB verlangen.

II. Ansprüche des X gegen D

X könnte gegen D einen Anspruch auf Zahlung des Kaufpreises aus § 433 Abs. 2 i.V.m. §§ 130, 128 HGB haben. Tritt, wie hier der D, ein neuer Gesellschafter in die bereits bestehende OHG ein, so haftet dieser zwingend auch für die bereits bestehenden Verbindlichkeiten der Gesellschaft (§ 130 HGB). Der neue Gesellschafter haftet also ebenso wie die anderen Gesellschafter gem. §§ 128 und 130 HGB für diejenigen Verbindlichkeiten der Gesellschaft, die bereits vor seinem Eintritt in die OHG begründet worden sind. Infolgedessen kann X den D auf Zahlung des Kaufpreises aus § 433 Abs. 2 i.V.m. §§ 130, 128 HGB in Anspruch nehmen.

36 *K. Schmidt*, Gesellschaftsrecht, § 50 IV 2 c cc mit Hinweisen.
37 BGHZ 123, 281, 283 f.

452 **Lösung zu Fall 34:** B und C wollen nicht die Auflösung der Gesellschaft gem. § 133 HGB. Sie wollen sich vielmehr von A trennen, d.h. sie wollen, dass A aus der Gesellschaft ausgeschlossen und die Gesellschaft unter ihnen fortgesetzt wird. Den Weg dazu eröffnet § 140 HGB. Danach kann auf Antrag der übrigen Gesellschafter das dafür zuständige Gericht statt der Auflösung der Gesellschaft die Ausschließung eines Gesellschafters aussprechen, wenn in der Person dieses Gesellschafters ein Umstand eintritt, der nach § 133 HGB für die übrigen Gesellschafter das Recht begründet, durch gerichtliche Entscheidung die Auflösung der Gesellschaft herbeizuführen. Nach § 133 Abs. 2 HGB liegt ein „wichtiger Grund" i.S.d. § 133 Abs. 1 und § 140 HGB insbesondere dann vor, wenn ein Gesellschafter eine ihm nach dem Gesellschaftsvertrag obliegende wesentliche Verpflichtung vorsätzlich oder grob fahrlässig verletzt. Zum Merkmal des „wichtigen Grundes" i.S.d. § 133 Abs. 1 HGB gehört im Übrigen, dass die Fortsetzung der Gesellschaft unzumutbar ist, weil für die Zukunft ein sinnvolles Zusammenwirken der Gesellschafter nicht zu erwarten ist[38]. A bedurfte nach § 5 des Gesellschaftsvertrages zum Abschluss des Geschäfts mit der Y-Bank der Zustimmung der übrigen Gesellschafter; außerdem hatte er die Pflicht, die anderen Gesellschafter über das Geschäft zu informieren. A hat durch sein Handeln zwei Verpflichtungen vorsätzlich, jedenfalls aber grob fahrlässig verletzt. Dies wiegt um so schwerer, als es sich bei dem Abschluss mit der Y-Bank um ein höchst spekulatives Risikogeschäft handelte. Deshalb ist davon auszugehen, dass A mit seinen schwer wiegenden Pflichtverletzungen das Vertrauensverhältnis zu den übrigen Gesellschaftern B und C so grob verletzt hat, dass diesen ein Fortsetzung der Gesellschaft mit A nicht zuzumuten ist. Ein wichtiger Grund zum Ausschluss von A i.S.d. §§ 133, 140 HGB liegt also vor. Gem. § 140 HGB muss das Ausschlussrecht, welches B und C zusteht, im Wege der Gestaltungsklage aller übrigen Gesellschafter gegen den Auszuschließenden durchgesetzt werden.

§ 22 Die fehlerhafte Gesellschaft

453 **Fall 35:** A und B haben sich mit dem unerkannt geisteskranken C zu einer OHG zusammengeschlossen, deren Zweck darin besteht, gemeinsam einen Gebrauchtwagenhandel zu betreiben. Die Eintragung in das Handelsregister ist erfolgt. Bevor A und B von der mangelnden Geschäftsfähigkeit des C erfahren, kaufen sie im Namen der Gesellschaft mehrere gebrauchte Mercedes der E- und der S-Klasse zu einem Gesamtpreis von 200 000 € bei Händler D auf. In der Folgezeit tritt die Geschäftsunfähigkeit des C offen zu Tage. Kann D von A, B und C Zahlung des Kaufpreises verlangen? **Rn. 476**

Literatur: *D. Klimke*, Fehlerhafte Gesellschaft und Vertretung ohne Vertretungsmacht, NZG 2012, 1366 ff.; *K. Schmidt*, „Fehlerhafte Gesellschaft" und allgemeines Verbandsrecht, AcP 186 (1986), 421 ff.; *Simitis*, Die faktischen Vertragsverhältnisse, 1957; MünchKomm-BGB/*Ulmer*, § 705 Rn. 323 ff.

38 BGH WM 1997, 2169 ff.

I. Die Fragestellung

Bei der Gründung einer Gesellschaft oder bei dem Eintritt einer Person in eine bestehende Gesellschaft können Fehler rechtlicher Art geschehen. Man spricht dann von einer fehlerhaften Gründung oder dem fehlerhaften Beitritt zu einer Gesellschaft. Grundlegende Voraussetzung für die Annahme einer fehlerhaften Gesellschaft ist stets das Vorliegen von – wenn auch fehlerhaften – auf den Abschluss eines Gesellschaftsvertrages gerichteten Willenserklärungen zwischen den Beteiligten[1]. **454**

Es stellt sich in Fällen dieser Art u.a. die Frage, ob die allgemeinen Grundsätze des Zivilrechts über die **Nichtigkeit und die Anfechtbarkeit von Rechtsgeschäften** auch auf die Willenserklärungen anzuwenden sind, die zur Gründung einer Gesellschaft führen oder den Eintritt eines Gesellschafters in eine bestehende Gesellschaft bewirken sollen. Die Fragestellung bezieht sich also auf die Wirkung fehlerhafter Erklärungen, wenn auf ihrer Grundlage Rechtsverhältnisse in Vollzug gesetzt worden sind. Bei den Kapitalgesellschaften gewinnt diese Frage nicht in demselben Maße an Bedeutung wie bei den Personengesellschaften, weil das Gesetz eine Regelung getroffen hat. Wenn z.B. die Satzung einer Aktiengesellschaft oder GmbH nicht den vom Gesetz vorgeschriebenen Mindesterfordernissen entspricht, ist die Gesellschaftsgründung nicht ohne Weiteres nichtig; sie kann vielmehr nur durch eine besondere **Klage mit ex-nunc-Wirkung** für nichtig erklärt werden und damit in das Stadium der Liquidation gelangen (vgl. für die Aktiengesellschaft §§ 275 ff. AktG). Für die Personengesellschaften gibt es keine gesetzliche Regelung. Deshalb muss geklärt werden, inwieweit die allgemeinen Regelungen des bürgerlichen Rechts auf die Personengesellschaften Anwendung finden. **455**

Zu überlegen ist insbesondere, inwieweit die Nichtigkeits- und Anfechtungsfolgen der **allgemeinen Regelungen** des bürgerlichen Rechts auf die Personengesellschaften, vor allem auf die Handelsgesellschaften, **Anwendung finden** können. Dabei ist zu unterscheiden zwischen **456**

- dem Verhältnis der Gesellschaft und der Gesellschafter zu Dritten, die mit der nach außen aufgetretenen Gesellschaft in Kontakt gelangt sind, und
- der Frage, wie sich etwaige Nichtigkeits- und Anfechtungsgründe auf das Verhältnis der Gesellschafter untereinander, das sog. Innenverhältnis, auswirken.

Die Entwicklung der Rechtssätze über die fehlerhafte Gesellschaft stellt ein Musterbeispiel richterlicher Rechtsfortbildung dar, bei der der tragende Gedanke der „Bestandsschutz der Unternehmens- und Gesellschaftsorganisation im Interesse der gesellschaftsrechtlichen Bezugsgruppen“ war[2]. **457**

Die von Rechtsprechung und Literatur entwickelten Grundsätze über die fehlerhafte Gesellschaft sind nicht nur auf die **OHG**, sondern auch auf die **BGB-Gesellschaft** einschließlich die BGB-Innengesellschaft[3] und die **KG** und darüber hinaus für die typischen Formen der **stillen Gesellschaft** anwendbar[4].

1 BGH NZG 2009, 22.
2 *Wiedemann*, Bd. I, § 3 I 2a.
3 BGH NZG 2010, 62.
4 BGHZ 55, 5 ff.; BGH WM 1983, 305 f.

II. Die Voraussetzungen, bei deren Vorliegen von einer fehlerhaften Gesellschaft gesprochen werden kann

458 Von einem **fehlerhaften Gesellschaftsvertrag** spricht man, wenn

- ein Gesellschaftsvertrag fehlerhaft abgeschlossen oder ein bereits abgeschlossener Gesellschaftsvertrag fehlerhaft abgeändert worden ist
  und
- die Gesellschaft bereits in Vollzug gesetzt worden ist.

1. Rechtsgeschäft

a) Der Abschluss eines fehlerhaften Gesellschaftsvertrages

459 Von einer fehlerhaften Gesellschaft kann nur gesprochen werden, wenn die Gesellschafter ausdrücklich oder stillschweigend einen wenn auch mit Fehlern behafteten Gesellschaftsvertrag abgeschlossen haben, weil auch die fehlerhafte Gesellschaft eine Zweckgemeinschaft ist, die einer vertraglichen Grundlage bedarf[5].

460 Im Schrifttum (z.B. *Simitis*) wird die Meinung vertreten, die Tatsache der Betätigung auch ohne rechtsgeschäftliche Grundlage, d.h. ohne Abschluss eines Gesellschaftsvertrages, begründe ein faktisches Vertragsverhältnis, eine **faktische Gesellschaft**, die gleichberechtigt neben der auf Vertrag beruhenden Gesellschaft bestehe. Dass die Betätigung als Gesellschaft (die faktische Gesellschaft) eine ausreichende Grundlage für die rechtliche Anerkennung als Gesellschaft bietet, wird von der h.M. abgelehnt[6]. Im Gegensatz zu der Doktrin von den „faktischen Vertragsverhältnissen" hält die Lehre von der fehlerhaften Gesellschaft an der **rechtsgeschäftlichen Grundlage der Verbände** fest und versagt nur im Einzelfall den Nichtigkeitsgründen die Anerkennung. Diese Lehre stellt einen Kompromiss dar: Zwar wird dem Vertragsrecht des BGB nicht insgesamt der Gehorsam versagt, aber die Nichtigkeitsfolgen werden so weit ausgeschaltet, wie sie mit den Belangen der Verbandsordnung unvereinbar sind[7].

b) Der fehlerhafte Beitritt

461 Ebenso wie der **fehlerhafte Abschluss** eines Gesellschaftsvertrages eine fehlerhafte Gesellschaft begründen kann, kann dies durch die fehlerhafte vertragliche **Abänderung** eines bereits wirksam abgeschlossenen Gesellschaftsvertrages geschehen z.B. bei dem Eintritt eines **neuen** Gesellschafters in eine bereits bestehende Gesellschaft durch einen Aufnahmevertrag (s. dazu Rn. 431)[8].

Die Grundsätze der fehlerhaften Gesellschaft sind also in der Regel auch für den **fehlerhaften Beitritt** zu einer fehlerfrei entstandenen Gesellschaft anzuwenden, wenn ein Gesellschafter auf Grund eines unwirksamen Vertrages beigetreten und dieser Beitritt auch vollzogen worden ist[9].

---

5 Zur Problematik MünchKomm-HGB/*K. Schmidt*, § 105 Rn. 234 ff.
6 BGHZ 11, 190 f.
7 *K. Schmidt*, AcP 186 [1986], 421, 423 f.
8 BGHZ 26, 330, 335.
9 BGHZ 63, 338, 344; BGH NJW 1988, 1321, 1323.

c) Die fehlerhafte Vereinbarung über das Ausscheiden eines Gesellschafters

Wie der Beitritt kann auch das auf Vereinbarung beruhende **Ausscheiden eines Gesellschafters** fehlerhaft sein. Die Grundsätze für die fehlerhafte Gesellschaft können auch darauf anwendbar sein[10]. Die Rechtsfolge des **vollzogenen** fehlerhaften Ausscheidens besteht in dessen Wirksamkeit unter Anwachsen des Geschäftsanteils des ausgeschiedenen Gesellschafters bei den verbliebenen Mitgesellschaftern und der Entstehung eines Abfindungsanspruchs. 462

d) Die fehlerhaft vereinbarte Gesellschafternachfolge

Die Grundsätze für die fehlerhafte Gesellschaft sind auch für die **fehlerhafte Gesellschafternachfolge** anzuwenden. Das gilt z.B. für den Fall, dass die Rechtsnachfolge in der Weise vollzogen wird, dass der Gesellschafter, der ausscheidet, dem nachfolgenden seinen Anteil mit Zustimmung der übrigen Gesellschafter überträgt. Dabei wird durch die Zustimmung der Gesellschafter deren Zusammensetzung – wenn auch fehlerhaft – geändert.[11]. Die Anwendung der Grundsätze für die fehlerhafte Gesellschaft führt in solchen Fällen dazu, dass der bisherige Anteilsinhaber zum Nichtgesellschafter und der als Nachfolger Vorgesehene zum Gesellschafter wird. Das schließt nicht aus, dass dieser die Rückübertragung seines Anteils und von den übrigen Gesellschaftern die Zustimmung dazu fordern kann[12]. 463

Dass die Grundsätze über die fehlerhafte Gesellschaft, wie der BGH[13] das annimmt, auch in den Fällen anwendbar sind, in denen die Übertragung von Gesellschaftsanteilen nichtig ist, ist nicht unumstritten.[14] Die Gegenmeinung[15] weist darauf hin, dass die Anteilsübertragung kraft Rechtsgeschäfts lediglich eine Verfügung über die Mitgliedschaft sei; es werde keine Mitgliedschaft begründet oder beseitigt, sondern es finde eine Rechtsnachfolge statt, durch welche die Verbandsstruktur nicht geändert werde. Dem hält der BGH[16] entgegen, die Personengesellschaft und ihre Gläubiger müssten sich darauf verlassen können, dass ein bei ihr eingeführter Neugesellschafter so lange als solcher zu behandeln sei, bis der Streit über die Wirksamkeit der Anteilsübertragung abschließend geklärt ist. Bis zu diesem Zeitpunkt gilt der Anteilserwerber sowohl innerhalb der Gesellschaft als auch im Verhältnis zu den Gläubigern der Gesellschaft als Gesellschafter.

10 BGH NJW 1988, 1324 f.
11 BGH NJW 1988, 1324 f.
12 BGH NJW 1988, 1324, 1325; kritisch zu diesem Problem *K. Schmidt*, AcP 186 (1986), 421, 439.
13 BGHZ 186, 253 ff.
14 Siehe dazu *K. Schmidt*, Gesellschaftsrecht § 6 V 2. b) aa).
15 Z.B. *K. Schmidt*, Gesellschaftsrecht, S. 163 ff. mit weiteren Nachw.
16 BGHZ 186, 253, 266 f.

2. In Betracht kommende Fehler

a) Anfechtbarkeit und gesetzliche Unwirksamkeitsgründe

464 Als Nichtigkeitstatbestände, die zur **Fehlerhaftigkeit des Gesellschaftsvertrages** führen können, kommen u.a. in Betracht:

- die Anfechtungstatbestände der §§ 119 und 123 BGB,
- die Verletzung gesetzlich vorgeschriebener Formvorschriften, wie z.B. § 311b BGB mit der Folge aus § 125 BGB,
- § 134 BGB, wenn etwa ein berufsrechtliches Verbot dem Zusammenschluss in der gewünschten Rechtsform entgegensteht,
- § 138 BGB, soweit diese Vorschrift zum Schutze eines der Vertragschließenden dient[17],
- der versteckte Dissens[18],
- die fehlende Geschäftsfähigkeit einer oder mehrerer Personen, die sich am Abschluss des Gesellschaftsvertrages beteiligt haben[19].

b) Vertretung ohne Vertretungsmacht?

465 Der Gesellschaftsvertrag oder der Vertrag über den Beitritt eines Gesellschafters können auch an einem Vertretungsmangel leiden. Das ist z.B. dann der Fall, wenn für den die Gesellschaft gründenden oder beitretenden Gesellschafter ein Vertreter handelt, dessen Vollmacht unwirksam ist oder dessen Vollmacht den beabsichtigten Vertragsschluss nicht abdeckt. Es handelt sich dann um Fälle der Vertretung ohne Vertretungsmacht. Zu fragen ist dann, ob der Vertrag nach § 177 BGB schwebend unwirksam ist oder für die Zukunft die Regeln über die fehlerhafte Gesellschaft Anwendung finden. Der BGH[20] lehnt die Anwendung der Grundsätze über die fehlerhafte Gesellschaft auf solche Fälle ab, weil dafür zwingend erforderlich sei, dass **alle Gesellschafter** fehlerhaft rechtsgeschäftlich handeln; sonst liege kein fehlerhafter Gesellschaftsvertrag vor.[21]

3. Das Invollzugsetzen der Gesellschaft

466 Von einer fehlerhaften Gesellschaft, die lediglich **vernichtbar**, aber nicht nichtig ist, kann nur gesprochen werden, wenn über den Abschluss des Gesellschaftsvertrages hinaus die Gesellschaft bereits in Vollzug gesetzt worden ist. Denn erst die Tatsache, dass die Gesellschaft bereits am Rechtsverkehr mit Dritten teilgenommen hat, rechtfertigt es, die allgemeinen Nichtigkeitsgründe zu beschränken und deren Rechtsfolgen nicht eintreten zu lassen[22]. In Vollzug gesetzt ist eine Gesellschaft dann, wenn die Gesellschaft „ihre Geschäfte" i.S.d. § 123 Abs. 2 HGB (= § 123 Abs. 1 S. 2 HGB-E) begonnen hat, die Gesellschafter also ihre gemeinsame Geschäftstätigkeit aufgenommen haben. Dies muss in der Weise geschehen, dass die Gesellschafter von Dritten

17 RG DR 1943, 1221 ff.
18 BGHZ 3, 285 ff.
19 BGH WM 1983, 305.
20 BGH NJW 1992, 1501 f.
21 A. A. *D. Klimke*, NZG 2012, 1366, 1371.
22 MünchKomm-HGB/*K. Schmidt*, § 105 Rn. 236.

als Gesellschafter angesehen und behandelt werden[23]. Ein früherer Zeitpunkt als der der Eintragung kommt praktisch nur beim kaufmännischen Gewerbe i.S.d. § 1 HGB, nicht jedoch bei Tätigkeiten i.S.d. § 105 Abs. 2 HGB (§ 107 Abs. 1 S. 1 HGB-E) in Betracht.

Nach h.M. genügt zur Invollzugsetzung nicht die Anmeldung der Eintragung ins Handelsregister. Vielmehr wird gefordert, dass die Gesellschaft auf Grund eines gemeinsamen Entschlusses die Geschäftstätigkeit nach außen aufgenommen hat[24]. Nach der Eintragung der Gesellschaft ins Handelsregister greifen die §§ 2, 3, 5 HGB ein. Haben nicht alle Gesellschafter der vorzeitigen Aufnahme der Geschäfte zugestimmt, so werden diejenigen, die zugestimmt haben, als **Schein-OHG** (bzw. KG)-Gesellschafter behandelt; die übrigen Gesellschafter können sich auf die §§ 177 ff. BGB berufen. Die Gesellschaft ist auch noch nicht in Vollzug gesetzt, wenn **lediglich im Innenverhältnis** mit der Ausführung des Gesellschaftsvertrages begonnen worden ist, ohne dass die Gesellschaft mit Dritten Rechtsgeschäfte abgeschlossen hat. 467

Problematisch ist das Innvollzugsetzen bei **fehlerhaften Innengesellschaften**. Die Anwendung der Grundsätze der fehlerhaften Gesellschaft auf reine Innengesellschaften (auch ohne Gesellschaftsvermögen) ist durch die Rechtsprechung anerkannt (vgl. oben, Rn. 457), wenn auch in der Literatur teils mit der Begründung bestritten,[25] dass bei ihr erfordere jedenfalls nicht der Verkehrsschutz eine Aufrechterhaltung für die Vergangenheit erfordere. Jedoch geht das Bestandsschutzinteresse über den reinen Verkehrsschutz hinaus. Auch mittels kooperativer Schuldverhältnisse können Fakten geschaffen werden, die nicht einfach rückgängig zu machen sind[26]. Da diese Gesellschaften jedoch im Außenverhältnis zu Dritten nicht in Erscheinung treten, können sie auf diese Weise nicht in Vollzug gesetzt werden. Es kann deshalb nur auf die Betätigung der Gesellschaft im Innenverhältnis abgestellt werden. Spätestens mit der Auszahlung eines Gewinns aus der Tätigkeit für gemeinsame Rechnung ist Vollzug i.d.S. zu bejahen.

Bevor die Gesellschaft in Vollzug gesetzt worden ist, kann jeder Gesellschafter die Nichtigkeit des Gesellschaftsvertrages geltend machen. Das bedeutet z.B., dass ein Gesellschafter, dem ein Anfechtungsrecht gem. § 119 oder § 123 BGB zusteht, den Gesellschaftsvertrag mit der Rechtsfolge der **rückwirkenden (ex tunc) Vernichtung** des Vertrages anfechten kann (§ 142 BGB). 468

III. Die auf die in Vollzug gesetzte fehlerhafte Gesellschaft anzuwendenden Rechtssätze

1. Allgemeine Grundsätze

Die in Vollzug gesetzte fehlerhafte Gesellschaft ist bis zu ihrer Vernichtung wie eine durch Rechtsgeschäft wirksam zustande gekommene Gesellschaft zu behandeln. Der tatsächlich vollzogene gesellschaftliche Zusammenschluss kann **nicht rückwirkend vernichtet** werden. Er kann nur für die Zukunft durch ein **rechtsgestaltendes Urteil** aufgelöst werden. Ist ein Nichtigkeitsgrund nur im Hinblick auf einzelne Regelungen im Gesellschaftsvertrag vorhanden, so ist nach § 139 BGB zu bestimmen, ob der gesamte Gesellschaftsvertrag vernichtbar ist. 469

23 RGZ 165, 193, 205.
24 Großkomm-HGB/*Ulmer*, § 105 Rn. 343 mit Nachw.
25 Vgl. zum Meinungsstand zur stillen Gesellschaft MünchKomm-BGB/*K. Schmidt*, § 230 HGB, Rn. 127 ff.
26 Näher dazu Heymann/*Wackerbarth*, 4. Aufl. 2020, § 230 HGB Rn. 37.

Zur Begründung stellt die **h.M.**[27] darauf ab, dass die Nichtigkeits- und Anfechtungsfolgen des bürgerlichen Rechts wegen ihrer **Rückwirkung auf den Abschluss** des Rechtsgeschäfts im Allgemeinen für Gesellschaftsverträge nicht passen. Die Anwendung der Vorschriften des BGB über die rückwirkende Kraft der Nichtigkeit auf Gesellschaftsverträge würde zu unerträglichen Ergebnissen führen und mit dem recht verstandenen Zweck jener Vorschriften nicht mehr vereinbar sein. Auch durch die mit Fehlern behaftete Gründung einer Gesellschaft ist eine auf Dauer angelegte und tatsächlich vollzogene Leistungsgemeinschaft entstanden, für die die daran Beteiligten Beiträge erbracht und Werte geschaffen, Gewinnchancen genutzt und vor allem gemeinschaftlich das Risiko getragen haben. Eine solche verwirklichte Leistungsgemeinschaft verdient jedenfalls bis zu dem Zeitpunkt, in dem der Anfechtungs- und Nichtigkeitsgrund geltend gemacht wird, Bestandsschutz, sofern nicht „ausnahmsweise die rechtliche Anerkennung des von den Parteien gewollten und tatsächlich vorhandenen Zustands aus gewichtigen Belangen der Allgemeinheit oder bestimmter besonders schutzwürdiger Personen unvertretbar ist“[28]. Aus diesen Überlegungen heraus gehört der Grundsatz, dass eine fehlerhafte Gesellschaft regelmäßig nicht von Anfang an nichtig, sondern wegen des Nichtigkeits- und Anfechtungsgrundes nur **mit Wirkung für die Zukunft vernichtet** werden kann, inzwischen zum gesicherten Bestand des Gesellschaftsrechts.

2. Das Innenverhältnis

470 Jedenfalls bis zur Geltendmachung des Nichtigkeitsgrundes richten sich die Beziehungen der Gesellschafter untereinander grundsätzlich nach den Vereinbarungen, die in dem fehlerhaften Gesellschaftsvertrag enthalten sind[29]. Soweit Gewinn- und Verlustbeteiligungen, Geschäftsführung und Vertretung und die Einlageverpflichtungen Inhalt des Gesellschaftsvertrages sind, gilt diese Regelung für das Innenverhältnis der Gesellschafter untereinander. Auch Treuepflichten haben die Gesellschafter zu wahren[30]. Bei der fehlerhaften Gesellschaft wird Gesellschaftsvermögen in Gestalt von Gesamthandsvermögen gebildet.

471 Umstritten ist, ob jeder Nichtigkeitsgrund zur **Auflösung der Gesellschaft** führen kann. Der BGH[31] hat jeden Nichtigkeitsgrund als Auflösungsgrund anerkannt und nicht einen wichtigen Grund i.S.d. § 133 HGB verlangt, weil das Bedürfnis, für die Vergangenheit eine Heilung durch die rechtliche Anerkennung der fehlerhaften Gesellschaft eintreten zu lassen, nicht dazu führen dürfe, auch für die Zukunft die Wirkung des vorhandenen Nichtigkeitstatbestandes „einzuschränken oder überhaupt zu leugnen“[32]. Davon zu trennen ist die zu bejahende Frage, ob das Geltendmachen eines Nichtigkeitsgrundes als Auflösungsgrund im Einzelfall eine **missbräuchliche Rechtsausübung** darstellen kann und deshalb unbeachtlich ist[33].

27 BGHZ 55, 5, 8; BGH WM 1983, 305.
28 BGHZ 55, 5, 8.
29 BGHZ 17, 160, 167; *Hueck*, OHG, § 7 III 2.
30 BGHZ 17, 160, 167.
31 BGHZ 3, 285 ff.
32 *Hueck*, OHG, § 7 III 1 b.
33 *Hueck*, a.a.O.

Die Abwicklung der aufgelösten fehlerhaften Gesellschaft geschieht nach den Grundsätzen des **Gesellschaftsrechts**[34].

3. Das Außenverhältnis

Die Tatsache, dass die fehlerhafte Gesellschaft, die in Vollzug gesetzt worden ist, bis zur Auflösung und Beendigung wie eine wirksam zustande gekommene Gesellschaft behandelt wird, bestimmt auch das **Verhältnis zu Dritten**. Deshalb kann die fehlerhafte Gesellschaft selbst Trägerin von Rechten und Pflichten sein (§ 124 HGB = § 105 Abs. 2 HGB-E). Im Wesentlichen unterscheidet sich die fehlerhafte Gesellschaft im Verhältnis zu Dritten kaum von der wirksam zustande gekommenen Gesellschaft. Die Gesellschafter **haften für Verbindlichkeiten**, die für die fehlerhafte Gesellschaft wirksam begründet werden können, **unmittelbar und unbeschränkt** mit ihrem gesamten Privatvermögen gem. § 128 HGB (= § 126 HGB-E). 472

IV. Beschränkungen bei der Anerkennung der fehlerhaften Gesellschaft

1. Der Schutz von nicht oder nicht voll geschäftsfähigen Personen

Der übergeordnete Schutzzweck zugunsten der nicht oder nur beschränkt Geschäftsfähigen gebietet es, dass die Anerkennung der fehlerhaften Gesellschaft *nicht* dazu führen kann, dass nicht voll Geschäftsfähige in das schuldrechtliche Verpflichtungsverhältnis gesellschaftsrechtlicher Art einbezogen werden können[35]. Geschäftsunfähige und beschränkt Geschäftsfähige sollen vor den Rechtsfolgen der von ihnen ohne Zustimmung der gesetzlichen Vertreter abgegebenen Willenserklärung weitestgehend geschützt werden. Deshalb gilt der Grundsatz, dass das **allgemeine Vertrauensinteresse hinter dem Schutz der nicht voll Geschäftsfähigen zurückzustehen** hat[36]. Das gilt auch im Falle des § 105 Abs. 2 BGB und auch beim Ausscheiden aus der Gesellschaft[37]. Aus dem gleichen Grunde können nicht voll Geschäftsfähige auch nicht gem. § 128 HGB (= § 126 HGB-E) für Verbindlichkeiten in Anspruch genommen werden, die für die fehlerhafte Gesellschaft begründet worden sind. 473

2. Verstöße gegen die guten Sitten (§ 138 BGB)

Eine fehlerhafte Gesellschaft mit einem gegen die guten Sitten verstoßenden **Gesellschaftszweck** kann keine rechtliche Anerkennung erfahren, weil es sich um einen Zusammenschluss handelt, der sich von vornherein jeder rechtlichen Billigung entzieht und aus diesem Grunde von der Rechtsordnung nicht anerkannt werden kann[38]. Das ist auch dann der Fall, wenn der Gesellschaftsvertrag auf Grund der Vorschrift des 474

---

34 BGHZ 3, 285, 288 f.
35 BGHZ 17, 160, 166; BGH WM 1983, 305 f.
36 BGH NJW 1992, 1503 ff.
37 BGH NJW 1992, 1503.
38 *Ebenroth/Boujong/Joost*, HGB, § 105 Rn. 186.

§ 134 BGB nichtig ist[39]. Im Verhältnis nach außen haften die Gesellschafter jedoch gem. § 128 HGB (= § 126 HGB-E).

3. Die Fehlerhaftigkeit des Gesellschaftsvertrages wegen arglistiger Täuschung (§ 123 BGB)

475 Für die Verbindlichkeiten der fehlerhaften Gesellschaft haften die Gesellschafter Dritten gegenüber gem. § 128 HGB (= § 126 HGB-E). Im Verhältnis der Gesellschafter untereinander sollen denjenigen Personen, die arglistig getäuscht oder gedroht haben, jedoch keine Vorteile erwachsen. Deshalb ist der getäuschte Gesellschafter z.B. nicht verpflichtet, seine Beiträge zu leisten, wenn diese nur denjenigen zugutekommen würden, die vorwerfbar gehandelt haben. Soweit die Beiträge dazu dienen, dritte Personen – Gläubiger der fehlerhaften Gesellschaft – zu befriedigen, sind allerdings auch die Getäuschten zur Leistung verpflichtet[40].

476 **Lösung zu Fall 35:**

I. Ansprüche des D gegen A und B

D könnte gegen A und B einen Anspruch auf Zahlung des Kaufpreises in Höhe von 200 000 € aus § 433 Abs. 2 BGB i.V.m. § 128 HGB haben.

Fraglich ist, ob eine Verbindlichkeit der OHG besteht, für welche A und B gem. § 128 HGB einstehen müssten. Zweifel bestehen daran, ob wegen der Geisteskrankheit des C überhaupt eine OHG begründet worden ist. C ist gem. § 104 Nr. 2 BGB geschäftsunfähig. Seine Willenserklärungen sind deshalb nach § 105 Abs. 1 BGB nichtig. Infolgedessen ist der Gesellschaftsvertrag, der die OHG begründen sollte, nicht wirksam zustande gekommen.

Wenn allerdings die Grundsätze, welche die Rspr. zur fehlerhaften Gesellschaft entwickelt, hier anzuwenden wären, wären A und B trotz der Nichtigkeit des Gesellschaftsvertrages in die persönliche Haftung geraten. Von einem **fehlerhaften Gesellschaftsvertrag** spricht man, wenn

- ein Gesellschaftsvertrag fehlerhaft abgeschlossen oder ein bereits abgeschlossener Gesellschaftsvertrag fehlerhaft abgeändert worden ist und
- die Gesellschaft bereits in Vollzug gesetzt worden ist.

Dass der Gesellschaftsvertrag wegen der nichtigen Willenserklärungen des C fehlerhaft ist, wurde bereits ausgeführt. In Vollzug gesetzt ist eine Gesellschaft dann, wenn die Gesellschaft „ihre Geschäfte" i.S.d. § 123 Abs. 2 HGB begonnen hat, die Gesellschafter also ihre gemeinsame Geschäftstätigkeit aufgenommen haben. Dies muss in der Weise geschehen, dass die Gesellschafter von Dritten als Gesellschafter angesehen und behandelt. A und B haben die PKW bei D im Namen der OHG gekauft. Damit haben sie die gemeinsame Geschäftstätigkeit aufgenommen und sind im Rechtsverkehr als Gesellschaft aufgetreten, angesehen und behandelt worden. Das Kriterium des Invollzugsetzens der Gesellschaft ist damit erfüllt. Die in Vollzug gesetzte fehlerhafte Gesellschaft ist bis zur Auflösung und Beendigung wie eine wirksam zustande gekommene Gesellschaft zu behandeln, auch im Verhältnis zu Dritten. Deshalb kann die fehlerhafte Gesellschaft selbst Trägerin von Rechten und Pflichten sein (§ 124 HGB). Die Gesellschafter haften für Verbindlichkeiten, die für die fehlerhafte Gesellschaft wirksam begründet werden können, unmittelbar und unbeschränkt mit ihrem gesamten Privatvermögen gem. § 128 HGB. Also haften A und B dem D als Gesell-

39 BGHZ 75, 214, 217 f.
40 BGHZ 26, 330 ff.

schafter der fehlerhaften, in Vollzug gesetzten Gesellschaft auf Zahlung des Kaufpreises in Höhe von 200 000 € aus § 433 Abs. 2 BGB i.V.m. § 128 HGB als Gesamtschuldner, unmittelbar und unbeschränkt.

II. Ansprüche des D gegen C

D könnte gegen C einen Anspruch auf Zahlung des Kaufpreises in Höhe von 200 000 € aus § 433 Abs. 2 BGB i.V.m. § 128 HGB haben. Der übergeordnete Schutzzweck zugunsten der nicht oder nur beschränkt Geschäftsfähigen gebietet es, dass die Anerkennung der fehlerhaften Gesellschaft nicht dazu führen kann, dass nicht Vollgeschäftsfähige in das schuldrechtliche Verpflichtungsverhältnis gesellschaftsrechtlicher Art einbezogen werden können. Geschäftsunfähige und beschränkt Geschäftsfähige sollen vor den Rechtsfolgen der von ihnen ohne Zustimmung der gesetzlichen Vertreter abgegebenen Willenserklärung weitestgehend geschützt werden. Deshalb gilt der Grundsatz, dass das allgemeine Vertrauensinteresse hinter dem Schutz der nicht Vollgeschäftsfähigen zurückzustehen hat[41]. Deshalb kann der unerkannt geisteskranke und damit nach § 104 Nr. 2 BGB nicht geschäftsfähige C von D nicht aus § 433 Abs. 2 BGB i.V.m. § 128 HGB auf Begleichung der Ansprüche aus dem von der fehlerhaften Gesellschaft abgeschlossenen Kaufvertrag in Anspruch genommen werden.

41 BGH NJW 1992, 1503 ff.

Teil V

Die Partnerschaftsgesellschaft

§ 23 Grundzüge des Partnerschaftsgesellschaftsrechts

477 **Fall 36:** Die zu einer Partnerschaftsgesellschaft von Rechtsanwälten zusammengeschlossenen Anwälte K, L und M haben im Gesellschaftsvertrag keine Regelung zur Vertretung der Gesellschaft getroffen. Ohne Wissen seiner Mitgesellschafter kauft K bei H im Namen der Gesellschaft einen Mercedes SL 500 zu Repräsentationszwecken, obwohl, wovon H keine Kenntnis hat, die Mitgesellschafter L und M dem Geschäft widersprochen haben. Nachdem die Gesellschaft die Zahlung des Kaufpreises verweigert hat, möchte H wissen, von wem er Zahlung des Kaufpreises verlangen kann. **Rn. 505**

478 **Fall 37:** Aufgrund einer fehlerhaften due diligence Prüfung des innerhalb der Rechtsanwalts-Partnerschaftsgesellschaft für den M & A-Bereich zuständigen Partners A scheitert die Fusion der C-Bank mit der D-Bank. Der Mandantin der Gesellschaft, der D-Bank, entsteht ein nachgewiesener Schaden von 250 Millionen €. Als Partner gehören der Gesellschaft A, B, C und X an. Die D-Bank möchte wissen, von wem sie Schadensersatz fordern kann. **Rn. 506**

479 **Abwandlung:** Wie wäre es, wenn die due diligence Prüfung zwar unter der Federführung von A durchgeführt worden wäre, dieser aber den X hinzu gebeten hätte, um eine Kontrolle zu haben? **Rn. 507**

Literatur: *B. Grunewald*, Die Partnerschaftsgesellschaft mit beschränkter Berufshaftung – sinnvolle Ergänzung des PartGG oder systemwidrige Privilegierung Weniger?, ZIP 2013, 1115 ff.; *J. Lieder/T. Hoffmann*, Rechtstatsachen zur PartG mbB und zur LLP, NZG 2014, 127; *Henssler*, Partnerschaftsgesellschaftsgesetz, 2. Aufl. 2008; *Lenz*, Die Partnerschaft – alternative Gesellschaftsform für Freiberufler, MDR 1994, 741 ff.; *Mahnke*, Das Partnerschaftsgesellschaftsgesetz, WM 1996, 1029 ff.; *K. Schmidt*, Die Freiberufliche Partnerschaft, NJW 1995, 1 ff.; *Seibert*, Die Partnerschaft für die Freien Berufe, DB 1994, 2381 ff.; *T. Tröger/L. Pfaffinger*, Partnerschaftgesellschaft mit beschränkter Berufshaftung. Eine kritische Bewertung deutscher Verteidigungsbemühungen im europäischen Wettbewerb, JZ 2013, 812 ff.; *Wertenbruch*, Partnerschaftsgesellschaft und neues Umwandlungsrecht, ZIP 1995, 712 ff.

I. Begriff und Rechtsnatur der Partnerschaftsgesellschaft

480 Mit dem Gesetz über Partnerschaftsgesellschaften Angehöriger Freier Berufe – PartGG – eröffnet sich den Freiberuflern – und zwar auch denen, denen es bisher gesellschaftsrechtliche Schranken einerseits und standesrechtliche Einschränkungen andererseits unmöglich gemacht hatten, sich in einer anderen Rechtsform des Personengesellschaftsrechts als der Gesellschaft bürgerlichen Rechts zusammenzuschließen (z.B. Rechtsanwälte) – die Möglichkeit, für ihren Zusammenschluss die Rechtsform

der Partnerschaft zu wählen, § 1 Abs. 1 S. 1 PartGG. Ein Rechtsformzwang besteht nicht, so dass z.B. große Wirtschaftsberatungs- und Steuerberatungsgesellschaften weiterhin in den Rechtsformen einer GmbH oder Aktiengesellschaft und andere Zusammenschlüsse von Freiberuflern weiterhin in der Rechtsform der Gesellschaft bürgerlichen Rechts betrieben werden können[1], vorausgesetzt, die dafür notwendigen Voraussetzungen liegen vor. Den Hauptanreiz für die Wahl der Rechtsform der Partnerschaft dürften die Beschränkungen der Haftung für Schäden wegen fehlerhafter Berufsausübung sein (§ 8 Abs. 2, Abs. 3 und Abs. 4 PartGG).

Die Partnerschaftsgesellschaft ist eine **Personengesellschaft**. Auf sie sind gem. § 1 **481**
Abs. 4 PartGG grundsätzlich die Vorschriften über die Gesellschaft bürgerlichen Rechts anwendbar. Jedoch finden kraft ausdrücklicher Einzelverweisung im Partnerschaftsgesellschaftsgesetz auch wichtige Regeln über die OHG Anwendung (vgl. z.B. §§ 4 Abs. 1, 6 Abs. 3, 7 Abs. 2 bis 4 PartGG)[2]. Das zu bildende Partnerschaftsvermögen ist **Gesamthandsvermögen** (vgl. § 1 Abs. 4 PartGG und § 718 f. BGB). Schon die Gesamthands-BGB-Gesellschaft ist fähig, **Trägerin von Rechten und Pflichten** zu sein. Dies muss wegen der Verweisung in § 7 Abs. 2 PartGG auf die Regelung in § 124 HGB **erst recht** für die Partnerschaft gelten. Die Partnerschaft kann in ihrer Gesamtheit Trägerin von Rechten und Pflichten sein, sie kann also ebenso wie die OHG als **rechtsfähig** angesehen werden. Sie ist auch **parteifähig**, kann also auch Partei eines Prozesses sein. Daraus folgt, dass auch das Gesellschaftsvermögen Vermögen der Partnerschaft ist und nicht Sondervermögen der Partner. Die Partnerschaft ist auch selbst Berechtigte bezüglich der zum Gesellschaftsvermögen gehörenden Sachen und Rechte und Verpflichtete aus den im Namen der Partnerschaft eingegangenen Verbindlichkeiten[3] und nicht etwa die hinter ihr stehenden Partner. **Verbindlichkeiten der Partnerschaft** sind daher ausschließlich solche der Gesellschaft und nicht der Gesellschafter. Allerdings haften die Partner gem. § 8 Abs. 1 PartGG den Gläubigern für die Verbindlichkeiten der Partnerschaft mit ihrem Privatvermögen als Gesamtschuldner. Die §§ 129 und 130 HGB finden entsprechende Anwendung (§ 8 Abs. 1 S. 2 PartGG).

Die Partnerschaft übt **kein Handelsgewerbe** aus (§ 1 Abs. 1 S. 2 PartGG); Partner **482**
kann nur eine **natürliche Person** werden (§ 1 Abs. 1 S. 3 PartGG). Jedoch kann die Partnerschaft Anteile an einer juristischen Person erwerben[4].

Durch berufsrechtliche Vorschriften kann die Berufsausübung in der Partnerschaft ausgeschlossen oder eingeschränkt werden (§ 1 Abs. 3 PartGG). Da der Begriff des Freiberuflers kein feststehender ist und er, wenn es zum einen um die Nichtanwendung des HGB und zum anderen um die steuerrechtliche Beurteilung geht, unterschiedlich definiert wird[5], enthält § 1 Abs. 2 PartGG eine Aufzählung derjenigen Berufe, die Freie Berufe im Sinne des Partnerschaftsgesellschaftsgesetzes sind, z.B. Rechtsanwälte, Ärzte und Journalisten.

---

1 *Seibert*, DB 1994, 2381; *K. Schmidt*, NJW 1995, 1, 2.
2 Zur Regelungstechnik s. *Mahnke*, WM 1996, 1029, 1032.
3 *Lenz*, MDR 1994, 741, 743; *Seibert*, DB 1994, 2381, 2383.
4 *Seibert*, DB 1994, 2381, 2383.
5 *K. Schmidt*, NJW 1995, 1 m. w. Nachw.

483 Das PartGG enthält keine Einschränkungen für Zusammenschlüsse von Angehörigen verschiedener Berufe. Jedoch schränken zum Teil berufsrechtliche Bestimmungen interprofessionelle partnerschaftliche Zusammenschlüsse ein. So enthält z.B. § 59a BRAO[6] eine Beschränkung auf Zusammenschlüsse von Rechtsanwälten mit Patentanwälten, Steuerberatern, Steuerbevollmächtigten, Wirtschaftsprüfern und vereidigten Buchprüfern. Auch das Steuerberatungsgesetz und die Wirtschaftsprüferordnung enthalten eine Zusammenarbeitsregelung in § 56 StBrG[7] sowie in § 44b WiPrO; für Ärzte sehen die §§ 23b, 23c MBO-Ä29 umfangreiche Beschränkungen vor, insbesondere ist eine Zusammenarbeit nur mit Angehörigen anderer Heilberufe gestattet. § 59a BRAO verstößt allerdings gegen Art. 12 Abs. 1 GG, soweit die Regelung einer Verbindung von Rechtsanwälten mit Ärzten oder Apothekern entgegensteht[8]

II. Die Errichtung der Partnerschaftsgesellschaft

1. Der Partnerschaftsvertrag

484 Die Partnerschaft wird durch **schriftlichen** Gesellschaftsvertrag gegründet (§ 3 Abs. 1 PartGG), der den Namen und Sitz der Partnerschaft, die vollständigen Namen, den in der Partnerschaft ausgeübten Beruf und den Wohnort eines jeden Partners sowie den **Gegenstand der Partnerschaft** enthalten muss (§ 3 Abs. 2 PartGG). Gemeinsamer Zweck der Gesellschaft muss die Ausübung der Berufe sein. Darunter ist nach ganz h.M. die tatsächliche Mitarbeit durch alle Partner zu verstehen. Das schließt die Gründung von PartGG aus, die (auch) ein Gewebe betreiben oder deren Zweck es ist, sich lediglich an anderen Gesellschaften zu beteiligen, weil dann insoweit keine Berufsausübung vorliegt.[9]

2. Die Eintragung in das Partnerschaftsregister

485 Die Partnerschaft ist zu dem bei dem Amtsgericht geführten Partnerschaftsregister anzumelden (§§ 4 Abs. 1 PartGG i.V.m. 106 Abs. 1 HGB), in dessen Bezirk sie ihren Sitz hat. Wegen der Haftung der Partner gem. § 8 Abs. 1 S. 1 PartGG kommt der Beantwortung der Frage besondere Bedeutung zu, zu welchem Zeitpunkt die Partnerschaft gegenüber Dritten wirksam entsteht. Hinsichtlich des Zeitpunkts des Entstehens der Gesellschaft ist zu unterscheiden zwischen

- dem **Innenverhältnis**, dem Verhältnis der Partner zu- und untereinander, und
- dem **Außenverhältnis**, dem Verhältnis der Partnerschaft und der Partner zu Dritten.

In der Zeit zwischen dem Abschluss des Gesellschaftsvertrages und der Eintragung in das Partnerschaftsregister handelt es sich um eine **Gesellschaft bürgerlichen Rechts** (sog. **Vor-Partnerschaft**). Jedoch können auf diese, soweit es um das Innenverhält-

---

6 BGBl. 1994 I S. 2278, 2282.
7 BGBl. 1994 I S. 1387, 1389 und § 44b WPO, vgl. BGBl. 1994 I S. 1569, 1575.
8 BVerfG NJW 2016, 700 auf Vorlage des BGH NJW 2013, 2674, dazu *Henssler/Trottmann* NZG 2017, 241, 242 mit Hinweisen zu Auswirkungen auf andere Berufsausübungsschranken.
9 Zu allem ausführlich *Wackerbarth* in Heymann, HGB, 3. Aufl. 2020, § 1 PartGG Rn. 23 ff. m.w.N.

nis geht, die Vorschriften des PartGG ergänzend Anwendung finden, weil dies im Zweifel dem Willen der Partner entsprechen dürfte, die die Partnerschaft gründen wollen[10].

Im Außenverhältnis entsteht die Partnerschaft nicht allein durch den Abschluss des Partnerschaftsvertrages; denn hierbei handelt es sich lediglich um einen internen Akt zwischen den Partnern, der nach außen für Dritte nicht unbedingt zu erkennen ist. Im Verhältnis zu Dritten ist die Partnerschaft entstanden, wenn sie in das **Partnerschaftsregister eingetragen** ist (§ 7 Abs. 1 PartGG). Die Eintragung hat **konstitutive Wirkung**. Dieser konstitutiven Wirkung bedarf es insbesondere deshalb, weil es bei der Partnerschaft – im Gegensatz zu anderen Personengesellschaften – kein erkennbares Abgrenzungskriterium zur Gesellschaft bürgerlichen Rechts gibt[11]. **486**

3. Der Name

Der Name der Partnerschaft muss den Namen (die Angabe des Vornamens ist nicht erforderlich, § 2 PartGG) mindestens eines Partners, den **Zusatz** „und Partner" oder „Partnerschaft" sowie die Berufsbezeichnung aller in der Partnerschaft vertretenen Berufe enthalten (§ 2 Abs. 1 PartGG). Im Übrigen werden durch § 2 Abs. 2 PartGG die einschlägigen Vorschriften des Firmenrechts des HGB für entsprechend anwendbar erklärt. Den Zusatz „und Partner" oder „Partnerschaft" dürfen nur Partnerschaften im Sinne des PartGG führen, § 11 Abs. 1 S. 1 PartGG, das ist von der Rechtsprechung auf englischsprachige Beifügungen (z.B. „& Partners") erweitert worden.[12] **487**

III. Die Beziehung der Partner untereinander (Innenverhältnis)

Das Verhältnis der Partner einer Partnerschaft untereinander ist in § 6 PartGG i.V.m. §§ 110 bis 116 Abs. 2 HGB, §§ 117 bis 119 HGB geregelt und, soweit diese Vorschriften keine Sonderregelungen beinhalten, in den §§ 705 ff. BGB. Aus § 6 Abs. 3 PartGG ergibt sich, dass sich das Rechtsverhältnis der Partner untereinander nach dem **Partnerschaftsvertrag** richtet; dieser bestimmt also weitgehend das **Innenverhältnis** zwischen den Partnern. Hierdurch wird für die Partnerschaft lediglich der allgemeine, auch im Handelsrecht geltende Grundsatz der **Privatautonomie**, der es den Vertragschließenden erlaubt, ihre Rechtsverhältnisse frei zu gestalten, wiederholt. **488**

Zwar bestimmt § 6 Abs. 1 PartGG, dass die Partner ihre beruflichen Leistungen unter Beachtung des jeweils für sie geltenden Berufsrechts erbringen; § 6 Abs. 1 PartGG hat jedoch lediglich klarstellende Funktion: Wenn es sich um die Angehörigen verschiedener Freier Berufe handelt, untersteht die Partnerschaft bei jeder freiberuflichen Tätigkeit dem jeweils einschlägigen Berufsrecht[13]. **489**

---

10 *K. Schmidt*, NJW 1995, 1.
11 *Lenz*, MDR 1994, 741, 743.
12 Z.B. OLG Hamburg NZG 2019, 744.
13 *K. Schmidt*, NJW 1995, 1, 4.

490 Ein einzelner Partner kann von der Geschäftsführung, also von der auf die Verfolgung des Gesellschaftszwecks gerichteten Tätigkeit der Gesellschafter, die in tatsächlichen und rechtsgeschäftlichen Handlungen bestehen kann, nur ausgeschlossen werden, soweit der Ausschluss nicht den von ihm ausgeübten Beruf betrifft (§ 6 Abs. 2 PartGG). Darüber hinaus kann wegen der **Rechte und Pflichten der Partner im Innenverhältnis** auf die entsprechend anwendbaren Vorschriften im **Recht der OHG**, insbesondere über das Wettbewerbsverbot (§§ 112 f. HGB, vgl. dazu Rn. 367 ff.), den Aufwendungsersatzanspruch (vgl. Rn. 376 ff), die Geschäftsführung (§§ 114–117 HGB, vgl. dazu Rn. 370 ff.), die Kontrollrechte (§ 118 HGB, vgl. dazu Rn. 375) und die Beschlussfassung (§ 119 HGB, vgl. dazu Rn. 372 ff.) verwiesen werden.

IV. Die Außenbeziehungen der PartG und die Regelung der Haftung

1. Die Vertretung der PartG

491 Die Vertretungsmacht steht nach der gesetzlichen Regelung bei der Partnerschaft **jedem einzelnen Partner** zu (§ 7 Abs. 3 PartGG i.V.m. § 125 Abs. 1 HGB). Daraus folgt, dass jeder Partner im Namen der Partnerschaft wirksame, die Gesellschaft **rechtsgeschäftlich bindende Erklärungen** abgeben und entgegennehmen kann. Die Rechtsfolgen einer solchen Willenserklärung treffen die Partnerschaft.

492 Gem. § 7 Abs. 3 PartGG i.V.m. § 125 Abs. 2 HGB kann durch den Partnerschaftsvertrag festgelegt werden, dass alle oder mehrere Partner **nur in Gemeinschaft** die Partnerschaft vertreten können **(Gesamtvertretung)**. Der Ausschluss eines Partners von der Vertretung, die Anordnung einer Gesamtvertretung sowie jede Änderung der Vertretungsmacht bedarf der **registerrechtlichen Anmeldung** und **Eintragung**, § 7 Abs. 3 PartGG i.V.m. § 125 Abs. 4 HGB[14]. Der Umfang der Vertretungsmacht ist gem. § 7 Abs. 3 PartGG i.V.m. § 126 HGB grundsätzlich unbeschränkt. Die Vertretungsmacht erstreckt sich also auf alle gerichtlichen und außergerichtlichen Rechtshandlungen. Die Partnerschaft kann jedoch, anders als die OHG, keinen Prokuristen oder Handlungsbevollmächtigten bestellen, da die Partnerschaft **keine Handelsgesellschaft** ist[15].

493 Zum Schutze des Rechtsverkehrs sind andere **Einschränkungen des Umfangs** der Vertretungsmacht Dritten gegenüber, die mit der Partnerschaft Rechtsgeschäfte abschließen wollen, **unwirksam** (§ 7 Abs. 3 PartGG i.V.m. § 126 Abs. 2 HGB). Ausnahmsweise kann der erkennbare **Missbrauch** der Vertretungsmacht, dessen Risiko grundsätzlich der Vertretene alleine trägt, dem Dritten entgegengehalten werden, wenn sich diesem der Verdacht des Treueverstoßes aufdrängte[16].

14 *K. Schmidt*, NJW 1995, 1, 5.
15 *K. Schmidt*, NJW 1995, 1, 5.
16 BGHZ 94, 132, 138; *K. Schmidt*, NJW 1995, 1, 5.

2. Die Haftung der PartG

Verbindlichkeiten der PartG entstehen nicht nur kraft der eben beschriebenen Vertretung durch die Partner. Sie haftet auch für Fehler, die ihren Partner oder Angestellten unterlaufen. Nach h.M. ist § 31 BGB auf geschäftsführende Gesellschafter einer BGB-Gesellschaft entsprechend anwendbar, da diese „verfassungsmäßig berufene Vertreter" i.S. dieser Vorschrift sind,[17] das gilt auch für die PartG.[18] Ihr sind für ihre vertragliche Haftung das Verhalten ihrer Partner (auch von Scheinpartnern, dazu noch unten Rn. 499) nach § 31 BGB sowie dasjenige ihrer Angestellten nach § 278 BGB zuzurechnen (s. dazu noch die Lösung zu Fall 37). Auch deliktisches Handeln kann nach § 31 BGB (bei Partnern) oder unter den Voraussetzungen des § 831 BGB (bei Verrichtungsgehilfen) eine Verbindlichkeit der PartG aus den §§ 823 ff. BGB begründen. **494**

3. Die Haftung der Partner für die Verbindlichkeiten der Partnerschaft

a) Die generelle Regelung

Den Gläubigern haften für die Verbindlichkeiten der Partnerschaft neben dem Vermögen der Partnerschaft grundsätzlich die Partner als **Gesamtschuldner unmittelbar** (§ 8 Abs. 1 PartGG). Ein Gläubiger muss also nicht erst versuchen, wegen seiner Forderung Befriedigung aus dem Gesamthandsvermögen der Partnerschaft zu erlangen, bevor er einen der Partner in Anspruch nimmt. **495**

Gem. § 8 Abs. 1 S. 2 PartGG i.V.m. § 129 HGB kann der Partner, der von einem Gläubiger der Gesellschaft in Anspruch genommen wird, alle **Einreden und Einwendungen** geltend machen, die der Partnerschaft gegenüber dem Gläubiger zustehen. **496**

Tritt ein neuer Partner in die bereits bestehende Partnerschaft ein, haftet er gem. § 8 Abs. 1 S. 2 PartGG i.V.m. § 130 HGB auch für bereits bestehende Verbindlichkeiten der Partnerschaft (vgl. zur Regelung des § 130 HGB Rn. 406). Ausscheidende Partner haften nur für die **Altverbindlichkeiten** der Partnerschaft[19]. Für sie gilt gem. § 10 Abs. 2 PartGG die Nachhaftungsbegrenzung des § 160 HGB (vgl. dazu Rn. 429). **497**

b) Die gesetzliche Haftungskonzentration nach § 8 Abs. 2 PartGG

Nach § 8 Abs. 2 PartGG haften für berufliche Fehler kraft Gesetzes neben dem Gesellschaftsvermögen nur diejenigen Partner, die mit der Bearbeitung eines Auftrags tatsächlich befasst waren. Hierdurch wird die wechselseitige unbeschränkte **Schadensersatzhaftung begrenzt**[20]. Sind mehrere Partner mit der Bearbeitung befasst gewesen, so haften sie als Gesamtschuldner. Befassung im Sinne des § 8 Abs. 2 PartGG bedeutet, dass der Partner den Auftrag selbst bearbeitet oder seine Bearbeitung über- **498**

---

17 BGHZ 172, 169, 172.
18 BeckOGK/*Offenloch* § 31 BGB Rn. 57.
19 *K. Schmidt*, NJW 1995, 1, 6.
20 Vgl. zur berufsrechtlichen Zulassung von vertraglichen Haftungsbeschränkungen bei Rechtsanwälten § 51 BRAO und bei Steuerberatern § 67a StBerG.

wacht hat oder dies nach der internen Zuständigkeitsverteilung hätte tun müssen[21]. Von der persönlichen Haftung ausgenommen sind allerdings diejenigen Partner, deren Bearbeitungsbeitrag von untergeordneter Bedeutung ist.

Wenn ein Partner mit der Bearbeitung eines Auftrages befasst war, so kann er auch für vor seinem Eintreten in die Partnerschaftsgesellschaft begangene berufliche Fehler eines anderen mit dem Auftrag befassten Partners gem. § 8 Abs. 2 PartGG persönlich haften. Das gilt auch für den Fall, dass der neu Eingetretene selbst nicht mehr in der Lage war, die Fehler zu korrigieren. Der **BGH**[22] sieht in dem Verweis in § 8 Abs. 1 S. 2 PartGG auf § 130 HGB den Willen des Gesetzgebers, den in § 8 Abs. 2 PartGG angeordneten Haftungsausschluss auf diejenigen Partner zu beschränken, die mit der Angelegenheit nicht oder nur in untergeordneter Weise befasst waren; für weitere haftungsbeschränkende Elemente fehle jeglicher Anhaltspunkt. Im Übrigen trifft die Haftung gemäß § 8 Abs. 2 PartGG auch solche Partner, die an der Bearbeitung der Angelegenheit beteiligt waren, aber selbst nicht fehlerhaft gehandelt haben. Der BGH[23] spricht deshalb diesbezüglich von einer **verschuldensunabhängigen Handelndenhaftung**.

499 Umstritten ist die Frage, ob ähnlich der Haftung von Scheinpartnern in der GbR auch solche Mitarbeiter, die etwa – ohne wirklich Partner zu sein – als „Partner" auf dem Briefkopf oder auf dem Praxisschild geführt werden, nach **Rechtsscheingrundsätzen** in Anspruch genommen werden können. Den Befürwortern[24] einer solchen Haftung ist zu folgen: Wer wie ein Partner gegenüber dem Mandanten auftritt, ist als Scheinpartner zu behandeln. Die Überlegungen der Gegenauffassung[25], insb. zu § 15 Abs. 2 HGB, überzeugen nicht. Voraussetzung ist neben einem Rechtsscheintatbestand, dass er dem Scheinpartner zurechenbar ist und der Dritte auf ihn vertraut hat und schutzbedürftig ist. Weder die bloße Nennung auf dem Briefkopf, noch die Unterzeichnung einer Honorarrechnung dürften dafür genügen.[26]

4. Die Partnerschaftgesellschaft mit beschränkter Berufshaftung (PartG mbB)

500 Die Partnerschaftsgesellschaft mit beschränkter Berufshaftung ist keine neue Rechtsform, sondern eine Variante der Partnerschaftsgesellschaft ohne derartige Haftungsbeschränkung. Die Vorschriften des PartGG, wie z.B. § 1 PartGG hinsichtlich der Voraussetzungen für eine Partnerschaft, sind auf die PartG mbB anwendbar.[27] Die Rechtsformvariante soll das partnerschaftliche Haftungsrisiko reduzieren und damit eine Alternative zur englischen Limited Liability Partnership (LLP) darstellen.[28] Ob sie eine sinnvolle Ergänzung des Personengesellschaftsrechts bildet, wird von man-

21 BGH NZG 2010, 421.
22 NZG 2010, 421.
23 NZG 2010, 421.
24 *Freund* NZG 2017, 1001, 1004 m.w.N.; OLG München NJW-RR 2001, 1358, 1360.
25 Etwa *Hartung* BRAK-Mitt 2014, 179, 181; *Römermann* in Michalski/Römermann, Rn. 43 f.
26 Vgl. insoweit OLG München NJW-RR 2001, 1358, 1360; anders aber für die Rechnungsunterschrift OLG Brandenburg vom 4.12.2018 – 6 U 133/14, Rn. 28 – juris.
27 OLG Nürnberg NZG 2014, 422.
28 *J. Lieder/T. Hoffmann*, NZG 2014, 127; *T. Tröger/L. Pfaffinger*, JZ 2013, 812, 816.

chen mit dem Argument, es handele sich dabei um eine systemwidrige Privilegierung, bezweifelt.[29]

Entscheiden sich die Gesellschafter für diese Variante, haftet für **Schäden aus fehlerhafter Berufausübung** – aber auch nur für diese – allein das Gesellschaftsvermögen; es haften nicht die Gesellschafter mit ihrem Privatvermögen (§ 8 Abs. 4 PartGG). Die Haftungsbeschränkung tritt allerdings nur ein, wenn die folgenden Voraussetzungen erfüllt sind:

a) Die Gesellschaft muss eine zu diesem Zweck abgeschlossene Berufshaftpflichtversicherung vorweisen (§ 51a BRAO; Mindestversicherungssumme 2,5 Mio. € und eine Jahreshöchstversicherungssumme, die der Mindestversicherungssumme multipliziert mit der Mindestversicherungssumme aber mindestens 10 Mio. € entspricht).
b) Der Name der Partnerschaft muss den Zusatz „mit beschränkter Berufshaftung" oder die Abkürzung „mbB" oder eine andere allgemein verständliche Abkürzung dieser Bezeichnung enthalten (§ 8 Abs. 4 S. 3 PartGG).

Die Haftungsbeschränkung des § 8 Abs. 4 PartGG wirkt nur, wenn der Anwaltsvertrag mit der Partnerschaft mbB und nicht mit einem einzelnen Anwalt abgeschlossen worden ist. Sie erfasst nicht die deliktische Eigenhaftung des handelnden Partner, wenn er – wie regelmäßig etwa bei einer Ärztepartnerschaft – mit dem beruflichen Fehler zugleich eine Rechtsgutsverletzung i.S.d. § 823 BGB begeht.[30]

Beispiel: Die Rechtsanwälte A, B und C haben mit den Wirtschaftsprüfern W und X die PartG A&W mbB Recht + Wirtschaft gegründet. Sie haben die vorgeschriebene Berufshaftpflichtversicherung abgeschlossen. Die Mandantin Z-GmbH schließt mit der PartG A&W mbB einen Vertrag ab, der zum Inhalt hat, dass letztere für die GmbH die Übernahme des Wettbewerbers U-AG vorbereiten und durchführen soll. Bei der Bearbeitung der steuerlichen Problematik der Übernahme unterläuft dem W ein gravierender Fehler, der bei der Z-GmbH einen Schaden von 3,5 Mio. € verursacht. Für diesen Schaden haftet nach § 8 Abs. 4 PartGG nur das Vermögen der Gesellschaft. Die Z-GmbH kann weder W noch ein anderes Mitglied der Gesellschaft in Anspruch nehmen.

Gegenbeispiel (siehe Lösung zu Fall 36)

Sollte die PartG im Außenverhältnis in Anspruch genommen werden, kann sie den **501**
verantwortlichen Partner im **Innenverhältnis** bei Verschulden in Regress nehmen (gem. § 280 Abs.1 BGB in Verbindung mit dem Gesellschaftsvertrag). Für das Innenverhältnis zwischen dem handelnden Partner und der PartG gilt dabei im Ausgangspunkt der Haftungsmaßstab des § 708 BGB (s.o. Rn. 488). Üblicherweise wird zwar die Berufshaftpflichtversicherung den Schaden übernehmen. Sollte die vorgeschriebene Versicherung der Partnerschaft den Fall nicht abdecken (z.B. weil die Jahreshöchstsumme bereits überschritten ist), kommt ein Regreß aber auch praktisch in Frage. Darüber hinaus kommen im Falle der Liquidation Ansprüche der PartG gegen alle Gesellschafter aufgrund von § 735 BGB in Betracht.

---

29 *B. Grunewald*, ZIP 2013, 1115 ff.
30 *Wackerbarth* in Heymann, HGB, 3. Aufl. 2020, § 1 PartGG Rn. 30 ff.

V. Die Fortsetzung der Partnerschaft mit den Erben der Partner

502 Gem. § 9 Abs. 4 S. 1 PartGG ist die Beteiligung an einer Partnerschaft grundsätzlich **nicht vererblich**. Wie bei der OHG führt der Tod eines Partners nicht zur Auflösung der Partnerschaft; der verstorbene Partner scheidet aus, und die Partnerschaft wird, sofern mehrere Partner verbleiben, mit diesen fortgesetzt. Der Anteil des verstorbenen Partners am Vermögen der Partnerschaft wächst entsprechend § 738 BGB ohne besondere Übergangshandlung den verbleibenden Partnern zu[31].

503 Jedoch kann der Partnerschaftsvertrag **bestimmen**, dass die Beteiligung an einer Partnerschaft an Dritte **vererblich** ist, die Partner i.S.d. § 1 Abs. 1 und 2 PartGG sein können (§ 9 Abs. 4 S. 2 PartGG). Diese Regelung entspricht der **qualifizierten Nachfolgeklausel** (vgl. dazu Rn. 444 ff.). Der Anteil des verstorbenen Partners fällt dem durch die Bestimmung im Partnerschaftsvertrag begünstigten Erben unmittelbar und ungeteilt zu[32]. Der Erbe, der die Nachfolge in die Partnerschaft antritt, kann innerhalb von drei Monaten sein Ausscheiden aus der Partnerschaft erklären und haftet dann nur nach den **Grundsätzen der beschränkten Erbenhaftung** (§ 9 Abs. 4 S. 3 PartGG i.V.m. § 139 HGB)[33].

Beispiel: Von den zu einer Partnerschaftsgesellschaft zusammen geschlossenen Rechtsanwälten K, L und M haben L und M erwachsene Kinder. Die Tochter T des L ist promovierte Rechtsanwältin; der Sohn S des M ist Archäologe. Der Partnerschaftsgesellschaftsvertrag enthält eine Nachfolgeklausel i.S.d. § 9 Abs. 4 PartGG. Als L und M bei einem Flugzeugunglück ums Leben kommen, tritt gesetzliche Erbfolge ein. T wird Mitglied der Partnerschaftsgesellschaft. S kann nicht in die Gesellschaft einrücken, weil ihm die Qualifikation i.S.d. § 1 Abs. 2 PartGG fehlt. Die Gesellschaftsanteile des M wachsen deshalb gem. § 738 BGB den Partnern zu.

VI. Umwandlung

504 Die Umwandlung einer in der Rechtsform der BGB-Gesellschaft betriebenen Anwaltssozietät in eine Partnerschaftsgesellschaft kann **nicht nach dem Umwandlungsgesetz** vorgenommen werden, da dieses die Partnerschaftsgesellschaft weder als formwechselnden Rechtsträger noch als neuen Rechtsträger ausdrücklich erwähnt. Das **Analogieverbot** des § 1 Abs. 2 UmwG dürfte einer analogen Anwendung der für die Personengesellschaften geltenden Vorschriften auf die Partnerschaft entgegenstehen[34]. Der Formwechsel einer Personengesellschaft in eine andere erfolgt durch Erfüllung der entsprechenden Voraussetzungen unter Wahrung der Identität des ursprünglichen Rechtsträgers, beim Formwechsel einer GbR zur PartGmbB durch Änderung des Gesellschaftsvertrages, Abschluss der entsprechenden Versicherung und Eintragung in das Partnerschaftsregister.[35]

31 *Lenz*, MDR 1994, 741, 744.
32 *K. Schmidt*, NJW 1995, 1, 5; s. auch *Henssler*, PartGG, § 9 Rn. 78 ff.
33 *K. Schmidt*, NJW 1995, 1, 5.
34 *Wertenbruch*, ZIP 1995, 712, 716.
35 *Wälzholz*, DStR 2013, 2637, 2640.

Lösung zu Fall 36: 505

I. Ansprüche gegen die Gesellschaft

H könnte gegen die Partnerschaftsgesellschaft einen Anspruch auf Zahlung des Kaufpreises aus § 433 Abs. 2 BGB erworben haben. Das setzt voraus, dass zwischen H und der Gesellschaft ein Kaufvertrag zustande gekommen ist. Wenn K für die Gesellschaft Vertretungsmacht gehabt hätte, könnte er als Vertreter der Gesellschaft für diese einen Kaufvertrag mit H abgeschlossen haben. Gem. § 7 Abs. 3 PartGG sind die § 125 Abs. 1 und 2 sowie § 126 HGB auf die Partnerschaftsgesellschaft entsprechend anwendbar. Daraus folgt, dass jeder Partner im Namen der Partnerschaft wirksame, die Gesellschaft rechtsgeschäftlich bindende Erklärungen abgeben und entgegennehmen kann. Die Rechtsfolgen einer solchen Willenserklärung treffen die Partnerschaft. Die Gesellschaft kann gem. § 7 Abs. 2 PartGG, § 124 HGB selbst Vertragspartnerin sein. H war also befugt, den Kaufvertrag mit H abzuschließen, es sei denn, der Widerspruch der Mitgesellschafter hätte die Vertretungsmacht des K beschränkt. Der Umfang der Vertretungsmacht ist gem. § 7 Abs. 3 PartGG i.V.m. § 126 HGB grundsätzlich unbeschränkt. Einschränkungen des Umfangs der Vertretungsmacht sind Dritten gegenüber, die mit der Partnerschaft Rechtsgeschäfte abschließen wollen, unwirksam (§ 7 Abs. 3 PartGG i.V.m. § 126 Abs. 2 HGB). Ausnahmsweise kann der erkennbare Missbrauch der Vertretungsmacht, dessen Risiko grundsätzlich der Vertretene alleine trägt, dem Dritten entgegengehalten werden, wenn sich diesem der Verdacht des Treueverstoßes aufdrängte[36]. Dafür liegen hier keine Anhaltspunkte vor. Infolgedessen konnte K mit H einen wirksamen Kaufvertrag mit Wirkung für und gegen die Gesellschaft abschließen.

H hat also einen Anspruch aus § 433 Abs. 2 BGB gegen die Gesellschaft erworben.

II. Ansprüche gegen die Gesellschafter K, L und M persönlich

H könnte gegen die einzelnen Gesellschafter einen Anspruch auf Zahlung des Kaufpreises aus § 433 Abs. 2 i.V.m. § 8 Abs. 1 PartGG erworben haben. Den Gläubigern haften für die Verbindlichkeiten der Partnerschaft neben dem Vermögen der Partnerschaft grundsätzlich die Partner als Gesamtschuldner unmittelbar (§ 8 Abs. 1 PartGG). Eine Ausnahme besteht nach § 8 Abs. 2 PartGG nur für Berufsfehler. Da es sich bei der hier in Frage stehenden Verbindlichkeit der Gesellschaft um eine Forderung aus Kaufvertrag handelt, haften alle Gesellschafter nach § 8 Abs. 1 PartGG für die Kaufpreisforderung aus § 433 Abs. 2 BGB.

Lösung zu Fall 37: 506

I. Ansprüche gegen die Gesellschaft

Die D-Bank (D) könnte gegen die Anwaltsgesellschaft in der Rechtsform der Partnerschaftsgesellschaft einen Anspruch aus § 280 i.V.m. § 31 BGB analog auf Schadensersatz in Höhe von 250 Mio. € erworben haben.

Das setzt voraus, dass zwischen der Gesellschaft und D ein Schuldverhältnis besteht. Als solches kommt ein entgeltlicher Geschäftsbesorgungsvertrag gem. § 675 BGB in Betracht. Ein solcher Vertrag hat eine Dienst – oder Werkleistung zum Gegenstand. Dazu kommt noch die eigenverantwortliche Wahrnehmung fremder Vermögensinteresses durch den Geschäftsbesorger. Der Vertrag mit einem Anwalt ist, wie hier, in der Regel ein Vertrag im Sinne des § 675 BGB. Die Partnerschaftsgesellschaft kann nach § 7 Abs. 2 PartGG und § 124 HGB Vertragspartnerin sein. Die Gesellschaft müsste eine Pflicht aus diesem Vertrag verletzt haben. Der entgeltliche Geschäftsbesorgungsvertrag gehört zu den Verträgen ohne gesetzliche Gewährleistungsvorschriften. Die Gewährleistungsregeln des Werkvertrages mit der Betonung der Mängelbeseitigung (§§ 633 ff. BGB) passen für den Geschäftsbesor-

36 BGHZ 94, 132, 138; *K. Schmidt*, NJW 1995, 1, 5.

gungsvertrag nicht. Deshalb richten sich die Rechtsfolgen der vom Beauftragten zu vertretenden Schlechtleistung vorbehaltlich der deliktischen Ansprüche allein nach dem Pflichtverletzungsrecht der §§ 280 ff. BGB. Wenn also ein Rechtsanwalt mangelhaft leistet, ergeben sich die Rechtsfolgen aus den §§ 280 ff. BGB. Hier hat A eine fehlerhafte due-diligence-Prüfung durchgeführt und damit eine Pflichtverletzung begangen. Dadurch ist D ein Schaden in Höhe von 12 700 € entstanden. A hat fahrlässig gehandelt. Fraglich ist, ob und ggf. wie der Partnerschaftsgesellschaft das Verhalten des A zuzurechnen ist. In Frage kommt eine Zurechnung nach § 278 oder § 31 BGB. Die Anwendung des § 31 BGB setzt voraus, dass ein „verfassungsmäßig berufener Vertreter" die zum Schadensersatz verpflichtende Handlung begangen hat. In der PartG sind grundsätzlich alle Gesellschafter zur Geschäftsführung und Vertretung befugt, es sei denn der Gesellschaftsvertrag sieht eine andere Regelung vor. A ist vertretungs- und geschäftsführungsbefugter Gesellschafter und als solcher in der Lage, die Gesellschaft selbstständig und eigenverantwortlich im Rechtverkehr zu repräsentieren. Sein Handeln muss sich die Gesellschaft deshalb in analoger Anwendung des § 31 BGB zurechnen lassen.

Infolgedessen ist die Anwaltsgesellschaft dem A aus §§ 280, 31 (analog) BGB zum Schadensersatz in Höhe von 250 Mio. € verpflichtet.

II. Ansprüche der D-Bank gegen die Gesellschafter persönlich

1. Ansprüche gegen A

D könnte gegen A einen Anspruch aus §§ 280, 31 (analog) BGB i.V.m. § 8 Abs. 1 PartGG auf Zahlung von 250 Mio. € erworben haben. Den Gläubigern haften für die Verbindlichkeiten der Partnerschaft neben dem Vermögen der Partnerschaft grundsätzlich die Partner als Gesamtschuldner unmittelbar (§ 8 Abs. 1 PartGG). Eine Ausnahme besteht nach § 8 Abs. 2 PartGG nur für die Haftung für Berufsfehler. Nach § 8 Abs. 2 PartGG haften für berufliche Fehler kraft Gesetzes neben dem Gesellschaftsvermögen nur diejenigen Partner, die mit der Bearbeitung eines Auftrags tatsächlich befasst waren. Hierdurch wird die wechselseitige unbeschränkte Schadensersatzhaftung begrenzt. Da A derjenige Partner ist, der die due-diligence-Prüfung für die Mandantin D-Bank durchgeführt hat, kommt er nicht in den Genuss des Haftungsprivilegs nach § 8 Abs. 2 PartGG. Er haftet der D persönlich gem. §§ 280, 31 (analog) BGB i.V.m. § 8 Abs. 1 PartGG auf Zahlung von 250 Mio. €.

2. Ansprüche gegen B, C und X

D könnte gegen B, C und X ebenfalls einen Anspruch aus §§ 280, 31 (analog) BGB i.V.m. § 8 Abs. 1 PartGG auf Zahlung von 250 Mio. € erworben haben. B, C und X waren nicht mit der due-diligence-Prüfung befasst. Infolgedessen kommen sie in den Genuss des Haftungsprivilegs gem. § 8 Abs. 2 PartGG. D kann diese Gesellschafter nicht mit ihrem Privatvermögen wegen Schadensersatz in Anspruch nehmen.

507 **Zur Abwandlung:** Hier ergibt sich die Frage, ob neben der Gesellschaft selbst und A auch der X der D-Bank aus §§ 280, 31 (analog) BGB i.V.m. § 8 Abs. 1 PartGG auf Zahlung von 250 Mio. € mit seinem Privatvermögen haftet. Zu klären ist, ob auch X mit der Bearbeitung der due-diligence-Prüfung i.S.d. § 8 Abs. 2 PartGG befasst war. A hatte den X gebeten, seine Arbeiten zu kontrollieren, um Fehler auszuschließen. Deshalb ist der Bearbeitungsbeitrag des X nicht von untergeordneter Bedeutung, was den Ausschluss von der persönlichen Haftung zur Folge gehabt hätte. X war also neben A mit der due-diligence-Prüfung befasst und haftet deshalb ebenfalls persönlich gem. §§ 280, 31 (analog) BGB i.V.m. § 8 Abs. 1 PartGG auf Zahlung von 250 Mio. €.

Teil VI

Die Kommanditgesellschaft (KG)

§ 24 Begriff und Bedeutung der Kommanditgesellschaft als Modifikation der OHG

Literatur: *M. Habersack*, Grenzen der Mehrheitsherrschaft in Stimmrechtskonsortien, ZHR 164 (2000), 1 ff.; *U. Hüffer*, Der Aufsichtsrat in der Kommanditgesellschaft, ZGR 1980, 320 ff.; *C. Schäfer*, Zu Fragen der Treugeberhaftung bei qualifizierten Treuhandbeteiligungen an Publikumspersonengesellschaften, ZHR 177 (2013), 619 ff.

I. Der Begriff der Kommanditgesellschaft

Die Kommanditgesellschaft (KG) ist eine Gesellschaft im Sinne des § 705 BGB. Sie **508**
ist der OHG nachgebildet und muss deshalb als Sonderform der OHG verstanden werden. Infolgedessen sind auf die KG, sofern sich aus den §§ 161 ff. HGB nichts Anderes ergibt, die Vorschriften über die OHG (§§ 105 ff. HGB) und diejenigen über die Gesellschaft bürgerlichen Rechts (§§ 705 ff. BGB) anzuwenden. Das ordnet das Gesetz in den §§ 161 Abs. 2 sowie 105 Abs. 3 HGB (und HGB-E) auch ausdrücklich an. Die KG ist wie die OHG eine Gesellschaft, deren Zweck in der Regel auf den **Betrieb eines Handelsgewerbes unter gemeinschaftlicher Firma** gerichtet ist (§ 161 Abs. 1 HGB). Sie ist – auch darin steht sie der OHG gleich – keine juristische Person, aber eine **rechtsfähige Personengesellschaft** (§ 14 Abs. 2 BGB). Das zeigt sich insbesondere darin, dass sie unter ihrer Firma Rechte erwerben und Verpflichtungen eingehen, vor Gericht klagen und verklagt werden kann (§ 124 HGB i.V.m. § 161 Abs. 2 HGB = §§ 105 Abs. 2 i.V.m. 161 Abs. 2 HGB-E).

Als Gesellschaft i.S.d. § 705 BGB ist die KG eine **Gesamthandsgemeinschaft**. Trä- **509**
ger des Gesellschaftsvermögens sind alle Gesellschafter, sowohl persönlich haftende Gesellschafter (Komplementäre) als auch Kommanditisten (nach der Abschaffung der Gesamthand durch das MoPeG künftig: die Kommanditgesellschaft selbst). Kraft Rechtsform ist die KG stets **Kaufmann** (§ 6 HGB). Gesellschafter einer KG können als Komplementäre und Kommanditisten alle **natürlichen und juristischen Personen** werden.

Beispiel: Der einzige persönlich haftende Gesellschafter einer KG kann eine GmbH (juristische Person) sein (GmbH & Co. KG). Von dieser Möglichkeit wird aus verschiedenen Gründen häufig Gebrauch gemacht, näher dazu unten Rn. 875 ff.

Begrifflich gehört zur KG, dass es **zwei Arten** von Gesellschaftern gibt, von denen **510**
mindestens je einer vorhanden sein muss:

- **Persönlich haftende Gesellschafter (Komplementäre):** Sie haben im Wesentlichen die gleiche Stellung wie die Gesellschafter einer OHG,

– **Kommanditisten:** Ihre **Haftung** den Gesellschaftsgläubigern gegenüber ist auf den Betrag einer bestimmten Vermögenseinlage **beschränkt**; sie sind in der Regel von der Geschäftsführung ausgeschlossen und zur Vertretung der Gesellschaft nicht befugt (§§ 161 Abs. 1 und 170 HGB).

II. Die Bedeutung der Kommanditgesellschaft

511 Die KG hat im Wirtschaftsleben im Vergleich zur OHG ständig an Bedeutung gewonnen. Zunächst war sie die Gesellschaftsform, in der viele Familienunternehmen betrieben wurden, weil die KG eine Gesellschaftszugehörigkeit auch denjenigen Familienmitgliedern ermöglicht, die zur persönlichen Mitarbeit nicht willens oder geeignet sind und nur ein beschränktes Haftungsrisiko tragen möchten. Gerade aber die Tatsache, dass ein Kommanditist nur ein begrenztes Haftungsrisiko zu tragen hat, hat dann zur Vermehrung der Zahl der Kommanditgesellschaften wesentlich beigetragen, zumal die andere Gesellschaftsform, die typischerweise den Gesellschaftern eine begrenzte Haftung garantiert, die GmbH, im Hinblick auf die steuerliche Belastung in der Vergangenheit im Regelfall für die Gesellschafter weniger günstig war als die KG. In Deutschland gab es am 1. Januar 2010 236 554 Kommanditgesellschaften[1], am 1. Januar 2021 gab es 284 405 KGen[2].

III. Die Gesellschafter einer Kommanditgesellschaft

1. Die persönlich haftenden Gesellschafter (Komplementäre)

512 Die persönlich haftenden Gesellschafter einer KG, die auch **Komplementäre genannt** werden, nehmen innerhalb der Gesellschaft und auch nach außen, d.h. Dritten gegenüber, die gleiche Stellung ein wie die Gesellschafter einer OHG. Sie **führen die Geschäfte** und **vertreten die Gesellschaft** nach außen. Außerdem **haften** sie **unbeschränkt** für die Erfüllung der Verbindlichkeiten der Gesellschaft mit ihrem gesamten Privatvermögen. Die persönlich haftenden Gesellschafter einer KG können den Gesellschaftsgläubigern gegenüber ebenso in natura zur Leistung verpflichtet sein wie die Gesellschafter einer OHG[3]; (vgl. Rn. 398 ff.).

513 Komplementäre können auch eine **juristische Person**, wie z.B. eine GmbH oder eine AG sein. Die KG muss jedenfalls einen persönlich haftenden Gesellschafter, sie kann auch mehrere haben. Den Gläubigern haften mehrere persönlich haftende Gesellschafter als **Gesamtschuldner**.

514 Auch bei der KG kann die organschaftliche Vertretungsbefugnis eines vertretungsberechtigten Gesellschafters grundsätzlich nicht auf Dritte übertragen werden (**Verbot der Drittorganschaft**; vgl. Rn. 134 und Rn. 389 ff.). Das schließt nicht aus, dass ein Dritter mit einer umfassenden Vollmacht **(Generalvollmacht)**, die noch über den ge-

1 *Hansen*, GmbHR 2010, 740.
2 *Kornblum*, GmbHR 2021, 681, 682 in Tabelle 1.
3 BGHZ 73, 217 ff.

setzlich festgelegten Umfang einer Prokura hinausgeht, ausgestattet wird[4]. Auch wenn darüber hinaus der Dritte bei der Erfüllung der von ihm wahrzunehmenden Geschäftsführungsaufgaben keinen Einzelanweisungen unterliegt und nicht jederzeit abberufen werden kann, muss darin nicht in jedem Fall ein Verstoß gegen das Verbot der Drittorganschaft zu sehen sein[5].

In einer Kommanditgesellschaft kann derselbe Gesellschafter nicht zugleich Kommanditist und Komplementär sein, auch nicht durch den späteren Eintritt als weiterer Komplementär[6]. Denn der Gesellschaftsanteil des einzelnen Gesellschafters ist ein einheitlicher, der einer Aufspaltung oder einer verschiedenen rechtlichen Gestaltung nicht zugänglich ist.[7] 515

Nach h.M. kann eine BGB-Gesellschaft ebenso, wie sie Gesellschafterin einer OHG sein kann, Komplementärin oder Kommanditistin in einer KG sein (vgl. Rn. 57).[8]

2. Die Kommanditisten

Jede KG muss **mindestens einen** Kommanditisten haben. Das bedeutet: Begriffsnotwendigerweise muss bei einer KG jedenfalls bei einem Gesellschafter die Haftung für die Verbindlichkeiten der Gesellschaft auf den Betrag einer bestimmten Vermögenseinlage beschränkt sein (§ 161 Abs. 1 HGB). Es ist bei der Kommanditistenstellung zu unterscheiden zwischen der **Haftung nach außen** (den Gesellschaftsgläubigern gegenüber) einerseits und der **Verpflichtung zur Leistung einer Vermögenseinlage** im Verhältnis der Gesellschafter untereinander andererseits. Das Gesetz ließ diese Unterscheidung bislang nicht mit der wünschenswerten Klarheit erkennen. Die Verpflichtung zur Leistung einer Einlage, die der Kommanditist im Gesellschaftsvertrag übernommen hat, ist darauf gerichtet, für die Erreichung des Gesellschaftszweckes eine umfangmäßig festgesetzte, vermögenswerte Leistung zur Verfügung zu stellen. Die erbrachte Leistung wird Bestandteil des Gesellschaftsvermögens und ist damit auch dem Zugriff der Gläubiger der Gesellschaft ausgesetzt. 516

Die **Haftsumme** bestimmt den Umfang der Haftung eines Kommanditisten nach außen. Der Kommanditist hat seiner Haftpflicht genügt und kann wegen Verbindlichkeiten der Gesellschaft von deren Gläubigern nicht mehr mit seinem Privatvermögen in Anspruch genommen werden, soweit und solange er der Gesellschaft den der Haftsumme entsprechenden Betrag als Einlage zur Verfügung stellt. Das bedeutet nicht, dass der Kommanditist, der seine Einlage einmal erbracht hat, für die Zukunft von jeder Haftpflicht befreit ist. Die persönliche Haftung ist nur solange ausgeschlossen, wie er den der Haftsumme entsprechenden Betrag in das Gesellschaftsvermögen eingebracht hat und dort belässt. Die persönliche Haftung des Kommanditisten lebt also wieder auf, wenn und soweit ihm die Einlage zurückgezahlt wird (§ 172 Abs. 4 HGB). 517

4 OLG Hamm MDR 1979, 848 f.
5 BGH WM 1982, 394 ff.
6 OLG Hamm MDR 1982, 55; OLG Jena NZG 2011, 1301 f.
7 OLG Jena NZG 2011, 1301 f.
8 BGH NZG 2012, 667.

Rechtslage nach dem MoPeG:

In § 161 Abs. 1 und § 162 Abs. 1 HGB-E kommt nunmehr die angesprochene Unterscheidung zwischen Haftsumme und Vermögenseinlage zum Ausdruck. Ferner enthält § 162 Abs. 1 HGB-E weitere wesentliche Änderungen: Wegen des Wegfalls des bisherigen § 162 Abs. 1 S. 2 können Gesellschaften bürgerlichen Rechts künftig nur noch dann als Kommanditisten fungieren, wenn sie selbst im neu zu schaffenden Gesellschaftsregister eingetragen sind.[9] Durch Streichung des § 162 Abs. 2 HGB ist künftig auch die Eintragung als Kommanditist bekannt zumachen.

3. Atypisch ausgestaltete Kommanditgesellschaften. Die Bildung eines Beirates

518 Verschiedene Gründe lassen es häufig geboten erscheinen, eine Kommanditgesellschaft durch den Gesellschaftsvertrag anders zu gestalten, als es die gesetzliche Regelung vorsieht. Dies begegnet grundsätzlich rechtlich keinen Bedenken, weil die **Vertragsfreiheit** im Personengesellschaftsrecht der Parteidisposition in weitem Umfange freie Hand lässt.

Ein Grund, vom gesetzlichen Leitbild abzuweichen, kann z.B. die Zahl der Kommanditisten sein. Insbesondere bei den sogenannten Familiengesellschaften kann durch Erbfolge die Zahl der Gesellschafter so stark anwachsen, dass es unzweckmäßig wäre, allen Kommanditisten die Ausübung der Rechte, die ihnen nach dem Gesetz zustehen, unbeschränkt zu überlassen; denn die Mitwirkung aller Kommanditisten kann die Handlungsfähigkeit der Gesellschaft wesentlich einengen. Es kann deshalb sinnvoll sein, die den Kommanditisten zustehenden Befugnisse einigen Kommanditisten zu übertragen, die diese für alle Kommanditisten in einem sogenannten **Kommanditistenausschuss, Beirat oder Verwaltungsrat** ausüben.

Beispiel: Drei Personen gründen eine Kommanditgesellschaft. Der Gesellschaftsvertrag sieht vor, dass die Gesellschaft mit den Erben fortgesetzt werden soll. Nach 40 Jahren gehören der Gesellschaft 45 Gesellschafter an. Bei einer so großen Zahl von Gesellschaftern ist es im Regelfall kaum möglich, alle Gesellschafter in der gebotenen Eile zu einer Entscheidung zu den Problemen zu bewegen, bei denen die Kommanditisten ihre Zustimmung erteilen müssen. Es ist deshalb in einem solchen Falle empfehlenswert, die den Kommanditisten zustehenden Befugnisse so weit, wie möglich, einem Kommanditistenausschuss, Beirat oder Verwaltungsrat zu übertragen.

Von dem gesetzlichen Vorbild der Kommanditgesellschaft, wie es in den §§ 161 ff. HGB geregelt ist, wird häufig bei der Gründung der sogenannten **Massen- oder Publikumsgesellschaften** abgewichen, in denen sich eine große Zahl von Kapitalanlegern zusammengefunden hat, die in erster Linie in den Genuss von steuerlichen Abschreibungsmöglichkeiten gelangen möchten. Bei Gesellschaften dieser Art besteht das Interesse der Geschäftsführung häufig darin, die Rechte der Kommanditisten so weit wie möglich zu beschränken.

9 Dazu BT-Drucks. 19/27635 S. 252.

Es ist aber auch möglich, dass die Zusammensetzung der Gesellschaft und ihre Zielsetzung es erforderlich machen, die Rechte der Kommanditisten zu vermehren. Dies dürfte in der Regel der Fall sein, wenn das wirtschaftliche Schwergewicht bei den Kommanditisten liegt, d.h. wenn die Hauptgeldgeber diejenigen Gesellschafter sind, die nicht bereit sind, die persönliche Haftung zu übernehmen und sich, wozu der persönlich haftende Gesellschafter verpflichtet ist, um die alltäglichen Geschäfte zu kümmern. Bei derart strukturierten Gesellschaften werden die Hauptgeldgeber, wenn die Form einer Kommanditgesellschaft gewählt wird, mehr Einfluss auf die Geschäftsführung zu gewinnen suchen, als das Gesetz den gewöhnlichen Kommanditisten gewährt. Das kann z.B. durch die Einrichtung eines Beirates oder Aufsichtsrates geschehen, der durch die entsprechende Gestaltung des Gesellschaftsvertrages den oder die Komplementäre anweisen und kontrollieren kann. **519**

Welche Aufgaben ein Gremium, das als **Aufsichtsrat** oder **Beirat** bezeichnet wird, hat, ist häufig eine Frage der Vertragsauslegung. Dabei geht es vor allem um die Abgrenzung zwischen Überwachung und Beratung der Geschäftsführung. Die Bezeichnung des Gremiums kann ein Gesichtspunkt bei der Auslegung sein. So ist z.B. bei der Verwendung des Begriffes Aufsichtsrat zu berücksichtigen, dass die Kommanditisten damit den durch das Aktienrecht vorgeprägten Eindruck eines überwachenden Einflusses verbinden[10]. Hat der Aufsichtsrat eine Überwachungsaufgabe, so muss dieses Gremium sich im Zweifel neben der Prüfung des Jahresabschlusses regelmäßig von der Geschäftsleitung Bericht erstatten lassen; darüber hinaus muss es die wichtigen Unterlagen einsehen und auftretenden Bedenken nachgehen.[11]

Beispiel: A und B haben ein Patent erworben, das sie für die Herstellung von Zubehörteilen für die Automobilindustrie nutzen wollen. Das Unternehmen soll die Rechtsform einer Kommanditgesellschaft haben, an der A und B als Kommanditisten beteiligt sein wollen, weil sie weder die volle Haftung übernehmen noch die Geschäfte führen wollen. Der bisher bei einem der Gesellschafter beschäftigte kaufmännisch erfahrene Angestellte X kann dafür gewonnen werden, sich mit einem geringen Kapitalanteil als persönlich haftender Gesellschafter zur Verfügung zu stellen. Er soll für seine Tätigkeit ein angemessenes Gehalt bekommen; seine Rechte als Gesellschafter werden im Interesse der beiden Kommanditisten im Gesellschaftsvertrag soweit als möglich beschnitten. Im Gesellschaftsvertrag wird vereinbart, dass A und B dem persönlich haftenden Gesellschafter im weiten Umfange Weisungen erteilen können. Der Gesellschaftsvertrag sieht außerdem vor, dass ein aus den beiden Kommanditisten gebildeter Aufsichtsrat nicht nur die Geschäftsführung des persönlich haftenden Gesellschafters kontrolliert, sondern auch alle wichtigen Geschäftsführungsmaßnahmen selbst entscheidet und den persönlich haftenden Gesellschafter mit deren Ausführung beauftragt.

Gesellschaften, die so, wie oben geschildert, strukturiert sind, nennt man auch kapitalistisch organisierte Kommanditgesellschaften oder kapitalistische Kommanditgesellschaften. Es handelt sich dabei um Personenhandelsgesellschaften, die in mancher Hinsicht durch Elemente des Kapitalgesellschaftsrechts, wie z.B. durch die Einrichtung eines Aufsichtsrates mit entsprechenden Befugnissen, geprägt sind.

---

10 *U. Hüffer*, ZGR 1980, 320, 323 f.

11 BGHZ 69, 207, 221; *U. Hüffer*, ZGR 1980, 320, 335 ff.

4. Kommanditisten und Treuhandkonstruktionen

520 Wie bei anderen Gesellschaftsformen auch, wird es als zulässig erachtet, dass der Kapitalanleger mit einem Treuhänder, der gleichzeitig Gesellschafter (Kommanditist) einer Kommanditgesellschaft ist, einen Vertrag abschließt, der darauf abzielt, dass der Treuhänder den Gesellschaftsanteil des Anlegers hält. Das hat zur Folge, dass die Treugeber **nicht** Gesellschafter (Kommanditisten) werden (sog. echte Treuhand). Sie werden weder in das Handelsregister eingetragen, noch wird ihre Beteiligung auf andere Weise bekanntgegeben.[12] Da die Kapitalanleger selbst nicht Gesellschafter werden, können sie keine Ansprüche gegen die Gesellschaft geltend machen; ihre Ansprüche richten sich nur gegen den Treuhänder aus ihrem vertraglichen Verhältnis mit ihm.[13] Daraus, dass die Kapitalanleger nicht selbst Kommanditisten werden, ergibt sich auch, dass der KG mit dieser Treuhandkonstruktion keine Einlageansprüche gegen die Kapitalanleger zustehen.[14] Aus dieser Konstruktion folgt weiter, dass den Kapitalanlegern in der Gesellschaft keine Stimmrechte oder sonstigen Verwaltungsrechte zustehen. Der Anleger bzw. Treugeber kann also auf die Ausübung des Stimmrechts in der Gesellschaft keinen unmittelbaren Einfluss nehmen.[15] Der Anleger (Treugeber) kann jedoch mit dem Treuhänder einen Stimmbindungsvertrag schließen und auf diese Art und Weise Einfluss auf die Ausübung des Stimmrechts in der Gesellschaft gewinnen.[16] Umstritten ist, ob der Treugeber noch stärker in das Gesellschaftsverhältnis einbezogen werden kann. So wird z.B. erwogen, ob ihm z.B. Kontroll- und Anweisungsrechte eingeräumt werden können. Im Innenverhältnis kann der Treugeber jedenfalls bei Publikumsgesellschaften praktisch die Stellung eines Gesellschafters einnehmen.[17]

521 Das Rechtsverhältnis zwischen dem Treuhänder und dem Treugeber richtet sich nach dem Vertrag, der zwischen Treuhänder und Treugeber abgeschlossen worden ist. Seinem allgemeinen Charakter nach ist der Treuhandvertrag, wenn die Treuhandschaft entgeltlich geführt wird, ein Geschäftsbesorgungsvertrag gemäß § 675 BGB.[18] Bei Abschluss des Vertrages zwischen dem Treuhandkommanditisten und dem künftigen Treugeber (Kapitalanleger) hat der Treuhandkommanditist, die Pflicht, den künftigen Treugeber über alle wesentlichen Punkte aufzuklären, die für die zu übernehmende mittelbare Beteiligung von Bedeutung sind.[19] Verletzt der Treuhänder schuldhaft diese Pflicht und entsteht dem Treugeber dadurch ein Schaden, erwirbt der Treugeber gegen den Treuhänder einen Anspruch aus § 280 BGB.

522 Ob zwischen mehreren Treugebern rechtliche Bindungen bestehen, hängt von den Umständen des Einzelfalles ab. In der Regel wird dies zu verneinen sein. Es ist jedoch nicht ausgeschlossen, dass die Treugeber sich zur Erreichung eines gemeinsamen Zweckes zusammenschließen und eine Gesellschaft bürgerlichen Rechts gründen.[20]

---

12 OLG Frankfurt OLGZ 1977, 339 ff.
13 OLG Frankfurt OLGZ 1977, 339 ff.
14 OLG München WM 1984, 810.
15 BGHZ 3, 354 ff.; OLG Frankfurt OLGZ 1977, 339 ff.
16 *M. Habersack*, ZHR 164 (2000), 1 ff.
17 BGH, NZG 2011, 1432, 1433 f.
18 BGHZ 76, 127, 131.
19 BGHZ 84, 141, 144; BGH NZG 2010, 231 f.
20 BGHZ 73, 294, 298.

Da der Treugeber nicht Kommanditist ist, können ihn die Gläubiger weder vor noch nach der Eintragung in das Handelsregister nach §§ 176 oder 171 HGB wegen Verbindlichkeiten der KG in Anspruch nehmen.

Bei der sogenannten **unechten Treuhand** sind die Kapitalanleger selbst Gesellschafter der Kommanditgesellschaft, also Kommanditisten. Sie haben jedoch mit einem Treuhänder, der ebenfalls Gesellschafter sein kann, aber nicht sein muss, einen Treuhandvertrag abgeschlossen, der zum Inhalt hat, dass der Treuhänder für den Treugeber die Rechte, die diesem als Gesellschafter zustehen, wahrnimmt.

§ 25 Die Beziehungen der Gesellschafter untereinander (Innenrecht der KG)

Fall 38: Der Gesellschaftsvertrag einer KG sieht vor, dass das ordentliche Prüfungsrecht der Kommanditisten durch einen von den Gesellschaftern zu wählenden Beirat wahrzunehmen ist, der die Kommanditisten über das Ergebnis der Prüfung unterrichtet. Nachdem Mitte 2021 ernst zu nehmende Anzeichen dafür vorliegen, dass die Bilanzen der Jahre 2019 und 2020 gefälscht sein könnten, verlangt der nicht dem Beirat angehörende Kommanditist K eine Abschrift der beiden Jahresabschlüsse 2019 und 2020 und Einsicht in die Bücher und Papiere der Gesellschaft. Der Komplementär verweigert dies mit dem Hinweis auf das alleinige Prüfungsrecht des Beirats. Zu Recht? **Rn. 536** 523

Abwandlung: Wie wäre es, wenn K im Juni 2017 aus der Gesellschaft ausgeschieden wäre? **Rn. 537** 524

Literatur: *V. Beuthien*, Darf ein Kommanditist mehr als widersprechen? Zum Verhältnis des § 164 HGB und zu § 116 HGB, NZG 2013, 967 ff.; *D. Otte*, Ausübung und Schranken der Informationsrechte in OHG, KG und GmbH, NZG 2014, 521 ff.

I. Überblick, insbesondere Geschäftsführung der KG und Beschlussfassung

Während der oder die Komplementär(e), soweit der Gesellschaftsvertrag nichts anderes vorsieht, im Wesentlichen wie der/die Gesellschafter einer OHG zu behandeln ist bzw. sind, sehen die §§ 164 ff. HGB für die **Kommanditisten** eine Reihe von **Besonderheiten** vor. Nach der gesetzlichen Regelung nimmt der Kommanditist an der Geschäftsführung nicht teil (§ 164 HGB = § 164 HGB-E). § 164 HGB ist allerdings nicht zwingendes Recht. Der Gesellschaftsvertrag kann eine abweichende Regelung vorsehen. So kann abweichend von § 164 HGB zwischen den Gesellschaftern vereinbart werden, dass diese zur Geschäftsführung berechtigt und sogar verpflichtet sind[1]. Die Geschäftsführungsbefugnis kann dem Kommanditisten neben persönlich haftenden Gesellschaftern oder auch unter Ausschließung von deren Geschäftsführungsbe- 525

1 BGHZ 17, 392 ff.

fugnis erteilt werden. Darin ist keine unzulässige Drittorganschaft zu sehen. Ist ein Kommanditist geschäftsführungsbefugt, so nimmt er im Verhältnis der Gesellschafter untereinander diesbezüglich die gleiche Stellung ein wie ein persönlich haftender Gesellschafter. Im Übrigen gelten die Ausführungen zu Gesellschafterbeschlüssen bei der OHG (dazu Rn. 347-349) sinngemäß auch für die KG, im Ausgangspunkt auch das Einstimmigkeitsprinzip des § 119 HGB. Meist wird aber gerade im Gesellschaftsvertrag einer KG das Mehrheitsprinzip vereinbart. Dafür gelten die Regeln, die zur Rechtslage bei der BGB-Gesellschaft dargestellt wurden (dazu oben Rn. 97). Gerade bei der KG stellt sich dann nicht selten die Frage, ob auch das Recht des Komplementärs zur Geschäftsführung zu den absolut oder relativ unentziehbaren Mitgliedschaftsrechten gehört (und damit mehrheitsfest ist).

Beispiel: (Nach BGH NZG 2017, 303). Der Gesellschaftsvertrag einer KG mit über 300 Kommanditisten sieht vor, dass die Gesellschafterversammlung ihre Beschlüsse mit einfacher Mehrheit fasst. Die Kommanditisten haben je 2 500 € ihrer Haftsumme eine Stimme, die Komplementärin hat – ohne Leistung einer Kapitaleinlage – 480 Stimmen. Nachdem die Geschäfte der KG schlecht liefen, kam es in einer Gesellschafterversammlung zu einem Mehrheitsbeschluss, durch den neue Komplementärin in die Gesellschaft aufgenommen und der aktuellen Komplementärin die Geschäftsführungs- und Vertretungsbefugnis entzogen wurde.

Der BGH entschied, dass ein solcher Entzug grundsätzlich möglich ist, das Geschäftsführungsbefugnis sei kein absolut unentziehbares Sonderrecht i.S.v. § 35 BGB. Lediglich Rechtspositionen, die individuell einem Gesellschafter oder einer Gesellschaftergruppe durch die Satzung eingeräumt und zudem als unentziehbare Rechte ausgestaltet sind, stellen solche Sonderrechte dar.[2]

Rechtslage nach dem MoPeG:

Der Gesetzgeber nimmt in § 164 HGB-E lediglich terminologische Änderungen vor, die seiner Auffassung nach das Gemeinte besser zum Ausdruck bringen, aber insbesondere das Widerspruchsrecht (dazu unten Rn. 537) wegen der enthaltenen Verweisung auf § 116 Abs. 2 S. 1 HGB-E künftig nicht mehr unmittelbar im Gesetzestext zum Ausdruck bringen. Da nicht auch auf § 116 Abs. 2 S. 2 HGB-E verwiesen wird, wirken die Kommanditisten nach der gesetzlichen Ausgangslage (vorbehaltlich des Gesellschaftsvertrags) auch an der Erteilung von Prokura **nicht** mit, was bislang umstritten war.[3]

II. Die Beteiligung an Gewinn und Verlust

526 Der Kommanditist ist gem. § 167 HGB (§ 709 Abs. 3 BGB-E, § 167 HGB-E) an Gewinn und Verlust der Gesellschaft beteiligt. Die Grundlage für die Ermittlung des Gewinns oder Verlustes der Gesellschaft und des Anteils des Kommanditisten daran ist der für das abgelaufene Geschäftsjahr festgestellte Jahresabschluss. Der auf den Kommanditisten entfallende Gewinnanteil wird gem. § 167 Abs. 2 HGB seinem Kapitalkonto nur solange gutgeschrieben (siehe zum veränderlichen Kapitalkonto oben Rn. 359), bis der Betrag der bedungenen Einlage erreicht ist. Der Grund für diese

2 BGH NZG 2017, 303 Rn. 34; ebenso BGH NZG 2020, 1384 Rn. 12.
3 BT-Drucks. 19/27635, S. 253 m.w.N.

durch den Gesetzgeber festgesetzte Beschränkung liegt darin, dass der Kommanditist Dritten nur mit dem festen Betrag seines Kapitalanteils haftet, der persönlich haftende Gesellschafter aber unbeschränkt. Am Verlust nimmt der Kommanditist nach § 167 Abs. 3 HGB lediglich bis zur Höhe seines Kapitalanteils und seiner noch rückständigen Einlage teil.

Rechtslage nach dem MoPeG:

Der Gesetzgeber streicht die Vorschriften des § 167 Abs. 1 und Abs. 2 HGB und lässt nur noch die Regelung über die Verlustbeteiligung (sinngemäß, durch Ausschluss der Vorschriften über die Fehlbetragshaftung) stehen. Für die Gewinne gelten (vorbehaltlich des Gesellschaftsvertrags) wegen der Streichung der ersten beiden Absätze des § 167 HGB-E künftig über § 161 Abs. 2 HGB-E die entsprechenden Vorschriften über die Gewinnermittlung in der OHG (s.o. Rn. 362).

Da § 167 HGB nur das Verhältnis der Gesellschafter untereinander regelt, handelt es sich nicht um zwingendes Recht (§§ 161 Abs. 2, 109 HGB = §§ 161 Abs. 2, 108 HGB-E). Die Gesellschafter können im Gesellschaftsvertrag eine davon **abweichende Regelung** treffen. In der Praxis werden häufig die Errichtung und Führung von Festkapitalkonten und Privatsonderkonten (s. dazu Rn. 360 f.) und Entnahmebeschränkungen derart vereinbart, dass Teile des Gewinns nicht ausgeschüttet werden dürfen. Gem. § 169 Abs. 1 S. 2 HGB (= § 161 Abs. 2 i.V.m. § 122 Abs. 1 S. 1 HGB-E) hat der Kommanditist zwar grundsätzlich Anspruch auf Auszahlung des ihm zukommenden Gewinns. Diese gesetzliche Regelung ist jedoch abdingbar. Die Gesellschafter einer KG können deshalb im Gesellschaftsvertrag vereinbaren, dass Kommanditisten Zahlungen auch dann erhalten sollen, wenn die Gesellschaft keine Gewinne erzielt[4]. 527

III. Die Kontrollrechte

Da der Kommanditist im Regelfall von der Geschäftsführung ausgeschlossen ist, er aber gleichwohl an Gewinn und Verlust beteiligt ist und sogar bis zur Höhe seiner Einlage mit seinem Privatvermögen haftet, räumt ihm das Gesetz **Kontrollrechte** ein. Dazu zählen die in § 166 HGB (= § 166 HGB-E) genannten **Informations- und Prüfungsrechte**. 528

Der Kommanditist ist berechtigt, die Richtigkeit der Jahresbilanz der Gesellschaft nachzuprüfen, bzw. nachprüfen zu lassen. § 166 Abs. 1 HGB (= § 166 Abs. 1 HGB-E) gewährt dem Kommanditisten zum Zwecke der sachgerechten Prüfung der Bilanz ein **Einsichtsrecht**. Der Kommanditist hat also grundsätzlich das Recht zur Einsicht in alle Bücher und Papiere der Gesellschaft. Er darf allerdings nur in dem Umfang Einsicht nehmen, der für die Prüfung der Bilanz erforderlich ist[5]. Das ordentliche Prüfungsrecht des Kommanditisten i.S.d. § 166 Abs. 1 HGB kann durch entsprechende Vereinbarungen im Gesellschaftsvertrag erweitert, aber auch beschränkt werden. 529

4 BGH WM 1979, 803 f.
5 BGH WM 1979, 1061.

Beispiel: Der Gesellschaftsvertrag einer KG sieht vor, dass das ordentliche Prüfungsrecht der Kommanditisten durch einen von den Gesellschaftern zu wählenden Beirat wahrzunehmen ist, der die Kommanditisten über das Ergebnis der Prüfung unterrichtet.

530 Nach § 166 Abs. 3 HGB hat der Kommanditist ein **außerordentliches Prüfungsrecht**, wenn das Prüfungsrecht des § 166 Abs. 1 HGB nicht ausreicht, um seine Belange zu wahren. Ein **wichtiger Grund**, der einen Anspruch auf eine außerordentliche Prüfung gibt, liegt immer dann vor, wenn die Erfüllung der ordentlichen Informationsrechte für die sachgemäße Ausübung eines Mitgliedschaftsrechts nicht ausreicht und ein besonderer Gefährdungstatbestand vorliegt.

531 Nach § 166 Abs. 3 HGB kann das **Gericht auf Antrag** eines Kommanditisten, wenn wichtige Gründe vorliegen, die Mitteilung einer Bilanz und eines Jahresabschlusses oder sonstiger Aufklärungen sowie die Vorlegung der Bücher und Papiere der Gesellschaft jederzeit **anordnen**. Ein wichtiger Grund im Sinne dieser Vorschrift liegt vor, wenn das Informationsrecht des Kommanditisten aus § 166 Abs. 1 HGB für eine sachgerechte Ausübung seiner Mitgliedschaftsrechte nicht ausreicht und wegen **Gefährdung der Interessen des Kommanditisten** eine Regelung getroffen werden muss. Dafür genügt

– ein durch Tatsachen gerechtfertigter Verdacht, dass eine Schädigung der Gesellschaft oder der Rechte der Kommanditisten droht[6]
  oder
– dass einem Kommanditisten die Abschrift der Jahresbilanz oder die zum Zwecke der Prüfung erforderliche Einsicht in die Bücher und Papiere der Gesellschaft verweigert wird[7].

532 Das Antragsrecht des Kommanditisten gem. § 166 Abs. 3 HGB dient der Durchsetzung seines ihm zustehenden Informationsrechts, das – wie der Zusammenhang mit § 166 Abs. 1 HGB zeigt – nicht lediglich auf die Prüfung der Richtigkeit des Jahresabschlusses beschränkt ist, sondern sich bei Vorliegen eines wichtigen Grundes auch auf die **Geschäftsführung des Komplementärs** allgemein und die damit in Zusammenhang stehenden Unterlagen der Gesellschaft erstreckt[8]. Aus Sinn und Zweck des § 166 Abs. 3 HGB, nämlich den Kommanditisten einen Mindestschutz zu gewähren, ergibt sich, dass das außerordentliche Prüfungsrecht aus wichtigem Grund durch Vereinbarungen im Gesellschaftsvertrag **weder ausgeschlossen noch beschränkt** werden kann[9].

533 Dem ausgeschiedenen Kommanditisten stehen zwar die Kontrollrechte gem. § 166 HGB nicht mehr zu; bei Vorliegen eines rechtlichen Interesses kann er jedoch auf der Grundlage der §§ 810, 242 BGB die Bücher und Papiere aus der Zeit seiner Zugehörigkeit zur Gesellschaft einsehen. Das gilt insbesondere für den Fall, dass diese Unterlagen für die Berechnung seines Abfindungsguthabens von Bedeutung sind[10].

---

6 BGH NZG 2016, 1102 Rn. 24; MünchKomm-HGB/*Grunewald*, § 166 Rn. 30.
7 OLG Hamm BB 1970, 509.
8 Näher BGH NZG 2016, 1102 Rn. 13 ff.
9 OLG Hamm DB 1970, 724, 725.
10 BGH GmbHR 1989, 289 f.

Rechtslage nach dem MoPeG:

Der Gesetzgeber hat das gerichtliche Anordnungsrecht in § 166 Abs. 3 HGB gestrichen und stattdessen in § 166 Abs. 1 S. einen unabdingbaren Auskunftsanspruch geschaffen, soweit dies „zur Wahrnehmung seiner Mitgliedschaftsrechte erforderlich ist, insbesondere wenn Grund zu der Annahme unredlicher Geschäftsführung besteht". Eine erhebliche Rechtsschutzverkürzung sei für die Kommanditisten damit nicht verbunden, zumal der Kommanditist ggf. einstweiligen Rechtsschutz gem. §§ 935 ff. ZPO in Anspruch nehmen könne.[11] Ob künftig der oben in Rn. 531 dargestellte gerechtfertigte Verdacht bloß schädlicher – nicht unbedingt unredlicher – Geschäftsführung dafür genügt, dürfte angesichts der gesetzlichen Formulierung allerdings zweifelhaft sein. § 166 Abs. 2 HGB-E schließt eine Beschränkung dieser Rechte im Gesellschaftsvertrag nunmehr ausdrücklich aus (so schon die bisherige Rechtslage nach h.M., vgl. oben Rn. 532).

IV. Das Widerspruchsrecht

Kommanditisten können Geschäftsführungsmaßnahmen der persönlich haftenden Gesellschafter widersprechen, soweit diese über den gewöhnlichen Betrieb des Handelsgewerbes der Gesellschaft hinausgehen (§ 164 HGB = § 164 Hs. 2 i.V.m. § 116 Abs. 2 S. 1 HGB-E). Die **h.M.** in Literatur und Rspr. geht davon aus, dass § 164 HGB ein **Zustimmungserfordernis für außergewöhnliche Geschäfte** aufstellt, weil sonst die von der Geschäftsführung ausgeschlossenen Kommanditisten keine Möglichkeit hätten, von ihrem Widerspruchsrecht Gebrauch zu machen[12]. Das Zustimmungserfordernis berührt allerdings nur das Verhältnis der Gesellschafter untereinander. Mit außenstehenden Dritten vorgenommene Rechtsgeschäfte sind trotz fehlender Zustimmung voll wirksam. **534**

Rechtslage nach dem MoPeG:

Durch die Neuformulierung des § 164 HGB-E entfällt nun das Zustimmungserfordernis bei außergewöhnlichen Geschäften und wird durch einen vorherigen Gesellschafterbeschluss gem. § 116 Abs. 2 S. 1 Hs. 2 HGB-E ersetzt. Damit haben die Kommanditisten nach wie vor ein Veto-Recht, wenn nicht der Gesellschaftsvertrag insoweit Mehrheitsbeschlüsse zulässt (was er kann).

V. Treuepflicht und Wettbewerb

Auch den Kommanditisten sind die für Personengesellschaften typischen **Treuepflichten** auferlegt. Allerdings hat der Gesetzgeber die Kommanditisten ausdrücklich von dem für persönlich haftende Gesellschafter geltenden **Wettbewerbsverbot** des § 112 HGB (= § 117 HGB-E) ausgenommen (§ 165 HGB = § 165 HGB-E). Damit ist **535**

11 BT-Drucks. 19/27635, S. 254.
12 RGZ 158, 302, 305 f.; kritisch *V. Beuthien*, NZG 2013, 967 ff.

den Beteiligten aber nicht die Möglichkeit genommen, derartige Verbote sowohl für die Zeit während des Bestehens der Gesellschaft, als auch für die Zeit nach ihrer Auflösung vertraglich zu vereinbaren. Dass Wettbewerbsabreden rechtlich zulässig sind, bedeutet nicht, dass sie in jedem Fall mit anderen gesetzlichen Vorschriften vereinbar sind. Nicht nur § 138 BGB setzt der privatautonomen Gestaltungsfreiheit der Gesellschafter Grenzen. Die gesellschaftsvertragliche Vereinbarung eines Wettbewerbsverbotes für Kommanditisten ist zulässig, wenn diese maßgeblichen Einfluss auf die Geschäftsführung ausüben können.[13]

Beispiel: A ist Komplementär der A-KG; B und C gehören der Gesellschaft als Kommanditisten an. Gegenstand des Unternehmens ist der Handel mit Elektronikhardware und Software. A ist mit 10 000 €, B mit 70 000 € und C mit 300 000 € beteiligt. Nach Vorgabe des Gesellschaftsvertrages ist ein aus B und C bestehender Beirat gebildet worden, in dem nach Kapitalanteilen abgestimmt wird. Der Beirat muss jedem Geschäft, das den Umfang von 25 000 € überschreitet, zustimmen; außerdem hat er bei Geschäften von grundsätzlicher Bedeutung ein Vetorecht. C hat der KG ein langfristiges Darlehen in Höhe von 250 000 € gewährt, damit notwendige Investitionen durchgeführt werden können. Der Gesellschaftsvertrag enthält für C ein Wettbewerbsverbot. Es untersagt C, sich an einem anderen Unternehmen derselben Branche zu beteiligen oder in einem solchen Unternehmen tätig zu sein. Da C nicht nur die Stellung eines einfachen Kommanditisten einnimmt, sondern über den Beirat und als Gläubiger eines bedeutenden Darlehens maßgeblichen Einfluss auf das Unternehmen ausüben kann, ist die Vereinbarung eines Wettbewerbsverbots der geschilderten Art nach der Rechtsprechung des BGH zulässig.[14]

Fraglich kann sein, ob zwischen den Gesellschaftern vereinbarte Wettbewerbsabreden von § 1 GWB erfasst werden[15]. Ein Wettbewerbsverbot verstößt nach Ansicht des BGH[16] solange nicht gegen § 1 GWB, wie die Funktionsfähigkeit und der Bestand einer ansonsten kartellrechtsneutralen Gesellschaft gewährleistet bleibt (sog. Immanenztheorie).

Ist ein Kommanditist Wettbewerber der Gesellschaft, so kann aus § 242 BGB und der Treuepflicht, die ihm obliegt, folgen, dass er das ihm sonst zustehende Recht, selbst Einsicht in die Bücher und Papiere zu nehmen, nicht ausüben darf, soweit überwiegende Interessen der Gesellschaft entgegenstehen. Entscheidend ist in einem solchen Fall darauf abzustellen, ob und inwieweit die Einsicht in die Bücher und Papiere für die Gesellschaft die Gefahr begründet, dass die dadurch von dem Kommanditisten gewonnenen Kenntnisse zu wettbewerblichen Zwecken – zum Nachteil der Gesellschaft – verwendet werden (zum Wettbewerbsverbot bei einer beherrschenden Beteiligung an einer GmbH & Co. KG s. Rn. 883).

Der **BGH**[17] neigt dazu, die Treuepflichten der Kommanditisten weiter auszudehnen und vertritt die Ansicht, ein Kommanditist dürfe auch dann, wenn er, wie im Regelfall, keinem Wettbewerbsverbot unterliegt, „wegen der ihm als Gesellschafter obliegenden Treuepflicht“ keine Geschäfte an sich ziehen, die in den Geschäftsbereich der Gesellschaft fallen und dieser auf Grund bestimmter konkreter Umstände bereits zugeordnet sind.

13 BGHZ NZG 2014, 1058.
14 BGHZ NZG 2014, 1058.
15 Dazu BGHZ 70, 331, 335 f.; 89, 162, 189.
16 BGHZ NZG 2014, 1058.
17 WM 1989, 1216 ff.

Lösung zu Fall 38: Nach § 166 Abs. 1 HGB ist K als Kommanditist berechtigt, die Richtigkeit der Jahresbilanz der Gesellschaft nachzuprüfen, bzw. nachprüfen zu lassen. Diese Vorschrift gewährt dem Kommanditisten zum Zwecke der sachgerechten Prüfung der Bilanz ein Einsichtsrecht. Der Kommanditist hat also grundsätzlich das Recht zur Einsicht in alle Bücher und Papiere der Gesellschaft. Er darf allerdings nur in dem Umfang Einsicht nehmen, der für die Prüfung der Bilanz erforderlich ist[18]. Das ordentliche Prüfungsrecht des Kommanditisten i.S.d. § 166 Abs. 1 HGB kann durch entsprechende Vereinbarung im Gesellschaftsvertrag beschränkt werden. Das ist hier durch eine entsprechende Klausel im Gesellschaftsvertrag und die Einsetzung eines Beirats geschehen. Das bedeutet allerdings nicht, dass der Kommanditist sich aller Kontrollrechte begeben hat. Nach § 166 Abs. 3 HGB hat der Kommanditist ein außerordentliches Prüfungsrecht, wenn das Prüfungsrecht des § 166 Abs. 1 HGB nicht ausreicht, um seine Belange zu wahren. Ein wichtiger Grund, der einen Anspruch auf eine außerordentliche Prüfung gibt, liegt immer dann vor, wenn die Erfüllung der ordentlichen Informationsrechte für die sachgemäße Ausübung eines Mitgliedschaftsrechts nicht ausreicht und ein besonderer Gefährdungstatbestand vorliegt. Dafür genügt es, dass einem Kommanditisten, wie im zu erörternden Falle geschehen, die Abschrift der Jahresbilanz oder die zum Zwecke der Prüfung erforderliche Einsicht in die Bücher und Papiere der Gesellschaft verweigert wird[19]. Dieses außerordentliche Prüfungsrecht kann durch Vereinbarungen im Gesellschaftsvertrag weder ausgeschlossen noch beschränkt werden. 536

Infolgedessen kann K jedenfalls das außerordentliche Prüfungsrecht gem. § 166 Abs. 3 HGB ausüben und einen Antrag auf Entscheidung des Gerichts darüber stellen.

Zur Abwandlung: Fraglich ist, ob dem K das außerordentliche Prüfungsrecht auch noch nach seinem Ausscheiden aus der Gesellschaft zusteht. Dem ausgeschiedenen Kommanditisten stehen zwar die Kontrollrechte gem. § 166 HGB nicht mehr zu; bei Vorliegen eines rechtlichen Interesses kann er jedoch auf der Grundlage der §§ 810, 242 BGB die Bücher und Papiere aus der Zeit seiner Zugehörigkeit zur Gesellschaft einsehen. Das gilt insbesondere für den Fall, dass diese Unterlagen für die Berechnung seines Abfindungsguthabens von Bedeutung sind[20]. 537

§ 26 Die Außenbeziehungen bei der KG (Außenrecht der KG)

Fall 39: A ist Komplementär der im Handelsregister eingetragenen A-KG. Kommanditisten sind X und Y, die jeder eine Einlage (= Haftsumme) in Höhe von 70 000 € zu leisten haben. Y hat seine Einlage erbracht, X hat erst 35 000 € eingezahlt. Die Ehefrau E des X möchte bei einem Freund der Familie, M, ein Darlehen aufnehmen, um mit indischen und chinesischen Aktien an der Börse spekulieren zu können. M ist bereit, ein Darlehen in Höhe von 200 000 € zu gewähren, verlangt aber eine, wie er sich ausdrückt, „solide" Bürgschaft. E fragt den M, ob er eine Bürgschaft der A-KG akzeptieren würde. M bejaht dies. Daraufhin 538

18 BGH WM 1979, 1061.
19 OLG Hamm BB 1970, 509.
20 BGH GmbHR 1989, 289 f.

bittet E den X, ihr eine Bürgschaft der A-KG zu besorgen. X rechnet mit der Ablehnung, eines solchen Ansinnens durch A und setzt deshalb einen Vertrag über eine selbstschuldnerische Bürgschaft in Höhe von 200 000 € auf. Als Bürgin setzt er die A-KG ein. X selbst unterschreibt den Vertrag mit der Floskel „für die A-KG". M ist der Meinung, X sei ein geschäftsführungs- und vertretungsbefugter Gesellschafter. M zahlt das Darlehen an E aus. Diese verliert an der Börse infolge einiger Fehlspekulationen viel Geld. Über ihr Vermögen wird das Insolvenzverfahren eröffnet. M wendet sich bei Fälligkeit einer Darlehenstilgungs- und Zinsforderung in Höhe von 30 000 € mit der Bitte um Zahlung an die A-KG. A, der von der Bürgschaft nichts wusste, verweigert die Zahlung. Hat M gegen die A-KG oder gegen X einen Anspruch auf Zahlung von 30 000 €? **Rn. 549**

539 **Fall 40:** K ist Kommanditist der Hein-Elektro KG. Er hat seine Einlage in Höhe von 15 000 € bei der Gründung der Gesellschaft im Jahre 2015 erbracht. In den Jahren 2016 bis 2019 werden Gewinne von insgesamt 400 000 € erwirtschaftet, von denen 100 000 € auf K entfallen, der davon nichts entnimmt. 2020 und 2021 entstehen der KG Verluste in Höhe von insgesamt 500 000 €; davon entfallen 125 000 € auf K. Als im Frühjahr 2020 eine Betriebsprüfung durch das Finanzamt durchgeführt wird, stellt sich heraus, dass K für die Jahre 2018 und 2019 zu wenig Einkommenssteuer entrichtet hat. Als das Finanzamt von ihm eine Einkommens- und Kirchensteuernachzahlung von 11 000 € verlangt, veranlasst K, dass diese Summe aus der Gesellschaftskasse gezahlt und sein Gesellschafterkonto damit belastet wird. Bereits 2015 hatte die KG bei der X-Bank ein Darlehen in Höhe von 120 000 € aufgenommen, dessen Rückzahlung am 1. Dezember 2021 fällig geworden ist. Die X-Bank verlangt Anfang 2022 von K Zahlung eines Teilbetrages der Darlehensrückzahlungsforderung in Höhe von 40 000 €. Zu Recht? **Rn. 550**

Literatur: *Häsemeyer*, Kommanditistenhaftung und Insolvenzrecht, ZHR 149 (1985), 42 ff.; *v. Olshausen*, Die Aufrechnung eines Kommanditisten mit einer nicht voll werthaltigen Gegenforderung und ihre Wirkung auf die Einlageverbindlichkeit, ZGR 2001, 175 ff.; *K. Schmidt*, Was wird aus der unbeschränkten Kommanditistenhaftung nach § 176 HGB? Auslegung, Vertragsgestaltung und Gesetzgebung vor einer haftungsrechtlichen Neubesinnung, GmbHR 2002, 341 ff.; *ders.*, Haftungsregress bei Personengesellschaften (Anmerkung zu BGH NJW-RR 2002, 455), JuS 2003, 228 ff.

I. Die Vertretung

540 Nach der gesetzlichen Regelung bleiben die Kommanditisten von der Vertretung der Gesellschaft ausgeschlossen (§ 170 HGB = § 170 HGB-E). Diese obliegt den persönlich haftenden Gesellschaftern. § 170 HGB ist, weil er das Verhältnis der Gesellschaft zu schutzwürdigen Dritten regelt, **zwingendes Recht**. Der Gesellschaftsvertrag kann deshalb eine davon abweichende Bestimmung, die den Kommanditisten die gesetzliche Vertretung der Gesellschaft und damit eine Organstellung überträgt, nicht wirksam treffen.

541 Der Kommanditist kann jedoch **gewillkürter**, d.h. durch Rechtsgeschäft bestimmter **Vertreter der Gesellschaft** werden. Diese Vollmacht kann auf bestimmte Rechtshandlungen beschränkt sein. Die Möglichkeit, einem Kommanditisten in großem Umfange Vertretungsmacht einzuräumen, bietet die Erteilung der Prokura an ihn[1].

1 BGHZ 17, 392 ff.

Von dieser Möglichkeit wird insbesondere dann Gebrauch gemacht, wenn dem Kommanditisten auch die Geschäftsführungsbefugnis übertragen worden ist.

Beispiel: K ist Kommanditist einer KG, deren Gegenstand die Herstellung und der Vertrieb von Scherzartikeln ist. Während der Winterferien, die Kunz in St. Anton am Arlberg verbringt, lernt er den Kaufmann G kennen, der mit Reinigungsmitteln handelt. Er erzählt dem G, dass er Gesellschafter der oben genannten KG sei und kauft, um G einen Gefallen zu tun, im Namen der KG für diese Reinigungsmittel im Werte von 2 500 €. Der persönlich haftende Gesellschafter der KG erklärt, der Betrieb könne mit den Reinigungsmitteln nichts anfangen; er denke nicht daran, sie zu bezahlen. Ein Kaufvertrag mit der KG ist nicht zustande gekommen, weil K gem. § 170 HGB nicht zur Vertretung der Gesellschaft befugt ist. Er hat als Vertreter ohne Vertretungsmacht i.S.d. § 177 BGB gehandelt. Der zunächst schwebend unwirksame Vertrag ist vom persönlich haftenden Gesellschafter nicht genehmigt worden. K könnte daher von G aus § 179 BGB in Anspruch genommen werden; die KG selbst ist keine Verbindlichkeit eingegangen.

II. Die Gesellschafterhaftung

1. Die generelle Regelung

Da die Kommanditgesellschaft lediglich eine Modifikation der OHG darstellt, haften die Gesellschafter – also Komplementäre *und* Kommanditisten – neben der Kommanditgesellschaft für die Verbindlichkeiten der Gesellschaft mit ihrem Privatvermögen. Für den Komplementär gelten gem. § 161 Abs. 2 die §§ 128 bis 130 HGB (bzw. die § 126–128 HGB-E). Demgegenüber ist die Haftung der Kommanditisten für Verbindlichkeiten der Gesellschaft Dritten gegenüber auf die Höhe ihrer Einlage beschränkt (§ 171 HGB), künftig auf die „Haftsumme" (§ 171 HGB-E). **542**

2. Die Haftung des Kommanditisten vor der Eintragung in das Handelsregister

Wenn eine noch nicht in das Handelsregister eingetragene Kommanditgesellschaft mit Zustimmung des Kommanditisten die Geschäfte bereits aufgenommen hat, haftet der Kommanditist gem. § 176 Abs. 1 HGB (= § 176 Abs. 1 HGB-E) wie der Komplementär für die bis zur Eintragung begründeten Verbindlichkeiten der Gesellschaft. Er haftet nicht, wenn dem Gläubiger die Beteiligung als Kommanditist bekannt war. **543**

Zweifelhaft ist, unter welchen tatsächlichen Voraussetzungen eine die Haftung ausschließende **Kenntnis des Gläubigers** bejaht werden kann. § 176 Abs. 1 HGB geht von dem Grundsatz der unbeschränkten Haftung des nicht eingetragenen Kommanditisten aus. Die Vorschrift knüpft die Haftungsbeschränkung an die als Ausnahmetatbestand formulierte **Kenntnis** des Geschäftspartners von der **Kommanditisteneigenschaft** und überträgt die Beweislast für diese Kenntnis dem betroffenen Kommanditisten[2].

2 BGHZ 82, 209, 212 f.

3. Die Haftung des Kommanditisten nach der Eintragung in das Handelsregister (§ 171 HGB)

544 Soweit die Einlage geleistet ist, d.h. wenn der Gesellschaft in Höhe der Einlage ein Vermögenswert zugewachsen ist, ist die Haftung ausgeschlossen (§ 171 Abs. 1 HGB bzw. HGB-E). Für die Haftungsbefreiung des Kommanditisten durch Leistung der Haftsumme gilt ähnlich wie im Recht der Kapitalgesellschaften das **Kapitalaufbringungsprinzip**[3]. Das bedeutet, dass der Kommanditist nur in Höhe des objektiven Wertes seiner Leistung von seiner Haftung gegenüber den Gesellschaftsgläubigern frei wird[4].

Beispiel: A hat bei seinem Eintritt als Kommanditist in die B-KG seine Einlage in Höhe von 100 000 € dadurch erbracht, dass er der B-KG eine Forderung in gleicher Höhe gegen die C-GmbH abgetreten hat. Noch bevor die B-KG die Forderung gegen die C-GmbH geltend machen kann, wird über die C-GmbH das Insolvenzverfahren eröffnet. Die B-KG kann die Forderung nur noch in Höhe der Insolvenzquote von 5 % durchsetzen. Hier ist A nur in Höhe des objektiven Wertes der Forderung, also 5 000 €, von seiner Haftung gegenüber den Gläubigern der B-KG frei geworden (es sei denn, die Insolvenz der C-GmbH wäre erst nach der Abtretung absehbar geworden). Die Gläubiger können ihn mithin in Höhe von 95 000 € für Schulden der B-KG in Anspruch nehmen.

Um seine Einlageverpflichtung zu erfüllen, kann der Kommanditist mit einer ihm gegen die KG zustehenden Forderung (z.B. aus einem Austauschgeschäft zwischen ihm und der KG) aufrechnen. Ist die Forderung des Kommanditisten gegen die KG wegen der wirtschaftlichen Lage der Gesellschaft nicht mehr vollwertig, so wird der Kommanditist nur in Höhe des objektiven Wertes der Forderung (= in Höhe der Werthaltigkeit) von seiner Haftung gegenüber den Gläubigern der Gesellschaft frei[5].

Bei einer Treuhandkonstruktion (echte Treuhand) ist der Treugeber (Anleger) nicht Gesellschafter (siehe oben Rn. 522 ff.). Für die Haftung bedeutet dies, dass den Gesellschaftsgläubigern lediglich der Treuhandkommanditist nach §§ 171, 172 HGB mit seinem Privatvermögen haftet, nicht aber der Treugeber (Anleger).[6]

4. Das Wiederaufleben der Haftung gem. § 172 Abs. 4 HGB

545 Der Kommanditist, der seine Einlage erbracht hat, ist allerdings nicht unter allen Umständen für die Zukunft von der Haftung ausgeschlossen. Die Haftungsbefreiung dauert nur so lange, wie der Kommanditist den seiner Haftsumme entsprechenden Vermögenswert im Gesellschaftsvermögen belässt. Gem. § 172 Abs. 4 S. 1 HGB (= HGB-E) kann der Kommanditist wieder haftbar gemacht werden, wenn und soweit er die Einlage zurückbezahlt erhält. Den Gesellschaftsgläubigern gegenüber gilt die Einlage in Höhe der Rückzahlung als nicht geleistet[7]. Nun wird es zu einer solchen offenen Rückzahlung der Einlage in aller Regel nicht kommen (da sie ja die persönliche Haftung wieder aufleben lässt). Statt einer offenen Zahlung kann es aber auch zu

3 BGHZ 109, 334, 337.
4 BGHZ 95, 188, 197 und 109, 334, 337.
5 BGHZ 95, 188 ff.; zur Problematik *v. Olshausen*, ZGR 2001, 175 ff.
6 BGHZ 189, 45 55.
7 Zur dogmatischen Deutung der Kommanditistenhaftung vgl. *Häsemeyer*, ZHR 149 (1985), 42, 44 ff.

einer versteckten bzw. verdeckten Zuwendung an den Kommanditisten kommen, indem im Rahmen eines Austauschgeschäfts der Kommanditist einen höheren Wert erhält als er selbst leisten muss, z.B. ein Grundstück zum Freundschaftspreis. Auch solche verdeckten Zuwendungen erfüllen den Tatbestand einer Rückzahlung der Einlage. Unter Rückzahlung i.S.d. § 172 Abs. 4 HGB ist also jede Zuwendung aus dem Gesellschaftsvermögen an den Kommanditisten zu verstehen, mit der dem Gesellschaftsvermögen in Höhe der geleisteten Einlage Vermögenswerte entzogen werden, ohne dass dafür eine gleichwertige Gegenleistung erbracht wird, und die damit die Fähigkeit der Gesellschaft vermindert, die Gläubiger zu befriedigen[8].

Noch komplizierter wird es im Fall des § 172 Abs. 4 S. 2 HGB (= HGB-E). Dieser berücksichtigt nämlich die Tatsache, dass nach der erstmaligen Einlage die Kommanditgesellschaft ihren Geschäften nachgeht und laufend Gewinne oder Verluste erzielt. Der Wert des Gesellschaftsvermögens wird sich also im Laufe der Zeit verändern. Erwirtschaftet die KG Verluste, so sinkt es, und entsprechend sinkt auch der Wert des Kapitalanteils des Kommanditisten. Falls anschließend wieder Gewinne erzielt werden, könnten die Gesellschafter auf die Idee kommen, sich diese Gewinne auszahlen zu lassen, obwohl der Kapitalanteil des Kommanditisten durch die vorherigen Verluste noch immer unter den Betrag der geleisteten Einlage herabgemindert war. **546**

Beispiel: Ein häufiges Beispiel aus der Praxis bilden Publikums-Fondsgesellschaften in der Rechtsform einer KG, bei der sich Hunderte von Anlegern als Kommanditisten an einem Schiff oder einer Immobilie beteiligen. Ihnen wird für die zu leistende Einlage häufig eine bestimmte jährliche „Garantiezahlung" z.B. von 4 % versprochen, die gewinnunabhängig sind. Solche Zahlungen sind Entnahmen im Sinne des § 172 Abs. 4 S. 2 HGB, wenn sie erfolgen, nachdem bereits Verluste erwirtschaftet wurden.

Durch solche Zahlungen lebt die Haftung des Kommanditisten genauso auf, als ob die Einlage zurückbezahlt wird. Und entsprechend verhält es sich, wenn durch eine solche Entnahme der Kapitalanteil erstmals unter die Haftsumme herabgemindert wird. Das ist gemeint, wenn § 172 Abs. 4 S. 2 HGB der Rückzahlung von Einlagen die Entnahmen von Gewinnanteilen gleichstellt, soweit diese erfolgen, während der Kapitalanteil des Entnehmenden unter den Betrag der geleisteten Einlage gesunken ist oder soweit durch die Entnahme der Kapitalanteil unter den Betrag der geleisteten Einlage herabgemindert wird. Der Entnahme von Gewinnanteilen stehen im Übrigen erneut (wie bei Rn. 545) verdeckte Zuwendungen gleich.[9]

Beispiel: Die von C erbrachte Kommanditeinlage beträgt gesellschaftsvertraglich vorgeschrieben 100 000 €. Auf Anweisung des C überweist die KG 45 000 € fällig gewordene Einkommenssteuer für C an das zuständige Finanzamt. Zahlungen der Gesellschaft auf Einkommenssteuerschulden der Gesellschafter sind den Gesellschaftern als Entnahmen zuzurechnen.[10] Diese Entnahme verringerte die Einlage des C, ohne dass eine entsprechende Gegenleistung durch C erfolgt ist, so dass der Kapitalanteil unter seine Haftsumme herabgemindert wird. Infolgedessen liegt eine Rückzahlung i.S.d. § 172 Abs. 4 HGB vor. Die Haftung des C den Gläubigern der Gesellschaft gegenüber lebt in Höhe von 45 000 € wieder auf.

---

8 OLG Düsseldorf GmbHR 1959, 114; *Stuhlfelner* in: HK-HGB, § 172 Rn. 6 ff.
9 OLG Hamm, NZG 2010, 1298 ff.
10 OLG Hamm, NZG 2010, 1299.

Die Haftung gemäß § 171 Abs. 1 und § 172 Abs. 4 HGB soll lediglich gewährleisten, dass die Haftsumme im Gesellschaftsvermögen gedeckt ist.[11] Auf einen über die Haftsumme hinausgehenden Betrag haben die Gläubiger keinen Anspruch.

Keine Rückgewähr i.S. von § 172 Abs. 4 HGB stellen Gewinne dar, die der Kommanditist in gutem Glauben bezogen hat und die aufgrund einer in gutem Glauben errichteten Bilanz ausgezahlt worden sind (§ 172 Abs. 5 HGB). Der Gutglaubensschutz nach § 172 Abs. 5 HGB setzt stets den Bezug von Gewinnen voraus, die in einer unrichtigen Bilanz ausgewiesen, aber tatsächlich nicht vorhanden sind.[12]

III. Der Erstattungsanspruch

547 Nach § 110 HGB (= § 716 Abs. 1–3 BGB-E i.V.m. §§ 161 Abs. 2, 105 Abs. 3 HGB-E), der gem. § 161 Abs. 2 HGB auch für die Kommanditgesellschaft gilt, kann der von einem Gläubiger in Anspruch genommene Gesellschafter von der Gesellschaft den Betrag verlangen, den er an den Gläubiger gezahlt hat. Dieses Recht steht auch dem Kommanditisten zu, der im Interesse der Gesellschaft ein Sonderopfer erbracht hat[13].

548 Fraglich kann sein, ob ein Kommanditist, der ohne Verpflichtung im Außenverhältnis einen Gesellschaftsgläubiger freiwillig befriedigt hat, vom Komplementär in gleicher Weise Ausgleich verlangen kann, als hätte er selbst auch die Stellung eines Komplementärs inne, wenn die Gesellschaft auf den Erstattungsanspruch nicht leisten kann. Der BGH[14] vertritt die Auffassung, der Kommanditist könne den Komplementär nach § 426 BGB in Anspruch nehmen, obwohl die Anwendung dieser Regressvorschrift voraussetzt, dass mehrere Gesellschafter im Außenverhältnis den Gesellschaftsgläubigern haften. Der BGH hält es für geboten, die für mehrere persönlich haftende Gesellschafter geltenden Grundsätze auch dann heranzuziehen, wenn einer der Kommanditisten, ohne im Außenverhältnis hierzu verpflichtet zu sein, freiwillig Schulden der Gesellschaft tilgt „und sich dadurch von sich aus einem persönlich haftenden Gesellschafter gleichstellt“[15]; allerdings müsse sich der den Mitgesellschafter in Anspruch nehmende Kommanditist seinen eigenen Verlustanteil grundsätzlich von seinem Ausgleichsanspruch abziehen lassen.

549 **Lösung zu Fall 39:**

I. Ansprüche des M gegen die A-KG

M könnte gegen die A-KG einen Anspruch aus §§ 765, 488 BGB auf Zahlung von 30 000 € haben. Das setzt voraus, dass zwischen M und der A-KG ein Bürgschaftsvertrag gem. § 765 BGB abgeschlossen worden ist. Die Hauptverbindlichkeit, welche durch die Bürgschaft gesichert werden soll, ist die Darlehensrückzahlungs- und Zinsforderung aus dem zwischen M und E vereinbarten Darlehensvertrag gem. § 488 BGB. Zweifel bestehen allerdings daran, ob zwischen M und der A-KG ein wirksamer Bürgschaftsvertrag zustande gekommen ist. Für die KG hat X die Willenserklärung abgegeben, die zum Abschluss des Bürgschaftsvertrages führen sollte. Als Kommanditist ist X nicht zur Vertretung der KG ermächtigt (§ 170

11 BGHZ 189, 45, 51.
12 BGHZ 189, 45, 50.
13 BGHZ 39, 319, 324; BGH MDR 2002, 593.
14 MDR 2002, 593, 594.
15 BGH MDR 2002, 593, 594.

HGB). Da auch keine Bevollmächtigung i.S.d. § 167 BGB vorliegt, handelte X als Vertreter ohne Vertretungsmacht. Das hat zur Folge, dass die von ihm abgegebene Willenserklärung und damit der Bürgschaftsvertrag zunächst gem. § 177 Abs. 1 BGB schwebend unwirksam waren. A hätte als Komplementär das Rechtsgeschäft nach § 184 BGB genehmigen können. Er hat dies jedoch nicht getan. Seine Weigerung, auf das Verlangen des M zu zahlen, ist als Verweigerung der Genehmigung auszulegen (§ 133 BGB). Demzufolge ist der zunächst schwebend unwirksame Bürgschaftsvertrag nichtig geworden. Da ein Bürgschaftsvertrag zwischen M und der A-KG nicht zustande gekommen ist, hat M keinen Anspruch aus §§ 765, 488 BGB auf Zahlung einer Forderung von 30 000 €.

II. Ansprüche des M gegen X

1. Anspruch aus §§ 765, 488 BGB i.V.m. § 171 Abs. 1 HGB

M könnte gegen X aber einen Anspruch aus §§ 765, 488 BGB i.V.m. § 171 Abs. 1 HGB auf Zahlung von 30 000 € erworben haben. Da X seine Kommanditeinlage noch nicht voll erbracht hat, haftet er gem. § 171 Abs. 1 HGB den Gläubigern der Gesellschaft für die Verbindlichkeiten der Gesellschaft in Höhe der Differenz zwischen zu erbringender und tatsächlich geleisteter Einlage. Diese persönliche Haftung setzt aber stets eine Verbindlichkeit der Gesellschaft voraus. Wie unter I. bereits ausgeführt, besteht keine Bürgschaftsforderung des M gegen die A-KG. Deshalb kann M den X nicht aus §§ 765, 488 BGB i.V.m. § 171 Abs. 1 HGB auf Zahlung von 30 000 € in Anspruch nehmen.

2. Anspruch aus § 179 Abs. 1 BGB

M könnte gegen X einen Anspruch aus § 179 Abs. 1 BGB auf Zahlung von 30 000 € erworben haben. Wie unter I. ausgeführt, handelte X als Vertreter ohne Vertretungsmacht. Als solcher ist er dem anderen Teil, hier M, nach dessen Wahl zum Schadensersatz oder zur Erfüllung verpflichtet. Etwas anderes gilt, wenn der Dritte (der Geschäftsgegner) den Mangel der Vertretungsmacht gekannt oder infolge Fahrlässigkeit („kennen musste") nicht gekannt hat. In einem solchen Fall entfällt die Haftung des Vertreters ohne Vertretungsmacht aus § 179 Abs. 1 oder 2 BGB. Der Dritte ist grundsätzlich nicht verpflichtet, Erkundigungen darüber einzuziehen, ob der Vertreter mit Vertretungsmacht ausgestattet ist oder nicht. Eine solche Pflicht kann ausnahmsweise dann bestehen, wenn sich im Einzelfall für den Dritten tatsächliche Anhaltspunkte ergeben, die Zweifel an der Vertretungsmacht begründen[16]. Dem M oblag im zu erörternden Fall eine Erkundigungspflicht nicht, weil Zweifel an der Vertretungsmacht des X nicht nahe lagen. Infolgedessen hat M gegen X einen Anspruch aus § 179 Abs. 1 BGB auf Zahlung von 30 000 € erworben.

Lösung zu Fall 40: Die X-Bank AG könnte gem. § 488 BGB i.V.m. §§ 171, 172 Abs. 4 **550**
HGB einen Anspruch auf Zahlung von 40 000 € gegen K haben. K haftet den Gläubigern der Gesellschaft gegenüber, zu denen auch die X-Bank AG gehört, gem. § 171 HGB nur in Höhe seiner Einlage. Die Haftung ist ausgeschlossen, soweit die Einlage erbracht ist und der Kommanditist sie zur Verfügung durch die Gesellschaft belässt. Durch die Zahlung von 15 000 € hatte K zunächst den Haftungsausschluss erreicht. Die Haftung könnte jedoch durch die Zahlung von 11 000 € an das Finanzamt wieder aufgelebt sein, wenn es sich dabei um eine Entnahme i.S.d. § 172 Abs. 4 HGB handelte. Durch die Verluste der Jahre 2020 und 2021 (125 000 €) waren die Gewinnanteile des K aus den Vorjahren (100 000 €) aufgezehrt und sein Kapitalkonto (15 000 € + 100 000 € = 115 000 € ./. 125 000 € = ./. 10 000 €) negativ geworden. Der Kapitalanteil des K war unter den Betrag der geleisteten Einlage herabgesunken. Die Einkommen- und Kirchensteuerforderung des Finanzamtes an K bildete

16 Vgl. RGZ 104, 194.

eine persönliche Verpflichtung des K, denn dieser und nicht die KG waren einkommen- und kirchensteuerpflichtig. Wenn diese persönliche Verbindlichkeit des K aus der Kasse der Gesellschaft beglichen wurde, so handelte es sich dabei um eine Rückgewähr i.S.d. § 172 Abs. 4 HGB. Dadurch lebte die Haftung des K in Höhe von 11 000 € wieder auf. Gem. § 488 BGB i.V.m. §§ 171 Abs. 1, 172 Abs. 4 HGB haftet K der X-Bank AG deshalb in Höhe von 11 000 €.

§ 27 Der Wechsel von Gesellschaftern und die Beendigung der Kommanditgesellschaft

551 **Fall 41:** Persönlich haftende Gesellschafter der im Jahre 2009 gegründeten und seitdem im Handelsregister eingetragenen X-KG sind X und Y; A, B und C sind Kommanditisten, die ihre Einlage von je 50 000 € erbracht haben. Zum 1. Januar 2022 möchte Y aus Altersgründen aus der Geschäftsführung ausscheiden und die Stellung eines Kommanditisten einnehmen; seine Kommanditeinlage soll ebenfalls 50 000 € betragen. Im Laufe des Jahres 2021 wird der Gesellschaftsvertrag entsprechend geändert. Y zahlt die Einlage. Im Dezember 2021 erfolgt die entsprechende Eintragung in das Handelsregister. Im September 2021 hatte der Unternehmer U für die X-KG Renovierungsarbeiten an deren Gebäude durchgeführt. Die fällige Vergütung in Höhe von 30 000 € zahlte die Gesellschaft nicht. Anfang März 2022 verlangt U von Y Zahlung von 30 000 €. Dieser beruft sich auf seine Kommanditistenstellung und darauf, dass er seine Einlage erbracht hat. Zu Recht? **Rn. 566**

Literatur: *U. Huber*, Eintragungsfehler bei der Abtretung von Kommanditanteilen, ZGR 1984, 146 ff.; *Kreutz*, Hinauskündigungsklauseln im Recht der Personenhandelsgesellschaften, ZGR 1983, 109 ff.; *Michel*, Die Rechtsfolgen von Vermögensverschiebungen nach einer Kommanditanteilsübertragung, ZGR 1993, 118 ff.; *v. Olshausen*, Haftungsprobleme beim Kommanditistenwechsel unter Lebenden – eine wechselvolle unendliche Geschichte, GS Knobbe-Keuk, 1997, 247 ff.; *K. Schmidt*, Kommanditisteneinlage – Kapitalaufbringung und Kapitalerhaltung in der KG, ZGR 1976, 307 ff.

I. Der Wechsel von Gesellschaftern

1. Ausscheiden und Eintritt von Gesellschaftern bei der KG

552 Für das Ausscheiden und den Eintritt von Gesellschaftern gilt bei der KG im Wesentlichen das Gleiche wie bei der **OHG** (vgl. dazu ausführlich Rn. 424 ff.). Ein wesentlicher Unterschied besteht allerdings darin, dass gem. § 177 HGB (= § 177 HGB-E) beim Tode eines Kommanditisten – anders als bei der OHG – die Gesellschaft **kraft Gesetzes mit den Erben fortgesetzt** wird; der Gesellschaftsvertrag kann etwas anderes vorsehen. Der Gesellschafterwechsel – meist ein Kommanditistenwechsel – vollzieht sich heute, soweit es sich nicht um die Fortsetzung der KG mit den Erben eines Gesellschafters handelt, in der Regel in der Weise, dass der ausscheidende Gesellschafter seinen Anteil an der Gesellschaft mit der Zustimmung der übrigen Gesellschafter auf die Person überträgt, die für ihn in die Gesellschaft eintreten soll. Der Er-

werber des Anteils rückt, wenn nichts anderes vereinbart ist, ohne Weiteres in die Rechtsstellung ein, die bis dahin der ausscheidende Gesellschafter innehatte[1].

2. Die Haftung der eintretenden Gesellschafter

Gem. § 176 Abs. 2 HGB (= § 176 Abs. 2 HGB-E) **haftet** der als Kommanditist in eine bereits bestehende Handelsgesellschaft Eintretende **unmittelbar und unbeschränkt**, soweit es sich um Verbindlichkeiten handelt, die in der Zeit zwischen seinem Eintritt und der Eintragung des Eintritts in das Handelsregister entstanden sind. Voraussetzung für die unbeschränkte Haftung des eintretenden Kommanditisten ist nicht seine Zustimmung zu dem Beginn des Geschäftes oder dessen Weiterführung. Sinn und Zweck des § 176 Abs. 2 HGB entspricht es, dass „unterschiedslos ohne Rücksicht auf interne Erklärungen haftet, wer mitverantwortlich in den Kreis der Gesellschafter eingetreten ist und auf wessen Rechnung das Gesellschaftsunternehmen fortan betrieben wird"[2]. Um die unbeschränkte Haftung zu vermeiden, wird daher in der Praxis bereits im Eintrittsvertrag festgelegt, dass der Eintritt erst mit der Eintragung ins Handelsregister wirksam werden soll[3]. 553

Was die bereits vor seinem Eintritt begründeten Verbindlichkeiten der Gesellschaft angeht, so **haftet der neue Gesellschafter (Kommanditist) nach § 173 HGB** (= § 173 HGB-E) grundsätzlich für alte und neue Verbindlichkeiten gem. §§ 171, 172 HGB, d.h. seine Haftung ist grundsätzlich **ausgeschlossen**, wenn die Einlage vollständig erbracht und weder ganz noch teilweise wieder zurückgewährt worden ist (§ 172 Abs. 4 HGB). 554

3. Die Haftung der ausscheidenden Gesellschafter

a) Die Nachhaftung

Die aus der KG ausscheidenden Gesellschafter haften gem. § 160 HGB (= § 137 Abs. 1 HGB-E) für die bis dahin begründeten Verbindlichkeiten der Gesellschaft. Während die Haftung der Komplementäre eine unbeschränkte bleibt, bemisst sich die Haftung der Kommanditisten auch nach dem Ausscheiden nach §§ 171, 172 HGB. Durch § 160 Abs. 3 HGB (= § 137 Abs. 3 HGB-E) wird für den Fall eine ausdrückliche gesetzliche Regelung getroffen, dass ein persönlich haftender Gesellschafter in die Rechtsstellung eines Kommanditisten überwechselt. Für diesen Kommanditisten gelten die gleichen Haftungsbegrenzungen gem. § 160 Abs. 1 und 2 HGB wie für einen ausscheidenden persönlich haftenden Gesellschafter, unabhängig davon, ob es sich bei der Gesellschaft schon zuvor um eine Kommanditgesellschaft gehandelt hat oder ob sie es erst durch den Wechsel des persönlich haftenden Gesellschafters in die Kommanditistenstellung geworden ist[4]. 555

1 BGHZ 81, 82, 84.
2 BGHZ 82, 209, 212.
3 BGHZ 82, 209, 212.
4 *Seibert*, DB 1994, 461, 462.

b) Wiederaufleben der Haftung nach § 172 Abs. 4 HGB?

556 Ob bei einem Gesellschafterwechsel die Haftung des Altkommanditisten (des Ausscheidenden) gem. § 172 Abs. 4 HGB wieder auflebt, hängt davon ab, wie der **Wechsel der Gesellschafter gestaltet** wird:

557 aa) Tritt der Altkommanditist aus der Gesellschaft aus und lässt er sich von dieser abfinden, während der Neukommanditist unter Zahlung seiner Einlage eintritt, so ist in der Abfindung eine Rückzahlung gem. § 172 Abs. 4 HGB zu sehen, die die Haftung des Altkommanditisten wieder aufleben lässt. Wenn diese im Regelfall nicht gewünschte Haftungsfolge aus der Kombination von Austritt und Eintritt vermieden werden soll, muss die Anteilsübertragung direkt vom Altkommanditisten an den Neukommanditisten erfolgen. Das ist möglich, wenn die übrigen Gesellschafter zustimmen oder der Gesellschaftsvertrag dies vorsieht. Allerdings lebt die Haftung des ausscheidenden Kommanditisten nur dann nicht nach § 172 Abs. 4 HGB wieder auf, wenn ein entsprechender **Rechtsnachfolgevermerk** im Handelsregister eingetragen ist[5]. Im Übrigen ist zu berücksichtigen, dass die Kommanditisteneinlage nicht doppelt, sondern nur einmal abgedeckt sein muss[6].

558 bb) Fehlt ein solcher Rechtsnachfolgevermerk, kann der Anschein erweckt sein, es sei ein neuer Gesellschafter mit einer neuen Einlage in die Gesellschaft eingetreten, und zwar ohne rechtlichen Zusammenhang mit dem Ausscheiden eines anderen[7]. Nach § 15 Abs. 1 HGB ist in einem solchen Fall die Haftungssituation im Verhältnis zu den Gläubigern wie diejenige beim Eintritt eines neuen Gesellschafters zu bewerten. Der neue Gesellschafter haftet also gem. § 173 HGB neben dem alten, kann sich allerdings im Gegensatz zu dem Altkommanditisten auf die erbrachte Einlageleistung berufen. Denn in einem solchen Fall lebt die Haftung des früheren Kommanditisten wieder auf, „weil mit der Übertragung der Rechtsposition auf den neuen Kommanditisten auf diesen auch das Recht übergegangen ist, sich auf die Einlageleistung seines Rechtsvorgängers und die Wirkung des § 171 Abs. 1 Hs. 2 HGB zu berufen, so dass die im Handelsregister weiter eingetragene Haftsumme des früheren Kommanditisten durch seine frühere Einlageleistung fortan nicht mehr gedeckt ist"; § 172 Abs. 4 HGB ist entsprechend anzuwenden[8].

559 cc) Besonders schwer ist die Frage zu beantworten, ob der durch Anteilsübertragung ausgeschiedene Altkommanditist erneut gem. § 172 Abs. 4 HGB in die Haftung genommen werden soll, wenn die Einlagenrückgewähr an den neuen Kommanditisten erfolgt[9]. Unbestritten ist, dass den **Neugläubigern** (also denjenigen, die erst nach Eintritt des neuen Kommanditisten eine Forderung gegen die KG erworben haben) nur der neu eingetretene Kommanditist haftet, wenn der ausgeschiedene seine Einlage geleistet und er darauf nichts zurückerhalten hat[10]. Umstritten ist allerdings, ob in

5 BGHZ 81, 82, 86; vgl. dazu ausführlich *v. Olshausen*, GS Knobbe-Keuk, S. 256 ff.
6 Dazu *K. Schmidt*, Gesellschaftsrecht, § 54 IV 3.
7 BGHZ 81, 82, 86 f.
8 BGHZ 81, 82, 89; vgl. zu der Problematik *v. Olshausen*, GS Knobbe-Keuk, S. 262 ff. und *K. Schmidt*, Gesellschaftsrecht, § 54 IV 3.
9 Zur Problematik *v. Olshausen*, GS Knobbe-Keuk, S. 268 ff.
10 So das RG in einer Entscheidung aus dem Jahre 1944, die wegen ihrer Bedeutung in WM 1964, 1130 ff. noch einmal veröffentlicht worden ist.

solchen Fällen der ausgeschiedene Kommanditist den Altgläubigern haftet, die bereits bei seinem Ausscheiden Gläubiger waren. Das RG hat in seiner grundlegenden Entscheidung die Auffassung vertreten, dass die Haftung des ausscheidenden Kommanditisten wieder auflebt, wenn der Nachfolger sich Rückzahlungen gewähren lässt. Das RG meint, dies folge „notwendig aus dem allgemeinen Rechtssatz, dass sich kein Gläubiger gegen seinen Willen einen anderen Schuldner aufzwingen zu lassen braucht"; eine andere Rechtsgestaltung würde „eine offenbar unbillige Verkürzung" der Rechte der Altgläubiger bedeuten. Die vom RG[11] angenommene Rechtsfolge ergibt sich nicht zwingend aus den §§ 171 ff. oder § 15 HGB, wenn der Rechtsnachfolgevermerk in das Handelsregister eingetragen worden ist und der ausscheidende Kommanditist seine Einlage erbracht hatte[12].

dd) Umstritten ist auch, ob § 176 Abs. 2 HGB nach Sinn und Zweck nur auf den „echten Neueintritt"[13] oder auch auf den derivativen Anteilserwerb anzuwenden ist[14]. *K. Schmidt*[15] will die strenge Haftung nach § 176 Abs. 2 HGB auf den Fall beschränken, dass die Gesellschaft durch Bildung eines neuen Anteils erweitert wird. Unter § 176 Abs. 2 HGB sind also folgende Fälle nicht zu fassen: **560**

- Anteilsübertragung[16],
- Erbfolge[17].

Nach einer Entscheidung des **BGH**[18] aus dem Jahr 1981 hingegen haftet gem. § 176 Abs. 2 HGB auch derjenige im Handelsregister nicht eingetragene Kommanditist unbeschränkt mit seinem Privatvermögen, der den Kommanditanteil mit Zustimmung der übrigen Gesellschafter durch Übertragung erworben hat, weil die Beschränkung der Haftung generell von einer entsprechenden Eintragung im Handelsregister abhängig sei.[19]

4. Die Ausschließung von Gesellschaftern

Über § 161 Abs. 2 HGB findet auch § 140 HGB auf die KG Anwendung (vgl. Rn. 426 ff.). Da Kommanditisten, anders als die Gesellschafter einer OHG, nicht auf eine sehr enge Zusammenarbeit angewiesen sind, können persönliche Spannungen und gesellschaftsbezogene Meinungsverschiedenheiten die Ausschließung eines Kommanditisten aus der Gesellschaft nur in besonders schwerwiegenden Fällen rechtfertigen. Das ist dann der Fall, wenn der Verbleib eines Gesellschafters für die anderen Gesellschafter unzumutbar ist[20]. **561**

11 WM 1964, 1130, 1133.
12 Kritisch dazu *Michel*, ZGR 1993, 118 ff.
13 *K. Schmidt*, Gesellschaftsrecht, § 55 II 2.
14 Zum Streitstand s. *v. Olshausen*, GS Knobbe-Keuk, S. 286 ff. mit Nachw.
15 Gesellschaftsrecht, § 55 II 2.
16 So aber noch BGHZ 66, 98, 100.
17 BGHZ 108, 197.
18 BGHZ 82, 209, 211 ff.
19 Kritisch dazu *Huber*, ZGR 1984, 146, 160 ff.
20 BGH ZIP 1995, 113.

562 Nicht selten werden in die Gesellschaftsverträge **sog. „Hinauskündigungsklauseln“** aufgenommen. Es handelt sich dabei um Vereinbarungen, mit Hilfe derer an die Stelle des gesetzlich vorgesehenen Ausschließungsverfahrens (**Gestaltungsklage** gem. § 140 HGB = § 134 HGB-E) ein entsprechendes Gestaltungsrecht der Gesellschafterversammlung oder einzelner Gesellschafter treten soll. Darüber hinaus wird nicht selten auch materiellrechtlich festgelegt, dass nicht nur ein **wichtiger Grund** i.S.d. §§ 140 und 133 HGB (= § 139 HGB-E) die Ausschließung eines Gesellschafters rechtfertigen soll. Der BGH[21] hält solche „Hinauskündigungsklauseln“ zwar für grundsätzlich zulässig, betont aber, dass stets die der Vertragsfreiheit immanenten **Grenzen** zu beachten seien. Deshalb dürfen durch solche Klauseln die allgemeinen Grundsätze der Rechtsordnung, vor allem aber auch die Grundprinzipien des Gesellschaftsrechts nicht verletzt werden. Klauseln dieser Art dürfen in Gesellschaftsverträgen nicht so gestaltet sein, dass sie „die nach dem Gesellschaftsvertrag erforderliche Zusammenarbeit der Gesellschafter im Kern treffen, die Erfüllung der dem einzelnen Gesellschafter obliegenden Aufgaben gefährden und die im Rahmen des gemeinsamen Unternehmens gebotene gesellschaftstreue Mitarbeit in Frage stellen“[22]. Der BGH[23] hat im Hinblick auf die Wirksamkeit sog. „Hinauskündigungsklauseln“ den Charakter der Personengesellschaft als **„Arbeits- und Haftungsgemeinschaft“** betont, der in besonderem Maße auf gegenseitigem Vertrauen beruhe und deshalb eine **besondere Treuepflicht** begründe.

5. Die Fortsetzung der KG mit den Erben der Gesellschafter

563 Anders als bei der OHG wird in der KG beim Tode eines Kommanditisten mangels einer abweichenden Regelung im Gesellschaftsvertrag die Gesellschaft mit den Erben fortgesetzt (§ 177 HGB = § 177 HGB-E). Der oder die Erben rücken mit dem Erbfall **automatisch** in die ihnen zugedachte Gesellschafterstellung – Komplementär oder Kommanditist – ein, ohne dass es dazu einer besonderen Erklärung der Erben bedarf (s. zur Problematik Rn. 442). Bei einer entsprechenden Regelung im Gesellschaftsvertrag wird der Gesellschaftsanteil eines persönlich haftenden Gesellschafters unter der vorausbestimmten **Umwandlung in eine Kommanditbeteiligung** vererbt[24]. Der Kommanditist einer KG kann, wenn er Erbe des persönlich haftenden Gesellschafters wird, bei entsprechender gesellschaftsvertraglicher und gesetzlicher Regelung durch Erbfall zum Komplementär werden. Das Kommanditistenverhältnis entfällt allerdings[25]. Dass in einer KG derselbe Gesellschafter nicht zugleich Kommanditist und Komplementär sein kann, beruht auf dem Grundsatz, dass derselbe Gesellschafter **nicht zugleich beschränkt und unbeschränkt** haften kann[26].

21 BGHZ 68, 212 ff.; 81, 263 ff.
22 BGHZ 81, 263, 266; dazu *Kreutz*, ZGR 1983, 109 ff.
23 JZ 1985, 1105 ff.
24 BGHZ 101, 123, 125.
25 OLG Schleswig OLGZ 1991, 44.
26 OLG Hamm NJW 1982, 835; OLG Schleswig OLGZ 1991, 44.

II. Die Beendigung der Kommanditgesellschaft

Auf die Auflösung der KG finden gem. § 161 Abs. 2 HGB (= § 161 Abs. 2 HGB-E) die §§ 131 ff. HGB (= §§ 138 ff. HGB-E) Anwendung (vgl. dazu Rn. 415 f.). Auch der einzige persönlich haftende Gesellschafter (Komplementär) einer KG kann in entsprechender Anwendung des § 140 HGB (= § 134 HGB-E) ausgeschlossen werden[27]. Das Ausscheiden des einzigen Komplementärs führt allerdings (vorbehaltlich der nächsten Rn.) zur **Auflösung** der Gesellschaft, weil eine KG ohne Komplementär nicht bestehen kann. Die verbliebenen Kommanditisten können aber einen Fortsetzungsbeschluss fassen (dazu schon oben zur BGB-Gesellschaft Rn. 196), wenn sie einen neuen Komplementär aufnehmen oder die Gesellschaft als OHG weiterführen.[28] **564**

Stirbt bei einer zweigliedrigen Gesellschaft der eine der beiden Gesellschafter und wird er von dem anderen allein beerbt, so wird dadurch die Gesellschaft nicht nur aufgelöst, sondern gleichzeitig auch beendet. Der verbleibende Gesellschafter wird Alleininhaber des Unternehmens[29]. Das Gesellschaftsvermögen geht im Wege der Gesamtrechtsnachfolge auf den früheren Gesellschafter über, der dadurch zum Einzelkaufmann wird[30]. Der Kommanditist, der dadurch Alleininhaber des Gesellschaftsvermögens wird, dass er die Beteiligung seines einzigen, persönlich haftenden Gesellschafters erbt, haftet für die bisherigen Gesellschaftsverbindlichkeiten unter den Voraussetzungen des § 27 HGB[31]. **565**

Lösung zu Fall 41: U könnte gegen Y einen Anspruch auf Zahlung von 30 000 € aus § 631 Abs. 1 BGB i.V.m. §§ 161, 128, 160 HGB erworben haben. Aus der fälligen Werklohnforderung (§ 631 Abs. 1 BGB), einer Verbindlichkeit der X-KG, konnte U den Y jedenfalls so lange in Anspruch nehmen, wie dieser Komplementär war, denn als solcher haftete er für die Verbindlichkeiten der Gesellschaft gem. §§ 161, 128 HGB. Fraglich ist, ob sich daran etwas geändert hat, weil Y nun nicht mehr Komplementär, sondern Kommanditist geworden ist. Durch § 160 Abs. 3 HGB wird für den Fall eine ausdrückliche gesetzliche Regelung getroffen, dass ein persönlich haftender Gesellschafter in die Rechtsstellung eines Kommanditisten überwechselt, wie das im zu erörternden Fall geschehen ist. Für diesen Kommanditisten gelten die gleichen Haftungsbegrenzungen gem. § 160 Abs. 1 und 2 HGB wie für einen aus der Gesellschaft ausscheidenden persönlich haftenden Gesellschafter, unabhängig davon, ob es sich bei der Gesellschaft schon zuvor um eine Kommanditgesellschaft gehandelt hat oder ob sie es erst durch den Wechsel des persönlich haftenden Gesellschafters in die Kommanditistenstellung geworden ist. Y haftet also nach Maßgabe des § 160 HGB weiterhin für Altverbindlichkeiten, d.h. für Verbindlichkeiten der Gesellschaft, die vor seinem Wechsel von der Stellung eines Komplementärs in diejenige eines Kommanditisten, entstanden sind. Infolgedessen hat U gegen Y einen Anspruch auf Zahlung von 30 000 € aus § 631 Abs. 1 BGB i.V.m. §§ 161, 128, 160 HGB. **566**

---

27 BGHZ 6, 113.
28 Näher *K. Schmidt*, Gesellschaftsrecht, § 53 V 1.
29 BGHZ 65, 79, 82 f.; BGH WM 1991, 224 f.
30 BGHZ 113, 132 ff.
31 BGHZ 113, 132.

Teil VII

Die stille Gesellschaft

§ 28 Begriff und Bedeutung der stillen Gesellschaft

567 **Fall 42:** A, B, C und D sind je zu ¼ an einer seit 2005 in der Rechtsform der Gesellschaft bürgerlichen Rechts organisierten Anwaltskanzlei, die unter dem Namen „A&B-Rechtsanwälte" auftritt, beteiligt. Der Gesellschaftsvertrag enthält die Klausel:

„Wenn ein Gesellschafter aus der Gesellschaft ausscheidet, wird sie unter den verbliebenen Gesellschaftern fortgesetzt."

B scheidet im Oktober 2013 aus der Gesellschaft aus und erhält die ihm nach dem Gesellschaftsvertrag zustehende angemessene Abfindung. X tritt als neuer Gesellschafter im November 2013 in die Gesellschaft ein, indem er mit A, C und D einen Aufnahmevertrag abschließt. Nach dem Vertrage muss X 600 000 € an die Gesellschaft zahlen. 250 000 € kann X dadurch aufbringen, dass er bei einer Bank ein Darlehen aufnimmt. Die restlichen 350 000 € gibt ihm sein Schwiegervater, der Unternehmer S, gegen Abschluss eines Vertrages mit folgendem Inhalt:

„§ 1: S ist vom 1. Januar 2014 an dem Gesellschaftsanteil des X an der Gesellschaft bürgerlichen Rechts „A&B-Rechtsanwälte" zu 50 % beteiligt. Gewinne werden nach Auszahlung durch die Anwaltsgesellschaft verteilt.

§ 2: S und X wollen sich gemeinsam bemühen, den Umsatz der Gesellschaft bürgerlichen Rechts „A&B-Rechtsanwälte" zu steigern. S wird dies u.a. dadurch tun, dass er dem X aus seinem Kundenkreis potentielle Mandanten nachweist.

§ 3: Dieser Vertrag endet mit der Auflösung der Gesellschaft bürgerlichen Rechts „A&B-Rechtsanwälte".

§ 4: Abschluss und Inhalt dieses Vertrages sind und bleiben geheim."

Die anderen Gesellschafter erfahren von dieser Vereinbarung nichts. Das Jahr 2014 schließt die Gesellschaft bürgerlichen Rechts „A&B Rechtsanwälte" nach Abzug der Betriebskosten mit einem Gewinn von 600 000 € ab. Jeder Gesellschafter erhält 150 000 € ausgezahlt. S möchte wissen, was ihm zusteht. **Rn. 588**

568 **Abwandlung:** Im Laufe des Jahres 2015 wird durch eine Indiskretion bekannt, dass S mit X eine sog. Beteiligungsvereinbarung geschlossen hat. Daraufhin wendet sich G, der gegen die Gesellschaft bürgerlichen Rechts „A&B-Rechtsanwälte" eine offene Kaufpreisforderung aus der Lieferung von Heizöl in Höhe von 6 500 € hat, mit einer Zahlungsaufforderung an S. Zu Recht? **Rn. 589**

Literatur: *U. Blaurock*, Handbuch der stillen Gesellschaft, 9. Aufl. 2020; *derselbe,* Haftung eines atypischen Gesellschafters, NZG 2010, 974; *Blaurock/Berninger*, Unterbeteiligung an einem GmbH-Anteil in zivilrechtlicher Sicht, GmbHR 1990, 11 ff. und 87 ff.; *Marsch-Barner*, Gesetz über Unternehmensbeteiligungsgesellschaften – Eine Zwischenbilanz –, ZGR 1990, 294 ff.; *Menzel*, Das neue Gesetz über Unternehmensbeteiligungsgesellschaften, WM 1987,

705 ff.; *Schimke*, Die historische Entwicklung der Unterbeteiligungsgesellschaft in der Neuzeit, Schriften zur Rechtsgeschichte Heft 49, 1991; *Schön*, Die stille Beteiligung an dem Handelsgewerbe einer Kommanditgesellschaft, ZGR 1990, 220 ff.; *Weimar*, Die GmbH & Still im Fortschritt des Gesellschaftsrechts, ZIP 1993, 1509 ff.

I. Begriff und Rechtsnatur der stillen Gesellschaft

Die stille Gesellschaft ist eine Gesellschaft, bei der sich eine Person an dem Handelsgewerbe eines Kaufmanns in der Weise beteiligt, dass sie eine Vermögenseinlage leistet, die in das Vermögen eines anderen übergeht, und dafür am Gewinn, aber nicht notwendigerweise auch am Verlust teilhat. Die stille Gesellschaft erfordert – wie jede andere Gesellschaft auch – das Erreichen eines **gemeinsamen Zwecks**. Das bedeutet, dass das gemeinsame Streben zur Erreichung gemeinsamer Ziele im Vordergrund stehen muss[1]. **569**

Beispiel: Für die Annahme eines gemeinsamen Zwecks, der zur Entstehung einer stillen Gesellschaft führen könnte, reicht es nicht aus, dass Kapitalanleger und Fondsgesellschaft das Ziel verfolgen, durch Handel an internationalen Finanzterminmärkten mittelfristig einen Kapitalzuwachs zu erreichen. Ein gemeinsamer Zweck, der zur Bildung einer Gesellschaft führt, verlangt zwischen Anleger und Anlagegesellschaft mehr als die bloße Kapitalhingabe und dessen Verwendung[2].

Die stille Gesellschaft i.S.d. § 230 HGB entsteht mit dem Abschluss eines **formlosen Gesellschaftsvertrages** zwischen dem Geschäftsinhaber und dem stillen Gesellschafter (auch der „Stille" genannt). Sie ist eine Personengesellschaft i.S.d. § 705 BGB, denn die Beteiligten schließen sich zusammen, um durch die Leistung von Beiträgen einen gemeinsamen Zweck zu erreichen, aber keine Handelsgesellschaft, weil das Gewerbe nur vom Inhaber des Handelsgeschäfts betrieben wird. Hier wird die Besonderheit der stillen Gesellschaft deutlich: sie ist keine Außengesellschaft, sondern **lediglich eine sog. Innengesellschaft**. Das bedeutet: Die stille Gesellschaft tritt als Gesellschaft **nicht nach außen** in Erscheinung; sie hat keine Firma und auch kein Gesellschaftsvermögen. Die Vermögensmassen der Beteiligten bleiben unabhängig voneinander. Es entsteht **kein Gesamthandsvermögen**. **570**

II. Die Gesellschafter einer stillen Gesellschaft

Aus den bei dem Betrieb abgeschlossenen Geschäften wird lediglich der Inhaber des Handelsgeschäfts, nicht aber der Stille verpflichtet (§ 230 Abs. 2 HGB). Der stille Gesellschafter steht also außerhalb der vom Inhaber des Handelsgeschäfts mit Dritten abgeschlossenen Rechtsgeschäfte. Für Verbindlichkeiten des Inhabers des Handelsgeschäfts **haftet er nicht**. **571**

1 BGHZ 3, 75, 81; BFH ZIP 2008, 2264, 2265.
2 BFH ZIP 2008, 2264.

Beispiel: K handelt mit Kosmetika. A und K begründen durch Abschluss eines entsprechenden Vertrages eine stille Gesellschaft. Wenn K nach Gründung der Gesellschaft bei dem Großhändler H für 15 000 € Kosmetika einkauft, hat H einen Anspruch auf Zahlung des Kaufpreises aus § 433 Abs. 2 BGB nur gegen K, nicht aber gegen A (§ 230 Abs. 2 HGB).

Umstritten ist, ob ein sog. **atypischer stiller Gesellschafter**, der durch eine entsprechende Ausgestaltung des Gesellschaftsvertrages im Innenverhältnis im Hinblick auf seine Rechte und Pflichten einem Kommanditisten gleichgestellt ist, für die Verbindlichkeiten des Inhabers des Handelsgeschäfts nach § 171 HGB (analog) haftet. Der BGH[3] vertritt die Auffassung, ein stiller Gesellschafter hafte auch dann im Außenverhältnis nicht für Verbindlichkeiten des Inhabers des Handelsgeschäfts, wenn die stille Gesellschaft atypisch ausgestaltet ist; der stille Gesellschafter hafte nur dann im Außenverhältnis persönlich, wenn dafür ein besonderer Haftungsgrund, wie etwa ein Schuldbeitritt oder ein gesetzter Rechtsschein, bestehe.

Beispiel: S ist als stiller Gesellschafter am Handelsgeschäft des A beteiligt. Nachdem A erkrankt ist, ernennt er den S, den er für einen sehr erfahrenen Geschäftsmann hält, zu seinem Generalbevollmächtigten. Seit Anfang 2015 führt S praktisch allein die Geschäfte, jedoch stets im Namen des A. Der BGH[4] hat eine persönliche Haftung des S für Verbindlichkeiten des A abgelehnt, weil er keine Anhaltspunkte für eine Gesellschafterstellung des S sah, die eine Änderung der Haftungslage gemäß § 230 HGB rechtfertigten.

572 Nach der überkommenen Auffassung[5] kann eine stille Gesellschaft nur aus zwei Gesellschaftern bestehen, dem Inhaber des Handelsgeschäfts und dem Stillen. Wenn auch das nach §§ 230 ff. HGB geregelte **zweigliedrige stille Einlagenverhältnis** im Mittelpunkt steht,[6] so gibt es nach inzwischen herrschender Meinung[7], der auch der BGH[8] gefolgt ist, darüber hinaus aufgrund der **Gestaltungsfreiheit** eine Reihe von Möglichkeiten für die Beteiligung mehrerer Personen als stille Gesellschafter. So kann z.B. eine Vielzahl von stillen Gesellschaften – jeweils zwischen dem Geschäftsinhaber und einem stillen Gesellschafter – begründet werden, die unabhängig voneinander bestehen. Es können sich auch mehrere Personen zu einer Gesellschaft bürgerlichen Rechts zusammenschließen, die dann als stille Gesellschafterin mit dem Geschäftsinhaber die stille Gesellschaft begründet.[9]

Für möglich gehalten werden auch **mehrgliedrige stille Gesellschaften**, bei denen zum einen zwischen dem Geschäftsinhaber und jedem stillen Gesellschafter das zweigliedrige Einlagenverhältnis gemäß §§ 230 ff. HGB begründet wird; darüber hinaus können noch alle stillen Gesellschafter und der Geschäftsinhaber durch ein Gesellschaftsverhältnis verbunden sein.[10] Ob letzteres von den Beteiligten wirklich gewollt ist, muss durch Auslegung ermittelt werden.[11] Bei einem Gesellschaftsverhältnis dieser Art dürfte es sich vornehmlich um Publikumsgesellschaften handeln, an denen

---

3 BGH WM 1964, 296; NZG 2010, 823 f.; zustimmend *U. Blaurock*, NZG 2010, 974 f.
4 BGH WM 1964, 296; NZG 2010, 823 f.
5 Siehe noch *U. Eisenhardt*, Gesellschaftsrecht 14. Aufl. Rn. 457.
6 *K. Schmidt*, Gesellschaftsrecht, § 62 II 2 c.
7 *K. Schmidt*, Gesellschaftsrecht, § 62 II 2 c; MünchKomm/*K. Schmidt*, § 230 HGB, Rn. 83 ff.
8 BGHZ 127, 168 ff.; 199, 104 ff.
9 BGHZ 127, 168, 179.
10 *K. Schmidt*, Gesellschaftsrecht, § 62 II 2 c; BGHZ 127, 176, 179; 199, 104, 112 ff.
11 *K. Schmidt*, Gesellschaftsrecht, § 62 II 2 c.

sich Kapitalanleger beteiligen. In der Regel sind diese als Gesellschaften bürgerlichen Rechts zu qualifizieren, die kein Gesellschaftsvermögen bilden, weil die Einlagenzahlungen in das Vermögen des Geschäftsinhabers übergehen. Im Zweifel bestehen sie als reine Innengesellschaften.[12] Adressat von etwaigen Abfindungs- und Auseinandersetzungsansprüchen ist der Geschäftsinhaber und nicht die Gesellschaft, in welcher der Geschäftsinhaber und die stillen Gesellschafter miteinander verbunden sind,[13] denn diese hat, wie schon erwähnt, kein eigenes Vermögen.

Ob das zwischen dem Stillen und dem Geschäftsinhaber begründete Einlagenverhältnis und die Innengesellschaft verschiedene, nebeneinander bestehende Rechtsverhältnisse sind, wird in Rechtsprechung und Literatur nicht ganz klar. Wenn der Geschäftsinhaber und die stillen Gesellschafter den rechtsgeschäftlichen Willen haben, beide Rechtsgeschäfte, zu einem einheitlichen zu verbinden, dürfte es sich um nur ein Gesellschaftsverhältnis handeln.

Der Geschäftsinhaber muss nicht eine Einzelperson sein. Es kommen auch Handels- **573**
gesellschaften, d.h. OHG, KG, Kommanditgesellschaft auf Aktien, GmbH und AG in Betracht. Ebenso kann der stille Gesellschafter eine Handelsgesellschaft sein. Der Begriff der stillen Gesellschaft setzt ein Gewerbe voraus, das ein anderer betreibt (§ 230 Abs. 1 HGB). Das bedeutet allerdings nicht, dass man sich nicht auch „still" an einem nichtkaufmännischen Unternehmen beteiligen kann, eine entsprechende BGB-Innengesellschaft ist zulässig, für sie gelten dann aber die § 230 ff. HGB nicht unmittelbar (wohl aber i.d.R. analog). Eine (echte) stille Gesellschaft kann auch mit einer im Handelsregister eingetragenen GmbH (Kaufmann gem. § 6 HGB) begründet werden, die kein Gewerbe betreibt[14]. Beteiligt sich ein Anleger still an einer GmbH, spricht man auch von einer **GmbH & Still**[15].

Beispiel 1: Die Bauträgergesellschaft Treufix GmbH schließt mit dem Makler S einen Vertrag ab, in dem dieser sich zu einer Einzahlung von 100 000 € verpflichtet. S soll am Gewinn, nicht aber am Verlust beteiligt sein. In dem Vertrage wird auch verankert, dass S „in keiner Weise haften" und das Verhältnis zwischen der GmbH und S nach außen nicht in Erscheinung treten soll. Es handelt sich hier um eine stille Gesellschaft i.S.d. § 230 HGB.

Beispiel 2: Die Südwestfälische Kunststoff AG möchte sich ohne Risiko, d.h. ohne Haftungsrisiko und ohne dass dies bekannt wird, an einer SB-Warenhauskette, die in der Rechtsform einer GmbH betrieben wird, beteiligen. Dies kann zweckmäßigerweise durch die Gründung einer stillen Gesellschaft geschehen.

Auch eine GmbH kann als Geschäftsinhaberin über die zweigliedrigen Einlageverhältnisse hinaus mit den stillen Gesellschaftern durch ein Gesellschaftsverhältnis verbunden sein, das im Regelfall eine Gesellschaft bürgerlichen Rechts sein dürfte (s. Rn. 572).

Wenn der Stille gem. §§ 231, 232 HGB und dem Gesellschaftsvertrag am Gewinn **574**
und Verlust des Handelsgeschäfts teilnimmt, handelt es sich um eine typische stille Gesellschaft. Allerdings steht es den Vertragsschließenden frei, in welcher Weise sie

12 BGHZ 199, 104, 117 f.
13 BGHZ 199, 104, 117.
14 BFH WM 1983, 1066 ff.
15 Zu den Einzelheiten *Weimar*, ZIP 1993, 1509 ff.

im Innenverhältnis die Rechtsbeziehungen regeln wollen. So kann der Gesellschaftsvertrag dem Stillen weitergehende Rechte gewähren. Man spricht dann von einer atypischen stillen Gesellschaft.

Beispiel: Der Gesellschaftsvertrag räumt dem Stillen das Recht und die Pflicht zur Geschäftsführung in gleichem Umfange ein wie dem Geschäftsinhaber[16].

575 Die Grundsätze über die **fehlerhafte Gesellschaft** (s. Rn. 454 ff.) finden auch auf die stille Gesellschaft Anwendung[17]. Das ist damit zu rechtfertigen, dass es zu unerträglichen Ergebnissen führen würde, wenn „eine auf Dauer angelegte und tatsächlich vollzogene Leistungsgemeinschaft in Form einer Gesellschaft, für welche die Beteiligten Beiträge erbracht und Werte geschaffen, die Gewinnchancen genutzt und gemeinschaftlich das Risiko getragen haben," mit rückwirkender Kraft aufgehoben und damit so behandelt würde, als ob sie niemals bestanden hätte.[18] Die Anwendung der Regeln über die fehlerhafte Gesellschaft bedeutet z.B., dass der Anleger bei der in Vollzug gesetzten stillen Gesellschaft seine Mitgliedschaft allein durch ein ex nunc, d.h. für die Zukunft wirkendes Austrittsrecht beenden kann; das gilt im Grundsatz auch dann, wenn Nichtigkeitsgründe vorliegen oder ein Anfechtungsrecht wegen arglistiger Täuschung besteht[19].

Die Grundsätze über die fehlerhafte Gesellschaft finden auch auf die mehrgliedrigen stillen Gesellschaften (s. Rn. 572) Anwendung. Das führt dazu, dass ein stiller Gesellschafter nicht mit Rückwirkung aus den Gesellschaftsverhältnissen ausscheiden kann. Aber bei Vorliegen der entsprechenden Voraussetzungen hat er nach §§ 234 Abs. 1 HGB und § 723 BGB ein Kündigungsrecht.[20]

III. Die Bedeutung der stillen Gesellschaft

576 Die wirtschaftliche Bedeutung der stillen Gesellschaft wird durch die Möglichkeiten bestimmt, die diese Gesellschaftsform eröffnet:

- da die stille Gesellschaft Rechtsbeziehungen nur zwischen den Gesellschaftern schafft, also eine **reine Innengesellschaft** ist, tritt sie nach außen nicht in Erscheinung. Es erfolgt auch **keine Handelsregistereintragung**. Der stille Gesellschafter kann sich also beteiligen, ohne dass dies bekannt wird;
- der stille Gesellschafter ist zur Mitarbeit nicht verpflichtet;
- er **haftet nicht** unmittelbar;
- er kann seinen **Kapitaleinsatz begrenzt** halten.

16 BGHZ 8, 157, 160.
17 BGHZ 55, 5 ff.; BGH ZIP 2005, 753 ff.
18 BGHZ 199, 104, 108.
19 OLG Dresden WM 2002, 2234, 2236.
20 BGHZ 199, 104, 108 ff.

IV. Rechte und Pflichten der Gesellschafter

Der Inhaber des Handelsgeschäftes ist im Innenverhältnis zum Betrieb des Gewerbes auf Rechnung der Gesellschafter verpflichtet. Daraus ergibt sich, dass ihm die Geschäftsführungspflicht obliegt. Der stille Gesellschafter ist verpflichtet, die versprochene Einlage in das Vermögen des Geschäftsinhabers zu erbringen. **577**

Beispiel: Hat der stille Gesellschafter sich im Vertrage verpflichtet, eine Einlage in Form einer Geldleistung zu erbringen, so hat er die vereinbarte Geldzahlung an den Geschäftsinhaber zu zahlen.

Der stille Gesellschafter hat einen Anspruch auf Beteiligung am Gewinn (§§ 231, 232 HGB). Seine Kontrollrechte sind nicht besonders stark ausgeprägt (vgl. § 233 HGB). Der stille Gesellschafter kann allerdings unter gewissen Voraussetzungen ein **Einsichtsrecht** auch in die Bücher und Papiere von Unternehmen haben, an denen der Geschäftsinhaber beteiligt ist[21]. **578**

Aus dem Gesellschaftsvertrag erwachsen für beide daran beteiligte Parteien **Treuepflichten**, die im Wesentlichen darauf gerichtet sind, dem gemeinsamen Gesellschaftszweck nicht zuwiderzuhandeln[22]. Verwendet der Geschäftsinhaber die Einlage des stillen Gesellschafters nicht bestimmungsgemäß oder entzieht er dem Unternehmen bestimmungswidrig Vermögen, so verletzt er damit seine vertraglichen Verpflichtungen. Dem stillen Gesellschafter kann daraus ein **Anspruch aus Pflichtverletzung** gem. § 280 BGB entstehen, auf Grund dessen er verlangen kann, so gestellt zu werden, als seien die schädigenden Handlungen nicht vorgenommen worden[23]. **579**

V. Die Abgrenzung der stillen Gesellschaft vom partiarischen Darlehen

In der Praxis kann es Schwierigkeiten bereiten, eine stille Gesellschaft von einem sog. partiarischen Darlehen zu unterscheiden. Beiden Formen der Beteiligung gemeinsam ist, dass (1) eine Einlage in das Vermögen eines anderen übergeht und (2) eine Vergütung dafür in Form einer Beteiligung an einem Gewinn vereinbart wird. Bei einem **partiarischen Darlehen** besteht die Gegenleistung für die zeitweilige Überlassung der Darlehenssumme nicht in einem festen Zins, sondern in einer Beteiligung an den vom Darlehensnehmer mit Hilfe des überlassenen Kapitals **erwirtschafteten Gewinnen**. Es **fehlt** aber der für die stille Gesellschaft typische **gemeinsame Zweck**, nämlich der Betrieb des Gewerbes im Interesse der Gesellschaft, das partiarische Darlehen ist vielmehr ein Austauschgeschäft[24]. Wird bei einem Rechtsgeschäft, durch das dem Vertragspartner eine Geldsumme überlassen wird, eine Beteiligung am Verlust ausgeschlossen, so muss es sich dabei nicht notwendigerweise um ein partiarisches Darlehen handeln, weil auch bei der stillen Gesellschaft die Verlustbeteiligung ausgeschlossen werden kann. Andersherum ist aber eine Beteiligung am Verlust mit dem **580**

21 BGH NJW 1984, 2470 f.
22 BGH NJW 1988, 413 f.
23 BGH NJW 1988, 413 f.
24 BFH NJW 1978, 1280; *Stuhlfelner*, in: HK-HGB, § 230 Rn. 6.

Charakter eines Darlehens nicht zu vereinbaren. Deshalb ist, wenn eine Gewinn- und Verlustbeteiligung vereinbart worden ist, davon auszugehen, dass es sich **im Zweifel um eine stille Gesellschaft** und nicht um ein partiarisches Darlehen handelt.

581 Entscheidend für die Abgrenzung ist, ob das Verhältnis der beteiligten Personen zueinander eine **wirkliche Zweckgemeinschaft** im Sinne einer Gesellschaft darstellt. Zu berücksichtigen sind dabei die wirtschaftlichen Ziele der Parteien, ihre bisherigen persönlichen Beziehungen, die geplante Dauer der Beteiligung, das Streben des Geldgebers, sein Risiko zu verringern, sowie das Interesse des Geschäftsinhabers an der Person des Geldgebers[25].

VI. Die Unterbeteiligungsgesellschaft

1. Das Bedürfnis, sog. Unterbeteiligungsgesellschaften zu gründen

582 In der Praxis hat sich ein starkes Bedürfnis gezeigt, Personen durch formlosen Vertrag in der Art an der Gesellschafterstellung einer anderen Person zu beteiligen, dass der Gewinn und der Verlust oder auch nur der Gewinn zwischen dem Gesellschafter und der anderen Person geteilt wird. **Gründe** für eine solche Unterbeteiligung können sein:

- die Gesellschafterstellung, an der die andere Person beteiligt werden soll, ist wegen der Verweigerung der Zustimmung der anderen Gesellschafter **nicht übertragbar**;
- der Unterbeteiligte will nach außen **nicht in Erscheinung** treten;
- der **künftige Nachfolger** eines Gesellschafters soll, schon bevor er Gesellschafter wird, an den Vorteilen einer Gesellschafterstellung beteiligt werden;
- bei dem Tode eines Gesellschafters, der mehrere Erben hat, von denen aber nur einer in die Gesellschafterstellung nachfolgen soll, kann eine Unterbeteiligung an der Gesellschafterstellung des Nachfolgeerben den Zweck erfüllen, die übrigen **Erben abzufinden**;
- der **Kapitalbedarf** eines Hauptgesellschafters: um seine Einlagepflicht in der Hauptgesellschaft erfüllen zu können, sucht der Hauptgesellschafter einen Geldgeber, der sich bereitfindet, sein Geld zu investieren, wenn er an den Gewinnen der Hauptgesellschaft beteiligt wird;
- durch eine Verteilung des Einkommens auf mehrere Personen (insbesondere im Familienkreis) kann mittels einer entsprechenden Gewinnverteilung ein beträchtlicher **Progressionsvorteil** erzielt werden.

2. Die Rechtsform der Unterbeteiligungsgesellschaft

583 Die h.M.[26] geht als selbstverständlich davon aus, dass Unterbeteiligungen der genannten Art rechtlich möglich und zulässig sind. Sie qualifiziert das auf einem Vertrag beruhende Unterbeteiligungsverhältnis als **BGB-Gesellschaft**. Um eine stille

25 BFH NJW 1978, 1280.
26 BGHZ 50, 316 ff.

Gesellschaft i.S.d. §§ 230 ff. HGB kann es sich nicht handeln, weil der Unterbeteiligte sich nicht „an dem Handelsgewerbe, das ein anderer betreibt" – nach § 230 HGB eine zwingende Voraussetzung – beteiligt[27]. Eine Unterbeteiligungsgesellschaft ist demnach eine **BGB-Innengesellschaft ohne Gesamthandsvermögen**, mit welcher der Unterbeteiligte an der Gesellschafterstellung eines Hauptgesellschafters beteiligt wird, ohne in direkte Beziehungen zur Hauptgesellschaft selbst zu treten. Der formlos wirksame Gesellschaftsvertrag, der zwischen dem Hauptgesellschafter und dem Unterbeteiligten geschlossen wird, bestimmt, in welchem Maße der Unterbeteiligte an den Rechten und Pflichten des Hauptgesellschafters teilhat. Auf das Rechtsverhältnis zwischen dem „Hauptgesellschafter" und dem Unterbeteiligten finden vor allem die Regelungen der §§ 705 ff. BGB Anwendung.

Es wird **kein Gesamthandsvermögen** gebildet, weil der Gesellschaftsanteil, auf den sich die Beteiligung bezieht, allein dem Hauptbeteiligten zuzuordnen ist[28]. Neben den §§ 705 ff. BGB kann für einige Bereiche des Rechtsverhältnisses zwischen dem Hauptgesellschafter und dem Unterbeteiligten eine entsprechende Anwendung der §§ 230 ff. HGB geboten sein[29]. **584**

Die Auffassung, die Unterbeteiligungsgesellschaft könne auch ohne Zustimmung und ohne Kenntnis der übrigen Hauptgesellschafter zustande kommen, ist nicht unbedenklich, wenn man berücksichtigt, dass das Verhältnis des Hauptgesellschafters zu den anderen Gesellschaftern durch die Unterbeteiligung erheblich belastet werden kann. Derjenige Hauptgesellschafter, der mit einem Unterbeteiligten eine Unterbeteiligungsgesellschaft gegründet hat, ist im Hinblick auf die Hauptgesellschafter eine doppelte gesellschaftsrechtliche Bindung eingegangen. Das kann zu Interessenkollisionen und damit verbundenen Konflikten führen. **585**

Beispiel: K, S und Z haben eine OHG gegründet, die nach dem neuesten Stand der Technik elektronische Geräte herstellt und veräußert. F, der an dem Gesellschaftsanteil des K ohne Wissen der übrigen Gesellschafter unterbeteiligt ist, verlangt von K, über die streng geheimgehaltenen Produktionsverfahren unterrichtet zu werden. Hier kollidieren die Pflicht des K aus dem Vertrag mit den anderen OHG-Gesellschaftern zur Geheimhaltung und die Informationspflicht, die K aus dem Gesellschaftsverhältnis (BGB-Gesellschaft) mit F erwächst.

Jede natürliche und juristische Person kann mit dem Hauptgesellschafter eine Unterbeteiligungsgesellschaft gründen. Eine Unterbeteiligung ist auch an dem Gesellschaftsanteil eines GmbH-Gesellschafters möglich und durchaus üblich[30]. Bei einer in Vollzug gesetzten Unterbeteiligungsgesellschaft kann der Anleger seine Mitgliedschaft nur für die Zukunft durch die Ausübung eines ihm zustehenden **Austrittsrechts** beenden; denn die Grundsätze über die **fehlerhafte Gesellschaft** finden auch auf die atypischen stillen Gesellschaften Anwendung[31]. **586**

---

27 Zur Abgrenzung zu verwandten Rechtsverhältnissen vgl. u.a. *Schimke,* S. 20 ff.
28 Zutreffend *Blaurock/Berninger*, GmbHR 1990, 12.
29 *Blaurock/Berninger*, GmbHR 1990, 13; *K. Schmidt*, Gesellschaftsrecht, § 63 II 1.
30 Dazu *Blaurock/Berninger*, GmbHR 1990, 11 f.
31 OLG Dresden WM 2002, 2234 ff. mit Nachw.

VII. Die Unternehmensbeteiligungsgesellschaft nach dem UBGG

587 Die Unterbeteiligungsgesellschaft, von der hier die Rede ist, darf nicht verwechselt werden mit der **Unternehmensbeteiligungsgesellschaft**, die durch das Gesetz über Unternehmensbeteiligungsgesellschaften (UBGG) vom 17. Dezember 1986 geregelt ist. Sinn und Zweck dieses Gesetzes ist es, den nicht börsennotierten mittelständischen Unternehmen den indirekten **Zugang zum Kapitalmarkt** zu eröffnen und auf diese Weise ihre **Außenfinanzierungsmöglichkeiten** zu verbessern. Darüber hinaus werden mit dem Gesetz noch weitere Ziele verfolgt, u.a. das, einem breiten Anlegerpublikum die Möglichkeit zu verschaffen, sich mittelbar an mittelständischen Unternehmen zu beteiligen. Das UBGG schafft den zur Verwirklichung dieser Ziele notwendigen Organisationsrahmen[32]. § 2 UBGG lässt als Rechtsform für Unternehmensbeteiligungsgesellschaften – neben der **AG** – die **GmbH, KGaA** und die **KG** zu. Für Letztere ist darauf hinzuweisen, dass auf Grund der Handelsrechtsreform auch kein Grundhandelsgewerbe oder ein in kaufmännischer Weise eingerichteter Geschäftsbetrieb erforderlich ist, wenn sich die KG ins Handelsregister eintragen lässt (vgl. § 2 HGB). Darüber hinaus schreibt § 15 Nr. 1 UBGG nur die Vorlage des **Gesellschaftsvertrages** vor; daraus resultiert für die KG – im Gegensatz zu den übrigen zugelassenen Gesellschaften, für die in den einschlägigen Gesetzen die notarielle Beurkundung verlangt wird – nur ein **faktischer Schriftformzwang**. Eine Unternehmensbeteiligungsgesellschaft muss mit einem **voll eingezahlten Mindestgrundkapital** von 1 Million € ausgestattet sein (§ 2 Abs. 4 S. 1 UBGG; dies müsste wohl auch für die KG gelten, obwohl diese kein Mindestkapital besitzen muss); sie muss Sitz und Geschäftsleitung **im Inland** haben.

588 **Lösung zu Fall 42:** S könnte gegen X einen Anspruch auf Zahlung von 75 000 € aus § 1 des Gesellschaftsvertrages i.V.m. §§ 721 Abs. 2, 722 Abs. 1 BGB erworben haben. Ein solcher Anspruch setzt voraus, dass zwischen S und X eine Gesellschaft bürgerlichen Rechts entstanden ist. Als Rechtsverhältnis, welches zwischen S und X begründet sein könnte, kommen eine stille Gesellschaft i.S.d. § 230 HGB, ein partiarisches Darlehen und eine BGB-Gesellschaft als Innengesellschaft in Betracht. Die Entstehung einer stillen Gesellschaft scheitert schon daran, dass S sich nicht an einem Handelsgewerbe beteiligt. Bei der Abgrenzung zwischen einem partiarischen Darlehen und einer Gesellschaft bürgerlichen Rechts ist darauf abzustellen, ob die Beteiligten eine wirkliche Zweckgemeinschaft im Sinne einer Gesellschaft gewollt haben. Das ist im konkreten Fall zu bejahen, denn ein Zweck, der mit einem Darlehen nichts zu tun hat, besteht z.B. nach § 2 des Gesellschaftsvertrages darin, den Umsatz der Anwaltskanzlei zu steigern. Es liegt also eine Gesellschaft bürgerlichen Rechts vor. Da die Gesellschaft nach außen nicht in Erscheinung treten soll, handelt es sich um eine reine Innengesellschaft, hier in Form der Unterbeteiligung. Dies ist auch zulässig: Zwar sind die Gesellschafterrechte nach § 717 BGB nicht übertragbar, jedoch ist der Anspruch auf den Gewinnanteil davon ausgenommen (§ 717 S. 2 BGB). Nach § 722 Abs. 1 BGB richtet sich die Höhe des Anteils am Gewinn nach der Regelung des Gesellschaftsvertrages, falls dieser eine solche enthält. Das ist hier der Fall. Nach § 1 des Gesellschaftsvertrages stehen dem S 50 % des Anteils des X, also 75 000 €, zu. Fällig wird dieser Anspruch nach § 721 Abs. 2 BGB zum Ende des Geschäftsjahres. S hat also gegen X einen Anspruch auf Zahlung von 75 000 € aus § 1 des Gesellschaftsvertrages i.V.m. §§ 721 Abs. 2, 722 Abs. 1 BGB.

32 Zu alldem *Menzel*, WM 1987, 705 ff.; *Ehlermann/Schüppen*, ZIP 1998, 1513 ff.

Zur Abwandlung: G könnte gegen S einen Anspruch auf Zahlung von 6 500 € aus § 433 Abs. 2 BGB i.V.m. § 128 HGB analog haben. Bei der Kaufpreisforderung handelt es sich um eine Verbindlichkeit der Gesellschaft A&B-Rechtsanwälte, einer Gesellschaft bürgerlichen Rechts, für welche die Gesellschafter gem. § 128 HGB analog mit ihrem Privatvermögen haften. Es haften aber nur die Gesellschafter dieser Gesellschaft. S zählt nicht zum Kreis dieser Gesellschafter. Er hat mit X eine Innengesellschaft bürgerlichen Rechts begründet (s. oben Rn. 588), die von der Anwaltsgesellschaft zu trennen ist. Da S nicht Gesellschafter derjenigen Gesellschaft ist, für deren Verbindlichkeit er haften soll, hat G gegen S keinen Anspruch auf Zahlung von 6 500 € aus § 433 Abs. 2 BGB i.V.m. § 128 HGB analog. 589

Teil VIII
Die Aktiengesellschaft (AG)

§ 29 Die Bedeutung der Aktiengesellschaft

Literatur: *Berg/Stöcker*, Anwendungs- und Haftungsfragen zum Deutschen Corporate Governance Kodex, WM 2002, 1569 ff.; *S. Brandes*, Mitbestimmungsvermeidung mittels grenzüberschreitender Verschmelzung, ZIP 2008, 2193 ff.; *Röder/Arnold*, Geschlechterquoten und Mitbestimmungsrecht – Offene Fragen der Frauenförderung, NZA 2015, 279 ff.; *Teichmann/Rüb*, Der Regierungsentwurf zur Geschlechterquote in Aufsichtsrat und Vorstand, BB 2015, 259 ff.; *U. Wackerbarth*, Investorvertrauen und Corporate Governance, ZGR 2005, 686 ff.

I. Die Aktiengesellschaft als die geeignete Gesellschaftsform für große Unternehmen

590 Die Aktiengesellschaft (AG), von denen es in Deutschland am 1. Juni 2010 16 998 gab[1], ist aus vielerlei Gründen die geeignete Gesellschaftsform für **Großunternehmen**:

– Sie ermöglicht es, einen **großen Kapitalbedarf**, der das Vermögen von einzelnen Personen oder Familien in der Regel übersteigen würde, durch den Verkauf von Gesellschaftsanteilen (Aktien) an eine Vielzahl von Investoren zu decken. Diese Aktionäre können anonym bleiben und sich auch mit nur geringen Beträgen an der AG beteiligen.
– Das **Risiko** der Aktionäre, der Kapitalgeber, **ist begrenzt**. Da nur die AG als juristische Person mit ihrem Vermögen haftet, nicht aber die Gesellschafter (Aktionäre) mit ihrem Privatvermögen in Anspruch genommen werden können, kann der Aktionär auch in der Insolvenz der AG nicht mehr verlieren als den Betrag, den er für den Erwerb der Aktie gezahlt hat.
– Die **Bindung des Aktionärs** an die AG ist im Vergleich zu anderen Gesellschaftsformen eine **relativ lose**. Der Aktionär kann in der Regel die Aktien jederzeit an jede beliebige Person veräußern. Diese freie Übertragbarkeit wird durch eine Börsennotierung der Aktien noch unterstützt, da in diesem Falle ein Investor seine Beteiligung jederzeit durch Verkauf zu Geld machen kann. Man spricht insoweit auch von der erhöhten Fungibilität der Aktie.
– Durch die einfache Form der Beteiligung, das geringe Risiko, die freie Übertragbarkeit der Aktien und die Möglichkeit, sich ohne kaufmännische oder sonstige Fähigkeiten an einem Wirtschaftsunternehmen zu beteiligen, können Aktien an eine Vielzahl von Personen verkauft werden, die kein Interesse an einer eigenen unternehmerischen Betätigung haben, im Aktienerwerb aber eine zweckmäßige und günstige **Form der Geldanlage** sehen.

1 Quelle: AG Sonderheft August 2010, 7, die Zahl ist aber leicht rückläufig, vgl. *Kornblum*, GmbHR 2013, 693, 694.

- Die Aktie ist eine geeignete Möglichkeit, eine große Anzahl von Personen am Produktivvermögen zu beteiligen. Durch eine breite Streuung der Aktien könnte der Verteilungskampf um das Bruttosozialprodukt erheblich entschärft werden, weil den Arbeitnehmern bei niedrigen Tariflohnabschlüssen der hierdurch entstehende höhere Gewinn in Form von Aktiendividenden zugutekommen könnte und die Unternehmen notwendige Investitionsmittel zur Verfügung hätten.
- Die Struktur der AG ermöglicht im besonderen Maße die **Konzentration von Unternehmen**. Denn durch das mit der Aktie verbundene Stimmrecht und die Abstimmung nach dem Mehrheitsprinzip verleiht mehr Beteiligung auch mehr Einfluss in der Gesellschaft.

Das Aktienrecht ist in den letzten Jahrzehnten häufig reformiert worden, zuletzt 2009 durch das Gesetz zur Umsetzung der Aktionärsrichtlinie (ARUG), das am 19.12.2019 durch das **Gesetz zur Umsetzung der zweiten Aktionärsrechterichtlinie (ARUG II)**[2] ergänzt wurde. Damit wird die neugefasste EU-Aktionärsrechte-Richtlinie 2017/828 (AR-RL II) in nationales Recht umgesetzt. Hauptziele waren, die Aktionäre künftig besser zu informieren und ihnen die Ausübung des Stimmrechts zu erleichtern. Ferner sollten sogenannte räuberische Anfechtungsklagen erschwert werden. Schließlich wurde durch das ARUG II ein Mitspracherecht der Aktionäre bei der Vergütung des Vorstands eingeführt und eine Kontrolle bei sog. Geschäften mit nahestehenden Personen.[3] Zu weitere Änderungen im Jahr 2021 siehe Rn. 597.

II. Die wirtschaftliche Bedeutung der Aktiengesellschaft

1. Kapitalmarkt

Die Aktiengesellschaft ist (neben ihren Schwestern SE und KGaA, dazu unten Rn. 602 f.) die einzige Gesellschaftsform, deren Gesellschaftsanteile frei übertragbar sind und damit auf dem Kapitalmarkt gehandelt werden können. In den letzten beiden Jahrzehnten hat sich die Finanzierung von Großunternehmen in Deutschland von einem eher bankenorientierten Modell hin zu einem mehr kapitalmarktfinanzierten Modell entwickelt.[4] Neue Investorengruppen wie etwa Hedge-Fonds und andere in- und ausländische Anleger gewinnen an Bedeutung. Damit einher geht eine stärkere Berücksichtigung des Kapitalmarktes auch für die Organe der AG, die sich den Bedürfnissen solcher Investoren stellen müssen. Ferner gewinnt das Kapitalmarktrecht als zweite bedeutende Rechtsquelle für die Aktiengesellschaft an Bedeutung. Ihm ist vor allem ein Transparenzgrundsatz zu entnehmen: Potentielle und aktuelle Investoren sollen gleichberechtigt und stets aktuell die notwendigen Informationen über die Gesellschaft erhalten und dürfen nicht getäuscht werden (zu den daraus folgenden Konsequenzen für börsennotierte Gesellschaften siehe ▶ W/E GesR II Rn. 801). 591

2 BGBl I 2019, S. 2637.

3 Umfassender Überblick über die Änderungen *Zipperle/Lingen*, BB 2020, 131-138; zum Vergütungssystem siehe noch Rn. 657.

4 Ausführlich dazu *Stefan Rudolf*, in: Habersack/Mülbert/Schlitt, Unternehmensfinanzierung am Kapitalmarkt, 3. Aufl. 2013, § 1 Entwicklungen im Kapitalmarkt in Deutschland.

2. Corporate Governance

592 Wie kaum ein anderes Thema hat in den letzten Jahren die Einführung eines Corporate Governance Kodex die rechtspolitische Diskussion in Deutschland beherrscht. Anlässe dazu boten nicht zuletzt eine Reihe von spektakulären Übernahmen und die dabei auftretenden Leitungsprobleme. Unter **„Corporate Governance"** ist nach einer Definition von *K. Schmidt* die Summe der für eine verantwortliche, auf langfristige Wertschöpfung zielende Unternehmensführung, Unternehmenskontrolle und Transparenz geltenden Maximen zu verstehen[5].

Der Deutsche Corporate Governance-Kodex (DCGK) enthält insoweit zu wesentlichen Teilen eine leicht verständliche Zusammenfassung der gesetzlichen Regelungen betreffend die **Unternehmensleitung und -kontrolle**. Darüber hinaus wird die Einhaltung einer Reihe von Regeln empfohlen, welche die Schwachpunkte in der deutschen Unternehmensverfassung verringern sollen. Auch wenn die letztgenannten Regeln keinen echten Rechtsnormcharakter haben, so stellen sie doch Verhaltensregeln auf, deren Verletzung rechtlich nicht irrelevant ist. Zu denken ist hier vor allem an die Konkretisierung haftungsrelevanter Verhaltenspflichten der Gesellschaftsorgane, die bei der Abschlussprüfung im Rechnungslegungswesen eine Rolle spielen und auch als Maßstab für Kapitalmarktsanktionen dienen können[6]. Die Empfehlungen des DCGK werden durch **§ 161 AktG** flankiert. Danach müssen die Vorstände und Aufsichtsräte der börsennotierten Unternehmen jährlich eine Erklärung abgeben, in der sie darzulegen haben, dass sie den Regeln des DCGK entsprochen haben oder – falls nicht – warum bestimmte Empfehlungen des Kodex nicht angewendet wurden. Diese Erklärung ist den Aktionären dauerhaft zugänglich zu machen, bei einer Falschveröffentlichung können ggf. darauf basierende Hauptversammlungsbeschlüsse angefochten werden (weiterführend ▸ W/E GesR II § 16 Rn. 940 ff.).

III. Der Aufsichtsrat als Ansatzpunkt für politische Vorhaben

1. Allgemein

593 Die Aktiengesellschaft als zentrale Rechtsform für Großunternehmen hat aus gesellschaftlicher und politischer Perspektive auch Symbolcharakter. Die Verfassung der Aktiengesellschaft mit dem an die Höhe der Kapitalbeteiligung geknüpften Einfluss (durch die Zahl der damit verbundenen Stimmrechte) folgt den Prinzipien des Kapitalismus und steht daher stellvertretend für diesen. Deshalb richten sich politische Bemühungen etwa um die Beteiligung der Arbeitnehmer oder um die Gleichberechtigung der Frauen auch und gerade auf die Aktiengesellschaft. Vor allem der Aufsichtsrat scheint sich besonders gut für politische Experimente zu eignen: Ihm fehlt es nämlich an unmittelbarer unternehmerischer Verantwortung. Die Geschäftsführung wird vom Vorstand ausgeübt, der Aufsichtsrat muss sich also nicht täglich um die Geschäfte kümmern. Andererseits bestellt der Aufsichtsrat die Mitglieder des Vorstands und überwacht sie. Die Mitglieder des Aufsichtsrats können sich daher durchaus als

5 *K. Schmidt*, Gesellschaftsrecht, § 26 II 3.
6 *K. Schmidt*, Gesellschaftsrecht, § 26 II 3.

verantwortlich für die Leitung der Aktiengesellschaft ansehen. Das macht die Institution „Aufsichtsrat" zum perfekten Objekt politischer Experimente.

2. Die Unternehmensmitbestimmung

a) Die Historie

Was zunächst die Beteiligung der Arbeitnehmer an der unternehmerischen Leitung **594** angeht, so konnten sich die Arbeitnehmer historisch erstmals in den Großunternehmen des Bergbaus und der Eisen und Stahl erzeugenden Industrie, der sog. Montanindustrie durchsetzen. In der besonderen Situation nach dem zweiten Weltkrieg, in dem die Montanindustrie eine unrühmliche Rolle durch Interesse am Krieg und die Unterstützung Hitlers gespielt hatte, wurde im Montanmitbestimmungsgesetz vom 21. Mai 1951 eine hälftige (paritätische) Beteiligung der Arbeitnehmer im Aufsichtsrat vorgesehen. Später erkämpften sich die Arbeitnehmer eine Beteiligung auch ohne Rücksicht auf eine bestimmte Branche im BetrVG aus dem Jahr 1956. Danach muss in allen AGen mit mindestens 500 Arbeitnehmern der Aufsichtsrat zu einem Drittel mit Vertretern besetzt werden, die unmittelbar von den Arbeitnehmern gewählt werden. Die übrigen zwei Drittel werden mit Anteilseignervertretern besetzt, d.h. mit Repräsentanten, die unmittelbar von der Hauptversammlung gewählt werden. Die entsprechenden Vorschriften gelten auch heute noch, sie finden sich nun im sog. Drittelbeteiligungsgesetz (DrittelBG).

b) Die Paritätische Mitbestimmung

Diese branchenunabhängige Drittelbeteiligung genügte den Gewerkschaften jedoch **595** nicht, so dass es durch das Mitbestimmungsgesetz vom 4. Mai 1976 zu einer branchenunabhängigen (fast) paritätischen Mitbestimmung in Großunternehmen ab 2 000 Arbeitnehmern kam. Das MitbestG 1976 wirkt sich auf die Verfassung der AG (und auch auf die der GmbH) erheblich aus. Das MitbestG 1976 gilt für alle Kapitalgesellschaften (d.h. im Wesentlichen AG, GmbH und KGaA) mit mehr als 2 000 Arbeitnehmern. Ausgenommen sind einerseits Montan-Unternehmen – hier gilt das Montanmitbestimmungsgesetz fort –, andererseits die sog. Tendenzunternehmen, d.h. solche, die politischen, konfessionellen, karitativen, erzieherischen, künstlerischen und wissenschaftlichen Bestimmungen oder Zwecken der Meinungsäußerung und der Berichterstattung (Presse, Rundfunk, Fernsehen) dienen (§ 1 MitbestG 1976).

Die Aufsichtsräte der vom MitbestG 1976 erfassten Unternehmen bestehen je zur **596** Hälfte aus Vertretern der Anteilseigner und der Arbeitnehmer; die Größe des Aufsichtsrats hängt von der Beschäftigtenzahl ab (zu den Details siehe § 7 MitbestG). Unter den Vertretern der Arbeitnehmer befindet sich jedoch mindestens ein leitender Angestellter, § 15 Abs. 1 S. 2 MitbestG. Im Übrigen wird der Vorsitzende des Aufsichtsrats, falls sich Anteilseigner- und Arbeitnehmervertreter nicht einigen können, gem. § 27 Abs. 2 S. 2 MitbestG von den Anteilseignern gewählt. Kommt es später bei Entscheidungen zu einem Patt, so hat der Vorsitzende eine pattauflösende Zweitstimme (§ 29 Abs. 2 MitbestG). Damit hat die Anteilseignerseite ein leichtes Übergewicht, was zur Verfassungsmäßigkeit des Gesetzes führt.[7] Dennoch ist die paritäti-

7 Siehe dazu das sog. Mitbestimmungsurteil des BVerfG v. 1.3.1979, BVerfGE 50, 290 ff. und C. I.

sche Mitbestimmung in Deutschland weiter umstritten. Die im Jahr 2005 eingesetzte Kommission, die unter der Leitung von Kurt Biedenkopf Vorschläge zur Reform und zur Zukunft der Mitbestimmung machen sollte, kam zu keinem gemeinsamen Ergebnis.[8]

3. Die Frauenquote im Aufsichtsrat

597 Der Aufsichtsrat von börsennotierten Großunternehmen wird ferner als geeignete Stelle für gesetzliche Regelungen angesehen, die zu einer Erhöhung des Frauenanteils in Führungspositionen führen sollen. Durch das „Gesetz für die gleichberechtigte Teilhabe von Frauen und Männern an Führungspositionen in der Privatwirtschaft und im öffentlichen Dienst" ist u.a. das Aktiengesetz geändert worden. Nach § 96 Abs. 2 AktG hat im Aufsichtsrat börsennotierter und paritätisch mitbestimmter Gesellschaften seit dem 1.1.2016 jedes Geschlecht zu mindestens 30 % vertreten zu sein. Bei der derzeitigen Geschlechterverteilung bedeutet das im praktischen Ergebnis eine Frauenquote. Börsennotiert sind nach § 3 Abs. 2 AktG diejenigen Gesellschaften, deren Aktien zum Handel an einem regulierten Markt zugelassen sind. Damit sind – anders als bei der Unternehmensmitbestimmung – GmbH-Aufsichtsräte von der Quote ausgenommen, da GmbH-Anteile nicht an der Börse handelbar sind.

Die Quote muss vom gesamten Aufsichtsrat erfüllt werden; auf mehrheitliches Verlangen der Arbeitnehmer- oder der Anteilseignerseite muss die Quote jedoch von jeder der beiden Bänke im Aufsichtsrat erfüllt werden. Das kann praktisch zu einer Verringerung des Frauenanteils führen, wenn z.B. insgesamt 16 Mitglieder im Aufsichtsrat sitzen. Bei einer Gesamtaufsichtsratsquote müssen dann mindestens 5 Frauen vertreten sein, bei geteilter Quote aber auf jeder Bank mindestens 2 (8 x 0,3 = 2,4, gem. § 96 Abs. 2 S. 4 AktG ist dann „mathematisch" auf 2 abzurunden), d.h. insgesamt nur 4 Frauen.[9] Die Sanktion für die Nichtbeachtung dieser Vorschriften ist scharf. Wird ein Mann als Mitglied des Aufsichtsrats gewählt, obwohl die erforderliche Mindestanzahl von Frauen noch nicht erreicht ist, ist die entsprechende Wahl nichtig (§ 250 Abs. 1 Nr. 5 AktG).[10]

Im Jahr 2021 sind diese Regeln durch Art. 7 des Gesetzes zur Ergänzung und Änderung der Regelungen für die gleichberechtigte Teilhabe von Frauen an Führungspositionen in der Privatwirtschaft und im öffentlichen Dienst[11] weiter verschärft worden. Seit dem 12.8.2021 muss gem. § 76 Abs. 3a AktG bei paritätisch mitbestimmten Gesellschaften auch der Vorstand, soweit er aus mindestens 4 Personen besteht, mit mindestens einer Frau besetzt werden. Daneben muss der Aufsichtsrat bei allen börsennotierten und/oder mitbestimmten Gesellschaften gem. § 111 Abs. 5 AktG Zielgrößen für den Frauenanteil in Aufsichtsrat und Vorstand festlegen, die innerhalb einer festzulegenden Frist von höchstens 5 Jahren erreicht werden müssen, in § 84 AktG wurde zudem eine Mutterschutzregelung eingeführt.

---

8 Dazu *Rüthers*, NZA 2007, 426.
9 Siehe *Röder/Arnold*, NZA 2015, 279, 280.
10 Zu verfassungsrechtlichen Bedenken gegen die Neuregelung *Teichmann/Rüb*, BB 2015, 257, 261 f.
11 Gesetz v. 7.8.2021 BGBl. I S. 3311.

§ 30 Begriff und Rechtsnatur der Aktiengesellschaft, verwandte Rechtsformen

Literatur: *Sebastian Blasche*, Einführung in das Recht der Europäischen Aktiengesellschaft (SE), JURA 2013, 268 ff.; *Fleischer*, Der Einfluss der Societas Europea auf die Dogmatik des deutschen Gesellschaftsrechts, AcP 204 (2004), 502 ff.; *Schwarz*, Zum Statut der europäischen Aktiengesellschaft, ZIP 2001, 1847 ff.; *Ch. Teichmann*, Die Einführung der Europäischen Aktiengesellschaft, ZGR 2002, 383 ff.; *Thoma/Leuering*, Die Europäische Aktiengesellschaft – Societas Europaea, NJW 2002, 1449 ff.

I. Begriff der Aktiengesellschaft

Die AG ist eine **auf Dauer angelegte** private Organisation, die gegründet wird, um 598
einen selbstgesetzten Zweck zu erreichen. Sie ist eine **juristische Person**, für deren Verbindlichkeiten nur das Gesellschaftsvermögen haftet (§ 1 Abs. 1 S. 2 AktG). Die **Mitgliedschaftsrechte der Gesellschafter** (Aktionäre) ergeben sich aus ihren Anteilen an dem in Aktien zerlegten Grundkapital. Die AG ist als juristische Person **Inhaberin des Gesellschaftsvermögens**. Sie ist Subjekt der sie betreffenden Rechte und Pflichten. Kraft ihrer Mitgliedschaft stehen die Aktionäre vor allem mit der AG in Rechtsbeziehungen. Nach der Organisation der AG bestehen zwischen den einzelnen Gesellschaftern (Aktionären) weniger rechtliche Beziehungen persönlicher Art. Allerdings sind die Aktionäre nicht nur der Gesellschaft gegenüber, sondern auch untereinander durch **Treue- und Loyalitätspflichten** gebunden (s. zu den Einzelheiten Rn. 694).

II. Die Rechtsnatur der Aktiengesellschaft

Die AG ist **körperschaftlich strukturiert** und daher auf die Grundform der juristi- 599
schen Person des Privatrechts, den **Verein**, zurückzuführen. Sie ist eine Gesellschaft mit eigener Rechtspersönlichkeit (§ 1 AktG). Als juristische Person ist die AG **rechtsfähig**. Sie ist selbst Trägerin von Rechten und Pflichten.

Beispiel: Eigentümer eines Grundstücks, das der Gesellschaft gehört, ist nur die AG. Die Inhaber der Aktien sind nicht die Eigentümer des Grundstücks, ihnen gehören nur die Aktien.

Für Verbindlichkeiten der AG haftet den Gläubigern nur das Gesellschaftsvermögen, weil nur die Gesellschaft selbst, nicht aber die Aktionäre, Schuldnerin der Gesellschaftsverbindlichkeiten ist; wie bei anderen juristischen Personen auch, **haften die Mitglieder** derselben (hier die Aktionäre) **nicht** für die Verbindlichkeiten der Gesellschaft mit ihrem Privatvermögen (§ 1 Abs. 1 S. 2 AktG).

Beispiel: Die Chemiefaser Süd-AG hat von der Westfälischen Bank AG ein Darlehen in Höhe von Euro 10 Millionen erhalten. Für die Rückzahlung der Darlehenssumme haftet nur das Gesellschaftsvermögen. Wenn die Chemiefaser Süd-AG nicht imstande ist, die Darlehenssumme zurückzuzahlen, kann die Westfälische Bank AG sich nicht an die Aktionäre der Chemiefaser Süd-AG halten.

600 Die AG handelt durch ihre Organe. Geschäftsführung und Vertretung der AG liegen grundsätzlich beim **Vorstand**. Als Kontrollorgan des Vorstandes dient der **Aufsichtsrat**, der auch den Vorstand bestellt. Die Aktionäre üben ihre Rechte durch die **Hauptversammlung** aus, die u.a. über die Verwendung des Bilanzgewinns, Satzungsänderungen und die Besetzung des Aufsichtsrates mit Aktionärsvertretern entscheidet.

Die AG ist auf Grund ihrer Rechtsform stets Handelsgesellschaft (§ 3 AktG, § 6 HGB). Das bedeutet: Die AG unterliegt stets den HGB-Vorschriften für Kaufleute. Ihre Geschäfte sind Handelsgeschäfte i.S.d. §§ 343 ff. HGB. Nach § 4 AktG muss die Firma die Bezeichnung „Aktiengesellschaft“ oder eine allgemein verständliche Abkürzung dieser Bezeichnung, wie z.B. AG enthalten.

601 Das Recht der AG ist im Wesentlichen im **Aktiengesetz (AktG)** geregelt. Ergänzend ist das **Vereinsrecht des BGB** anzuwenden. Da das AktG eine fast erschöpfende Regelung aller Probleme enthält, bleibt für eine ergänzende Anwendung des Vereinsrechts jedoch wenig Raum. Anwendbar ist aber z.B. § 31 BGB.

III. Mit der AG verwandte Rechtsformen

1. Kommanditgesellschaft auf Aktien (KGaA)

602 Abzugrenzen ist die Aktiengesellschaft zunächst von der Kommanditgesellschaft auf Aktien (KGaA, §§ 278 ff. AktG), die als eine eigenständige Rechtsform eine Mischform darstellt, in der Elemente der AG und der KG miteinander verbunden sind. Die KGaA ist eine **juristische Person**. Von der AG unterscheidet sie sich dadurch, dass es zwei Arten von Gesellschaftern gibt:

- die **Kommanditaktionäre**, die das in Aktien zerlegte Grundkapital halten und die für die Verbindlichkeiten der Kommanditgesellschaft nicht haften, und
- mindestens einen **persönlich haftenden Gesellschafter**, der eine ähnliche Stellung einnimmt wie der **Komplementär** einer KG.

An der Rechtsform der KGaA lässt sich zeigen, dass die Haftungsbeschränkung aller Gesellschafter kein unabdingbares Wesensmerkmal der juristischen Person ist, da es mindestens einen mit seinem Privatvermögen haftenden Gesellschafter gibt. Von der KG unterscheidet sich die KGaA vor allem durch die Handelbarkeit der Kommanditaktien an der Börse. Da die Kontrolle über die Gesellschaft stets beim Komplementär verbleibt, gilt die KGaA als übernahmeresistent.

2. Die Europäische Aktiengesellschaft – Societas Europaea

603 Mit der Verordnung des Rates über das Statut der Europäischen Gesellschaft (SE-VO) aus dem Jahre 2002 ist mit der Europäischen Aktiengesellschaft – Societas Europaea (= SE) – die **erste supranationale Rechtsform** für eine gemeinschaftsrechtliche Kapitalgesellschaft geschaffen worden. Damit soll den europaweit tätigen Unternehmen die Möglichkeit gegeben werden, in der Zukunft mit **nur einer Gesellschaft** an Stelle einer komplizierten Konzernstruktur zu operieren[1].

1 *Thoma/Leuering*, NJW 2002, 1449 ff.; zu den Motiven für die Wahl der SE *Blasche*, JURA 2013, 268, 270.

Die SE ist eine Gesellschaft mit eigener Rechtspersönlichkeit und beschränkter Haftung, die im Wesentlichen auf Großunternehmen zugeschnitten ist. Sie stellt zwar eine eigene Rechtsform dar, ihre Regeln sind jedoch nur teilweise vereinheitlicht und knüpfen im Übrigen an die jeweiligen nationalen Regelungen über die Aktiengesellschaft an. Insofern gibt es im Prinzip in der Europäischen Union 27 verschiedene SE.

Eine große Innovationsleistung der SE-Verordnung wird im Bereich der **Organisationsverfassung** gesehen. Gem. Art. 38 lit. b) SE-VO steht es dem Satzungsgeber einer SE frei, ob er die Leitung der Gesellschaft **monistisch oder dualistisch** ausgestaltet. So kann bei der Gründung einer SE in Deutschland neben der bekannten Trennung von Vorstand und Aufsichtsrat künftig für die SE auch ein **einstufiges Verwaltungsorgan** gewählt werden, der sog. Verwaltungsrat[2].

Trotz anfänglicher Bedenken erfreut sich die SE großer Beliebtheit. Eine Reihe großer deutscher Unternehmen, darunter u.a. Allianz, BASF, Porsche und Fresenius, haben sich inzwischen für die Rechtsform der SE entschieden. Aber auch eine nicht unbedeutende Zahl von mittelständischen Unternehmen hat die Rechtsform der SE angenommen. Dabei dürfte vor allem die damit verbundene Möglichkeit ausschlaggebend gewesen sein, mit dieser Rechtsform die unternehmerische Mitbestimmung dergestalt einzufrieren, dass späteres Wachstum nicht zu einer Ausweitung der Mitbestimmung führen kann[3]. Am 1. Juni 2010 existierten in Deutschland immerhin 134 SE[4], im März 2014 waren es bereits 292, davon 134 mit einer Arbeitnehmerzahl über 5.[5] Zum 1.1.2021 waren gar 718 SE im Handelsregister eingetragen.[6]

§ 31 Gründung und Entstehung der Aktiengesellschaft

Fall 43: A, B und 5 andere Personen haben die Rhein-AG gegründet. Sie haben die Aktien übernommen. K ist zum vorläufigen Vorstand bestellt worden. Die Eintragung in das Handelsregister steht noch aus. K kauft bei V im Namen der Gesellschaft eine Büroeinrichtung für die Verwaltung, die ihre Arbeit aufnimmt. Der Kaufpreis beträgt 53 000 €. Von wem kann V vor der Eintragung der AG in das Handelsregister Zahlung des Kaufpreises verlangen? **Rn. 616** 604

Abwandlung: Am 31. März 2010 wird die AG in das Handelsregister eingetragen. Gegen wen hat V nun Ansprüche? **Rn. 617**

Literatur: *Weimar*, Die Haftungsverhältnisse bei der Vor-AG in neuer Sicht, AG 1992, 69 ff.; *Wiedemann*, Zur Haftungsverfassung der Vor-AG: Der Gleichlauf von Gründerhaftung und Handelnden-Regress, ZIP 1997, 2029 ff.

2 *Fleischer*, AcP 204 (2004), 502, 521 ff.; *Blasche*, JURA 2013, 268, 273 f.
3 *Brandes*, ZIP 2008, 2193; *Blasche*, JURA 2013, 268, 276.
4 Quelle: AG Sonderheft August 2010, 7.
5 Quelle: www.worker-participation.eu, besucht am 28.7.2015.
6 Quelle: *Kornblum*, GmbHR 2021, 681, 682.

I. Die einfache Gründung im Überblick

605 Die Gründung einer AG vollzieht sich in mehreren Abschnitten. Das Gründungsverfahren ist im Gesetz genau geregelt. Die Gründung beginnt mit der Feststellung der Satzung durch Abschluss eines Vertrages zwischen den Gründern und endet mit der Eintragung der AG in das Handelsregister.

606 Die Entstehung der AG setzt wie bei jeder anderen Gesellschaft den Abschluss eines Vertrages voraus. An der Feststellung des in § 2 AktG als **Satzung** bezeichneten Vertrages „müssen sich eine oder mehrere Personen beteiligen". Daraus wird deutlich, dass eine Aktiengesellschaft auch durch nur eine Person gegründet werden kann, die Satzung ist in diesem Falle kein Vertrag, sondern ein einseitiges Rechtsgeschäft. Die Satzung hat die Verpflichtung des Gründers oder der Gründer zum Gegenstand, Aktien gegen Einlagen zu übernehmen, und sie hat Bindungswirkung auch für alle späteren Aktionäre, die an ihrer Feststellung nicht beteiligt waren. Die Satzung erzeugt unter den Gründern auch wechselseitige subjektive Ansprüche und Pflichten, so z.B. die Verpflichtung zur Mitwirkung, um die AG als Rechtsperson entstehen zu lassen.

II. Die Vor-Aktiengesellschaft

607 Mit der Übernahme aller Aktien durch die Gründer ist die AG errichtet (§ 29 AktG). Aus § 41 Abs. 1 AktG ergibt sich, dass sie damit allerdings mangels Eintragung in das Handelsregister noch nicht juristische Person ist. Welche Rechtsnatur der Gesellschaft in diesem Stadium zuzuerkennen ist, ist umstritten. Nach heute wohl h.M. ist die **Vor-Aktiengesellschaft** weder Gesellschaft bürgerlichen Rechts noch Verein, sondern eine **Gesamthandsgesellschaft eigener Art**[1]. Der BGH[2] sieht in ihr eine notwendige Vorstufe zu der mit der Eintragung entstehenden juristischen Person.

Beispiel: Der vorläufig zum Vorstand der gegründeten, aber noch nicht in das Handelsregister eingetragenen „X-AG in Gründung" mietet im Namen der Gesellschaft Büroräume für die künftige Hauptverwaltung. Trägerin der Rechte und Pflichten aus dem Mietvertrag ist die Vorgesellschaft. Sie ist z.B. zur Zahlung der Miete verpflichtet.

608 Gem. § 41 Abs. 1 S. 2 AktG haften diejenigen Personen, die vor der Eintragung im Namen der zukünftigen AG handeln, persönlich und unbeschränkt. Das sind in erster Linie die schon bestellten und nun handelnden Vorstandsmitglieder **(Handelndenhaftung)**. Eine **Außenhaftung der Aktionäre** als Gesellschafter der Vor-AG – etwa in analoger Anwendung des § 128 HGB – wird von der h.M. verneint. Stattdessen sollen die Aktionäre wie die Vorgesellschafter einer GmbH einer **internen Verlustdeckungspflicht** unterliegen[3].

609 Mit der Eintragung in das Handelsregister entsteht die AG als **juristische Person**; zugleich erlischt die Vor-AG. Die bei Letzterer begründeten Rechte und Pflichten gehen auf die entstandene AG im Wege der **Gesamtrechtsnachfolge** über[4].

1 *Körber*, in: HK-AktG, § 41 Rn. 5.
2 BGHZ 125, 323, 326.
3 *Körber*, in: HK-AktG, § 41 Rn. 31 ff. mit Nachw.
4 *Körber*, in: HK-AktG, § 41 Rn. 26 ff. u. 44.

In dem oben geschilderten **Beispiel** gehen die Rechte und Pflichten aus dem Mietvertrag mit V auf die eingetragene X-AG über. Sollte die Vorgesellschaft z.B. mit der Zahlung der Miete im Verzuge sein, so gehen die Verpflichtungen zur Zahlung der ausstehenden Miete und zur Zahlung etwa entstandener Schadensersatzansprüche aus Pflichtverletzungen auf die X-AG über.

III. Die Satzung

Die Satzung kann man als die Summe derjenigen rechtsgeschäftlich aufgestellten **610**
Normen bezeichnen, die in Ergänzung oder – soweit rechtlich möglich – Abänderung des Gesetzes die **körperschaftlichen Rechtsverhältnisse der Gesellschaft regeln** und damit die konkrete Gesellschaft gegenüber den übrigen Aktiengesellschaften individualisieren. Es handelt sich dabei um ein **Organisationsgeschäft**, das, soweit § 23 Abs. 5 AktG dies zulässt, gesetzliche Vorschriften ersetzen oder ergänzen kann. Die Satzung muss den vom Gesetz bestimmten Mindestinhalt haben, der sich aus § 23 AktG ergibt.

Neben dem Mindestinhalt kann die Satzung auch andere Regelungen treffen. Während die Vorschriften des HGB über die OHG und die KG in großem Umfang von den Gesellschaftern abbedungen werden können, sind die Regelungen des AktG überwiegend **zwingend**. Abweichungen sind nur dort möglich, wo das AktG dies zulässt (sog. **Satzungsstrenge**).

Beispiel: Durch die Satzung kann nicht wirksam bestimmt werden, dass es in der AG keinen Aufsichtsrat geben soll.

Mit der Feststellung der Satzung müssen die Gründer sich verpflichten, alle Aktien selbst zu **611**
übernehmen. Dies besagt, dass die Gründer die Verpflichtung zur Einzahlung des gesamten Grundkapitals persönlich übernehmen müssen. Ist dies geschehen, ist die AG errichtet. Das bedeutet noch nicht, dass die AG als juristische Person entstanden ist, sondern nur, dass die Beteiligten nunmehr rechtlich gebunden sind.

IV. Die Bestellung von Organen

Der nächste Schritt, der vom ersten Abschnitt der Errichtung zur selbstständigen **612**
Rechtspersönlichkeit der AG führt, ist die Bestellung der Mitglieder der Organe, durch die die juristische Person handelt. Organe der AG sind: **Hauptversammlung, Aufsichtsrat** und **Vorstand**. Zuerst bestellen die Gründer, die sämtliche Aktien übernommen haben, die Mitglieder des Aufsichtsrats. Außerdem bestimmen die Gründungsaktionäre auch die Abschlussprüfer (meist ein Wirtschaftsprüfungsunternehmen) für das erste Geschäftsjahr. Der Aufsichtsrat hat seinerseits den Vorstand zu bestellen.

V. Gründungsbericht und Gründungsprüfung

613 Die Gründer erstellen über den Gründungshergang einen **schriftlichen Bericht**, der die Grundlage für die darauf folgende Gründungsprüfung durch die inzwischen bestellten Organe, Vorstand, Aufsichtsrat und besondere Gründungsprüfer, bildet. Dieses komplizierte Verfahren dient dem Zweck, unseriöse Gründungen zu vermeiden, um zukünftige Aktionäre und andere Personen, die mit der AG in Rechtsbeziehungen treten, zu schützen.

VI. Die Einlage

614 Die Gründeraktionäre müssen ihre Einlage leisten. Bei der einfachen Gründung heißt das: Sie müssen den vereinbarten Geldbetrag für die übernommenen Aktien zur freien Verfügung des Vorstandes einzahlen. Zu Details siehe § 32 II. 2.

VII. Die Anmeldung zum Handelsregister und die Eintragung

615 Die darauf erfolgende Anmeldung der Gesellschaft bei dem zuständigen Registergericht führt nicht nur zu einer Nachprüfung der Formalien. Das Gericht prüft auch die Ordnungsmäßigkeit der Errichtung selbst. Stellt das Gericht Mängel bei der Errichtung fest, hat es die Eintragung abzulehnen.

616 **Lösung zu Fall 43: I. Ansprüche des V gegen die Vorgesellschaft (Vor-AG)**

V könnte gegen die Vor-AG (Vorgesellschaft) einen Anspruch aus § 433 Abs. 2 BGB auf Zahlung des Kaufpreises in Höhe von 53 000 € erworben haben. Das setzt voraus, dass die Vor-AG Vertragspartnerin sein kann und zwischen V und der Vor-AG ein Kaufvertrag zustande gekommen ist. Ob die Vor-AG Trägerin von Rechten und Pflichten sein kann, hängt von ihrer Rechtsnatur ab. Mit der Übernahme aller Aktien durch die Gründer ist die AG errichtet (§ 29 AktG). Aus § 41 Abs. 1 AktG ergibt sich, dass sie damit allerdings mangels Eintragung in das Handelsregister noch nicht juristische Person ist. Welche Rechtsnatur der Gesellschaft in diesem Stadium zuzuerkennen ist, ist umstritten. Der BGH[5] sieht in ihr eine notwendige Vorstufe zu der mit der Eintragung entstehenden juristischen Person; als werdende Kapitalgesellschaft sei sie „bereits ein eigenständiges, von ihren Gründern und Gesellschaftern verschiedenes körperschaftlich strukturiertes Rechtsgebilde mit eigenen Rechten und Pflichten". Deshalb ist die Vorgesellschaft als solche und nicht jeder einzelne Gesellschafter oder eine von ihr verschiedene Gesamtheit Träger der eingebrachten Vermögenswerte[6]. Die Vor-AG kann also Trägerin von Rechten und Pflichten und infolgedessen auch Vertragspartnerin sein. K als vorläufiger Vorstand war vertretungsbefugt und konnte deshalb einen wirksamen Kaufvertrag für die Vor-AG mit V abschließen. V hat also gegen die Vor-AG einen Anspruch aus § 433 Abs. 2 BGB auf Zahlung des Kaufpreises in Höhe von 53 000 €.

5 BGHZ 125, 323, 326.
6 BGHZ 125, 323, 326.

II. Ansprüche des V gegen K persönlich

V könnte gegen K einen Anspruch aus § 41 Abs. 1 S. 2 AktG auf Zahlung von 53 000 € erworben haben. Gem. § 41 Abs. 1 S. 2 AktG haften diejenigen Personen, die vor der Eintragung im Namen der zukünftigen AG handeln, persönlich und unbeschränkt. Das sind in erster Linie die schon bestellten und nun handelnden Vorstandsmitglieder (Handelndenhaftung). Die Haftung setzt voraus, dass die Gesellschaft bereits errichtet, also die Vorgesellschaft entstanden ist. K ist als vorläufiger Vorstand, der für die Vor-AG den Vertrag abgeschlossen hat, Handelnder i.S.d. § 41 Abs. 1 S. 2 AktG. Er ist deshalb aus dieser Vorschrift dem V zur Zahlung von 53 000 € verpflichtet.

III. Ansprüche des V gegen die Aktionäre (Gründer) A, B und andere

Fraglich ist, ob V aus § 433 Abs. 2 BGB i.V.m. § 128 HGB analog den Betrag von 53 000 € auch von den Aktionären verlangen kann. Das Haftungsprivileg des § 1 Abs. 1 S. 1 AktG ist auf die Vorgesellschaft nicht anwendbar, weil noch keine juristische Person entstanden ist. Es ist umstritten, ob neben den Handelnden nach Beginn der Unternehmenstätigkeit auch die Gründer (Aktionäre) den Gesellschaftsgläubigern gegenüber für die Verbindlichkeiten der Vorgesellschaft haften sollen. Eine Außenhaftung der Aktionäre als Gesellschafter der Vor-AG – etwa in analoger Anwendung des § 128 HGB – wird von der herrschenden Meinung verneint. Stattdessen sollen die Aktionäre wie die Vorgesellschafter einer GmbH einer internen Verlustdeckungspflicht unterliegen[7]. Folgt man dem, so hat V keinen Anspruch auf Zahlung von 53 000 € gegen die Aktionäre (Gründer).

Zur Abwandlung: 617

1. Mit der Eintragung in das Handelsregister entsteht die AG als juristische Person; zugleich erlischt die Vor-AG. Die bei Letzterer begründeten Rechte und Pflichten gehen auf die entstandene AG im Wege der Gesamtrechtsnachfolge über. Die unter I. genannten Ansprüche des V bestehen nun gegenüber der Rhein-AG als Rechtsnachfolgerin der Vor-AG.

2. Mit der Entstehung der AG und dem gleichzeitigen Erlöschen der Vorgesellschaft erlischt auch die Handelndenhaftung gem. § 41 Abs. 1 S. 2 AktG. V hat deshalb aus dieser Vorschrift keinen Anspruch auf Zahlung von 53 000 € mehr.

3. Mit der Entstehung der AG ist § 1 Abs. 1 S. 2 AktG anwendbar. V kann die Aktionäre nicht in Anspruch nehmen.

§ 32 Das Grundkapital

Fall 44: Die A-AG ist an dem Erwerb der X-GmbH durch Übernahme der Geschäftsanteile interessiert, weil sie damit für das Gesamtunternehmen ein neues zukunftsträchtiges Geschäftsfeld eröffnen könnte, das sich in die Strategie des Unternehmens gut einfügen würde. Die Anteilseigner der GmbH, X, Y und Z möchten für die Übertragung der Geschäftsanteile keinen Kaufpreis in bar ausbezahlt bekommen; sie möchten stattdessen eine Beteiligung an der A-AG durch die Übernahme von Aktien erwerben. Der Kaufpreis beträgt 37 Mio. €. Eigene Aktien hält die A-AG nicht. Für die A-AG weist die Bilanz ein Grundkapital von 350 618

7 Vgl. *Hüffer/Koch*, AktG § 41 Rn. 14 mit Nachw.

Mio. € aus. Auf Antrag des Vorstandes soll nun die Hauptversammlung der A-AG eine Kapitalerhöhung von 37 Mio. € unter Ausschluss des Bezugsrechts beschließen. Die neuen Aktien sollen an X, Y und Z gegen Übertragung sämtlicher Geschäftsanteile der X-GmbH gegeben werden. Wäre dieser Bezugsrechtsausschluss zulässig? **Rn. 639**

Literatur: *Hirte*, Bezugsrechtsausschluß und Konzernbildung, 1986; *Marsch-Barner*, Die Erleichterung des Bezugsrechtsausschlusses nach § 186 Abs. 3 Satz 4 AktG, AG 1994, 532 ff.; *Martens*, Der Ausschluß des Bezugsrechts, ZIP 1992, 1677 ff.; *Schockenhoff*, Gesellschaftsinteresse und Gleichbehandlung beim Bezugsrechtsausschluß, 1988.

I. Der Begriff Grundkapital

619 Gem. § 1 Abs. 2 AktG hat die AG ein in Aktien zerlegtes Grundkapital. Das Grundkapital ist der in der Satzung festgesetzte Kapitalbetrag, den aufzubringen sich die Gründer durch die Übernahme von Aktien verpflichten. Das Grundkapital muss mindestens 50 000 € betragen; die Aktien repräsentieren einen Anteil an diesem Grundkapital (näher dazu § 33). Das AktG ist so gefasst, dass durch eine Vielzahl von Vorschriften erreicht werden soll, dass das Grundkapital den Gläubigern der AG als Haftungsmasse ungeschmälert erhalten bleibt.

620 Das Grundkapital der AG ist weder mit ihrem Gesellschaftsvermögen identisch noch mit dem Kurswert der Aktien der AG. Das Grundkapital ist eine feste, in der Satzung **festgelegte Geldziffer**; es ist in Anteile, die Aktien, zerlegt. Der Kurswert der Aktien ergibt sich aus einem Marktprozess, bei dem der auf die Aktien zukünftig entfallende Gewinn eine entscheidende Einflussgröße ist.

621 Das **Gesellschaftsvermögen** der AG ist die Summe aller der AG zustehenden Rechte.

Beispiel: Die Badische Schaumstoff-Wernheim-AG hat mit einem Grundkapital von 1 Mio. € begonnen. Im ersten Jahr machte sie einen Gewinn von 150 000 €, im zweiten Jahr einen solchen in Höhe von 250 000 €. In jedem Jahr schüttete die AG je 50 000 € als Gewinn aus, der Rest (300 000 €) wurde investiert in Grundstücke (180 000 €) sowie Maschinen und Fahrzeuge (120 000 €). Die Wertsteigerung der Grundstücke und die Abnutzung der Maschinen und Geräte heben sich gegeneinander auf. Am Ende des zweiten Jahres beträgt das Vermögen der AG 1,3 Mio. € (Grundkapital plus Wert der erworbenen Gegenstände). Das Grundkapital beträgt unverändert 1 Mio. €.

II. Kapitalaufbringung und Kapitalerhaltung

1. Kapitalaufbringung

a) Bareinlage oder Sacheinlage

622 Das in der Satzung festgesetzte Grundkapital (gem. § 7 AktG mindestens 50 000 €) kann in Form von Bar- oder Sacheinlagen geleistet werden. Problematisch ist vor allem die Sacheinlage. Gem. § 27 AktG kommen dafür nur Vermögensgegenstände in Betracht, deren wirtschaftlicher Wert feststellbar ist. Verpflichtungen zu Dienstleistungen können nicht Sacheinlagen sein (§ 27 Abs. 2 AktG). Um der Gefahr zu begeg-

nen, dass wertlose Gegenstände als „Sacheinlage" eingebracht werden, schreibt das AktG in §§ 32 bis 34 AktG umfangreiche Berichts- und Prüfungspflichten vor.

b) Tatsächliche Leistung

Das Grundkapital muss zumindest zu einem gewissen Teil auch tatsächlich aufgebracht werden. Dazu bestimmt § 36 Abs. 2 i.V.m. § 36a Abs. 1 AktG, dass vor der Anmeldung der Eintragung der Gesellschaft auf alle Aktien mindestens 25 % eingezahlt sein müssen, d.h. im praktischen Ergebnis mindestens ein Viertel des Grundkapitals tatsächlich zur freien Verfügung des Vorstands stehen muss. Im Falle der Festsetzung von Sacheinlagen müssen diese sogar vollständig erbracht sein, bevor die Anmeldung erfolgen darf, § 36a Abs. 2 AktG. 623

c) Verdeckte Sacheinlage

Das Verfahren der Prüfung der Werthaltigkeit von Sacheinlagen kostet Geld und ist umständlich und aufwendig, weshalb die Gründer in der Praxis vielfach versuchen, es durch die sog. „verdeckte Sacheinlage" zu umgehen. Dabei vereinbaren sie eine Bareinlage, zahlen das Geld jedoch nur zum Schein kurz ein und der Vorstand der Gesellschaft „kauft", wie von Anfang an geplant, den Gegenstand, der eigentlich als Sacheinlage eingebracht hätte werden sollen. Durch den „Kauf" fließt das Geld zurück, in der Gesellschaft bleibt der Sachgegenstand. Für solche und vergleichbare Fälle schreibt § 27 Abs. 3 AktG vor, dass die (vorübergehende) Zahlung des Geldbetrags den Aktionär von seiner Einlagepflicht nicht befreit. Ist die Gesellschaft später insolvent, muss er also ggf. noch einmal zahlen, kann jedoch seinerseits geltend machen, dass der an die Gesellschaft veräußerte Sachgegenstand seinen Preis wert war. 624

2. Einlagepflicht

Mit der Aufbringung des Kapitals eng verbunden ist die Einlagepflicht des Aktionärs, d.h. die individuelle Pflicht, eine Geld- oder Sacheinlage an die Gesellschaft zu leisten. Sie entsteht bei der Gründung mit der Feststellung der Satzung gem. § 23 Abs. 1 AktG nach Maßgabe der von den einzelnen Aktionären jeweils übernommenen Aktien (vgl. § 23 Abs. 2 Nr. 2 AktG). Bei einer späteren Kapitalerhöhung entsteht sie durch die Zeichnung der (neuen) Aktien gem. § 185 AktG. Die AG hat einen **Anspruch gegen den Aktionär** auf Erfüllung der Einlagepflicht, vgl. für die Bareinlage § 54 Abs. 2 AktG. Die Pflicht zur Leistung der Sacheinlage ergibt sich aus der Satzung selbst bzw. indirekt aus § 36a Abs. 2 AktG. Die Höhe der Bareinlage richtet sich nach dem Nennbetrag der Aktie oder dem auf die Stückaktien entfallenden anteiligen Betrag des Grundkapitals (siehe dazu näher § 33). 625

3. Kapitalerhaltung

Das einmal aufgebrachte Kapital darf gem. § 57 Abs. 1 AktG nicht an die Aktionäre zurückgezahlt werden **(Verbot der Einlagenrückgewähr)**. Es soll vielmehr als Haftungsmasse erhalten werden und im Notfall zur Befriedigung der Gläubiger zur Verfügung stehen. An die Aktionäre ausgezahlt werden darf gem. § 57 Abs. 3 AktG nur der Bilanzgewinn. Das bedeutet auch: Erwirtschaftet die Gesellschaft Verluste, dient 626 das Grundkapital als „Puffer“ und fängt diese Verluste auf. Solange diese Verluste nicht wieder durch spätere Gewinne ausgeglichen sind, darf überhaupt **keine Leistung an die Aktionäre** erfolgen. Wird gegen dieses (strenge) Verbot verstoßen, entsteht ein Rückgewähranspruch gem. § 62 Abs. 1 AktG der Aktiengesellschaft gegen die Aktionäre, an die unerlaubte Leistungen geflossen sind (Details bei ► W/E GesR II Rn. 150 ff.).

4. Erwerb eigener Aktien

627 Der Erwerb eigener Aktien durch die Gesellschaft ist nur ausnahmsweise unter den in § 71 AktG genannten Voraussetzungen zulässig. Die Gründe dafür sind vielfältig. Der entgeltliche Erwerb eigener Aktien durch die Gesellschaft gefährdet deren Vermögen. Wirtschaftlich entspricht der endgültige Erwerb eigener Aktien nämlich einer **Einlagenrückgewähr an den Aktionär, der seine Aktie an die Gesellschaft verkauft**[1]. Dies ist mit dem den Interessen des Gläubigerschutzes dienenden Grundsatz der Aufbringung und Erhaltung des Grundkapitals unvereinbar. Zudem bestünde die Gefahr, dass der Vorstand einer AG den Kurs manipuliert, indem er etwa zur Stützung eines sinkenden Kurses Aktien mit Mitteln der Gesellschaft ankauft. Gleichwohl erlaubt § 71 AktG unter gewissen Umständen den Erwerb von Aktien, in aller Regel aber nur bis zu einem Umfang von 10 % des Grundkapitals.

III. Die Kapitalerhöhung

1. Überblick

628 Das bei der Gründung in der Satzung festgesetzte Grundkapital kann bei Kapitalbedarf erhöht werden. Die Kapitalerhöhung kann eine geeignete Maßnahme der Unternehmenssanierung, aber auch ein Instrument der Finanzierung von Expansionen sein.

2. Die Kapitalerhöhung gegen Einlagen

629 Die Voraussetzungen, unter denen ein Kapitalerhöhungsbeschluss wirksam zustande kommt, regeln §§ 182 und 183 AktG. Der Kapitalerhöhungsbeschluss muss die Voraussetzung des § 182 Abs. 1 AktG erfüllen; d.h. es muss eine **qualifizierte Stimmenmehrheit** von 75 % des anwesenden Kapitals erreicht sein. Die Satzung kann eine andere Kapitalmehrheit, jedoch keine geringere als die durch § 133 Abs. 1 AktG vorgeschriebene einfache Stimmenmehrheit, vorsehen.

630 Der Beschluss hat anzugeben, um welchen Betrag das Grundkapital erhöht werden soll. Die Kapitalerhöhung gegen Einlagen kann nur durch die **Ausgabe neuer Aktien** ausgeführt werden (§ 182 Abs. 1 S. 4 AktG). Für diese Aktien muss entweder eine Bareinlage oder – bei angemessener Bewertung von Leistung und Gegenleistung auch – eine Sacheinlage geleistet werden (§ 183 AktG; zum Problem der Sacheinlagen s. Rn. 622).

---

1 *Wienecke* in: HK-AktG, § 71 Rn. 1; weiterführend zur Problematik ► W/E GesR II Rn. 771 ff.

Aufgrund der von der Hauptversammlung beschlossenen Kapitalerhöhung ist der **Vorstand** zur Durchführung derselben nach Maßgabe des Beschlusses **verpflichtet**. Diese beginnt mit der Zeichnung der neuen Aktien unter Verwendung eines Zeichnungsscheines, dessen Inhalt in § 185 AktG festgelegt ist. 631

3. Das Bezugsrecht der Aktionäre und sein Ausschluss

a) Das Bezugsrecht

Das Bezugsrecht dient dem einzelnen Aktionär dazu, seine mitgliedschaftliche und vermögensmäßige Stellung in der Gesellschaft auch im Falle der Kapitalerhöhung zu erhalten. Da der Umfang des Stimmrechts des einzelnen Aktionärs in der Hauptversammlung und damit sein Einfluss auf die Geschäftspolitik der Gesellschaft sich nach dem Verhältnis seines Aktienanteils zum Grundkapital bemisst (vgl. § 134 Abs. 1 S. 1 AktG), sinkt seine relative Stimmmacht, wenn das Grundkapital erhöht wird, die Zahl der Aktien des einzelnen Aktionärs jedoch gleich bleibt. Das Bezugsrecht gibt dem Aktionär eine Handhabe, diese für ihn unerwünschte Konsequenz zu vermeiden. Nimmt er es in Anspruch und zeichnet er ein seiner bisherigen prozentualen Beteiligung am Grundkapital entsprechendes Kontingent neuer Aktien, so bleibt die ursprüngliche **Relation zwischen Aktienanteil und Grundkapital** erhalten. Seine Stimmmacht in der Hauptversammlung ändert sich nicht[2]. 632

Das den Aktionären gem. § 186 AktG gesetzlich zustehende Bezugsrecht kann also die erforderliche Kompensation für die auf Grund einer Kapitalerhöhung drohenden Nachteile verschaffen; es stellt ein eng mit den Mitgliedschaftsrechten der Aktionäre verbundenes Recht dar. § 186 Abs. 1 S. 1 AktG gewährt jedem Aktionär einen Anspruch auf den Bezug neuer Aktien aus einer Kapitalerhöhung entsprechend dem Verhältnis des Nennwertes seiner Aktien zum bisherigen Grundkapital.

b) Die Problematik der Zulässigkeit des Bezugsrechtsausschlusses

§ 186 Abs. 3 und Abs. 4 AktG regeln den Bezugsrechtsausschluss durch Beschluss der Hauptversammlung. Die Hauptversammlung kann in demselben Beschluss, mit dem sie die Kapitalerhöhung beschließt, auch das Bezugsrecht ausschließen. Die Beschlussfassung über die Kapitalerhöhung und der Ausschluss des Bezugsrechts müssen aber in ein und demselben Beschluss erfolgen[3]. Formelle Voraussetzung ist gem. § 186 Abs. 3 S. 2 AktG eine **qualifizierte Stimmenmehrheit** von 75 % des anwesenden Kapitals, von der (anders als bei normalen Bezugsrechts-Kapitalerhöhungen, s.o. Rn. 629) auch nicht durch die Satzung nach unten abgewichen werden kann. 633

§ 186 AktG nennt außer in Abs. 3 S. 4 keine materiellen Voraussetzungen für den Bezugsrechtsausschluss. Dennoch besteht Einigkeit darüber, dass der Ausschluss des Bezugsrechts abgesehen von dem in § 186 Abs. 3 S. 4 AktG genannten Fall einer **sachlichen Rechtfertigung** bedarf. Der Bezugsrechtsausschluss stellt einen schwerwiegenden Eingriff in die Rechte der Aktionäre dar. Fehlt ein sachlicher Grund, ist der Bezugsrechtsausschluss unzulässig und der Beschluss anfechtbar. Nach heute 634

---

2 *K. Schmidt*, Gesellschaftsrecht, § 29 III 2 d; BGHZ 71, 40, 45.
3 Kölner Kommentar/*Lutter*, § 186 Rn. 52 mit Nachw.

h.M.[4] ist die materielle Rechtmäßigkeit eines Bezugsrechtsausschlusses außer in den Fällen, die unter § 186 Abs. 3 S. 4 AktG fallen, stets in **mehreren Stufen zu prüfen**:

635 (1) Zunächst ist festzustellen, ob im Zeitpunkt der Beschlussfassung ein **spezifisches Interesse** der Gesellschaft an einer Kapitalerhöhung unter Bezugsrechtsausschluss besteht **(Vorhandensein eines Sachgrundes)**.

(2) Ist ein solches Interesse festgestellt, so ist des Weiteren zu untersuchen, ob der Bezugsrechtsausschluss zur Erreichung des angestrebten Zieles **geeignet und erforderlich** ist, d.h. der erstrebte Zweck nicht auf andere, schonendere Weise erreicht werden kann (**Grundsatz der Erforderlichkeit**, auch **Prinzip des schonendsten Mittels** genannt).

(3) Schließlich ist in einem letzten Prüfungsschritt die Frage nach der **Verhältnismäßigkeit von Mittel und Zweck** zu stellen, d.h. es ist der Grad des Gesellschaftsinteresses am Bezugsrechtsausschluss mit den Nachteilen der Maßnahme für die betroffenen Aktionäre gegeneinander **abzuwägen**; es muss also geprüft werden, ob der mit dem Bezugsrechtsausschluss verbundene Nachteil für die Gesellschafter nicht außer Verhältnis zu dem für die Gesellschaft erstrebten Vorteil steht **(Grundsatz der Verhältnismäßigkeit)**[5].

Nur wenn sämtliche Voraussetzungen vorliegen, ist der Bezugsrechtsausschluss gerechtfertigt.

636 § 186 Abs. 3 S. 4 AktG soll die Kapitalerhöhung unter Bezugsrechtsausschluss erleichtern. Diese Vereinfachung beschränkt sich allerdings auf den Ausschluss des Bezugsrechts bei Kapitalerhöhungen gegen Bareinlagen, die nicht mehr als 10 % des Grundkapitals betragen, sofern der Ausgabepreis den Börsenpreis nicht wesentlich unterschreitet. Das bedeutet, dass ein Bezugsrechtsausschluss, der gem. § 186 Abs. 3 S. 4 AktG vorgenommen worden ist, **nicht mehr der materiellen Prüfung** daraufhin unterliegt, ob er im überwiegenden Interesse der Gesellschaft liegt und sachlich gerechtfertigt ist[6].

IV. Die Kapitalherabsetzung

637 Durch einen Hauptversammlungsbeschluss kann mit $^3/_4$-Mehrheit der Stimmen des bei der Beschlussfassung vertretenen Grundkapitals auch eine **Kapitalherabsetzung** beschlossen werden, durch die die satzungsmäßig festgesetzte Höhe des **Grundkapitals vermindert** wird. Die Kapitalherabsetzung kann u.a. durch die Reduzierung der Zahl der vorhandenen Aktien oder durch die Verminderung des Nennwerts der Aktien erfolgen (§ 222 AktG), wobei jedoch – insbesondere bei Stückaktien – der Mindestnennbetrag von 1 € nicht unterschritten werden darf (vgl. § 222 Abs. 4 i.V.m. § 8 Abs. 2, 3 AktG).

---

4 BGHZ 33, 175, 186; 71, 40, 44 ff.; 83, 319 ff.; 125, 239 ff.; *Marsch-Barner* in: HK-AktG, § 186 Rn. 28 ff. mit Nachw.

5 Dazu *Martens*, ZIP 1992, 1677, 1692 ff.

6 *Marsch-Barner*, AG 1994, 532.

Eine Kapitalherabsetzung kann zu folgenden Zwecken geschehen:

- Ausgleich von Verlusten oder von Wertberichtigungen;
- Erhöhung der gesetzlichen Rücklagen;
- Zurückzahlung des freigewordenen Betrages an die Aktionäre oder Gewinnausschüttung;
- Sanierung.

Um eine **Kapitalherabsetzung zur Sanierung** handelt es sich, wenn eine Kapitalhe- **638**
rabsetzung mit einer Kapitalerhöhung verbunden wird (sog. Kapitalschnitt). Das hat folgenden Sinn: Die Kapitalherabsetzung passt die satzungsmäßig festgelegte Grundkapitalziffer dem tatsächlichen Vermögensstand der Gesellschaft an. Dadurch wird verhindert, dass ein durch Verluste aufgezehrtes Grundkapital über Jahre hinweg bis zur Bereinigung des Verlustes die Ausschüttung von Gewinnen verhindert (siehe oben Rn. 626), was künftige Geldgeber von einer Beteiligung an der Gesellschaft abschrecken würde. Die gleichzeitige Kapitalerhöhung durch die Ausgabe neuer Aktien führt der AG die zur Sanierung notwendigen Mittel zu. Durch die vorherige Kapitalherabsetzung wird der bereits entstandene Verlust dann nur von den alten Aktionären getragen, da diese im praktischen Ergebnis ihre Beteiligung an der Gesellschaft mit den neu eintretenden Aktionären teilen müssen, ohne etwas dafür zu erhalten. Denn die durch die Kapitalerhöhung neu eintretenden Aktionäre leisten die Einlage ja an die Gesellschaft. Die neuen Aktionäre können anschließend auch sofort in den Genuss von etwaigen Dividenden kommen, da das neue Grundkapital den tatsächlichen Verhältnissen entspricht und bei Gewinnen eine Ausschüttung beschlossen werden kann.

Lösung zu Fall 44: Der Bezugsrechtsausschluss stellt einen schwerwiegenden Eingriff in **639**
die Rechte der Aktionäre dar. Er bedarf deshalb eines im Gesellschaftsinteresse liegenden sachlichen Grundes. Fehlt ein solcher ist der Bezugsrechtsausschluss unzulässig. Nach heute herrschender Meinung[7] ist die materielle Rechtmäßigkeit eines Bezugsrechtsausschlusses außer in den Fällen, die unter § 186 Abs. 3 S. 4 AktG fallen (dies trifft hier nicht zu, weil die Kapitalerhöhung zehn von Hundert des Grundkapitals überschreitet), stets in mehreren Stufen zu prüfen:

1. Zunächst ist festzustellen, ob im Zeitpunkt der Beschlussfassung ein spezifisches Interesse der Gesellschaft an einer Kapitalerhöhung unter Bezugsrechtsausschluss besteht. Das wird man hier bejahen können, da es um ein für die AG interessantes neues Geschäftsfeld geht.
2. Ist ein solches Interesse festgestellt, so ist des Weiteren zu untersuchen, ob der Bezugsrechtsausschluss zur Erreichung des angestrebten Zieles geeignet und erforderlich ist, d.h. der erstrebte Zweck nicht auf andere, schonendere Weise erreicht werden kann. Da die Gesellschafter der X-GmbH ihre Geschäftsanteile nur auf die A-AG übertragen wollen, wenn sie dafür Aktien der A-AG erhalten, die nur über eine Kapitalerhöhung geschaffen werden können, ist der Bezugsrechtsausschluss erforderlich. Der Bezugsrechtsausschluss stellt zugleich das schonendste Mittel dar, denn eigene Aktien, die die A-AG den Veräußerern überlassen könnte, hat sie nicht.
3. Schließlich ist in einem letzten Prüfungsschritt die Frage nach der Verhältnismäßigkeit von Mittel und Zweck zu stellen, d.h. es ist der Grad des Gesellschaftsinteresses am Be-

7 BGHZ 33, 175, 186; 71, 40, 44 ff.; 83, 319 ff.; 125, 239 ff.

zugsrechtsausschluss mit den Nachteilen der Maßnahme für die betroffenen Aktionäre gegeneinander abzuwägen. Auch die Mittel-Zweck-Relation stimmt hier. Denn die Aktionäre gewinnen durch den Zuwachs eines zukunftsträchtigen Geschäftsfeldes einen Vorteil, der den Nachteil des Ausschluss des Bezugsrechts überwiegen dürfte.

Es liegen also alle Voraussetzungen vor, die einen Bezugsrechtsausschluss rechtfertigen. Der Bezugsrechtsausschluss ist deshalb zulässig.

§ 33 Die Aktien. Erwerb und Verlust der Mitgliedschaft

640 **Fall 45:** Die S-Bau AG hat 100 000 Stückaktien ausgegeben und ein Grundkapital von 1 Mio. €. Über mehrere Jahre hat die S-Bau 200 000 € Gewinn erzielt und diesen im Hinblick auf die unsichere Marktlage nicht an die Aktionäre ausgeschüttet, sondern in die freien Rücklagen gestellt. Auf der Hauptversammlung beschließen die Aktionäre auf Vorschlag des Vorstandes, die freien Rücklagen in Grundkapital umzuwandeln, ohne jedoch neue Aktien auszugeben. Altaktionär A, der 1 000 Aktien hält, verlangt gleichwohl unter Berufung auf § 212 AktG die Ausgabe von 200 neuen Aktien an ihn. Zu Recht?

I. Aktie, Grundkapital und Mitgliedschaft

1. Anteil am Grundkapital, Nennbetrags- und Stückaktie

641 Die Aktie bezeichnet die Mitgliedschaft an einer AG. Sie besteht in einem Anteil am Grundkapital (§ 1 Abs. 2 AktG). Die Aktien können gem. § 8 Abs. 1 AktG entweder als Nennbetragsaktien oder als Stückaktien ausgestaltet werden. Nennbetragsaktien lauten auf einen bestimmten Betrag in Euro (mind. 1 €), Stückaktien hingegen repräsentieren einen gleich großen Anteil am Grundkapital.[1] Der Unterschied besteht darin, dass sich bei Stückaktien der Anteil der einzelnen Aktie am Grundkapital aus der Zahl der Aktien und der Höhe des Grundkapitals ergibt und also betragsmäßig variieren kann, während bei Nennbetragsaktien der Anteil der einzelnen Aktie am Grundkapital dem festen Nennbetrag entspricht und sich das Grundkapital aus der Zahl der ausgegebenen Aktien ermitteln lässt.

Beispiel: Es werden 1 000 000 Nennbetragsaktien zu 5 € ausgegeben. Das Grundkapital beträgt dann 5 Mio. €. Bei einer Erhöhung des Kapitals z.B. um 1 Mio. € müssen 200 000 neue Aktien ausgegeben werden, der Nennbetrag der Aktien bleibt unverändert. Handelte es sich hingegen um 1 000 000 Stückaktien, so könnte eine Kapitalerhöhung um 1. Mio. € auch ohne Ausgabe neuer Aktien herbeigeführt werden (so ausdrücklich § 207 Abs. 2 S. 2 AktG für Kapitalerhöhungen aus Gesellschaftsmitteln), jede Stückaktie hatte vor der Kapitalerhöhung dann einen Nennwert von 5 € und hat anschließend einen geänderten Nennwert von 6 €.

1 Siehe zur Einführung von Stückaktien in Deutschland etwa *Heider*, AG 1998, 1–10.

2. Nennwert, Vermögen und Börsenkurs der Aktie

Das deutsche Aktienrecht enthält eine Entscheidung für die **Nennwertaktie**. Auch bei nennbetragslosen Stückaktien repräsentiert jede Aktie stets einen festen Anteil am Grundkapital. Das bedeutet zunächst, dass die Aktien gem. § 9 Abs. 1 AktG nicht zu einem geringeren Betrag ausgegeben (d.h. an Anleger verkauft) werden. Das nennt man auch das **Verbot der Unterpari-Emission**. Wenn der Nennwert der Aktie wie im obigen Beispiel 5 € beträgt, muss der Anleger, der die Aktie zeichnet, sich also verpflichten, mindestens 5 € dafür zu bezahlen; das gilt auch für den Fall, dass Stückaktien ausgegeben werden. **642**

Der feste Nennwert der Aktie ist auf der anderen Seite keineswegs identisch mit dem Anteil der Aktie am Vermögen der AG und erst recht nicht identisch mit dem Wert der Aktie (Börsenkurs). Eine Aktiengesellschaft mit einem Grundkapital von 1 Mio. € und 100 000 ausgegebenen Aktien mit einem Nennbetrag von jeweils 10 € kann z.B. gut gewirtschaftet haben und ein Vermögen von 3 Mio. besitzen. Dann repräsentiert eine Aktie einen Anteil von 30 € am Vermögen der Aktiengesellschaft. Noch darüber hinaus kann es sein, dass dieselbe Aktie an der Börse zu einem Kurs von 40 € gehandelt wird, weil z.B. gute Aussichten für Gewinnsteigerungen in der Zukunft bestehen. In der Praxis werden Aktien u.a. deshalb in aller Regel auch zu einem höheren Betrag als dem Nennbetrag emittiert, was gem. § 9 Abs. 2 AktG unproblematisch zulässig ist.

3. Die durch die Aktie vermittelten Mitgliedschaftsrechte

Neben dem Anteil am Kapital vermittelt jede Aktie auch die **Mitgliedschaft** als den Inbegriff der **Rechte und Pflichten der Aktionäre gegenüber der Gesellschaft**. Zu den aus der Mitgliedschaft erwachsenden Rechten gehören vor allem der Anspruch auf Gewinn (Dividende), das Anteilsrecht, das dem Aktionär den Wertanteil am Gesellschaftsvermögen vermittelt, das Stimmrecht und die Mitverwaltungsrechte. Der quantitative Umfang der Rechte der einzelnen Aktionäre, insbesondere ihr Anspruch auf die Dividende, und ihr gesellschaftsinterner Einfluss durch das Stimmrecht bestimmen sich nach der Anzahl der Aktien, die ihnen gehören (näher vgl. unten Rn. 676 ff., 684 ff.). Bei der Neugründung der AG entstehen die Mitgliedschaftsrechte mit Eintragung der Gesellschaft in das Handelsregister, bei der Kapitalerhöhung mit der Eintragung der Durchführung der Kapitalerhöhung in das Handelsregister als zunächst **unverbriefte** Rechte.[2] Die Ausgabe von Aktienurkunden ist also nicht zwingend, vgl. auch § 10 Abs. 5 AktG. **643**

2 Kölner Kommentar/*Lutter*, § 67 Rn. 3 und Anhang zu § 68 Rn. 9.

II. Die Aktie als Wertpapier

1. Überblick

644 In aller Regel wird die Mitgliedschaft an der AG durch die Ausgabe von Aktienurkunden verbrieft. Man unterscheidet zwischen Aktien, die auf den Inhaber **(Inhaberaktien)**, und solchen, die auf den Namen lauten **(Namensaktien)**. Beide Arten von Aktien sind **Wertpapiere**. Die Übertragung der Mitgliedschaft erfolgt deshalb nach wertpapierrechtlichen Grundsätzen.

645 In der Praxis hat sich weitgehend der **stückelose Verkehr** durchgesetzt. Denn die massenhafte Verkörperung von Aktien begründet Probleme bei Verwahrung, Verwaltung und Umsatz von Wertpapieren. Durch sog. **Globalaktien** werden mehrere bisher einzeln verbriefte Aktien gleicher Art und Gattung in einer **einheitlichen Aktienurkunde** zusammengefasst. An der Globalurkunde haben die einzelnen Aktionäre Miteigentum nach Bruchteilen; die Miteigentümer bilden eine **Gemeinschaft nach den §§ 741 ff. BGB**. Durch die Globalurkunde bleibt die Anwendung sachenrechtlicher Grundsätze gewahrt. Eine Fortentwicklung hin zu bloßen Wertrechten und die damit einhergehende Abkoppelung vom Sachenrecht stehen noch aus. Für Inhaber-Schuldverschreibungen ist das durch das Gesetz zur Einführung elektronischer Wertpapiere im Jahr 2021 erfolgt.[3] Die neue Bundesregierung strebt im Koalitionsvertrag an, dessen Anwendungsbereich auf Aktien zu erweitern.[4]

2. Inhaberaktien

646 Inhaberaktien gehören zur Gruppe der **Inhaberpapiere**, die dadurch gekennzeichnet ist, dass das in der Urkunde verbriefte Recht von jedem Inhaber geltend gemacht werden kann und die Übertragung des verbrieften Rechts durch die **Eigentumsübertragung der Urkunde** gem. §§ 929 ff. BGB erfolgt. Die in der Inhaberaktie verbrieften Mitgliedschaftsrechte an der AG werden also wie eine **bewegliche Sache gem. § 929 BGB** durch Einigung und Übergabe der Aktienurkunde übertragen. Mit dem Eigentum an der Aktienurkunde geht auch das in dem Papier verbriefte Mitgliedschaftsrecht an der AG auf den Erwerber über (das Recht aus dem Papier folgt dem Recht an dem Papier).

3. Namensaktien

647 Die Satzung einer AG kann festlegen, dass **Namensaktien** ausgegeben werden. Wenn die AG Namensaktien ausgibt, muss sie ein **Aktienregister** führen (§ 67 Abs. 1 AktG). Auch die auf den Namen lautenden Aktien können übertragen werden. Die Namensaktie ist ebenso wie die Inhaberaktie ein **Wertpapier**. Sie wird allerdings nicht wie die Inhaberaktie, sondern als **Orderpapier** wie der Wechsel, d.h. durch **Einigung und Übergabe der** mit der Übertragungserklärung **(Indossament)** versehenen **Aktienurkunde** übertragen (§ 68 AktG). Die bei dem Erwerb von Namensaktien

3 Gesetz vom 3.6.2021, BGBl. I 2021, 1423.
4 Koalitionsvertrag, S. 172; zu finden unter https://www.wiwo.de/politik/deutschland/pdf-zum-download-koalitionsvertrag-2021-2025/27830022.html.

beteiligten Kreditinstitute sind zur Übermittlung der Aktionärsdaten an die Aktienregister verpflichtet (§ 67 Abs. 4 AktG). Eine Neufassung des Aktienrechts (NaStraG) ermöglicht eine **vollelektronische Registerführung** und Aktualisierung. Die Übertragbarkeit von Namensaktien, nicht aber von Inhaberaktien, kann durch die Satzung in der Weise beschränkt werden, dass sie der Zustimmung der Gesellschaft – erteilt durch den Vorstand – bedarf (§ 68 Abs. 2 AktG). Ist dies geschehen, spricht man von **vinkulierten Aktien**, hinsichtlich derer eine **dinglich wirkende Verfügungsbeschränkung** besteht.

III. Stammaktien und Vorzugsaktien

Üblicherweise vermitteln die sog. **Stammaktien** die oben in Rn 643 beschriebenen Rechte, insbesondere das Dividenden- und das Stimmrecht. Bei Stammaktien ist das Stimmrecht unmittelbar an den Kapitalanteil geknüpft, vgl. § 133 Abs. 1 S. 1 AktG. Es ist jedoch in Grenzen zulässig, Aktien mit vermögens- oder mitverwaltungsrechtlichen Besonderheiten auszustatten und so neue Aktiengattungen (siehe § 11 AktG) zu begründen. Die wichtigste Gattung neben den Stammaktien sind **Vorzugsaktien ohne Stimmrecht.**[5] Werden diese ausgegeben (§ 139 AktG), so kann neues Kapital in die Gesellschaft fließen, ohne dass die Mehrheitsverhältnisse in der Gesellschaft sich ändern, da die neuen Aktionäre ja kein Stimmrecht besitzen. Der Gesetzgeber beschränkt die Ausgabe von Vorzugsaktien in § 139 Abs. 2 AktG jedoch auf die Hälfte des Grundkapitals. **648**

Im Gegenzug zum fehlenden Stimmrecht sind solche Aktien mit einem auszuzahlenden Vorzug bei der Verteilung des Gewinns ausgestattet. Die Vorzugsaktionäre erhalten also eine (meist nur geringfügig) **höhere Dividende** als die Stammaktionäre. Wird der Vorzug nicht bezahlt, so werden die Vorzugsaktien gem. § 140 Abs. 2 AktG stimmberechtigt. Außerdem sind die Vorzugsaktionäre vor bestimmten Veränderungen dadurch geschützt, dass sie ihnen gem. § 140 AktG zustimmen müssen. **649**

Lösung zu Fall 45: Eine Kapitalerhöhung kann auch aus Gesellschaftsmitteln, bei der bereits vorhandene Mittel der Gesellschaft, nämlich offene, d.h. bilanzmäßig ausgewiesene Rücklagen, in Grundkapital umgewandelt werden, erfolgen (§§ 207 ff. AktG). Eine solche Kapitalerhöhung aus Mitteln der Gesellschaft hat nicht den Zweck, der Gesellschaft neues Vermögen durch Einlagen zuzuführen. Sie dient vielmehr dazu, vorhandenes freies Vermögen in gebundenes Gesellschaftsvermögen zu überführen. Im Falle von Nennbetragsaktien sind bei einer solchen Kapitalerhöhung zwingend neue Aktien auszugeben, diese stehen den bisherigen Aktionären gem. § 212 S. 1 AktG anteilig zu. Handelt es sich allerdings um Stückaktien, dann fließt bei entsprechender Beschlussfassung den Aktionären ohne weiteres die Erhöhung des Grundkapitals zu (§ 207 Abs. 2 S. 2 AktG). Eine solche Beschlussfassung ist hier erfolgt. Die Stückaktie repräsentiert anschließend eine entsprechend erhöhte Beteiligung (der prozentuale Anteil am Kapital bleibt hingegen gleich). **650**

5 Eine weitere Möglichkeit findet sich in § 133 Abs. 1 S. 2: Bei nichtbörsennotierten Gesellschaft kann die Satzung etwa das Stimmrecht durch Festsetzung eines Höchstbetrags oder von Abstufungen beschränken, wenn einem Aktionär mehrere Aktien gehören.

§ 34 Die Organe der Aktiengesellschaft

651 **Fall 46:** B ist Aktionär der Westdeutschen Brauhaus-AG. Er hält 400 Aktien zu einem Nennwert von je 5 €. Das Grundkapital der Westdeutschen Brauhaus-AG beträgt 1 Mio. €. Auf der Hauptversammlung der Westdeutschen Brauhaus-AG werden nach der Tagesordnung u.a. folgende Tagesordnungspunkte erörtert:

a) Errichtung eines Zweigwerkes in Bayern.
b) Künftige Produktion alkoholfreier Getränke.
c) Gewinnverwendungsbeschluss; den Aktionären soll eine geringere Dividende als im Vorjahr gewährt werden.

B verlangt in der Hauptversammlung Auskunft über folgende Fragen:

1. Welche Chancen sieht der Vorstand, mit einem Zweigwerk in Bayern angesichts der starken dort ansässigen Brauwirtschaft erfolgreich zu arbeiten?
2. Wie sollen die Mittel für das Zweigwerk aufgebracht werden? Inwiefern sollen Teile des Jahresgewinnes auch für das Zweigwerk verwendet werden?
3. Warum sollen künftig auch alkoholfreie Getränke produziert werden, zumal der Umsatz des letzten Geschäftsjahres einen Anstieg im Absatz der bisher ausschließlich produzierten alkoholischen Getränke ausweist?
4. Warum soll angesichts der günstigen Umsatzentwicklung die Dividende herabgesetzt werden? B verbindet mit dieser Frage die Drohung, einen Hauptversammlungsbeschluss über die Zahlung einer niedrigeren Dividende anzufechten.

In der Hauptversammlung erklärt der Vorstand zu Frage 1, dass bezüglich der Zweigwerkerrichtung in Bayern ein umfangreiches Papier vorliege, das allen Aktionären zur Vorbereitung dieses Tagesordnungspunktes in der Hauptversammlung zugesandt worden sei. Aus diesem Grunde könne B keine weiteren Auskünfte zu dieser Frage verlangen. Zu Frage 2 meint der Vorstand, über die aufzubringenden Mittel könne ebenfalls keine Auskunft verlangt werden. Zu Frage 3 ist der Vorstand der Ansicht, dass die von ihm darüber eingeholten komplizierten Marktanalysen, die zu dem Entschluss geführt hätten, künftig auch alkoholfreie Getränke zu produzieren, ohnehin das Verständnis eines wirtschaftlich nicht genauestens informierten Aktionärs überstiegen. Frage 4 braucht nach Auffassung des Vorstandes nicht beantwortet zu werden, weil B mit einer Beschlussanfechtung drohe. Er brauche die Auskunft also nicht zur sachgemäßen Beurteilung der Tagesordnung, sondern nur zur Vorbereitung seiner Anfechtung. Sind die Antworten des Vorstandes zutreffend? **Rn. 679**

Literatur: *Edenfeld*, Betriebsverfassungsrecht. Mitbestimmung in Betrieb, Unternehmen und Behörde, 4. Aufl. 2014; *Fleischer*, Das Gesetz zur Angemessenheit der Vorstandsvergütungen (VorstAG), NZG 2009, 801 ff.; *Götze*, Erteilung von Stimmrechtsvollmacht nach dem ARUG, NZG 2010, 93 ff.; *Göz/Holzborn*, Die Aktienrechtsreform durch das Gesetz für Unternehmensintegrität und Modernisierung des Anfechtungsrechts – UMAG, WM 2006, 157 ff.; *Harnos/Rudzio*, Schwerpunktbereich – Kapitalgesellschaftsrecht: Die Innenhaftung des Vorstands der Aktiengesellschaft, JuS 2010, 104 ff.; *Kersting*, Das Auskunftsrecht des Aktionärs bei elektronischer Teilnahme an der Hauptversammlung, NZG 2010, 130 ff.; *Krieger*, Zum Aufsichtsratspräsidium, ZGR 1985, 338 ff.; *Noack*, Stimmrechtsvertretung in der Hauptversammlung nach NaStraG, ZIP 2001, 57 ff.; *Raisch*, Zum Begriff und zur Bedeutung des Unternehmensinteresses als Verhaltensmaxime von Vorstands- und Aufsichtsratsmitgliedern, FS Hefermehl, S. 347 ff.

I. Das Verhältnis der Organe zueinander

Da die AG eine juristische Person ist, kann sie nur durch Organe handeln. Das AktG schreibt **zwingend drei Organe** vor: **Vorstand, Aufsichtsrat** und **Hauptversammlung**. Während bei der typischen Personenhandelsgesellschaft, der OHG, das mit der Gesellschaft verbundene Risiko die Personen trifft, die das Unternehmen leiten, gehört es zu den Wesensmerkmalen der AG, dass die Unternehmensleitung und die Mitgliedschaft an der AG grundsätzlich getrennt sind. Für die AG ist es typisch, dass der einzelne Aktionär zwar das wirtschaftliche Risiko trägt – das allerdings auf den beim Erwerb der Aktien erbrachten Kapitaleinsatz beschränkt ist –, er aber nicht an der Unternehmensleitung beteiligt ist. 652

Nach der gesetzlichen Regelung liegt die **Leitung** der AG beim **Vorstand** (§ 76 AktG). Das **Kontrollorgan** ist der **Aufsichtsrat**. Er bestellt den Vorstand, überwacht seine Geschäftsführung und beruft ihn ggf. ab (§ 84 AktG). Die Aktionäre üben ihre Rechte in der Hauptversammlung und durch diese aus. Bei der AG gibt es **keine hierarchische Organverfassung**. Deshalb kann auch keine Rede davon sein, dass die Hauptversammlung das oberste Organ der AG ist. Für die AG ist vielmehr die **Machtbalance** zwischen Vorstand, Aufsichtsrat und Hauptversammlung typisch[1]. 653

Das Verhältnis der Organe zueinander hängt in der Praxis in erster Linie von der Verteilung der tatsächlichen Macht, nämlich von der Verteilung der Aktien und von den Persönlichkeiten ab, die den Aktienbesitz repräsentieren. Eine wesentliche Machtquelle des Aufsichtsrates beruht auf seinen personalpolitischen Befugnissen. Er bestellt die Vorstandsmitglieder auf höchstens fünf Jahre. Aus wichtigem Grund kann der Aufsichtsrat die Bestellung von Vorstandsmitgliedern jederzeit widerrufen (§ 84 Abs. 3 AktG). In Theorie und Praxis herrscht Einigkeit darüber, dass sich das System der Kompetenzverteilung zwischen Vorstand, Aufsichtsrat und Hauptversammlung bewährt hat. Deshalb gibt es kaum ernst zu nehmende Diskussionen über eine Änderung dieses Systems, etwa zugunsten des amerikanischen **Boardsystems**. 654

Die Leitungsorgane der AG sind verpflichtet, die im **Deutschen Corporate Governance Kodex** niedergelegten Verhaltensregeln zu beachten (s. dazu Rn. 592). Gem. § 161 AktG müssen Vorstände und Aufsichtsräte der börsennotierten Unternehmen jährlich eine Erklärung abgeben, in der sie darzulegen haben, dass sie den Empfehlungen des Kodex gefolgt sind; haben sie Regeln desselben nicht beachtet, müssen sie erklären, warum sie dies nicht getan haben. 655

II. Der Vorstand

1. Die Aufgaben

Als Leitungsorgan der AG führt der Vorstand die Geschäfte (vgl. § 76 AktG). Er **vertritt** die Gesellschaft gerichtlich und außergerichtlich (vgl. § 78 AktG). Die Vorstandsmitglieder haben sich als Geschäftsleiter grundsätzlich um **alle Angelegenheiten** der Gesellschaft zu kümmern. Sie haben insbesondere die Angestellten zu beauf- 656

1 *Hüffer/Koch*, AktG, § 118 Rn. 4.

sichtigen, die mit der Erledigung von Geschäftsführungsangelegenheiten betraut sind. Neben der allgemeinen Aufgabe der Leitung der AG hat der Vorstand insbesondere folgende Funktionen:

- die Ausführung der Hauptversammlungsbeschlüsse (§ 83 Abs. 2 AktG),
- die Berichterstattung an den Aufsichtsrat (§ 90 AktG); die Berichtspflicht erstreckt sich auch auf die künftige Unternehmensplanung,
- die Führung der Handelsbücher (§ 91 AktG),
- die Aufstellung und Vorlegung des Jahresabschlusses und des Geschäftsberichts (§ 148 AktG).

2. Die Bestellung der Vorstandsmitglieder und ihre Vergütung

657 Die Vorstandmitglieder werden **vom Aufsichtsrat** auf höchstens **fünf Jahre** bestellt (§ 84 Abs. 1 AktG). Mit der Bestellung steht das Vorstandsmitglied in einem Organverhältnis zur AG. Die Anstellung erfolgt auf Grund eines privatrechtlichen Dienstvertrages i.S.d. §§ 611, 675 BGB. Vertragspartner sind auf der einen Seite das Vorstandsmitglied und auf der anderen Seite die AG, vertreten durch den Aufsichtsrat. Der Aufsichtsrat setzt die Gesamtvergütung der Vorstandsmitglieder (Gehalt, Gewinnbeteiligungen, Provisionen etc.) fest (§ 87 AktG). Nach vielen öffentlich geführten Diskussionen über die Höhe der Vergütung von Vorstandsmitgliedern gibt § 87 Abs. 1 AktG dem Aufsichtsrat **Leitlinien für die Festsetzung der Vorstandsvergütungen** vor[2]. Danach muss die Vergütung in einem angemessenen Verhältnis zu den Aufgaben und Leistungen des Vorstandsmitgliedes und zur Lage der Gesellschaft stehen; außerdem darf sie die Höhe der **üblichen Vergütung** nicht ohne Grund übersteigen. Verschlechtert sich die Lage der Gesellschaft, soll der Aufsichtsrat die Höhe der Vergütung herabsetzen (§ 87 Abs. 2 AktG).[3]

658 Für **börsennotierte Gesellschaften** sind durch das ARUG II wesentliche Veränderungen mit Wirkung zum 1.1.2020 eingeführt worden. § 87a AktG legt fest, dass der Aufsichtsrat ein **Vergütungssystem** entwickeln muss, in dem Grundsätze für feste und variable Vergütungsbestandteile sowie eine Maximalvergütung festgelegt werden müssen.[4] Über dieses Vergütungssystem und die Höhe der gesamten Vergütung des Vorstands stimmt die Hauptversammlung gem. § 120a AktG alle vier Jahre ab, zwar unverbindlich, wie § 120a Abs. 1 AktG festlegt, aber mit erheblichem öffentlichen Druck, der durch § 120a Abs. 3 AktG (Pflicht zur Wiedervorlage bei fehlender Billigung) noch verstärkt wird. Im Übrigen kann die Hauptversammlung auf Antrag einer Minderheit von 5 % nach § 122 Abs. 2 S. 1 AktG die festgelegte **Maximalvergütung** sogar rechtsverbindlich herabsetzen, § 87 Abs. 4 AktG.

---

2 Vertiefend ▸ W/E GesR II Rn. 108 ff.

3 Grundsatzentscheidung dazu: BGH NZG 2016, 264.

4 Näher *Zipperle/Lingen*, BB 2020, 131 ff.

3. Die Entscheidungsfindung

Der Vorstand, der aus einer oder mehreren Personen bestehen kann, leitet die Gesellschaft unter eigener Verantwortung (§ 76 AktG). Gem. § 77 Abs. 1 S. 1 AktG gilt das **Prinzip der Gesamtgeschäftsführung**: Besteht der Vorstand aus mehreren Personen, so sind sämtliche Vorstandsmitglieder **nur gemeinschaftlich** zur Geschäftsführung befugt, so dass schon der Widerspruch eines Vorstandsmitgliedes die Durchführung einer geplanten Maßnahme verhindern kann. **659**

4. Die Haftung der Vorstandsmitglieder

Entsprechend dem hohen Maß an Verantwortung, das der Vorstand zu tragen hat, unterliegen die Vorstandsmitglieder einer scharfen **persönlichen Haftung** gegenüber der AG. Aus § 93 Abs. 2 AktG kann der AG ein Schadensersatzanspruch gegen ein oder mehrere Vorstandsmitglieder erwachsen. **660**

Beispiel: Infolge einer durch Bestechung verursachten Fehlentscheidung des Vorstandes verliert die AG bei einem Investitionsprojekt 2 Mio. €. Hier kann die AG, vertreten durch den Aufsichtsrat, den Ersatz des verursachten Schadens von den Vorstandsmitgliedern als Gesamtschuldnern verlangen.

Voraussetzung für das Entstehen eines Schadensersatzanspruchs der AG ist nach § 93 Abs. 2 AktG, dass ein Vorstandsmitglied eine **Pflichtverletzung** begeht. Ob eine Pflichtverletzung vorliegt, ist anhand der Pflichten zu bestimmen, die dem Vorstand aus seiner Leitungsaufgabe (§ 76 AktG) erwachsen. Die Vorstandsmitglieder haben dabei einen unternehmerischen **Handlungsspielraum** und haften nur, wenn sie diesen überschreiten, vgl. § 93 Abs. 1 S. 2 AktG (sog. Business Judgment Rule, dazu näher ► W/E GesR II Rn. 86 ff.). **661**

Für zum Schadensersatz verpflichtende Handlungen, die der Vorstand oder ein Mitglied des Vorstandes in Ausführung der ihm zustehenden Verrichtungen begangen hat, entsteht gegenüber Dritten eine **Haftung der AG** aus § 31 BGB i.V.m. der gesetzlichen Vorschrift, die dem Geschädigten einen Schadensersatzanspruch gewährt. Zum Schadensersatz verpflichten z.B. unerlaubte Handlungen (§§ 823 ff. BGB) und Pflichtverletzungen bei der Abwicklung von Verträgen. So kann die AG z.B. für schädigende Handlungen eines Vorstandsmitgliedes gem. §§ 280, 241 Abs. 2, 31 BGB zum Schadensersatz verpflichtet sein, wenn das Vorstandsmitglied Unterlassungs- und Verschwiegenheitspflichten einem Kunden gegenüber verletzt und diesem dadurch einen Schaden zufügt[5]. **662**

Beispiel: Die D-Bank AG hat dem Kunden K ein Darlehen gewährt, obwohl dessen wirtschaftliche Lage bedenklich ist. Die D-Bank AG hat sich vertraglich verpflichtet, über die wirtschaftliche Situation des K Stillschweigen zu wahren. Das Vorstandsmitglied A der D-Bank AG äußert sich einige Zeit später in einem Fernsehinterview sehr skeptisch über die Kreditwürdigkeit des K. Daraufhin ist es K unmöglich, bei anderen Banken noch Darlehen zu erhalten. Hier hat A die Verschwiegenheitspflicht der D-Bank AG verletzt und damit eine zum Schadensersatz verpflichtende Pflichtverletzung gemäß §§ 280, 241 Abs. 2 BGB begangen, die sich Letztere nach § 31 BGB zurechnen lassen muss.

---

5 Dazu OLG München ZIP 2004, 19 ff.

III. Der Aufsichtsrat

1. Die Aufgaben des Aufsichtsrates

a) Überblick

663 Der Aufsichtsrat ist das Kontrollorgan der AG. Er ist zur sachverständigen Kontrolle der Geschäftsleitung berufen[6]. Aufgrund seiner personalpolitischen Befugnisse und der Tatsache, dass in vielen AGn wichtige Maßnahmen des Vorstandes der Zustimmung des Aufsichtsrates bedürfen (§ 111 Abs. 4 S. 2 AktG), übt der Aufsichtsrat darüber hinaus in der Regel **wesentlichen Einfluss** in der Gesellschaft aus.

Die Hauptaufgaben des Aufsichtsrates sind:

- die **Bestellung** und **Abberufung** des Vorstandes (§ 84 AktG). Gegenüber Vorstandsmitgliedern **vertritt** der Aufsichtsrat die AG gem. § 112 AktG zudem. Das gilt auch dann, wenn es um ein Geschäft der AG mit einer Gesellschaft geht, an der ein Vorstandsmitglied mehrheitlich beteiligt ist.[7]
- die **Überwachung** der Geschäftsführung durch den Vorstand (§ 111 Abs. 1 AktG). In Wahrnehmung dieser Aufgabe kann er die Bücher und Schriften der Gesellschaft einsehen und umfangreiche Prüfungsmaßnahmen durchführen lassen (§ 111 Abs. 2 AktG).

Auch die Aufsichtsratsmitglieder sind verpflichtet, sich nach den im Deutschen Corporate Governance Kodex niedergelegten Regeln zu verhalten (s. dazu Rn. 655).

b) Die Überwachung der Geschäftsführung

664 Nach § 111 Abs. 1 AktG hat der Aufsichtsrat also in erster Linie die Geschäftsführung zu überwachen. Dazu räumt ihm § 111 Abs. 2 AktG umfassende Einsichts- und Prüfungsrechte ein. Nach Ansicht des BGH[8] bezieht sich diese Kontrolle nicht nur auf abgeschlossene Sachverhalte, sondern sie erstreckt sich auch auf **grundsätzliche Fragen der künftigen Geschäftspolitik**. Das bedeutet, dass die Kontrolle nicht auf eine Rechtmäßigkeitsprüfung beschränkt ist; sie muss vielmehr die „**Zweckmäßigkeit und Wirtschaftlichkeit** der Geschäftsführung einbeziehen". Überwachung der Geschäftsführung durch den Aufsichtsrat (§ 111 Abs. 1 AktG) bedeutet in erster Linie die Aufsicht darüber, dass keine Misswirtschaft betrieben wird. Zwar kann der Aufsichtsrat gem. § 111 Abs. 4 AktG keine Geschäftsführungsbefugnisse wahrnehmen. Er hat sich aber ein Zustimmungsrecht zu bestimmten Geschäften einräumen zu lassen, so dass er außerordentliche Maßnahmen des Vorstands verhindern kann.

---

6 *Kübler/Assmann*, § 15 IV.

7 Noch offengelassen von BGH NJW 2019, 1677; siehe in diesem Sinne *Mutter*, ZIP 2019, 1655 gegen *Jenne/Miller* ZIP 2019, 1052.

8 BGHZ 114, 127, 129.

c) Die Prüfung von Jahresabschluss und Lagebericht

Gem. § 170 Abs. 1 AktG hat der Vorstand den Jahresabschluss (er umfasst die Bilanz und die Gewinn- und Verlustrechnung sowie den Anhang) und den Lagebericht unverzüglich nach deren Aufstellung dem Aufsichtsrat vorzulegen. Dieser hat alles dies zu prüfen (§ 171 AktG). Der Aufsichtsrat hat die **Abschlussprüfer zu bestimmen** und zu beauftragen (§ 111 Abs. 2 AktG). Gem. § 323 Abs. 1 HGB ist der Abschlussprüfer zur gewissenhaften und unparteiischen Prüfung und zur Verschwiegenheit verpflichtet. Erst mit der anschließenden Billigung durch den Aufsichtsrat ist der Jahresabschluss festgestellt (§ 172 S.1 AktG), andernfalls entscheidet die Hauptversammlung gem. § 173 AktG. **665**

2. Die Besetzung des Aufsichtsrates

Die Aufsichtsräte der vom Mitbestimmungsgesetz erfassten Unternehmen bestehen zur Hälfte aus Vertretern der Anteilseigner und der Arbeitnehmer. Diejenigen Aufsichtsratsmitglieder, die weder nach dem Mitbestimmungsrecht gewählt, noch entsandt werden (§ 101 Abs. 2 AktG), werden **von der Hauptversammlung** gewählt (§ 101 Abs. 1 AktG). Ein solches Aufsichtsratsmitglied kann vor Ablauf der Amtszeit von der Hauptversammlung mit einer Mehrheit von mindestens drei Viertel der abgegebenen Stimmen abberufen werden, wenn die Satzung nicht etwas anders bestimmt (§ 103 Abs. 1 AktG). **666**

Damit der Aufsichtsrat seine Aufgaben wirksam erfüllen kann, dürfen seine Mitglieder weder dem Vorstand angehören noch leitende Angestellte der AG sein (§ 105 AktG). Die Vertreter der Aktionäre im Aufsichtsrat werden **von der Hauptversammlung** durch Mehrheitsbeschluss auf **höchstens vier Jahre** gewählt (§ 102 AktG; faktisch kann die Amtszeit wegen § 102 Abs. 1 S. 2 AktG fünf Jahre betragen). Es gilt der Grundsatz, dass die Rechtsstellung aller Aufsichtsratsmitglieder gleichwertig ist[9]. **667**

3. Aufsichtsratspräsidium und Aufsichtsratsausschüsse

In der Praxis spielen **Aufsichtsratsausschüsse** eine große Rolle. Personalausschüsse[10], Kreditausschüsse (bei Banken) und Bilanzausschüsse nehmen wichtige Aufgaben wahr. Etwa 40 % der größeren deutschen AGn verfügen über ein sog. **Aufsichtsratspräsidium**, für das keine gesetzlichen Bestimmungen existieren. Diese Präsidien beschäftigen sich de facto häufig mit **Personalangelegenheiten**, der Behandlung von **Finanzierungsfragen** und Fragen der **Investitionspolitik**. Der Kern der Tätigkeit besteht vielfach darin, mit dem Vorstand des Unternehmens ständig Fühlung zu halten; daneben **koordiniert** ein solches Gremium üblicherweise die Arbeit im Aufsichtsrat und wirkt bei der Sitzungsvorbereitung mit[11]. Die h.M.[12] sieht in einem Präsidium **668**

9 BGHZ 99, 211, 215.
10 Dazu BGHZ 79, 38.
11 Zu alldem *Krieger*, ZGR 1985, 338 ff. und BGHZ 83, 106, 114.
12 BGHZ 83, 106 ff. mit Literaturhinweisen.

dieser Art einen Aufsichtsratsausschuss i.S.d. § 107 Abs. 3 AktG, auf den die allgemeinen Regeln über Aufsichtsratsausschüsse anzuwenden sind[13].

4. Pflichten der Aufsichtsratsmitglieder

669 § 116 i.V.m. § 93 AktG regelt **Verantwortlichkeit und Sorgfaltspflichten** der Aufsichtsratsmitglieder. Aus der gem. § 116 AktG sinngemäßen Anwendung des § 93 Abs. 2 AktG kann die AG – nicht ein Dritter – gegen Aufsichtsratsmitglieder einen Schadensersatzanspruch erwerben. Gem. § 116 i.V.m. § 93 AktG haben die Mitglieder des Aufsichtsrats über vertrauliche Angaben und Geheimnisse der Gesellschaft, die ihnen durch ihre Tätigkeit im Aufsichtsrat bekannt geworden sind, grundsätzlich Stillschweigen zu bewahren.

IV. Die Hauptversammlung

1. Aufgaben der Hauptversammlung

670 Im aktienrechtlichen Kompetenzgefüge ist die Hauptversammlung das Organ, in dem die **Aktionäre ihre Rechte ausüben**. Sie ist **Organ** der AG mit der Aufgabe interner Willensbildung im gesetzlich vorgeschriebenen Zuständigkeitsbereich[14]. Die Entscheidungsrechte der Hauptversammlung ergeben sich aus § 119 AktG. Die Hauptversammlung entscheidet durch Beschluss u.a. über:

- die Bestellung der Aktionärsvertreter im Aufsichtsrat,
- die Bestellung des Abschlussprüfers,
- die Verwendung des Bilanzgewinns,
- die Satzungsänderungen,
- Maßnahmen der Kapitalbeschaffung und der Kapitalherabsetzung,
- die Entlastung der Mitglieder des Vorstandes und des Aufsichtsrates (§ 120 AktG).

671 Diese sog. **ordentliche Zuständigkeit der Hauptversammlung** ist in ihrem wesentlichen Umfang in § 119 Abs. 1 AktG zusammengefasst. Darüber hinaus ergibt sie sich im Detail noch aus einer Reihe von Einzelvorschriften, die in § 119 Abs. 1 AktG nicht vollständig angesprochen sind, wie z.B. aus § 293 AktG. Die Hauptversammlung kann die ihr auf Grund der ordentlichen Zuständigkeit gegebenen Kompetenzen autonom ausüben. Vorstand und Aufsichtsrat sind an konkrete Einzelentscheidungsbeschlüsse gebunden. Der Vorstand ist gem. § 83 Abs. 2 AktG zudem „verpflichtet, die von der Hauptversammlung im Rahmen ihrer Zuständigkeit beschlossenen Maßnahmen auszuführen". Die Hauptversammlung kann unter den in § 103 AktG genannten Voraussetzungen die von ihr gewählten Aufsichtsratsmitglieder abberufen.

672 Die Hauptversammlung beschließt jährlich über die **Entlastung der Mitglieder des Vorstandes und des Aufsichtsrats** (§ 120 AktG). Mit der Entlastung billigt die

13 A.A. *Krieger*, ZGR 1985, 338, 364, der in dem Präsidium keinen Ausschuss, sondern ein Gremium eigener Art neben dem Vorsitzenden sieht.
14 *Hüffer/Koch*, AktG, § 118 Rn. 2.

Hauptversammlung die Verwaltung der Gesellschaft durch Vorstand und Aufsichtsrat. Ein Verzicht auf Schadensersatzansprüche ist mit der Entlastung nicht verbunden (§ 120 Abs. 2 AktG). Die Verweigerung der Entlastung hat keine unmittelbaren rechtlichen Folgen für die Betroffenen; sie stellt aber einen Vertrauensentzug durch die Hauptversammlung dar, der ein wichtiger Grund für den Widerruf der Bestellung gem. § 84 Abs. 3 AktG sein kann[15].

2. Vorbereitung und Durchführung der Hauptversammlung

Die Einberufung der Hauptversammlung erfolgt nach Maßgabe der §§ 121 ff. AktG **673**
(näher ▶ W/E GesR II Rn. 408 ff.). Dabei können wichtige Mitteilungen an die Aktionäre auch in anderer als schriftlicher Form, insbesondere per E-Mail gemacht werden, falls der Aktionär damit einverstanden ist (§ 125 Abs. 2 AktG). Der Gesetzgeber hat dem technischen Fortschritt Rechnung getragen. Gem. § 118 Abs. 4 AktG kann die Satzung oder die Geschäftsordnung der Hauptversammlung nach § 129 Abs. 1 AktG vorsehen oder den Vorstand oder den Versammlungsleiter dazu ermächtigen vorzusehen, dass die Hauptversammlung **in Ton und Bild übertragen** werden darf. Dazu zählen Übertragungen durch das Fernsehen, den Rundfunk und das Internet. Auch die Einladung muss nicht mehr mit Informationen „übersandt", sondern nur noch den Aktionären **zugänglich gemacht** werden (§§ 121, 125 AktG).

Es besteht nach Inkrafttreten des ARUG (2009) Freiheit bei der Bestimmung des Um- **674**
fangs der elektronischen Ausübung der Rechte der Aktionäre in der Hauptversammlung. Die Aktionäre können nun ihre Rechte ganz oder teilweise elektronisch ausüben, wenn die Satzung vorsieht oder den Vorstand ermächtigt hat vorzusehen, dass Aktionäre ihre **Stimmen**, auch ohne an der Versammlung teilzunehmen, schriftlich oder im Wege elektronischer Kommunikation **abgeben** dürfen (§ 118 Abs. 2 AktG). Die online erschienenen Aktionäre sind **echte Teilnehmer** der Hauptversammlung und müssen als solche in das Präsenzverzeichnis aufgenommen werden. Die Satzung kann außerdem bestimmte Fälle vorsehen, in denen die **Teilnahme von Aufsichtsratsmitgliedern** an der Hauptversammlung im Wege der Bild- oder Tonübertragung erfolgen darf (§ 118 Abs. 3 AktG). Um die Kommunikation zwischen den Aktionären und auch Aktionärsvereinigungen zu verbessern und zu erleichtern, sieht § 127a AktG ein **sog. Aktionärsforum** vor, welches **im elektronischen Bundesanzeiger** zu schaffen ist. In diesem Forum können Aktionäre andere Aktionäre aufrufen, einen Antrag oder ein Verlangen nach dem AktG zu stellen oder das Stimmrecht in der Hauptversammlung in einer bestimmten Weise auszuüben.

15 *Hüffer/Koch*, AktG, § 120 Rn. 16; die Voraussetzungen konkretisierend BGH NZG 2017, 261.

3. Hauptversammlungsbeschlüsse und Ausübung des Stimmrechts in der Hauptversammlung

a) Beschlüsse der Hauptversammlung

675 Entscheidungen der Hauptversammlung erfolgen durch Beschlüsse. Dabei ist die einfache Stimmenmehrheit (die Mehrheit der abgegebenen Stimmen) ausschlaggebend (§ 133 AktG). Gem. § 133 Abs. 1 AktG kann die Satzung für Beschlüsse der Hauptversammlung eine größere als die gesetzlich vorgeschriebene einfache Stimmenmehrheit oder andere Erfordernisse vorschreiben. Für Wahlen erweitert § 133 Abs. 2 AktG diese Möglichkeit einer Abweichung dahin, dass auch **erleichternde Stimmregelungen** (z.B. relative Mehrheiten) erlaubt sind. Auch **Erschwerungen** der gesetzlichen Voraussetzungen etwa durch das Erfordernis einer qualifizierten Mehrheit sind möglich. Jeder Beschluss bedarf zu seiner Wirksamkeit der **notariellen Beurkundung** (§ 130 AktG).

b) Das Stimmrecht des Aktionärs und seine Ausübung

676 Jedem Aktionär steht in der Hauptversammlung das Stimmrecht zu (§ 12 AktG). Dabei bemisst sich das Stimmrecht nach den Nennbeträgen der Aktien oder bei Stückaktien nach deren Zahl (§ 134 Abs. 1 S. 1 AktG). Grundsätzlich ist damit im Aktienrecht die **Rechtsstellung** der Gesellschafter nach ihrer **Kapitalbeteiligung** bestimmt.

Dass die Aktionäre ihr Stimmrecht in der Hauptversammlung persönlich ausüben, ist bei den großen AGn – oft Publikumsgesellschaften mit sechsstelligen Zahlen von Aktionären – nicht der Regelfall. Diese Hauptversammlungen werden entscheidend von den auf Grund ihres **Depotstimmrechts** als Aktionärsvertreter auftretenden Banken bestimmt. Die starke Stellung der Banken beruht darauf, dass die meisten Kleinaktionäre ihre Aktien bei einer Bank deponiert haben, durch die sie sich in der Regel in der Hauptversammlung vertreten und durch die sie ihr Stimmrecht ausüben lassen (zum Depotstimmrecht der Banken vgl. § 135 AktG).

4. Das Auskunftsrecht des Aktionärs

677 Ein wesentliches Recht des Aktionärs ist es, dass er in der Hauptversammlung vom Vorstand Auskunft über alle Angelegenheiten der Gesellschaft verlangen kann, sofern solche Auskünfte zur sachgemäßen Beurteilung der **Gegenstände der Tagesordnung** erforderlich sind (§ 131 AktG). Mit dem Auskunftsrecht soll dem Aktionär die Möglichkeit eröffnet werden, sich die Informationen und Einblicke in die Angelegenheiten der Gesellschaft zu verschaffen, die erforderlich sind, um sich zu den Gegenständen der Tagesordnung für die Hauptversammlung eine Meinung bilden und für die Teilnahme an der Beschlussfassung eine sachgerechte Entscheidung fällen zu können. Das Merkmal der **Erforderlichkeit der Auskunft zur sachgemäßen Beurteilung** eines Gegenstandes der Tagesordnung der Hauptversammlung soll dazu dienen, Missbräuche des Auskunftsrechts zu verhindern und einen ordnungsgemäßen Ablauf der Hauptversammlung zu gewährleisten; die Hauptversammlung soll nicht durch Fragen gestört werden, die zwar mit dem Gegenstand der Verhandlung im Zusammenhang stehen, deren Beantwortung jedoch nicht notwendig ist, um zu einer sachgemäßen Beurteilung zu gelangen. Diese gesetzliche Regelung will den Aus-

kunftsanspruch des Aktionärs deshalb auf dasjenige Maß beschränken, das ein objektiv urteilender Aktionär zur Meinungsbildung über die Gegenstände der Tagesordnung tatsächlich benötigt[16]. Ein Missbrauch des Fragerechts, der durch das Merkmal der Erforderlichkeit verhindert werden soll, liegt dann vor, wenn die Verfolgung sachfremder Ziele derart überwiegt, dass bei der **Abwägung nach Treu und Glauben** das Verhalten des Aktionärs nicht gebilligt werden kann[17].

Der Aktionär kann sein Auskunftsrecht, wenn ihm die verlangte Auskunft nicht gegeben worden ist, gerichtlich durchsetzen (§ 132 AktG). **678**

Der Vorstand darf nur unter den im Gesetz genannten Voraussetzungen die Auskunft verweigern (§ 131 Abs. 3 AktG). Der Vorstand kann von dieser Möglichkeit z.B. dann Gebrauch machen, wenn die Erteilung der Auskunft nach vernünftiger kaufmännischer Beurteilung geeignet ist, der Gesellschaft einen nicht unerheblichen Schaden zuzufügen. Beurteilungsmaßstab dafür ist schon die **bloße Eignung der Auskunft zur Nachteilszufügung**; diese muss jedoch, bezogen auf den Einzelfall, mit an Sicherheit grenzender Wahrscheinlichkeit vorhanden sein und darf nicht nur als mehr oder weniger entfernte Möglichkeit in Betracht kommen. Dieser **Maßstab ist objektiv** und unterliegt der **gerichtlichen Nachprüfung**[18].

Lösung zu Fall 46: Zu **Frage (1)** ist die Auffassung des Vorstandes zutreffend, wenn auf Grund des vorgelegten Papiers der Inhalt der zu dieser Frage möglichen Auskünfte bereits allen Aktionären bekannt ist. Insofern ist eine weitere Auskunft hier zur sachgemäßen Beurteilung des Tagesordnungspunktes nicht mehr erforderlich. **Frage (2)** muss beantwortet werden, weil die Beschaffung von Mitteln für ein Zweigwerk eine Angelegenheit der Gesellschaft (§ 131 Abs. 1 S. 1 AktG) und zur sachgemäßen Beurteilung des Gewinnverteilungsbeschlusses als Tagesordnungspunkt erforderlich ist. **Frage (3)** muss gleichfalls beantwortet werden. Es handelt sich auch hier um eine Angelegenheit der Gesellschaft. Dabei kommt es nicht darauf an, was der Vorstand für erforderlich hält und ob der einzelne Aktionär in der Lage ist, die Erforderlichkeit zu beurteilen. Entscheidend ist hier der Standpunkt des vernünftigen durchschnittlichen Aktionärs. Dies bedeutet, dass über Produktionsveränderungen und ihre Gründe Auskunft erteilt werden muss. Auch **Frage (4)** muss beantwortet werden. Der Aktionär muss sich ein Bild über die Gründe machen können, die für die Gesellschaft zum Entschluss einer Dividendenherabsetzung führen. Die Frage wird auch nicht dadurch unsachgemäß, dass der fragende Aktionär mit einer Anfechtung droht. **679**

§ 35 Rechte und Pflichten der Aktionäre

Fall 47: Am 25. März 2010 berief der Vorstand der Badischen Leichtmetall-AG durch ordnungsgemäße Bekanntmachung die ordentliche Hauptversammlung ein. Auf der bekanntgemachten Tagesordnung stand u.a. der Punkt „Entlastung für das Geschäftsjahr 2009 für Vorstand und Aufsichtsrat auf deren Antrag“. Vorsitzender des Vorstandes der Badischen Leichtmetall-AG, die u.a. Rüstungsgüter herstellt und an Waffengeschäften beteiligt ist, ist T. Nachdem in einem Nachrichtenmagazin ein Bericht darüber erschienen war, dass im Zu- **680**

16 OLG Zweibrücken WM 1990, 185 f.
17 OLG Karlsruhe AG 1990, 82.
18 OLG Karlsruhe AG 1990, 82 mit Nachw.

sammenhang mit Waffengeschäften mit Staaten des Nahen Ostens, an denen die Badische Leichtmetall-AG beteiligt ist, erhebliche Beträge an Verteidigungsminister und Generäle in Staaten des Nahen Ostens geflossen sind, schrieb der Kleinaktionär Z der Badischen Leichtmetall-AG an Vorstand und Aufsichtsrat. Er kündigte an, in der Hauptversammlung Auskunft darüber verlangen zu wollen, ob der Vorstandsvorsitzende T bei seinen Besuchen in Staaten des Nahen Ostens im Jahre 2009 3 Mio. € an Verteidigungsminister und Generäle der besuchten Staaten bezahlt habe. Für den Fall, dass diese Berichte zutreffend sein sollten, kündigte Z an, dass er einen Antrag auf Verweigerung der Entlastung des Vorstandes stellen werde. Der Vorstand der Badischen Leichtmetall AG kündigte den Aktionären das Auskunftsverlangen von Z sowie die Androhung eines Antrages auf Verweigerung der Entlastung an. In der Hauptversammlung verweigerte der Vorstand die Auskunft über die Frage, ob der Vorstandsvorsitzende T Geld an Verteidigungsminister und Generäle von Staaten des Nahen Ostens gezahlt habe. Die Hauptversammlung beschloss, Vorstand und Aufsichtsrat zu entlasten. Z überlegt nun, ob er den Entlastungsbeschluss der Hauptversammlung anfechten kann. **Rn. 698**

Literatur: *Häsemeyer*, Obstruktion gegen Sanierungen und gesellschaftsrechtliche Treuepflichten, ZHR 160 (1996), 109 ff.; *Zöllner*, Zur Problematik der aktienrechtlichen Anfechtungsklage, AG 2000, 145 ff.; *Zöllner/Noack*, One share – one vote? Stimmrecht und Kapitalbeteiligung bei der Aktiengesellschaft, AG 1991, 117 ff.

I. Die Rechte aus der Mitgliedschaft

1. Erwerb und Verlust der Mitgliedschaft

681 Der **Erwerb der Mitgliedschaft** – der Rechtsstellung des Aktionärs – kann **originär** durch Übernahme von Aktien bei der Gründung (§§ 2, 29 AktG) oder durch Zeichnung neuer Aktien bei einer späteren Kapitalerhöhung (§ 185 AktG) geschehen. Die Mitgliedschaft kann auch von einem Aktionär durch rechtsgeschäftliche Übertragung oder durch Gesamtrechtsnachfolge, etwa bei einem Erbfall, erworben werden **(abgeleiteter Erwerb)**. Die rechtsgeschäftliche Übertragung erfolgt nach **wertpapierrechtlichen Regeln**. Bei **Inhaberaktien** werden Aktienurkunden gem. §§ 929 ff. BGB übereignet. **Namensaktien** können als Orderpapiere gem. § 68 AktG durch Indossament übertragen werden.

682 Der **Verlust der Mitgliedschaft** kann eintreten durch Tod, Übertragung, Einziehung (Amortisation bei Kapitalherabsetzung), Auflösung der AG und Ausschluss. Letzterer ist nur im Rahmen eines **Kaduzierungsverfahrens** gem. § 64 AktG bei Säumnis des Aktionärs mit seiner Geldeinlage sowie durch squeezeout gem. §§ 327a ff. AktG möglich.

2. Der Grundsatz der gleichmäßigen Behandlung der Aktionäre

683 Für die AG gilt der in § 53a AktG verankerte verbandsrechtliche Grundsatz der Gleichbehandlung der Gesellschafter, demzufolge die Aktionäre unter gleichen Voraussetzungen gleich zu behandeln sind. Dies bedeutet allerdings keine schematische Gleichberechtigung aller Aktionäre; die Schranken liegen dort, wo eine mögliche un-

terschiedliche Behandlung gegen Gesetz und gute Sitten verstößt[1]. Auch in vielen anderen Vorschriften des AktG hat der Gleichbehandlungsgrundsatz seinen Niederschlag gefunden, so u.a. bei der Verteilung der **Dividende** (§ 60 AktG), bei dem **Stimmrecht** (§ 134 Abs. 1 S. 1 und 2 AktG) und beim **Bezugsrecht** (§ 186 AktG). Eine ungleiche Behandlung der Aktionäre ist allerdings zulässig, wenn sie sachlich berechtigt ist und damit **nicht** den Charakter der **Willkür** trägt[2].

3. Vermögensrechte und Mitverwaltungsrechte

Die Rechte des Aktionärs kann man in zwei Gruppen einteilen, nämlich in **684**

- die Vermögensrechte und
- die Mitverwaltungsrechte (nichtvermögenswerte Rechte).

Das wichtigste **Vermögensrecht** ist das Dividendenrecht, der Anspruch auf Teilhabe am Bilanzgewinn nach dem Verhältnis der Aktiennennbeträge. Ein Anspruch auf Zahlung einer bestimmten Geldsumme entsteht jedoch erst, wenn die Hauptversammlung einen Gewinnverwendungsbeschluss gefasst hat (§§ 60 Abs. 1, 58 Abs. 4, 174 AktG). Ein weiteres Vermögensrecht ist der Anspruch auf den Anteil, der dem Aktionär im Falle der Liquidation der Gesellschaft an dem nach der Liquidation noch vorhandenen Vermögen der Gesellschaft verbleibt (§ 271 AktG).

Zu den wesentlichen **Mitverwaltungsrechten** zählen: **685**

- das Recht auf Teilnahme an der Hauptversammlung,
- das Stimmrecht,
- das Auskunftsrecht,
- das Recht, bei Vorliegen bestimmter Voraussetzungen die Einberufung der Hauptversammlung verlangen zu können,
- das Recht, die Hauptversammlungsbeschlüsse anfechten zu können.

Gem. § 134 AktG wird das Stimmrecht nach den Nennbeträgen der Aktien oder der Anzahl der Stückaktien ausgeübt. Der Aktionär ist rechtlich nicht in der Lage, seine Mitgliedschaftsstellung beizubehalten und zugleich das ihm zustehende Stimmrecht einem anderen als eigenes Recht zu verschaffen[3]; das Stimmrecht kann aber durch einen Bevollmächtigten ausgeübt werden (§ 134 Abs. 3 AktG).

1 OLG Frankfurt WM 1986, 1144, 1149.
2 BGHZ 33, 175 ff.
3 BGH WM 1987, 70 f.

II. Nichtigkeit und Anfechtbarkeit von Hauptversammlungsbeschlüssen

1. Überblick

686 Hauptversammlungsbeschlüsse können mangelhaft sein. Das kann dazu führen, dass sie entweder nichtig sind oder zunächst wirksam, aber anfechtbar sind.

2. Die Nichtigkeitsgründe

687 Nichtigkeit eines Hauptversammlungsbeschlusses bedeutet, dass er auf Grund des ihm anhaftenden Mangels **ipso iure unwirksam** ist[4]. Nichtigkeit als Rechtsfolge tritt nur ein, wenn ein besonderer Nichtigkeitsgrund vorliegt. Solche Nichtigkeitsgründe sind im AktG **enumerativ** aufgeführt. Sie finden sich in den §§ 241, 250, 253 und 256 AktG.

3. Das Anfechtungsrecht (Anfechtungsklage)

688 Das wichtigste Instrument des Aktionärs, einen Hauptversammlungsbeschluss anzugreifen, ist die Anfechtungsklage gem. § 243 AktG. Sie dient nicht primär einer allgemeinen Rechtskontrolle in der AG, die bei jeglichem Rechtsverstoß durch Hauptversammlungsbeschlüsse von jedem Aktionär ausgelöst werden kann; sie dient vielmehr dem **Schutz der eigenen Interessen des Aktionärs**. Das bedeutet, dass der Hauptversammlungsbeschluss die Interessen des Aktionärs negativ betreffen muss. Das zeigt sich z.B. deutlich bei dem ungerechtfertigten Ausschluss des Bezugsrechts und bei Verstößen gegen den Gleichbehandlungsgrundsatz, die nur von den durch diesen Verstoß benachteiligten Aktionären geltend gemacht werden können[5].

689 In der Regel führen Mängel von Hauptversammlungsbeschlüssen nur zur **Anfechtbarkeit**. Sofern ein Hauptversammlungsbeschluss anfechtbar ist, kann er im Wege der Anfechtungsklage (§ 246 AktG) mit dem Ziel angegriffen werden, den Beschluss durch Urteil **für nichtig erklären** zu lassen (§ 241 Nr. 5 AktG). Ein **Anfechtungsgrund** liegt insbesondere dann vor, wenn der Beschluss der Hauptversammlung gegen das Gesetz oder die Satzung verstößt (§ 243 AktG). Gem. § 243 Abs. 1 AktG kann die Anfechtung dadurch begründet sein, dass ein Hauptversammlungsbeschluss Gesetze verletzt. Es handelt sich bei § 243 Abs. 1 AktG um eine Generalklausel, die stets dann anzuwenden ist, wenn die Rechtsverletzung nicht zur Nichtigkeit des Beschlusses führt. Unter Gesetzen i.S.d. § 243 Abs. 1 AktG sind vor allem solche Vorschriften zu verstehen, die dem **Interesse und dem Schutze der Aktionäre** dienen, wie z.B. die Bestimmungen über die Zulassung zur **Teilnahme** an der Hauptversammlung, über die **Auskunftspflicht** und über die **gleichmäßige Behandlung** der Aktionäre. Auch der § 186 AktG betreffend das **Bezugsrecht** der Aktionäre zählt zu diesen Vorschriften (vertiefend ▸ W/E GesR II Rn. 447 ff.).

---

4 *K. Schmidt*, Gesellschaftsrecht, § 15 II 1 b bb).
5 *Zöllner*, AG 2000, 145, 146.

Beispiel: Die Satzung der M-AG sieht vor, dass jedenfalls zwei der von der Anteilseignerseite zu bestimmenden Aufsichtsratsmitglieder ein abgeschlossenes wirtschaftswissenschaftliches Studium und internationale Erfahrung vorweisen müssen. Nachdem das Aufsichtsratsmitglied A, welches diesen Anforderungen gerecht wurde, verstorben ist, muss ein neues Mitglied gewählt werden. Die Hauptversammlung beschließt, den Zweigstellenleiter einer regionalen Genossenschaftsbank G zu bestellen, obwohl dieser weder Wirtschaftswissenschaften studiert, noch internationale Erfahrung hat. Gem. § 100 Abs. 4 AktG kann die Satzung, wie hier geschehen, persönliche Voraussetzungen für Aufsichtsratsmitglieder verlangen. Der Hauptversammlungsbeschluss verstößt gegen die Satzung und ist deshalb nach § 243 Abs. 1 AktG anfechtbar.

4. Der Missbrauch des Anfechtungsrechts

Das Dilemma der Anfechtungsklage besteht darin, dass sie einerseits notwendig und **690** wünschenswert ist, um die Interessen der Aktionäre und die aktienrechtliche Ordnung aufrecht zu erhalten, dass sie andererseits aber häufig auch in unbegründeten oder in unverhältnismäßigen Fällen erhoben wird und dass dadurch wichtige Maßnahmen zu Unrecht verhindert oder unnötig aufgeschoben werden können[6].

Nach Auffassung des BGH[7] ist die Erhebung einer Anfechtungsklage dann **rechts-** **691** **missbräuchlich** und damit **unbegründet**, wenn der Kläger damit das Ziel verfolgt, die verklagte Gesellschaft in grob eigennütziger Weise zu einer Leistung zu veranlassen, auf die er keinen Anspruch hat und billigerweise auch nicht erheben kann. Dabei muss der Kläger nicht von der Vorstellung ausgehen, dass er die Gesellschaft zur Leistung auffordern muss, es genügt, dass er mit der Klage erstrebt und erwartet, die Gesellschaft werde sich unter dem Druck der infolge dieses Vorgehens befürchteten wirtschaftlichen Nachteile an ihn wenden und ihm Zahlungsangebote unterbreiten[8].

Durch das **UMAG**[9] hat der Gesetzgeber versucht, die missbräuchliche Nutzung des Anfech- **692** tungsrechts einzuschränken. Es ist nur noch derjenige Aktionär zur Anfechtung befugt, der die Aktien schon vor der Bekanntmachung der Tagesordnung für die Hauptversammlung erworben hat (§ 245 Nr. 1 AktG). Damit soll verhindert werden, dass gezielt Aktien zu dem Zweck erworben werden, das Anfechtungsrecht ausüben zu können. Ferner kann in bestimmten Fällen gem. § 246a AktG im Wege des sog. Freigabeverfahrens das Gericht die aufschiebende Wirkung der Anfechtungsklage beseitigen.

6 *Zöllner*, AG 2000, 145, 147.
7 BGHZ 107, 296, 311 f.
8 OLG Düsseldorf WM 1994, 337, 339.
9 Gesetz zur Unternehmensintegrität und Modernisierung des Anfechtungsrechts v. 22.9.2005, BGBl. I 2005, 2802.

III. Die Pflichten aus der Mitgliedschaft, insbesondere die Treuepflichten

1. Die Einlagepflicht

693 Die Hauptverpflichtung des Aktionärs ist die Einlagepflicht, die in der Regel durch Einzahlung von Geld erfolgt und die durch den Nennbetrag oder den höheren Ausgabebetrag der Aktien begrenzt ist (§ 54 Abs. 1 AktG). Der Aktionär muss weder einen Nachschuss bei Verlusten der AG leisten, noch trifft ihn bei der Insolvenz der AG irgendeine Haftung.

2. Die Treuepflichten der Aktionäre

694 Da dem Grunde nach eine alle Gesellschafter in allen Gesellschaftsformen betreffende Treuepflicht anerkannt ist, ist inzwischen unbestritten, dass die Aktionäre gegenüber der Gesellschaft und auch untereinander durch Treue- und Loyalitätspflichten gebunden sind[10]. Die eigentlichen Probleme beginnen bei der Bestimmung des Pflichtmaßes, das sich für die Gesellschafter aus der Treuebindung ergibt[11]. Der **BGH**[12] folgt mit der Anerkennung einer gesellschaftlichen Treuepflicht auch zwischen den Aktionären der im **Schrifttum**[13] vertretenen Auffassung, nach der auch das Verhältnis der Mitglieder einer Korporation untereinander den Charakter einer Sonderverbindung haben kann. Der BGH[14] betont, dass insbesondere einen Mehrheitsaktionär eine Treuepflicht treffen könne, weil dieser die Möglichkeit habe, durch Einflussnahme auf die Geschäftsführung die gesellschaftsbezogenen Interessen der Mitgesellschafter zu beeinträchtigen; deshalb sei als Gegengewicht dazu die gesellschaftsrechtliche Pflicht – also Treuepflicht – zu fordern, auf diese Interessen Rücksicht zu nehmen (vertiefend ► W/E GesR II Rn. 386 ff.).

IV. Der Minderheitenschutz

695 Um der Gefahr vorzubeugen, dass die Mehrheit der Aktionäre die Leitung der AG auch in grundlegenden Entscheidungen allein bestimmt oder dass die Mehrheit sich gar auf Kosten der Minderheit bereichert, sieht das AktG einen **Minderheitenschutz** vor. Darunter sind jene Tatbestände zu verstehen, die eine Minderheitsgruppe von Aktionären in die Lage versetzen, sich gegen Mehrheitsbeschlüsse zu wehren oder aber ihren Willen auch gegen die ablehnende Haltung der Mehrheit durchzusetzen.

696 Zu den Regelungen, die in diesem Sinne minderheitenschützend wirken, gehören u.a.:
(1) Alle Vorschriften, die eine qualifizierte Mehrheit verlangen, so etwa § 179 Abs. 2 AktG, der für Satzungsänderungen eine ¾ Mehrheit verlangt oder § 327a Abs. 1 AktG, der für den Ausschluss einer Aktionärsminderheit sogar die Vereinigung

---

10 BGHZ 103, 183.
11 *Häsemeyer*, ZHR 160 [1996], 109, 113 ff.
12 BGHZ 103, 183, 194 f.
13 *Wiedemann*, Bd. I, § 8 II 3; *K. Schmidt*, Gesellschaftsrecht, § 28 I 4.
14 BGHZ 103, 183, 195.

von 95 % der Aktien in einer Hand verlangt. In diesen Fällen kann eine 25 %ige (bzw. 5 %ige) Minderheit den entsprechenden Beschluss verhindern. Ähnliches gilt für alle Grundlagengeschäfte wie z.B. den Abschluss von Unternehmensverträgen (dazu ▶ W/E GesR II Rn. 649 ff.) und für Kapitalerhöhungen und -herabsetzungen.

(2) Einberufung der Hauptversammlung. Eine Aktionärsminderheit, die $^1/_{20}$ des Grundkapitals repräsentiert, kann eine Hauptversammlung einberufen und verlangen, dass bestimmte Gegenstände auf die Tagesordnung gesetzt werden (§ 122 Abs. 1 u. 2 AktG). Für letzteres genügen sogar schon das Halten von Aktien, die einen Nennwert von 500 000 € erreichen.

(3) Recht der Sonderprüfung. Eine Aktionärsminderheit kann unter den in § 142 Abs. 2 AktG genannten Voraussetzungen die Bestellung von Sonderprüfern erzwingen. Damit kann auch gegen den Willen der Aktionärsmehrheit ermittelt werden, ob die Organe der Gesellschaft sich durch eine Pflichtverletzung haftbar gemacht haben.

Darüber hinaus wird die Minderheit durch Abfindungs- und Klagerechte geschützt. **697**
Insbesondere dann, wenn einzelne Aktionäre einen grundlegenden Beschluss nicht verhindern können, der aber stark in ihre Rechte eingreift (wie zum Beispiel der Abschluss eines Beherrschungsvertrages oder der Ausschluss (squeezeout) aus der Gesellschaft durch einen Hauptaktionär gem. § 327a AktG), billigt ihnen das Gesetz nicht nur eine Abfindung zu, sondern noch darüber hinaus die Möglichkeit, die Angemessenheit dieser Abfindung gerichtlich überprüfen zu lassen (weiterführend und vertiefend ▶ W/E GesR II Rn. 468 ff.; zum squeezeout Rn. 548 ff.).

Lösung zu Fall 47: Z könnte eine Anfechtungsklage gegen den Entlastungsbeschluss der **698**
Hauptversammlung mit der Behauptung, dass das AktG verletzt worden sei, erheben. Ein Anfechtungsgrund könnte sich aus § 243 Abs. 1 AktG ergeben. Die gesetzliche Vorschrift, die hier verletzt sein könnte, ist § 131 AktG. Der Vorstand könnte mit der Verweigerung der Auskunft über die von Z gestellten Fragen gegen § 131 AktG verstoßen haben. Ein solcher Verstoß liegt nur dann vor, wenn der Aktionär Z überhaupt ein Auskunftsrecht hatte. § 131 Abs. 1 AktG gibt dem Aktionär das Recht, Auskunft betreffend die Angelegenheiten der Gesellschaft zu verlangen, wenn die gewünschte Auskunft erforderlich ist, um die Gegenstände der Tagesordnung sachgemäß beurteilen zu können. Einen Hauptversammlungsbeschluss kann ein Aktionär auch dann mit der Begründung anfechten, der Vorstand habe in der Hauptversammlung eine Auskunft zu Unrecht verweigert, wenn er nicht zuvor ein Auskunftserzwingungsverfahren nach § 132 AktG eingeleitet hat[15]. Die gewünschten Auskünfte bezogen sich auf die Geschäftsführung des Vorstandes, für die Entlastung erteilt werden sollte. Grundsätzlich ist davon auszugehen, dass die Aktionäre die gewissenhafte Geschäftsführung des Vorstandes nur dann in einem Entlastungsbeschluss zum Ausdruck bringen können, wenn sie sich ein Bild über die Geschäftsführung des Vorstandes machen können. Deshalb muss auch eine Frage nach Spenden und spendenähnlichen Beträgen im Berichtsjahr als zulässig angesehen werden. Fraglich kann allerdings sein, ob der Vorstand im zu erörternden Fall die Auskunft gem. § 131 Abs. 3 Nr. 1 AktG verweigern durfte, weil die Erteilung der Auskunft nach vernünftiger kaufmännischer Beurteilung geeignet gewesen wäre, der Gesellschaft einen nicht unerheblichen Nachteil zuzufügen. Beurteilungsmaßstab ist nach h.M. stets die Frage, ob aus der in ihrem konkreten Inhalt dahinstehenden Auskunft ab-

15 BGHZ 86, 1.

strakt eine Schadensgefahr erwächst. Die Gefahr der Entstehung reicht aus. Es wird auf die Eignung der Auskunft zur Nachteilszufügung abgestellt. Da sich nicht ausschließen lässt, dass das Nahost-Geschäft des Unternehmens durch Auskünfte der von Z geforderten Art Schaden nimmt, dürfte die h.M. in diesem Fall zu dem Ergebnis kommen, dass die Auskunft, gestützt auf § 131 Abs. 3 Nr. 1 AktG, verweigert werden darf.

§ 36 Jahresabschluss und Gewinnverwendung

Literatur: *Berg/Stöcker*, Anwendungs- und Haftungsfragen zum Deutschen Corporate Governance Kodex, WM 2002, 1569 ff.; *Großfeld/Luttermann*, Bilanzrecht, 4. Aufl. 2005.

I. Jahresabschluss und Geschäftsbericht

1. Überblick

699 Die Pflicht des Vorstandes zur Aufstellung eines Jahresabschlusses ergibt sich aus §§ 242, 264 HGB. Der Jahresabschluss besteht gem. §§ 264, 242 HGB aus der Jahresbilanz, der Gewinn- und Verlustrechnung sowie einem Anhang und einem Lagebericht bei den Kapitalgesellschaften. Welche Verpflichtungen für eine Kapitalgesellschaft im Einzelnen bestehen, ist zum Teil größenabhängig geregelt. Gem. § 267 HGB werden die Kapitalgesellschaften in kleine, mittelgroße und große unterteilt (§ 267 HGB). Größenmerkmale sind die Bilanzsumme, die Umsatzhöhe in den letzten zwölf Monaten vor dem Abschlussstichtag und die Zahl der im Jahresdurchschnitt beschäftigten Arbeitnehmer. Die Größenmerkmale, die in § 267 Abs. 1 bis 3 HGB geregelt sind, sind in der folgenden Abbildung dargestellt.

Größenmerkmale	Größenklassen der Kapitalgesellschaften		
	klein	mittelgroß	groß
Bilanzsumme in Mio-€	4,840	19,25	> 19,25
Umsatz in Mio-€	9,680	38,5	> 38,5
Zahl der Arbeitnehmer	50	250	> 250

Die Zuordnung einer Gesellschaft zu einer der drei Größenklassen setzt voraus, dass am Abschlussstichtag mindestens zwei der aufgeführten drei Kriterien erfüllt sind (§ 267 Abs. 4 S. 1 HGB). Unabhängig von diesen Größenklassen gelten sog. börsennotierte Kapitalgesellschaften stets als groß, § 267 Abs. 3 S. 2 HGB.

2. Der Jahresabschluss

700 Der Aufbau der Bilanz ist in § 266 HGB, der Aufbau der Gewinn- und Verlustrechnung in § 275 HGB geregelt. Ferner sind allgemeine Grundsätze für die Gliederung von Bilanz und Gewinn- und Verlustrechnung in § 265 HGB enthalten. Im Einzelnen ergeben sich Inhalt und Umfang des Jahresabschlusses aus einer Vielzahl von speziel-

len Bestimmungen aus dem 3. Buch des HGB. Zur Interpretation einzelner unklarer Spezialregelungen und zur Lückenfüllung kann auf die Generalklausel des § 264 Abs. 2 HGB zurückgegriffen werden. Danach muss der Jahresabschluss „unter Beachtung der Grundsätze ordnungsgemäßer Buchführung ein den tatsächlichen Verhältnissen entsprechendes Bild der Vermögens-, Finanz- und Ertragslage der Kapitalgesellschaft vermitteln".

3. Der Anhang

Der Anhang hat nach näherer Maßgabe der §§ 284–288 HGB und § 160 AktG die Bilanz und die Gewinn- und Verlustrechnung näher zu erläutern. Mit der Pflicht zur Anhangerstellung werden zwei **Zielsetzungen** verfolgt: zum einen dient der Anhang zur **Erläuterung** der Bilanz und der Gewinn- und Verlustrechnung, § 284 HGB; zum anderen muss der Anhang eine Vielzahl sonstiger **betriebswirtschaftlich relevanter Informationen** enthalten. Welche dies im Einzelnen sind, ergibt sich aus dem Katalog der Pflichtangaben in § 285 HGB. Zur Anhangerstellung sind grundsätzlich alle Kapitalgesellschaften – unabhängig von ihrer Größe – verpflichtet. Für mittlere und kleinere Unternehmen sind Erleichterungen bei der Erstellung und Veröffentlichung vorgesehen. Selbst für eine kleine GmbH besteht aber noch die Verpflichtung, ca. 80 % der zum Anhang erforderlichen Angaben zu machen. 701

4. Der Lagebericht

Gem. § 264 Abs. 1 HGB ist ein Lagebericht nach Maßgabe des § 289 HGB aufzustellen. Der Lagebericht ist kein Bestandteil des Jahresabschlusses, sondern ergänzt diesen. Er muss zukunftsorientiert sein und ein **den tatsächlichen Verhältnissen entsprechendes Bild** der Kapitalgesellschaft vermitteln, um den Adressaten die notwendigen Entscheidungsinformationen an die Hand zu geben. Der **Lagebericht** hat den Sinn, den Jahresabschluss durch zusätzliche Informationen allgemeiner Art zu ergänzen. Zur Darstellung des Geschäftsverlaufs und der Lage i.S.d. § 289 HGB gehören Angaben über Marktstellung und Struktur der Gesellschaft sowie Ausführungen über Auftragseingang, Produktion, Beschäftigungsgrad, Umsatzentwicklung (Menge und Wert), Kostenentwicklung, Rentabilität, Liquidität und Finanzierung (u.a. mit Hilfe sog. Kapitalflussrechnungen). Der **Sozialbericht** ist in der Regel Bestandteil des Lageberichts. Zu den in den Lagebericht aufzunehmenden Vorgängen von besonderer Bedeutung i.S.d. § 289 Abs. 2 Nr. 1 HGB sind u.a. zu zählen: wichtige Vertragsabschlüsse, Erwerb und Veräußerung von Immobilien und Beteiligungen, besondere Verluste und Kurzarbeit. Jahresabschluss und Lagebericht mittlerer und großer AGn i.S.d. § 267 Abs. 2 und 3 HGB unterliegen gem. § 316 Abs. 1 HGB der Prüfung. Die Prüfung erfolgt durch Abschlussprüfer, die von der Aktionärsversammlung gewählt werden (§ 119 Abs. 1 Nr. 4 AktG). Ergibt die Prüfung keine Beanstandungen, so ist dies gem. § 322 Abs. 1 HGB durch einen Bestätigungsvermerk zu bestätigen. 702

5. Die Publizitätspflicht

703 Bei großen und mittleren AGn unterliegen der Jahresabschluss nebst Bestätigungsvermerk oder Vermerk über dessen Versagung, ferner der Lagebericht, der Bericht des Aufsichtsrats gem. § 171 Abs. 1 AktG sowie der Ergebnisverwendungsvorschlag und -beschluss der **Offenlegungspflicht**, § 325 Abs. 1 und 2 HGB. Bei kleinen AGn bezieht sich die Publizitätspflicht nur auf die Bilanz nebst Anhang sowie den Ergebnisverwendungsvorschlag und -beschluss. Während kleine und mittlere AGn ihrer Offenlegungspflicht durch Einreichung der Unterlagen beim **Handelsregister** nachkommen (§§ 325 Abs. 1, 326 HGB), müssen große AGn sie zuvor im **Bundesanzeiger** bekannt machen (§ 325 Abs. 2 HGB).

6. Die Entsprechenserklärung

704 Für börsennotierte AGs (vgl. § 3 Abs. 2 AktG) gelten teilweise Sonderregelungen. Nach § 161 S. 1 AktG haben Vorstand und Aufsichtsrat jährlich zu erklären, dass den vom Bundesministerium der Justiz im amtlichen Teil des elektronischen Bundesanzeigers bekannt gemachten Empfehlungen der „Regierungskommission Deutscher Corporate Governance Kodex" entsprochen wurde oder wird oder welche Empfehlungen nicht angewendet wurden oder werden. Die Entsprechenserklärung ist den Aktionären gem. § 161 S. 2 AktG **dauerhaft zugänglich** zu machen und zusammen mit dem Jahresabschluss zum Handelsregister einzureichen (§ 325 Abs. 1 S. 1 HGB). Zudem ist im Anhang zum Jahresabschluss gem. § 285 Nr. 16 HGB anzugeben, dass die Erklärung abgegeben und den Aktionären zugänglich gemacht worden ist.

II. Die Gewinnverwendung

705 Weist die Bilanz einen Gewinn aus, so beschließt die Hauptversammlung darüber, wie dieser Gewinn zu verwenden ist. Die Hauptversammlung ist an die Vorschläge des Vorstandes über die Verwendung des Gewinns nicht gebunden (§ 174 AktG). Die Entscheidung darüber, ob ein Gewinn vorhanden ist und wie hoch er ist, ist bereits durch die Feststellung des Jahresabschlusses getroffen. An die festgestellte Gewinnhöhe ist die Hauptversammlung gebunden. Nur in der Gewinnverwendung ist die Hauptversammlung von Vorstand und Aufsichtsrat unabhängig.

Teil IX

Die Gesellschaft mit beschränkter Haftung (GmbH)

§ 37 Der Begriff der GmbH und ihre Bedeutung für das Wirtschaftsleben

I. Begriff und Rechtsnatur der GmbH

Die Gesellschaft mit beschränkter Haftung (GmbH) ist eine mit Rechtspersönlichkeit ausgestattete Gesellschaft **(juristische Person)**, an der sich die Gesellschafter mit Einlagen auf das in Stammanteile zerlegte Stammkapital beteiligen, **ohne persönlich** für die Verbindlichkeiten der Gesellschaft **zu haften**. Die GmbH kann zu jedem vom Gesetz zugelassenen Zweck errichtet werden (§ 1 GmbHG); sie ist eine **Handelsgesellschaft** und als solche stets **Kaufmann** (§ 13 Abs. 3 GmbHG, § 6 HGB). **706**

Wenn die GmbH auch (ebenso wie die AG) eine juristische Person ist, so hat sie doch manche Ähnlichkeit mit den Personengesellschaften. Die **Nähe zur Personengesellschaft** wird z.B. dadurch deutlich, dass die Gesellschafter die innere Struktur der Gesellschaft ohne wesentliche Einschränkungen frei regeln können. Die gesetzlichen Vorschriften über das **Innenverhältnis** der Gesellschafter sind grundsätzlich **abdingbar**, während die Struktur der AG fast völlig durch zwingendes Recht festgelegt wird. Die hohe Anpassungsfähigkeit im Hinblick auf das Verhältnis der Gesellschafter untereinander bei der GmbH hat den wichtigen Vorteil, dass die GmbH durch den Gesellschaftsvertrag weitgehend so ausgestaltet werden kann, wie die **Zwecke der Gesellschaft** dies verlangen; die Gesellschafter können ihre Beziehungen in der Gesellschaft z.B. in erheblichem Umfange nach den für Personengesellschaften geltenden Grundsätzen ordnen. Andererseits ist die freie Übertragbarkeit der Gesellschaftsanteile gegenüber einer Aktiengesellschaft eingeschränkt. So kann ein GmbH-Anteil nur durch notariellen Vertrag übertragen werden (§ 15 GmbHG). Auch dies unterstreicht die „gesetzliche Nähe“ zwischen den Gesellschaftern einer GmbH. **707**

Die GmbH kann wie jede andere natürliche oder juristische Person Gesellschafter einer anderen Gesellschaft sein.

Beispiel: Die „Wurstwaren Dornseifen-GmbH“ kann mit dem Metzger P eine KG gründen, deren Betrieb auf einen Fleischhandel gerichtet ist. Haben die „Wurstwaren Dornseifen-GmbH“ und P vereinbart, dass die GmbH der persönlich haftende Gesellschafter und P Kommanditist sein soll, handelt es sich um eine GmbH & Co. KG. (näher zur GmbH & Co KG s.u. § 46)

II. Die Reform des GmbH-Gesetzes 2008

708 Die deutsche GmbH ist wegen der starken Konkurrenz ausländischer Rechtsformen, insbesondere der **englischen Limited** (private company limited by shares), die nach EU-Recht in Deutschland tätig werden können, einem verstärkten Wettbewerbsdruck ausgesetzt. Im Vergleich zum deutschen Recht werden in vielen Mitgliedstaaten der EU geringere Anforderungen an die Gründungsformalitäten und die Aufbringung eines gezeichneten Kapitals (Mindeststammkapital) bei mit der GmbH vergleichbaren Gesellschaften gestellt. Das im November 2008 in Kraft getretene Gesetz zur Modernisierung des GmbH-Rechts und zur Bekämpfung von Missbräuchen **(MoMiG)** sah deshalb ein ganzes Bündel von Maßnahmen vor, um die Attraktivität der GmbH nicht nur in der Gründung, sondern auch als „werbendes“, also am Markt tätiges Unternehmen zu erhöhen:

709
- Um den Bedürfnissen der Existenzgründer, die am Anfang nur wenig Stammkapital haben und benötigen, entgegenzukommen, können diese eine **haftungsbeschränkte Unternehmergesellschaft (UG)** als eine **Unterform der GmbH** mit einem **geringeren Stammkapital** als 25 000 €, etwa schon mit nur 1 € Stammkapital, gründen (näher dazu s.u. § 39).
- Es wird eine bessere Transparenz im Hinblick auf die Gesellschaftsanteile geschaffen. Nach dem Vorbild des Aktienregisters sollen künftig nur diejenigen Personen als Gesellschafter gelten, die in eine **Gesellschafterliste** eingetragen sind. So können Geschäftspartner der GmbH künftig lückenlos nachvollziehen, wer hinter der Gesellschaft steht.
- Die Gesellschafterliste soll künftig auch als Anknüpfungspunkt für einen nun möglichen **gutgläubigen Erwerb von GmbH-Anteilen** dienen. Wer einen GmbH-Anteil (Geschäftsanteil) erwirbt, soll unter bestimmten Umständen darauf vertrauen dürfen, dass die in der Gesellschafterliste verzeichneten Personen auch Gesellschafter sind.

III. Die Bedeutung der GmbH für das Wirtschaftsleben in der Bundesrepublik Deutschland

1. Überblick

710 Die GmbH hat sich seit ihrer Einführung durch den Gesetzgeber im Jahre 1892 schnell zu einer bevorzugten Gesellschaftsform entwickelt. Die Zahl der Gesellschaften mit beschränkter Haftung ist in den letzten Jahrzehnten ständig gestiegen. Ende 1991 gab es in der Bundesrepublik Deutschland 465 660 GmbHs. Ende 1997 gab es ca. 795 000 GmbHs, deren Zahl sich bis Anfang 2005 auf etwa 996 000 erhöht hat[1]. Am 1. Januar 2014 existierten 1 127 620 GmbHs[2]; am 1.Januar 2021 waren es 1 376 420[3]. Schon diese Zahlen zeigen, dass die Bedeutung der GmbH für das Wirtschaftsleben in der Bundesrepublik Deutschland erheblich ist.

---

1 *Kornblum*, GmbHR 2006, 28 ff.
2 *Kornblum*, GmbHR 2014, 694, 695.
3 *Kornblum*, GmbHR 2021, 681, 682 Tabelle 1.

2. Die Vorzüge der GmbH

Die Möglichkeiten, die die GmbH bietet, sind Vorzüge vielerlei Art. Sie führen dazu, dass die meisten Unternehmensneugründungen in der Gesellschaftsform der GmbH erfolgen. Zu diesen Vorzügen zählen: 711

(1) Die GmbH ist juristische Person. Den Gläubigern haftet deshalb nur das **Gesellschaftsvermögen**. Die Gesellschafter haften nicht mit ihrem Privatvermögen.

(2) Die GmbH kann zu jedem Zweck gegründet werden; sie **muss kein Handelsgewerbe** betreiben.

(3) Da das Verhältnis der Gesellschafter untereinander nur durch wenige zwingende gesetzliche Vorschriften bestimmt wird, kann die GmbH über den Gesellschaftsvertrag den Besonderheiten des Einzelfalles besonders gut angepasst werden.

(4) Gem. § 1 GmbHG kann eine Gesellschaft auch als **Einmann-GmbH** gegründet werden (näher dazu § 42).

(5) Ein **Wechsel der Gesellschafter** ist im Gegensatz zur OHG und KG ohne große Schwierigkeiten unter Lebenden wie auch von Todes wegen möglich. Die Übertragung des Gesellschaftsanteils erfolgt unter Lebenden durch einen notariell zu beurkundenden Vertrag, der grundsätzlich nicht der Zustimmung der Gesellschafter unterliegt.

(6) Die Gründung einer GmbH ist, was das zur Gründung notwendige Kapital anbetrifft, relativ einfach. Das Mindestkapital beträgt lediglich 25 000 €. Die Gründung einer **haftungsbeschränkten Unternehmergesellschaft** ist noch einfacher; es genügt ein Stammkapital von nur 1 €. Die Verwendung des vom GmbH-Gesetz zur Verfügung gestellten Musterprotokolls, welches Gesellschaftsvertrag, Gesellschafterliste und Geschäftsführerbestellung in sich vereint, stellt eine weitere Erleichterung der Gründung dar.

(7) Für Familienunternehmen ist die GmbH eine geeignete Gesellschaftsform, weil auch ein oder mehrere **Geschäftsführer, die nicht Gesellschafter** sein müssen, das Unternehmen leiten können, wenn es an geeigneten oder am Unternehmen interessierten Familienmitgliedern fehlt.

(8) Geschäftsführergehälter sind als **Betriebsausgaben** zu verbuchen und verringern den zu versteuernden Gewinn.

Nachdem der Gesetzgeber in die BRAO einen zweiten Abschnitt (§§ 59c–59m BRAO) über die Rechtsanwaltsgesellschaften (= Anwalts-GmbH) eingefügt hat, ist es auch Rechtsanwälten ausdrücklich erlaubt, sich zu einer Anwalts-GmbH zusammenzuschließen. Die Regelungen der BRAO normieren jedoch – zumindest rechtssystematisch betrachtet – keine eigenständige Gesellschaftsform, wie sie durch das Partnerschaftsgesellschaftsgesetz geschaffen worden ist, sondern stellen lediglich eine durch das Berufsrecht der Rechtsanwälte determinierte Applikation der GmbH dar. Der Ausschluss der persönlichen Haftung in der Rechtsanwaltsgesellschaft mit beschränkter Haftung wird durch den obligatorischen Abschluss einer Berufshaftpflichtversicherung gem. § 59j BRAO mit einer Mindestversicherungssumme von 2,5 Mio. € je Versicherungsfall ausgeglichen. 712

§ 38 Errichtung und Entstehung der GmbH

713 **Fall 48:** Die Eheleute A (Ehemann) und B (Ehefrau), die im Güterstand der Zugewinngemeinschaft leben, gründen ein Unternehmen, das die Rechtsform der GmbH haben soll. Gegenstand des Unternehmens soll der Handel mit Computerhardware und -software sein. Am 2. Januar 2021 wird bei dem Notar N der Gesellschaftsvertrag über die künftige GmbH („A-GmbH") abgeschlossen. Das Stammkapital beträgt 30 000 €; die Stammanteile übernehmen A und B zu je ein Halb. Geschäftsführer soll A sein. Im Laufe des Februar 2021 zahlen A und B je 10 000 € Stammeinlage ein. Im März 2021 nimmt die künftige GmbH schon einen Teil ihrer Geschäfte auf. Mit Zustimmung von B erwirbt A bei V für die GmbH in Gründung eine Büroeinrichtung für 25 000 €. Am 1. September 2021 wird die A-GmbH in das Handelsregister eingetragen. Weil auf die Kaufpreisforderung des V (25 000 €) noch nichts gezahlt worden ist, nimmt V am 15. August 2021 A und B in Anspruch.

1. Kann V am 15. August 2021 von A und B Zahlung von 25 000 € verlangen?
2. Kann V am 15. September 2021 von A und B Zahlung von 25 000 € verlangen?

714 **Literatur:** *Bachmann*, Die Offenlegung der wirtschaftlichen Neugründung und die Folgen ihrer Versäumung, NZG 2012, 579; *Beuthien*, Zum Haftungsprivileg der Vorgesellschafter – Rechtliche Gründungshilfe zu Lasten der Gläubiger?, FS Hadding, 309 ff.; *Kleindiek*, Zur Gründerhaftung in der Vor-GmbH, ZGR 1997, 427 ff.; *Lutter/Welp*, Das neue Firmenrecht der Kapitalgesellschaften, ZIP 1999, 1073 ff.; *Raab*, Die Haftung der Gesellschafter der Vor-GmbH im System des Gesellschaftsrechts, WM 1999, 1596 ff.; *K. Schmidt*, Vorratsgründung, Mantelkauf und Mantelverwendung, NJW 2004, 1345 ff.; *ders.*, Die Verwendung von GmbH-Mänteln und ihre Haftungsfolgen: Ein Thema von gestern?, ZIP 2010, 857 ff.; *Theusinger/Andrä*, Die Aktivierung unternehmensloser Gesellschaften – Praktische Hinweise zur Verwendung von Vorrats- und Mantelgesellschaften, ZIP 2014, 1916.

I. Der Gesellschaftsvertrag

1. Überblick

715 Wie jede Gesellschaft beruht auch die Gesellschaft mit beschränkter Haftung auf einem Vertrag, den die Gesellschafter miteinander abschließen **(Gesellschaftsvertrag)**. Der Gesellschaftsvertrag, auch **Satzung** der GmbH genannt, ist das Schlüsseldokument der GmbH, er erfüllt eine doppelte Funktion:

– er enthält einerseits die **Einigung der Gründer** über die Errichtung der GmbH, die Zweckbestimmung der Gesellschaft, die von den Gesellschaftern übernommenen Verpflichtungen zur Leistung der Beiträge und die Aufteilung der Geschäftsanteile;
– andererseits bildet der Gesellschaftsvertrag (die Satzung) die **Grundlage der Gesellschaft** und prägt sowohl Charakter und Aufbau der GmbH als juristische Person, als auch die Beziehungen der in der Zukunft hinzutretenden Gesellschafter zur GmbH und untereinander. Eine Änderung der Satzung ist daher nur unter erschwerten Bedingungen möglich, s. u. Rn. 794.

716 Der Abschluss des Gesellschaftsvertrages bedarf der **notariellen Form**. Der Gesellschaftsvertrag muss von allen Gesellschaftern unterzeichnet sein (§ 2 GmbHG). Das

Gesetz schreibt für den Gesellschaftsvertrag einen **Mindestinhalt** vor (§ 3 GmbHG). Dazu gehört die Einigung der Gesellschafter (Gründer) über:

- den Gegenstand des Unternehmens,
- die Firma und den Sitz des Unternehmens,
- den Betrag des Stammkapitals,
- die Zahl und die Nennbeträge der Geschäftsanteile, die jeder Gesellschafter gegen Einlage auf das Stammkapital (Stammeinlage) übernimmt.

2. Die Firma der GmbH

Nach § 4 GmbHG muss die Firma der GmbH die Bezeichnung „Gesellschaft mit beschränkter Haftung“ oder eine entsprechende Abkürzung dieser Bezeichnung enthalten. Es besteht die Möglichkeit, neben der Personen-, Sach- oder Mischfirma auch unter einer Phantasiefirma im Handelsverkehr aufzutreten[1]. Grenzen werden der Firmierung nur durch § 18 HGB gesetzt. Demnach muss die Firma nach wie vor zur **Kennzeichnung** und **Unterscheidung** eines Unternehmens im Rechtsverkehr geeignet sein und darf nicht gegen das in § 18 Abs. 2 HGB normierte Irreführungsverbot verstoßen[2]. Die Unternehmergesellschaft muss in der Firma abweichend von § 4 GmbHG den **Rechtsformzusatz** „Unternehmergesellschaft (haftungsbeschränkt)“ oder „UG (haftungsbeschränkt)“ führen (§ 5a Abs. 1 GmbHG).[3] **717**

3. Stammkapital und Stammeinlage

Das **Stammkapital der GmbH** entspricht dem Grundkapital bei der AG. Es ist die Kapitalgrundlage der GmbH und entspricht grundsätzlich der Summe der von den Gesellschaftern übernommenen Stammeinlagen. Es muss gemäß § 5 Abs. 1 GmbHG mindestens 25 000 € betragen. Alle Stammeinlagen müssen von den Gründern selbst übernommen werden; Sacheinlagen sind zulässig. Näher zur Aufbringung des Stammkapitals und zu Sacheinlagen s.u. § 39. Bei der Errichtung der Gesellschaft kann ein Gesellschafter ein oder mehrere Geschäftsanteile übernehmen (§ 5 Abs. 2 GmbHG). Der Nennbetrag eines Geschäftsanteils muss auf volle Euro lauten. Die Höhe der Nennbeträge der einzelnen Geschäftsanteile kann verschieden bestimmt werden (§ 5 Abs. 2 und 3 GmbHG). **718**

4. Weitere Regelungen in der Satzung

Neben dem dargestellten Mindestinhalt enthält die Satzung in der Regel weitere Abmachungen zwischen den Gesellschaftern. So kann durch die Satzung etwa eine vom gesetzlichen Regelfall abweichende Gewinnverteilung zwischen den Gesellschaftern vereinbart werden, oder einem Gesellschafter ein Recht eingeräumt werden, Geschäftsführer zu sein. Es können Vorschriften zum Ort und der Art und Weise der Abhaltung von Gesellschafterversammlungen enthalten sein, auch können neue Organe **719**

---

1 *Lutter/Welp*, ZIP 1999, 1073 ff.
2 Zu den Einzelheiten *Lutter/Welp*, ZIP 1999, 1073 ff.
3 Eine gemeinnützige UG kann mit dem Zusatz gUG (haftungsbeschränkt) eingetragen werden, BGH NJW 2020, 2035.

wie z.B. ein Beirat oder ein Aufsichtsrat geschaffen werden. Die Satzung kann ferner festlegen, welche Gegenstände der Geschäftsführung nur mit Zustimmung der Gesellschafter vorgenommen werden dürfen und ob der oder die Geschäftsführer auch mit sich selbst Verträge abschließen können (Befreiung von § 181 BGB). Auch kann sie die Veräußerung der Geschäftsanteile an Dritte verbieten bzw. unter einen Zustimmungsvorbehalt der übrigen Gesellschafter stellen. Kurz: Die Vorschriften des GmbH-Gesetzes sind für die Beurteilung von Rechtsstreitigkeiten in einer GmbH nur der erste Ausgangspunkt, die maßgebliche Verfassung der Gesellschaft ergibt sich aus ihrer Satzung.

5. Vereinfachung durch Musterprotokoll?

720 Für unkomplizierte Standardgründungen, u.a. Bargründungen mit höchstens drei Gesellschaftern, wird ein dem GmbHG als Anlage hinzugefügtes beurkundungspflichtiges Musterprotokoll zur Verfügung gestellt (§ 2 Abs. 1a GmbHG). Dieses vereinigt in sich Gesellschaftervertrag, Gesellschafterliste und Geschäftsführerbestellung (alle drei Dinge benötigt man für die Anmeldung zum Eintrag in das Handelsregister, s.u. Rn. 739). Abgesehen vom gesetzlich vorgeschriebenen Inhalt des Musterprotokolls dürfen keine vom Gesetz (GmbHG) abweichenden Bestimmungen getroffen werden. Da in der Praxis aber regelmäßig Bedarf für eine Reihe zusätzlicher Regelungen besteht (siehe eben Rn. 719), ergeben sich an der Praxistauglichkeit dieser Regel erhebliche Zweifel.[4] Auf die unter Verwendung des Musterprotokolls gegründete Gesellschaft finden die Vorschriften des GmbH-Gesetzes Anwendung, sie ist eine normale GmbH. Auch die haftungsbeschränkte Unternehmergesellschaft kann im Übrigen unter Verwendung des Musterprotokolls (§ 2 Abs. 1a GmbHG) gegründet werden.

II. Die Entstehung der GmbH und die Haftung der an der Gründung Beteiligten

1. Überblick über den Entstehungsvorgang

721 Ähnlich wie die AG entsteht auch die GmbH in mehreren Phasen. In der Regel beginnt der eigentliche Entstehungsvorgang mit dem Abschluss des Gesellschaftsvertrages. Dies ist jedoch meist nicht die erste Stufe der Entwicklung. Fast immer treffen diejenigen Personen, die eine GmbH gründen wollen, schon vor dem Abschluss des Gesellschaftsvertrages verbindliche Abreden im Hinblick auf die Errichtung der Gesellschaft.

Beispiel: B, K und F erörtern am abendlichen Stammtisch die Möglichkeit, eine GmbH zu gründen, die auf einem Grundstück der zu gründenden GmbH Eigentumswohnungen errichten und an Interessenten veräußern soll. Sie errechnen die möglichen Gewinne und äußern übereinstimmend, der Sache näher treten zu wollen. Hier ist die Möglichkeit, eine GmbH gründen zu wollen, lediglich erörtert worden, ohne dass sich diejenigen, die darüber gesprochen haben, rechtlich binden wollten. B, K und F haben deshalb keine Willenserklärungen abgegeben, die eine rechtliche Bindung herbeigeführt haben.

---

4 So auch *Wicke*, § 2 GmbHG Rn. 20.

Sobald die Verhandlungen über die Gründung einer GmbH ihren unverbindlichen Charakter verloren und zu rechtsverbindlichen Vereinbarungen zwischen den Personen geführt haben, die eine GmbH errichten wollen, beginnt die **erste Phase der Gründung**. Diese Phase ist in der Regel erreicht, wenn die Gründer **vertragliche Vereinbarungen** über den Zweck und die Ausgestaltung der zu gründenden GmbH sowie über die Höhe des Stammkapitals getroffen haben. **722**

Zu dem oben genannten **Beispiel**: B, K und F kommen überein, eine Bauträger-GmbH zu gründen, die auf einem noch zu erwerbenden Grundstück Eigentumswohnungen bauen und veräußern soll. Das Stammkapital soll 150 000 € betragen und zu je einem Drittel von jedem Gesellschafter aufgebracht werden. Sie beschließen, alle Anstrengungen zu unternehmen, um die GmbH möglichst bald zu errichten. B und K verhandeln bereits mit der Westfälischen Bank AG über einen Kredit, F bemüht sich, ein geeignetes Grundstück für die GmbH zu erwerben. In diesem Stadium haben die Gespräche, welche die Gründer der GmbH miteinander geführt haben, ihren rechtlich unverbindlichen Charakter verloren.

Diese Phase endet mit dem **Abschluss des Gesellschaftsvertrages (der Satzung)** für die GmbH bzw. mit der Unterzeichnung und Beurkundung des Musterprotokolls, falls dieses verwandt wird. Bis zu diesem Zeitpunkt hat in der Regel eine **Vorgründungsgesellschaft** bestanden. **723**

Die **zweite Phase**, die mit dem Abschluss des GmbH-Gesellschaftsvertrages beginnt, dauert **bis zur Eintragung** der GmbH in das Handelsregister. In dieser Phase besteht eine Vorgesellschaft, die auch **Vor-GmbH** genannt wird. Die GmbH, und damit die juristische Person, entsteht erst mit der Eintragung in das Handelsregister.

2. Die Vorgründungsgesellschaft

Werden vor dem Abschluss des Gesellschaftsvertrages der GmbH i.S.d. §§ 2 ff. GmbHG zwischen den Gründern **verbindliche Vereinbarungen** im Hinblick auf die Errichtung der GmbH getroffen, so entsteht damit eine **Vorgründungsgesellschaft**. Es handelt sich dabei um eine **Gesellschaft bürgerlichen Rechts**, deren gemeinsamer Zweck die Vorbereitung der GmbH-Gründung ist[5]. **724**

Beispiel[6]: Die Ehepartner A und B mieten von M ein Gebäude in der Absicht, darin ein Hotel in der Rechtsform einer noch zu gründenden GmbH zu betreiben. Spätestens mit Abschluss des Mietvertrages haben sich A und B zu einer Gesellschaft bürgerlichen Rechts zusammengeschlossen, denn ihr Zusammenwirken bei Abschluss des Mietvertrages vor Gründung der GmbH lässt erkennen, dass sie sich dem gemeinschaftlichen Zweck verpflichtet haben, den Betrieb des Hotels durch die in Aussicht genommene GmbH bis zu deren Gründung durch bestimmte, auch rechtsgeschäftliche Maßnahmen vorzubereiten.

Auch diese BGB-Gesellschaft beruht auf einem Gesellschaftsvertrag. Der Gründungsvertrag für eine Vorgründungsgesellschaft, durch den sich mehrere Personen zur Gründung einer GmbH verpflichten, bedarf grundsätzlich der Form des § 2 GmbHG **(notarielle Form)**, wenn daraus die Verpflichtung zum Abschluss des GmbH-Gesellschaftsvertrages erwachsen soll; anderenfalls würde der mit der Form **725**

5 BGH WM 1984, 1507.
6 Nach BGH WM 1984, 1507.

bezweckte Schutz vereitelt[7]. Allerdings kann eine BGB-Gesellschaft durch Abschluss eines entsprechenden Vertrages auch ohne Beachtung der Formerfordernisse des § 2 GmbHG gegründet werden. Der Zweck dieser Gesellschaft kann jedoch nur auf eine gemeinsame Vorbereitung der GmbH-Gründung gerichtet sein; eine bindende Verpflichtung zum Abschluss des GmbH-Gesellschaftsvertrages entsteht nicht[8].

War eine Verpflichtung zur Gründung gewollt und ist diese wegen Formmangels nichtig, so scheitert ein Schadensersatzanspruch wegen Nichterfüllung mit dem Inhalt, so gestellt zu werden, als ob die GmbH gegründet worden wäre, an der Formnichtigkeit des Vorgründungsvertrages[9]. Allenfalls kommt ein **Anspruch aus culpa in contrahendo** (§§ 280, 311 Abs. 2 BGB) in Betracht, wenn die eine Partei den Vertragsschluss als sicher dargestellt und dann die Vertragsverhandlungen ohne triftigen Grund überraschend abgebrochen hat.[10].

726 Eine auf diese Weise schon entstandene, die spätere GmbH-Tätigkeit vorbereitende Personenvereinigung hat mit der in Aussicht genommenen GmbH im Rechtssinne noch nichts zu tun. Es handelt sich um eine **eigenständige Gesellschaft bürgerlichen Rechts** oder, falls bereits ein Handelsgewerbe betrieben wird, um eine **OHG**[11]. Für die Verbindlichkeiten der Gesellschaft haften alle Beteiligten unmittelbar, unbeschränkt und persönlich als Gesamtschuldner (§ 128 HGB oder § 128 HGB analog).

727 Da das GmbH-Recht noch keine Anwendung findet, gehen die entstandenen Rechte und Verbindlichkeiten mit der GmbH-Gründung **nicht** automatisch auf die Vorgesellschaft oder später auf die GmbH über[12]. Allerdings kann eine die Mitglieder der Vorgründungsgesellschaft befreiende **Schuldübernahme** zwischen den entsprechenden Gläubigern und der Vor-GmbH vereinbart werden[13]. Solange nicht der Gesellschaftsvertrag der GmbH notariell beurkundet worden ist, greift die in § 11 Abs. 2 GmbHG bestimmte Haftung dessen, der im Namen der GmbH handelt, nicht ein[14].

3. Die Vorgesellschaft

a) Überblick

728 Der auf die Schaffung der Vorgründungsgesellschaft folgende Abschnitt im Verlauf des Gründungsgeschehens beginnt mit dem **Abschluss des Gesellschaftsvertrages** gem. §§ 2 ff. GmbHG. Die GmbH entsteht allerdings noch nicht mit dem Abschluss des Gesellschaftsvertrages in notarieller Form. Mit dem **Abschluss des Gesellschaftsvertrages** als dem Zeitpunkt der Errichtung beginnt vielmehr ein **Durchgangsstadium** im Gründungsvorgang der GmbH, das mit der **Eintragung der GmbH in das Handelsregister** als dem Zeitpunkt der Entstehung der GmbH als juristischer Person endet.

7 BGH WM 1988, 163 f.
8 *Altmeppen*, GmbHG-Kommentar, § 2 Rn. 53.
9 BGH WM 1988, 163, 164.
10 BGH WM 1988, 163, 164.
11 BGHZ 22, 240.
12 BGHZ 91, 148; BGH GmbH-Rdsch 1992, 164.
13 BGH WM 1985, 479; *Bartl*, in: HK-GmbH-Recht, § 11 Rn. 8.
14 BGHZ 91, 148; BGH WM 1985, 479.

b) Die Rechtsnatur der Vorgesellschaft

Mit dem Abschluss des Gesellschaftsvertrages haben die Gründer eine **Vorgesellschaft** (auch **Vor-GmbH** genannt) entstehen lassen, über deren Rechtsnatur und Verhältnis zur GmbH keine einheitliche Meinung besteht. Nach Ansicht des BGH[15] ist die Vorgesellschaft „eine notwendige Vorstufe zu der mit der Eintragung entstehenden juristischen Person als werdende Kapitalgesellschaft bereits ein eigenständiges, von ihren Gründern und Gesellschaftern verschiedenes körperschaftlich strukturiertes Rechtsgebilde mit eigenen Rechten und Pflichten." Die Vorgesellschaft ist **rechtsfähig**[16]. Sie ist auch **partei- und insolvenzfähig**. Sie kann deshalb Trägerin eines Unternehmens sein und eine eigene Firma führen. 729

Umstritten ist, ob bei einem fehlerhaften Gesellschafterwechsel in der Vorgesellschaft die **Grundsätze der fehlerhaften Gesellschaft** (s. Rn. 454 ff.) anwendbar sind. Der BGH[17] betont, die Gesellschaft sei nach § 16 Abs. 1 GmbHG lediglich berechtigt und verpflichtet, diejenigen als Gesellschafter zu behandeln, die als Erwerber eines Geschäftsanteils bei ihr angemeldet sind. Damit sei ihrem Schutzbedürfnis in ausreichendem Maße Rechnung getragen; eines zusätzlichen Schutzes durch die Anwendung der Grundsätze der fehlerhaften Gesellschaft bedürfe es nicht. Damit wendet der BGH auf die Vorgesellschaft die für die GmbH geltenden Regeln an, soweit sie nicht eine **Eintragung in das Handelsregister voraussetzen**. 730

c) Haftung der Gesellschafter?

Schon vor der Eintragung der GmbH in das Handelsregister werden von den Gründern eine Reihe von Rechtsgeschäften mit Dritten getätigt, die nicht nur der Entstehung der GmbH dienen, sondern mit dem Zweck zusammenhängen, zu dem die GmbH gegründet wird. Fraglich ist, ob und ggf. in welchem Umfang die Gesellschafter der Vorgesellschaft (Vor-GmbH) **persönlich**, d.h. mit ihrem Privatvermögen für daraus entstehende Verbindlichkeiten **haften**. 731

aa) Die Handelndenhaftung gem. § 11 Abs. 2 GmbHG. Die Haftung gem. § 11 Abs. 2 GmbHG trifft nur die Handelnden. Darunter sind die **Organe**, d.h. die **bereits bestellten Geschäftsführer** zu verstehen, bzw. Personen, die wie Geschäftsführer auftreten[18]. Gesellschafter, selbst wenn sie der Handlung zugestimmt haben[19], sowie Prokuristen und andere Bevollmächtigte kommen für die Handelndenhaftung nicht in Betracht[20]. Der Handelnde haftet nach Inhalt und Umfang so, als sei das abgeschlossene Rechtsgeschäft bereits mit der GmbH zustande gekommen. 732

Nach Ansicht des BGH[21] unterscheidet sich die Rechtslage nach der „notariellen Gesellschaftsgründung" grundlegend von dem vorher bestehenden Rechtszustand. Da die Vorgründungsgesellschaft eine eigenständige Gesellschaft bürgerlichen Rechts 733

15 BGHZ 117, 323, 326.
16 Heute h.M., vgl. BGHZ 117, 323, 326; *K. Schmidt*, Gesellschaftsrecht, § 34 III 3. mit Nachw.
17 WM 2005, 282 f.
18 BGHZ 80, 129.
19 BGHZ 47, 25.
20 BGHZ 66, 359.
21 BGHZ 91, 148 ff.

oder OHG ist, deren Rechte und Verbindlichkeiten nicht automatisch auf die Vor-GmbH (Vorgesellschaft) oder später auf die GmbH übergehen (vgl. Rn. 727), besteht zwischen der Vorgründungsgesellschaft und der Vor-GmbH (Vorgesellschaft) **keine Kontinuität**. Deshalb kann auch das GmbH-Recht – wie z.B. § 11 Abs. 2 GmbHG – auf die Zeit vor dem Gründungsvertrag nicht übergreifen[22]. Solange der Gesellschaftsvertrag noch **nicht notariell beurkundet** ist, greift die Haftung nach § 11 Abs. 2 GmbHG also nicht ein[23].

Der BGH[24] verweist mit Recht darauf, dass, wenn eine Person im Namen einer GmbH oder einer GmbH in Gründung auftritt, der wahre Rechtsträger aus dem (betriebsbezogenen) Rechtsgeschäft berechtigt und verpflichtet wird, falls der Handelnde bevollmächtigt war; fehlt die Vollmacht, haftet der Handelnde selbst nach § 179 BGB.

Die Haftung des Handelnden aus Geschäften, die er mit Ermächtigung aller Gründer im Namen der Gesellschaft abgeschlossen hat, erlischt ohne Rücksicht darauf, ob es sich um eine Sach- oder um eine Bargründung handelt, mit der Eintragung der GmbH[25].

734 **bb) Gesellschafterhaftung neben der Handelndenhaftung?** Wenn danach gefragt wird, ob es neben der Handelndenhaftung noch die Möglichkeit gibt, die Gesellschafter der Vorgesellschaft wegen der Verbindlichkeiten der Vor-Gesellschaft **persönlich** in Anspruch zu nehmen, so ist zunächst zu unterscheiden zwischen **Außenhaftung** und **Innenhaftung**. Zu dieser Problematik wird eine Reihe unterschiedlicher Meinungen vertreten[26]. Die Extreme bewegen sich zwischen

(1) dem **Ausschluss** einer jeden persönlichen Haftung und
(2) der **unbeschränkten** persönlichen **Haftung** der Gesellschafter (wie bei der OHG entsprechend § 128 HGB).

Daneben gibt es jedenfalls noch die folgenden Lösungsmöglichkeiten:

(3) eine Haftung **nur in Höhe** der von den Gesellschaftern noch nicht geleisteten Einlagen[27];
(4) eine **Verlustdeckungshaftung** mit Verlustausgleichspflicht im Innenverhältnis[28].

735 Dass jegliche Haftung der Gesellschafter ausgeschlossen ist **(1)** hieße, die Rechtswirkung des § 13 Abs. 2 GmbHG vorwegzunehmen, der aber erst nach Entstehung der GmbH Anwendung finden kann; eine Ausdehnung auf die Vor-GmbH kommt wegen § 11 Abs. 1 GmbHG nicht in Betracht[29]. Eine **Außenhaftung der Gesellschafter** nur in Höhe der **noch nicht geleisteten Einlagen (3)**, wie der BGH[30] sie früher angenommen hat, ist mit der gesetzlichen Regelung kaum zu begründen; denn die Einlagen sind an die Gesellschaft zu leisten und nicht an die Gläubiger; eine Analogie zu § 171

---

22 BGHZ 91, 148, 151 f.
23 BGH WM 1985, 479.
24 BGHZ 91, 148, 151 f.
25 BGHZ 80, 182.
26 *K. Schmidt*, Gesellschaftsrecht, § 34 III 3 c mit Nachw.
27 So die frühere Rspr. des BGH, u.a. BGHZ 65, 378, 382 ff.; 72, 45, 48 f.
28 BGHZ 134, 333 ff.
29 BGHZ 134, 333, 336.
30 BGHZ 65, 378, 382 ff.; 72, 45, 48 f.

HGB ist kaum zu begründen[31]. Für eine **unbeschränkte Außenhaftung der Gesellschafter (2)** tritt u.a. *K. Schmidt*[32] ein, der meint, sobald die Gesellschaft, ohne eingetragen zu sein, unternehmerisch tätig werde, hafteten die Gründer unbeschränkt und akzessorisch neben der Gesellschaft für deren Verbindlichkeiten. *Beuthien*[33] betont, dass nur die unbeschränkte Außenhaftung der Vorgesellschafter dem körperschaftlichen Haftungssystem bei nicht eingetragenen Wirtschaftsvereinen entspreche. Eine solche unbeschränkte Inanspruchnahme der Gesellschafter – ähnlich wie in §§ 128 und 176 HGB geregelt – lehnt der BGH[34] mit der Begründung ab, wegen der Nähe der Vor-GmbH zur rechtsfähigen GmbH sei diese Haftungsform für die Gesellschafter nicht typisch.

Der BGH[35] nimmt auch für die Vorgesellschaft eine **Verlustdeckungshaftung der Gesellschafter als Innenhaftung (4)** an. Er greift dabei auf das Institut der **Unterbilanzhaftung** der Gesellschafter zurück, die die Gesellschafter einer GmbH nach deren Entstehen treffen kann (vgl. dazu Rn. 744). Mit Unterbilanzhaftung, auch **Differenzhaftung** oder **Vorbelastungshaftung** genannt, bezeichnet man die Haftung der mit vorzeitigem Geschäftsbeginn einverstandenen Gesellschafter gegenüber der Gesellschaft (daher *Innen*haftung) auf den Betrag, um den das tatsächliche Gesellschaftsvermögen im Zeitpunkt der Eintragung in das Handelsregister hinter dem Betrag des Stammkapitals zurückbleibt. Diese Haftung ist eine **anteilmäßige**. In der Höhe ist sie **unbegrenzt**.[36] Der BGH[37] begründet die Unterbilanzhaftung der Gesellschafter einer Vorgesellschaft **(4)** mit dem Wertungswiderspruch, der dann entstünde, wenn die Haftung der Gesellschafter in der Vor-Gesellschaft beschränkt werde, diese Gesellschafter jedoch nach der Eintragung in das Handelsregister in Gestalt der Unterbilanzhaftung einer unbeschränkten Haftung – allerdings auch nur im Innenverhältnis, d.h. der Gesellschaft gegenüber – ausgesetzt wären. Dieses „Ungleichgewicht zwischen einer beschränkten Haftung vor der Eintragung und einer unbeschränkten Einstandspflicht nach der Eintragung" will der BGH dadurch beseitigen, dass er auch die Gesellschafter einer Vorgesellschaft mit einer Verlustdeckungshaftung im Innenverhältnis belastet; er gestaltet dieses Rechtsinstitut allerdings **„als Innenregress mit anteiliger Haftung"** aus. 736

Die Begründung des BGH für diese Lösung ist nicht zwingend, zumal sie im Gesetz kaum eine Stütze findet. Mit Recht weist *Beuthien*[38] auf die Systemfremdheit der Binnenhaftung hin. Für die **unbeschränkte Außenhaftung** der Gesellschafter einer Vorgesellschaft spricht hingegen die auch vom BGH[39] anerkannte Regel, dass nach allgemeinen Grundsätzen des bürgerlichen Rechts und des Handelsrechts derjenige, der als Einzelperson oder in Gemeinschaft mit anderen Geschäfte betreibt, für die daraus 737

31 *K. Schmidt*, Gesellschaftsrecht, § 34 III 3 c.
32 Gesellschaftsrecht, § 34 III 3 c.
33 FS Hadding, S. 309, 320.
34 BGHZ 134, 333, 339.
35 BGHZ 134, 333 ff.
36 Näher zur anteiligen, aber im Ergebnis wegen der Anwendung von § 24 GmbHG unbegrenzten Haftung mit Beispiel *K. Schmidt*, Gesellschaftsrecht § 34 III. 3. c) aa).
37 BGHZ 134, 333, 337.
38 FS Hadding, S. 309, 314 ff.
39 BGHZ 134, 333, 335.

entstehenden Verpflichtungen haftet; dieser Grundsatz gilt so lange, wie er nicht durch eine gesetzliche Regelung oder durch eine vertragliche Beschränkung der Haftung ausgeschlossen wird. Das bedeutet: Wenn, wie bei der Vorgesellschaft, die persönliche Haftung der Gesellschafter nicht ausgeschlossen ist, ist die Abweichung von der Regel einer unbeschränkten Haftung zu einer beschränkten begründungsbedürftig. Das erkennt auch der BGH an[40]. Da eine stichhaltige Begründung für eine Abweichung von der Regel nicht vorliegt, haften die Gesellschafter einer Vorgesellschaft nach richtiger Auffassung unbeschränkt persönlich für alle Verbindlichkeiten der Vorgesellschaft[41].

738 Die Außenschuld der Vorgesellschafter gegenüber den Gläubigern der Vorgesellschaft erlischt nicht zu deren Lasten mit der Eintragung der GmbH in das Handelsregister; sie existiert weiter, solange die Gläubiger der Vorgesellschaft nicht befriedigt sind oder die Vorgesellschafter bei oder nach der Eintragung für einen entsprechenden Vorbelastungsausgleich gesorgt haben[42]. Für den Fall, dass die Vor-GmbH vermögenslos ist, keinen Geschäftsführer mehr hat oder weitere Gläubiger nicht vorhanden sind, will auch der BGH[43] den unmittelbaren Zugriff auf das Privatvermögen der Gesellschafter – allerdings wohl anteilmäßig – zulassen[44].

4. Die Eintragung in das Handelsregister

739 Die Gesellschaft ist zur Eintragung in das Handelsregister **anzumelden**. Vor der Anmeldung ist durch Abschluss des Gesellschaftsvertrages oder durch einen danach gefassten Beschluss der Gesellschafter ein **Geschäftsführer** zu benennen. Ebenfalls vor der Eintragung in das Handelsregister sind $^{1}/_{4}$ **von jeder Stammeinlage** einzuzahlen; der Gesamtbetrag der erbrachten Bareinlagen zuzüglich der Sacheinlagen muss sogar mindestens die Hälfte des Mindeststammkapitals gem. § 5 Abs. 1 GmbHG, d.h. 12 500 € erreichen (§ 7 Abs. 2 GmbHG). Dies ist dem Registergericht gem. § 8 Abs. 2 GmbHG durch den Anmeldenden (i.d.R. der Geschäftsführer) zu versichern. Ferner ist eine **Gesellschafterliste** zu erstellen und der Anmeldung beizufügen, aus der sich die Identität und die Höhe des von jedem Gesellschafter übernommenen Geschäftsanteils ergibt (§ 8 Abs. 1 Nr. 3 GmbHG).

Das Registergericht prüft, ob die Voraussetzungen vorliegen, unter denen es eine Eintragung vornehmen kann. Eine Gründungsprüfung, wie sie zum Schutze der Gesellschafter und von Dritten, die mit einer AG in Beziehung treten, bei der AG gesetzlich vorgeschrieben ist, gibt es bei der GmbH nicht. Der Gesetzgeber ist davon ausgegangen, auch zukünftig auf eine umständliche Gründungsprüfung verzichten zu können[45]. Allerdings hat nun eine **intensive Prüfung durch das Registergericht** stattzufinden. Sollen Sacheinlagen geleistet werden, haben die Gesellschafter dem Registergericht einen Sachgründungsbericht vorzulegen (§ 8 Abs. 1 Nr. 4 GmbHG). Darin ha-

40 BGHZ 134, 333, 336.
41 Wie hier u.a. *K. Schmidt*, Gesellschaftsrecht, § 34 III 3 c; s. zu alldem auch *Raab*, WM 1999, 1596 ff.
42 *V. Beuthien*, in: FS Hadding, S. 309, 320.
43 BGHZ 134, 333, 341.
44 Ebenso BAG ZIP 2000, 1546, 1549 und BFH ZIP 1998, 1149, 1151.
45 *K. Schmidt*, NJW 1980, 1769, 1771.

ben die Gesellschafter persönlich diejenigen Umstände darzutun, die für die Angemessenheit der Leistungen der Sacheinlagen wichtig sind (§ 5 Abs. 4 S. 2 GmbHG). Bei einer Überbewertung der Sacheinlagen hat das Gericht die Eintragung der GmbH abzulehnen (§ 9c GmbHG).

Die neu gegründete GmbH kann nur eingetragen werden, wenn der Gesellschaftsvertrag vollständig und in sich geschlossen in einem **Schriftstück** enthalten ist[46]. Nach der Neufassung des § 9c Abs. 2 GmbHG ist der Überprüfungsmaßstab der Gerichte reduziert worden (vgl. Nr. 1–3). Die Eintragung wegen einer nichtigen Bestimmung im Gesellschaftsvertrag kann nur noch abgelehnt werden, wenn die nichtige Bestimmung die **Nichtigkeit des gesamten Gesellschaftsvertrages** zur Folge hat. **740**

Hat das Registergericht gegen die Eintragung der GmbH keine Bedenken, so nimmt es die Eintragung in das Handelsregister vor. Die Eintragung ist durch eine entsprechende **Veröffentlichung bekanntzumachen** (§ 10 HGB). Erst mit der Eintragung in das Handelsregister entsteht die GmbH als juristische Person mit eigener Rechtspersönlichkeit. Die Eintragung ist also ebenso wie bei der AG **konstitutiv**. Vor der Eintragung der GmbH in das Handelsregister bestehen noch keine Geschäftsanteile, die übertragen werden könnten. Möglich ist allenfalls eine Übertragung künftiger Geschäftsanteile, die allerdings erst mit der Eintragung der GmbH in das Handelsregister wirksam wird[47]. Vorher ist eine Veränderung des Gesellschafterkreises nur durch eine Änderung des Gesellschaftsvertrages möglich[48]. **741**

5. Die Haftung der Gesellschafter nach der Eintragung in das Handelsregister (Unterbilanzhaftung)

Mit der Eintragung in das Handelsregister entsteht die GmbH; aus der Vor-GmbH wird unter Beibehaltung der Identität eine juristische Person. Alle Rechte und Pflichten der Vorgesellschaft werden nun **Rechte und Pflichten der GmbH**, ohne dass es einer besonderen Übertragung von Verbindlichkeiten bedürfte[49]. **742**

Mit der Eintragung **endet die Handelndenhaftung** nach § 11 Abs. 2 GmbHG[50]. Nimmt man entgegen der Rspr. des BGH an, dass die Gesellschafter der Vor-GmbH analog § 128 HGB für die Verbindlichkeiten der Vorgesellschaft haften, so dauert diese Haftung auch nach der Eintragung in das Handelsregister an, und zwar so lange, bis die Gläubiger befriedigt sind. Für die Verbindlichkeiten der nun entstandenen GmbH haftet nach § 13 Abs. 2 GmbHG im **Außenverhältnis** nur das **Gesellschaftsvermögen**. Eine persönliche Haftung der Gesellschafter daneben gibt es nach dem Wortlaut des Gesetzes nicht. Nach ständiger Rspr. des BGH[51] entsteht aber mit der Eintragung in das Handelsregister die Pflicht der Gesellschafter der GmbH zum Ausgleich einer etwa bestehenden Unterbilanz **(Unterbilanz- oder Vorbelastungshaftung)**. **743**

46 BGH WM 1982, 698, 699.
47 BGH WM 2005, 283 f.
48 BGHZ 29, 300, 303.
49 BGHZ 80, 129 ff.; *K. Schmidt*, Gesellschaftsrecht, § 34 III 4 a mit Nachw.
50 BGHZ 76, 320, 323; 80, 182, 183 f.
51 BGHZ 80, 129, 141; 105, 300; 124, 282.

744 Der BGH[52] will den in § 9 GmbHG verankerten Rechtsgedanken der Differenzhaftung (vgl. Rn. 758) auch bei **Bargründungen** zur Geltung kommen lassen: Auch bei einer Bargründung haften die Gesellschafter der Gesellschaft (GmbH) gegenüber anteilig für die **Differenz** zwischen dem Stammkapital (abzüglich solcher Gründungskosten, die der Sache nach zu Lasten der GmbH gehen, wie z.B. Eintragungs- und Bekanntmachungsgebühren) und dem Wert des Gesellschaftsvermögens **im Zeitpunkt der Eintragung**; das schließt ggf. eine Ausfallhaftung gem. § 24 GmbHG ein. Auf diese Weise kann also eine beschränkte anteilige Nachzahlungspflicht der Gesellschafter entstehen. Da diese Haftung nicht auf die Höhe des Stammkapitals beschränkt ist, sondern unbegrenzt jede darüber hinausgehende Überschuldung ausgleicht, kommt es nicht darauf an, worauf die Kapitallücke zurückzuführen ist. Es kann sein, dass das Stammkapital durch Verbindlichkeiten der Vorgesellschaft wertmäßig geschmälert oder dass es, weil von den Gesellschaftern schon vor der Eintragung freiwillig aufgebracht, bis dahin verbraucht worden ist. Der BGH[53] spricht in diesem Zusammenhang auch von **Unterbilanzhaftung**[54]. Soweit aus der Zeit der Vor-GmbH eine Verlustdeckungshaftung im Innenverhältnis besteht (wenn man bei Rn. 736 f. der Rspr. des BGH folgt), geht diese nach der Eintragung in das Handelsregister in der **Vorbelastungshaftung** auf. Die nach der Eintragung der GmbH in das Handelsregister eingreifende Unterbilanzhaftung bleibt auch dann eine **reine Innenhaftung**, wenn die GmbH vermögenslos ist oder nur einen Gesellschafter hat[55].

6. Die gescheiterte Vor-GmbH

745 In der Praxis kommt es hin und wieder vor, dass die Eintragung einer GmbH in das Handelsregister scheitert oder nicht ernsthaft betrieben bzw. weiterbetrieben wird. Mit der notariellen Beurkundung des Gesellschaftsvertrages ist die Vorgesellschaft entstanden und als solche rechts- und parteifähig. Sie bleibt als **Liquidationsgesellschaft** bis zur vollständigen Abwicklung oder, wenn sie die Gesellschafter fortführen, als **Personengesellschaft** rechts- und parteifähig[56].

746 Im Hinblick auf die persönliche Haftung der Gesellschafter der Vorgesellschaft stellt sich die Frage, ob die **Grundsätze der Verlustdeckungshaftung** auch in diesen Fällen Anwendung finden sollen. Nach Auffassung des BGH[57] muss darauf abgestellt werden, ob die Gesellschafter nach der Aufgabe der Eintragungsabsicht, also nach dem Scheitern der Gründung, den aufgenommenen **Geschäftsbetrieb fortsetzen** oder nicht. Für den Fall, dass die Gründer einer GmbH, die vor der Eintragung ihre Geschäfte bereits aufgenommen hat und in diesem Stadium gescheitert ist, die Geschäftstätigkeit nach aufgegebener Eintragungsabsicht fortsetzen, müssen sie sich so behandeln lassen, als wären sie in einer Personengesellschaft miteinander verbunden. Denn nach aufgegebener Eintragungsabsicht ist der einzige Grund dafür entfallen,

---

52 BGHZ 80, 129, 140 f.
53 BGHZ 105, 300 ff.
54 BGHZ 124, 282.
55 BGH MDR 2006, 404 f.
56 BGH ZIP 2008, 1025.
57 BGHZ 152, 290 ff.

den Gläubigern der Vorgesellschaft zu versagen, die Gründer persönlich in Anspruch zu nehmen[58].

Die Außenhaftung trifft auch diejenigen Gesellschafter, die an der Geschäftstätigkeit nicht aktiv beteiligt waren, davon jedoch wussten und dennoch nach dem Scheitern der Eintragung weder die Liquidation der Gesellschaft herbeiführen, noch den Gesellschaftsvertrag kündigen[59]. Deshalb haften die Gesellschafter einer unechten Vor-GmbH entweder nach § 128 HGB, wenn sie ein Handelsgewerbe betreiben, oder, wenn das nicht der Fall ist, wie die Gesellschafter einer Gesellschaft bürgerlichen Rechts. In beiden Fällen haften sie **persönlich, unmittelbar, unbeschränkt und gesamtschuldnerisch mit ihrem Privatvermögen** für die Verbindlichkeiten der Gesellschaft. Diese Konsequenzen können die Gründer-Gesellschafter nur dadurch vermeiden, dass sie die Geschäftstätigkeit sofort einstellen und die Vorgesellschaft **abwickeln**. Tun sie dies, finden die Grundsätze der Verlustdeckungshaftung Anwendung[60]. 747

7. Die Gründerhaftung

Um die Beteiligten zur Einhaltung der Gründungsvorschriften zu zwingen, hat der Gesetzgeber eine an die §§ 46 ff. AktG angelehnte Gründerhaftung geschaffen. Werden zum Zwecke der Errichtung einer GmbH falsche Angaben gemacht, so haben die Gesellschafter und die Geschäftsführer der Gesellschaft u.a. als Gesamtschuldner fehlende Einzahlungen zu leisten und für den sonst entstandenen Schaden Ersatz zu leisten (§ 9a Abs. 1 GmbHG). Nach § 9a Abs. 2 GmbHG sind ferner alle Gesellschafter als Gesamtschuldner **der Gesellschaft gegenüber** zum Schadensersatz verpflichtet, wenn diese von Gesellschaftern durch Einlagen oder Gründungsaufwand vorsätzlich oder infolge grober Fahrlässigkeit geschädigt wird. Die Gründerhaftung ist eine Haftung aus **vermutetem Verschulden**. § 9a Abs. 3 GmbHG gestattet den Gesellschaftern und den Geschäftsführern, den **Entlastungsbeweis** anzutreten. Um Hintermänner bei der Strohmanngründung zu erfassen, haften nach § 9a Abs. 4 GmbHG auch diejenigen Personen, für die die Gesellschafter Stammeinlagen übernommen haben. Dabei wird den Hintermännern auch das Verschulden des für ihre Rechnung handelnden Gesellschafters zugerechnet. 748

III. Die Gründung einer GmbH unter Ankauf eines GmbH-Mantels

1. Die Problematik des Mantelkaufs

Unter einem GmbH-Mantelkauf versteht man den **Erwerb der Geschäftsanteile einer GmbH**, die in der Regel ihren **Betrieb eingestellt** hat und über kein nennenswertes Vermögen mehr verfügt, also nur noch ein „leerer Mantel" ist. Der oder die Erwerber verfolgen in der Regel das Ziel, die noch fortbestehende juristische Person 749

58 *Kleindieck*, ZGR 1997, 427, 446.
59 OLG Koblenz WM 2002, 182 ff.
60 BGHZ 152, 290 ff.

für ihre eigenen, von denjenigen der bisherigen Gesellschafter regelmäßig stark abweichenden Zwecke zu verwenden. Auch wird häufig beabsichtigt, Gründungskosten und -formalitäten zu ersparen und die Aufbringung von Mindestkapital und Mindesteinlage zu vermeiden. Gerade Letzteres hat Rspr. und Wissenschaft bewogen, der Praxis von Mantelkauf und Mantelverwendung skeptisch gegenüberzustehen und die **Nichtigkeit derartiger Rechtsgeschäfte** wegen Gesetzesverstoßes (§ 134 BGB) und Verstoßes gegen die guten Sitten (§ 138 BGB) zu erörtern[61].

2. Rechtliche Zulässigkeit und Behandlung als wirtschaftliche Neugründung

750 Die Gründung einer GmbH unter Ankauf eines GmbH-Mantels wird heute überwiegend für zulässig gehalten[62]. Mit Recht werden Probleme im Hinblick auf die **Umgehung der Gründungsvorschriften**, insbesondere betreffend die Mindestkapitalausstattung, gesehen. Um einen wirksamen Gläubigerschutz zu gewährleisten, sollten die für die Neugründung geltenden Grundsätze der §§ 5, 7 Abs. 2 u. 3, 8 Abs. 2, 9, 9a und 19 GmbHG etc. entsprechende Anwendung finden[63]. Das bedeutet z.B., dass derjenige, der mit einem erworbenen leeren GmbH-Mantel nun (wieder) am Wirtschaftsleben teilhaben will, denselben mit dem eingetragenen Stammkapital ausstatten muss; außerdem haftet er der Gesellschaft auf Erbringung der Stammeinlage in gleicher Weise wie ein Gründungsmitglied[64]. Der BGH[65] sieht auch in der Verwendung des Mantels einer **„auf Vorrat" gegründeten** GmbH, die eine wirtschaftliche Neugründung, auf die sinngemäß die Gründungsvorschriften anzuwenden seien.

3. Abgrenzung zur bloßen Umstrukturierung

751 Schwierigkeiten bereitet in der Praxis allerdings die Abgrenzung einer wirtschaftlichen Neugründung von einer **bloßen Umstrukturierung oder Sanierung**, auf welche die Gründungsvorschriften nicht entsprechend anwendbar sind. Der BGH[66] hat nun die Abgrenzung wie folgt vorgenommen: Eine Mantelverwertung, auf welche die Regeln der **sog. „wirtschaftlichen Neugründung"** anzuwenden sind, kommt nur dann in Betracht, wenn die Gesellschaft eine „leere Hülse" ist, d.h. **kein aktives Unternehmen** betreibt, an das die Fortführung des Geschäftsbetriebs – sei es auch unter wesentlicher Umgestaltung, Einschränkung oder Erweiterung seines Tätigkeitsgebiets – in irgendeiner wirtschaftlich noch gewichtbaren Weise anknüpfen kann[67]. Auch im Liquidationsstadium kann, solange die Abwicklung der Gesellschaft tatsächlich betrieben wird, noch von einem aktiven Unternehmen gesprochen werden.[68]

61 Siehe dazu etwa Scholz/*Emmerich*, GmbHG, 11. Aufl. § 3, Rn. 40.
62 BGHZ 153, 158 ff.; 155, 318 ff.; OLG Hamburg BB 1983, 1116.
63 Noack/*Servatius*/Haas, GmbHG, § 3 Rn. 13.
64 OLG Frankfurt GmbHR 1999, 32 ff.
65 BGHZ 153, 158 ff.
66 NZG 2010, 427; bestätigt in BGH NJW 2012, 1875 Rn. 11 f.
67 S. dazu *Theusinger/Andrä*, ZIP 2010, 1916.
68 BGH NZG 2014, 264 Rn. 13 ff.

4. Einzelheiten der rechtlichen Behandlung

Um die Umgehung der Gründungsvorschriften zu verhindern, geht die jüngere Rechtsprechung des BGH von folgenden Grundsätzen aus: Zunächst verlangt der BGH, dass die Aktivierung des leeren Mantels dem Registergericht gegenüber ausdrücklich offengelegt wird. Mit der **Offenlegung** müsse der Geschäftsführer gem. § 8 Abs. 2 GmbHG versichern, dass die in § 7 Abs. 2 und 3 GmbHG bezeichneten Leistungen auf die Stammeinlagen bewirkt sind und dass der Gegenstand der Leistungen sich (im Zeitpunkt der Offenlegung) endgültig in der freien Verfügung des Geschäftsführers befindet.[69] Daran schließt sich u.a. eine **registergerichtliche Prüfung** analog § 9c GmbHG an; eine in diesem Rahmen vorgenommene Gründungsprüfung hat sich jedenfalls auf die Erbringung der Mindeststammeinlagen und im Falle von Sacheinlagen auf deren Werthaltigkeit zu beziehen[70]. **752**

Außerdem will der BGH[71] die reale Kapitalaufbringung sowohl bei der Mantelverwendung als auch bei der Aktivierung einer Vorratsgesellschaft durch eine entsprechende Anwendung des Haftungsmodells der **Unterbilanzhaftung** – bezogen auf den Stichtag der Offenlegung der wirtschaftlichen Neugründung gegenüber dem Registergericht – sicherstellen[72]. Insoweit hat sich durch eine grundlegende Entscheidung des BGH vom 6.3.2012 eine **wichtige Änderung** ergeben: Unterbleibt die Offenlegung der Neugründung nämlich, so gilt nunmehr, dass sich die Haftung der Gesellschafter auf die im Zeitpunkt der Neugründung bestehende Unterbilanz beschränkt, während zuvor eine unbegrenzte Haftung der Neugründer-Gesellschafter vertreten wurde.[73] Dieser Zeitpunkt ist eingetreten, wenn die Neugründung durch die Eintragung eventueller Satzungsänderungen oder einfach durch die (Wieder-)Aufnahme der wirtschaftlichen Tätigkeit erstmals nach außen in Erscheinung tritt. Die Gläubiger seien ausreichend dadurch geschützt, dass die Beweislast für eine solche nur begrenzte Unterdeckung die Gesellschafter (und nicht die Gläubiger) trifft.[74]

Lösung zu Fall 48: **753**

I. Ansprüche des V gegen A und B am 15. August 2021

1. Ansprüche des V gegen A

a) Anspruch aus § 11 Abs. 2 GmbHG i.V.m. § 433 Abs. 2 BGB

V könnte gegen A aus § 11 Abs. 2 GmbHG i.V.m. § 433 Abs. 2 BGB einen Anspruch auf Zahlung des Kaufpreises in Höhe von 25 000 € erworben haben. Zu dem Zeitpunkt, in dem A die Büromöbel bei V kaufte, war der Gesellschaftsvertrag schon abgeschlossen, die Gesellschaft aber noch nicht in das Handelsregister eingetragen. Für diese Zeitspanne sieht das GmbHG in § 11 Abs. 2 GmbHG eine Handelndenhaftung vor. Diese Haftung gem. § 11 Abs. 2 GmbHG trifft nur die Handelnden. Darunter sind die Organe, d.h. die bereits bestellten Geschäftsführer zu verstehen, bzw. Personen, die wie Geschäftsführer auftreten. A ist zum Geschäftsführer der künftigen GmbH bestellt und ist als solcher aufgetreten, als er die Möbel bei V kaufte. Er ist deshalb Handelnder i.S.d. § 11 Abs. 2 GmbHG. Der Handelnde

69 BGH NJW 2012, 1875 Rn. 13.
70 BGHZ 153, 158, 162 f.; BGH NJW 2012, 1875 Rn. 17.
71 BGHZ 155, 318 ff.
72 Kritisch dazu *K. Schmidt*, NJW 2004, 1345 ff.
73 BGH NJW 2012, 1875 Rn. 17 ff., 23–28; siehe zur Kritik an der Entscheidung etwa *Bachmann*, NZG 2012, 579.
74 BGH NJW 2012, 1875 Rn. 42 f.

haftet nach Inhalt und Umfang so, als sei das abgeschlossene Rechtsgeschäft bereits mit der GmbH zustande gekommen. Also hat V gegen A aus § 11 Abs. 2 GmbHG i.V.m. § 433 Abs. 2 BGB einen Anspruch auf Zahlung des Kaufpreises in Höhe von 25 000 € erworben, den A, da die Gesellschaft noch nicht eingetragen und somit die GmbH noch nicht entstanden ist, am 15. August 2021 geltend machen kann.

b) Anspruch aus § 433 Abs. 2 BGB i.V.m. § 128 HGB analog

V könnte gegen A aus § 433 Abs. 2 BGB i.V.m. § 128 HGB analog einen Anspruch auf Zahlung des Kaufpreises in Höhe von 25 000 € erworben haben. § 13 Abs. 2 GmbHG, der die Gesellschafter von der persönlichen Haftung befreit ist nicht anwendbar, weil die GmbH als juristische Person noch nicht entstanden ist. Ob § 128 HGB analog anwendbar ist, der eine unmittelbare, unbeschränkte und gesamtschuldnerische Haftung gegen die Gesellschafter eröffnet, hängt letztlich davon ab, wie die Gesellschaft in dem Stadium, in dem A die Möbel kaufte, rechtlich einzuordnen ist. Zu diesem Zeitpunkt war der Gesellschaftsvertrag bereits abgeschlossen, die Gesellschaft aber noch nicht in das Handelsregister eingetragen. Mit dem Abschluss des Gesellschaftsvertrages als dem Zeitpunkt der Errichtung der Gesellschaft beginnt ein Durchgangsstadium im Gründungsvorgang der GmbH, das mit der Eintragung der GmbH in das Handelsregister als dem Zeitpunkt der Entstehung der GmbH als juristische Person endet. Mit dem Abschluss des Gesellschaftsvertrages haben die Gründer eine Vorgesellschaft (auch Vor-GmbH genannt) entstehen lassen, über deren Rechtsnatur und Verhältnis zur GmbH keine einheitliche Meinung besteht. Nach Ansicht des BGH[75] ist die Vorgesellschaft „eine notwendige Vorstufe zu der mit der Eintragung entstehenden juristischen Person als werdende Kapitalgesellschaft bereits ein eigenständiges, von ihren Gründern und Gesellschaftern verschiedenes körperschaftlich strukturiertes Rechtsgebilde mit eigenen Rechten und Pflichten.“ Die Vorgesellschaft ist rechtsfähig[76]. Sie ist auch partei- und insolvenzfähig. Sie kann deshalb Vertragspartnerin sein. Infolgedessen konnte A für die Gesellschaft mit V den Kaufvertrag wirksam abschließen. Fraglich ist, ob und ggf. in welchem Umfang die Gesellschafter der Vorgesellschaft (Vor-GmbH) persönlich, d.h. mit ihrem Privatvermögen für Verbindlichkeiten der Vorgesellschaft haften. Für eine unbeschränkte Außenhaftung der Gesellschafter tritt u.a. *K. Schmidt*[77] ein, der meint, sobald die Gesellschaft, ohne eingetragen zu sein, unternehmerisch tätig werde, hafteten die Gründer unbeschränkt und akzessorisch neben der Gesellschaft für deren Verbindlichkeiten. *Beuthien*[78] betont, dass nur die unbeschränkte Außenhaftung der Vorgesellschafter dem körperschaftlichen Haftungssystem bei nicht eingetragenen Wirtschaftsvereinen entspreche. Eine solche unbeschränkte Inanspruchnahme der Gesellschafter – ähnlich wie in §§ 128 und 176 HGB geregelt – lehnt der BGH[79] allerdings mit der Begründung ab, wegen der Nähe der Vor-GmbH zur rechtsfähigen GmbH sei diese Haftungsform für die Gesellschafter nicht typisch. Der BGH nimmt für die Vorgesellschaft eine Verlustdeckungshaftung der Gesellschafter als Innenhaftung an. Er greift dabei auf das Institut der Unterbilanzhaftung der Gesellschafter zurück, die die Gesellschafter einer GmbH nach deren Entstehen treffen kann. Der BGH[80] begründet die Unterbilanzhaftung der Gesellschafter einer Vorgesellschaft mit dem Wertungswiderspruch, der dann entstünde, wenn die Haftung der Gesellschafter in der Vor-Gesellschaft beschränkt werde, diese Gesellschafter jedoch nach der Eintragung in das Handelsregister in Gestalt der Unterbilanzhaftung einer unbeschränkten Haftung – aller-

75 BGHZ 117, 323, 326.
76 Heute h.M., BGHZ 117, 323, 326; *K. Schmidt*, Gesellschaftsrecht, § 34 III 3. mit Nachw.
77 Gesellschaftsrecht, § 34 III 3 c.
78 FS Hadding, S. 309, 320.
79 BGHZ 134, 333, 339.
80 BGHZ 134, 333, 337.

dings auch nur im Innenverhältnis, d.h. der Gesellschaft gegenüber – ausgesetzt wären. Dieses „Ungleichgewicht zwischen einer beschränkten Haftung vor der Eintragung und einer unbeschränkten Einstandspflicht nach der Eintragung“ will der BGH dadurch beseitigen, dass er auch die Gesellschafter einer Vorgesellschaft mit einer Verlustdeckungshaftung im Innenverhältnis belastet; er gestaltet dieses Rechtsinstitut allerdings „als Innenregress mit anteiliger Haftung“ aus. Die Begründung des BGH für diese Lösung ist nicht zwingend, zumal sie im Gesetz kaum eine Stütze findet. Mit Recht weist *Beuthien*[81] auf die Systemfremdheit der Binnenhaftung hin. Für die unbeschränkte Außenhaftung der Gesellschafter einer Vorgesellschaft spricht hingegen die auch vom BGH[82] anerkannte Regel, dass nach allgemeinen Grundsätzen des bürgerlichen Rechts und des Handelsrechts derjenige, der als Einzelperson oder in Gemeinschaft mit anderen Geschäfte betreibt, für die daraus entstehenden Verpflichtungen haftet; dieser Grundsatz gilt so lange, wie er nicht durch eine gesetzliche Regelung oder durch eine vertragliche Beschränkung der Haftung ausgeschlossen wird. Das bedeutet: Wenn, wie bei der Vorgesellschaft, die persönliche Haftung der Gesellschafter nicht ausgeschlossen ist, ist die Abweichung von der Regel einer unbeschränkten Haftung zu einer beschränkten begründungsbedürftig. Das erkennt auch der BGH an[83]. Da eine stichhaltige Begründung für eine Abweichung von der Regel nicht vorliegt, haften die Gesellschafter einer Vorgesellschaft unbeschränkt persönlich für alle Verbindlichkeiten der Vorgesellschaft[84]. Folgt man dieser Ansicht, so hat V gegen A aus § 433 Abs. 2 BGB i.V.m. § 128 HGB analog einen Anspruch auf Zahlung des Kaufpreises in Höhe von 25 000 € erworben, der jedenfalls am 15. August besteht und geltend gemacht werden kann. Folgt man hingegen der Ansicht des BGH, besteht nur ein Anspruch der GmbH gegen A im Innenverhältnis. V hätte keinen Anspruch gegen A.

2. Ansprüche V gegen B

a) Anspruch aus § 11 Abs. 2 GmbHG i.V.m. § 433 Abs. 2 BGB

V könnte gegen B aus § 11 Abs. 2 GmbHG i.V.m. § 433 Abs. 2 BGB einen Anspruch auf Zahlung des Kaufpreises in Höhe von 25 000 € erworben haben. B war und ist nicht Geschäftsführerin, sondern lediglich Gesellschafterin. Gesellschafter, selbst wenn sie der Handlung zugestimmt haben sowie Prokuristen und andere Bevollmächtigte kommen für die Handelndenhaftung nicht in Betracht. Also hat V gegen B keinen Anspruch aus § 11 Abs. 2 GmbHG i.V.m. § 433 Abs. 2 BGB.

b) Anspruch aus § 433 Abs. 2 BGB i.V.m. § 128 HGB analog

V könnte gegen B aus § 433 Abs. 2 BGB i.V.m. § 128 HGB analog einen Anspruch auf Zahlung des Kaufpreises in Höhe von 25 000 € erworben haben. Für Gesellschafterhaftung spielt es keine Rolle, ob jemand Geschäftsführer war oder als solcher fungiert hat. Bejaht man eine Außenhaftung gem. § 128 HGB analog, so hat V gegen B ebenfalls einen Anspruch aus § 433 Abs. 2 BGB i.V.m. § 128 HGB analog auf Zahlung des Kaufpreises. A und B würden als Gesamtschuldner haften. Folgt man hingegen der Ansicht des BGH (als Innenhaftung ausgestaltete Unterbilanzhaftung), besteht kein Anspruch gegen B.

II. Ansprüche des V gegen A und B am 15. September 2021

1. Ansprüche des V gegen A

a) Anspruch aus § 11 Abs. 2 GmbHG i.V.m. § 433 Abs. 2 BGB

Mit der Entstehung der GmbH durch die Eintragung in das Handelsregister gehen alle Rechte und Pflichten der Vorgesellschaft auf die GmbH über. Die Haftung des Handelnden aus

---

81 FS Hadding, S. 309, 314 ff.
82 BGHZ 134, 333, 335.
83 BGHZ 134, 333, 336.
84 Wie hier u.a. *K. Schmidt*, Gesellschaftsrecht, § 34 III 3 c.

Geschäften, die er mit Ermächtigung aller Gründer im Namen der Gesellschaft abgeschlossen hat, erlischt ohne Rücksicht darauf, ob es sich um eine Sach- oder um eine Bargründung handelt, mit der Eintragung der GmbH[85]. Infolgedessen besteht kein Anspruch des V gegen A mehr aus § 11 Abs. 2 GmbHG.

b) Anspruch aus § 433 Abs. 2 BGB i.V.m. § 128 HGB analog

Folgt man der Ansicht, die eine Außenhaftung gem. § 128 HGB analog bejaht, so erlischt die Außenschuld der Vorgesellschafter gegenüber den Gläubigern der Vorgesellschaft nicht zu deren Lasten mit der Eintragung der GmbH in das Handelsregister; sie existiert weiter, solange die Gläubiger der Vorgesellschaft nicht befriedigt sind oder die Vorgesellschafter bei oder nach der Eintragung für einen entsprechenden Vorbelastungsausgleich gesorgt haben[86]. Das bedeutet A haftet dem V auch nach der Entstehung der GmbH weiterhin aus § 433 Abs. 2 BGB i.V.m. § 128 HGB analog. Folgt man hingegen der Ansicht des BGH, so besteht ohnehin kein Anspruch des V gegen A aus § 433 Abs. 2 BGB i.V.m. § 128 HGB analog.

2. Ansprüche V gegen B

Ein Anspruch aus § 11 Abs. 2 GmbHG bestand schon vor der Eintragung der GmbH in das Handelsregister nicht. Was den Anspruch aus § 433 Abs. 2 BGB i.V.m. § 128 HGB analog angeht, so gilt das unter II. 1. a) betreffend A Ausgeführte entsprechend.

§ 39 Das Stammkapital, seine Aufbringung, Erhaltung und Änderung

754 **Fall 48a:** Gesellschafter der A-GmbH sind A und B. Beide sind Geschäftsführer. Das Stammkapital in Höhe von 30 000 €, das die Gesellschafter zu je ein Halb halten, ist eingezahlt. Mit Billigung von A gewährt die A-GmbH kurz nach der Gründung dem B ein Darlehen in Höhe von 20 000 € zu marktüblichen Zinsen. Diese Darlehensgewährung wird nicht aus Rücklagen oder Gewinnvorträgen bestritten, sondern erfolgt zulasten des gebundenen Vermögens der Gesellschaft. Hat die A-GmbH gegen B einen Anspruch auf sofortige Rückzahlung von 20 000 €? **Rn. 773**

755 **Fall 49:** A und B gründen eine Unternehmergesellschaft „A-UG (haftungsbeschränkt)" mit einem Stammkapital von 5 000 €, das jeweils zur Hälfte von A und B einzulegen ist. Das Musterprotokoll gem. § 2 Abs. 1a GmbHG wird am 1. September 2015 notariell beurkundet. A wird zum alleinigen Geschäftsführer bestellt. Da A und B zusammen erst 4 000 € auf das Stammkapital aufgebracht haben, konnte die Anmeldung zum Handelsregister noch nicht erfolgen. Am 7. Oktober 2015 kauft A im Namen der A-UG (haftungsbeschränkt) in Gründung bei V eine Büroeinrichtung zum Preis von 12 500 €. Nachdem V 6 Wochen vergeblich auf die Zahlung des Rechnungsbetrages gewartet hat, verlangt er am 20. November 2015 Zahlung des Kaufpreises von A. Zu Recht? **Rn. 774**

Abwandlung: Wie wäre es, wenn die Gesellschaft am 15. November 2015 in das Handelsregister eingetragen worden wäre, nachdem A und B den Rest des Stammkapitals eingezahlt hatten? **Rn. 775**

---

85 BGHZ 80, 182.

86 *V. Beuthien*, in: FS Hadding, S. 309, 320.

Literatur: *Goette*, Einführung in das neue GmbH-Recht, 2008; *Hucke/Holfter*, Die Unternehmergesellschaft (haftungsbeschränkt) – eine echte Alternative für Unternehmensgründer, JuS 2010, 861 f.; *Maier-Reimer/Wenzel*, Kapitalaufbringung in der GmbH nach dem MoMiG, ZIP 2008, 1449 ff.; *Waldenberger/Sieber/Tax*, Die Unternehmergesellschaft (haftungsbeschränkt) jenseits der „Existenzgründer". Rechtliche Besonderheiten und praktischer Nutzen, GmbHR 2009, 114 ff.

I. Das Stammkapital der GmbH und seine Aufbringung

1. Stammkapital und Mindestkapital

Gemäß § 13 Abs. 2 GmbHG steht den Gläubigern zur Befriedigung ihrer Forderungen nur das Gesellschaftsvermögen zur Verfügung, auf die Gesellschafter können sie nicht zurückgreifen. Als „Gegengewicht" zu dieser Haftungsbeschränkung (näher auch zu Ausnahmen s.u. § 46) sieht das Gesetz vor, dass die Gesellschafter bei der Gründung ein gewisses Kapital bereits mit in die Gesellschaft bringen und es dort vor dem späteren Zugriff der Gesellschafter gesichert ist. Dieses Stammkapital muss mindestens 25 000 € betragen (sog. Mindestkapital gem. § 5 Abs. 1 GmbHG). Dadurch dass die Gesellschafter es bereits mitbringen und in der Kasse der Gesellschaft belassen, ergibt sich ein gewisses Signal der Seriosität der GmbH-Gründung (zu Sinn und Zweck des Mindestkapitals näher ► W/E GesR II Rn. 163 ff.). Die Gesellschafter können auch – etwa bei Gesellschaften, die kapitalintensive Projekte verfolgen – ein deutlich darüber liegendes Stammkapital vereinbaren (zur nachträglichen Änderung siehe unten Rn. 768 ff.). Die im Folgenden dargestellten Regeln über die Kapitalaufbringung gelten für das gesamte von den Gründern in der Satzung festgelegte Stammkapital, nicht etwa nur für das gesetzliche Mindestkapital. 756

2. Die Aufbringung durch Einzahlung des Nennbetrags

Die Gesellschafter müssen zunächst eine bei der Gründung der Gesellschaft übernommene Bareinlage in Höhe des Nennbetrags tatsächlich erbringen (§ 19 Abs. 1 GmbHG). Gegen den Anspruch ist grundsätzlich keine Aufrechnung möglich und er verjährt erst 10 Jahre nach der Entstehung, u.U. sogar noch später (§ 19 Abs. 6 GmbHG). Außerdem ist er bei Verzug zu verzinsen (§ 20 GmbHG). Das Gesetz erlegt noch dazu allen Gesellschaftern eine kollektive Haftung nach Anteilen gestaffelt auf, wenn einzelne Gesellschafter ihre Stammeinlage nicht erbringen (können) und die vom Gesetz vorgeschriebenen Maßnahmen, den säumigen Gesellschafter zur Einlage zu zwingen, erfolglos geblieben sind (sog. **Ausfallhaftung**, § 24 GmbHG). Damit wird, wenn auch subsidiär, die Haftung eines jeden Gesellschafters über seine Stammeinlage hinaus erhöht. Es haften auch die Sacheinleger. Die Regelung dient der Sicherstellung der Kapitalaufbringung. Den Anspruch aus § 24 GmbHG macht der Geschäftsführer, in der Insolvenz der GmbH der Insolvenzverwalter geltend. Eines Gesellschafterbeschlusses bedarf es nicht. 757

Beispiel: A gründet eine GmbH und übernimmt die Stammeinlage von 25 000 €. Er zahlt jedoch nur 15 000 € ein. Später teilt er seinen Geschäftsanteil (siehe § 46 Nr. 4 GmbHG) in zwei Teile (20 000 und 5 000 €) und verkauft den kleineren an B für 6 000 €. Die Gesellschaft wird alsbald insolvent, A ist zahlungsunfähig. Der Insolvenzverwalter der GmbH verklagt B gem. § 24 GmbHG auf Zahlung der fehlenden 10 000 €.[1] Das Beispiel zeigt, wie gefährlich die Haftung aus § 24 GmbHG sein kann. Zur Eintragung der GmbH kann es kommen, obwohl das Stammkapital noch nicht vollständig eingezahlt ist (zu § 7 Abs. 2 oben Rn. 739). B haftet (1) über den Betrag des von ihm übernommen Anteils am Stammkapital hinaus auf 10 000 €, (2) auch wenn er den Anteil vom säumigen Alleingesellschafter erst nach Fälligkeit der Einlageforderung aus § 19 Abs. 1 GmbHG erworben hat und das, (3) obschon er selbst den Kaufpreis für den Anteil bereits entrichtet hat.

3. Die Behandlung von Sacheinlagen

758 Wenn **Sacheinlagen** geleistet werden sollen, so müssen im Gesellschaftsvertrag der Gegenstand der Sacheinlage und der Nennbetrag des Geschäftsanteils, auf den sich die Sacheinlage bezieht, festgesetzt sein (§ 5 Abs. 4 GmbHG). Die Gesellschafter müssen in einem solchen Fall einen **Sachgründungsbericht** erstellen, in dem sie u.a. die für die Angemessenheit der Leistungen für Sacheinlagen wesentlichen Umstände darzulegen haben (§ 5 Abs. 4 S. 2 GmbHG). Falls der Wert der Sacheinlage im Zeitpunkt der Anmeldung der Gesellschaft zur Eintragung in das Handelsregister nicht den Nennbetrag des dafür übernommenen Geschäftsanteils erreicht, so hat der betreffende Gesellschafter gem. § 9 GmbHG eine Geldeinlage in Höhe des Fehlbetrages zu leisten (sog. **Differenzhaftung**).

Beispiel: A und B gründen das Bauunternehmen AB-GmbH mit einem Stammkapital von 100 000 €. Beide übernehmen eine Stammeinlage im Nennbetrag von 50 000 €, A soll seine Stammeinlage durch Einlage eines ihm gehörenden Baggers erbringen. Es stellt sich heraus, dass dieser nur 40 000 € wert ist.

Nach § 7 Abs. 3 GmbHG sind die Sacheinlagen vor der Anmeldung der Gesellschaft so zu bewirken, dass sie endgültig zur freien Verfügung der Geschäftsführer stehen. Derartige Probleme treten bei der haftungsbeschränkten **Unternehmergesellschaft** nicht auf, weil **Sacheinlagen ausgeschlossen** sind (§ 5a Abs. 2 S. 2 GmbHG).

4. Verdeckte Sacheinlage

759 Da die Anforderungen an Sacheinlagen bei der Gründung hoch sind, versuchen Gründer, diese zu „vermeiden“. Sie vereinbaren deshalb formal eine Bareinlage, planen aber bereits im Zeitpunkt der Anmeldung der Gesellschaft, mit dem eingelegten Bargeld unmittelbar nach der Gründung den Gegenstand zu „kaufen“, für den ansonsten die Vorschriften über die Sacheinlage hätten befolgt werden müssen. Das eingelegte Bargeld fließt also unmittelbar nach der Eintragung der GmbH an den Gesellschafter zurück (sog. „Hin- und Herzahlung“).

1 BGH, NZG 2018, 1344 Rn. 12 ff.

Beispiel: Unmittelbar nach Zahlung der Bareinlage veräußert der Gesellschafter G der GmbH eine in seinem Eigentum stehende Maschine. Der eingelegte Geldbetrag fließt als Kaufpreis von der GmbH an G zurück. Hier findet ein sog. „Hin- und Herzahlen" statt. Im wirtschaftlichen Ergebnis erhält die GmbH von G keine Geldmittel, sondern einen Sachgegenstand. Es handelt sich um eine verdeckte Sacheinlage.

Solche und ähnliche Tatbestände sind in § 19 Abs. 4 und 5 GmbHG als **verdeckte Sacheinlage** geregelt. Diese liegt immer dann vor, wenn zwar formell eine Bareinlage vereinbart und geleistet wird, diese aber bei wirtschaftlicher Betrachtungsweise und aufgrund der getroffenen Abreden sowie des zeitlichen Zusammenhangs als eine Sacheinlage zu werten ist (vgl. die Legaldefinition in § 19 Abs. 4 GmbHG).

In einem solchen Fall wird der Gesellschafter nicht von seiner Einlagepflicht befreit, **760**
d.h. er muss ggf. noch Jahre später im Falle der Insolvenz (noch einmal) seine Bareinlage erbringen. Zwar wird dann der Wert der verdeckten Sacheinlage auf die Geldeinlagepflicht des Gesellschafters angerechnet, allerdings erst, wenn es zur Eintragung der Gesellschaft in das Handelsregister gekommen ist. Die Beweislast für die Werthaltigkeit des Vermögensgegenstandes trägt der Gesellschafter (§ 19 Abs. 4 GmbHG)[2]. Im Ergebnis läuft das auf eine bloße Differenzhaftung des Gesellschafters hinaus.

Eine weitere Fallgruppe des Hin- und Herzahlens ist der verdeckten Sacheinlage ähn- **761**
lich. Hierbei fließt eine geleistete Bareinlage unmittelbar an den Gesellschafter zurück, ohne dass ein Sachwert an die Stelle tritt; stattdessen wird dem Gesellschafter ein Darlehen gegeben. Durch ein solches Geschäft wird der Gesellschafter nur dann von seiner Einlagepflicht befreit, wenn die Leistung durch einen vollwertigen **Rückgewähranspruch** aus dem Darlehensvertrag gedeckt ist, der jederzeit fällig ist oder durch fristlose Kündigung durch die Gesellschaft fällig werden kann (§ 19 Abs. 5 GmbHG).

II. Die Kapitalerhaltung

1. Verbot der Rückzahlung des Stammkapitals

Das einmal aufgebrachte Kapital soll der GmbH (und ihren Gläubigern) dauerhaft zur **762**
Verfügung stehen[3]. Es soll also auch nach der Gründung nicht mehr an die Gesellschafter zurückfließen. Diese sollen nur tatsächlich erzielte Gewinne aus der Gesellschaftskasse entnehmen können. Deshalb sieht § 30 Abs. 1 GmbHG ein generelles Auszahlungsverbot an die Gesellschafter vor, soweit das Gesellschaftsvermögen durch die Auszahlung unter den Betrag des Stammkapitals vermindert wird. Diese Vorschrift dient der Erhaltung von Gesellschaftsvermögen in der Höhe des in der Satzung bestimmten **Stammkapitals**.

Ausschüttungen an die Gesellschafter sind deshalb nur zulässig, soweit das Vermögen der Gesellschaft (vereinfacht: Summe aus Eigentum und Forderungen abzüglich

2 Zur Problematik s. *Pentz*, GmbHR 2009, 126 ff.

3 Ausführlich zu allem Folgenden ► W/E GesR II Rn. 172 ff.

aller Verbindlichkeiten) wertmäßig über dem durch die Stammkapitalziffer ausgewiesenen Betrag liegt[4]. Der Begriff der Auszahlung ist **weit auszulegen**, um alle denkbaren Umgehungsversuche zu erfassen. So kann z.B. ein Austauschvertrag mit einem Gesellschafter eine unzulässige Auszahlung von Gesellschaftsvermögen darstellen, wenn der Leistung der Gesellschaft keine gleichwertige Leistung des Gesellschafters gegenübersteht[5].

Beispiel: Gesellschafter B verkauft der A-GmbH ein gebrauchtes Fahrzeug zum Preis von 20 000 €, obwohl der Wagen aufgrund seines Alters und der Laufleistung allenfalls noch 15 000 € wert ist. In Höhe von 5 000 € liegt hier eine Auszahlung an B vor.

763 Allerdings kann eine Leistung der Gesellschaft an einen Gesellschafter dann nicht als verbotene Rückzahlung von Gesellschaftsvermögen i.S.d. § 30 Abs. 1 S. 1 GmbHG gewertet werden, wenn ein reiner Aktivtausch vorliegt, also der **Gegenleistungs- oder Rückerstattungsanspruch der Gesellschaft** gegen den Gesellschafter die Auszahlung deckt und zudem vollwertig ist (§ 30 Abs. 1 S. 2 GmbHG). In diesem Fall handelt es sich um einen bilanziell neutralen Aktivtausch und nicht um eine verbotene Auszahlung von Gesellschaftsvermögen.

Beispiel: Der zahlungskräftige Gesellschafter B lässt sich von der A-GmbH ein Darlehen von 50 000 € gewähren und auszahlen, obwohl die Gesellschaft nach den Maßstäben einer Überschuldungsbilanz überschuldet ist. Es handelt sich nicht um eine nach § 30 Abs. 1 S. 1 GmbHG verbotene Auszahlung, weil es sich um einen bilanziell neutralen Aktivtausch handelt (§ 30 Abs. 1 S. 1 GmbHG). Die der GmbH gehörenden Barmittel werden „getauscht" in eine Forderung gegen B auf Rückzahlung des Darlehens gem. § 488 BGB.

Dieser Regelung liegt eine bilanzielle Betrachtung des Gesellschaftsvermögens zugrunde. Das Vermögen ist demzufolge nicht gegenständlich, sondern lediglich nach Maßgabe der allgemeinen Bilanzierungsgrundsätze geschützt[6].

2. Rechtsfolgen bei Verstoß

764 Entgegen § 30 GmbHG erfolgte Zahlungen an die Gesellschafter müssen zurückerstattet werden (§ 31 GmbHG). Aus diesem **Erstattungsanspruch** ist nur die Gesellschaft berechtigt. Damit soll es ermöglicht werden, das Gesellschaftsvermögen in Höhe des Stammkapitals wiederherzustellen. Der Anspruch aus § 31 GmbHG entsteht nur dann, wenn und soweit die GmbH sich in der Unterbilanz befindet oder durch die Auszahlung in die Unterbilanz gerät. Das ist der Fall, wenn die **fortgeschriebene Handelsbilanz** der Gesellschaft ergibt, dass das Vermögen der Gesellschaft (i.S.v. Eigentum an Sachwerten sowie Geld oder Forderungen) ihre Verbindlichkeiten (Schulden) um weniger als das Stammkapital übersteigt.[7] Für das Entstehen von Ansprüchen aus § 31 Abs. 1 GmbHG sind allein die bilanziellen Verhältnisse zum Zeitpunkt der Auszahlung maßgebend.

4 *Wicke*, § 30 GmbHG Rn. 1.
5 BGH WM 1987, 348 f.
6 *Wicke*, § 30 GmbHG Rn. 2.
7 BGH NJW 2009, 68 Rn. 11 (ständige Rspr.); erst Recht ergibt sich ein Rückzahlungsanspruch, wenn nicht nur Unterbilanz, sondern sogar Überschuldung gegeben ist, siehe BGH NJW 1990, 1730.

Beispiel: Hat die Gesellschaft ein Stammkapital von 25 000 €, Vermögen im Wert von 300 000 € und Verbindlichkeiten in Höhe von 260 000 € (so dass nicht nur das Stammkapital gedeckt ist, sondern noch darüber hinaus 15 000 € „frei" sind), so entsteht im Beispiel von oben Rn. 762 kein Anspruch auf Rückerstattung der Auszahlung gem. § 31 Abs. 1 GmbHG. Zwar enthält das Geschäft im Ergebnis eine Auszahlung an B. Der Kauf mindert das Vermögen der Gesellschaft lediglich auf 295 000 € herab. Dieses überschreitet nach wie vor die Verbindlichkeiten der Gesellschaft um 35 000 €, also um erheblich mehr als das Stammkapital.

Mit § 31 GmbHG wird nur der Zweck verfolgt, unerlaubte Zugriffe auf das Vermögen der GmbH durch Gesellschafter rückgängig zu machen. Er geht im Falle eines Verstoßes deshalb grundsätzlich nicht über das hinaus, was zur Widerherstellung des Stammkapitals erforderlich ist. **765**

Beispiel: Die GmbH hat ein Stammkapital von 25 000 €, Vermögen im Wert von 40 000 € und Verbindlichkeiten in Höhe von 13 000 € (= freies Vermögen in Höhe von 2 000 €). Werden nun 5 000 € an den Gesellschafter ausgezahlt, so entsteht dadurch zwar eine Unterbilanz, jedoch nur in Höhe von 3 000 €. Also entsteht ein Anspruch auf Rückerstattung dieser Auszahlung gem. § 31 Abs. 1 GmbHG ebenfalls nur in Höhe von 3 000 €.

Der Anspruch ist grundsätzlich auf die Rückgabe des verbotswidrig **weggegebenen Gegenstandes** gerichtet. Das schließt einen **Wertersatz** nicht aus[8]. Gerade bei Austauschverträgen zu nicht marktgerechten Preisen (wie im Beispiel oben Rn. 762) wird daher nicht etwa der Kaufvertrag über das Fahrzeug rückabgewickelt, vielmehr ist der Anspruch der Gesellschaft darauf gerichtet, dass der Gesellschafter den Unterschied zwischen Preis und Wert ausgleicht.

Wegen der Beschränkung der Haftung für Verbindlichkeiten der Gesellschaft auf das Vermögen der GmbH kommt den §§ 30 ff. GmbHG besondere Bedeutung zu. Auch ein bewusster, auf die Umgehung der Kapitalerhaltungsregeln abzielender Verstoß gegen § 30 GmbHG führt nicht zur Nichtigkeit dieses Geschäfts gem. § 134 BGB mit der Rechtsfolge aus § 812 BGB. Die Rechtsfolge des Verstoßes gegen das Kapitalerhaltungsgebot ergibt sich ausschließlich aus der als **Spezialregelung** zu verstehenden **Rückerstattungsnorm des § 31 GmbHG**; diese trägt dem berechtigten Schutzbedürfnis der Gesellschaft und ihrer Gläubiger hinreichend Rechnung[9]. **766**

Nach Ansicht des BGH[10] ist § 30 GmbHG **kein Schutzgesetz i.S.d. § 823 Abs. 2 BGB**. Der BGH[11] begründet dies damit, dass § 30 GmbHG zwar gewährleisten solle, dass der Gesellschaft im Interesse ihrer Gläubiger das gezeichnete Kapital erhalten bleibe; deren Schutz sei aber in ausreichendem Maße dadurch gewährleistet, dass z.B. die unberechtigte Entgegennahme haftenden Kapitals zur Entstehung von Erstattungs- oder Schadensersatzansprüchen führt, die der Gläubiger jederzeit pfänden und sich zur Einbeziehung überweisen lassen kann. § 31 Abs. 3 GmbHG regelt eine subsidiäre Haftung aller – übrigen – Gesellschafter **(Ausfallhaftung)**, soweit der Erstattungsbetrag von dem gem. § 31 Abs. 3 GmbHG primär verpflichteten Empfänger **767**

8 BGHZ 176, 62 ff.
9 BGHZ 136, 125, 129.
10 BGHZ 110, 342.
11 BGHZ 110, 342, 360.

nicht zu erlangen, aber zur Befriedigung der Gesellschaftsgläubiger erforderlich ist. Die Gesellschafter haften anteilig im Verhältnis ihrer Geschäftsanteile[12].

III. Kapitalerhöhung und -herabsetzung

768 Durch satzungsändernden Beschluss der Gesellschafterversammlung kann die Stammkapitalziffer der GmbH auch nachträglich noch erhöht oder herabgesetzt werden. Bei einer **effektiven Kapitalerhöhung**, d.h. eine Kapitalerhöhung unter Zuführung **neuer Mittel**, finden zunächst die Vorschriften über die Kapitalaufbringung zum Gläubigerschutz weitgehend entsprechende Anwendung, vgl. §§ 55, 56 und 57 GmbHG. Insbesondere ist der Beschluss über die Kapitalerhöhung gem. § 54 GmbHG zur Eintragung in das Handelsregister anzumelden und dem Registergericht nachzuweisen, dass die Einlagen auf das neue Stammkapital nach § 7 Abs. 2 S. 1 und Abs. 3 GmbHG bewirkt sind und dass der Gegenstand der Leistungen sich endgültig in der freien Verfügung der Geschäftsführer befindet.

Nach h.M.[13] haben die Gesellschafter der GmbH in analoger Anwendung des § 186 AktG ein **gesetzliches Bezugsrecht** auf das erhöhte Stammkapital. Der Ausschluss des Bezugsrechts ist unter den gleichen Voraussetzungen wie im Aktienrecht (vgl. dazu auch Rn. 633 ff.) zulässig[14]. Anders ist es bei der **nominellen Kapitalerhöhung**, bei der lediglich Rücklagen der Gesellschaft in Stammkapital umgewandelt werden, so dass keine neuen Geschäftsanteile ausgegeben werden und sich daher die Frage nach einem Bezugsrecht nicht stellt. Dieses Kapitalerhöhung aus Gesellschaftsmitteln ist in §§ 57c ff. GmbHG näher geregelt.

Auch eine **Kapitalherabsetzung** ist gem. § 58 GmbHG unter bestimmten Bedingungen möglich, jedoch nicht unter den Betrag des Mindestkapitals, also auf weniger als 25 000 € (siehe § 58 Abs. 2 GmbHG). Neben dem entsprechenden Beschluss der Gesellschafterversammlung sieht allerdings § 58 GmbHG geradezu prohibitive Schutzvorschriften zugunsten der Gläubiger vor, u.a. eine Wartezeit von einem Jahr vor der Anmeldung und eine Pflicht zur Befriedigung der widersprechenden Gläubiger. In der Praxis kommt es deshalb nur selten zu einer solchen Herabsetzung. Hat die Gesellschaft Verluste gemacht, so kann sie u.U. von der in den § 58a ff. GmbHG geregelten vereinfachten Herabsetzung Gebrauch machen. Gemäß § 58a Abs. 4 GmbHG ist dann auch in der GmbH ein Kapitalschnitt (vgl. Rn. 638) möglich.

---

12 Zu alldem Noack/*Servatius*/Haas, GmbHG, § 31 Rn. 23 ff.
13 Noack/*Servatius*/Haas, GmbHG, § 55 Rn. 20 mit Nachw.
14 Noack/*Servatius*/Haas, GmbHG, § 55 Rn. 25 ff.

IV. Die haftungsbeschränkte Unternehmergesellschaft (UG) als Unterform der GmbH

1. Überblick

Nach § 5a GmbHG können diejenigen Existenzgründer, die anfangs kein oder nur ein geringes Stammkapital benötigen oder ein Stammkapital von 25 000 € nicht aufbringen können oder wollen, eine haftungsbeschränkte Unternehmergesellschaft (UG) gründen. Die haftungsbeschränkte Unternehmergesellschaft ist als **Übergangsrechtsform** auf dem Wege zur GmbH konzipiert. Sie kann deshalb nur im Rahmen einer Erstgründung errichtet werden, gegebenenfalls auch unter Verwendung des Musterprotokolls (s. oben Rn. 720). Eine Zurückentwicklung einer einmal entstandenen GmbH in eine haftungsbeschränkte Unternehmergesellschaft ist nicht möglich. Wird eine zwischenzeitlich unternehmenslos gewordene haftungsbeschränkte Unternehmergesellschaft reaktiviert, finden aber die Grundsätze über die wirtschaftliche Neugründung Anwendung[15]. Wenn aus einer haftungsbeschränkten Unternehmergesellschaft eine normale GmbH werden soll, muss aus Gesellschaftsmitteln oder durch Einlagen der Gesellschafter eine Kapitalerhöhung durchgeführt werden, die ein Stammkapital von mindestens 25 000 € schafft. Da die haftungsbeschränkte Unternehmergesellschaft als juristische Person erst mit der Eintragung entsteht, ist sie bis zu diesem Zeitpunkt eine **Vorgesellschaft**, auf welche die Regeln über die Handelndenhaftung (§ 11 Abs. 2 GmbHG) und die Grundsätze zur Haftung der Gesellschafter einer Vor-GmbH (vgl. oben Rn. 731 ff.) anwendbar sind. Auch der Vorgesellschaft der haftungsbeschränkten Unternehmergesellschaft kann in der ersten Gründungsphase eine **Vorgründungsgesellschaft** vorgeschaltet sein. 769

2. Das auf die haftungsbeschränkte Unternehmergesellschaft anwendbare Recht

Die haftungsbeschränkte Unternehmergesellschaft ist keine neue Rechtsform, sondern eine **Unterform der GmbH**. Daraus folgt, dass auf sie prinzipiell dieselben Vorschriften des GmbH-Gesetzes wie für die „normale" GmbH Anwendung finden, soweit sich aus dem Gesetz, wie z.B. aus § 5a GmbHG, nichts anderes ergibt. Das gilt nicht nur für die Kapitalaufbringung und -erhaltung, sondern auch für die Bestimmungen betreffend das innere Verhältnis der Gesellschafter, die Kompetenzverteilung unter den Organen und betrifft auch das Recht der Beschlussfassung samt Beschlussmängelrecht und die Auflösungs- und Liquidationsregeln[16]. Die Vorschriften über die Geschäftsführer, wie z.B. §§ 35 und 43 GmbHG, sind ebenfalls anwendbar. 770

Um Nichtgesellschafter nicht in Gefahr zu bringen, muss die Unternehmergesellschaft in der **Firma den Rechtsformzusatz „Unternehmergesellschaft haftungsbeschränkt" oder „UG (haftungsbeschränkt)"** führen (§ 5a Abs. 1 GmbHG). Dieser Vorschrift ist eine Warnfunktion zugedacht, weshalb auch Abkürzungen (UG hb) untersagt sind. Wird dagegen verstoßen, z.B. durch Bezeichnung der Gesellschaft als

15 *Wicke*, § 5a GmbHG Rn. 4.
16 *Goette*, Einführung, Rn. 41.

„GmbH“, so haftet der Handelnde dem auf den Rechtsschein vertrauenden Vertragspartner persönlich (Außenhaftung analog § 179 BGB).[17]

3. Die gesetzliche Ansparpflicht als Ersatz für das fehlende Mindestkapitalerfordernis

771 Im Gesetzestext (§ 5a Abs. 1 GmbHG) heißt es, dass das Mindestkapitel gem. § 5 Abs. 1 GmbHG, also 25 000 €, unterschritten werden kann; der Text sagt aber nichts darüber, um wie viel. Demnach genügt ein Anfangskapital von 1 €. Allerdings dürfen die nunmehr erzielten Gewinne zunächst nicht voll ausgeschüttet werden; das **Mindestkapital der angestrebten GmbH** soll auf diese Art und Weise **angespart** werden. § 5a Abs. 3 S. 3 GmbHG begründet zu diesem Zweck in Höhe der gesetzlichen Rücklage eine über § 30 GmbHG hinaus gehende Ausschüttungssperre. Die Rücklage darf nur verwendet werden für eine Kapitalerhöhung aus Gesellschaftsmitteln oder zum Ausgleich eines nicht durch Gewinnvortrag gedeckten Jahresfehlbetrages, ggf. aus dem Vorjahr. Die Anmeldung zum Handelsregister darf erst erfolgen, wenn das Stammkapital in voller Höhe eingezahlt ist (§ 5a Abs. 2 S. 1 GmbHG). Sacheinlagen sind ausgeschlossen (§ 5a Abs. 2 S. 2 GmbHG). Wenn entgegen § 5a Abs. 2 GmbHG eine **Sacheinlage vereinbart** wird, so stellt dies einen Verstoß gegen ein **gesetzliches Verbot** gem. § 134 BGB dar. Die Rechtsfolge ist die **Nichtigkeit** der entsprechenden Vereinbarung[18]. Ob damit der gesamte Gesellschaftsvertrag nichtig ist, muss nach § 139 BGB entschieden werden.

772 Es stellt sich die Frage, ob § 5a Abs. 2 GmbHG auch auf Kapitalerhöhungen anwendbar ist. Bei Kapitalerhöhungen auf einen Betrag unterhalb des gesetzlichen Stammkapitals von 25 000 € ist § 5a Abs. 2 GmbHG zwar nicht direkt, aber analog anzuwenden. Dienen Kapitalerhöhungen hingegen der Erreichung des gesetzlichen Mindeststammkapitals oder darüber hinaus, sind Sacheinlagen zulässig. § 5a Abs. 2 GmbHG ist nicht anwendbar, vielmehr findet § 7 Abs. 2 S. 2 GmbHG Anwendung[19].

773 **Lösung zu Fall 48a:** Die A-GmbH könnte gegen B einen Anspruch auf sofortige Zahlung von 20 000 € aus § 31 Abs. 1 GmbHG erworben haben. Dann müsste es sich um eine verbotene Auszahlung von Gesellschaftsvermögen i.S.d. § 30 Abs. 1 GmbHG handeln. Zwar hat die A-GmbH dem B die Mittel überlassen. Dabei ist jedoch zu berücksichtigen, dass die Gesellschaft gegen den Gesellschafter, der Darlehensschuldner ist, einen Rückzahlungsanspruch erwirbt, der grundsätzlich vollwertig ist. Es handelt sich aus Sicht der GmbH um einen reinen Aktivtausch, bei dem der Gegenleistungs- bzw. Rückerstattungsanspruch der Gesellschaft gegen den Gesellschafter B die Auszahlung deckt und vollwertig ist. Nach § 30 Abs. 1 S. 2 GmbHG, dem eine rein bilanzielle Betrachtung zugrunde liegt, ist ein solches Geschäft zulässig. Es handelt sich also nicht um eine verbotene Auszahlung, die einen Anspruch gem. § 31 GmbHG auslöst.

17 BGH NJW 2012, 2871 Rn 23 ff.

18 Streitig, s. *Wicke*, § 5a GmbHG Rn. 8, gegenteilig etwa Scholz/*Westermann*, § 5a GmbHG Rn. 20.

19 BGH NJW 2011, 1881 Rn. 13 ff.

Lösung zu Fall 49: 774

1. V könnte gegen A gem. § 11 Abs. 2 GmbHG i.V.m. § 433 Abs. 2 BGB einen Anspruch auf Zahlung von 12 500 € erworben haben. Da der Gesellschaftsvertrag mit dem Musterprotokoll abgeschlossen worden, die Gesellschaft aber noch nicht in das Handelsregister eingetragen ist, ist eine Vorgesellschaft entstanden, die von A wirksam vertreten Partner des Kaufvertrages sein konnte. Auf diese Vorgesellschaft findet auch § 11 Abs. 2 GmbHG Anwendung, so dass A, der als Geschäftsführer in Organfunktion für die Vorgesellschaft gehandelt hat, für die Verbindlichkeit der Vorgesellschaft persönlich mit seinem Privatvermögen haftet. Infolgedessen kann V von A nach § 11 Abs. 2 GmbHG i.V.m. § 433 Abs. 2 BGB Zahlung von 12 500 € verlangen.

2. V könnte gegen A außerdem einen Anspruch aus § 433 Abs. 2 BGB i.V.m. § 128 HGB analog erworben haben. Das Entstehen eines solchen Anspruchs setzt voraus, dass die Gesellschafter für die Verbindlichkeiten der Vorgesellschafter mit ihrem Privatvermögen haften. Auch bei der Gründung einer haftungsbeschränkten Unternehmergesellschaft entsteht nach Abschluss des Gesellschaftsvertrages eine Vorgesellschaft, auf welche die üblichen Regeln anwendbar sind. Bejaht man eine Außenhaftung der Gesellschafter der Vorgesellschaft für die Verbindlichkeiten der Vor-GmbH gem. § 128 HGB analog, so hat V gegen A einen Anspruch aus § 433 Abs. 2 BGB i.V.m. § 128 HGB analog auf Zahlung des Kaufpreises. Folgt man hingegen der Ansicht des BGH (als Innenhaftung ausgestaltete Unterbilanzhaftung), besteht kein Anspruch gegen A.

Zur Abwandlung: 775

1. Der Anspruch aus § 11 Abs. 2 GmbHG i.V.m. § 433 Abs. 2 BGB gegen A besteht nach der Eintragung in das Handelsregister nicht mehr, denn mit dem Entstehen der juristischen Person erlischt die Handelndenhaftung. Die für die Vorgesellschaft entstandenen Verbindlichkeiten gehen auf die GmbH, hier die Unternehmergesellschaft (haftungsbeschränkt) über.

2. Betreffend den Anspruch aus § 433 Abs. 2 BGB i.V.m. § 128 HGB analog gilt das oben Gesagte entsprechend.

§ 40 Die Organe der GmbH

Fall 50: Gesellschafter der X-GmbH sind X und Y. Beide Gesellschafter haben eine Stammeinlage von je 30 000 € übernommen, die sie auch erbracht haben. Zum alleinigen Geschäftsführer ist A bestellt. Im Gesellschaftsvertrag heißt es in § 7: „Soweit Maßnahmen, die der Geschäftsführer vornimmt der Zustimmung der Gesellschafter bedürfen, entscheidet die Gesellschafterversammlung“. Im August gerät A in wirtschaftliche Schwierigkeiten, weil er sich beim Bau eines Eigenheims und dem Erwerb eines neuen Pkw finanziell übernommen hat. Da die X-GmbH erfolgreich war, verfügt sie über ein hohes Guthaben auf ihrem Konto bei der B-Bank. Das bringt A auf die Idee, bei der X-GmbH einen kurzfristigen Kredit aufzunehmen. Ohne die Gesellschafter zu informieren, setzt er den folgenden Vertragstext auf: 776

„Die X-GmbH gewährt ihrem Geschäftsführer A einen Kredit in Höhe von 25 000 €. Die Darlehenssumme muss spätestens vier Monate nach Auszahlung zurückgezahlt und mit monatlich 3 % verzinst werden.“

Diesen Vertrag unterschreibt A am 1. September für die X-GmbH mit dem Zusatz „als Geschäftsführer“ und für sich selbst mit „A“. Er stellt einen auf das Konto der X-GmbH bei der

B-Bank bezogenen Verrechnungsscheck aus. Die darin ausgewiesene Summe von 25 000 € lässt er sich auf seinem eigenen Konto bei der Sparkasse N gutschreiben. Anfang Oktober erfahren die Gesellschafter X und Y von diesem Geschehen. In einer formgerecht einberufenen Gesellschafterversammlung stellen sie den A zur Rede und erklären, dass sie das Geschäft missbilligen. Per Beschluss fordern sie den A auf, sofort 25 000 € an die X-GmbH zurückzuzahlen.

Hat die X-GmbH Mitte Oktober einen Anspruch auf Zahlung von 25 000 € gegen A? **Rn. 805**

Literatur: *Eisenhardt*, Zum Weisungsrecht der Gesellschafter in der nicht mitbestimmten GmbH, FS Pfeiffer, S. 839 ff.; *Gross*, Deliktische Außenhaftung des GmbH-Geschäftsführers, ZGR 1998, 551 ff.; *Medicus*, Deliktische Außenhaftung der Vorstandsmitglieder und Geschäftsführer, ZGR 1998, 570 ff.; *G. Müller*, Zur Haftung des Gesellschafter-Geschäftsführers aus culpa in contrahendo und aus § 64 Abs. 1 GmbHG, ZIP 1993, 1531 ff.; *K. Schmidt*, Ersatzpflicht bei „verbotenen Zahlungen" aus insolventen Gesellschaften: Ist der haftungsrechtliche Kampfhund zähmbar?, NZG 2015, 129; *Zöllner/Noack*, Geltendmachung von Beschlussmängeln im GmbH-Recht, ZGR 1989, 525 ff.

I. Unterschiede zur Aktiengesellschaft

777 Im Vergleich mit der Verfassung der AG ist die Verfassung der GmbH nicht nur einfacher, sie ist auch durch weniger zwingende Vorschriften geprägt, lässt also den Gesellschaftern einen erheblich größeren Gestaltungsspielraum bei der Regelung der inneren Struktur der Gesellschaft. Die GmbH hat nur zwei zwingend vorgeschriebene Organe, nämlich einen oder mehrere **Geschäftsführer** und die **Gesamtheit der Gesellschafter**. Die Bildung eines **Aufsichtsrates** liegt im Belieben der Gesellschafter. Allerdings müssen Aufsichtsräte gebildet werden bei Gesellschaften mit beschränkter Haftung, für die die **Mitbestimmungsgesetzgebung** das vorschreibt. Anders als bei der AG liegt der Schwerpunkt der Zuständigkeit bei der Gesamtheit der Gesellschafter, soweit der Gesellschaftsvertrag nicht etwas Anderes vorsieht (§ 46 GmbHG).

II. Geschäftsführer

1. Stellung und Aufgaben der Geschäftsführer

778 Die Geschäftsführer führen die Geschäfte der Gesellschaft und **vertreten die Gesellschaft** gerichtlich und außergerichtlich (§ 35 GmbHG). Außerdem berufen sie die Gesellschafterversammlung ein (§ 49 Abs. 1 GmbHG). Geschäftsführer kann nur eine natürliche, unbeschränkt geschäftsfähige Person sein. Auch Gesellschafter können zu Geschäftsführern bestellt werden (§ 6 Abs. 3 GmbHG). Werden Nichtgesellschafter bestellt, so spricht man von Fremdorganschaft, was im Gegensatz zu den Personengesellschaften zulässig ist. Die Zahl der Geschäftsführer wird durch die Satzung bestimmt. § 6 Abs. 2 GmbHG führt eine Reihe von Gründen an, die dazu führen, dass eine Person nicht zum Geschäftsführer bestellt werden darf. So kann z.B. nicht Geschäftsführer sein, wer wegen einer **vorsätzlich begangenen Insolvenzstraftat** (§§ 283–283d StGB) oder wegen Insolvenzverschleppung (als Täter oder ggf. auch

nur als Teilnehmer[1]) verurteilt worden ist. Dieser Ausschluss gilt für die Dauer von fünf Jahren seit der Rechtskraft des Urteils. Ein Berufs- oder Gewerbeverbot führt zur Untauglichkeit für die Geschäftsführung für die Dauer des Verbots (§ 6 Abs. 2 GmbHG).

Der oder die Geschäftsführer sind die **gesetzlichen Vertreter** der GmbH (§ 35 Abs. 1 GmbHG). Wenn mehrere Geschäftsführer bestellt sind, sind alle **nur gemeinschaftlich** zur Vertretung befugt, es sei denn, dass der Gesellschaftsvertrag etwas Anderes bestimmt. Ist der Gesellschaft gegenüber eine Willenserklärung abzugeben, genügt die Abgabe gegenüber einem der Geschäftsführer (§ 35 Abs. 2 GmbHG). **779**

Beschränkungen der Vertretungsbefugnis, die dem Geschäftsführer durch die Satzung oder die Gesellschafter auferlegt werden, sind nur im **Innenverhältnis** wirksam. Gegenüber außenstehenden Dritten, z.B. Kunden oder Lieferanten der GmbH, haben sie keine Wirkung.

Beispiel: K ist alleiniger Geschäftsführer der „Neue Heimat Filmproduktion GmbH“. Wenn K bei der Firma G Büroausstatter im Namen der GmbH Möbel für insgesamt 29 000 € kauft, kommt ein Kaufvertrag zwischen der GmbH, für die K als Vertreter aufgetreten ist, und der Firma G zustande, auch wenn K nach der Satzung der GmbH und nach seinem Dienstvertrag mit der GmbH den Kaufvertrag nur nach vorheriger Zustimmung der Gesellschafter hätte abschließen dürfen.

Die Geschäftsführer sind für eine betriebswirtschaftlich einwandfreie Geldpolitik des Unternehmens verantwortlich. Sie haben stets darauf zu achten, dass Stammkapital, Anlagevermögen und Betriebsmittel so zueinander stehen, dass die GmbH nicht illiquide wird. Dazu obliegt ihnen die Buchführung (§ 41 GmbHG). Sie sind ferner auch für die **Erhaltung des Stammkapitals** verantwortlich und dürfen keine nach § 30 GmbHG untersagten Zahlungen (dazu Rn. 762 ff.) an die Gesellschafter leisten. Gelingt ihnen ein erfolgreiches Wirtschaften nicht und wird das Stammkapital der Gesellschaft auf die Hälfte reduziert, so müssen sie deshalb gem. § 49 Abs. 3 GmbHG eine Gesellschafterversammlung einberufen. Wird die GmbH gar zahlungsunfähig (§ 17 InsO) oder überschuldet (§ 19 InsO), so müssen sie gem. § 15a Abs. 1 S. 1 InsO ohne schuldhaftes Zögern, spätestens innerhalb von 3 Wochen nach Eintritt der Zahlungsunfähigkeit und 6 Wochen nach Eintritt der Überschuldung (§ 15a Abs. 1 S. 2 InsO) einen **Insolvenzantrag** stellen. Zur Haftung bei Verstoß gegen diese Pflichten s.u. Rn. 785 f. **780**

2. Bestellung, Anstellung und Abberufung

Die Geschäftsführer werden im Gegensatz zur AG durch den **Gesellschaftsvertrag** (§ 6 Abs. 3 GmbHG) oder von der **Gesellschafterversammlung** bestellt (§ 46 Nr. 5 GmbHG). Die Bestellung zum Geschäftsführer einer GmbH betrifft allerdings nur die gesellschaftsrechtliche Stellung als Organ. Davon zu unterscheiden ist das **Anstellungsverhältnis** des Geschäftsführers. Dieses ist im Regelfall ein Dienstvertrag, in dem u.a. die Arbeitszeiten, Vergütung, Altersversorgung, ein eventuelles Wettbewerbsverbot und Regeln über die Kündigung enthalten sind. Ausnahmsweise kann **781**

1 BGH NZG 2020, 145.

der Tätigkeit des Geschäftsführers bei außerordentlich intensiver Weisungsgebundenheit auch ein Arbeitsvertrag mit ähnlichem Inhalt zugrundeliegen[2]. Auch für den Abschluss dieses Anstellungsverhältnis liegt die Kompetenz gem. § 46 Nr. 5 GmbHG analog bei den Gesellschaftern (sog. Annexkompetenz). (Siehe dazu auch ► W/E GesR II Rn. 442, 507)

Ein Geschäftsführer einer GmbH, die nicht der Mitbestimmung unterliegt, kann **jederzeit abberufen** werden (§ 38 Abs. 1 GmbHG spricht von Widerruf, gemeint ist das Gleiche). Allerdings kann der Gesellschaftsvertrag die Zulässigkeit der Abberufung auf den Fall beschränken, dass dieselbe aus wichtigen Gründen (z.B. grobe Pflichtverletzung oder Unfähigkeit zur ordnungsmäßigen Geschäftsführung) notwendig ist (§ 38 Abs. 2 GmbHG). In jedem Fall endet das Anstellungsverhältnis nicht unbedingt im gleichen Moment wie die Bestellung. Vielmehr muss dieses gekündigt werden, die Abberufung liefert dafür in der Regel den Kündigungsgrund.

782 Das GmbHG unterscheidet nicht zwischen der Abberufung eines Gesellschafter-Geschäftsführers und der Abberufung eines Fremdgeschäftsführers. Problematisch ist, ob ein Gesellschafter, der zugleich Geschäftsführer ist, von der Ausübung des Stimmrechts ausgeschlossen ist, wenn über seine Abberufung abgestimmt wird. Diese Problematik verschärft sich noch, wenn der Gesellschafter-Geschäftsführer die Mehrheit der Anteile hält oder als einer von zwei Gesellschaftern zur Hälfte an der Gesellschaft beteiligt ist[3]. Rechtsprechung und h.M. unterscheiden wie folgt: Bei der einfachen Abberufung darf der Geschäftsführer mitstimmen, nicht aber, soweit die Abberufung aus wichtigem Grund erfolgt.[4] In diesem Falle wird über das Bestehen dieses Grundes in aller Regel anschließend vor Gericht gestritten, weil der Abberufene den Beschluss anfechten wird.

783 In einer GmbH, die dem Mitbestimmungsgesetz 1976 unterliegt (s.u. Rn. 801), erfolgt die Bestellung von Geschäftsführern ausschließlich **durch den Aufsichtsrat** (§ 31 MitbestG 1976). Auf die Bestellung und Abberufung von Geschäftsführern finden §§ 84, 85 AktG entsprechende Anwendung, so dass für die Abberufung der Geschäftsführer entgegen dem Grundsatz des § 38 GmbHG ein sachlicher Grund erforderlich ist. Außerdem ist ein **Arbeitsdirektor** als gleichberechtigter Geschäftsführer zu bestellen (vgl. u.a. § 33 MitbestG 1976). Bestellungs- und Anstellungskompetenz liegen beim Aufsichtsrat. Das bedeutet: In der mitbestimmten GmbH ist der Aufsichtsrat auch für Abschluss, Änderung und Aufhebung der Anstellungsverträge mit Geschäftsführern und die dazu notwendigen Entscheidungen zuständig[5].

784 Das Bestellungsrecht des Aufsichtsrats schließt es grundsätzlich nicht aus, dass der Gesellschaftsvertrag einer mitbestimmten GmbH über die im GmbHG (§ 6) genannten Voraussetzungen für die Bestellung zum Geschäftsführer hinaus weitere Qualifikationserfordernisse festlegt. Als solche Erfordernisse können z.B. in Betracht kommen: fachliche Qualifikationen, Staatsangehörigkeit, Anteilsbesitz und Zugehörigkeit zu einem bestimmten Personenkreis. Voraussetzung ist allerdings, dass die Eignungsvoraussetzung sachlich begründbar ist und dass für den mitbestimmten Aufsichtsrat noch eine angemessene Auswahlmöglichkeit besteht[6]. Im Hinblick

---

2 Vgl. BAG NJW 2019, 1627 Rn. 24 ff.; BAG NJW 2020, 2824 Rn. 24 ff.: nur in „extremen Ausnahmefällen“.

3 So im Fall von BGHZ 86, 177; dazu *U. H. Schneider*, ZGR 1983, 535 ff.

4 Vgl. neben BGHZ 86, 177, 178 f. auch noch BGH NZG 2010, 1022 Rn. 13.

5 BGHZ 89, 48.

6 Scholz/*Schneider/Schneider*, GmbHG, § 6 Rn. 72.

auf die Rechtsstellung des Arbeitsdirektors ist es in einem der Mitbestimmung unterliegenden Unternehmen unzulässig, dem Vorsitzenden der Geschäftsführung ein allgemeines Vetorecht einzuräumen[7].

3. Die Haftung

Eine Haftung des Geschäftsführers kann einmal **gegenüber der Gesellschaft selbst** begründet sein; zum anderen ist auch die Frage zu stellen, ob und unter welchen Voraussetzungen der Geschäftsführer **Dritten gegenüber** für schädigende Handlungen haften kann. Geschäftsführer, die ihre Pflicht verletzen, in den Angelegenheiten der Gesellschaft die Sorgfalt eines ordentlichen Geschäftsmannes anzuwenden, haften gem. § 43 Abs. 2 GmbHG der **Gesellschaft** gegenüber solidarisch für den entstandenen Schaden. Gem. § 43 Abs. 3 GmbHG sind sie insbesondere zum Ersatz verpflichtet, wenn sie § 30 GmbHG zuwider Zahlungen aus dem zum Erhalt des Stammkapitals erforderlichen Vermögen der Gesellschaft geleistet haben. Der Maßstab für das Verschulden ergibt sich aus § 43 Abs. 1 GmbHG. 785

Dritten gegenüber besteht eine direkte Haftung in der Regel nicht. In Betracht kommen ausnahmsweise Ansprüche gegen den Geschäftsführer persönlich aus § 826 BGB[8] und § 823 Abs. 2 BGB insbesondere bei Verletzung solcher Normen des GmbHG, die als Schutzgesetze zugunsten der Gläubiger anzusehen sind[9]. Unter bestimmten Voraussetzungen kann der Geschäftsführer auch aus § 823 Abs. 1 BGB in Anspruch genommen werden. Nach Ansicht des BGH[10] können die von der GmbH zum Schutze absoluter Rechtsgüter zu beachtenden Pflichten auch den Geschäftsführer treffen und bei Verletzung dieser Pflichten seine **deliktische Eigenhaftung** auslösen[11]. In Betracht kann auch eine Eigenhaftung der Geschäftsführer **aus Pflichtverletzung** gem. § 280 i.V.m. §§ 311 Abs. 3, 241 Abs. 2 BGB (culpa in contrahendo) kommen[12]. 786

Besonderes gilt für die Haftung der Geschäftsführer in der Krise der GmbH. Verstoßen sie schuldhaft gegen die Pflicht, rechtzeitig einen Insolvenzantrag zu stellen (sog. **Insolvenzverschleppung**), so bejaht die h.M. einen Anspruch der Gläubiger gegen den oder die Geschäftsführer gem. § 823 Abs. 2 BGB i.V.m. § 15a Abs. 1 InsO auf Schadensersatz, wobei die Berechnung allerdings höchst umstritten ist.[13] Ergänzt wird dies durch einen Innenhaftungsanspruch gem. § 15b Abs. 4 S. 1 InsO (der seit 2021 an die Stelle des § 64 GmbHG a.F. getreten ist). Danach sind die Geschäftsführer der Gesellschaft zum Ersatz derjenigen Zahlungen verpflichtet, die nach Eintritt der **Zahlungsunfähigkeit** der Gesellschaft oder nach Feststellung ihrer Überschul- 787

7 BGHZ 89, 48.
8 OLG Düsseldorf WM 1993, 1747.
9 Noack/Servatius/Haas/*Beurskens*, GmbHG, § 43 Rn. 131 f. mit Übersicht über einschlägige Vorschriften.
10 BGHZ 109, 297 ff.
11 Dazu *Medicus*, ZGR 1998, 570 ff. und *Gross*, ZGR 1998, 551 ff.
12 Zu den Voraussetzungen vgl. u. a. BGHZ 87, 27 und BGH MDR 1983, 305; BGH WM 1993, 1882 = ZIP 1993, 763; *Schmitt*, in: HK-GmbH-Recht, § 43 Rn. 87; kritisch dazu *G. Müller*, ZIP 1993, 1531 ff.
13 Dazu ausführlich *Mock*, Rn. 580 ff.; siehe auch *K. Schmidt*, NZG 2015, 129 f.

dung geleistet werden. Eine Ersatzpflicht tritt nicht ein, wenn es sich um Zahlungen handelt, die auch nach diesem Zeitpunkt mit der Sorgfalt eines ordentlichen Geschäftsmanns vereinbar waren (§ 15b Abs. 1 S. 2 InsO).[14] Der Ersatzanspruch wird vom Insolvenzverwalter der GmbH geltend gemacht. Eine diesbezügliche unmittelbare Außenhaftung gegenüber den Gläubigern aus § 823 Abs. 2 BGB hat der BGH hingegen verneint, da § 15b InsO (= § 64 GmbHG a.F.) kein Schutzgesetz sei, wohl auch, um einen Wettlauf der Gläubiger in der Insolvenz der GmbH zu verhindern.[15]

4. Die Entlastung

788 Gem. § 46 Nr. 5 GmbHG entscheidet die Gesellschafterversammlung über die **Entlastung** der Geschäftsführer. In diesem Rahmen befindet sie auch darüber, ob diese innerhalb der Grenzen, die Gesetz, Satzung oder Einzelanweisung ihrer unternehmerischen Entscheidungsfreiheit und Verantwortung ziehen, ihre unternehmerischen Entschließungen **zweckmäßig** getroffen, ob sie – mit anderen Worten – bei der Führung des Unternehmens eine „glückliche Hand“ gehabt haben[16]. Bei der Beurteilung dieser Frage hat die Gesellschafterversammlung eine breite Spanne des Ermessens, die es ihr erlaubt, die Entlastung zu erteilen oder zu verweigern, ohne selbst gegen das Gesetz zu verstoßen. Sie kann die Entlastung auch aus unsachlichen Gründen, also willkürlich verweigern, ohne dass der betroffene Geschäftsführer die Entlastung durch die Gesellschafterversammlung im Wege der Klage erzwingen kann. Der BGH[17] versagt eine solche Klagemöglichkeit mit der Begründung, dass auch eine willkürliche Entscheidung der Gesellschafter „regelmäßig zugleich indiziert, dass ihr Vertrauen in die Geschäftsführung – wenn auch unbegründet – unwiederbringlich verschüttet ist.“ Wird die Entlastung dagegen erteilt, so bedeutet sie – im Einzelnen umstritten[18] – zugleich den Verzicht der Gesellschaft auf eventuelle Schadensersatzansprüche gegen den oder die Geschäftsführer.

III. Die Gesamtheit der Gesellschafter

1. Die Kompetenzen

789 Oberstes Willensorgan der GmbH ist die Gesamtheit der Gesellschafter. Nur die Vertretung der Gesellschaft ist **nicht** durch die Gesamtheit der Gesellschafter möglich (außer für die Bestellung, Anstellung und Kündigung des Geschäftsführers). Die Gesellschafter können gem. § 37 GmbHG den Geschäftsführern umfassend Weisungen erteilen[19] (vgl. dazu Rn. 795 f.).

---

14 Zur umstrittenen Frage, wann diese Ausnahme gegeben ist, siehe BGH NZG 2017, 1038 Rn. 18 ff.; BGH NZI 2020, 180 Rn. 18 ff.; ferner die Anmerkung von *K. Schmidt*, NZG 2015, 129 ff. Nunmehr findet sich eine von der Rspr. abweichende gesetzliche Regelung dieser Frage in § 15b Abs. 2, 3, 4 InsO, dazu Noack/Servatius/*Haas*, GmbHG, § 64 (=15b InsO) Rn. 112 ff., insb. 121.

15 BGH NZG 2020, 260.

16 BGHZ 94, 324, 326 f.

17 BGHZ 94, 324, 327.

18 Vgl. *Wicke*, § 46 GmbHG Rn. 16 und § 43 GmbHG Rn. 15 m.w.N.

19 *Schmitt* in: HK-GmbH-Recht, § 37 Rn. 11 ff.

In § 46 GmbHG findet sich eine Aufzählung der Kompetenzen der Gesamtheit der Gesellschafter. Hervorzuheben ist die Zuständigkeit für die Bestellung und die Abberufung von Geschäftsführern sowie die Entlastung derselben gem. Nr. 5 sowie deren Überwachung gem. Nr. 6. Anders als bei der AG liegt auch die Feststellung der Bilanz bei der GmbH gem. § 46 Nr. 1 GmbHG in den Händen der Gesellschafter. Die Aufzählung in § 46 GmbHG ist **nicht zwingend**. Gem. § 45 Abs. 1 GmbHG kann die Satzung der Gesamtheit der Gesellschafter weitere Aufgaben zuweisen oder in § 46 GmbHG genannte Angelegenheiten der Entscheidung des Geschäftsführers oder einem Beirat oder Aufsichtsrat überlassen. **790**

Zur nicht entziehbaren **Grundlagenkompetenz** der Gesamtheit der Gesellschafter zählen Satzungsänderungen (§ 53 GmbHG), die Einforderung von Nachschüssen (§ 26 GmbHG) und die Auflösung der Gesellschaft (§ 60 Abs. 1 Nr. 2 GmbHG). Auch der Abschluss von Unternehmensverträgen (Beherrschungs- und Gewinnabführungsverträgen) oder eine Fusion mit anderen Gesellschaften zählen dazu (näher hierzu ► W/E GesR II Rn. 654 ff.). **791**

2. Entscheidungen durch Beschlussfassung

Die Entscheidungen, die die Gesamtheit der Gesellschafter in den ihr obliegenden Angelegenheiten fasst, trifft sie in Gesellschafterversammlungen durch Beschluss. Die **Stimmen** in der Gesellschafterversammlung sind **nach Geschäftsanteilen gewichtet**. Wenn keine andere Regelung getroffen ist, gewährt jeder Euro eines Geschäftsanteils eine Stimme (§ 47 Abs. 2 GmbHG). Gem. § 47 Abs. 3 GmbHG kann die Stimmrechtsausübung in der Gesellschafterversammlung durch Bevollmächtigte stattfinden. Die Person des Bevollmächtigten kann der Gesellschafter frei wählen. Eine Vertretung durch Mitgesellschafter verstößt nicht gegen § 181 BGB, weil die Stimmabgabe nicht gegenüber den Mitgesellschaftern erfolgt, sondern gegenüber der Gesellschaft[20]. **792**

Nach der Grundsatzregelung des § 48 Abs. 1 GmbHG ist das **Beschlussorgan** die Gesellschafterversammlung der erschienenen Gesellschafter. Das bedeutet, dass bei ordnungsgemäßer Einberufung der Gesellschafterversammlung (§§ 49–51 GmbHG) die Zahl der erschienenen Gesellschafter und die Höhe der Beteiligung am Stammkapital für die Beschlussfähigkeit der Gesellschafterversammlung unerheblich ist. Die zusammengetretenen Gesellschafter können wirksam Beschlüsse fassen[21]. Allerdings kann die Satzung die Beschlussfähigkeit der Versammlung regeln, indem sie entweder generell oder für bestimmte Gegenstände der Beschlussfassung eine Mindestanzahl von Erschienenen oder eine Mindestbeteiligungshöhe (am Stammkapital) vorschreibt. Sinn und Zweck von Satzungsregelungen über die Beschlussfähigkeit bestehen darin, den Entscheidungsprozess auf einer hinreichend breiten Basis stattfinden zu lassen[22]. § 48 Abs. 2 GmbHG erlaubt die Beschlussfassung ohne Abhaltung einer Gesellschafterversammlung nach zwei dort genannten schriftlichen Verfahren. **793**

Regelmäßig entscheidet die Gesellschafterversammlung mit **einfacher Mehrheit** der abgegebenen Stimmen, § 47 Abs. 1 GmbHG. Die Satzung kann andere Mehrheiten **794**

20 BGHZ 52, 316, 318.
21 *Noack*/Servatius/Haas, GmbHG, § 48 Rn. 2.
22 OLG Hamburg WM 1992, 272.

vorsehen. Das einfache Mehrheitserfordernis gilt z.B. auch für die praktisch wichtige Frage, wer zum Geschäftsführer bestellt wird. Für Grundlagengeschäfte ordnet das Gesetz dagegen regelmäßig eine **qualifizierte Mehrheit** an. So verlangt für Satzungsänderungen § 53 Abs. 2 GmbHG eine 75 %ige Mehrheit, das gilt z.B. für den Beschluss über eine Kapitalerhöhung. Dieses Mehrheitserfordernis kann die Satzung nur noch verschärfen, nicht aber abbedingen, vgl. § 53 Abs. 2 S. 2 GmbHG. Es soll u.a. die Minderheit vor einer Veränderung der Grundlagen der Gesellschaft schützen.

Zwischen normalen Beschlüssen und grundlegenden Beschlüssen stehen Beschlüsse der Gesellschafterversammlung, mit denen die Satzung der Gesellschaft ausgelegt werden soll (= **satzungsauslegende Beschlüsse**). Auch diese fallen in die Kompetenz der Gesellschafterversammlung einer GmbH[23].

Beispiel: Mit einem Beschluss der Gesellschafterversammlung soll über die unter den Gesellschaftern umstrittene Zustimmungsbedürftigkeit einer Anteilsveräußerung laut Satzung und damit über das Verständnis der einschlägigen Satzungsbestimmungen entschieden werden. Dieser satzungsauslegende Beschluss über die Zulässigkeit von Maßnahmen hat regelnden Charakter wie jeder sonstige Gesellschafterbeschluss auch, er stellt keine Satzungsänderung dar und bedarf daher nur der einfachen Mehrheit[24].

Beschlüsse der Gesellschafterversammlung sind mit einer **Anfechtungs- oder Nichtigkeitsklage** angreifbar (s.u. Rn. 816).

3. Das Weisungsrecht der Gesellschafter

795 Die Gesellschafter können den Geschäftsführern gem. § 37 GmbHG **Weisungen** erteilen. Diese Weisungen, die gem. §§ 47, 48 GmbHG durch Gesellschafterbeschluss gebildet werden, können jede beliebige Angelegenheit der Geschäftsführung, auch der laufenden, mit beliebigem Inhalt betreffen, soweit dies nicht durch die Satzung ausgeschlossen ist.[25] Die Weisungen sind für den Geschäftsführer **bindend**, ein Verstoß dagegen macht ihn gem. § 43 Abs. 2 GmbHG haftbar. Probleme können im Hinblick auf die Folgepflicht der Geschäftsführer entstehen, wenn die Weisungen der Gesellschafter auf Beschlüssen beruhen, die fehlerhaft sind. Grundsätzlich sind die Geschäftsführer nur verpflichtet, wirksame Beschlüsse der Gesellschafter zu befolgen[26].

796 Das Weisungsrecht der Gesellschafter kann durch eine entsprechende Regelung in der Satzung auf den Aufsichtsrat übertragen werden[27]. In welchem Umfange das Weisungsrecht der Gesellschafter auf den Aufsichtsrat übertragen ist, muss ggf. im Wege der Auslegung des Gesellschaftsvertrages bestimmt werden. Der **Aufsichtsrat** kann bestimmte Arten von Geschäften an seine **Zustimmung** binden (vgl. § 111 Abs. 4 AktG i.V.m. § 52 Abs. 1 GmbHG). Heftig umstritten ist die Frage, wie zu ver-

23 BGH NZG 2003, 127, 129 unter III. 1. a).
24 BGH NZG 2003, 127, 129 unter III. 1. a).
25 Lutter/Hommelhoff/*Kleindiek*, GmbHG, § 37 Rn. 17 ff. auch zu den (umstr.) Grenzen.
26 *Eisenhardt*, FS Pfeiffer, S. 839, 848 ff.
27 *Schmitt*, in: HK-GmbH-Recht, § 37 Rn. 12; Rowedder/Schmidt-Leithoff/*Koppensteiner*, GmbHG, § 37 Rn. 30.

fahren ist, wenn die Gesellschafter den Geschäftsführer zu einer Maßnahme anweisen, der Aufsichtsrat jedoch seine Zustimmung dazu nicht erteilt (sog. **Organkonflikt**)[28].

IV. Der Aufsichtsrat

1. Überblick über die Regelung im GmbH-Gesetz

Ob eine GmbH einen Aufsichtsrat bilden muss **(obligatorischer Aufsichtsrat)**, richtet nach dem **Gesellschaftsvertrag** oder nach den gesetzlichen Regelungen über die **Mitbestimmung** der Arbeitnehmer. Im letztgenannten Fall können eine Reihe gesetzlicher Regelungen einschlägig sein. Die wichtigsten finden sich im DrittelBG und im Mitbestimmungsgesetz, siehe dazu schon oben Rn. 594 ff. zur Aktiengesellschaft, die dort erläuterten Regeln gelten auch für die GmbH. Bei allen Gesellschaften mit beschränkter Haftung, die regelmäßig weniger als 500 Arbeitnehmer beschäftigen, steht es den Gesellschaftern frei, ob sie im Gesellschaftsvertrag verankern wollen, dass ein Aufsichtsrat gebildet wird oder nicht **(fakultativer Aufsichtsrat)**. Ein Aufsichtsrat ist nach dem GmbHG nicht zwingend vorgeschrieben (§ 52 GmbHG). **797**

Sieht der Gesellschaftsvertrag einen Aufsichtsrat vor, so sind, wenn nicht der Gesellschaftsvertrag dies anders regelt, eine Reihe von aktienrechtlichen Vorschriften entsprechend anwendbar. Abweichend von der Regelung im AktG, die für die AG zwingend ist, kann der Gesellschaftsvertrag bei der GmbH **Funktion und Aufgabenstellung** des Aufsichtsrates anders gestalten. So kann z.B. bestimmt werden, **798**

- dass bestimmte Personen Mitglieder des Aufsichtsrates sein sollen;
- dass die Mitglieder des Aufsichtsrates nicht von der Gesamtheit der Gesellschafter gewählt, sondern von einem Dritten oder einer Reihe von Dritten bestellt werden;
- dass der Aufsichtsrat gegenüber den Geschäftsführern Weisungs- und Kontrollbefugnisse ausüben soll.

Gem. § 52 GmbHG ist auch § 105 AktG anwendbar, wonach ein Aufsichtsratsmitglied **nicht zugleich** auch Vorstandsmitglied bzw. Geschäftsführer der Gesellschaft sein kann. Die Satzung einer GmbH vermag zwar die Anwendbarkeit von § 105 AktG abzubedingen, dabei aber nicht das auch für die GmbH zwingend geltende **Organisationsprinzip**, wonach eine Tätigkeit als Geschäftsführer mit der eines Aufsichtsratsmitgliedes unvereinbar ist, weil dem Aufsichtsratsmitglied Kontrollfunktionen zukommen; denn niemand kann im Rechtssinne sich selbst kontrollieren[29]. Aufsichtsratsmitglieder **haften** der Gesellschaft gegenüber für Schäden, die durch schuldhafte Pflichtverletzungen entstehen (§ 52 GmbHG i.V.m. §§ 116 und 93 AktG)[30]. **799**

Die Aufsichtsratsmitglieder einer GmbH sind grundsätzlich zur Verschwiegenheit verpflichtet. Das ergibt sich auch aus § 52 GmbHG, der auf die entsprechenden Vor- **800**

---

28 Dazu *Eisenhardt*, FS Pfeiffer, S. 839, 847 ff.
29 OLG Frankfurt WM 1981, 1095.
30 Dazu *Schmitt*, in: HK-GmbH-Recht, § 52 Rn. 54 ff.

schriften über die Verschwiegenheitspflicht der Aufsichtsratsmitglieder und Organvertreter einer AG verweist. Danach sind Gegenstand der Verschwiegenheitspflicht vor allem „vertrauliche Angaben und Geheimnisse der Gesellschaft, namentlich Betriebs- oder Geschäftsgeheimnisse“ (§ 93 Abs. 1 AktG)[31].

2. Der Aufsichtsrat in der mitbestimmten GmbH

801 Auf Gesellschaften mit weniger als 2 000 aber mindestens 500 Arbeitnehmern findet das Drittelbeteiligungsgesetz (DrittelBG) Anwendung. Danach ist der Aufsichtsrat mit einem Drittel mit Arbeitnehmervertretern und zu zwei Dritteln mit Anteilseignervertretern zu besetzen. Nach § 1 Abs. 1 Nr. 3 DrittelBG ist der Aufsichtsrat bei GmbHs, die regelmäßig mehr als 500 Arbeitnehmer beschäftigen, zwingend vorgeschrieben.

802 Die GmbH ist in § 1 Abs. 1 S. 1 MitbestG 1976 ausdrücklich als der paritätischen Mitbestimmung unterliegende Gesellschaftsform erwähnt. Wenn bei einer GmbH mehr als 2 000 Arbeitnehmer regelmäßig beschäftigt sind, muss sie einen **paritätisch besetzten Aufsichtsrat** bilden. Der Aufsichtsrat in der mitbestimmten GmbH hat nicht denselben Umfang an Aufgaben wie der der AG. Jedenfalls hat er die **Personalkompetenz** im Hinblick auf die Leitung der GmbH. Der Aufsichtsrat **bestellt** nicht nur die **Geschäftsführer** (§ 31 MitbestG 1976), er ist auch für die Gestaltung und den Abschluss der **Anstellungsverträge** mit ihnen zuständig (BGHZ 89, 48). Dem Aufsichtsrat obliegt als wichtige Aufgabe die **Überwachung der Geschäftsführung** (§ 25 Abs. 1 Nr. 2 MitbestG 1976 i.V.m. § 111 AktG). Dass den Gesellschaftern ungeachtet der Kompetenz des Aufsichtsrats gegenüber den Geschäftsführern noch ein **Weisungsrecht** (§ 37 GmbHG) zusteht, ist unstreitig. Umstritten ist hingegen, wie weit dieses Weisungsrecht reicht. Gem. § 111 Abs. 4 S. 2 AktG ist der Aufsichtsrat befugt festzulegen, dass bestimmte Arten von Geschäften nur mit seiner **Zustimmung** vorgenommen werden dürfen.

803 Der Wortlaut des § 1 MitbestG 1976 lässt vermuten, dass in einer **GmbH & Co. KG** nur die GmbH der Mitbestimmung unterliegt, denn in dieser Gesellschaftskonstruktion ist nur die GmbH Kapitalgesellschaft. Wäre dies zutreffend, so ließe sich die Mitbestimmungsregelung in einer GmbH & Co. KG mit über 2 000 regelmäßig beschäftigten Arbeitnehmern dadurch umgehen, dass die GmbH mit möglichst wenig eigenen Arbeitnehmern ausgestattet wird, so dass die in § 1 Abs. 1 MitbestG 1976 vorgeschriebene Beschäftigtenzahl unterschritten wird. Die KG als Personengesellschaft würde dann, auch wenn sie regelmäßig mehr als 2 000 Arbeitnehmer beschäftigt, nicht der Mitbestimmung unterliegen. Auf diese Weise könnten sich auch große Unternehmen der Mitbestimmung entziehen, wenn sie die Gesellschaftsform der GmbH & Co. KG wählten.

804 Diese Möglichkeit will § 4 MitbestG 1976 verbauen. Danach unterliegt eine Kapitalgesellschaft (AG und GmbH), wenn sie persönlich haftende Gesellschafterin einer KG ist, unter bestimmten Voraussetzungen auch dann der paritätischen Mitbestimmung, wenn nicht sie selbst, sondern die KG mehr als 2 000 Arbeitnehmer beschäf-

31 Zu den Einzelheiten vgl. *Gaul*, GmbHR 1986, 296 ff.

tigt. Wenn die Mehrheit der Kommanditisten in der KG gleichzeitig an der GmbH mit Mehrheit beteiligt sind und die GmbH nicht einen eigenen Geschäftsbetrieb mit regelmäßig mehr als 500 Beschäftigten hat, so gelten die Arbeitnehmer der KG als Arbeitnehmer der GmbH. § 4 Abs. 2 MitbestG 1976 sieht zusätzlich vor, dass die mitbestimmte GmbH von der Führung der Geschäfte der KG nicht ausgeschlossen werden kann. Bei der Komplementär-GmbH ist dann ein Aufsichtsrat zu bilden, der die Geschäftsführer bestellt, abberuft etc.

Lösung zu Fall 50: Die X-GmbH könnte gegen A einen Anspruch aus § 812 Abs. 1 BGB auf Zahlung von 25 000 € erworben haben. Das setzt voraus, dass die Zahlung der Geldsumme von der X-GmbH an A ohne rechtlichen Grund erfolgt ist. Der Rechtsgrund für die Zahlung sollte ein Darlehensvertrag sein, den A als Geschäftsführer der GmbH für diese und gleichzeitig für sich selbst abgeschlossen hat. Nach § 35 GmbHG ist A als Geschäftsführer gesetzlicher Vertreter der X-GmbH. Indem er als solcher für die GmbH und gleichzeitig für sich selbst einen Darlehensvertrag abschloss, nahm er ein nicht gestattetes Insichgeschäft i.S.d. § 181 BGB vor. Der Darlehensvertrag war deshalb zunächst schwebend unwirksam. Er konnte wirksam werden durch eine Genehmigung des dafür zuständigen Organs der GmbH. Das ist die Gesamtheit der Gesellschafter (§ 45 GmbHG i.V.m. § 7 des Gesellschaftsvertrages). X und Y haben, indem sie per Beschluss den A aufforderten, die als Darlehen ausgezahlte Summe an die Gesellschaft zurückzuzahlen, die Genehmigung zu dem schwebend unwirksamen Vertrag verweigert. Damit wurde der Vertrag endgültig nichtig. Eine Rechtsgrundlage für die Zahlung von 25 000 € von der X-GmbH an A existiert nicht. Infolgedessen hat die X-GmbH gegen A Mitte Oktober einen Anspruch aus § 812 Abs. 1 BGB auf Zahlung von 25 000 €. 805

§ 41 Die Mitgliedschaft

Fall 51: A hält 51 % des Stammkapitals der B-GmbH, die sich darauf spezialisiert hat, Fotopapier mit einer besonderen Farbempfangsschicht so zu präparieren, dass es für herkömmliche Tintenstrahldrucker und damit für den Heimgebrauch geeignet ist. Aufgrund der Satzung der B-GmbH ist A dazu berechtigt, den Geschäftsführer der B-GmbH vorzuschlagen und jederzeit abzuberufen. Als die Nachfrage nach Fotopapier für Tintenstrahldrucker wegen der rasant fortschreitenden Verbreitung von Digitalkameras immer größer wird und die B-GmbH an ihre Kapazitätsgrenzen stößt, beschließt A, auf eigene Rechnung qualitativ gleichwertiges Fotopapier aus Japan zu importieren und in Konkurrenz zur B-GmbH auf dem Markt anzubieten. C und D, die ebenfalls Gesellschafter der B-GmbH sind, haben Bedenken gegen die Zulässigkeit dieses Vorhabens. **Rn. 844** 806

Literatur: *Armbrüster*, Wettbewerbsverbote im Kapitalgesellschaftsrecht, ZIP 1997, 1269 ff.; *Grunewald*, Einsichts- und Auskunftsrecht des GmbH-Gesellschafters nach neuem Recht, ZHR 146 (1982), 211 ff.; *Gustavus*, Das Informationserzwingungsverfahren nach § 51b GmbHG in der Praxis, GmbHR 1989, 181 ff.; *Kort*, Offene Fragen zu Gesellschafterliste; Gesellschafterstellung und gutgläubigem Anteilserwerb, GmbHR 2009, 169 ff.; *D. Mayer*, Die Zulässigkeit von Stimmrechtsvereinbarungen im GmbH-Recht, GmbHR 1990, 61 ff.; *Pentz*, Verdeckte Sacheinlagen nach dem MoMiG und prozessuale Folgen des Übergangsrechts, GmbHR 2009, 126 ff.; *Raiser*, 100 Bände BGHZ: GmbH-Recht, ZHR 151 (1987), 422 ff.

I. Der Begriff der Mitgliedschaft

807 Die Mitgliedschaft eines Gesellschafters einer GmbH stellt die Gesamtheit der Rechte und Pflichten dar, in der der Gesellschafter zur Gesellschaft und zu den übrigen Gesellschaftern steht. Das Gesetz bezeichnet die Mitgliedschaft als Geschäftsanteil. Die Mitgliedschaft ist einerseits ein **subjektives Recht**, der Gesellschafter kann seinen Geschäftsanteil ja gem. § 15 GmbHG übertragen (im Folgenden III.), andererseits ist sie auch ein **Rechtsverhältnis** zur GmbH und den Mitgesellschaftern, aus dem sich vielfältige Einzelrechte und Pflichten ergeben (im Folgenden Rn. 808 ff.).

II. Rechte und Pflichten der Gesellschafter

1. Überblick

808 Wie bei der AG kann man die Rechte des Gesellschafters an einer GmbH in zwei Gruppen einteilen, in:

- die **Vermögensrechte** und
- die **Mitverwaltungsrechte**.

Der verbandsrechtliche Grundsatz der Gleichbehandlung der Gesellschafter gilt auch im Recht der GmbH. Demzufolge ist eine willkürliche, sachlich nicht gerechtfertigte unterschiedliche Behandlung der Gesellschafter verboten. Das bedeutet allerdings nicht, dass die Gewährung unterschiedlicher Rechte im Gesellschaftsvertrag nicht erlaubt ist; sie muss lediglich sachlich gerechtfertigt sein und darf nicht den Charakter der Willkür tragen[1].

2. Die Rechte

a) Vermögensrechte

809 Zu den Vermögensrechten zählen vor allem die Ansprüche auf den **Gewinnanteil** (§ 29 Abs. 1 GmbHG) und auf die **Abwicklungsquote** im Falle der Liquidation der Gesellschaft (§ 72 GmbHG). Die Verteilung erfolgt im Verhältnis der Gesellschaftsanteile, sofern die Satzung nichts Anderes bestimmt (§§ 29 Abs. 3, 72 GmbHG). Im Falle des Ausscheidens ergibt sich ein Abfindungsanspruch, näher s.u. Rn. 841 f. Zu den Vermögensrechten ist ferner das Bezugsrecht zu zählen, dazu bereits oben Rn. 768).

Gem. § 29 Abs. 1 GmbHG können die Gesellschafter **grundsätzlich Vollausschüttung** des Gewinns verlangen. Da aber eine ständige Vollausschüttung oder auch nur die Ausschüttung eines überwiegenden Teils der Gewinne betriebswirtschaftlich in der Regel nicht vertretbar ist, wird in der Praxis häufig von der Möglichkeit Gebrauch gemacht, durch den **Gesellschaftsvertrag** eine andere als die gesetzliche Regelung zu treffen. Gem. § 29 Abs. 2 GmbHG kann durch Beschluss der Gesellschafterversammlung mit einfacher Mehrheit von der Vollausschüttung des Gewinns abgesehen und Beträge in Rücklagen eingestellt oder als Gewinn vorgetragen werden.

1 Zu alldem BGHZ 116, 359, 373.

b) Informationsrechte

§ 51a GmbHG gewährt jedem Gesellschafter ein **Auskunfts- und Einsichtsrecht.** Von dieser gesetzlichen Regelung kann im Gesellschaftsvertrag nicht abgewichen werden (§ 51a Abs. 3 GmbHG). Der Anspruch des Gesellschafters auf Information zählt zu den Mitverwaltungsrechten und richtet sich gegen die Gesellschaft selbst, die Trägerin der Informationspflicht ist[2]. Die Geschäftsführer müssen gem. § 51a Abs. 1 GmbHG jedem Gesellschafter auf Verlangen unverzüglich Auskunft über die Angelegenheiten der Gesellschaft geben und die Einsicht in Bücher und Schriften gestatten. Gegenstand des Auskunftsrechts sind die Angelegenheiten der Gesellschaft. Für dessen Inanspruchnahme ist es nicht erforderlich, dass er ein besonderes Interesse an dem Erhalt der Information dartut[3]. Das bedeutet zwar nicht, dass der einzelne Gesellschafter ein Recht hat, nach den Alltäglichkeiten in der GmbH zu fragen[4]. Die Einschränkung, die sich für die AG aus § 131 Abs. 1 AktG ergibt (die Auskunft muss zur Beurteilung des Gegenstands der Tagesordnung der Hauptversammlung erforderlich sein), existiert im GmbH-Recht jedoch nicht. Der im Vergleich mit dem Aktienrecht **weitere Umfang des Auskunftsrechts** bei der GmbH wird mit dem sehr viel größeren Risiko der Beteiligung an einer GmbH erklärt[5]. 810

Angelegenheiten der Gesellschaft sind vor allem solche Tatsachen, die die **Unternehmensleitung** betreffen und für die **Gewinnermittlung und -verwendung** wesentlich sind. Zu den Angelegenheiten der Gesellschaft i.S.d. § 51a GmbHG gehören bei einer GmbH & Co. KG zu denen der GmbH auch stets diejenigen der KG[6]. Das bedeutet, dass das Einsichtsrecht als Teil eines einheitlichen Informationsanspruchs des GmbH-Gesellschafters sich auch auf die Bücher und Schriften der KG erstreckt. Dafür spricht, dass sich in einer GmbH & Co. KG das unternehmerische Geschehen dann, wenn eine GmbH keinen eigenen Geschäftsbetrieb hat, sondern nur der Geschäftsführung und Verwaltung der KG dient, allein in der KG abspielt. Darüber hinaus wird die Komplementär-GmbH wegen ihrer unbeschränkten Haftung von allen Angelegenheiten der KG maßgeblich berührt[7]. 811

Ein Recht zur **Verweigerung der Auskunft** besteht, wenn zu besorgen ist, dass der Gesellschafter die Information zu gesellschaftsfremden Zwecken verwenden und dadurch der Gesellschaft oder einem verbundenen Unternehmen einen nicht unerheblichen Nachteil zufügen wird[8]. Die Verweigerung bedarf eines **Beschlusses** der Gesellschafter (§ 51a Abs. 2 GmbHG). Wird einem Gesellschafter das Auskunfts- und Einsichtsrecht gem. § 51a GmbHG verweigert, kann er ein Informationserzwingungsverfahren gem. § 51b GmbHG einleiten[9]. Das Informationsrecht des GmbH-Gesellschafters **endet**, wenn er nicht mehr Gesellschafter ist[10]. 812

---

2 BGH WM 1997, 1052 f.
3 OLG Stuttgart OLGZ 1983, 184 ff.
4 *Grunewald*, ZHR 146 [1982], 211, 237.
5 *Noack*/Servatius/Haas, GmbHG, § 51a Rn. 10.
6 OLG Hamm GmbHR 1986, 384; vgl. auch BGH WM 1988, 1447, 1448.
7 OLG Düsseldorf WM 1990, 1823.
8 Zu Einzelheiten *Bartl* in: HK-GmbH-Recht, § 51a Rn. 40 ff.
9 Zur Praxis und zu Verfahrensfragen s. *Gustavus*, GmbHR 1989, 181 ff.
10 BGH NJW 1989, 225.

c) Das Stimmrecht

813 **aa) Grundsatz.** Zu den Mitverwaltungsrechten des GmbH-Gesellschafters zählen ferner das Teilnahmerecht an der Gesellschafterversammlung und das Stimmrecht. Das Stimmrecht ist das Recht, durch Stimmabgabe an Gesellschafterbeschlüssen mitzuwirken. Es ist grundsätzlich mit jedem Geschäftsanteil verbunden. Durch die **Satzung** der GmbH können zwar stimmrechtslose Geschäftsanteile geschaffen werden[11]. Allerdings können nicht alle Geschäftsanteile stimmrechtslos gestellt werden.

814 **bb) Stimmrechtsausschluss.** Das GmbH-Gesetz enthält in § 47 Abs. 4 einige Fälle, in denen Gesellschafter **von Gesetzes wegen** kein Stimmrecht haben und ausüben dürfen **(Stimmverbote)**. So dürfen Gesellschafter, die von folgenden Beschlussgegenständen betroffen werden, nicht mitstimmen:

- Entlastung von Geschäftsführern und Aufsichtsratsmitgliedern,
- Vornahme von Rechtsgeschäften,
- Einleitung oder Erledigung eines Rechtsstreites,
- Befreiung von einer Verbindlichkeit.

Diese Regelung beruht auf der Erwägung, „dass von einem selbst Beteiligten eine Zurückhaltung seiner eigenen Interessen nicht erwartet werden kann“[12]. Allerdings kann dieser Gedanke nicht schon immer dann zu einem Stimmrechtsausschluss führen, wenn sich ein Gesellschafter überhaupt in einem Interessenkonflikt befindet; „eine solche Lösung ginge auf Kosten der Rechtssicherheit und könnte ein sachgerechtes Zusammenwirken der Gesellschafter entsprechend dem Gewicht ihrer Beteiligungen in Frage stellen“[13]. Deshalb darf z.B. ein Gesellschafter auch mit seinen Stimmen sich selbst zum Geschäftsführer (mit)wählen.[14] Das Stimmverbot bei Rechtsgeschäften mit einem Gesellschafter übernimmt im Übrigen eine wichtige Funktion des Schutzes der Minderheit vor der Mehrheit (s.u. Rn. 826 sowie ► W/E GesR II Rn. 497 ff.).

815 **cc) Abspaltungsverbot und Stimmbindung.** Es stellt einen allgemeinen Grundsatz des Personenverbandsrechts dar, dass die aus einer Mitgliedschaft fließenden Verwaltungsrechte, wie das **Stimmrecht**, nicht von der Mitgliedschaft losgelöst übertragen, somit von ihr „abgespalten“ werden können. Das gilt auch für das GmbH-Recht: Das Stimmrecht eines Gesellschafters kann von seinem Geschäftsanteil **losgelöst und** einem anderen, insbesondere einem Nichtgesellschafter übertragen werden, während die übrigen Mitverwaltungs- und sonstigen Beteiligungsrechte dem Inhaber des Geschäftsanteils verbleiben. Bei einer juristischen Person folgt dies schon aus der **„Einheitlichkeit der Mitgliedschaft“**[15]. Vereinbarungen eines Gesellschafters mit anderen Gesellschaftern oder Dritten über die Ausübung des Stimmrechts sind hingegen grundsätzlich zulässig[16]. **Stimmbindungsvereinbarungen** dieser Art können eine einmalige Abstimmung betreffen, aber auch auf Dauer angelegt sein.

---

11 BGHZ 14, 264, 269.
12 BGHZ 51, 209, 215.
13 BGHZ 68, 107, 109.
14 *Wicke*, § 47 GmbHG Rn. 19.
15 BGHZ 43, 261, 267; vgl. auch BayObLG WM 1986, 226 f.
16 BGHZ 48, 163.

d) Nichtigkeit und Anfechtbarkeit von Beschlüssen der Gesellschafterversammlung

Ein weiteres wichtiges Mitverwaltungsrecht des GmbH-Gesellschafters ist das Recht, Beschlüsse der Gesellschafterversammlung angreifen zu können. Über die Nichtigkeit und Anfechtbarkeit von Beschlüssen, die die Gesamtheit der Gesellschaft fasst, enthält das Gesetz keine Vorschriften. Es entspricht jedoch der h.M. in Rechtsprechung und Schrifttum, dass die Regeln des Aktiengesetzes (§§ 241 ff. AktG dazu schon oben Rn. 688 f.) weitgehend analoge Anwendung finden.[17] **816**

Das bedeutet, Beschlüsse der Gesellschafterversammlung der GmbH können **nichtig oder anfechtbar** sein. Wenn sie nichtig sind, kann sich jedermann darauf berufen. Die Organe der Gesellschaft dürfen nichtige Beschlüsse nicht ausführen. Kommt es zum Streit, kann in analoger Anwendung der aktienrechtlichen Vorschriften **Nichtigkeitsklage** erhoben werden (§ 249 AktG). So ist z.B. nach dem für die GmbH entsprechend geltenden § 241 Nr. 1 AktG i.V.m. § 121 Abs. 2 AktG der Beschluss einer Gesellschafterversammlung nichtig, wenn diese von Personen einberufen worden ist, die dazu nicht befugt waren[18]. Ist ein Beschluss lediglich anfechtbar, kann er im Wege der **Anfechtungsklage** GmbH angegriffen werden.

Ob § 246 Abs. 1 AktG – Anfechtungsklage innerhalb eines Monats nach Beschluss- **817** fassung – auf die GmbH entsprechend anwendbar ist, hat der BGH[19] bisher offengelassen. Der BGH[20] geht schon seit einiger Zeit davon aus, dass die dem Aktionär zugebilligte Zeitspanne von einem Monat nach unten hin das **absolute Minimum** dessen ist, was auch dem Gesellschafter der GmbH zur Verfügung stehen muss, so dass eine kürzere Frist – die etwa durch eine entsprechende Satzungsbestimmung festgesetzt wird – keinesfalls mehr als angemessen gelten kann. Wegen typischer Unterschiede zwischen den Gesellschaftsformen der AG und der GmbH sieht der BGH[21] die **Monatsfrist** des § 246 Abs. 1 AktG lediglich als **Leitbild** an und meint, für die Anfechtung von Gesellschafterbeschlüssen gelte im GmbH-Recht nicht die Monatsfrist des § 246 Abs. 1 AktG, sondern eine nach den Umständen des Einzelfalles zu bemessende **angemessene Frist**; welche Frist nun angemessen sei, hänge auch davon ab, ob zur Vorbereitung der Klage schwierige tatsächliche oder rechtliche Fragen zu klären sind[22].

---

17 Siehe z.B. BGH NZG 2008, 317 Rn. 22, näher Scholz/*K. Schmidt*, § 45 GmbHG Rn. 35 ff.
18 BGHZ 87, 1.
19 BGHZ 80, 212, 217; 104, 66, 72.
20 BGHZ 104, 66, 71 f.
21 BGHZ 111, 224.
22 BGH WM 1992, 2017.

3. Die Pflichten

a) Hauptpflichten

818 **aa) Die Pflicht, die Stammeinlage zu erbringen.** Als **Hauptpflicht** übernimmt der Gesellschafter einer GmbH die Pflicht, die **Stammeinlage** zu erbringen, dazu im Detail oben Rn. 757 ff.

819 **bb) Vertragliche Nachschusspflicht.** Anders als das Aktiengesetz kennt das GmbH-Gesetz eine **Nachschusspflicht** der Gesellschafter. Eine solche Nachschusspflicht kann durch den Gesellschaftsvertrag festgelegt werden. Die Gesellschafter können dann beschließen, dass weitere Einzahlungen von den Gesellschaftern erbracht werden müssen (§§ 26, 27 GmbHG).

b) Nebenleistungspflichten

820 Durch den Gesellschaftsvertrag können den Gesellschaftern Nebenleistungspflichten der verschiedensten Art auferlegt werden. Zu solchen durch den Gesellschaftsvertrag festzulegenden Nebenleistungen können z.B. zählen: die Verpflichtung, die Stellung eines **Geschäftsführers** zu übernehmen, besondere **Zahlungs-** oder **Dienstleistungspflichten**.

c) Die Treuepflicht

821 Der BGH[23] geht davon aus, dass nicht nur die Beziehungen zwischen den Gesellschaftern und der GmbH, sondern auch die der Gesellschafter untereinander ähnlich wie bei den Personengesellschaften (s.o. § 5 Rn. 109) von der **gesellschaftsrechtlichen Treuepflicht** bestimmt sein können. Bei der GmbH unterliegen unbeschadet ihrer körperschaftlichen Verfassung die nähere Ausgestaltung ihrer Organisation und ihre wirtschaftliche Betätigung oft in erheblichem Maß dem unmittelbaren Einfluss ihrer Gesellschafter und die inneren Verhältnisse der GmbH können daher auf eine deutliche **Nähe zu den Personengesellschaften** angelegt sein.[24]. Die Gesellschafter einer GmbH trifft also eine allgemeine Treuepflicht mit dem Inhalt, als Mitglieder der GmbH deren Interessen und auch die Interessen der Mitgesellschafter zu wahren, sie insbesondere nicht durch schädigendes Verhalten zu beeinträchtigen. Das **Ausmaß der Treuepflichten** richtet sich in erster Linie danach, ob die GmbH eher kapitalistisch oder eher personalistisch strukturiert ist.

822 Die im Personengesellschaftsrecht geltenden Grundsätze, nach denen die Gesellschafter unter dem Gesichtspunkt der gesellschaftlichen Treuepflicht gehalten sein können, einer Änderung des Gesellschaftsvertrages zuzustimmen, finden grundsätzlich auch auf die **personalistisch ausgestaltete GmbH** Anwendung[25]. Der BGH[26] ist auch der Ansicht, die gesellschaftliche Treuepflicht gebiete es allen Gesellschaftern, der Abberufung eines Gesellschafter-Geschäftsführers zuzustimmen, in dessen Per-

23 BGHZ 65, 15, 18.
24 BGHZ 65, 15, 19.
25 BGHZ 98, 276; grundlegend BGHZ 64, 253, 257.
26 GmbHR 1991, 62.

son wichtige Gründe vorliegen, die sein Verbleiben in der Organstellung für die Gesellschaft unzumutbar machen. Dient eine bestimmte Maßnahme dem Erhalt wesentlicher Werte, die durch die GmbH geschaffen wurden, so kann sich eine aus der Treuepflicht abzuleitende Zustimmungspflicht ergeben, wenn genau die fragliche Maßnahme „objektiv unabweisbar erforderlich" ist.[27] Im konkreten Fall ging es um die Eröffnung neuer Standorte für ein bundesweit tätiges Unternehmen, es war lediglich eine nicht unerhebliche wirtschaftliche Bedeutung für die GmbH festgestellt, das hat der BGH für eine Zustimmungspflicht nicht genügen lassen.[28]

Die schuldhafte Verletzung von Treuepflichten kann eine Schadensersatzpflicht gegenüber der Gesellschaft, aber auch gegenüber einem Gesellschafter begründen, wenn ein entsprechender Schaden entstanden ist[29]. Anspruchsgrundlage ist in einem solchen Fall **§ 280 BGB in Verbindung mit § 242 BGB oder § 705 BGB**. Möglich ist auch eine zum Schadensersatz führende Treuepflichtverletzung der GmbH einem Gesellschafter gegenüber. Dabei hat sich die selbst nicht handlungsfähige GmbH ein etwaiges Verschulden ihres für sie handelnden Geschäftsführers gem. § 31 BGB zurechnen zu lassen[30]. **823**

Das Recht der GmbH kennt kein gesetzliches Wettbewerbsverbot wie das Personengesellschaftsrecht in §§ 112 f. HGB, das allgemein als Ausprägung der Treuepflicht angesehen wird (vgl. dazu Rn. 367 ff.). Im Recht der GmbH ist ein Wettbewerbsverbot von vornherein nur **aus der Treuepflicht abzuleiten**[31]. Der BGH hat ein Wettbewerbsverbot für die Gesellschafter zwar nicht generell anerkannt, es im Einzelfall aber, gestützt auf die Treuepflicht, bejaht[32]. Ein aus der Treuepflicht abgeleitetes Wettbewerbsverbot kann in der GmbH allerdings nur diejenigen Gesellschafter treffen, die **maßgeblichen Einfluss** auf die Geschäftsführung ausüben können. Einen solchen Einfluss hat der Gesellschafter-Geschäftsführer, im Zweifel aber auch der Mehrheitsgesellschafter[33]. **824**

4. Die Gesellschafterklage

Die Verfolgung mitgliedschaftlicher Ansprüche der Gesellschaft gegen ihre Gesellschafter ist in erster Linie eine Aufgabe der Gesellschaftsorgane. Die h.M.[34] erkennt allerdings auch ein Recht des einzelnen Gesellschafters zur Geltendmachung und gerichtlichen Durchsetzung solcher Ansprüche gegen die Gesellschafter an **(Gesellschafterklage)**. Es handelt sich dabei um eine Klage im eigenen Namen auf Leistung an die Gesellschaft **(actio pro socio)**[35]. Sie hat ausschließlich **Ansprüche der Gesellschaft gegenüber Gesellschaftern** zum Gegenstand, nicht aber solche gegenüber Dritten und (Fremd-)Geschäftsführern. **825**

27 BGH NZG 2016, 781 Rn. 13 m.w.N.
28 BGH NZG 2016, 781 Rn. 18 m.w.N.
29 Vgl. BGHZ 65, 15, 21; BGH GmbHR 1992, 104 ff.
30 BGH GmbHR 1992, 104, 105.
31 *Raiser*, ZHR 151 [1987], 422, 428 f.
32 Zurückhaltend BGHZ 104, 246, 251 f.
33 *Armbrüster*, ZIP 1997, 1269, 1273.
34 Noack/Servatius/Haas/*Fastrich*, GmbHG, § 13 Rn. 36 ff. mit Nachw.; siehe näher ▸ W/E GesR II Rn. 484 ff.
35 Dazu *Bartl*, in: HK-GmbH-Recht, § 46 Rn. 99 ff.

5. Minderheitenschutz

826 Ebenso wie das Aktienrecht kennt auch das GmbH-Recht einen Minderheitenschutz, der durch die Verleihung von Minderheitsrechten gewährleistet wird. Ein Minderheitsrecht ist z.B. das Recht von Gesellschaftern, deren Geschäftsanteile zusammen mindestens dem zehnten Teil des Stammkapitals entsprechen, die **Einberufung der Gesellschafterversammlung** verlangen zu können (§ 50 Abs. 1 GmbHG). Die gleiche Minderheit kann auch verlangen, dass Gegenstände zur **Beschlussfassung der Versammlung** angekündigt werden (§ 50 Abs. 2 GmbHG). Zum Instrumentarium des gesetzlichen Minderheitenschutzes zählen auch das **Auskunfts- und Einsichtsrecht** (§§ 51a, 51b GmbHG). Besonders zu erwähnen ist der Schutz durch das Stimmverbot des § 47 Abs. 4 S. 2 GmbHG. Dieses verhindert nämlich, dass ein Mehrheitsgesellschafter über unfaire Austauschgeschäfte zum Nachteil der GmbH die Kasse der Gesellschaft leer räumt. Denn die Minderheit kann verlangen, dass über das jeweilige Geschäft in der Gesellschafterversammlung abgestimmt wird und es verhindern, weil auch ein Mehrheitsgesellschafter gem. § 47 Abs. 4 S. 2 GmbHG nicht stimmbefugt ist, wenn es um Geschäfte mit der GmbH geht. Im Ergebnis weist das GmbH-Recht daher ein dem Aktienrecht deutlich überlegenes Niveau des Minderheitenschutzes auf[36].

III. Der Erwerb der Mitgliedschaft

1. Überblick

827 Die Mitgliedschaft an einer GmbH kann auf verschiedene Art und Weise erworben werden:

- bei der Gründung durch die Übernahme einer **Stammeinlage**;
- später durch **Erwerb** des Geschäftsanteils im Wege eines Veräußerungsgeschäfts oder durch Erbfolge.

Nach dem Vorbild des Aktienregisters gelten nur diejenigen Personen als Gesellschafter, die in eine zum Handelsregister einzureichende **Gesellschafterliste** eingetragen sind. So können Geschäftspartner der GmbH lückenlos nachvollziehen, wer hinter der Gesellschaft steht. Wird bei der Gründung der GmbH das Musterprotokoll verwandt, so ist die Gesellschafterliste Teil desselben.

828 Der Geschäftsanteil ist grundsätzlich ohne die Zustimmung der anderen Gesellschafter **frei veräußerlich** und **vererblich**. In der **Satzung** ist jedoch häufig bestimmt, dass die Veräußerung eines Geschäftsanteils der **Genehmigung** der übrigen Gesellschafter bedarf (§ 15 Abs. 1 und 5 GmbHG, sog. Vinkulierung). Wenn die Satzung einer GmbH vorsieht, dass die Gesellschaftsanteile nur mit Genehmigung der Gesellschaft abgetreten werden können (§ 15 Abs. 5 GmbHG), so erteilt diese Genehmigung der Geschäftsführer. Falls die Satzung ihm nicht die alleinige Entscheidungsbefugnis zuweist, bedarf er dazu im Innenverhältnis allerdings eines Beschlusses der Gesellschafter[37].

36 Ausführlich ► W/E GesR II Rn. 496 ff.
37 BGH NJW 1988, 2241.

2. Die Veräußerung

Die Veräußerung eines Geschäftsanteils erfolgt durch ein Verpflichtungsgeschäft, in dem die **Verpflichtung zur Abtretung des Geschäftsanteils** begründet wird (in der Regel ein Kaufvertrag), und ein Verfügungsgeschäft, mit dem die Abtretung vorgenommen wird (§§ 413, 398 BGB). Verpflichtungs- und Verfügungsgeschäfte bedürfen der notariellen Beurkundung (§ 15 GmbHG). Die Veräußerung eines Geschäftsanteils ist eine Veränderung, die den Geschäftsführer dazu verpflichtet, unverzüglich eine von ihm unterschriebene Gesellschafterliste zum **Handelsregister** einzureichen, aus der sich der gegenwärtige Stand der Gesellschafterbeteiligungen ergibt (§ 40 Abs. 1 GmbHG). Im Verhältnis zur Gesellschaft gelten im Falle einer Veränderung nur diejenigen als Inhaber eines Geschäftsanteils, die in die zum Handelsregister eingereichte Gesellschafterliste eingetragen sind (§ 16 Abs. 1 GmbHG). Falls die Einlageverpflichtung durch den übertragenden Gesellschafter noch nicht oder nicht vollständig erbracht worden ist, **haftet** der Erwerber neben dem Veräußerer (§ 16 Abs. 2 GmbHG). Die Abtretung eines GmbH-Anteils kann wegen arglistiger Täuschung (§ 123 Abs. 1 BGB) oder Irrtums (§ 119 BGB) nach den bürgerlich-rechtlichen Vorschriften **angefochten** werden. Die Rückwirkung der Anfechtung (§ 142 BGB) erfasst allerdings lediglich die Rechtsbeziehungen zwischen **Veräußerer und Erwerber**. Die Fehlerhaftigkeit des Anteilserwerbs und eine daran anknüpfende Rückwirkungsfolge der Anfechtung ist auf die Rechtsbeziehungen zwischen Gesellschaft und Gesellschafter ohne Einfluss. Der Bestand der Gesellschaft wird ebenfalls nicht berührt[38]. 829

3. Der gutgläubige Erwerb von Geschäftsanteilen

Gem. § 16 Abs. 3 GmbHG besteht die Möglichkeit, dass ein Erwerber einen Geschäftsanteil durch ein Rechtsgeschäft gutgläubig **vom Nichtberechtigten** erwirbt. Voraussetzung dafür ist, dass der Veräußerer als Inhaber des Geschäftsanteils in der im Handelsregister aufgenommenen **Gesellschafterliste eingetragen** ist und die unrichtige Eintragung in der Gesellschafterliste für mindestens **drei Jahre unbeanstandet** geblieben ist. Entsprechendes gilt auch für den Fall, dass die Eintragung in die Gesellschafterliste zwar weniger als drei Jahre unrichtig, die Unrichtigkeit dem wahren Berechtigten aber zuzurechnen ist. Unter diesen Umständen gilt der Inhalt der Liste dem Erwerber gegenüber als richtig. 830

Wenn der Geschäftsanteil, um den es geht, überhaupt **nicht existiert**, scheidet ein gutgläubiger Erwerb aus. Ein gutgläubiger lastenfreier Erwerb soll ebenfalls nicht möglich sein, obwohl dies einem konsequenten und effektiven Gutglaubensschutz entsprochen hätte. Nicht geschützt ist auch der gute Glaube an die bloße Verfügungsbefugnis des Veräußerers[39]. Der Erwerber ist **nicht gutgläubig**, wenn er die mangelnde Berechtigung kennt oder ihm dieselbe infolge grober Fahrlässigkeit unbekannt ist. Der gutgläubige Erwerb ist ebenfalls ausgeschlossen, wenn der Gesellschafterliste ein **Widerspruch** zugeordnet worden ist. Die Zuordnung eines Widerspruchs erfolgt aufgrund einer einstweiligen Verfügung oder aufgrund der Bewilligung desjenigen, ge- 831

38 BGH NJW 1990, 1915.
39 *Kort*, GmbHR 2009, 169, 174 mit Nachw.

gen dessen Berechtigung sich der Widerspruch richtet. Die Gefährdung des Rechts des Widersprechenden muss nicht glaubhaft gemacht werden (§ 16 Abs. 3 S. 5 GmbHG)[40]. Hat jemand aufschiebend bedingt einen Geschäftsanteil erworben, war umstritten, ob er schon während der Schwebezeit einen Widerspruch eintragen lassen kann, um sich auf diese Weise vor weiteren Verfügungen des Verkäufers zu schützen. Der BGH hat das im Ergebnis zu Recht abgelehnt.[41]

4. Die Vererbung

832 Der GmbH-Anteil ist vererblich (§ 15 Abs. 1 GmbHG). Mit dem Tode seines Inhabers geht er auf den oder die Erben über (§ 1922 BGB). Einer Mitwirkung der übrigen Gesellschafter dazu bedarf es nicht. Ob dann aber der oder die Erben Gesellschafter bleiben können, richtet sich danach, welche Regelung für diesen Fall in dem **Gesellschaftsvertrag** getroffen worden ist.

Der Gesellschaftsvertrag kann bestimmen, dass an Stelle des durch Tod ausscheidenden Gesellschafters ein oder mehrere neue Gesellschafter in die GmbH eintreten sollen. Er kann auch den Kreis der nachfolgeberechtigten Erben einschränken[42]. Das kann durch namentliche Nennung, durch **zahlenmäßige Beschränkung** (Beispiel: „nur ein Erbe"), durch Eingrenzung mittels bestimmter **Kriterien** (Beispiel: „Der eintretende Gesellschafter muss Betriebswirt sein.") oder auch durch ein **Auswahlrecht** der Mitgesellschafter aus dem Kreise der Erben geschehen.

Gem. § 18 Abs. 1 GmbHG können mehrere Erben die Rechte aus dem Geschäftsanteil nur gemeinschaftlich ausüben. Die Vererbung eines Geschäftsanteils ist eine Veränderung, die den Geschäftsführer dazu verpflichtet, gem. § 40 GmbHG eine aktualisierte Gesellschafterliste zum **Handelsregister** einzureichen.

5. Der Erwerb eigener Anteile

833 Dass die GmbH eigene Anteile erwerben kann, soweit sie damit nicht gegen die Vorschriften des § 33 Abs. 1 und 2 GmbHG verstößt, eine Vorschrift, die der Erhaltung des Stammkapitals dient, ist unbestritten. Diskutiert wird sogar, ob die GmbH sämtliche Geschäftsanteile erwerben kann. In diesem Zusammenhang wird der Begriff der **Keinmann-GmbH** benutzt[43]. Die sog. Keinmann-GmbH spielt in der Praxis allerdings keine große Rolle. Grundsätzlich wird aber das Halten sämtlicher Anteile durch die GmbH selbst (also die Keinmann-GmbH) als Dauerzustand für nicht zulässig erachtet, da dann kein funktionsfähiges Willensbildungsorgan mehr vorhanden ist. Gestritten wird lediglich darüber, ob die Gesellschaft für einen nur **kurzen Übergangszeitraum** als Keinmann-GmbH bestehen kann[44].

834 Was für den Fall des Erwerbs eigener Geschäftsanteile durch die GmbH mit den aus dem Geschäftsanteil erwachsenden Rechten und Pflichten geschieht, ist nicht gesetz-

40 Dazu *Bartl*, in: HK-GmbH-Recht, § 16 Rn. 55.

41 BGH NZG 2011, 1268, zustimmend *Kort*, DB 2011, 2897, ablehnend etwa *Bayer*, GmbHR 2011, 1154 ff.

42 Zur Problematik s. BGHZ 92, 386 ff.

43 Noack/Servatius/Haas/*Kersting*, GmbHG, § 33 Rn. 19 mit Nachw.

44 Noack/Servatius/Haas/*Kersting*, GmbHG, § 33 Rn. 19; Scholz/*Westermann*, GmbHG, § 33 Rn. 44; Hachenburg/*Hohner*, GmbHG, § 33 Rn. 85 ff.

lich geregelt. Grundsätzlich ist wohl davon auszugehen, dass Rechte und Pflichten **ruhen**[45].

Nach h.M.[46] ruhen die Stimmrechte in der Zeit, in der die GmbH Anteilseigner ist. Das ergibt sich schon aus der Überlegung, dass die Geschäftsführung an einer Abstimmung nicht teilnehmen darf, durch die *ihr* Wille erst gebildet wird. Ließe man die Geschäftsführung das Stimmrecht für eigene Anteile der GmbH ausüben, so könnte das zu einer unangemessenen Verschiebung der Stimmverhältnisse zugunsten der Verwaltung führen. Ruhen des Stimmrechts bedeutet, dass es **nicht ausgeübt** werden kann. Bei der Berechnung der Stimmenmehrheit zählen eigene Anteile nicht mit; auch bei der Berechnung einer statuarischen oder gesetzlichen Quote des Stammkapitals sind eigene Geschäftsanteile nicht mitzurechnen[47]. Auf diese Weise sind die Gesellschaftsanteile, die sich in den Händen der übrigen Gesellschafter befinden, gleich 100 %[48]. Die Konsequenz daraus ist, dass die Stimmkraft der anderen Geschäftsanteile sich ändert. Das kann sogar dazu führen, dass ein bis dahin knapp unter der Grenze der Mehrheitsbeteiligung beteiligter Gesellschafter die Mehrheit gewinnt[49]. Zu den übrigen Mitverwaltungsrechten zählen insbesondere die Minderheitsrechte aus § 50 GmbHG (u.a. das Recht auf Einberufung einer Gesellschafterversammlung), das Auskunfts- und Einsichtsrecht (§ 51a GmbHG) sowie das Recht zur klageweisen Anfechtung eines Gesellschafterbeschlusses. Diese Mitverwaltungsrechte ruhen ebenfalls[50].

Was mit dem **Gewinnbezugsrecht** geschieht, wenn die GmbH eigene Anteile erwirbt, ist strei- **835**
tig[51]. Sinnvoll ist wohl die folgende Unterscheidung:

- War der Gewinn auf den eigenen Geschäftsanteil beim Erwerb des Geschäftsanteils durch die GmbH **bereits entstanden**, weil der Gewinnverwendungsbeschluss schon gefasst, der Gewinn aber noch nicht ausbezahlt war, so steht der Gewinn der Gesellschaft zu[52].
- Für den Fall, dass ein Gewinnanspruch auf den erworbenen eigenen Anteil **noch nicht entstanden** war, muss der auf die eigenen Anteile entfallende Gewinn allerdings auch irgendwie in Erscheinung treten. Zweckmäßig ist es, auch weiterhin eine Gewinnberechtigung auf die eigenen Geschäftsanteile anzunehmen. Der zugunsten der eigenen Geschäftsanteile entstehende Gewinn fällt allerdings nicht der GmbH zu; er wächst vielmehr den verbleibenden Gesellschaftern unmittelbar pro rata, d.h. im Verhältnis ihrer Geschäftsanteile untereinander zu[53]. Den verbleibenden Gesellschaftern steht dieser Gewinnanspruch aus ihren eigenen Mitgliedschaftsrechten und nicht aus einem von der Gesellschaft abgeleiteten Recht zu[54].

Wenn die Gesellschaft eigene Anteile erworben hat, ist es ihr unbenommen, dieselben **836**
jederzeit wieder zu veräußern. Auch der Erwerb eigener Anteile durch die GmbH verpflichtet den Geschäftsführer, nach § 40 GmbHG eine aktualisierte Gesellschafterliste zum Handelsregister einzureichen.

45 Zu den Einzelheiten Noack/Servatius/Haas/*Kersting*, GmbHG, § 33 Rn. 22 ff. m. Nachw.
46 BGH GmbHR 1995, 291; Noack/Servatius/Haas/*Kersting*, GmbHG, § 33 Rn. 24; Scholz/*Westermann*, GmbHG, § 33 Rn. 37.
47 Noack/Servatius/Haas/*Kersting*, GmbHG, § 33 Rn. 24; Rowedder/Schmidt-Leithoff/*Pentz*, GmbHG, § 33 Rn. 47.
48 Rowedder/Schmidt-Leithoff/*Pentz*, GmbHG, § 33 Rn. 47.
49 Rowedder/Schmidt-Leithoff/*Pentz*, GmbHG, § 33 Rn. 47; Scholz/*Westermann*, GmbHG, § 33 Rn. 37.
50 Scholz/*Westermann*, GmbHG, § 33 Rn. 37.
51 S. die Übersicht bei Scholz/*Westermann*, GmbHG, § 33 Rn. 33.
52 Rowedder/Schmidt-Leithoff/*Pentz*, GmbHG, § 33 Rn. 45.
53 Rowedder/Schmidt-Leithoff/*Pentz*, GmbHG, § 33 Rn. 45; Scholz/*Westermann*, GmbHG § 33 Rn. 33.
54 So BGH GmbHR 1995, 291.

IV. Der Verlust der Mitgliedschaft

1. Überblick

837 Der Verlust der Mitgliedschaft tritt in der Regel durch Veräußerung des Geschäftsanteils oder durch die Beendigung der Gesellschaft ein. Außerdem gibt es noch eine Reihe von Möglichkeiten, der Mitgliedschaft verlustig zu gehen, die im Folgenden besprochen werden.

2. Der Austritt eines Gesellschafters

838 Im Gegensatz zum Personengesellschaftsrecht kennt das GmbH-Recht **kein ordentliches Kündigungsrecht** der Gesellschafter. Wegen der grundsätzlich freien Übertragbarkeit der Anteile spielen weder das Kündigungsrecht noch das Austrittsrecht für die Gesellschafter von Kapitalgesellschaften, die aus der Gesellschaft ausscheiden wollen, eine Rolle. Die Frage nach einem ordentlichen Kündigungsrecht bei Kapitalgesellschaften wird nur dann aktuell, wenn die Übertragung der Anteile der Zustimmung der Gesellschaft bedarf, was gem. § 15 Abs. 5 GmbHG durch den Gesellschaftsvertrag festgelegt werden kann. Der Austritt eines Gesellschafters aus der Gesellschaft im Wege der **Kündigung aus wichtigem Grund**, ist auch ohne entsprechende Satzungsregelung nach h.M. **zulässig**[55]. Der BGH[56] sieht die rechtliche Begründung für den Austritt von Gesellschaftern (die Kündigung durch den Gesellschafter) aus wichtigem Grund darin, dass Rechtsverhältnisse von längerer Dauer stark in die Lebensverhältnisse der Beteiligten eingreifen oder eine besondere gegenseitige Interessenverflechtung mit sich bringen und ein persönliches Zusammenarbeiten, ein gutes Einvernehmen oder ein ungestörtes gegenseitiges Vertrauen der Beteiligten erfordern. Nach Ansicht des BGH[57] gehört das Recht des Gesellschafters einer GmbH, bei Vorliegen eines wichtigen Grundes aus der GmbH auszutreten, als **Grundprinzip des Verbandsrechts** zu den zwingenden, unverzichtbaren Mitgliedschaftsrechten. Tritt ein Gesellschafter aus der GmbH aus, muss der Geschäftsführer nach § 40 GmbHG eine aktualisierte Gesellschafterliste zum Handelsregister einreichen.

3. Die Ausschließung eines Gesellschafters

839 Ebenso wenig wie das AktG kennt das GmbHG die Ausschließung eines Gesellschafters bei Vorliegen eines wichtigen Grundes. Da die Situation bei einer GmbH im Hinblick auf ein Ausschließungsbedürfnis in der Regel derjenigen bei Personengesellschaften entspricht, haben Rspr. und Literatur schon seit langem die **Möglichkeit der Ausschließung eines GmbH-Gesellschafters anerkannt** und sich dabei in **Analogie zu § 737 BGB und § 140 HGB** auf das diesen gesetzlichen Vorschriften zugrundeliegende Prinzip der Lösbarkeit von personengebundenen Dauerrechtsverhältnissen ge-

55 BGHZ 9, 157, 161 f.; bestätigt BGH NZG 2014, 541; Noack/Servatius/Haas/*Kersting*, GmbHG, Anhang zu § 34 Rn. 18.
56 BGHZ 9, 157, 161 f.
57 BGHZ 116, 359, 369.

stützt[58]. Der BGH[59] hat überzeugend ein starkes und dringendes Bedürfnis für die Ausschließung eines Gesellschafters bei Vorliegen eines ausschließlich in der Person eines Gesellschafters liegenden Grundes, der die Fortsetzung des Gesellschaftsverhältnisses mit diesem Mitglied **unzumutbar** macht, bejaht. Er hat in diesem Zusammenhang darauf hingewiesen, dass es eine Möglichkeit geben müsse, „den Störenfried aus der Gesellschaft auszuschließen und das Unternehmen, die Firma, den Betrieb mit allen darin steckenden Werten und die vorhandenen Arbeitsplätze zu erhalten". Eine Ausschließung aus wichtigem Grund ist auch dann möglich, wenn die Satzung dies nicht vorsieht[60].

Die Ausschließung als **äußerste Maßnahme** kann nur im Wege der **Ausschließungsklage** erfolgen[61]. Der Gesellschaftsvertrag kann die Ausschließung regeln, insbesondere **Ausschließungsgründe** festlegen und das Ausschließungsverfahren vereinfachen. **840**

Die Satzung einer auf die Mitarbeit aller Gesellschafter angelegten GmbH kann bestimmen, dass die Beendigung der Mitarbeit ein Ausschließungsgrund ist[62]. Nach Ansicht des BGH[63] ist eine vertragliche Vereinbarung, die einem Gesellschafter das Recht einräumt, die Gesellschafterstellung eines Mitgesellschafters nach freiem Ermessen zu beenden, gem. § 138 BGB nichtig, es sei denn, dass eine solche Regelung wegen der besonderen Umstände sachlich gerechtfertigt ist.

Auch für den Fall der Ausschließung eines Gesellschafters hat der Geschäftsführer nach § 40 GmbHG eine aktualisierte Gesellschafterliste zum Handelsregister einzureichen.

4. Die Abfindungsproblematik

Mit der Ausschließung, aber auch mit seinem Austritt verliert der Gesellschafter seinen Geschäftsanteil entweder durch **Abtretung** an andere Gesellschafter oder durch **Einziehung (Amortisation)** seines Anteils durch die Gesellschaft gem. § 34 GmbHG (näher unten Rn. 843). So können z.B. die Gesellschafter einer GmbH, wenn sie die Satzung dazu ermächtigt, einen Mitgesellschafter dadurch ausschließen, dass sie seinen Geschäftsanteil an Mitgesellschafter oder Dritte, in letzterem Fall mit Zustimmung der Mitgesellschafter, abtreten[64]. **841**

In allen Fällen der Ausschließung eines Gesellschafters aus wichtigem Grund und des Austritts eines Gesellschafters aus wichtigem Grund wird die **Abfindungsproblematik** aktuell. Die **Satzung** kann die Abfindung regeln. Die Satzung kann auch Art und Höhe der Abfindung, das Berechnungsverfahren und die Zahlungsmodalitäten regeln; denn ebenso wie bei den Personenhandelsgesellschaften (s. dazu Rn. 184 u. Rn. 449 f.) sind auf Grund der Satzungsautonomie gesellschaftsrechtliche Beschrän- **842**

58 BGHZ 9, 157 ff.; 16, 317 ff.; 80, 346 ff.
59 BGHZ 9, 157, 159.
60 BGH GmbHR 1987, 302.
61 BGHZ 9, 157.
62 BGH NJW 1983, 2880.
63 WM 1990, 1457.
64 BGH NJW 1983, 2880.

kungen des Abfindungsrechts eines GmbH-Gesellschafters grundsätzlich zulässig. Ihr Zweck ist darin zu sehen, den Bestandsschutz der Gesellschaft durch Einschränkung des Kapitalabflusses zu gewährleisten und/oder die Berechnung der Höhe des Abfindungsanspruches zu vereinfachen[65]. Allerdings können derartige Beschränkungen auch unter der Berücksichtigung solcher Zwecke nicht schrankenlos vorgenommen werden, weil sie den **Grenzen der Vertragsfreiheit**, die durch § 138 BGB gezogen werden, unterliegen. Der BGH[66] sieht diese Grenze insbesondere dann überschritten, wenn durch die im Gesellschaftsvertrag enthaltene Abfindungsbeschränkung ein **grobes Missverhältnis** zwischen dem vertraglichen Abfindungsanspruch und dem nach dem vollen wirtschaftlichen Wert zu bemessenden Anspruch entsteht und darin ein Umstand gesehen wird, durch den das Recht des austrittswilligen Gesellschafters, sich zum Austritt zu entschließen, in unvertretbarer Weise eingeengt wird[67]. Allerdings wird eine Klausel nicht allein dadurch unwirksam, dass im Laufe der Zeit ein grobes Missverhältnis zwischen dem Betrag, der sich aufgrund der vertraglichen Abfindungsregelung ergibt, und dem Verkehrswert der Anteile entsteht.[68] Der Informationsanspruch aus § 51a GmbHG (s. dazu Rn. 810 ff.) steht nur dem Gesellschafter, nicht aber dem ausgeschiedenen Gesellschafter zu. Letzterem kann aber ein Einsichtsrecht nach § 810 BGB in die Geschäftsunterlagen zustehen, soweit diese für die Prüfung der Frage von Bedeutung sind, ob ihm Forderungen gegen die Gesellschaft aus der Zeit vor seinem Ausscheiden zustehen[69].

5. Die Einziehung von Geschäftsanteilen

843 Die Einziehung von Geschäftsanteilen (Amortisation) mit und ohne Zustimmung des betroffenen Gesellschafters setzt deren Zulassung in der Satzung voraus (§ 34 GmbHG). Eine solche Regelung ist auch bei Zustimmung des betroffenen Gesellschafters nicht entbehrlich, weil durch die Einziehung die Kräfteverhältnisse innerhalb der Gesellschaft durch Veränderung des Stimmengewichts beeinflusst werden und deshalb gesellschaftsrechtliche Pflichten der verbleibenden Gesellschafter erhöht werden können. Die Einziehung eines Geschäftsanteils gem. § 34 GmbHG bedeutet die **Vernichtung des Geschäftsanteils** und damit der entsprechenden Mitgliedschaftsrechte durch die GmbH. Die Einziehung eines Geschäftsanteils ist vom **Erwerb des Anteils durch die GmbH** zu unterscheiden. Der Erwerb lässt den Anteil bestehen. Sinn und Zweck der Einziehung bestehen u.a. darin, dass dadurch der Ausschluss eines missliebigen Gesellschafters ermöglicht wird; außerdem kann das Eindringen unerwünschter Dritter verhindert werden, wozu es etwa durch die Pfändung des Geschäftsanteils eines Gesellschafters oder durch die Insolvenz eines Gesellschafters kommen könnte. Außerdem kann die Einziehung in gewissem Umfange auch eine Strafe für Zuwiderhandlungen eines Gesellschafters gegen die Zwecke der Gesellschaft darstellen. Auch die Einziehung eines Geschäftsanteils ist eine Veränderung, die den Geschäftsführer verpflichtet, eine aktualisierte Gesellschafterliste zum **Handelsregister** einzureichen (§ 40 GmbHG). Für die Einziehung ist dem ausschei-

65 BGHZ 116, 359, 368.
66 BGHZ 116, 359, 368 f.
67 BGHZ 116, 359, 369 mit Literaturhinweisen.
68 BGHZ 123, 281 ff.
69 BGH WM 1988, 1447, 1448.

denden Gesellschafter das sog. Einziehungsentgelt zu zahlen, das darf freilich nicht unter Verstoß gegen § 30 GmbH (Kapitalerhaltung) erfolgen (§ 34 Abs. 3 GmbHG). Hat die GmbH keine freien Mittel, um das Einziehungsentgelt zu zahlen, ist der Einziehungsbeschluss nichtig.[70]

Lösung zu Fall 51: Das Vorhaben des A wäre unzulässig, wenn A der GmbH gegenüber einem Wettbewerbsverbot unterliegen würde. Das Recht der GmbH kennt kein gesetzliches Wettbewerbsverbot wie das Personengesellschaftsrecht in §§ 112 f. HGB, das allgemein als Ausprägung der Treuepflicht angesehen wird. Im Recht der GmbH ist das Wettbewerbsverbot von vornherein aus der Treuepflicht abzuleiten. Die Treuepflicht als Nebenpflicht gebietet den Gesellschaftern, dass sie zur Verwirklichung des gemeinsamen Zwecks beizutragen und dabei die Belange der Gesellschaft und ihrer Mitgesellschafter zu berücksichtigen haben[71]. Den durch den Gesellschaftsvertrag festgelegten und vereinbarten gemeinsamen Interessen kommt stets Vorrang zu. Für die Wahrnehmung eigener Interessen der Gesellschafter ist nur Raum, wenn dadurch die Belange der Gesellschaft nicht tangiert werden. Soweit die Ausübung eigennütziger, den Gesellschaftern im eigenen Interesse verliehener Gesellschafterrechte in Frage steht, hat die Treuepflicht Schrankenfunktion. Sie verpflichtet den Gesellschafter zur Wahl des schonendsten Mittels bei der Verfolgung seiner Interessen. Der BGH hat ein Wettbewerbsverbot für die Gesellschafter einer GmbH zwar nicht generell anerkannt, es im Ergebnis aber, gestützt auf die Treuepflicht, bejaht[72]. Ein aus der Treuepflicht abgeleitetes Wettbewerbsverbot kann in der GmbH allerdings nur diejenigen Gesellschafter treffen, die maßgeblichen Einfluss auf die Geschäftsführung ausüben können. Einen solchen Einfluss hat der Geschäftsführer, im Zweifel aber auch der Mehrheitsgesellschafter. A hält 51 % der Geschäftsanteile. Außerdem hat er maßgeblichen Einfluss auf die Geschäftsführung, indem er dazu berechtigt ist, den Geschäftsführer der B-GmbH vorzuschlagen und jederzeit abzuberufen. Um zu verhindern, dass A durch seine Kapitalmehrheit sowie das ihm durch die Satzung der GmbH zugestandene Sonderrecht das Unternehmen von innen her aushöhlt oder zerstört, und um einen leistungsfähigen Wettbewerb zu Gunsten eigener Aktivitäten auszuschalten, folgt aus der allgemeinen Treuepflicht der Gesellschafter hier ein Wettbewerbsverbot für A, welches ihm untersagt, als Wettbewerber der B-GmbH am Markt aufzutreten. Sein Vorhaben ist also unzulässig. Realisiert er es dennoch und entsteht der B-GmbH daraus ein Schaden, könnte ein Anspruch der Gesellschaft gegen A aus §§ 280, 241 Abs. 2 BGB entstehen. **844**

§ 42 Besonderheiten bei der Einmann-GmbH

Fall 52: G ist einziger Gesellschafter und Geschäftsführer der R-GmbH, die ein Malergeschäft betreibt. Bei Renovierungsarbeiten in der Wohnung des M beschädigt der Geselle A, der für die R-GmbH im Rahmen des zwischen M und der R-GmbH geschlossenen Vertrages tätig ist, durch Unachtsamkeit ein wertvolles Bild, welches der M in einem Nebenraum, in dem keine Renovierungsarbeiten stattfinden, abgestellt hat. Der Schaden beträgt 11 000 €. M verlangt von G Zahlung dieses Betrages. Zu Recht? **Rn. 852** **845**

70 BGH NZG 2018, 1069

71 *K. Schmidt*, Gesellschaftsrecht, § 59 III 1 b.

72 Zurückhaltend BGHZ 104, 246, 251 f.

I. Begriff und Gründung der Einmann-GmbH

846 Die Gründung einer Einmann-GmbH, bei der sich alle Gesellschaftsanteile in der Hand einer Person vereinigen, durch allein diese eine Person ist zulässig.[1] An die Stelle des Gesellschaftsvertrages tritt die **einseitige notariell beurkundete Erklärung** desjenigen, der die Gesellschaft zu gründen beabsichtigt (§ 1 i.V.m. § 2 Abs. 1 GmbHG). Der Gesetzgeber hat damit das wirtschaftliche Bedürfnis an der Einmann-GmbH als einer wichtigen Form der Unternehmensorganisation, das sich in der weiten Verbreitung der Einmanngesellschaften dokumentiert hatte, anerkannt. Zu den unterschiedlichen Zielsetzungen, denen der planmäßige Einsatz der Einmann-GmbH zu dienen bestimmt und geeignet ist, zählen u.a.:

- die Haftungsbeschränkung im einzelkaufmännischen Unternehmen,
- die Sicherung der Unternehmenskontinuität,
- die Wahrnehmung der Geschäftsführung in einer KG (Komplementär-GmbH),
- der Einsatz der Einmann-GmbH als Instrument der Konzernbildung (zum Konzernrecht siehe weiterführend ▶ W/E GesR II §§ 11–13).

847 Auch bei der Gründung einer Einmann-GmbH entsteht zunächst eine **Vorgesellschaft (Einmann-Vorgesellschaft)**, die bereits einen Rechtsträger darstellt[2]. Auf diese Einmann-Vorgesellschaft sind die Regeln über die Mehrpersonen-Vorgesellschaft anzuwenden. Daraus ergibt sich u.a., dass auch die Einmann-Vorgesellschaft mindestens einen Geschäftsführer haben muss (§ 6 GmbHG)[3]. Um die Kapitalaufbringung bei einer Einmann-Gründung sicherzustellen, ist der Gründer zum Ausgleich für die fehlende Ausfallhaftung der Mitgründer gem. § 24 GmbHG nach § 7 Abs. 2 S. 3 GmbHG verpflichtet, über die in § 7 Abs. 2 S. 1 und 2 GmbHG allgemein vorgeschriebenen Mindesteinzahlungen hinaus für den verbleibenden Teil der Geldeinlage eine **Sicherheit zu bestellen**. Verschärfte Anforderungen betreffend die Kapitalaufbringung bestehen bei der Einmann-Gründung nicht.

848 Auch bei der Einmann-GmbH ist stets zwischen der GmbH als selbstständiger juristischer Person und der Person, in deren Hand sich sämtliche Geschäftsanteile befinden, genau zu unterscheiden.

Beispiel: M und S gründen eine GmbH. Gegenstand des Unternehmens ist ein Getränkegroßhandel. Nach drei Jahren überträgt S seine Geschäftsanteile auf M. Die GmbH hat nun nur noch einen Gesellschafter, nämlich M. Es handelt sich um eine Einmann-GmbH. Wenn M als Geschäftsführer der Einmann-GmbH bei der Donau-Brauerei-AG 3 Hektoliter Bier kauft, so kommt der Kaufvertrag zwischen der GmbH und der Donau-Brauerei AG zustande. Vertragspartner der Donau-Brauerei AG ist nicht M, sondern die GmbH.

Die Einmann-GmbH ist auch für Bund, Länder und Gemeinden eine beliebte Rechtsform, in der sie ihre Versorgungsbetriebe, wie z.B. Verkehrsbetriebe, aber auch ihre gewerblichen Betriebe juristisch und kaufmännisch verselbstständigen können, wenn sie zugleich alle Geschäftsanteile bei sich behalten wollen. Bei einer Konzernbildung kann eine Einmann-GmbH die Aufgaben einer **Dach-, Holding- oder Organgesellschaft** übernehmen.

---

1 Lutter/Hommelhoff/*Bayer*, GmbHG, § 1 Rn. 24.
2 *Bartl*, in: HK-GmbH-Recht, § 11 Rn. 26.
3 Noack/*Servatius*/Haas, GmbHG, § 11 Rn. 41 ff., 43.

II. Die Verfassung der Einmann-GmbH

Bei der Einmann-GmbH hat der alleinige Gesellschafter alle diejenigen Rechte, die bei einer GmbH, an der mehrere Personen beteiligt sind, die Gesamtheit der Gesellschafter hat. Er kann also alle Beschlüsse fassen, für die gem. §§ 46, 47 GmbHG ein Gesellschafterbeschluss notwendig ist. Beschlüsse, die der Gesellschafter (alleine) trifft, sind unverzüglich nach der Beschlussfassung durch eine von ihm unterzeichnete **Niederschrift festzuhalten** (§ 48 Abs. 3 GmbHG). Wegen der Gefahren, die damit verbunden wären, wenn sich der Gesellschafter in jedem Fall auf die Nichtigkeit eines formwidrig gefassten Beschlusses berufen könnte, führt ein Verstoß gegen § 48 Abs. 3 GmbHG nicht zur unheilbaren Nichtigkeit des Beschlusses. Vielmehr ist davon auszugehen, dass sich der Gesellschafter Dritten gegenüber zwar auf beurkundete Beschlüsse berufen kann, sich aber nicht einseitig von formlosen Kundgabeakten distanzieren darf[4]. 849

Der Gesellschafter einer Einmann-GmbH kann zugleich auch deren **Geschäftsführer** sein. Gem. § 35 Abs. 4 GmbHG findet **§ 181 BGB** Anwendung auf Rechtsgeschäfte, die der alleinige Gesellschafter, der zugleich der alleinige Geschäftsführer der GmbH ist, mit der Gesellschaft abschließt. Dies ist z.B. für den Fall bedeutsam, dass der Einmanngesellschafter als Geschäftsführer der GmbH mit sich selbst Darlehensverträge oder Kaufverträge abschließt. Eine **Befreiung vom Verbot des § 181 BGB** ist durch Aufnahme einer (notariell beurkundeten) Bestimmung in den Gesellschaftsvertrag möglich. Zweck des § 35 Abs. 4 GmbHG ist es, durch die **Publizität des Gesellschaftsvertrages** (§ 9 HGB) Gläubiger der Gesellschaft auf die Möglichkeit solcher Geschäfte und damit von Vermögensverlagerungen zwischen dem Gesellschafter und der Gesellschaft hinzuweisen, damit sie sich darauf einstellen können[5]. Die Befreiung vom Verbot des § 181 BGB kann auch noch nach der Gründung durch eine entsprechende Änderung des Gesellschaftsvertrages (Satzungsänderung) geschehen. Aus § 10 Abs. 1 S. 2 GmbHG folgt, dass die Befreiung des Alleingesellschaftergeschäftsführers von dem Verbot, Geschäfte der GmbH mit sich selbst abzuschließen, im **Handelsregister einzutragen** ist[6]. 850

III. Die mögliche Haftung des Gesellschaftergeschäftsführers

Eine **persönliche Haftung** des Gesellschaftergeschäftsführers für die Verbindlichkeiten der Gesellschaft **kann** trotz der Regelung des § 13 Abs. 2 GmbHG aus Pflichtverletzung gem. § 280 i.V.m. §§ 311 Abs. 3 und 241 Abs. 2 BGB **(culpa in contrahendo)** und bei **vorsätzlichem schädigendem Handeln** aus § 826 BGB oder § 823 Abs. 2 BGB i.V.m. § 263 StGB in Betracht kommen. Eine persönliche Haftung des Gesellschaftergeschäftsführers aus culpa in contrahendo kann neben der Entstehung eines Schadens voraussetzen, dass der Geschäftsführer eine **Aufklärungspflicht verletzt** hat. Eine solche Aufklärungspflicht einer Partei kann bei Vertragsverhandlungen u.a. dann entstehen, wenn diese Partei verpflichtet ist, die andere Partei über Be- 851

4 *K. Schmidt*, NJW 1980, 1769, 1776.
5 BayObLG NJW 1981, 1565, 1566.
6 BGHZ 87, 59, 60 ff.; 114, 167.

denken gegen die Wirksamkeit oder Durchführbarkeit des Vertrages aufzuklären, sofern nur ihr die maßgeblichen Umstände bekannt sind und die andere Partei bei Kenntnis dieser Umstände von dem Vertragsschluss Abstand genommen hätte[7]. Eine Eigenhaftung des Gesellschaftergeschäftsführers als Vertreter kommt insbesondere dann in Betracht, wenn der Verhandlungspartner gerade ihm wegen seiner herausragenden Sachkunde oder Vertrauenswürdigkeit ein besonderes Interesse entgegenbringt oder wenn der Vertreter an dem Abschluss des Vertrages selbst ein **unmittelbares, eigenes wirtschaftliches Interesse** hat[8].

852 **Lösung zu Fall 52:** M hätte gegen G einen Anspruch aus §§ 280, 241 Abs. 2 und 278 BGB, wenn G als Gesellschafter für die Verbindlichkeiten der R-GmbH persönlich haften müsste. Eine Verbindlichkeit der Gesellschaft ist entstanden, weil A als Erfüllungsgehilfe (§ 278 BGB) der R-GmbH im Rahmen des zwischen M und der R-GmbH bestehenden Werkvertrages eine Nebenpflicht i.S. des § 241 Abs. 2 BGB, nämlich die Pflicht zur Rücksichtnahme auf die Rechtsgüter anderer, fahrlässig verletzt und damit einen Schaden verursacht hat. Für diese Verbindlichkeit haftet dem Gläubiger M nur das Vermögen der R-GmbH, nicht aber der G mit seinem Privatvermögen. Denn auch auf die Einmann-GmbH ist der § 13 Abs. 2 GmbHG anzuwenden, der die Inanspruchnahme des einzigen Gesellschafters (hier G) ausschließt.

§ 43 Die Haftung der Gesellschafter einer GmbH

853 **Fall 54:** G ist Alleingesellschafter und Geschäftsführer der A-Bau-GmbH. Als die Gesellschaft in wirtschaftlichen Schwierigkeiten steckt, prüft G schnell, ob die A-Bau-GmbH höhere Forderungen gegen Kunden hat, die noch nicht bezahlt sind. Er entdeckt, dass gegen X noch eine Werklohnforderung in Höhe von 23 000 € und gegen Y eine solche in Höhe von 17 000 € offen ist. Er eröffnet bei einer Bank ein neues Konto und teilt beiden Schuldnern mit, dass sich die Kontonummer des Unternehmens geändert habe und sie die fälligen Beträge auf das neue Konto überweisen möchten. X und Y überweisen kurze Zeit später die geschuldeten Beträge auf das neue Konto. G leitet die Beträge auf sein Privatkonto weiter. Zahlungsunfähig ist die A-Bau-GmbH zu diesem Zeitpunkt noch nicht, allerdings kann sie in der Folge berechtigte Forderungen nicht mehr erfüllen, erhält von Lieferanten kein Material mehr und macht sich am Ende dadurch gegenüber verschiedenen Bauherren schadensersatzpflichtig. Nach der dadurch unausweichlichen Eröffnung des Insolvenzverfahrens über das Vermögen der A-Bau-GmbH wird das Handeln des G bekannt. Der zum Insolvenzverwalter bestellte I verlangt von G Zahlung der offenen Forderungen in Höhe von 100 000 € an die Insolvenzmasse. Zu Recht? **Rn. 871**

Literatur: *Altmeppen*, Zur vorsätzlichen Gläubigerschädigung, Existenzvernichtung und materiellen Unterkapitalisierung in der GmbH, ZIP 2008, 1201 ff.; *Eisenhardt*, Zum gegenwärtigen Stand der Durchgriffshaftung bei der GmbH, FS Bitz, S. 422 ff.; *Wackerbarth*, Grenzen der Leitungsmacht in der internationalen Unternehmensgruppe, 2001; *Wilhelm*, Zurück zur Durchgriffshaftung – das „KBV"-Urteil des II. Zivilsenats des BGH vom 24.6.2002, NJW 2003, 175 ff.

---

7 BGH WM 1991, 1548.
8 BGH WM 1991, 1548.

I. Die gesetzlichen Regeln

1. Keine Haftung der Gesellschafter nach der Eintragung

Beispiel: A, B und C gründen eine GmbH, deren Gegenstand der An- und Verkauf von Düngemitteln ist. Das Stammkapital in Höhe von 25 000 € ist voll eingezahlt und der Gesellschaft nicht wieder entzogen worden. C ist Geschäftsführer der GmbH und nimmt im Namen der GmbH bei der Südbank-AG ein Darlehen in Höhe von 100 000 € auf. Es wird vereinbart, dass das Darlehen innerhalb von fünf Jahren zurückzuzahlen ist. Als die GmbH nach fünf Jahren bei Fälligkeit nicht in der Lage ist, den Darlehensbetrag vollständig zurückzuzahlen, will sich die Südbank-AG an C halten. Zu Recht? 854

Nach der Eintragung in das Handelsregister haftet den Gläubigern der GmbH grundsätzlich nur die **GmbH mit ihrem Gesellschaftsvermögen** (zur Haftung in der Gründungsphase s. Rn. 731 ff.). Die Gesellschafter haften für die Verbindlichkeiten der Gesellschaft nicht mit ihrem Privatvermögen (§ 13 Abs. 2 GmbHG). Es ist stets streng zu unterscheiden zwischen dem Vermögen der GmbH als juristischer Person einerseits und dem Privatvermögen der Gesellschafter andererseits (sog. Trennungsprinzip). 855

Auch bei einer Einmann-GmbH ist das Vermögen der GmbH einerseits und das Vermögen des Alleingesellschafters andererseits streng auseinanderzuhalten. Grundsätzlich haftet für die Gesellschaftsschulden auch hier nur das **Gesellschaftsvermögen** der GmbH. 856

Beispiel: Die S-Elektrohandlung GmbH, deren alleiniger Gesellschafter S ist, hat durch grobe Fehler so große Verluste erlitten, dass sie in die Insolvenz geht. Hier haftet den Insolvenzgläubigern nur das Vermögen der GmbH, nicht aber das Privatvermögen des Alleingesellschafters S.

2. Ausnahmen

Von dem Grundsatz des § 13 Abs. 2 GmbHG kennt das Gesetz eine Reihe von Ausnahmen, die z.T. bereits weiter oben näher beschrieben wurden: 857

- Zum einen haften die Gesellschafter gem. §§ 9, 19 GmbHG streng dafür, ihrer Einlageverpflichtung nachzukommen (s.o. Rn. 757 ff.), ggf. haften sie auch gem. § 24 GmbHG für die Einlageforderungen gegen Mitgesellschafter.
- Wird die Stammeinlage später zurückgezahlt (indem gegen das Verbot des § 30 GmbHG verstoßen wird), so haftet der Gesellschafter auf Rückzahlung gem. § 31 GmbHG (s.o. Rn. 761 ff.).
- Ein Anspruch gegen den Gesellschafter kann sich ferner aus dem Gesellschaftsvertrag ergeben, z.B. auf einen Nachschuss gem. § 26 GmbHG (s.o. Rn. 819).
- Schließlich kann der Gesellschafter, was in der Praxis vorkommt, sich unmittelbar gegenüber Gläubigern der GmbH verpflichten, z.B. eine Bürgschaft für ein Bankdarlehen übernehmen. In diesem Falle haftet der Gesellschafter aus dem mit dem Gläubiger abgeschlossenen Vertrag.

Zum Beispiel (Rn. 854): Die Südbank-AG kann sich mit ihrer Darlehensrückzahlungsforderung nach § 488 BGB nur dann an C halten, wenn dieser für die Verbindlichkeiten der GmbH auch mit seinem Privatvermögen haftet. Nach § 13 Abs. 2 GmbHG haftet jedoch für die Verbindlichkeiten der Gesellschaft allein das Gesellschaftsvermögen. Soweit Gesellschaftsvermö- 858 gen nicht vorhanden ist, kann der Gläubiger keine Befriedigung erlangen. Etwas Anderes könnte dann gelten, wenn ein Gesellschafter seine Einlage noch nicht oder noch nicht in voller Höhe erbracht hätte. Der Gläubiger könnte dann versuchen, auf Grund eines vollstreckbaren Titels gegen die Gesellschaft sich den Anspruch der Gesellschaft gegen den säumigen Gesellschafter pfänden und überweisen zu lassen. Nach dem Sachverhalt ist jedoch die Stammeinlage voll eingezahlt und der Gesellschaft nicht wieder entzogen worden. Aber selbst wenn der Gläubiger in einem solchen Fall gegen einen Gesellschafter vollstrecken könnte, handelte es sich nicht um eine persönliche Haftung des Gesellschafters für die Verbindlichkeiten der Gesellschaft; vollstreckt wird ja nur in das Gesellschaftsvermögen, zu dem der Anspruch gegen den Gesellschafter gehört. Das Gleiche würde für den Fall gelten, dass im Gesellschaftsvertrag eine Nachschusspflicht vereinbart worden wäre und der in Anspruch genommene Gesellschafter diese Verpflichtung noch nicht erfüllt hätte. Hierüber sagt jedoch der Sachverhalt nichts aus, so dass davon auszugehen ist, dass eine solche Vereinbarung nicht getroffen ist. Die Südbank-AG hat daher keine Möglichkeit, sich wegen ihrer Darlehensrückzahlungsforderung an C zu halten.

3. Gesellschafterdarlehen im Insolvenzverfahren[1]

859 Das Recht der **Gesellschafterdarlehen** (früher Eigenkapitalersatzrecht genannt) regelt das Problem der Hingabe von Fremd- statt Eigenkapital durch Gesellschafter. Ist die GmbH in einer finanziellen Krise und benötigt neues Kapital, um nicht zahlungsunfähig zu werden, so wird sich der Geschäftsführer in aller Regel zuerst an seine Gesellschafter wenden und um eine Kapitalerhöhung bitten, durch die neues Geld in die Kasse der GmbH kommt. Viele Gesellschafter geben in einem solchen Fall aber der Gesellschaft kein neues haftendes Eigenkapital, sondern stattdessen nur einen Kredit. Es stellt sich dann die Frage, ob diese Gesellschafter sich im Falle der Insolvenz so behandeln lassen müssen, als hätten sie in Wahrheit doch neues **Eigenkapital** zur Verfügung gestellt. Diese Frage ist deshalb akut, weil das Eigenkapital in der Insolvenz der GmbH hinter allen anderen Gläubigern zurücksteht. Ansprüche der Gesellschafter sind insoweit erst zu befriedigen, wenn die Forderungen aller Gläubiger bezahlt sind (§ 199 InsO).

Beispiel: A ist Gesellschafter der X-GmbH, die mit einem Stammkapital von 100 000 € ausgestattet ist. Als die Gesellschaft in wirtschaftlichen Schwierigkeiten steckt, bittet der Geschäftsführer den A um einen Kredit in Höhe von 50 000 €, den A auch bezahlt. Nach einem weiteren erfolglosen Jahr wird dann doch das Insolvenzverfahren über die Gesellschaft eröffnet. Neben A hat auch die B-Bank der X-GmbH 50 000 € als Darlehen gegeben. Der Insolvenzverwalter stellt fest, dass (nach Abzug aller Kosten des Insolvenzverfahrens) als einziger nennenswerter Vermögenswert noch das Betriebsgrundstück im Wert von 40 000 € vorhanden ist.

Wenn A sich darauf berufen könnte, er habe nur einen ganz normalen Kredit gegeben, so konkurrierte im Rahmen des Insolvenzverfahrens sein Rückforderungsanspruch aus § 488 BGB mit dem der B-Bank in gleicher Höhe. Beide erhielten dann je 20 000 € auf ihre Forderung (sog. Insolvenzquote). Hätte A statt des Kredits hingegen die 50 000 € als Eigenkapital zur Verfügung gestellt und sich der Fall ansonsten gleich abgespielt, so erhielte A in der Insolvenz wegen § 199 InsO überhaupt nichts, vielmehr würde allein die Forderung der B-Bank befriedigt; für A bliebe nichts mehr übrig.

1 Ausführlich ▸ W/E GesR II Rn. 327 ff.

Das MoMiG hat die Problematik der kapitalersetzenden Gesellschafterdarlehen auf eine rein insolvenzrechtliche Grundlage gestellt; das bedeutet, dass die entsprechenden gesetzlichen Regelungen in der Insolvenzordnung und im Anfechtungsgesetz zu finden sind. Im Falle der Insolvenz einer GmbH sind sämtliche Forderungen auf Rückgewähr eines Darlehens, das ein Gesellschafter gewährt hat, und auch wirtschaftlich entsprechende Forderungen gem. § 39 Abs. 1 Nr. 5 InsO **nachrangig**. Das bedeutet, diese Forderungen werden erst dann befriedigt, wenn zuvor alle Forderungen der Gläubiger bezahlt wurden. In der Sache werden Gesellschafterdarlehen im eröffneten Insolvenzverfahren also wie Eigenkapital behandelt. **860**

Dennoch gibt es auch Unterschiede zum Eigenkapital. Das zeigt sich bei der Frage, was geschieht, wenn der Kredit bereits vor der Insolvenz an den A zurückgezahlt wurde. Wären die Mittel aus dem Kredit genau wie Stammkapital zu behandeln, müssten die Vorschriften über die Kapitalerhaltung (oben Rn. 761 ff.) gelten. Das würde bedeuten, die Rückzahlung des Kredits wäre eine von § 30 GmbHG verbotene Rückzahlung von Gesellschaftsvermögen mit allen Folgen des § 31 GmbHG. Dieser Weg (den der BGH früher bis zu einem gewissen Grad gegangen ist), ist in § 30 Abs. 1 S. 3 GmbHG jedoch vom Gesetzgeber ausdrücklich verboten worden. Stattdessen unterliegen Rechtshandlungen, die im letzten Jahr vor dem Eröffnungsantrag Befriedigung eines solchen Darlehens gewährt haben, der **Insolvenzanfechtung** gem. § 135 Abs. 1 Nr. 2 InsO. Die „Insolvenzanfechtung" hat nichts mit der Anfechtung von Rechtsgeschäften nach §§ 119 ff. BGB zu tun. Vielmehr bedeutet sie, dass (nur) der Insolvenzverwalter vom Gesellschafter die Rückzahlung der anfechtbar erhaltenen Kreditbefriedigung verlangen kann (§ 143 Abs. 1 InsO). Wirtschaftlich bedeutet es, dass der Gesellschafter erst im Zeitpunkt der Eröffnung des Insolvenzverfahrens weiß, ob er die Rückzahlung des Kredits behalten kann oder aber er sie an den Insolvenzverwalter erstatten muss. Im Detail ist hier vieles umstritten, es gibt ständig neue Entscheidungen des BGH zu diesem Fragenkomplex (näher dazu ► W/E GesR II Rn. 355 ff.). **861**

II. Die Durchgriffshaftung bei der GmbH

1. Überblick

Da die Kapitalerhaltungsvorschriften des GmbHG nicht ausreichten, um Missstände zu verhindern, hat man seit Jahrzehnten versucht, Möglichkeiten zu finden, das Haftungsprivileg des § 13 Abs. 2 GmbHG zu durchbrechen, um die Gesellschafter einer GmbH unter besonderen Voraussetzungen eben doch für die Verbindlichkeiten der Gesellschaft mit ihrem Privatvermögen in Anspruch nehmen zu können. Diese Möglichkeiten werden unter dem Oberbegriff **Durchgriffshaftung** zusammengefasst (man greift durch die juristische Person hindurch auf das Vermögen der Anteilsinhaber zu). Rspr. und Literatur haben schon seit Jahrzehnten unter bestimmten Voraussetzungen einen Durchgriff **auf das Privatvermögen der Gesellschafter** zugelassen. **862**

Unter welchen Umständen dies erfolgt und auf welche Weise, ist seit jeher umstritten,[2] im Verlaufe der Zeit haben sich jedenfalls gewisse Fallgruppen herausgebildet, in denen ein Durchgriff ernsthaft diskutiert oder sogar durchgeführt wird.

2. Die Entwicklung der Rechtsprechung

863 Die Rspr. des BGH zur Durchgriffshaftung bei der GmbH war zunächst vorwiegend an dem Gedanken der Instrumentalisierung der Juristischen Person für Zwecke ihres einzigen Gesellschafters[3] orientiert. Stets wiederholt hat der BGH dabei den Grundsatz, über die Rechtsform der juristischen Person dürfe nicht leichtfertig oder schrankenlos hinweggegangen werden; die Rechtsfigur der juristischen Person könne allerdings nur in dem Umfang Beachtung finden, in dem ihre Verwendung dem Zweck der Rechtsordnung entspreche[4].

864 Der BGH hat später vor allem in Fällen der **Vermögensvermischung** eine Durchgriffshaftung bejaht und die persönliche Haftung auf die §§ 105, 128 HGB gestützt.[5] Hier ging es um Fälle, in denen die Mitglieder der juristischen Person die **Abgrenzung** zwischen dem Vermögen der juristischen Person und demjenigen der hinter ihr stehenden natürlichen Personen in einer gegen Treu und Glauben verstoßenden Weise **verschleiert** hatten. In diesem Fall müssten sich die Gesellschafter so behandeln lassen, als hätten sie das von der GmbH betriebene Handelsgeschäft selbst und ohne Beschränkung der Haftung geführt und hafteten also aus §§ 105, 128 HGB.[6] Freilich verlangt der BGH dafür in einer späteren Entscheidung zusätzlich, dass der in Anspruch genommene Gesellschafter aufgrund seines Einflusses in der Gesellschaft für die Vermögensvermischung auch tatsächlich (mit-)verantwortlich ist.[7]

Schließlich hat der BGH in Fällen, in denen innerhalb eines GmbH-Konzerns die Muttergesellschaft die Tochtergesellschaft(en) intensiv und rücksichtslos gelenkt hatte (sog. qualifizierter faktischer GmbH-Konzern) die **§§ 302, 303 AktG analog** auf den GmbH-Konzern angewandt und kam so zu einer Durchgriffshaftung der Muttergesellschaft (des herrschenden Unternehmens). Voraussetzung war, dass das herrschende Unternehmen die Geschäfte der abhängigen GmbH dauernd und umfassend führte und dabei keine Rücksicht auf die Eigeninteressen der GmbH genommen hatte.[8] Nach erheblicher (und berechtigter) Kritik in der Literatur hat der BGH die Rechtsfigur des qualifiziert faktischen Konzerns wieder aufgegeben, freilich nicht, ohne Ersatz dafür zu schaffen (im Folgenden Rn. 865 ff.).

---

2 Zum Streit zwischen der sog. Normzweck- oder Normanwendungslehre und der Missbrauchstheorie siehe *K. Schmidt*, Gesellschaftsrecht, § 9 II. 1. c).

3 So vor allem BGHZ 20, 4 ff.; ferner BGHZ 22, 226 ff. (Durchgriff verneint); 26, 31 ff. (Durchgriff verneint); vgl. auch BGHZ 54, 222 ff.

4 BGHZ 20, 4, 11; 29, 385, 392 f.; 54, 222, 224.

5 BGHZ 95, 330, 332; 125, 366 ff.

6 BGHZ 95, 330, 332.

7 BGHZ 125, 366 ff.

8 BGHZ 95, 330, 336 107, 7 ff.; 115, 187 ff.; 122, 123 ff.

3. Die Haftung wegen existenzvernichtenden Eingriffs

Zunächst hatte der BGH nämlich eine weitreichende Außenhaftung gegenüber den Gläubigern bejaht, wenn die Gesellschafter durch Vermögensentzug die Insolvenz der Gesellschaft verursacht hatten.[9] Diese Grundsätze hat er später aber wieder eingeschränkt. Nach aktueller Rechtslage gibt es keine unmittelbare Außenhaftung gegenüber den Gläubigern mehr, wohl aber kann der Insolvenzverwalter bei Vorliegen bestimmter Voraussetzungen die Gesellschafter einer GmbH wegen der Verbindlichkeiten der Gesellschaft aus § 826 BGB auf Zahlung in Anspruch nehmen. Auch damit ist letztlich ein Durchgriff auf das Privatvermögen der Gesellschafter gegeben, jedoch kanalisiert durch den Insolvenzverwalter im Wege einer bloßen Innenhaftung. Dazu müssen nach der berühmt gewordenen Trihotel-Entscheidung des BGH die folgenden **Tatbestandsmerkmale** vorliegen:[10] 865

- Die Gesellschafter **entziehen der GmbH Vermögen** unter Außerachtlassung angemessener Rücksichtnahme auf dessen Zweckbindung zugunsten der GmbH (darin erblickt der BGH eine sittenwidrige Schädigung der GmbH i.S.d. § 826 BGB). 866
- Dies geschieht vorsätzlich, wobei dolus eventualis (Eventualvorsatz, also Inkaufnehmen der Konsequenzen) genügt.
- Für diesen Entzug wird der GmbH keine Kompensation zuteil (sonst fehlt es an der Sittenwidrigkeit des Entzugs). Kann der Vermögensentzug **nach den §§ 30, 31 GmbHG ausgeglichen** werden, so fehlt es an einem existenzvernichtenden Eingriff.
- Durch den Eingriff kommt es zur Insolvenz der GmbH (§§ 17, 19 InsO) oder zur Vertiefung einer bereits bestehenden Überschuldung der GmbH.

Die Beschränkung auf eine Innenhaftung der Gesellschafter gegenüber der Gesellschaft und die Verneinung einer Haftung unmittelbar den Gesellschaftsgläubigern gegenüber begründet der BGH wie folgt: Ausgangspunkt für das Erfordernis einer Verantwortlichkeit des Gesellschafters im Falle kompensationsloser, zur Insolvenz führender oder diese vertiefender Eingriffe in das auch als Haftungsfonds für die Gläubiger dienende Gesellschaftsvermögen sei eine **Lücke im Kapitalerhaltungsrecht der GmbH**; es gäbe nämlich Eingriffe des Gesellschafters, die nicht oder nicht in vollem Umfang durch die §§ 30, 31 GmbHG ausgeglichen werden könnten.[11] Dabei handele es sich vornehmlich um solche Eingriffe des Gesellschafters, die als solche oder deren Folgen in der für § 30 GmbHG maßgeblichen Stichtagsbilanz zu fortgeführten Buchwerten nicht oder nur ungenügend abgebildet würden. Außerdem gehe es um solche Eingriffe, bei denen eine Rückgewähr nach § 31 GmbHG allein die Insolvenz nicht mehr zu beseitigen vermöge. Um diese Lücke zu schließen, genüge eine **„Innenhaftung"**; dadurch würde im Verhältnis zu §§ 30, 31 GmbHG die möglicherweise entstehende Schutzlücke systemkonform geschlossen. Diese Rechtsprechung ist später auch für Fälle bestätigt worden, in denen der Eingriff während der Liquidation der Gesellschaft geschah.[12] 867

9 BGHZ 151, 181.
10 BGHZ 173, 246 (Trihotel); bestätigt u.a. in BGH, GmbHR 2013, 1321 Rn. 19, BGH NZG 2013, 827 und BGH GmbHR 2015, 644.
11 So erneut BGH GmbHR 2015, 644 Rn. 9.
12 BGHZ 179, 344.

868 Auf der **Rechtsfolgenseite** hat die Deliktslösung (über § 826 BGB) den Vorteil, dass das Regel-Ausnahme-Verhältnis zwischen Haftungsbegrenzung und persönlicher Haftung klargestellt ist. Die Gesellschafter können sich grundsätzlich auf die Regelung des § 13 Abs. 2 GmbHG verlassen, solange sie sich subjektiv bei ihren unternehmerischen Aktivitäten von den Interessen der Gesellschaft leiten lassen und sich gegenüber den Gläubigern nicht illoyal verhalten[13]. Die Lösung über das Deliktsrecht wirft die üblichen Probleme im subjektiven Bereich auf. Der geschädigte Gläubiger muss letztlich **beweisen**, dass der Gesellschafter vorsätzlich gehandelt hat[14]. Ist der Tatbestand der Haftung gegeben, so haftet der eingreifende Gesellschafter grundsätzlich in **voller Höhe für sämtliche Verbindlichkeiten** der GmbH, nicht etwa nur auf Erstattung des entzogenen Vermögens. Er muss also im Insolvenzverfahren letztlich die Forderungen sämtlicher Gläubiger erfüllen. Er kann aber nachweisen, dass sein existenzvernichtender Eingriff lediglich bestimmte abgrenzbare Folgen hatte. Gelingt ihm dies, so haftet er nur für den (von ihm) nachgewiesenen Schaden.[15]

869 **Beispiel:** A, der einzige Gesellschafter der X-GmbH, entnimmt der Gesellschaftskasse der bereits überschuldeten X einen Betrag von 20 000 €. Dadurch kommt es zum Zahlungsausfall gegenüber einem wichtigen Kunden, der deshalb erfolgreich einen Insolvenzantrag gem. § 14 Abs. 1 InsO stellt und in dem anschließenden Insolvenzverfahren nicht nur seine Forderung von 20 000 € sondern noch dazu 10 000 € berechtigte Schadensersatzansprüche gegenüber der X-GmbH geltend macht. Weitere Folgen hat der Vermögensentzug durch A nicht. In diesem Fall besteht keine unbegrenzte Haftung des A für sämtliche Schulden der X-GmbH, sondern lediglich ein Anspruch der X-GmbH gegen A aus § 826 BGB auf Zahlung von 30 000 €.

4. Unterkapitalisierung als Unterfall der Existenzvernichtungshaftung?

870 In diesem Zusammenhang stellt sich die Frage, ob die Unterkapitalisierung einer GmbH, nämlich das Unterlassen einer hinreichenden Kapitalausstattung, als ein Fall der Haftung wegen existenzvernichtenden Eingriffs anzusehen ist, der nach § 826 BGB einen Anspruch der GmbH gegen die handelnden Gesellschafter entstehen lassen kann. Der BGH[16] hat dies verneint und im Wesentlichen damit begründet, das von ihm entwickelte Haftungskonzept der Existenzvernichtungshaftung als Innenhaftung solle sich auf den engen Anwendungsbereich der §§ 30, 31 GmbHG beschränken. Die im Kapitalerhaltungsrecht bestehende Schutzlücke werde im Sinne einer Ergänzung des gesetzlichen Kapitalerhaltungssystems systemkonform geschlossen: Die Existenzvernichtungshaftung wirke als eine über §§ 30, 31 GmbHG hinausgehende Entnahmesperre, indem sie sittenwidrige, weil insolvenzverursachende oder -vertiefende „Selbstbedienung“ der Gesellschafter vor den Gläubigern der Gesellschaft durch repressive Anordnung der Schadensersatzpflicht in Bezug auf das beeinträchtigte Gesellschaftsvermögen ausgleichen solle. Um einen solchen Entzug von der Gläubigerbefriedigung dienendem Gesellschaftsvermögen geht es bei der Unterkapitalisierung einer GmbH nicht.[17] Dem ist zuzustimmen, schon weil wegen des eindeu-

13 *Dauner-Lieb*, DStR 2006, 2034, 2041.
14 *Eisenhardt*, in: FS Bitz, S. 422, 442 ff.
15 BGH NZG 2005, 177 (Ls. 2).
16 BGHZ 176, 204 ff.
17 BGHZ 176, 204, 211 ff.

tigen Mindestkapitalerfordernisses in § 5 Abs. 1 GmbHG gerade keine Verpflichtung zu einer ausreichenden, sondern eben nur zu einer Mindestkapitalisierung der Gesellschaft besteht. Im Übrigen gibt es keine justiziablen Kriterien, um festzustellen, ab wann denn finanzielle Ausstattung einer GmbH tatsächlich unzureichend ist.

Lösung zu Fall 54: Anspruch aus § 826 BGB 871

1. Tatbestand des existenzvernichtenden Eingriffs

I könnte in seiner Eigenschaft als Insolvenzverwalter (§ 80 InsO) gegen G einen Anspruch auf Zahlung von 100 000 € an die Insolvenzmasse aus § 826 BGB geltend machen. Das Entstehen eines Schadensersatzanspruches der Gesellschaft aus § 826 BGB setzt voraus, dass der Gesellschafter die Gesellschaft vorsätzlich in einer gegen die guten Sitten verstoßenden Weise schädigt. Der BGH sieht diesen Tatbestand durch das, was er als Existenzvernichtungshaftung qualifiziert, als erfüllt an.

a) Sittenwidrige Schädigung durch rücksichtslosen Vermögensentzug

Das bedeutet, der Gesellschafter muss der GmbH Vermögen unter Außerachtlassung angemessener Rücksichtnahme auf dessen Zweckbindung entzogen haben, welches zur Erfüllung von Verbindlichkeiten benötigt wird. G hat zu einem Zeitpunkt, in dem die A-Bau-GmbH in wirtschaftlichen Schwierigkeiten war, Vermögen in Gestalt von Forderungen entzogen, indem er sie auf ein eigenes Konto „umleitete". Dies geschah ohne Rücksicht darauf, dass die Einnahmen aus diesen Forderungen für die Erfüllung von Verbindlichkeiten gegenüber Lieferanten der GmbH erforderlich war.

b) Keine ausreichende Kompensation des Eingriffs durch die §§ 30 f. GmbHG

Der Eingriff geschah ferner ohne ausreichende Kompensation. Zwar entstand durch den Vermögensentzug möglicherweise ein Anspruch gegen G aus § 31, falls im Zeitpunkt der Umleitung der Forderungen die Gesellschaft bereits in der Unterbilanz war oder durch den Vermögensentzug in eine solche kam. Abgesehen davon, dass die bilanziellen Verhältnisse hier nicht bekannt sind, wäre die Rückzahlung der entzogenen Forderungen in Höhe von 40 000 € hier keine ausreichende Kompensation: Denn der Eingriff hatte weitere Folgen und führte zu Schadensersatzansprüchen von Bauherren, die durch die Zahlung von 40 000 € nicht ausgeglichen würden.

c) Vorsatz

Dies muss ferner vorsätzlich geschehen sein. Insoweit genügt dolus eventualis. Hier ist ohne weiteres davon auszugehen, dass G angesichts der ihm bekannten Schwierigkeiten die Folgen seines Handelns in Kauf nahm.

d) Insolvenzverursachung oder -vertiefung

Schließlich muss es durch den Eingriff zur Insolvenz der Gesellschaft oder zu deren Vertiefung gekommen sein. Davon ist nach dem Sachverhalt ebenfalls ohne weiteres auszugehen.

Demnach ist ein Anspruch gegen G aus § 826 BGB entstanden.

2. Rechtsfolgen

Rechtsfolge des Anspruchs ist grundsätzlich die Inanspruchnahme des Gesellschafters in unbeschränkter Höhe. Anhaltspunkte für nur begrenzte Folgen des Eingriffs bestehen hier nicht. Die Haftung geht freilich nicht über das hinaus, was zur Befriedigung sämtlicher Gläubigerforderungen in der Insolvenz der GmbH erforderlich ist. Das ist hier der Betrag von 100 000 €.

§ 44 Rechnungslegung und Bilanz

872 Die Pflicht zur Aufstellung der Bilanz sowie der Gewinn- und Verlustrechnung ergibt sich aus § 42 GmbHG i.V.m. §§ 242, 264 HGB. Besondere Regeln enthalten die §§ 57d ff. GmbHG.

Hinsichtlich des Jahresabschlusses gelten dieselben Grundsätze wie bei der AG. Das ergibt sich schon daraus, dass die §§ 264–289 HGB für Kapitalgesellschaften (AG, KGaA und GmbH) generell gelten. Abweichungen von den für die Kapitalgesellschaften allgemein geltenden Bestimmungen ergeben sich nur aus § 42 GmbHG. Auch hinsichtlich der Abschlussprüfung und Offenlegung gilt das zur AG Gesagte (vgl. Rn. 699 ff.). Das bedeutet, dass nunmehr auch die GmbHs mit Ausnahme der kleinen GmbHs der Prüfungspflicht unterliegen. Eine Besonderheit ergibt sich aus § 319 Abs. 1 S. 2 HGB. Danach kann eine GmbH mittlerer Größe nicht nur von Wirtschaftsprüfern und Wirtschaftsprüfungsgesellschaften (wie bei der AG), sondern auch von **vereidigten Buchprüfern und Buchprüfungsgesellschaften** geprüft werden. Mit dieser Regelung wird vor allem Rechtsanwälten die Möglichkeit eröffnet, mit einer Zusatzqualifikation Pflichtprüfungen durchzuführen[1]. Auch für die GmbH gilt die oben (Rn. 701 f.) bereits erwähnte Pflicht, einen Anhang zum Jahresabschluss und einen Lagebericht zu erstellen.

§ 45 Auflösung und Beendigung der GmbH

873 Liegen die in §§ 60, 61 GmbHG genannten Gründe vor, so wird eine GmbH aufgelöst. Auflösung bedeutet bei der GmbH ebenso wie bei anderen Gesellschaftsformen den **Eintritt in das Liquidations- oder Abwicklungsstadium**, nicht aber sofortige Beendigung. § 60 GmbHG nennt eine Reihe von Auflösungsgründen, wie z.B. einen Auflösungsbeschluss, der, wenn der Gesellschaftsvertrag nichts anderes bestimmt, einer Mehrheit von drei Vierteln der abgegebenen Stimmen bedarf. § 60 Abs. 2 GmbHG lässt es zu, dass im Gesellschaftsvertrag weitere Auflösungsgründe festgelegt werden. § 61 GmbHG sieht die Auflösung der GmbH durch ein **gerichtliches Gestaltungsurteil** auf Grund einer **Auflösungsklage** vor, die von einem oder mehreren Gesellschaftern erhoben werden kann, deren Geschäftsanteile mindestens den zehnten Teil des Stammkapitals ausmachen. Dieses Auflösungsrecht ist zwingend; es kann durch den Gesellschaftsvertrag auch nicht abgeschwächt werden. Die Voraussetzungen dafür liegen vor, wenn die Erreichung des Gesellschaftszwecks unmöglich wird, oder wenn andere, in den Verhältnissen der Gesellschaft liegende wichtige Gründe für die Auflösung vorhanden sind (§ 61 Abs. 1 GmbHG). Auch ein tiefgreifendes unheilbares Zerwürfnis zwischen den Gesellschaftern kann einen wichtigen Grund zur Auflösung der GmbH bilden. Zwar müssen gem. § 61 Abs. 1 GmbHG die wichtigen Gründe, die eine Auflösung der Gesellschaft rechtfertigen sollen, in den Verhältnissen der Gesellschaft – nicht der Gesellschafter – liegen. Bei einer GmbH,

1 *Großfeld*, NJW 1986, 955, 961.

die auf die persönliche Zusammenarbeit aller Gesellschafter angelegt und angewiesen ist, liegen diese Voraussetzungen auch dann vor, wenn „Zerwürfnisse zwischen den Gesellschaftern eine gedeihliche Zusammenarbeit unmöglich machen. In Fällen dieser Art wird der Bestand der Gesellschaft unmittelbar gefährdet"[1]. Wenn die Gesellschafter einer **Vorgesellschaft** die Eintragung der Gesellschafter in das Handelsregister aufgeben, so ist die Vor-GmbH grundsätzlich nach den für die GmbH geltenden Vorschriften abzuwickeln, soweit sie eine Eintragung in das Handelsregister nicht voraussetzen.

874 Die Auflösung versetzt die GmbH zunächst lediglich in das Liquidationsstadium. Dadurch ändert sich die Verfassung der Gesellschaft nicht. Allerdings ist ihr Zweck nun nicht mehr auf das aktive Betreiben eines Unternehmens, sondern auf seine Liquidierung gerichtet. Diese Zweckänderung ist gem. § 67 GmbHG in das Handelsregister einzutragen. Die Liquidatoren (§ 66 GmbHG: grundsätzlich die Geschäftsführer der Gesellschaft) haben gem. § 70 GmbHG für die **Abwicklung der Gesellschaft** zu sorgen. Sie sollen die laufenden Geschäfte beendigen, die Verpflichtungen der aufgelösten Gesellschaft erfüllen, die Forderungen einziehen und das Vermögen der Gesellschaft in Geld umsetzen. Ist das geschehen, so kann (frühestens 1 Jahr nach der Eintragung der Auflösung) das Vermögen gem. § 72 GmbHG unter die Gesellschafter nach dem Verhältnis ihrer Geschäftsanteile verteilt werden. Nach der Verteilung des verbliebenen Vermögens, d.h. nach Abschluss der Liquidation, ist die Gesellschaft im Handelsregister zu löschen. Stellen die Liquidatoren fest, dass eine Überschuldung gegeben ist und das Vermögen zur Befriedigung der Gläubiger nicht ausreicht, so müssen sie Insolvenzantrag stellen, sie sind „Abwickler" i.S.d. § 15a Abs. 1 InsO.[2]

§ 46 Die GmbH & Co. KG

875 **Fall 55:** Persönlich haftende Gesellschafterin der am 30. November 2002 gegründeten und am 15. Dezember 2002 in das Handelsregister eingetragenen A-GmbH & Co KG ist die A-GmbH. Die A-GmbH ist am 12. Februar 2003 in das Handelsregister eingetragen worden. Gesellschafter der letztgenannten sind A und G, die je 50 % der Stammanteile des Stammkapitals von 100 000 € halten. Während A 50 000 € eingezahlt hat, hat G lediglich 15 000 € eingezahlt. Kommanditisten der A-GmbH & Co KG sind A, B, C und G. Im Gesellschaftsvertrag der KG hat jeder Kommanditist eine Einlage von je 75 000 € übernommen. A und B haben ihre Einlage in voller Höhe erbracht. C hat lediglich 45 000 € und G 42 500 € eingezahlt. V veräußert am 12. März 2010 ein ihm gehörendes Grundstück für 600 000 € an die A-GmbH & Co KG, die am 6. Juni 2010 als neue Eigentümerin in das Grundbuch eingetragen wird. Der danach fällig gewordene Kaufpreis wird von der A-GmbH & Co KG nur in Höhe von 450 000 € an V gezahlt. Sie teilt V mit, mehr könne sie angesichts ihrer angespannten Liquiditätslage nicht leisten. V, der die schlechte wirtschaftliche Situation des Unternehmens kennt, möchte nun wissen, von wem er die restlichen 150 000 € erhalten kann. **Rn. 892**

1 BGHZ 80, 346, 348.
2 Siehe auch BGH NZG 2009, 33 Rn. 28.

Literatur: *Raiser*, Recht der Kapitalgesellschaften, §§ 42 ff.; *K. Schmidt*, Die GmbH & Co – eine Zwischenbilanz, GmbHR 1984, 242 ff.; *ders.*, Fortschritt oder Rückschritt im Recht der Einheits-GmbH & Co. KG?, ZIP 2007, 2193 ff.; *Pöschke/Steenbreker*, Kapitalerhaltung in der GmbH & Co. KG, NZG 2015, 614.

I. Überblick

876 In der Praxis wird von der Möglichkeit, eine GmbH als einzige persönlich haftende Gesellschafterin einer Kommanditgesellschaft einzusetzen, besonders häufig Gebrauch gemacht. Die GmbH & Co. KG ist eine **Kommanditgesellschaft**, also **Personengesellschaft**. Die GmbH & Co. KG hat erhebliche wirtschaftliche Bedeutung erlangt. Ihre Verwendung ist insbesondere dann zweckmäßig, wenn die Gesellschafter der GmbH und der KG dieselben Personen sind und eine allseitige Haftungsbeschränkung für ihr Unternehmen erreichen wollen, jedoch zugleich die steuerliche Behandlung ihrer Gesellschaft als Personengesellschaft sicherstellen möchten. Als Gesellschafter der GmbH haften sie den Gläubigern nicht, als Kommanditisten der GmbH & Co. KG haften sie nur beschränkt mit ihrer Einlage, soweit diese noch nicht an die GmbH & Co. KG geleistet wurde (vgl. Rn. 879).

Die rechtliche Zulässigkeit der GmbH & Co. KG steht schon lange außer Frage, zumal das HGB nach entsprechenden Änderungen als selbstverständlich von der Existenz dieser Rechtsform ausgeht (vgl. § 177a HGB). Zweifel an der Zulässigkeit der GmbH & Co. KG sind früher in erster Linie im Hinblick auf den **Gläubigerschutz** geäußert worden. Dabei ist die Auffassung vertreten worden, bei der GmbH & Co. KG gäbe es letztlich keinen Gesellschafter, der unbeschränkt hafte, weil die GmbH als einzige persönlich haftende Gesellschafterin nur mit ihrem Gesellschaftsvermögen hafte. Dazu ist allerdings zu bemerken, dass die Haftung der Komplementär-GmbH eine unbeschränkte ist, mag dafür auch das Vermögen der GmbH nicht genügen. Auch wenn eine natürliche Person persönlich haftende Gesellschafterin einer KG ist und als solche unbeschränkt mit ihrem Privatvermögen haftet, darf nicht übersehen werden, dass das Privatvermögen einer natürlichen Person oft ebenso wenig wie das Gesellschaftsvermögen einer GmbH ausreicht, um alle Gläubiger der Gesellschaft zu befriedigen.

II. Die Struktur der GmbH & Co. KG

877 Eine GmbH & Co. KG kann auf verschiedene Arten strukturiert sein. Im Wesentlichen kommen zwei Arten in Betracht:

- die Gesellschafter der geschäftsführenden GmbH sind insgesamt oder zum Teil **andere Personen** als diejenigen, die die Kommanditisten der KG sind, oder
- alle Gesellschafter sind sowohl Gesellschafter der GmbH als auch **gleichzeitig** Kommanditisten der KG.

Beispiel: S und K sind die Gesellschafter einer GmbH, welche die einzige persönlich haftende Gesellschafterin einer Kommanditgesellschaft ist. G und M sind Kommanditisten. Hier sind verschiedene natürliche Personen an der GmbH einerseits und der Kommanditgesellschaft unmittelbar andererseits beteiligt.

Beispiel für eine GmbH & Co. KG, bei der alle Kommanditisten auch Gesellschafter der GmbH sind: M und F sind zu gleichen Teilen Gesellschafter der GmbH, welche die einzige persönlich haftende Gesellschafterin der Kommanditgesellschaft ist. Sie sind zugleich auch die einzigen Kommanditisten.

III. Das auf die GmbH & Co. KG anzuwendende Recht und die Haftung der Gesellschafter

Bei der GmbH & Co. KG werden zwei Gesellschaftsformen miteinander verbunden. **878** Deshalb ist sowohl das **Recht der GmbH** als auch das **Recht der Kommanditgesellschaft** anzuwenden. Auf die KG sind die §§ 161 ff. HGB und auf die GmbH die Vorschriften des GmbH-Gesetzes anzuwenden. So werden z.B. die Geschäftsführer der GmbH nach GmbH-Recht bestellt und abberufen. Durch den Gesellschaftsvertrag kann allerdings eine andere Regelung getroffen werden. Die Geschäftsführer der Komplementär-GmbH vertreten auch die KG und führen deren Geschäfte. Die Leitung der KG obliegt also den Geschäftsführern der Komplementär-GmbH. Die Komplementär-GmbH kann auch eine haftungsbeschränkte Unternehmergesellschaft i.S.d. § 5a GmbHG sein (s. dazu Rn. 756 ff.).

Was die **Haftung der Gesellschafter** angeht, so sind das Recht der KG (§§ 161 ff. **879** HGB) und das GmbH-Recht anwendbar. Die **GmbH haftet als Komplementärin** gem. §§ 161, 128 HGB unmittelbar, persönlich und unbeschränkt mit ihrem **Gesellschaftsvermögen**. Die Haftung der Gesellschafter der GmbH für Verbindlichkeiten der GmbH ist gem. § 13 Abs. 2 GmbHG nach der Eintragung der GmbH in das Handelsregister ausgeschlossen. **Kommanditisten** haften für die Verbindlichkeiten der Gesellschaft (der KG) grundsätzlich **persönlich**, es sei denn, die Haftung ist gem. § 171 HGB beschränkt und nach Erbringung der Einlage ausgeschlossen.

Beispiel: Gesellschafter der A GmbH & Co. KG sind die A-GmbH als Komplementärin und die Kommanditisten B und C. Gesellschafter der A-GmbH sind A und B. Die A GmbH & Co. KG kauft bei V einen gebrauchten LKW für 17 500 €. Nachdem der fällige Kaufpreis trotz mehrmaliger Aufforderung von der Gesellschaft nicht gezahlt worden ist, wendet sich V an die Gesellschafter. Die Anspruchsgrundlage gegen die A-GmbH ist § 433 Abs. 2 BGB i.V.m. §§ 161, 128 HGB. V kann die Kommanditisten B und C nach § 433 Abs. 2 BGB i.V.m. § 171 Abs. 1 HGB in Anspruch nehmen, wenn diese ihre Einlage (Haftsumme) noch nicht oder noch nicht voll erbracht haben. A und B haften wegen des Anspruchs gegen die Komplementärin A GmbH aus § 433 Abs. 2 BGB i.V.m. §§ 161, 128 HGB als Gesellschafter der GmbH nicht persönlich mit ihrem Privatvermögen (§ 13 Abs. 2 GmbHG).

Wenn im Namen der GmbH & Co. KG ein Geschäftsbetrieb eröffnet wird, bevor die **880** Komplementär-GmbH und die KG im Handelsregister eingetragen worden sind, so besteht **zunächst eine OHG oder eine Gesellschaft bürgerlichen Rechts**. Mit der Eintragung beider Gesellschaften wird die KG, soweit nichts anderes vereinbart ist, ohne Weiteres Schuldnerin der ursprünglich für die BGB-Gesellschaft oder die OHG begründeten Geschäftsverbindlichkeiten[1]. Die Gesellschafter haften für die bis zur Eintragung begründeten Verbindlichkeiten der Gesellschaft gem. § 128 HGB[2]. Auf das **Verhältnis der Kommanditisten zur GmbH** ist das Recht der Kommanditgesellschaft (§§ 161 ff. HGB) anzuwenden. Das bedeutet z.B., dass die GmbH und ihre Geschäftsführer im Hinblick auf die Geschäftsführung nicht von den Weisungen der Kommanditisten abhängig sind, soweit der Gesellschaftsvertrag nicht eine andere Regelung vorsieht. Auch in der GmbH & Co. KG haftet der nicht im Handelsregister eingetragene Kommanditist gem. § 176 HGB unbeschränkt[3].

IV. Das Informationsrecht der Gesellschafter

881 Ist die GmbH & Co. KG so strukturiert, dass die **Kommanditisten gleichzeitig Gesellschafter der GmbH** sind, können den Gesellschaftern Informationsrechte einmal gem. § 166 HGB als Kommanditisten und darüber hinaus als Gesellschafter der GmbH (gem. § 51a GmbHG) zustehen[4]. Auch der Kommanditist einer GmbH & Co. KG kann nach § 166 Abs. 3 HGB, wenn wichtige Gründe vorliegen, den Antrag stellen, das Gericht möge die Mitteilung einer Bilanz und eines Jahresabschlusses oder sonstiger Aufklärungen sowie die Vorlegung der Bücher und Papiere der Gesellschaft anordnen[5]. Das Auskunfts- und Einsichtsrecht aus § 51a GmbHG steht nur den Gesellschaftern der GmbH zu, nicht aber demjenigen, der nur Kommanditist ist[6]. **Gegenstand des Auskunftsanspruchs** gem. § 51a GmbHG, d.h. über Angelegenheiten der GmbH, die Komplementärin einer KG ist, sind stets auch die Angelegenheiten der KG (vgl. schon Rn. 811). Deshalb erstreckt sich das Informationsrecht als Teil eines einheitlichen Informationsanspruchs auch auf die Bücher und Schriften der KG[7]. Ein informationsberechtigter Gesellschafter der Komplementär-GmbH, der zugleich Kommanditist ist, braucht sich nicht auf die geringeren Rechte aus § 166 HGB verweisen zu lassen[8]. Er kann sowohl die Rechte aus § 51a GmbHG, als auch diejenigen aus § 166 HGB in Anspruch nehmen.

V. Kapitalaufbringung und Kapitalsicherung

882 Was die Kapitalaufbringung angeht, so kann man von einer **„doppelten Kapitalaufbringung“** sprechen[9]. Die GmbH-Regeln gelten **neben** den Regeln für die KG. Die Einlagen für die GmbH müssen nach §§ 9 ff. GmbHG aufgebracht werden. Will der Kommanditist nicht persönlich für die Verbindlichkeiten der Gesellschaft haften, muss er die Einlage als Kommanditist erbringen (§ 171 HGB).

1 BGHZ 69, 95, 97 ff.
2 BGHZ 70, 132, 134.
3 BGH WM 1979, 1057 f.
4 BGH WM 1988, 1447 f. u. OLG Hamm NJW 1986, 1693 f.
5 OLG München ZIP 2008, 2017 f.
6 OLG München ZIP 2008, 2017 f.
7 OLG Düsseldorf WM 1990, 1823.
8 OLG Karlsruhe GmbHR 1998, 691.
9 *K. Schmidt*, Gesellschaftsrecht, § 56 V 1a.

Führen Zahlungen der Kommanditgesellschaft an einen oder mehrere Kommanditisten dazu, dass das Vermögen der Komplementär-GmbH nach Abzug der Verbindlichkeiten nicht mehr der Höhe des Stammkapitals entspricht, so kann darin ein Verstoß gegen § 30 GmbHG liegen (Erhaltung des Stammkapitals)[10]. Das gilt auch für den Fall, dass der Kommanditist nicht gleichzeitig Gesellschafter der GmbH ist[11].

VI. Das Wettbewerbsverbot

In der KG trifft das Wettbewerbsverbot nach dem Wortlaut des Gesetzes (§§ 161, 165, 112 HGB) **nur** den **Komplementär**. Da sich das Wettbewerbsverbot auf das **Innenverhältnis der Gesellschafter** bezieht, kann es jedoch nicht entscheidend darauf ankommen, welche Stellung der verpflichtete Gesellschafter nach außen einnimmt. Maßgeblich ist vielmehr seine **Stellung im Innenverhältnis**. Bestimmt er im Innenverhältnis ausschlaggebend die Geschicke der Gesellschaft, so trifft ihn auch eine **erhöhte Treuepflicht** und daraus folgend ein **Wettbewerbsverbot**. Letzteres gilt insbesondere auch für den die Gesellschaft beherrschenden Mehrheitsgesellschafter oder eine die Gesellschaft beherrschende Gruppe, weil für die Gesellschaft eine besondere Gefährdungslage entsteht, wenn ein herrschender Gesellschafter außerhalb der Gesellschaft unternehmerisch tätig wird[12]. Deshalb kann in einer GmbH & Co. KG auch derjenige einem Wettbewerbsverbot unterliegen, der mit hoher Mehrheit sowohl am Kommanditkapital als auch am Kapital der Komplementär-GmbH beteiligt ist und auf Grund dieser mehrheitlichen Beteiligung die Gesellschaft beherrscht[13]. Das Wettbewerbsverbot gilt gem. §§ 161, 112 HGB auch für die Komplementär-GmbH. Der **Geschäftsführer der GmbH** unterliegt einem Wettbewerbsverbot, das sich nicht aus dem Recht der KG, sondern aus dem **Recht der GmbH** ergibt. Demnach unterliegen die Fremdgeschäftsführer während ihrer Amtszeit einem umfassenden Wettbewerbsverbot, auch wenn dies nicht ausdrücklich in der Satzung oder im Anstellungsvertrag geregelt ist. Für die Gesellschafter-Geschäftsführer ergeben sich zudem aus der Treuepflicht der GmbH-Gesellschafter gegenüber der GmbH weiterreichende Wettbewerbsverbote[14]. **883**

VII. Die Firma der GmbH & Co. KG

Die Gesellschaftszusätze „GmbH“ und „KG“ müssen in dieser Reihenfolge hintereinander gesetzt werden, weil bei einer anderen Reihenfolge der Eindruck entstehen könnte, dass es sich nicht um eine Kommanditgesellschaft, sondern um eine GmbH handelt. Der BGH[15] hat nachdrücklich betont, dass die Firma einer Kommanditgesellschaft, deren alleinige persönlich haftende Gesellschafterin eine GmbH ist, in ent- **884**

10 BGHZ 60, 324, 328; 69, 274, 279, BGH NZG 2015, 225.
11 BGHZ 110, 342; BGH NZG 2015, 225; vgl. ausführlich dazu *Pöschke/Steenbreker*, NZG 2015, 615 ff.
12 BGHZ 89, 162, 166.
13 BGHZ 89, 162; siehe auch OLG Frankfurt, NZG 2009, 903.
14 Scholz/*Verse*, GmbHG, § 43 Rn. 186 ff.
15 BGHZ 62, 216, 226; 65, 103, 105; 71, 354, 356.

sprechender Anwendung des § 4 Abs. 2 GmbHG und des § 4 Abs. 4 AktG einen **Zusatz** wie etwa **„GmbH & Co. KG" haben muss**. Eine entsprechende Anwendung der genannten Vorschriften ist geboten, weil bei der GmbH & Co. KG, obwohl es sich bei ihr um eine Personengesellschaft handelt, den Gläubigern letztlich nur eine beschränkte Vermögensmasse haftet und zum Schutz der Gläubiger diese Haftungsbeschränkung durch einen die wirkliche Rechtsform bezeichnenden Zusatz in der Firma offenbart werden muss[16]. Für den Fall der Firmenneubildung ergibt sich die Notwendigkeit einer solchen Bezeichnung bereits aus § 19 HGB.

VIII. Die Geschäftsführerhaftung

885 Der Geschäftsführer einer Komplementär-GmbH haftet bei Verletzung seiner Geschäftsführungspflichten nicht nur gem. § 43 Abs. 2 GmbHG gegenüber der GmbH, sondern auch gegenüber der KG. Bei einer vernünftigen, Treu und Glauben und der Interessenlage entsprechenden Betrachtung ist davon auszugehen, dass das wohlverstandene Interesse der ausschließlich oder vorwiegend zur Geschäftsführung der KG eingesetzten Komplementär-GmbH ebenfalls auf eine ordnungsmäßige Leitung der KG gerichtet ist, weil die GmbH auf eine günstige wirtschaftliche Entwicklung ihrer Beteiligung bedacht sein muss und als persönlich haftende Gesellschafterin selbst aus dem Gesellschaftsverhältnis gegenüber der KG zu einer sorgfältigen Geschäftsführung verpflichtet ist. Daraus folgt, dass in einem solchen Fall die Verantwortlichkeit des Geschäftsführers auf Grund seines Dienstverhältnisses zur GmbH und dementsprechend die Haftung aus § 43 Abs. 2 GmbHG auch auf die KG zu erstrecken ist[17].

886 Neben Ansprüchen gegen den Geschäftsführer aus § 43 GmbHG können gegen diesen auch **deliktische Ansprüche** aus § 823 Abs. 2 BGB i.V.m. § 266 StGB bestehen[18]. Auch wenn der einzige persönlich haftende Gesellschafter eine GmbH ist, kann dieser (der Komplementär-GmbH) in der GmbH & Co. KG gem. §§ 161 Abs. 2, 117 HGB die Geschäftsführungsbefugnis grundsätzlich entzogen werden. Die GmbH muss sich in einem solchen Fall das Tun und Unterlassen ihrer Geschäftsführer zurechnen lassen[19].

887 Durch § 160 Abs. 3 S. 2 HGB wird die Haftungsbegrenzung gem. § 160 Abs. 1 und 2 HGB, die für einen ausscheidenden persönlich haftenden Gesellschafter gilt, auch für den Fall angeordnet, dass der ehemalige persönlich haftende Gesellschafter in der Gesellschaft oder einem ihr angehörenden Unternehmen geschäftsführend tätig wird; also auch für die Fälle, in denen der ehemalige persönlich haftende Gesellschafter einer OHG oder KG, die in eine GmbH & Co. KG umgewandelt worden ist, nicht nur Kommanditist geworden ist, sondern auch als Geschäftsführer der Komplementär-GmbH die Geschäfte der Gesellschaft führt.

16 Zu den Einzelheiten *Kübler/Assmann*, § 21 III.
17 BGH WM 1980, 593; vgl. auch BGHZ 75, 321 ff.; BGH NZG 2013, 1021 Rn. 15.
18 BGHZ 100, 190.
19 BGH NJW 1984, 173.

IX. Probleme der Einheits-GmbH & Co. KG

Eine andere Strukturierung der GmbH & Co. KG als die soeben unter Rn. 877 geschilderten Möglichkeiten ist die sog. **Einheits-GmbH & Co. KG**. Darunter wird eine KG verstanden, deren einzige Komplementärin eine GmbH ist, deren Anteile allein die KG hält. Bei der typischen Einheits-GmbH & Co. KG ist die Komplementär-GmbH **ohne Kapitalanteil und ohne Stimmrecht** in der KG. 888

Beispiel: A, B und C sind Kommanditisten der X-GmbH & Co. KG. Die KG hält alle Geschäftsanteile der X-GmbH. Es handelt sich um eine Einheits-GmbH & Co. KG.

Das Gestaltungsziel bei dieser Konstruktion besteht in der Regel darin, dass die von den Gründern einer GmbH & Co. KG formal herbeigeführte, in den meisten Fällen jedoch nicht wirklich gewollte Zweiteilung der Unternehmensstruktur überwunden wird[20].

Probleme bereitet die Willensbildung in der Einheits-GmbH & Co. KG. Nach dem **sog. Trennungsmodell** wäre wie folgt zu verfahren: Die Kommanditisten fassen – regelmäßig ohne die stimmrechtslos beteiligte Komplementär-GmbH – die KG-Beschlüsse; die Beschlüsse in der GmbH werden hingegen von den GmbH-Geschäftsführern im Namen der Alleingesellschafterin der GmbH gefasst[21]. Der BGH[22] folgt diesem Modell, wenn er ausführt, in einer Komplementär-GmbH, deren Anteile von der KG gehalten werden, nehmen, wenn der Gesellschaftsvertrag keine abweichende Regelung vorsieht, die der KG als Alleingesellschafterin zustehenden Rechte in der Gesellschafterversammlung die organschaftlichen Vertreter der GmbH wahr. 889

In dem oben geschilderten **Beispiel** sind G und P Geschäftsführer. Folgt man dem BGH, so entscheidet über die Kündigung des organschaftlichen Anstellungsverhältnisses des G (§ 46 Nr. 5 GmbHG) dessen Mitgeschäftsführer P.

Eine andere Lösung besteht darin, dass in der typischen Einheits-GmbH & Co. KG die Beschlüsse in der GmbH ebenso wie die Beschlüsse der KG allein von den Kommanditisten gefasst werden und die Geschäftsführer, die weder Gesellschafter der GmbH noch der KG sind, an der Beschlussfassung nicht beteiligt sind[23]. 890

Nach dieser Lösung müssten in dem oben geschilderten **Beispiel** die Kommanditisten A, B und C den Beschluss über die Kündigung fassen. Weder P noch G wären zu beteiligen.

Rechtslage nach dem MoPeG:

Diese zweite Lösung ist nun in § 170 Abs. 2 HGB-E Gesetz geworden.

20 *K. Schmidt*, ZIP 2007, 2193.
21 *K. Schmidt*, ZIP 2007, 2193, 2195 f.
22 ZIP 2007, 1658.
23 So *K. Schmidt*, ZIP 2007, 2193, 2197.

X. Insolvenz und Auflösung der Gesellschaft

891 Wenn ein Insolvenzverfahren über die Hauptgesellschaft (die KG) eröffnet wird, so ist das für diese ein **Auflösungsgrund** gem. § 131 Abs. 1 Nr. 3 HGB. Die Insolvenz der Hauptgesellschaft zieht nicht notwendig die Insolvenz der Komplementär-GmbH mit sich. Anders als bei den übrigen Personengesellschaften löst bei der GmbH & Co. KG nicht nur die Zahlungsunfähigkeit, sondern – wie bei den Kapitalgesellschaften – auch die Überschuldung die Verpflichtung aus, die Eröffnung des Insolvenzverfahrens zu beantragen (§§ 16, 19 Abs. 3 S. 1 InsO).

892 **Lösung zu Fall 55:**

I. Ansprüche gegen die A-GmbH

V könnte gegen die A-GmbH aus § 433 Abs. 2 BGB i.V.m. §§ 161, 128 HGB einen Anspruch auf Zahlung des Restkaufpreises in Höhe von 150 000 € erworben haben. Die A-GmbH ist persönlich haftende Gesellschafterin der KG. Als solche haftet sie gem. §§ 161, 128 HGB mit ihrem Vermögen für alle Verbindlichkeiten der KG, zu denen auch die Restkaufpreisforderung des V aus § 433 Abs. 2 BGB zählt. Infolgedessen hat V gegen die A-GmbH aus § 433 Abs. 2 BGB i.V.m. §§ 161, 128 HGB einen Anspruch auf Zahlung des Restkaufpreises in Höhe von 150 000 €.

II. Ansprüche gegen A und G als Gesellschafter der A-GmbH

1. Ansprüche gegen A

V könnte auch gegen A einen Anspruch aus § 433 Abs. 2 BGB i.V.m. §§ 161, 128 HGB auf Zahlung des Restkaufpreises in Höhe von 150 000 € erworben haben. Dass die Gesellschafter einer GmbH für die Verbindlichkeiten der GmbH nicht mit ihrem Privatvermögen in Anspruch genommen werden können, ergibt sich aus § 13 Abs. 2 GmbHG. Infolgedessen haftet A nicht für die Verbindlichkeit der A-GmbH dem V gegenüber.

2. Ansprüche gegen G

Fraglich ist, ob V den G wegen der Kaufpreisforderung aus § 433 Abs. 2 BGB i.V.m. §§ 161, 128 HGB auf Zahlung des Restkaufpreises in Höhe von 150 000 € in Anspruch nehmen kann, weil G seine Stammeinlage noch nicht voll erbracht hat. Das Haftungsprivileg des § 13 Abs. 2 GmbHG gilt auch für diejenigen Gesellschafter, die ihre Stammeinlage noch nicht voll erbracht haben, denn diese Vorschrift unterscheidet nicht zwischen Gesellschaftern die ihre Stammeinlage erbracht haben und solchen, die dieser Verpflichtung nicht nachgekommen sind. Die nicht oder nicht vollständig erbrachte Stammeinlage löst also keine Außenhaftung aus. Lediglich die GmbH hat gegen den säumigen Gesellschafter einen Anspruch auf Zahlung der Stammeinlage. Infolgedessen kann der V den G als Gesellschafter der A-GmbH nicht in Anspruch nehmen.

III. Ansprüche gegen die Kommanditisten

1. Ansprüche gegen A und B

Ein Anspruch des V auf Zahlung von 150 000 € könnte sich aus § 433 Abs. 2 BGB i.V.m. § 171 Abs. 1 HGB ergeben. Grundsätzlich haften auch die Kommanditisten für die Verbindlichkeiten der Gesellschaft mit ihrem Privatvermögen. Ihre Haftung ist nach der Eintragung in das Handelsregister allerdings auf die Höhe der Haftsumme, die im Regelfall der Einlage entspricht, beschränkt. Soweit sie die Einlage erbracht haben, ist die Haftung ausgeschlossen (§ 171 Abs. 1 2. Hs. HGB). Da A und B ihre Einlage geleistet haben, sind sie von der Haftung befreit. V kann sie nicht in Anspruch nehmen.

2. Ansprüche gegen C und G

V könnte C und G auf Zahlung von 150 000 € aus § 433 Abs. 2 BGB i.V.m. § 171 Abs. 1 HGB in Anspruch nehmen. C und G haben ihre Einlage noch nicht in voller Höhe erbracht. Deshalb haften sie gem. § 171 Abs. 1 HGB in Höhe der Differenz zwischen zu leistender und tatsächlich erbrachter Einlage. Das sind bei C 30 000 € und bei G 32 500 €. In der angegebenen Höhe kann V die Gesellschafter C und G aus § 433 Abs. 2 BGB i.V.m. § 171 Abs. 1 HGB in Anspruch nehmen.

Sachverzeichnis

Die Angaben beziehen sich auf die Randnummern.